牛行

느리게 걷고 깊이 남기다

10周忌 追慕論文集

牛行

느리게 걷고 깊이 남기다

10周忌 追慕論文集

이상길 교수 10주기 추모논문집
간행위원회

학연문화사

略歷 및
論著 目錄

李相吉 教授 略歷

1960.09.19	출생
1975.03~1978.02	경남 밀양고등학교 졸업
1980.03.05~1984.02.25	경북대학교 고고인류학과(문학사)
1984.03.05~1992.02.25	경북대학교 대학원 고고인류학과(문학석사)
1994.03.02~2000.02.24	대구 효성가톨릭대학교 사학과(문학박사)
1989.11.03~1992.10.30	경북대학교 박물관 학예연구사
1992.11.01~2000.08.31	경남대학교 박물관 학예연구원
1999.01~2000.12	한국고고학회 평의원
2000.09.01~2002.08.31	경남대학교 문과대학 역사학과 전임강사
2000.09.01~2012.04.23	경남대학교 박물관 학예연구실장
2001.05.31~2012.04.23	경상남도 문화재위원회 전문위원/위원
2002.09.01~2006.08.31	경남대학교 문과대학 역사학과 조교수
2006.01~2007.12	한국고고학회 운영위원
2006.09.01~2012.04.23	경남대학교 문과대학 역사학과 부교수

2007.04.26~2009.04.25	문화재청 문화재전문위원
2007.07~2011.12	한국청동기학회 편집위원
2010.08~2011.08	경상남도 낙동강사업특별위원회 위원
2012.03.01~2012.04.23	경남대학교 문과대학 역사학과장

〈조사경력〉

조사기간	유적명
1990.11.06~1990.12.12	경주 신원리 고분군
1991.08.28~1991.10.07	안동 신양리 조선백자요지
1991.12.04~1992.01.20	고성 연당리 고분군
1992.10.20~1993.06.20	창원 덕천리유적
1993.11.25~1993.12.29	청도 순지리 옹기가마터
1994.01.24~1994.02.07	충무 미수동 지석묘
1994.03.21~1994.04.30	김해 덕산리유적
1995.02.01~1995.02.25	창원 용잠리 석관묘
1995.06.10~1995.06.24	울산 호계리유적
1996.02.01~1996.03.22	울산 구영리유적
1996.03.11~1996.10.03	산청 묵곡리유적
1996.12.30~1997.05.15	진주 남강댐 수몰예정지구내 어은1지구 선사유적(1차)
1997.12.26~1998.11.24	진주 남강댐 수몰예정지구내 어은1지구 선사유적(2차)
1998.04.23~1999.05.15	울산 무거동 옥현유적
1999.01.18~1999.01.27	마산 가포동 청동기 매납 유적
1999.03.10~1999.10.15	진주 남강댐 수몰예정지구내 어은1지구 선사유적(3차)
2000.11.30~2000.12.06	사천 선진리성 화장실부지내 유적

2001.04.16~2003.08.15	밀양 가곡동유적
2001.09.03~2001.09.17	밀양 송지리유적
2001.12.24~2003.05.26	밀양 금천리유적
2004.05.03~2004.06.30	마산 진전면 여양리 유해발굴
2005.01.29~2005.04.18	영산읍성 정밀지표조사
2006.05.01~2006.05.28	창녕 사직단 정밀지표조사
2007.01.19~2007.07.16	창녕 영축산성 정밀지표조사
2007.04.09~2007.05.08	통영 한산도 망산 별망봉수대 정밀지표조사
2007.06.25~2007.10.01	2007년 한국전쟁 전후 민간인 집단희생 관련 경산 코발트 광산 유해발굴
2008.07.17~2009.03.13	2008년 한국전쟁 전후 민간인 집단희생 관련 산청 외공리, 원리 유해발굴
2009.05.18~2010.01.13	마산 합포성지 읍성분포 확인 지표조사
2009.05.11~2009.12.04	2009년 한국전쟁 전후 민간인 집단희생 관련 진주 문산 진성고개 유해발굴
2010.04.09~2010.04.30	양산 원동면 영포자연휴양림 조성부지내 문화재 지표조사
2011.08.01~2011.11.30	한국전쟁 전후 진주지역 민간인집단학살 유해매장지 탐색조사
2011.09.09~2012.05.08	한국전쟁 전후 민간인집단희생사건 유해매장지 현황조사
2011.01.02~2012.02.20	영산 사직단·여단 문화재 지표조사

論著

〈논문〉

1991, 「漢江流域 鐵器時代 土器編年-中島式土器를 中心으로-」, 慶北大學校大學院碩士學位論文.

1993, 「昌原 德川里遺蹟 發掘調査 報告」, 『삼한사회와 고고학』第17回 韓國考古學全國大會
　　　발표요지, 韓國考古學會.

1994, 「韓國·昌原 德川里遺蹟 發掘調査 概要」, 『古文化談叢』第32集, 九州古文化研究會.

1994, 「支石墓의 葬送儀禮」, 『古文化』第45輯, 韓國大學博物館協會.

1995, 「거제 여차마을의 鍛冶爐 -古代 鍛冶와 관련하여-」, 『加羅文化』第十二輯, 慶南大學校
　　　加羅文化研究所.

1996, 「청동기시대 무덤에 대한 일시각」, 『碩唔尹容鎭教授停年退任紀念論叢』, 碩唔尹容鎭
　　　教授停年退任紀念論叢刊行委員會.

1997, 「진주 대평리 田作址의 구조와 의의 -어은 1지구를 중심으로-」, 『호남고고학의 제문
　　　제』第21回 韓國考古學全國大會 발표요지, 韓國考古學會.

1997, 「패형암각의 의미와 그 성격」, 『한국의 암각화』, 한길사.

1998, 「대평 어은 1지구 유적과 출토 식물유체」, 『南江댐 水沒地區의 發掘成果』第7回 嶺南
　　　考古學會 학술발표회, 嶺南考古學會.

1998, 「無文土器時代의 生活儀禮」, 『환호취락과 농경사회의 형성』영남고고학회·구주고고
　　　학회 제3회 합동고고학대회, 嶺南考古學會·九州考古學會.

1998, 『몽골의 암각화』, 열화당.

1999, 「晉州 大坪 漁隱 1地區 發掘調査 概要」, 『남강선사문화세미나요지』, 문화재청·경상남
　　　도·남강선사유적발굴단.

1999, 「울산 무거동 옥현유적」, 『20세기에 대한 역사적 평가』제42회 전국 역사학대회 발표
　　　요지, 전국역사학대회준비위원회.

1999, 「晉州 大坪里 田作址의 構造と意義」, 『研究紀要2』, 大阪市 文化財協會.

2000, 「靑銅器時代 儀禮에 관한 考古學的 研究」, 大邱曉星가톨릭大學校大學院博士學位論文.

2000, 「慶南 蔚山 無去洞 玉峴遺蹟의 舊石器時代 遺物 檢討」, 『嶺南考古學』26, 嶺南考古學會.

2000, 「南江流域의 農耕 - 大坪地域 밭(田)을 中心으로」, 『국제학술회 진주남강유적과 고대

일본 -고대 한일문화교류의 제양상-」, 경상남도·인제대학교 가야문화연구소.

2000, 「靑銅器 埋納의 性格과 意味 -馬山 加浦洞遺蹟 報告를 겸하여-」, 『韓國考古學報』42, 韓國考古學會.

2000, 「廢棄에 관한 考古學的 檢討」, 『慶北大學校 考古人類學科 20周年記念論叢』, 慶北大學校 人文大學 考古人類學科.

2000, 「農耕儀禮」, 『韓國 古代의 耕作文化』, 국립중앙박물관.

2001, 「埋葬과 儀禮에 관한 새로운 試圖 -영남지역을 중심으로-」, 『한국 청동기시대 연구의 새로운 성과와 과제』충남대학교 박물관 학술회의, 충남대학교 박물관.

2002, 「우리는 왜 남강유역의 유적에 주목하는가?」, 『청동기시대의 大坪·大坪人』, 국립진주박물관.

2002, 「南部地方 初期農耕의 現段階 -遺構를 中心으로」, 『韓日 初期農耕 比較研究』韓日合同 심포지엄 및 現地檢討會.

2002, 「韓國の水稻と畠作」, 『東アヅアと日本の考古學Ⅳ-生業』, 同成社.

2002, 「裝身具를 통해 본 細形銅劍文化期의 特徵」, 『세형동검문화의 제문제』영남고고학회·구주고고학회 제5회 합동고고학대회, 嶺南考古學會·九州考古學會.

2003, 「密陽 琴川里遺蹟」, 『고구려고고학의 제문제』제27회 한국고고학전국대회 발표요지, 韓國考古學會.

2003, 「慶南의 支石墓」, 『지석묘 조사의 새로운 성과』제30회 한국상고사학회 학술발표대회, 韓國上古史學會.

2003, 「支石墓에서 提起되는 몇 가지 問題-慶南地方을 中心으로-」, 『嶺·湖南의 支石墓 文化』, 國立昌原大學校博物館.

2003, 「慶南地方 支石墓의 構造와 年代」, 『경남지역연구』제9집, 경남대학교 경남지역문제연구원.

2003, 「청동기시대 飾玉에 관한 일고찰 -南江水系의 攻玉과 관련하여-」, 『경남의 역사와 사회 연구』경남지역문제연구원 연구총서 8, 경남대학교 경남지역문제연구원.

2003, 「남강유역의 선사농경과 취락」, 『진주 남강유적과 고대일본』, 신서원.

2004, 「진주 대평 어은 1지구 유적」, 『영남고고학 20년 발자취』, 嶺南考古學會.

2004, 「韓國における農耕社會の儀禮と世界觀」, 『國立歷史民俗博物館 研究報告』第119集.

2004, 「The Concept of Agricultural People and Changes in their Worldviews」, 『The

Review of Korean Studies7-1』, 한국정신문화연구원.

2005, 「한국전쟁시기 마산 여양리 민간인 학살사건의 실상과 성격」, 『역사와 경계』제56집, 부산경남사학회.

2006, 「區劃墓와 그 社會」, 『금강:송국리형 문화의 형성과 발전』호남·호서합동학술대회 발표요지, 湖南考古學會·湖西考古學會.

2006, 「青銅器 埋納의 性格과 意味」, 『馬山 加浦洞 青銅器埋納遺蹟』, 慶南大學校博物館.

2006, 「朝鮮半島の玉作 -管玉製作技法を中心に」, 『季刊 考古學』第94号.

2007, 「祭祀를 통해 본 權力의 發生」, 『계층사회와 지배자의 출현』한국고고학회 학술총서 3, 韓國考古學會.

2009, 「청동기시대에도 큰 도시가 있었다 -진주 대평리 유적」, 『천 번의 붓질 한 번의 입맞춤』, 진인진.

2009, 「소위 '區劃墓'에 대한 몇 가지 견해」, 『巨濟 大錦里遺蹟 -考察編-』, 慶南考古學研究所.

2009, 「長成을 넘어 草原으로」, 『考古學探究』第5號, 考古學研究會.

2009, 「한국전쟁시기 이념간 갈등의 증거와 그 허실-민간인 집단학살 사례를 중심으로-」, 『갈등과 전쟁의 고고학』제33회 한국고고학전국대회, 韓國考古學會.

2011, 「남부지방 청동기시대 거점취락과 그 주변 -想像의 都市와 그 實相-」, 『고고학에서의 중심과 주변』第20回 嶺南考古學會 學術發表會, 嶺南考古學會.

2011, 「소위 '墓域式支石墓' 검토 -용어, 개념 적용과 관련하여」, 『慶北大學校 考古人類學科 30周年 紀念 考古學 論叢』, 考古學論叢 刊行委員會, 慶北大學校出版部.

2011, 「증거로 본 민간인 집단학살문제 접근」, 『加羅文化』第二十三輯, 慶南大學校博物館加羅文化研究所.

2011, 「산청의 선사유적」, 『산청』, 국립진주박물관.

〈보고서〉

1991,『慶州 新院里 古墳群』

1992,『안동 신양리 조선백자요지』

1994,『固城 蓮塘里 古墳群』

1994,『小加耶 文化圈 遺蹟 精密地表調查 報告 -先史·古代-』

1994,『雲門댐 水沒地域 文化遺蹟 發掘調查報告5 淸道 蕈池里 甕器가마터』

1995,『三千浦市 文化遺蹟 地表調查 報告書』

1995,『金海 德山里遺蹟(附:울산 호계리 주거지)』

2001,『대구-부산간 고속도로 제9공구구간 내 밀양 송지리유적』

2004,『蔚山 九英里遺蹟 -無文土器時代 住居址·三國時代 墳墓-』

2005,『文化遺蹟分布地圖 -馬山市-』

2005,『靈山邑城 精密地表調查報告書』

2006,『馬山 架浦洞 靑銅器埋納遺蹟』

2006,『昌寧 社稷壇 精密地表調查 報告書』

2006,『진해현 관아 주변 도로개설을 위한 문화재 지표조사 보고서』

2006,『文化遺蹟分布地圖 -咸陽郡-』

2007,『昌寧 靈鷲山城 精密地表調查 報告書』

2007,『진해 경화동 STX비즈니스파크 도시개발사업부지내 문화재 지표조사 결과보고서』

2007,『統營 閑山島 望山 別望燧燧臺 精密地表調查 報告書』

2008,『한국전쟁 전후 민간인 집단희생 관련 2007년 유해발굴 보고서-경산 코발트광산』

2009,『한국전쟁 전후 민간인 집단희생 관련 2008년 유해발굴 보고서-산청 외공리·원리』

2009,『한국전쟁 전후 민간인 집단희생 관련 2009년 유해발굴 조사보고서-진주 문산 진성고개』

2010,『馬山 合浦城址』

2010,『密陽 鴛谷洞遺蹟』

2011,『한국전쟁 전후 진주지역 민간인 집단학살 유해매장지 탐색조사 보고』

2012,『靈山 社稷壇·厲壇 地表調查 報告』

2012,『한국전쟁 전후 민간인집단희생사건 유해매장지 현황조사용역 보고』

2013,『德川里』

2013,『山淸 默谷里遺蹟』

산청 외공리 유해발굴 현장(2008. 8. 25.)

변산반도 답사(2009. 2)

목차

우행 이상길 교수
10주기에 부쳐

임학종 | 전 국립김해박물관장

1. 들어가며

비전공자이고 청동기학회의 회원도 아니면서 기조 강연이라는 표제로 발표하게 되어 송구스럽습니다. 고 우행 이상길 교수의 10주기를 맞아 생전 그와의 인연이나 추억을 회상하는 자리를 부탁받고 이 자리에 서게 되었습니다. 학회 여러 연구자의 귀한 시간을 갉아먹는 자리이니만치 가능하면 짧게 발표를 마치도록 하겠습니다.

2. 맺지 못한 인연 둘

우행 이상길과의 인연은 1983년으로 거슬러 올라갑니다. 막 학부를 졸업하고 모교인 계명대학교 박물관에서 경상북도 상주군의 문화유적 지표조사를 할 때입니다. 문화재관리국의『문화유적총람』증보를 위한 조사였습니다. 낙동강의 동서를 기준으로 각각 계명대학교박물관과 경북대학교박물관이 나누어서 진행하였습니다. 제법 긴 시간 동안 진행된 조사였습니다만, 나와 우행은 현지에서 한 번도 만나지는 못하였습니다. 발표자는 조사원의 막내급이었지만, 우행은 학과의 1회 입학생으로 4학년에 재학하고 있으면서 이미 조사원의 실제적인 리더였기도 하거니와, 서로 조사 일정이 달랐기 때문이었습니다.

두 번째는 1984년에 있었습니다. 상주 지표조사 후 학교박물관에서 임시 연구원으로 잠시 있을 때입니다. 어느 날 은사님께서 신설되는 국립진주박물관으로 가라고 말씀하셨습니다. 경북대학교의 이상길이라는 친구를 데리고 함께 가라는 하명이었습니다. 마침 우행은 국립경주박물관의 영덕 괴시동고분 발굴에 참가하고 있다는 전언을 들었고, 우선 혼자 진주로 가게 되었습니다. 후에 안 일이지만 당신은 학과 1회 졸업생으로 학교에 남기로 하였다고 들었습니다. 국립박물관 동기가 될 인연은 그렇게 무산되었습니다.

3. 대학원 동문

발표자는 1984년 6월 25일부터 국립진주박물관 개관 준비팀으로 일하고, 그해 11월 2일 개관 후 이듬해부터 정식 발령을 받았습니다. 그러나 국립박물관 식구가 될뻔한 우행과는 한동안 인연이 닿지 않았습니다. 1988년 발표자가 경북대학교대학원에 진학하여서도 우행은 군 복무 중이어서 간헐적으로 소식만 듣는 수준이었습니다. 1989년 우행이 제대한 후 첫 만남이 이루어졌습니다. 우행은 이미 대학원을 수료한 상태였고, 고고학 공부하는 후배들을 휘하에 두고 있었습니다. 박광열, 최태선, 김길식, 박천수, 홍순광, 김영화, 김창억, 이재환, 유학생인 요시이 씨 등이 당시에 만난 학우들입니다. 특유의 카리스마로 후배들에게 엄한 선배 노릇을 톡톡히 하던 모습이 눈에 선합니다. 타 학교에서 진학한 발표자에게도 늘 호의적이었고, 인류학 전공의 박경용, 설병수, 박정석 학형과의 만남도 주선하였습니다. 특히 통영 욕지도 발굴현장까지 먼 거리를 마다하지 않고 학교 후배들과 방문하여서는 소주잔을 꺾지 않고 한입에 털어 넣어버리는 그 주법과 함께 밤새도록 폭주한 기억이 새롭습니다.

4. 진주에서

첫 만남 후 본격적인 인연은 우행이 모교를 떠나 경남대학교박물관 연구원으로 오면서 이루어졌습니다. 대학원을 졸업하고 모교박물관 학예연구사 자리는 후배에게 물린 후였습니다. 오늘 학회의 좌장을 맡으신 박순발 선생의 후임이었습니다. 1992년입니다. 이후 경남대학교박물관의 고고학 동아리인 '고인돌' 팀과는 이 유적 저 현장을 다니면서 즐거웠습니다. 이때부터 발표자가 국립중앙박물관으로 전보된 1997년까지에는 창원 덕천리, 산청 묵곡리, 남강댐 수몰지구의 어은1지구, 하동 목도리의 발굴조사 현장 등에서 만남이 이어졌습니다.

덕천리 유적은 우행이 경남대학교박물관에 부임한 직후인 1992년 10월부터 이듬해 6월까지 발굴한 유적입니다. 주지하다시피 우리 고고학사에 길이 남을 조사였습니다. 이상길

하면 무엇보다도 먼저 떠올리는 유적이기도 합니다. 고 한병삼 선생께서 현장을 보시고는 '상길이가 조선시대 건물지를 지석묘의 묘역이라고 하는구나.'라는 농을 하시기도 하셨습니다. 1996년 은사이신 석오 윤용진교수 정년퇴임논총에 '청동기시대 무덤에 대한 일시각'이라는 논문을 발표하고 '구획묘'라는 지석묘의 새로운 패턴을 주장하였습니다. 이 유적은 육군정비창 건설에 따른 조사였는데, 당시만 하여도 무소불위이던 국방부를 상대로 유구의 현지보존을 주장하였고, 현재도 그 자리에 보존되어 있습니다. 군 장성과의 살벌한 기싸움을 목도하면서 이상길의 투사 기질을 알게 되었습니다.

1996년에는 산청 묵곡리유적의 발굴이 있었습니다. 1994년으로 기억됩니다만, 의사인 지인의 차를 타고 권상열 선생과 거창으로 주말 여행하던 중이었습니다. 국보 제105호인 산청 범학리석탑 출토지인 범학리에서 부리 고개를 넘어 산청읍으로 들어가는 길이었는데, 경호강으로 흘러드는 곡간을 경지정리하고 있는 현장을 목격하게 되었습니다. 가던 길을 멈추고 일대를 둘러보았습니다. 무문토기와 대가야계 토기가 즐비하였습니다. 이미 경지정리가 끝난 상태였습니다. 그 부지 바로 옆의 경호강에 가까운 일대를 샅샅이 뒤졌으나 더 이상의 유물은 없었습니다. 그러나 샛강에서 흘러내려 쌓인 충적토가 두터워서 그럴 것이고, 유적이 연장될 심증이 충분하였습니다. 후에 이 구역은 반드시 문화재 조사가 필요하다는 결론을 내렸습니다. 거창으로의 여행은 다음으로 미루어야 했습니다.

대전-통영간 고속도로가 마침 그 구역을 지나게 되었습니다. 해당 구역의 문화재 지표조사는 당시 경남대학교박물관 연구원이던 박순발 선생께서 하였습니다. 경상남도청에서는 고속도로 구간에 대한 문화재 지표조사를 근거로 발굴계획을 세웠습니다. 어떤 유적은 도로 건설 구역을 벗어난다고 핑계하고, 골짜기는 복토가 되니 발굴의 필요성이 없다고 우기면서 겨우 몇 군데의 유적만 조사하기로 결정되었습니다. 이미 엎질러진 물인 셈이었습니다.

도청 담당자와 협의하여 묵곡리 유적 구간에 두 곳은 한정된 범위로 발굴하기로 하였습니다. 물증이 없는 유적이라 걱정도 되었습니다. 그런데 부산과 경상남도에 있던 대학박물관에서는 발굴조사를 두고 서로 하여야 한다는 분위기였습니다. 마침 도청 담당자가 경상남도의 일이니 우리 도에 있는 국립진주박물관과 처음 지표 조사한 경남대학교박물관에 우선권을 주겠다는 방침을 정하였습니다. 우행에게 나는 경남대학교박물관이 묵곡리를 맡았으면 좋겠다고 강하게 권하였습니다. 그런데 막상 발굴에 착수하고 나니 난감하였습니다. 파도 파도 유구가 없었기 때문입니다. 현 경작 층에서 약 5m 아래에서 유구가 확인되었습니다. 묵곡리 유적의 탄생 순간이었습니다. 현장을 방문한 최종규 선생의 한 단어 지도 말씀이 지금도 생생합니다. '攻玉!'

남강댐 수몰지구의 발굴은 일종의 연합발굴이어서 전국 각 기관에서 조사에 참가하였습니다. 경남대학교박물관은 1996년부터 1999년까지 3차에 걸쳐 어은1지구를 맡았습니다. 바로 옆에서 국립진주박물관도 발굴하게 되었으나, 나와는 인연이 또 닿지 않았습니다. 필자가 국립중앙박물관으로 전보되어 우리는 현장에서 만날 수 없는 처지였습니다. 서울에 있으면서도 가끔 주말을 이용하여 승합차를 렌트하여 남강댐 수몰지구의 발굴 현장을 여러 번 답사하였습니다. 하도 넓은 부지이기도 하거니와 지점에 따라 깊이가 달라 기관마다 조사방법에서 많은 시행착오를 겪었습니다. 이때 이상길 선생은 과감하게 트렌치를 넣어 표준 층위를 파악하였습니다. 현 강변에 연해 자연제방이 형성되어 있고, 제방 頂部에는 주거지, 제방 내사면에 대규모 밭, 제방의 안쪽에 집락이 형성된 공간구조를 파악하였습니다. 제방 정부의 주거지 주변에 야외노지, 밭의 외곽에는 무덤이 만들어져 있음을 구체화하였습니다. 집락은 여러 개의 환호로 구분되어 있음도 밝혀내었습니다. 공간배치가 밝혀짐으로써 이후 인근의 발굴단에서는 이를 참고로 하여 조사를 비교적 원활하게 진행하였음은 부인하지 못할 일이었습니다. 이 조사를 계기로 청동기시대 촌락의 구조에 접근할 수 있었고, 처음으로 대규모 밭을 확인하고 거기에 따르는 구획과 농경구, 농경의례 등에 대한 단서를 얻게 되었습니다.

하동 목도유적의 발굴은 국립진주박물관에서 하였습니다. 조사 인원이 부족하여 쩔쩔매고 있을 때였습니다. 우행은 주말마다 10여 명이 넘는 학생들을 데리고 와 도움을 주었습니다. 현장의 층위나 해석 부분을 토의하는 자리이기도 하였습니다.

이즈음 경남대학교 출신의 이현석, 윤호필, 윤정희, 김미영, 조현정, 김춘영, 홍성우, 조민주, 소배경, 이선미, 강영수, 강경연, 박은지, 이지은, 전진현, 배길희 등의 학우들을 만났습니다. 고고학에 대한 담론과 지역 유적에 대한 애착 등을 술안주로 삼으며 정이 깊어갔습니다.

5. 김해에서

1997년부터 2002년까지 중앙박물관 근무를 마치고 김해박물관으로 오면서 다시 우행을

자주 만났습니다. 내가 서울에 근무한 6년이라는 시간 동안 우행은 「청동기시대 의례에 관한 고고학적 연구」로 박사학위를 받고 경남대학교 역사학과 교수가 되어 있었습니다. 이 시기부터 타계한 2012년까지 우리는 많은 일에 공감하고 열정적인 시간을 보냈습니다. 남재우 교수도 우리와 함께하는 시간이 많았습니다.

경상남도 문화재 전문위원과 위원, 문화재청 전문위원으로 활약하면서 도내의 여러 유적의 현상변경과 보존 등에 힘썼습니다. 원론을 주장하여 부딪히는 일도 많았지만 늘 최선을 다하였습니다. 고고학 유적에만 몰두하다가 타 분야의 문화재와 문화 전반에 대한 외연을 넓히는 계기가 되었습니다.

2001년부터 시작하여 2003년까지 밀양 금천리 유적이 이 시기에 한 유일한 발굴이었습니다. 경남대학교박물관은 이미 조사한 여러 유적에 대한 발굴조사 보고서의 미간으로 발굴조사에 제동이 걸렸습니다. 이 유적의 발굴에서도 시공사와 문화재청 사이에서 많은 스트레스를 받은 셈이지만, 어은1지구나 울산 무거동 옥현유적에서 제기한 청동기시대의 농경 중 논에 대한 개념을 나름 완성하는 계기가 된 유적이 되었습니다.

우행은 이 시기에 가장 많은 글을 썼습니다. 초기 농경과 취락, 장신구와 식옥, 지석묘와 수장의 출현, 청동기의 매납, 청동기시대 도시론 등 논문의 주제는 굵직하였습니다. 나와는 함안 우거리 가야토기 생산시설, 창원 봉산리 2호 지석묘, 창녕 비봉리 등의 발굴 현장에서 함께 하였습니다. 고고학 실습을 명분으로 현장에 학생들을 보내주었습니다. 우리에게는 엄청난 원군이 오는 주말에 제발 비가 오지 않기를 빌었습니다. 우리 사이가 이렇다 보니 주변의 입방아에 오르기도 하였습니다. '대구에서 온 둘이서 경상남도를 다 말아먹는다.' '임 아무개는 김해에 가더니 일은 하지 않고 자기 전공하는 신석기 유적만 몇 년째 발굴하고 있다.' 등이었습니다. '나는 함안에서 태어났고, 밀양에서 고등학교를 졸업한 경상남도 사람이다.'가 우행의 변이었습니다. 그러나 나는 괴로웠습니다. 물론 비봉리를 몇 년 동안이 아니라 몇 개월밖에 발굴하지 않았고, 박물관 일도 누구보다도 더 열심히 하였습니다만 마음의 상처가 심했습니다. 어느 날 '그러면, 신석기 공부하는 형이 대형의 가야 봉토분 발굴하면 좋겠네? 전공자가 전공유적 발굴하는 게 당연한 거 아닌가?' 우행의 그 한 마디에 나는 모든 고민을 홀홀 털고 비봉리 발굴을 잘 마칠 수 있었습니다. 비봉리 발굴에서는 황상일 선생님, 이정근, 송영진 등 평생 학우를 만나는 계기가 되기도 하였습니다.

이 기간에는 우행과 남재우 교수의 요청으로 경남대학교와 창원대학교의 대학원 고고학 수업을 몇 년간 하였습니다. 장관에게 겸직 허가를 받아야 하는 번거로움이 있었고, 근무 시간 외에 수업해야 하고 주 3시간 이내라는 까다로운 조건이 붙었지만, 늘 즐겁게 후배들을 만났습니다. 고고학뿐 아니라 詩, 世態 등에 대한 번설도 많이 한 기억이 있습니다. 학교에서 수업을 한 학기에는 밤늦은 시간에 통술집에서 늦도록 술을 마시는 일도 즐거웠습니다. 나는 一滴不飮이지만 그 자리는 언제나 행복하였습니다.

당시 경남대학교박물관에는 이미 조사한 유적의 발굴조사보고서 미발간에 따른 페널티로 발굴허가가 나지 않는 시기였습니다. 우행은 사직단, 여제단을 비롯한 유적 지표조사에 눈을 돌린 시기이기도 하였습니다. 또한, 마산 진전면 여양리에서 시작된 한국전쟁 전후의 보도연맹 관련이나 민간인 학살 관련 유해발굴에 몰두하였습니다. 수해로 노출된 한국전쟁 전후의 민간인 유골에 대하여 아무런 조사도 없이 유골을 모아 간단한 위령탑을 만드는 전시행정을 탓하며 시작된 일이었습니다. 역사를 연구하는 학자로서 좌시할 수 없는 일이라고 양심선언을 한 셈이었습니다. 그때만 해도 이 일에는 별도의 발굴허가가 필요하지 않았고, 대신 유족회와의 협의만 있으면 발굴조사가 가능하였던 것으로 알고 있습니다. 학살지 현지에서 발굴 조사한 인골을 학교 박물관으로 가져오기도 하였습니다. 후에 이 일로 인하여 학교 측으로부터 엄청난 압박을 받고 괴로워하는 우행에게 나는 늘 말동무가 되었습니다. 그럴 때마다 우행은 공무원은 이런 일에 표면적으로 나서지 말라며 오히려 나를 걱정하였습니다. 경산 코발트 광산, 산청 외공리와 원리, 진주 문산 진성고개 등에서 행한 발굴조사가 모두 같은 맥락의 일이었습니다. 그때 우리는 이런 말을 주고받으며 자신들을 위로하였습니다. '이분들은 연유도 모르고 동족에게 끌려가 죽임을 당했다. 살인한 죄인도 아니고, 일부 사상이 다른 분도 있었겠지만, 이렇게 개죽음을 당할 이유는 없었다. 그 생도 보상받지 못하였다. 가장이나 오빠, 형을 잃은 가족들은 실종자의 행방도 모른 채 살았다. 반공법에 따라 평생 공무원도 될 수 없었고, 어디에 가서 대놓고 이 사실을 말하지도 못하며 어렵게 생계를 유지하며 한 시대를 숨죽이며 살았다. 적어도 이제는 그 실상이라도 밝혀야 할 일이다. 누군가는 이들의 원혼을 풀 근거를 마련하는 일이 필요하다.'

2008년 8월 8일 남재우 교수와 함께 우행이 발굴하고 있던 '경산 코발트 광산 한국전쟁 전후 인골 발굴' 현장을 찾았습니다. 억수같이 내리는 우중이었습니다. 현장은 그야말로 킬링필드였습니다. 두 개의 굴과 한 개의 수직갱이 있었습니다. 1굴은 100여 미터, 2굴은

180여 미터나 되었습니다. 2굴은 130여 미터에서 Y자 모양으로 갈라졌습니다. 일제강점기 때 텅스턴 채광하던 곳인데, 곳곳에는 갱목과 배수로가 나 있었고, 1굴의 안쪽에서는 자연동굴과 연결된 듯하였습니다. 자연동굴의 벌어진 틈에는 사다리 모양으로 버팀목과 나무다리 등이 설치되어 있었습니다. 이 부분은 아마도 입구가 어딘지는 몰라도 수직에 가깝게 내려오는 자연동굴에서 타고 내려오면서 설치한 채광의 시설들로 보였습니다. 두 굴 모두 상당히 안쪽에서 수직갱과 만나고 있었는데, 그 만나는 지점에는 위에서 함몰된 많은 석괴로 막혀 있었습니다. 그 속에는 인골이 가득하였습니다. 수평굴의 곳곳에도 인골이 깔려 있으나 주 처분장은 아마 수직갱도였던 것으로 보였습니다.

같은 해 8월 26일에는 산청 외공리 6.25 민간인 학살 현장을 방문하였습니다. 기왕의 여항리 조사팀이 중심이 되어 새로운 학생들도 대거 참가하고 있었습니다. 나는 상념에 젖었습니다. 몇 시간 현장에 머무르는 동안 아무 일도 할 수 없었습니다. 잔혹, 억울 이런 말 조각이나 떠올리면서, 그냥 울음도 토하지 못할 답답함이 나를 엄습하였습니다. 서둘러 현장을 떠나고 싶은 마음과 주저앉아 통곡하고픈 갈등 속에서 그냥 상념에 젖는 일이 내가 할 수 있는 유일한 행동이었다고나 할까요? 조사원들 주려고 들고 간 포도알 하나하나에 이제는 좀 밝혀지기를 바라는 그 억울함이 가득 박혀 있는 느낌이었습니다.

보도연맹연루자였든 죄를 지은 수감자였든 간에 이렇게 처형할 일은 아니었습니다. 손을 뒤로 묶고 한 줄로 무릎 꿇게 한 채, 총알을 아끼려고 여러 명을 한꺼번에 쏴 죽인 정황도 보였습니다. 간단한 구덩이를 파고는 돌무더기 몇 개로 덮어놓은 곳도 있었습니다. 현대사의 참혹함과 질곡이 적나라하게 드러났습니다. 단순한 과거사와 진실의 규명을 떠나 그분들의 원혼을 달래야 하고, 후손이나 가족들의 고통과 피해도 보상하여야 할 일이라고 공분하였습니다. 그래서 이상길을 더 좋아했습니다.

우행은 유적의 보존이나 발굴조사의 방법 등에 대해서는 언제나 호랑이의 눈으로 보는 엄격함을 견지하던 사람이었습니다. 그 한 예가 김해 수릉원 발굴이었습니다. '가야의 숲'을 조성한답시고 유적을 다 발굴하지도 않고 덮는다고 길길이 날뛰었습니다. 당시만 하여도 요즘처럼 인터넷이나 대중에게 실상을 한꺼번에 알릴 수 있는 매체가 신문이나 언론 보도밖에 없었습니다. 그때 한국고고학회 게시판에 이의 불합리함을 올린 글은 몇 해가 지나도록 조회 건수를 경신하지 못하는 기록으로 남기도 하였습니다. 이 건에 대하여서는 둘이서 공동으로 작성한 글을 모 지역신문에 보낸 글이 학계에는 알려지지 않았습니다. 여기에

라도 실어 두고 싶습니다. 현직 국립김해박물관 학예연구실장이던 때라 이상길의 이름으로 난 글입니다. 원래 첨부된 현장의 경과가 소상하게 있습니다만, 당시의 관계자가 아직 현직에 계시고, 개인의 프라이버시 문제도 있어 주문만 넣었습니다.

챙이 넓은 모자를 눌러쓰고 카키색 작업복에 질끈 동여맨 신발, 배낭을 메고 지도와 나침반을 양손에 든 사람. 70년대 무장공비가 아닌, 사람들이 보통 생각하는 고고학자의 모습이다. 그러나 최근 일어나고 있는 문화재 현장의 풍경, 특히 김해공설운동장에서 벌어지는 일을 보면 고고학은 이제 더는 낭만적인 학문이 아니다.

지금 김해 봉황동에서는 금관가야의 문화환경을 정비하는 사업 중의 하나로 추진되는 '가야의 숲' 조성공사가 한창 진행 중이다. 이 일대는 수로왕릉과 대성동고분군, 봉황대 등 가야유적이 밀집한 곳으로, 운동장 역시 그 유적들 가운데 하나이다. 1970년대 초반 운동장을 만들 때 유물이 엄청나게 많이 쏟아져 나왔다는 이야기가 전혀 근거가 없는 것은 아닐 것이다. 이제 그 운동장을 옮기고 시민휴식공원을 조성한다고 하니 반가운 일이 아닐 수 없다. 파괴된 유적의 부분이나마 조사하고, 깎여나간 언덕을 본래 모양으로 살려서 나무를 심고 꽃을 가꾼다면 얼마나 아름답겠는가?

시굴조사를 해 보니 수백 년에 걸친 가야의 역사가 그 속에 고스란히 남아있었다. 대부분이 무덤인 이 유적은 그동안 운동장의 함성과 발길질 아래에서 천오백 년의 세월 동안 신음하고 있었다. 이제 그 후손들이 이들을 거두어 줄 차례이다. 그런데 실상은 그렇게 되지 않았다. 발굴조사 범위를 최소한으로 제한하고 인공의 산을 만들어 나무를 심는다고 한다. 그 위에서 김해 시민들에게 '편안하게' 쉬라고 한다. 그나마 올해 2월에 이미 사업이 발주되었고, 내년에는 이곳에서 세계민속축제인가를 개최한다고 하니 시간이 턱없이 부족하다. 김해시에서 10월부터는 공사를 진행할 것이라는 계획이니 조사를 맡은 기관은 마음이 급할 수밖에 없다. 자연히 발굴이 부실하게 이루어졌고, 어떤 것은 그냥 묻었다. 이렇게 해서 시민의 휴식공간이 만들어지고 있다.

김해가 어떤 곳인가? 수로왕이 알의 형태로 붉은색 보자기에 싸여 구지봉에 내려온 곳이다. 허황후가 머나먼 항해 끝에 임을 찾아온 곳이다. 수로왕이 성과 궁궐을 지었고, 가야의 왕들이 이곳에서 살았다. 가야가 시작된 곳이다. 수로왕과 관련이 있다고 생각되는 토성이 시내 곳곳에서 발견되고 있다. 新畓坪으로 나아가는 이야기는 신화가 아니라 역사적 사실이다. 김해는 가락국의 왕도였으며, 가야의 중심이었다. 그러나 아직도 김해에 대해, 왕도에 대해 모르는 것이 너무나 많다. 이제 그 시작일 뿐인데, 김해는 처참하게 파괴되어 가고 있다.

한 남자가 몸이 찌뿌둥하여 병원에 갔다. 이곳저곳을 진찰해 보지만 의사는 속 시원하게 답을 내지 못한다. 심각한 얼굴로 CT나 MRI 촬영을 권유한다. 온갖 시달림 끝에 결과가 나왔다. '축하합니다. 아무 이상 없습니다. 건강하시네요.' 의료보험도 되지 않으니 수십만 원을 내야 하고, 병원을 나서면서 억울함에 울어야 할지 건강하다니 웃어야 할지 잘 모른다. 그렇다고 항변할 수도 없다. 왜? 병원에 대해서 전혀 모르니까.

문화재 발굴이 그러하다. 유적이 중요하다고 하니 그런 줄 알아야 하고, 이것저것 핑계를 대면서 시간을 끌어도 '아, 저렇게 하는 것이구나.'라고 생각할 수밖에 없다. 궁금해서 기웃거려 보지만 들어오면 안 된다고 하니 가까이 가서 볼 수도 없다. 뭔가 아닌 것 같지만 그들이 말하는 대로 믿을 수밖에 없다. 왜? 문화재나 발굴에 대해서 전혀 모르니까.

문화재는 이제 학자나 전문가들의 전유물이 아니다. 그렇게 되어서도 안 된다. 지금 운동장에서 벌어지는 일들을 보면, 전문가들에게만 모든 것을 맡겨두기는 어렵다. 문화재는 우리 온 국민의 것이다. 김해의 문화재는 김해 시민들이 지키고 가꾸어야 한다. 김해는 지금 몸살을 앓고 있다. 도시가 급격하게 팽창하면서 파괴되어 없어지는 유적의 수도 똑같이 늘어간다. 이대로 가면 아무것도 남지 않을 것이다. 조선 시대에 만들어진 김해 지도를 보면 '수로왕 때 쌓은 성[首露王時 所築土城]'이 그려져 있다. 천 년이 넘는 세월이 흘렀건만, 조선 시대의 김해 사람들은 그것을 알고 지키고 있었다. 그런데 지금의 김해는 어떠한가? 시민의 세금으로 운영되는 시청은 과연 가야의 유적을 잘 관리하고 있는가? 김해 시민들은 조상들의 유적을 잘 지키고 있는가? 이러니 금관가야의 유적을 김해 사람들이 다 망친다는 말이 나올 만하다. 지금 우리가 가졌다고 해서 우리가 주인은 아니다. 우리는 이를 잠시 맡았다가 다음 세대에게 물려주어야 한다. 우리의 조상들이 그러했듯이. 문화재로 인한 조그마한 불편은 참아야 한다. 그래서 김해시가 '가야의 숲 조성공사가 문화재 발굴조사 때문에 늦어지고 있습니다.'라는 문구를 내걸지 않도록 해야 한다.

오늘(28일) 공설운동장에서는 부채와 칠기, 칼 등이 출토된 오래된 무덤 하나를 공개한다고 한다. 1~2세기 때 만들어진 것이니, 『삼국유사』의 기록대로라면 수로왕 당시이다. 더구나 범상치 않은 유물들로 보아 그 당시 최고 높은 신분의 사람이 묻혔던 곳이다. 아홉 촌장

[九千] 중의 한 사람이거나, 허황후를 따라왔던 천부경 申輔나 종정감 趙匡의 무덤일 수도 있다. 거센 포크레인의 발톱 아래에서 살아남은 걸 보면 아무튼 대단한 인물임에는 틀림이 없을 것이다.

모두 잠시 일손을 놓고 그 무덤을 보러 갑시다. 그러나 단순한 흥밋거리로 생각해서는 안 됩니다. 그들이 김해 사람들의 조상 아닙니까? 옷깃을 여미고 경건하게 참배합시다. 그리고 반성해야 합니다. 오늘날 우리는 참으로 많은 죄를 짓고 있습니다. 학자는 학자대로 관리는 관리대로. 가서 그분께 약속합시다. 물려주신 모든 것을 잘 지켰다가 후손에게 물려주겠노라고. 저도 그렇게 약속하고 그 약속을 반드시 지키겠습니다(이상길, 김해신문, 2004년 10월).

이뿐만 아니라 문화재청의 공청회에서 발굴조사기관의 난립에 대하여서도 여러 번 반대 의견을 발표하였습니다. 특히 4대강 사업의 불합리와 졸속 발굴에 대해서는 온갖 총대를 메고 투쟁하였습니다. 2010년 8월부터 2011년 8월까지 경상남도 낙동강사업 특위위원으로 활약하기까지 하였습니다. 전국의 학자들에게 전화하고, 찾아다니며 4대강 사업의 졸속을 저지하려고 동분서주하였습니다. 누구도 설득하지 못하였고, 선뜻 서명하여 주는 동료도 없었습니다. 얻은 것 하나 없이 허탈해하는 모습은 처연하였습니다. 공무원이어서 안 되고, 국립대학 교수여서 곤란하다고 하였습니다. 학계에서는 단 두 분이 끝까지 서명하여 주셨다고 하였을 때는 거의 탈진한 채 나를 만나 하소연하였습니다.

2006년부터 있었던 김해 구산동 유적의 발굴 시에는 조사가 종료될 때까지 지도위원이었습니다. 정징원, 임효택 선생님과 함께 전 과정에 대하여 많은 의견을 내놓았습니다. 길 건너편 김해박물관에 있던 나도 늘 함께 현장을 드나들었습니다. 드디어 2008년 1월에 1차 발굴을 마무리하였습니다. 무문토기 말기의 주거지와 점토대토기 혹은 야요이계 토기의 문제와 지석묘의 시기, 양자의 상관관계 등이 연구성과 혹은 연구과제로 떠올랐습니다. 작게는 무문토기시대의 난방시설인 '점토고래'의 제기도 이슈가 되었습니다. 무엇보다도 난감한 문제가 하나 있었습니다. 민원이 해결되지 않아 늦게 시작한 평지의 지석묘 조사는 매장주체부를 아직 확인하지 못하였다는 데 있었습니다. 350여 톤 이상이 되는 상석과 남아있는 묘역이 85m나 되는 그야말로 지금까지 우리나라에서 가장 큰 규모였습니다. 국도 바로 옆에 5m 이상을 파 안전의 위험이 있었고, 택지 조성의 공정도 급하였습니다. 우선 발굴을 종료하되 해당 구역은 모두 김해시에 기부채납 한 후, 후일 매장주체부를 다시 조사하고, 국가사적 지정, 묘역의 복원과 공원화 등의 순을 밟기로 정하였습니다.

이 유적은 우행이 처음 제기하였던 '구획묘' 혹은 '묘역식'의 지석묘로, 나와는 늘 현장에서 이런 형식 지석묘의 하한이 더 내려와야 한다는 의견과 함께, 이 지석묘의 조영 집단이 철기를 인지하였거나 가지고 있었다는 데 초점이 맞추어져 있었습니다. 다행히 조사 중단 후 우선 경상남도 문화재로 지정하였고, 15년여가 흐른 2021년 매장주체부에 대한 조사가 이루어졌습니다. 현재는 복원, 정비와 사적 지정 신청을 준비할 수 있게 되었습니다. 어렵고 힘든 결정 시점마다 정징원 선생님께 우리의 의견을 피력하였고, 관계 기관의 협조를 받을 수 있었습니다.

이 당시 우리는 경남고고학연구소의 김해 율하 발굴과 구산동 지석묘 발굴, 김해박물관의 봉산리 지석묘 발굴 등이 서로 겹쳐 사흘이 멀다고 만났습니다. 이해 봄 우행에게 보낸 e메일이 있어 싣습니다.

> 나에게 많은 도움을 받았다고 생각할지 몰라도
> 내가 형에게 더 많은 도움을 받았습니다.
> 나에게 늘 감사하다고 하였지만, 내가 형에게 더 감사합니다.
> 나를 더 사랑한다고 할지 몰라도, 내가 형을 더 사랑합니다.
>
> 春雨細不滴, 夜中微有聲, 雪盡南溪漲, 草芽多少生
> 圃隱의 '春興'을 다시 읽은 것이 아마 지난해 이맘때 같습니다.
> 어렵게 말하여 이때쯤 오는 비를 膏雨라 하여도 될 듯합니다.
> 풀싹이 더러 났을까? 라며 자적하던 圃隱의 싯구에는
> 제목처럼 春興이 아니라
> 무서운 경계심이 숨어있는 것 같아 새삼스럽습니다.
>
> 하루가 너무나 힘들어 단순한 춘곤증이 아니라 병이 아닌가도 걱정입니다만,
> 곧 있을 인사와 우리 기관의 변화 방향을 지나치게 걱정한 탓인가 자위합니다.

형도 너무 바쁘지만 말고, 여유를 가지며 생활하였으면 합니다.

내일이면 만나는데 왜 이리 기다려지는지?

아마도 내가 형을 사랑하고 있는가 봅니다.

방울지지 않는 봄비 한 자락과 구지봉 새싹의 생동감을 담아 보냅니다.

2008. 3. 19, 雲門 拜

6. 다시 진주에서

나는 2010년까지 김해박물관에 있다가 서울로 다시 발령이 났지만, 병이 나 잠시 휴직하였습니다. 그리고는 진주박물관으로 가게 되었는데, 거기서 우행의 비보를 들었습니다. 내가 병이 나서 내 앞가림하기에도 벅찼고, 우행에게 신경을 써 주지 못하여 그런 일이 생긴 것 같아 깊은 회한에 빠진 시기이기도 합니다. 다시는 만날 수 없는 벗을 잃고 四十九日齋 때 추모사를 하였고, 1주기 때에도 추모사를 하였습니다. 3년 뒤 추모논집의 편집후기도 썼습니다. 황망하였지만 아직도 이런 자리에서 이런 추모사를 하여야 하는 자신을 이해할 수 없습니다. 앞의 두 글과, 우행을 생각하며 만든 홍도와 채도 한 점씩을 같이 싣습니다. 부디 영면하길 빕니다.

牛行 李相吉 敎授를 보내며

'牧丹은 하필 뚝뚝 떨어지는지' 알지 못하였더이다.

당신은 그렇게 우리를 떠나고 싶었던 모양이외다.

新綠의 꿈은 어떡하고,

'떨어져 누워 시드시는가?'

어디 그리 바삐 가시는가?

큰 나무 되어 쉴 그늘 만들자더니

九孔炭 煙氣처럼 慌忙히 타버리셨는가?

한갓 기러기 飛에도 앞뒤가 있는데
어찌 이렇게 순서도 모르시는가?
아!
어떻게 할까?
舞鶴山에서 춤을 추게 해줄까?
南海 바닷가의 모래알이 되게 해줄까?

진이와 민이가 눈에 밟히지도 않으시던가?
西安 旅行 다시 하자던 약속은 왜 지키지 않으시는가?
그날, 저녁 먹기로 한 시간은 잊어버리셨는가?
縣洞 고개 넘어 平居洞 오던 길에
餘航 貯水池 한 켠이 그렇게도 좋으시던가?

大坪과 鳳山里, 茶戸里에서의 熱情은
그냥 내 가슴에 묻으라구요?
밀린 報告書의 무게가 그리도 무거우시던가?
달랑 한 줄
'좀 더 眞率하게 살고 싶었다'구요?

몸뚱이 불태우던 날에도,
몇 줌 뼈 묻던 날에도
그렇게 悽然히 비가 내리더니
저 밝은 世上으로 떠나는 오늘
이제야 五月의 햇살이 내리는구려.

내 목이 막혀 차마 알량한 이 노래 다 부르지 못하면
벗아!
相吉아!

벌떡 일어나
이 노래를 마저 불러주시게.
그리고 이제는
飛鳳里 배 타고 떠나시게.
琴川里 논둑 물 퍼 담아
옥현들에서 쌀농사를 지으시게.
그러다 틈나면
德川里 고인돌 우에 올라가
못다 분 大쪽이나 마저 부시게.

지금은 鬼神이 된 몸.
좁은 硏究室에서 두 봉지나 넣어주던 커피도
이젠 더 마실 수 없구려.
영남식당 도다리 쑥국과 해물탕은
더 사주지 않아도 투정하지 않겠네.
貝塚 나돌며 黑曜石 줍던 弟子들은 내가 데리고 다님세.
카키색 점퍼에 地圖와 寫眞機를 메고 다니다가
派出所 잡혀 있던 일은
이제 그만하여도 되시겠네.

突帶文土器와 黙谷里 玉,
區劃墓와 논에 대한 글들은
모두 당신 생각이 옳다고 믿네.
艅航山에서 시작하여 慶山 텅스턴 鑛山을 거치시었던가?
文山과 外公里까지 갔었지 아마.
한국전쟁 民間人 虐殺에 대한 認識에는 내가 同感해주지 않았는가?
그것으로 부족하시던가?
四大江 正義에 단 두 사람만 贊同하여 외로우셨는가?

모두 당신의 올곧음과 慧眼을 기억할 것이니 서러워 마시게.
우리 대나무 이야기를 하지 않으셨는가?

- '형! 대나무는 늘 푸르러야 하잖아요?'
- '바람에 휠 때도 있지요.'
- '그렇지만 부러지지는 않잖아?'
- '대쪽처럼 쪼개지기도 하지.'
'그래서 마디가 있는 거니 이쯤에서 매듭을 지음세.'
선문답이 너무 매몰차서 늘 한 것처럼 그렇게
쪼개지고 매듭지으셨는가?

'호랑이의 눈으로 보고,
소처럼 행하자'고 하여 놓고,
'남에게는 부드럽게,
나에게는 엄하게' 살자고 해놓고,
'모든 것 받아들이는 큰 바다가 되자'고 해놓고.

구름에 띄우고, 물에 흘려보내니
그렇게 유유히 가시게만
여기 三江 掘門 뜰에 돌 하나 세워
해마다 우리는
당신을 記憶하려 함이니
모든 것 다 잊고
부디 편히 쉬소서.

이천 십이 년 윤삼월 스무엿새 雲門 合掌

牛行 1週忌에 부쳐

어젯밤 예쁜 반달이 떴더군.
오는 듯 가버리는 봄처럼
자네가 떠난 지 벌써 일 년이 되었네.
우리는 오늘도 애증에 열을 내고
잇속과 손실을 저울질하고 있는데
자네는 이제 편안하신가?

수백 개의 초록처럼
우리 모두 같은 일을 하면서도
서로 다른 생각으로 살아가고 있네.

선생님 같은 종규 형은 여전히 모두에게 어려운 분이네.
나만큼 편하고 함부로 대하는 사람도 세상에 없기는 하겠지만
자네가 가고 난 다음부터 너무 힘들어하시니 나도 뵙기가 쉽지 않네.
늘 밭에 나가 전기톱 기계음으로 공황을 삭이신다고 하네.

자네들 후배는 여전히 학회를 주름잡고 다니고들 있네.
그렇지만 누구라도 큰 형인 자네의 부재를 아쉬워할 걸세.
언제나 엄하게 대했던 자네 제자들은
부모 잃은 고아마냥 아직은 측은해 보이네.
그래도 끼리끼리 모여서 열심히들 하여
자네가 그렇게 욕을 먹었던 德川里와 黙谷里 보고서를 내었다네.
자네의 유고가 되고만 글이네.
은, 연, 현, 희 등은 학위 논문을 썼네. 축하해 주시게.
이제 남은 옥현과 대평, 금천리 등도 잘 정리될 터이니 그리 아시게.

나는 이 현장과 저 유적을 기웃거려 보지만

그 어디에도 자네가 없어 신이 나지 않네.

도청 회의에 가도 자네의 빈자리가 너무 커 보이네.

내가 하는 일마다 언제나 진지한 동무가 되어주었기 때문이네.

때로는 날카로운 비판이 핀잔이 되기도 하였고,

뜬금없는 칭찬은 동의로 받아들여졌었네.

지지부진하던 홍도를 만들면서 자네 생각을 많이 하였네.

안료를 잘 찾아내고 발색이 좋게 하여 자네에게 보여주고 싶었네.

어은 1지구 85호 주거지에서 나온 와인 잔은 그래서 두 점이나 만들었네.

그 잔으로 자네와 축배를 들고 싶었네.

자네가 그렇게도 이뻐하던 우리 아이들에게는

자네 이야기를 아직 하지 못하였네. 차마 말문이 떨어지지 않았네.

중학교 입학할 때 사준 콘사이스와

중국과 몽골에 갔다 오면서 선물한 채도와 기념품은 아직도 가지고들 있네.

남재우 교수도 힘이 없기는 마찬가지일세.

창녕을 가든, 회의를 하든

그 빠른 말투 속에는 자네 없음에 대한 서운함이 배어난다네.

자네가 가고 난 다음부터 파마하였네.

자네의 그 곱슬머리를 흉내 내었는데 어떤가?

그동안 거의 두문불출하였네만

무작정 이러고 있을 수만은 없겠지?

다시 열심히 살아감세. 약속한 대로 제자들도 가끔 둘러봄세.

사대강은 고집대로 다 되었네.

북핵이니 진주의료원 사태니 세상 돌아가는 걸 봤다면

또 육두문자가 나왔겠지만, 차라리 보지 않는 것이 다행이네.

오늘 여러 후배와 동학, 제자들이 모였네.

다들 바쁘지만 마다하지 않고 걸음을 하였네.

내년부터는 더 줄어들 것이네.

차츰 자네를 잊을 준비도 해야 하지 않겠나?

그렇지만 모두의 마음속에는 늘 자네가 자리 잡고 있네.

덕천리와 묵곡리 보고서,

그리고 못난 홍도 책을 앞에 두고

나하고 담배나 한 대 피움세.

내년에 또 봄세.

2013. 4. 20. 雲門 書

홍도 복원품(진주 대평 어은1지구 85호주거지
출토)

가지무늬토기 복원품

제주도 동굴유적 검토

박근태 | 일영문화유산연구원

Ⅰ. 머리말

제주도는 180만년 전 수성화산활동에 의해 형성되기 시작하였으며 이후 지속적인 화산활동으로 한라산과 360여개의 화산분화구(오름)가 형성되었다. 화산활동은 홀로세에도 지속적으로 이루어져 성산일출봉, 비양도, 송악산 등이 생겼으며 역사시대 문헌자료에도 화산활동에 대한 기록이 남아 있다(안웅산 2016). 이러한 화산활동의 결과로 생겨난 것이 용암동굴이며 제주도는 용암동굴의 寶庫라 할 수 있다. 제주도내에는 현재까지 207개의 동굴이 분포하고 있는 것으로 알려져 있다(손인석과 김기현 2019). 이 중 8개소 14개 동굴이 천연기념물로 지정되어 있으며, 1개 동굴이 제주특별자치도기념물로 지정되어 보존 관리되고 있다. 이러한 동굴 중 일부는 동굴입구집자리, 바위그늘유적 등으로 선사시대부터 역사시대에 이르기까지 집자리 또는 임시거처 등으로 이용되었을 뿐만 아니라 제주4.3에는 피난처로 이용되었다.

제주도의 선사시대 주민들의 주거방식은 빌레못동굴유적, 한들굴유적, 북촌리유적 등의 조사를 통해 수혈주거지를 축조하기 보다는 동굴주거방식을 선택했던 것으로 이해되었다. 하지만 1996년 삼양동유적(제주대학교박물관 1997)에서 처음 송국리형 수혈주거지가 조사된 이후 용담동유적, 외도동유적, 하귀리유적, 곽지리유적, 예래동유적, 화순리유적, 강정동유적, 토평동유적 등에서 송국리형 취락유적이 조사되었다. 또한 삼화지구유적, 용담동유적, 강정동유적, 화순리유적에서는 청동기시대 방형주거지가 조사되었다. 이러한 조사성과로 인해 기존 동굴유적이 가졌던 정주적 동굴거주방식의 성격을 재고할 필요성이 제기되었다. 따라서 본 글에서는 고산동굴유적, 김녕실증단지유적, 한못궤굴유적, 북촌동굴유적, 궤내기동굴유적 등 발굴조사된 동굴유적의 분석을 통해 유적의 점유양상이나 시기 등을 파악하고 시기별 변화양상과 취락유적과의 분포양상에 대해 살펴보고자 한다.

Ⅱ. 제주도 동굴유적 현황

1. 동굴유적 분포 현황

먼저 동굴유적에 대해 살펴보기 전에 동굴의 정의에 대해 정리하고자 한다. 천연동굴은 지구의 지표면 아래 한 사람이 들어가기에 충분한 크기의 통로가 연결된 공간적인 체계와 태양광선이 닿지 않는 어두운 지대로 학술적 의미로서는 지하수가 흘렀던 지점으로부터 끝나는 지점이라 정의하기도 하고 한편으로는 인간의 출입이 가능한 공동으로서 입구의 직경이 0.3m 이상을 지칭하기도 한다. 문화재청 동굴관리지침에 의하면 지하 암체 내에서 천연으로 만들어진 공동으로 적어도 사람이 들어갈 수 있는 정도의 규모이거나 사람의 출입이 어렵지만 연장 가능성이 충분히 있는 것을 포함한다(손인석 2005: 15).

동굴은 생성요인에 따라 석회동굴, 화산동굴, 해식동굴 등으로 분류되며 형태상으로는 수평동굴, 수직동굴, 경사동굴, 다층동굴, 미로형동굴, 망상형동굴, 복합형동굴로 구분되는데 대체로 수직동굴과 수평동굴로 분류한다(손인석 2005: 15).

제주도에서 동굴은 화산활동과 관련하여 생성된 천연동굴과 바닷가 파도의 침식작용으로 형성된 해식동굴, 일제강점기에 군시설을 위해 인공적으로 만든 진지동굴로 구분된다.

이 외에 소형 동굴로 인식되는 바위그늘[1](궤)가 확인된다. 선사시대 유적이 형성되어 있는 동굴유적은 동굴입구집자리와 바위그늘유적으로 구분할 수 있다. 지금까지 제주도 문화유적 분포지도에 수록된 동굴유적을 정리하면 <표 1>과 같다.

제주도의 동굴유적은 대략 50개 소가 확인되었지만 더 많을 것으로 추정된다. 곶자왈지역에 분포하는 소형 궤에서 유물이 지속적으로 확인되고 있기 때문에(일영문화유산연구원 2022) 중산간지역에 정밀지표조사를 진행한다면 동굴유적의 수량은 증가할 것으로 판단된다.

[도면 1]의 제주도 동굴유적 분포도를 참고하면 동굴유적은 주로 제주도 북동부지역, 서남부지역에 분포한다. 북동부지역의 경우 동굴입구집자리와 바위그늘유적이 복합적으로 형성되어 있지만 서남부지역은 모두 바위그늘유적으로 이루어져 있다. 서남부지역의 바위그늘유적은 창고천, 중문천, 색달천 등의 하천과 해식동굴에 형성되어 있다. 그리고 서부지역은 고산동굴유적, 한들굴유적, 빌레못동굴유적과 같이 모두 동굴입구집자리로 이루어

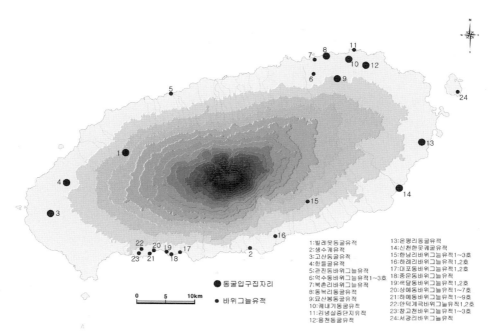

[도면 1] 제주도 동굴유적 분포도

1:빌레못동굴유적
2:생수궤유적
3:고산동굴유적
4:한들굴유적
5:관진동바위그늘유적
6:억수동바위그늘유적1~3호
7:북촌리바위그늘유적
8:동복리동굴유적
9:묘산봉동굴유적
10:궤내기동굴유적
11:김녕실중단지유적
12:용천동굴유적
13:온평리동굴유적
14:신천한못궤굴유적
15:한남리바위그늘유적1~3호
16:하례리바위그늘유적1,2호
17:대포동바위그늘유적1,2호
18:중문동바위그늘유적
19:색달동바위그늘유적1,2호
20:상예동바위그늘유적1~7호
21:하예동바위그늘유적1~9호
22:안덕계곡바위그늘유적1,2호
23:창고천바위그늘유적1~3호
24:서광리바위그늘유적

● 동굴입구집자리
● 바위그늘유적

0   5   10km

진 특징을 보인다. 남동부지역의 경우 중산간지역에는 바위그늘유적인 반면 해안지역에는 동굴입구집자리로 확인된다. 이러한 점은 제주도 동굴지대의 분포, 곶자왈지역, 하천의 위치(수계)와 연관된 것이라 할 수 있다.

〈표 1〉 제주도 동굴유적 현황

순번	유적명	위치	시기	조사유형	조사기관
1	빌레못동굴유적	제주시 북부	구석기시대	발굴	영남대학교박물관
2	생수궤유적	서귀포시 남부	구석기시대	발굴	국립제주박물관
3	고산동굴유적	제주시 서부	신석기 조기~탐라	발굴	일영문화유산연구원
4	신천리 한못궤굴유적	서귀포시 동부	신석기 조기~탐라	발굴	제주문화예술재단
5	김녕실중단지유적 바위그늘	제주시 북동부	신석기 전기~탐라	발굴	제주고고학연구소
6	한들굴유적	제주시 북서부	신석기 후기	시굴	제주문화예술재단
7	북촌리 바위그늘유적	제주시 북동부	신석기 후기~탐라	발굴	제주대학교박물관
8	궤내기동굴유적	제주시 북동부	초기철기~탐라	발굴	제주민속자연사박물관
9	묘산봉동굴유적	제주시 북동부	탐라	지표수습	
10	목수물굴유적	제주시 북동부	신석기 후기	지표수습	
11	동복리 동굴입구 집자리	제주시 북동부	탐라	지표수습	
12	온평리 동굴유적	서귀포시 동부	탐라	지표수습	
13	억수동 바위그늘유적 1호	제주시 북동부	신석기, 탐라	지표수습	
14	억수동 바위그늘유적 2호	제주시 북동부	탐라	지표수습	
15	억수동 바위그늘유적 3호	제주시 북동부	탐라	지표수습	
16	서광리 바위그늘유적	제주시 우도	탐라	지표수습	
17	가문동 바위그늘유적	제주시 북서부	탐라	지표수습	
18	안덕계곡 바위그늘유적 1호	서귀포시 남서부	탐라	지표수습	
19	안덕계곡 바위그늘유적 2호	서귀포시 남서부	탐라	지표수습	
20	창고천 바위그늘유적 1호	서귀포시 남서부	탐라	지표수습	
21	창고천 바위그늘유적 2호	서귀포시 남서부	탐라	지표수습	
22	창고천 바위그늘유적 3호	서귀포시 남서부	탐라	지표수습	
23	상예동 바위그늘유적 1호	서귀포시 남부	탐라	지표수습	
24	상예동 바위그늘유적 2호	서귀포시 남부	탐라	피트조사	제주문화예술재단
25	상예동 바위그늘유적 3호	서귀포시 남부	탐라	지표수습	

순번	유적명	위치	시기	조사유형	조사기관
26	상예동 바위그늘유적 4호	서귀포시 남부	탐라	지표수습	
27	상예동 바위그늘유적 5호	서귀포시 남부	탐라	지표수습	
28	상예동 바위그늘유적 6호	서귀포시 남부	탐라	지표수습	
29	상예동 바위그늘유적 7호	서귀포시 남부	탐라	지표수습	
30	하예동 바위그늘유적 1호	서귀포시 남부	탐라	피트조사	
31	하예동 바위그늘유적 2호	서귀포시 남부	탐라	지표수습	
32	하예동 바위그늘유적 3호	서귀포시 남부	탐라	지표수습	
33	하예동 바위그늘유적 4호	서귀포시 남부	탐라	지표수습	
34	하예동 바위그늘유적 5호	서귀포시 남부	탐라	지표수습	
35	하예동 바위그늘유적 6호	서귀포시 남부	탐라	지표수습	
36	하예동 바위그늘유적 7호	서귀포시 남부	탐라	지표수습	
37	하예동 바위그늘유적 8호	서귀포시 남부	탐라	지표수습	
38	하예동 바위그늘유적 9호	서귀포시 남부	탐라	지표수습	
39	색달동 바위그늘유적 1호	서귀포시 남부	탐라	지표수습	
40	색달동 바위그늘유적 2호	서귀포시 남부	탐라	지표수습	
41	중문동 바위그늘유적	서귀포시 남부	탐라	피트조사	
42	대포동 바위그늘유적 1호	서귀포시 남부	탐라	지표수습	
43	대포동 바위그늘유적 2호	서귀포시 남부	탐라	지표수습	
44	하례리 바위그늘유적 1호	서귀포시 남부	탐라	지표수습	
45	하례리 바위그늘유적 2호	서귀포시 남부	탐라	지표수습	
46	신례리 바위그늘유적	서귀포시 남부	탐라	지표수습	
47	한남리 바위그늘유적 1호	서귀포시 남동부	탐라	지표수습	
48	한남리 바위그늘유적 2호	서귀포시 남동부	탐라	지표수습	
49	한남리 바위그늘유적 3호	서귀포시 남동부	탐라	지표수습	
50	용천동굴유적	제주시 북동부	탐라후기(통일신라)	발굴조사	국립제주박물관

2. 동굴유적 시대별 조사 현황

1) 구석기시대

구석기시대 동굴유적으로는 빌레못동굴유적과 생수궤유적이 있다.

(1) 빌레못동굴유적[2]

제주시 애월읍 어음리에 위치한 빌레못동굴은 천연기념물(제342호)로 지정되었다. 동굴 내 유적이 형성된 곳은 넓은 광장의 형태로서 장축 18m, 단축 15m가량 되는 불규칙한 타 원형이다. 유적의 층위는 모두 3개 층으로 구분되며 문화층인 2층과 3층에서 동물뼈와 뗀 석기[打製石器]가 출토되었다. 석기는 모두 현무암제이며 찍개 3점, 박편도끼 4점, 긁개 26점, 칼 12점, 첨기 2점, 송곳 1점, 부리형석기 1점, 홈날석기 2점, 톱니날석기 1점 등 모두 52점 이다. 그 밖에 격지 49점, 돌날 2점, 몸돌 2점이 확인된다. 유적에서 출토된 갈색곰뼈와 대 륙사슴 등의 동물뼈는 구석기시대에 제주도가 육지와 연결되어 있었다는 점과 함께 구석 기시대 유적이 형성되었을 가능성이 높다는 점에서 의미가 크다. 그리고 동물뼈와 석기유 물을 통해 볼 때 중기구석기시대로 상대편년된다(정영화 1974, 1986).

[사진 1] 빌레못동굴 출토 석기

[사진 2] 빌레못동굴 출토 갈색곰뼈

(2) 생수궤유적

유적은 서귀포시 서귀동 795번지 '솟밭내'가 흐르는 천지연폭포 인근 절벽 하단부 바위 그늘에 형성되어 있다. 발굴조사결과 긁개, 밀개, 톱니날석기, 홈날석기, 뚜르개, 새기개 등 잔손질석기와 돌날, 돌날몸돌, 좀돌날, 좀돌날몸돌, 격지 등 후기구석기시대에 해당하는 유물이 출토되었다. 이러한 석기는 바위그늘의 낙반석을 석재로 이용하여 '모서리격지'떼 기라는 석기제작기술로 제작되었다. 유적의 형성시기는 최후 빙하기의 해수면 하강시기로 OSL분석결과 최하층에서부터 26,900±3,300BC, 17,500±1,700BC가 층서적으로 분석된 바

---

2) 빌레못동굴유적은 90년대까지 국정역사교과서에 수록되어 있었으나 지금은 유적에서 출토된 석기유물에 대해 석기로써 의 진위여부에 문제가 제기됨에 따라 교과서에서 제외되었다.

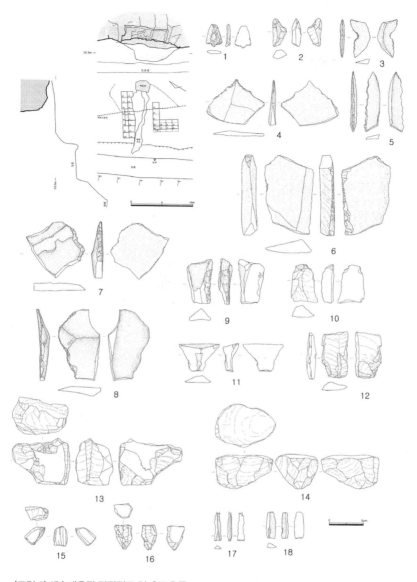

[도면 2] 생수궤유적 평단면도 및 출토유물

있다(국립제주박물관 2012).

　구석기시대 제주도 동굴유적의 특징은 출토석기가 모두 낙반석으로 제작되었다는 점이다. 더욱이 생수궤유적은 유적의 시기 뿐만 아니라 유물양상에서 한반도의 구석기문화와 다른 독특한 양상이 확인되고 있다. 그리고 제주도내에서 구석기시대 유적으로 알려지진 않았지만 외도동유적과 삼화지구유적에서 구석기시대의 유물로 추정된 찍개류가 출토된 바 있다. 석기제작기술 및 석재의 유사성 등에서 동굴유적의 유물과 직접적인 연관성을 부여하기는 어렵겠지만 제주도에서 구석기시대 유적이 추가적으로 확인될 가능성은 높다.

2) 신석기시대

(1) 고산동굴유적

제주시 한경면 조수리의 경작지에 위치한 동굴유적이다. 동굴의 규모는 입구 길이 6.5m, 높이 1.2m이며 'S'자형의 터널형구조이다. 입구 구조는 수직적 구조이며 동굴 길이는 150m 이상되는 대형동굴이다. 동굴 내부에서 유물은 입구에서부터 안쪽으로 140m까지 지속적으로 확인되고 있다. 특히 입구에서 130m 안쪽으로 들어간 곳에서 융기문토기가 출토되고 있어 기존 동굴입구집자리의 양상과 다른 특이점을 보이고 있다. 유물은 융선문토기[도면 3:1~15]와 압인횡주어골문호형토기[도면 3:19], 조흔문토기가 확인되었다. 동굴 내부 표

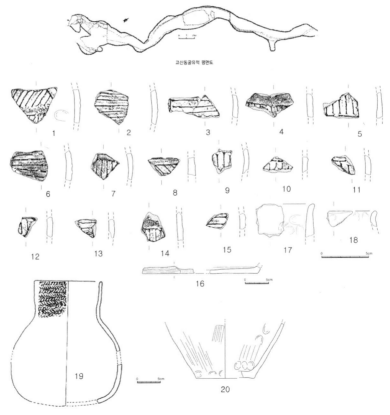

[도면 3] 고산동굴유적 평면도 및 출토유물

토에서 확인되었기 때문에 정확한 유적의 성격이나 시기를 파악하기 힘들지만 신석기시대 조기~전기 단계에 해당하는 동굴주거유적으로 판단된다(일영문화유산연구원 2021).

(2) 김녕실증단지유적

김녕실증단지유적은 제주시 동북부지역인 김녕리 서쪽 해안가 풍력단지조성부지 내 소형 동굴에서 확인되었다. 입구는 낮지만 수평적 구조이다. 유물은 토기와 석기, 자연유물

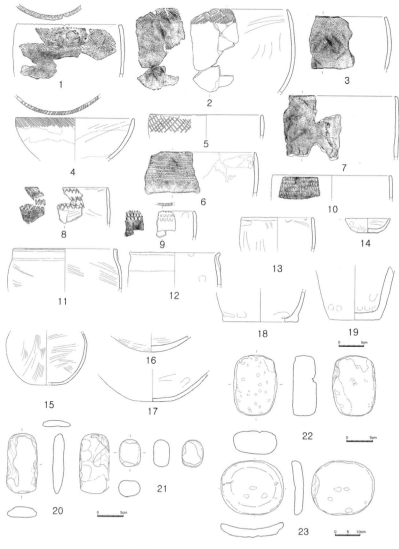

[도면 4] 김녕실증단지유적 출토유물

로 구분되며 대부분 흑색사질층과 패각층에서 출토되었다. 토기류는 영선동식토기[도면 4:1~7], 이중구연토기[도면 4:11·12], 경질무문토기, 석기류는 갈판, 갈돌, 홈돌, 고석, 지석, 마제석부로 구성된다. 동물유체는 노루나 사슴, 멧돼지, 소, 말이 확인되었다. 패각은 소라와 말전복, 오분자기, 배말류, 눈알고둥, 개울타리고둥, 팽이고둥, 갯고둥 같은 복족강과 대복, 홍합과 같은 부족강이 있다. 유적은 토기의 구성비율로 볼 때 신석기시대 전기단계에 주로 활용되었으며 신석기시대 후기, 초기철기시대~원삼국시대까지도 간헐적으로 이용되었던 동굴유적이라 판단된다(박근태 2019).

(3) 한못궤굴유적

한못궤굴유적은 제주도 동남부지역인 성산읍 신천리 일주도로변에 위치한다. 동굴의 천정부가 함몰되면서 입구가 형성되었지만 수평적 구조이다. 해안에서 800m 정도 이격되어 있으며 해안가 방향으로 동굴은 연장되며 중간에 함몰부가 추가적으로 확인된다. 동굴의 입구는 반원형으로 폭 450㎝, 전체 높이 165㎝, 들린높이 120㎝이다. 유적에서는 신석기시

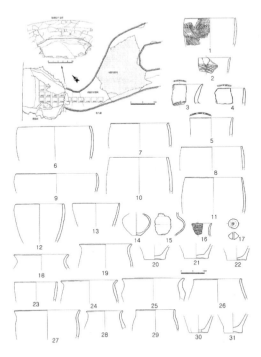

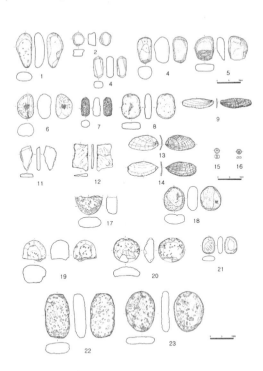

[도면 5] 한못궤굴유적 평단면도 및 출토 토기

[도면 6] 한못궤굴유적 출토 석기(신석기시대층:1~5, 청동기시대:6~18, 탐라:19~23) 및 패제품(9·13·14)

대 층에서 점열문토기, 조흔문토기, 고석, 갈돌, 갈판, 어망추 등이 확인되었다. 청동기시대 층에서는 구순각목문토기, 직립구연토기, 외반구연호, 흑색마연토기, 어망추, 소옥, 갈돌, 패도 등이 출토되었다. 탐라시대 층에서는 곽지리식토기, 고내리식토기, 회청색경질토기, 갈돌, 갈판 등이 출토되었다. 이러한 출토유물로 볼 때 신석기시대 후기부터 청동기시대, 탐라시대까지 지속적으로 사용된 동굴유적이라 할 수 있다(제주문화예술재단 2006).

(4) 북촌리유적

유적은 제주시 조천읍 북촌리에 위치하며 화산활동으로 형성된 동굴을 이용한 바위그늘유적이다. 유적이 형성된 동굴은 속칭 '고두기엉덕'이라 불리는데 '엉덕'은 바위밑 그늘을 의미한다. 바위그늘의 규모는 정면의 폭은 11m, 높이 2.5m, 입구에서 안쪽까지 길이는 3m이다. 출입구는 정남향이며 수평적 구조이다. 동굴 내부는 커다란 암반으로 이루어진 평탄한 부분과 인위적으로 잡석을 깔아 고르게 만든 부분으로 되어 있다. 잡석을 깔아 놓은 부분에서 토기, 개산초열매, 패각, 갈돌, 갈판 등이 출토되었다. 유물은 대부분 신석기시대 토기로 구연부 아래에 3열 혹은 4열의 원형·삼각점렬무늬토기, 이중구연토기로 구성되며 일부 공열문토기, 경질무문토기, 회색도기가 출토되었다. 이 외에도 빗창 형태의 골각

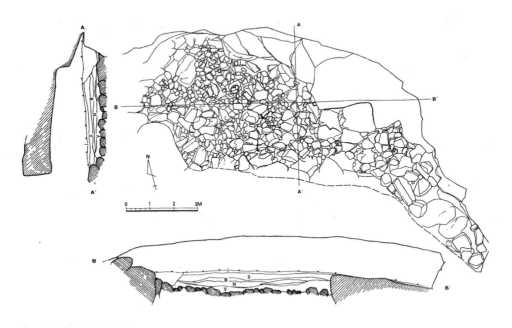

[도면 7] 북촌리유적 평·단면도

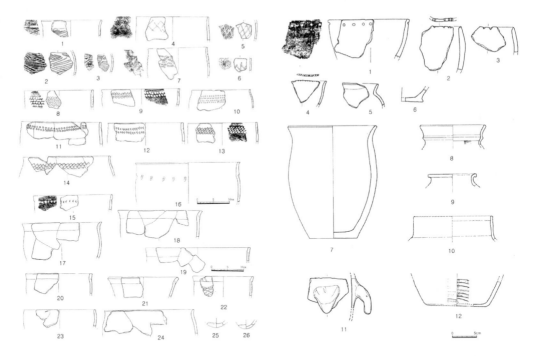

[도면 8] 북촌리유적 신석기시대 토기　　　　　　　[도면 9] 북촌리유적 청동기시대~탐라시대 토기

기도 출토되었다(제주대학교박물관 1988).

　가장 아래층의 AMS연대결과 2950±25년으로 측정되어 신석기시대 후·말기 단계 주거유적으로 판단되며 이후 청동기시대, 탐라시대에도 일시적으로 이용되었던 것으로 보인다.

(5) 한들굴유적

　유적은 한림읍 금능리 마을 일주도로에서 조수리로 가는 비포장도로로 1.5㎞ 정도 올라간 지점에서 서쪽으로 100m가량 떨어진 임야에 위치한다. 굴 입구는 동굴 천정부가 함몰되면서 낙반석에 의해 경사를 이룬다. 굴입구는 서향이며 폭 8m, 높이 3m 정도이다. 유물은 신석기시대 삼각점열문토기, 원형점열문토기와 탐라시대에 해당하는 경질무문토기, 고내리식토기가 확인된다. 특히 최하층에서 가압박리로 잔손질된 타제석촉이 확인되었다. 자연유물로 패각과 동물뼈가 다수 확인된다(제주도 2000).

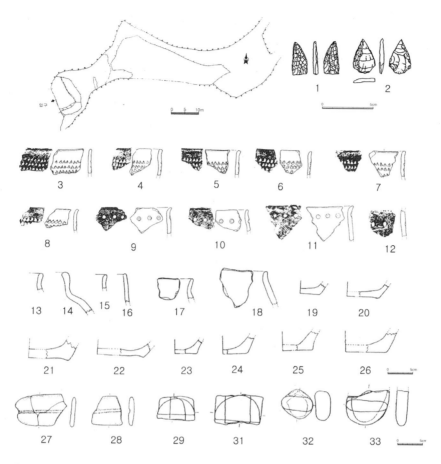

[도면 10] 한들굴 평면도 및 출토유물

3) 초기철기시대~탐라시대

(1) 궤내기동굴유적

이 유적은 김녕중학교 남쪽, 입산봉 동쪽지경의 농경지 내에 위치하고 있으며 김녕 궤내기당으로 잘 알려져 있다. 1991년부터 1993년까지 3차에 걸쳐 제주민속자연사박물관에 의해 발굴조사가 진행되었다. 발굴조사에서 출토된 유물은 토기류, 석기류, 골각기 등이 있다. 토기류는 원형점토대토기, 삼각형점토대토기, 회색도기, 경질무문토기가 있다. 삼각형점토대토기는 궤내기동굴유적을 비롯하여 종달리패총과 삼양동유적 등 제주도 북동부지역을 중심으로 확인되며 초기철기시대의 특징적인 유물로 알려져 있다. 경질무문토기는 대부분 파편들로 무문토기나 회색도기보다 월등히 많으며 제작수법과 표면상태, 그릇의

[사진 3] 궤내기동굴 조사 모습

두께, 전체기형으로 보아 탐라시대 전기에 해당하는 곽지리식토기에 속하는 것이다. 반면 탐라시대 후기의 고내리식토기는 거의 보이지 않는다. 석기류는 석촉, 석착, 숫돌, 갈돌, 돌칼로 보이는 석기 등이 출토되었다. 그 외에 철촉과 패촉, 패환, 골각기 등이 확인되었다(제주민속자연사박물관 1995). 유적에서 출토된 유물 중 가장 제주적인 특징을 보이는 것이 패촉이다. 또한 다량의 동물뼈가 확인되었는데 분석결과 대부분 돼지와 소의 머리뼈로 확인되어 마을에서 지내는 마을제(돗제)와 연관성이 있는 것으로 추정되었다(고재원 2004). 동굴

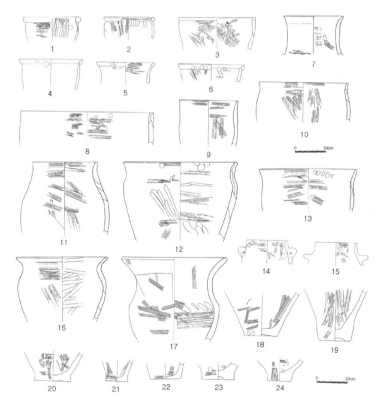

[도면 11] 궤내기동굴유적 출토 토기류

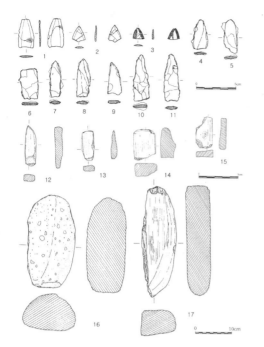

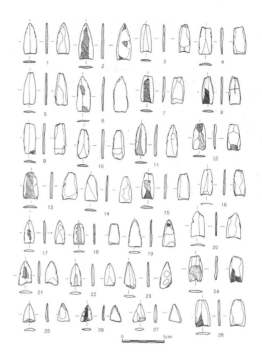

[도면 12] 궤내기동굴유적 출토 석기 및 철기　　　　　[도면 13] 궤내기동굴유적 출토 패촉

입구집자리로서 최하층의 삼각형점토대토기로 볼 때 기원전 1세기부터 거주하기 시작했던 것으로 추정되며 곽지리식토기가 사용된 탐라시대 전기 단계(기원후 2~5세기)에 거주공간과 의례공간으로 이용되었던 것으로 판단된다.

(2) 묘산봉 동굴유적

묘산봉 동굴유적은 아난티골프클럽(舊 세인트포 골프장)내 원형보존지구내에 위치하고 있으며 주변으로 보호철책이 둘려 있다. 동굴은 2개의 입구가 있으며 천장의 함몰로 형성되었다. 북쪽 입구의 동굴을 제1굴, 서쪽 입구의 동굴을 제2굴로 구분하였다. 동굴의 입구부에는 계단식 용암선반이 있으며 선반 위는 비교적 넓은 광장을 형성하고 있다(문화재청 2003). 동굴내부는 넓은 광장 모양의 원형홀 형태로 면적은 150㎡ 정도이다. 동굴 바닥에는 직경 50㎝ 정도의 낙반석이 전면에 깔려 있으며 유물은 낙반석 틈에서 확인된다. 동굴 안쪽으로 갈수록 유물이 집중 출토되고 있다. 유적에서 확인되는 유물은 경질무문토기와 타날문연질토기, 회청색경질토기, 회청색경질대호편 등의 토기류와 자연유물인 동물뼈와 패각류가 다량 분포하고 있다(제주도 2000).

(3) 상예동바위그늘

상예동바위그늘 1호는 색달천변 '뎅이물' 북쪽 100m 지점의 하천 서편에 위치한다. 입구의 직경은 1m에 정도이지만 그늘면을 포함하면 4.8m이며 높이는 2.4m이다. 안쪽까지 깊이는 3.2m로 퇴적층이 비교적 깊은 편이다. 유물은 합인석부 1점이 출토된 바 있다.

2호 바위그늘은 상예동 볼래낭소에 위치한다. 입구 천정의 높이는 1.5m, 안쪽까지의 깊이는 2.2m, 너비는 3.5m이다. 유물은 고내리식토기인 심발형토기 완형토기가 출토된 바 있다(제주도 2000).

(4) 색달동바위그늘

1호 바위그늘은 색달동 3101번지 공유수면에 위치한다. 규모는 높이 1.7m, 안쪽까지 깊이는 3.3m이며 입구에 대형 낙반석이 자리한다. 유물은 경질무문토기, 회청색경질토기, 석기, 철기 등이 수습되었다.

2호 바위그늘은 중문천(천제연하류)의 절벽 중간부분에 위치한다. 높이는 2.8m, 안쪽까지 깊이는 3.2m, 너비는 3.8m이다. 유물은 낙반석 틈새에서 경질무문토기편이 확인되었다(제주도 2000).

(5) 하례리바위그늘

서귀포시 하효동과 남원읍 하례리의 경계 하천인 효돈천변에 위치한다. 하천 침식작용으로 형성된 아아치형의 바위그늘로 정면길이 7.5m, 높이 4m, 안쪽까지 깊이는 5.3m의 규모이다. 유물은 고석과 홈돌, 갈돌과 소량의 토기편이 확인되었다(제주도 2000).

(6) 한남리바위그늘

유적은 서귀포시 남원읍 한남리 서중천변 구릉사면에 위치한다. 아아치형의 입구는 높이 1.2~1.6m, 너비 3.5m의 소형으로 안쪽까지 깊이는 2.3m이며 트인방향은 정남향이다. 유물은 경질무문토기편, 골각기, 동물뼈 등이 확인되었다(제주도 2000).

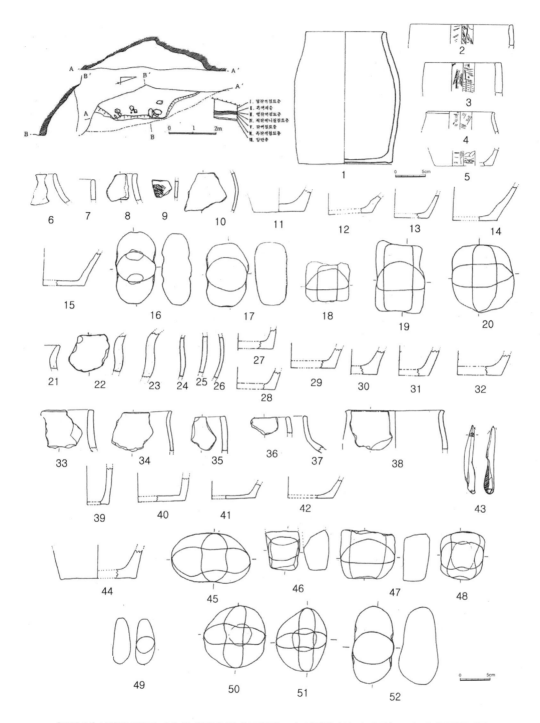

[도면 14] 상예동바위그늘2호 평·단면도 및 출토유물(1~5), 색달동바위그늘유적(6~20), 색달동동굴입구
집자리(21~32), 한남리바위그늘유적(33~43), 하례리바위그늘유적(44~52)

Ⅲ. 동굴유적의 시기와 특징

1. 출토유물 분석

유적의 형성시기는 출토유물의 분석을 통해 파악하였으며 분석대상에서 구석기시대 동굴유적은 제외하였다.

1) 토기

〈표 2〉 동굴유적 출토 토기 현황

시대 / 유적	신석기시대						청동기시대				철기시대		탐라 (원삼국~통일신라)			
토기	융기문토기	압인압날문토기	점열문토기	침선문토기	이중구연토기	무문양토기	공열문토기	구순각목문토기	직립구연토기	마연토기	원형점토대토기	삼각형점토대토기	경질무문토기	곽지리식토기	고내리식토기	회청색경질토기
고산동굴유적	○	○				○							○			
김녕실증단지유적		○	○	○	○	○							○			
한들굴유적			○										○		○	○
북촌리유적			○	○	○	○	○	○		○				○	○	
한못궤굴유적			○					○	○	○			○	○	○	○
궤내기동굴유적											○	○	○	○		○
상예동바위그늘유적														○	○	
색달동바위그늘유적														○	○	○
색달동동굴입구집자리																
온평리동굴유적													○			
하례리바위그늘유적													○			
한남리바위그늘유적														○	○	

동굴유적은 대부분 신석기시대부터 활발하게 형성된 것을 알 수 있다. 유적에서 확인된 토기류를 통해 점유시기를 파악하면 신석기시대 조기단계는 융선문토기가 출토된 고산동굴유적, 전기단계는 영선동식토기(자돌·압인·압날문토기)가 출토된 고산동굴유적과 김녕실증단지유적이 있다. 그리고 신석기시대 후·말기단계는 삼각점열문토기, 원형점열문토기, 침선문토기, 이중구연토기, 조흔문토기 등이 출토된 김녕실증단지유적, 한못궤굴유적, 한들굴유적, 북촌리유적, 억수동바위그늘유적이 있는데 비교적 광범위하게 동굴유적이 형성되었음을 알 수 있다.

청동기시대의 공열문토기, 구순각목문토기, 마연토기, 직립구연토기 등은 한못궤굴유적과 북촌리유적에서 출토되었다. 신석기시대 후·말기단계에 비해 동굴유적이 급격하게 감소하는데 아마도 삼화지구유적, 용담동유적, 강정동유적 등 '수혈주거지 축조 취락의 등장'에서 그 이유를 찾을 수 있다고 생각된다.

초기철기시대에 해당하는 원형점토대토기와 삼각형점토대토기는 궤내기동굴유적에서만 출토되었다. 그리고 점토대토기와 공반되는 직립구연토기와 외반구연토기인 삼양동식토기는 궤내기동굴유적, 한못궤굴유적에서 출토되었다.

탐라시대 전기에 해당하는 경질무문토기인 외도동식토기나 곽지리식토기는 궤내기동굴유적과 북촌리유적, 서남부지역의 상예동바위그늘유적, 색달동바위그늘유적, 하례리바위그늘유적에서 출토되었다. 또한 남동부지역의 한남리바위그늘유적과 온평리동굴유적에서도 수습된 바 있다. 아마도 탐라 전기 취락의 분포양상과 같이 제주전역에 분포할 가능성이 높다. 다만 취락유적이 증가함에 따라 동굴유적을 점유하는 빈도와 성격이 달라져 장기거주 양상의 동굴유적은 거의 확인되지 않는다.

탐라시대 후기의 고내리식토기는 한못궤굴유적, 한들굴유적, 북촌리유적, 상예동바위그늘유적, 색달동바위그늘유적, 한남리바위그늘유적에서 출토되었다. 또한 용천동굴에서는 재지의 고내리식토기는 확인되지 않는 반면 토기, 철기, 목재, 동물뼈가 출토되었는데 토기류는 외지산인 회색도기(장동병, 호형병, 편구병, 단경호, 장군)로 통일신라시대에 제작된 운반 및 저장용기이다(국립제주박물관·박재현 2018).

다양한 시기의 토기유물이 확인되는 제주도의 동굴유적은 구석기시대 이후 신석기시대에서 탐라시대까지 지속적으로 점유되었음을 알 수 있다.

2) 석기 및 도구류

　　<표 3>은 동굴유적에서 출토된 석기, 철기 등의 도구류를 정리한 것이다. 석기나 패제품 등 생업과 관련된 도구가 출토된 동굴유적은 7개소에 한정되어 있으며 그 수량도 매우 적다. 도구의 종류, 조합비를 살펴보면 어떠한 목적으로 동굴이 점유되었는지 파악할 수 있을 것이다.

<표 3> 석기, 철기 등 도구류 출토 현황(골각기 제외)

기능별 분류 / 석기 / 유적	수렵구			어로구	가공구					식료1가공구					굴지구	장신구
	석촉	패촉	철촉	어망추	마제석부	지석	석착	대석	연마석	갈돌	갈판	홈돌	고석	패도		
김녕실증단지유적					2	3		1	1	5	4	2	2			
한못궤굴유적				2		1				3	2		6	3	1	2
한들굴유적	2															
북촌리유적						8				2	3	4	1			
궤내기동굴유적	3	34	8			20	2			2						
색달동바위그늘유적				1						3			2			
하례리바위그늘유적										1		4	5			

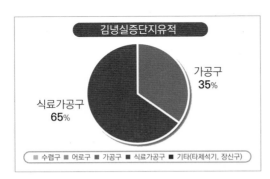

[도면 15] 김녕실증단지유적 석기조성비

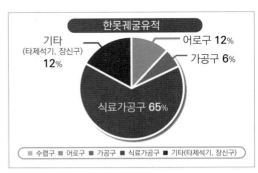

[도면 16] 한못궤굴유적 석기조성비

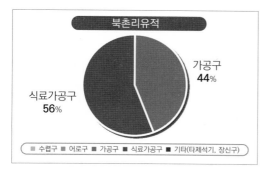

[도면 17] 북촌리유적 석기조성비

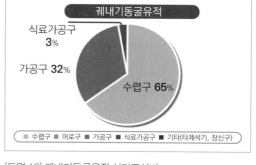

[도면 18] 궤내기동굴유적 석기조성비

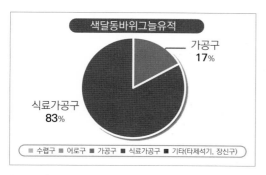

[도면 19] 색달동바위그늘유적 석기조성비

[도면 20] 하례리바위그늘유적 석기조성비

　김녕실증단지유적, 한못궤굴유적, 북촌리유적의 경우 식료가공구의 비율이 56%~65% 로 매우 높은 비중을 차지하고 있다[도면 15·16·17]. 특히 김녕실증단지유적과 북촌리유적에서 석기는 식료가공구와 가공구로만 이루어진 특징을 살펴볼 수 있다. 이와 달리 궤내기동굴 유적의 경우 식료가공구는 3%에 지나지 않으며 수렵구가 65%로 매우 높은 비중을 차지하 고 있다[도면 18]. 탐라시대에 해당하는 경질무문토기와 고내리식토기가 주로 출토된 색달동 바위그늘유적과 하례리바위그늘유적의 석기류는 대부분 식료가공구로 이루어졌다[도면 19]. 특히 하례리바위그늘유적에서는 모두 식료가공구로 구성된 특징을 보이고 있다[도면 20]. 다 만 김녕실증단지유적, 북촌리유적, 궤내기동굴유적에서는 목재나 석재, 골각기, 패제품 등 을 가공하는 가공구가 32~44%로 높은 비중은 차지하고 있다. 이렇듯 궤내기동굴유적을 제외하면 대부분의 동굴유적에서 석기조성은 식료가공구 위주의 조합양상을 보이고 있다.

　동굴유적의 석기조성과 비교할 수 있는 야외유적이나 취락유적에서 석기양상은 어떻게 나타나는지 살펴보면 다음과 같다.

신석기시대 초창기단계의 삼화지구유적에서는 석기비율 가운데 식료가공구의 비율(44%)과 수렵구(46%)가 높게 나타난다[도면 21]. 신석기시대 유적에서 출토된 석기조성을 시기별로 살펴보면 초창기단계에는 수렵구의 비율이 매우 높으며 식량가공구인 다양한 형태의 갈돌, 갈판도 높은 비율을 차지한다. 조기단계에는 전시기와 달리 수렵구의 비율이 급감하고 석재가공구와 식료가공구가 중심이 된다. 전기단계에서는 식료가공구 중심으로 확인된다. 후·말기단계는 식료가공구가 60~90%를 차지하며 나머지는 가공구로 구성된다(박근태 2011).

그리고 청동기시대 삼화지구 취락유적에서는 식료가공구(33%)보다 석재나 목재가공구의 비율(49%)이 높은 석기조성비를 확인할 수 있다[도면 22]. 동굴유적의 석기조성비와 비교하면 가공구가 식료가공구보다 높다는 점에서 약간의 차이는 있지만 가공구, 식료가공구 위주로 구성된 양상은 유사하다.

초기철기시대에서 원삼국단계에 해당하는 석기조성비는 초기철기단계에서는 식량가공구(49.2%), 가공구(36.7%) 위주로 확인되지만 원삼국단계이후에는 식량가공구가 81.5~90%로 치중된 양상을 확인할 수 있다[도면 23].

궤내기동굴유적을 제외하면 식료가공구 중심의 동굴유적 석기조성비 특징은 취락유적에서도 유사하게 나타난다. 따라서 동굴유적도 거주를 목적으로 한 주거유적으로 판단된다. 다만 유물의 수량이 적고 특정유물에 치우치는 경향이 있는 동굴유적은 장기주거보다는 일시적주거 및 이동캠프, 생업활동 등의 특수목적에 의해 점유된 유적으로 보는 것이 타당할 것이다.

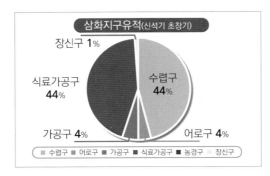

[도면 21] 삼화지구유적(신석기시대)석기조성비

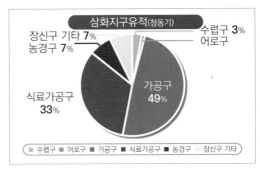

[도면 22] 삼화지구유적(청동기시대)석기조성비

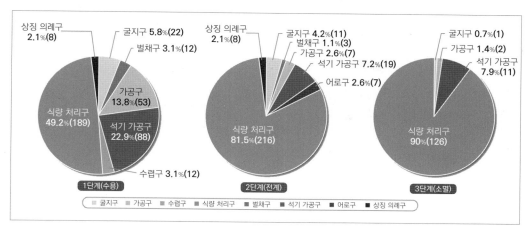

[도면 23] 제주도 송국리형취락 출토 석기조성비(김경주 2009 인용)

2. 동굴유적의 구조

한반도의 동굴형태는 대부분 수평적 입구 구조이며 동굴 내부 또한 지상 레벨에 위치하고 있다. 하지만 제주도의 동굴 입구 구조는 수평적 구조와 동굴의 함몰에 의해 생긴 수직적 구조이며 동굴 내부도 지하에 위치한다.

이러한 구조의 차이는 동굴 내부 환경을 결정하는 중요한 요인이다. 동굴유적의 내부는 항온, 항습 효과가 있어 주거로 이용하기 좋은 조건으로 알려져 있다(국립문화재연구원, 한국고고학사전 2001). 하지만 제주도의 동굴유적은 상황이 다르다. 그 이유는 보통의 동굴유적은 수평적 입구부가 형성되어 있는 반면 제주도의 동굴유적은 수직적 형태의 입구부가 대부분이라는 점이다. 수평적 입구부는 앞서 언급한 항온, 항습의 효과가 있지만 수직적 입구부는 진출입이 어려울 뿐만 아니라 빛이 유입되는 범위가 매우 한정적이며 항습효과에 있어서도 동굴내부가 습도 90% 이상을 유지하기 때문 인간의 거주요건으로 악조건일 수 밖에 없다(석동일, 1987).

따라서 제주도 동굴유적에서 인간이 활용할 수 있는 범위는 한정적이다. 그렇기 때문에 동굴유적에서 유물이 집중적으로 출토되는 범위가 입구나 입구의 앞부분, 햇빛이 들어오는 공간주변이 대부분이다. 북촌리유적과 같이 지상으로 진출입이 용이하고 내부도 지상과 수평적 구조이며 면적이 30㎡로 수혈주거지 바닥면적을 상회하는 바위그늘유적이 동굴 입구집자리보다 오랜기간에 걸쳐 지속적으로 점유된 양상으로 확인되는 이유이다.

[사진 4] 수평적 구조의 동굴(북촌리유적)   [사진 5] 수직적 구조의 동굴(고산동굴유적)

- 수평적 입구형태의 동굴유적 : 김녕실증단지유적, 한못궤굴유적, 북촌리유적, 궤내기
  동굴 유적, 그 외 바위그늘유적
- 수직적 입구형태의 동굴유적 : 고산동굴유적, 한들굴유적, 묘산봉동굴유적

동굴유적의 구조와 입지 때문에 제주도 동굴유적은 장기주거 동굴유적으로 점유되기 어려웠다고 생각된다. 그리고 수평적 구조의 입구이지만 생활공간이 지하에 형성되어 있어 한반도에서 확인되는 동굴유적과 구조와 생활공간의 환경적인 차이로 제주도의 동굴유적 대부분이 일시적 거주형태의 양상으로 나타난다.

IV. 동굴유적을 통해 본 제주도 선사문화

1. 유적의 분포
1) 취락유적과 동굴유적의 분포

미조사된 유적이 많기 때문에 동굴유적의 시기를 설정하는데는 많은 어려움이 있다. 하지만 일부 수습된 유물을 통해 대략적인 시기를 설정하고 취락유적과 분포양상을 살펴보면 제주도 선사시대 동굴유적의 분포양상에서 다음과 같은 특징을 엿볼 수 있다.

[도면 24]와 같이 동굴이 주로 분포했던 제주도 북동부지역은 동굴유적은 다수 확인되지만 수혈주거지가 축조된 취락유적은 확인되지 않는다. 다만 종달리패총이나 김녕리패총 등 패총유적은 분포하고 있다. 또한 북부지역에는 동굴유적의 분포는 매우 빈약하지만 취락유적은 다수 확인되고 있다. 그리고 남서부지역의 경우 취락과 바위그늘유적이 고루 분

포한다.

특히 탐라후기 단계에는 취락은 제주도 구도심인 일도동, 이도동, 삼도동에 집중되었으며 일부 고내리유적, 곽지리유적, 금성리유적, 종달리유적 등 패총과 생산유구가 확인되는 유적이 있다. 취락과 동굴유적이 고루 분포하는 것으로 이해되었던 남서부지역이 탐라 후기단계에는 동굴유적이나 바위그늘유적으로만 분포하고 있다. 이렇듯 제주도 지역별로 수혈주거의 취락유적과 동굴유적이 분포가 상이하게 나타나고 있음을 알 수 있다.

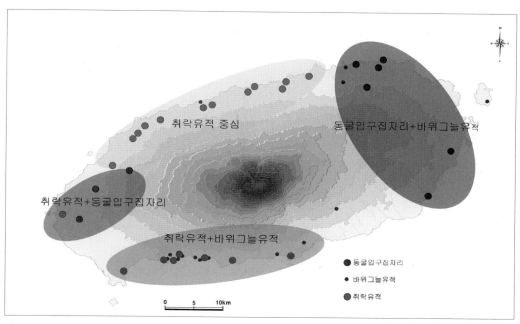

[도면 24] 제주도 선사시대 동굴유적과 취락유적의 분포양상

2) 시기별 동굴유적의 분포양상과 변화

시기별로 야외유적과 동굴유적의 분포양상을 살펴보고자 한다. 제주도에서는 신석기시대를 제외하면 수혈주거지가 축조된 취락유적이 확인되기 때문에 취락유적과의 관계, 지역별 양상 등이 확인될 것으로 생각된다.

제주도의 동굴유적은 구석기시대의 동굴유적도 확인되지만 대체로 신석기시대 이후 급격히 점유 양상이 증가한다. 신석기시대에는 야외유적과 동굴유적 등이 유기적 관계를 형성하고 있음을 알 수 있다. 다만 초창기단계와 중기단계에 형성된 동굴유적은 없다.

신석기시대 제주도의 야외유적에서 수혈주거지는 확인되지 않으며 수혈유구, 집석유구, 야외노지 등의 유구만 확인된다. 이러한 야외유적은 유적의 입지, 유물의 빈도나 유구 수량에 의해 본거지유적, 이동캠프, 중산간생업캠프로 나눌 수 있으며 동굴유적과 유기적 관계속에 유적간 네트워크를 형성하고 있다(박근태 2021).

신석시대 조·전기 단계에는 해안본거지와 중산간생업캠프, 패총, 동굴유적 간에 생업이나 생활방식에 따른 이동적 점유양상으로 추정된다[도면 25]. 후·말기단계에는 유적 간 규모의 차이가 크지 않지만 대신에 동굴유적의 단기점유 또는 장기점유의 양상이 뚜렷하게 관찰된다(박근태 2019, 2021) [도면 26].

청동기시대의 동굴유적은 북촌리유적, 한못궤굴유적이 있다. 유물은 매우 빈약한 편으

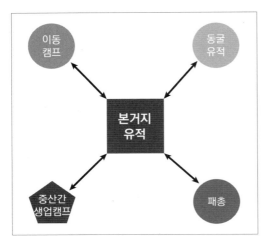

[도면 25] 신석기시대 조·전기 유적 간 네트워크
(박근태 2021 인용)

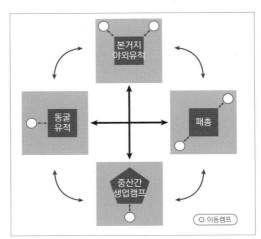

[도면 26] 신석기시대 후·말기 유적 간 네트워크
(박근태 2021 인용)

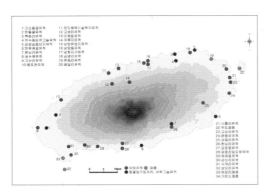

[도면 27] 신석기시대 동굴유적과 야외유적 분포

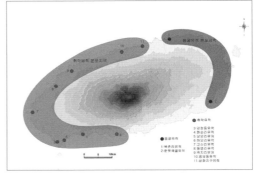

[도면 28] 청동기시대 취락과 동굴유적

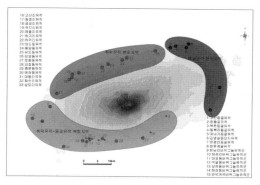

[도면 29] 탐라 전기 취락과 동굴유적 분포

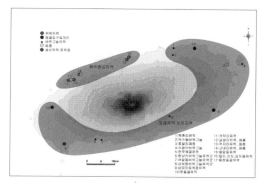

[도면 30] 탐라 후기 취락과 동굴유적 분포

로 생업활동을 위해 일시적으로 점유되었으며 동부지역에 한정적으로 분포한다. 대부분의 취락유적은 제주도 북부, 북서부, 남서부 지역에 위치하고 있어 확연하게 구분된 취락유적과 동굴유적의 분포상황을 확인할 수 있다[도면 28].

초기철기시대와 탐라시대에는 다시 동굴유적의 분포가 확대되는데 주거성격 보다는 의례적 공간, 사냥 캠프나 대피공간으로 이용되었던 것으로 추정된다. 탐라 전기의 취락유적은 제주도 북부와 북서부지역, 남서부지역에서 확인되며 동부지역은 동굴유적 위주로 분포한다. 그리고 서부와 남서부에서는 동굴유적과 취락유적이 함께 확인된다[도면 29].

탐라 후기가 되면 동굴유적과 취락유적의 분포가 뚜렷하게 구분된다. 북부와 북서부지역에 한정되어 취락유적이 확인되며 동굴유적은 전시기에 비해 감소하지만 취락유적이 형성된 지역을 제외하고 전역에 분포하고 있다[도면 30].

이러한 양상을 종합하면 신석기시대(제주전역에서 야외유적과 동굴유적이 분포)→청동기시대(취락유적 분포지역, 동굴유적 분포지역 구분)→초기철기~탐라전기(취락유적 분포지역, 동굴유적 분포지역, 취락유적+동굴유적 복합지역 구분)→탐라후기(취락중심지역, 동굴유적 분포지역 구분)로 동굴유적과 취락유적과의 지역별 분포양상이 변화한다.

2. 제주도 선사문화와 동굴유적

1) 동굴유적의 성격

동굴유적의 성격으로는 정주적거주의 동굴유적, 일시적인 피난처, 묘지, 가축사육장, 제사유적의 공간으로 알려져 있다. 신석기시대에 해당하는 일부 동굴유적에서는 본거지유적처럼 정주적거주의 양상을 띠는 유물출토량을 보이기도 한다. 하지만 수혈주거지가 축조되는 취락이 형성되는 청동기시대 이후에는 유물출토량이나 유물조합에서 정주적거주 성격보다는 생업공간, 제의장소, 무덤, 일시적 대피장소로 이용되는 양상이다.

(1) 정주적 거주유적

제주도에서 정주적 거주 성격을 가진 동굴유적은 앞서 살펴본 바와 같이 동굴의 구조와 입지로 인한 환경적 요인에 의해 매우 적다. 다만 신석기시대 동굴유적인 김녕실증단지유적과 북촌리유적이 출토유물의 수량에서 다른 동굴유적에 비해 장기거주 성격의 가능성이 높다고 생각된다. 북촌리유적의 경우 거주공간도 30㎡이상 되며 입구 앞부분에 야외공간도 확보할 수 있어 수혈주거지가 확인되지 않는 제주도의 신석기시대 상황을 고려하면 정주적 거주유적으로 볼 수 있다.

(2) 이동캠프 및 일시적 거주유적

수혈주거지 축조 취락유적이 형성되기 시작한 청동기시대 이후에 동굴유적은 정주적 성격을 갖는 주거유적은 확인되지 않는다. 중산간 지역에 분포하는 곶자왈에 형성된 동굴이나 바위그늘 유적은 곶자왈 및 중산간 일대를 배경으로 한 생업과 관련된 임시캠프유적일 것으로 판단된다. 발굴조사가 진행되지 않았지만 일부 시굴조사를 통해볼 때 동굴내부나 주변에 퇴적된 문화층이 거의 발달하지 않고 대부분 동굴내 지면 위에 유물이 놓여 있기 때문에 장기거주를 위한 주거유적의 성격을 갖는 동굴유적으로 보기 어렵다.

(3) 의례적 공간

궤내기동굴유적은 조사 당시에는 초기철기시대에서 탐라시대까지 거주했던 동굴입구집자리로 파악되었다. 궤내기동굴유적은 기원전후한 시기에서 기원후 500년까지의 어느 일정기간 동안거주가 이루어지고, 중세 이후에 와서는 제사유적으로 사용된 것으로 유적 성격을 파악하였다(제주민속자연사박물관 1995). 하지만 출토유물로 볼 때 원형점토대토기, 삼각형점토대토기는 기원전 3세기에서 기원전 1세기대에 해당하는 것으로 탐라형성기에 거주했을 가능성이 높다[3].

동물뼈 분석을 통해 의례공간의 성격을 갖는 유적으로 파악되었다. 외반구연토기의 경질무문토기는 탐라 전기에 해당하는 토기로 거주와 관련성이 있다기 보다는 제사유적과 관련된 것으로 추정된다. 유적에서 출토된 동물뼈들이 모두 중세 이후 마을에서 행해졌던 '돗제'와 관련있는 유물이 아닌 것으로 판단하였다(고재원 2004).

동굴유적 가운데 대포동 오등이궤유적, 한림동방굴유적, 상예동바위그늘유적에서 무덤 부장용 석기, 장신구, 인골 등의 출토사례를 통해 무덤으로 추정한 바 있다(김종찬 2002: 49).

(4) 패총이 형성된 생업활동의 공간

동굴유적 내부에 패총이 형성되는 특징을 보인다. 김녕실증단지, 한못궤굴유적, 한들굴유적, 북촌리유적, 색달동바위그늘, 온평리동굴유적, 한남리바위그늘유적에서 규모의 차이는 있지만 패총이 형성되어 있으며 동물유체도 다수 확인된다. 패총이 형성되었다는 것은 주거공간으로 이용되는 동굴에 패류와 동물뼈 등의 해체를 위한 생업활동의 결과물이 남아 있는 것이다. 유적의 입지, 유물의 출토량, 패각 및 동물뼈의 출토량을 고려하여 생업활동의 근거지(단기거주), 장기거주 동굴유적, 어로 기지 등 다양한 성격이 부여될 수 있을 것이다.

2) 선사문화 속 동굴유적

제주도에서 동굴유적은 한반도 지역의 동굴유적과는 점유시기, 구조, 성격 등에서 많은 차이를 보이고 있다. 한반도 내의 동굴유적은 주로 충청북도와 강원도 지역에 분포하며 대체로 구석기시대에 점유되었던 유적이 대부분이다. 정선 매둔유적(한창균 외 2019), 단양 금굴유적(손보기 2002)의 경우는 구석기시대 뿐만 아니라 신석기시대와 청동기시대에도 일시적으로 점유되었던 흔적이 확인되고 있다. 또한 춘천 교동의 경우 인위적으로 굴착된 동굴로 신석기시대 주거유적으로 이용되다가 무덤으로 사용된 예도 있다(양성혁 2005). 대체로 한반

---

3) 특이하게 김녕리지역을 포함한 제주 북동부지역에서 초기철기 단계에 해당하는 시기의 수혈주거지가 확인되지 않아 동굴유적이 생업과 관련된 거점유적으로 이용되었을 가능성이 높다고 판단된다. 삼양동지역이나 용담동지역의 집단이 생업을 위한 북동부지역의 동굴유적을 형성했을 것으로 추정된다. 점토대토기 문화가 제주도 북동부지역인 종달리패총, 김녕리유적과 함께 삼양동유적이나 용담동유적에서 주로 출토되기 때문이다.

도내의 동굴유적은 구석기시대와 신석기시대에 주거유적으로 이용된 것으로 알려져 있다. 이와 달리 제주도의 동굴유적은 선사시대 뿐만 아니라 역사시대에도 시기별, 지역별로 유적 성격이 변화했다.

제주도 신석기시대 시기별 수렵채집민의 주거체계를 살펴보면 초창기에서 전기단계까지는 조달 이동성(logistical mobility) 구조의 유적 간 네트워크가 형성되었다. 동굴유적이 확인되지 않은 초창기 단계는 본거지유적과 중산간생업캠프, 이동캠프, 생업유적이 연결되는 단순한 구조이다. 동굴유적이 등장한 조·전기 단계는 본거지유적과 중산간 생업캠프, 이동캠프, 동굴유적, 패총이 연결된 구조이다. 이러한 네트워크는 조·전기 단계에는 제주도에 2~3개 정도 형성되어 있다. 이와 달리 후·말기 단계에는 본거지 이동성(residential mobility) 구조의 유적 간 네트워크로 확인된다. 또한 본거지유적을 중심으로 형성된 네트워크의 공간적 범위가 이전 시기에 비해 확대되었다. 이동캠프 성격의 유적은 감소하며 중산간 생업캠프도 중산간 본거지유적으로 유적의 범위가 확대되는 양상으로 변화한다(박근태 2021).

정주적 수혈주거지의 축조가 시작된 청동기시대에는 동굴유적이 갖는 성격과 의미가 달라진다. 특히 청동기시대의 동굴유적은 급감하며 유물출토 수량도 매우 적다. 폭발적으로 증가하는 수혈주거지로 인한 상반된 결과라 생각된다. 하지만 초기철기시대에서 탐라시대 전기에는 수혈주거지가 축조된 취락유적이 제주 전역으로 확대되며 동굴유적도 청동기시대보다는 유적 수량이 증가한다. 다만 유물 출토량이 매우 적어 장기적 거주보다는 일시적 대피공간, 사냥 등 생업활동을 위한 일시적 점유공간으로 이용된 것으로 판단된다. 특히 궤내기동굴유적의 경우 출토된 동물뼈의 분석을 통해 제의공간의 유적 성격을 제시한 바도 있다(고재원 2004). 이렇듯 초기철기시대 이후 동굴유적의 점유 성격이 다양화되는 것으로 이해된다.

탐라후기에는 취락유적이 제주도 북부지역에 한정되어 나타나며 남부지역과 동부지역에서는 유물수량으로 볼 때 일시적으로 점유된 동굴입구집자리나 바위그늘유적이 주로 확인된다. 제주도내 유적의 분포 양상에 따라 사회구조가 변화했음을 엿볼 수 있다. 북부지역 특히 제주시 구도심인 일도동, 이도동, 삼도동 지역 중심으로만 확인되는 탐라 후기 취락유적은 탐라의 사회구조가 소국단계로 주민들의 거주공간을 북부지역에 한정시키는 중앙집권적 방식에 의해 통제된 것으로 추정된다. 그리고 남부지역은 생업활동을 위해 점유되었던 바위그늘유적을 중심으로 탐라후기의 물질자료가 확인되는 것이라 생각된다.

제주도의 선사시대 동굴유적은 신석기시대에 일부 장기적 점유공간인 본거지유적으로 이용되기도 하지만 대체로 일시적 피난처, 제의공간, 패총 형성공간 등 다양한 형태와 성격을 가지는 유적으로 확인된다.

V. 맺음말

제주도에서 동굴유적은 한반도의 동굴유적과 구조적, 시기적, 유적성격에서 많은 차이를 보이고 있는 중요한 유적임에 틀림없다. 동굴유적은 점유시기와 주변 취락유적의 분포양상, 동굴의 위치 및 구조, 입구의 형태 등에 따라 점유성격을 달리하고 있다. 신석기시대에는 활발히 점유되다가 수혈주거지가 축조되기 시작한 청동기시대에는 동굴유적이 감소한다. 그러다가 초기철기시대에는 의례공간과 같은 특수목적에 의해 점유되기도 한다. 그리고 탐라시대에는 취락의 분포, 사회구조, 지배방식의 변화에 따라 지역별로 동굴유적의 양상이 다르게 나타나고 있다. 이렇듯 제주도에서 동굴유적은 장기거주, 단기거주, 무덤, 생업활동공간, 제의공간 등의 성격으로 점유했던 유적이다. 뿐만 아니라 제주4.3이라는 제주도 근현대사의 아픈 기억도 동굴유적에 남아 있다. 아마도 우리나라 뿐만 아니라 세계적으로도 단위면적당 동굴유적의 수량이 제주도만큼 많은 곳이 또 있을까? 자연문화재로 인식되었던 천연동굴이 앞서 살펴본 바와 같이 제주도 선사문화의 특징 중 하나로 손꼽을 수 있는 다양한 성격을 갖는 유적으로 확인되고 있다.

동굴유적의 중요성이 부각되어야 하며 체계적인 연구 뿐만 아니라 보존 및 다양한 활용방안도 모색될 수 있는 계기가 되었으면 한다.

참고문헌

고재원, 2004, 「김녕 궤내기동굴유적 성격에 대한 시론」, 『濟州文化財研究』2호, 제주문화예술재단.

국립제주박물관, 2010, 『제주 삼화지구 가 I 유적 발굴조사보고서』.

_____, 2012, 『서귀포 생수궤유적』.

_____, 2018, 『제주 용천동굴 유적』, 국립제주박물관 학술총서 제12책.

김경주, 2009, 「유구와 유물로 본 제주도 송국리문화의 수용과 전개」, 『제주도 송국리문화의 수용과 전개』, 제3 회한국청동기학회 학술대회 발표자료집.

김종찬, 2002, 「濟州道 洞窟遺蹟의 性格」, 목포대학교대학원 석사학위논문.

문화재청, 2003, 『제주도 천연동굴 일제조사 보고서』, 이지콤.

박근태, 2019, 「濟州道 地域의 新石器 文化」, 『계간 한국의 고고학』, Vol.45, 주류성출판사.

_____, 2021, 『제주도 신석기시대 연구』, 부산대학교박사학위논문.

사단법인 한국동굴연구소, 2020, 『제주특별자치도 비지정 천연동굴 실태조사 용역보고서 1차년-제주 서부지역 일원』.

_____, 2020, 『제주특별자치도 비지정 천연동굴 실태조사 용역보고서 2차년-제주 동부지 역 일원(제주 서부지역 미조사 동굴 포함)』.

석동일, 1987, 『한국의 동굴』, 도서출판 아카데미 서적.

손보기, 2002, 「우리의 구석기문화 연구」, 『우리나라의 구석기문화』, 연세대학교 출판부.

손인석, 2005, 『제주도의 천연동굴』, 나우.

손인석, 김기현, 2019, 『제주도 천연동굴 탐사·조사·연구 보고서』, 사단법인 제주도동굴연구소.

송현수, 2019, 「제주도 탐라후기 문화의 성립과 전개과정」, 목포대학교대학원 석사학위논문.

안웅산, 2016, 「고문헌에 기록된 제주도 최후기 화산활동에 관한 연구」, 『암석학회지』, Vol 25.

양성혁, 2005, 「영서지방의 신석기문화」, 『한국신석기학회 학술대회 자료집』, 한국신석기학회.

일영문화유산연구원, 2021, 「제주 고산동굴 발굴조사 간략보고서」.

_____, 2022, 「제주 묘산봉 관광단지 조성부지 내 문화재 표본조사 간략보고서」.

제주고고학연구소, 2015, 『김녕실증단지유적』.

제주대학교박물관, 1988, 『제주 북촌리유적』.

제주도, 2000, 『濟州道 天然洞窟內 文化遺蹟 基礎 調査 報告書』.

제주문화예술재단, 2006, 『성산~표선간 국도12호선 확장 및 포장공사구간내 유적 발굴조사 보고서』.

제주도민속자연사박물관, 1995, 『金寧里 궤내기洞窟 遺蹟 發掘調査報告書』.

제주특별자치도·제주문화유산연구원, 2019, 『제주특별자치도 문화유적 분포지도 -서귀포시-』.

_____, 2019, 『제주특별자치도 문화유적 분포지도 -제주시-』.

정영화, 1974, 「구석기시대 혈거유적에 대하여」, 『문화인류학』6, 한국문화인류학회.

_____, 1986, 「한국의 구석기」, 『한국고고학보』19, 한국고고학회.

한창균·조태섭·서인선, 2019, 『정선 매둔 동굴유적(1)』, 연세대학교박물관.

청동기시대 취락연구의 패러다임 시프트

김권중 | 중부고고학연구소

Ⅰ. 머리말

취락은 인간의 생활근거지인 가옥의 집합체로 넓은 의미로는 가옥을 중심으로 한 인간의 거주형태 전반을 말한다(국립국어원 1999). 취락의 개념이 가옥의 집합체로 해석하는 협의적인 관점에서 가옥뿐만 아니라 주거와 연관된 모든 유구들이 포함된 보다 넓은 의미의 개념(추연식 1997: 49)으로 전환되었다.

고고학에서 취락은 인간의 남긴 물질문화의 총체적 산물로 인식된다. 이러한 관점에서 취락연구는 고고학연구의 전부라고 해도 과언이 아니다. 한국 청동기시대 취락연구는 지난 30여 년간 눈부신 발전을 거듭하여 왔다. 특히 1990년대 이후 대규모 건설공사에 따른 취락자료의 증가에 발맞추어 다양한 관점에서 연구가 진행되었다. 초기의 개별주거 연구에서 취락연구로 전환하여 유형별, 시기별, 지역별 연구도 활성화되었다. 이 과정에서 새로운 방법론과 이론이 제시되고 많은 논쟁도 있었다.

그러나 취락자료의 양적인 증가와 함께 많은 연구와 논쟁이 있었음에도 불구하고 여전히 풀리지 않는 숙제도 많다. 또한 새로운 패러다임의 전환(paradigm shift)이 요구되는 시점이 되었다. 본 발표에서는 그간 청동기시대 취락연구의 흐름과 방향을 살펴보고 중요 연구성과와 전환점을 검토한다. 또한 여러 논쟁들을 검토하고 문제점을 지적하여 새로운 패러다임을 제시하고자 한다.

II. 청동기시대 취락연구의 흐름과 전환점

1. 청동기시대 취락연구의 시작과 방향

취락고고학이 미국에서 1950년대에 등장한 이래 국내에서는 'Settlement Archaeology'를 취락고고학으로 해석하면서 시작되었다(이송래 1989: 110; 추연식 1993: 78). 1970년대 전반 여주 흔암리, 1970년대 후반 부여 송국리와 1990년대 초 울산 검단리, 하남 미사리 등 청동기시대 취락유적의 발굴조사가 이루어졌지만 1990년대 중반까지 취락연구는 진행되지 않았다. 1980년대 이전에는 주거의 개별적 특성을 연구하는 '点' 발굴에서 1980년대 후반 들어 '面' 발굴로 인해 취락연구의 필요성과 중요성이 증대되었다. 1990년대 중반 이후 천안 백석동, 보령 관창리, 부여 송국리, 진주 대평리(옥방), 대구 동천동, 화천 용암리 등의 취락유적 조사로 비중이 점점 높아지게 되었다(김권구 2014).

청동기시대 취락에 대한 본격적인 연구는 1994년 개최된 제18회 한국고고학전국대회에서 '마을의 고고학'이란 주제(한국고고학회 1994)로 다루어졌지만, 당시에는 선사시대 주거지 현황을 검토한 내용(이건무 1994)에 불과하였고, 취락고고학의 세계사적 연구경향을 소개(추연식 1994)하면서 취락고고학의 중요성을 인식하는 계기가 되었다. 이전에는 日人학자의 연구(後藤直 1995)가 있었지만 취락의 입지유형에 관한 간단한 언급이 있었을 뿐이었다. 국내에서 청동기시대 취락을 대상으로 한 본격적인 연구는 안재호에 의해 시작되었다. 안재호(1996)는 흔암리, 관산리, 미사리, 송국리, 검단리 등을 대상으로 취락의 구조와 변천에 대해 검토하고, 취락의 변천을 가족 구성의 변화과정이며, 취락공동체의 성장과정으로 보는 사회적 계층변화에 초점을 두었다. 안재호의 연구는 청동기시대 취락연구의 선구적 기틀을 마련한 것은 물론 방향을 제시한 것에 큰 의의가 있다. 이후 취락의 입지에 따라 농경의 형태를 분류하고 시기별 변화상도 검토하기에 이르렀다(안재호 2000). 그의 연구는 '취락의 구조를 통한 집단의 성격과 취락간의 관계를 통한 사회의 복원'이 목적이었으며, 이후 일련의 논고(안재호 2001, 2004, 2006)로 이어졌다.

2000년대 초기 영남지역에 한정되었지만 주목되는 성과로 김권구(2003)의 연구를 들 수 있다. 김권구는 생업과 사회의 문제를 연구하기 위하여 취락을 기반으로 다양한 관점에서 접근하여 각종 해외이론과 분석방법을 소개하고, 생업조직과 사회조직, 인구추정, 의례와 성, 분배와 소비, 저장과 교환 등 취락연구의 다양성을 넓혔다는 점에서 큰 의의가 있다. 이후 보다 체계화된 청동기시대 취락고고학 연구(김범철 2005, 2006; 송만영 2001, 2006; 이형원 2009)로 이어졌다.

한편 이른 시기부터 환호취락에 관한 연구(정한덕 1995; 이성주 1998, 2007; 배덕환 2000; 김권구 2012)가 지속된 것도 특징이다. 검단리 환호를 비롯하여 여러 유적의 환호 조사를 계기로 이와 관련한 취락연구가 큰 틀을 이루게 되었다.

취락연구는 2000년대까지 송국리문화권을 대상으로 집중적으로 다루어졌는데 취락 간의 위계 및 기능분화(김범철 2005; 이홍종 2007; 김장석 2007; 고민정 2010), 저장체계의 변화(김장석 2008), 취락 간의 갈등과 가구 간의 계층성(김범철 2006), 취락 내 의례와 상징체계(김종일 2004) 등 다양한 성과가 있었다. 2010년대에는 송국리문화에 집중되었던 연구에서 2010년대 이후에 지역별로 점차 확대되었다.

취락연구의 새로운 전환점이라고 할 수 있는 계기는 2007년 한국청동기학회의 창립이다. 청동기시대 전반의 연구가 활성화되고 취락연구도 이를 계기로 두드러진 성과를 이루게 되었다. 특히 2010년 이전에는 취락 관련 박사학위는 6건으로 주로 광역적 차원에서 다루어진 것이 대부분이었지만, 2010년 이후 12건이 작성되어 지역별, 시기별, 유형별로 취락연구의 범위가 확대되고 집중된 것이 특징이다[1].

---

1) 金權九, 2003, 「靑銅器時代 嶺南地域의 生業과 社會」, 嶺南大學校 大學院 博士學位論文.
　安在晧, 2006, 「靑銅器時代 聚落 硏究」, 釜山大學校 大學院 考古學科 博士學位論文.
　申相孝, 2007, 「韓國 西南部地域 靑銅器時代 聚落硏究」, 전남대학교 대학원 건축공학과 박사학위논문.
　庄田愼矢, 2007, 「南韓 靑銅器時代의 生産活動과 社會」, 忠南大學校 大學院 博士學位論文.
　李亨源, 2009, 「韓國 靑銅器時代의 聚落構造와 社會組織」, 忠南大學校 大學院 博士學位論文.
　宋滿榮, 2010, 「韓半島 中部地域 聚落의 發展과 政治體의 成長-靑銅器時代~漢城百濟期를 中心으로-」, 崇實大學校 大學院 博士學位論文.

2. 취락연구의 몇 가지 주요 흐름

청동기시대 취락연구가 본격화되면서 가장 큰 흐름을 보인 것은 취락의 구조론적 접근이었다. 주로 취락의 성격과 기능의 검토를 통한 내외적 위계의 파악이 주요내용으로, 집단의 성격과 취락 간의 관계를 통한 사회의 복원 추구(安在晧 1996), 취락의 구조 변화 추적(안재호 2001, 2004; 송만영 2001), 취락의 계층화(송만영 1997, 2001, 2006), 취락의 사회조직 연구(이형원 2009) 등이다.

주요 내용을 구체적으로 살펴보면 안재호(2004, 2006)는 송국리단계 유적의 범위와 유구의 조합상을 기준으로 각 취락을 유형으로 구분하고, 이들 간의 분업체계를 상정하였다. 나아가 송국리단계에 중핵취락이 탄생하고, 점차 시간이 흐름에 따라 위계상으로는 물론 기능적으로도 취락 간에 분업적 분화가 일어난다고 주장하였다. 취락 간 분업화 과정을 유력개인의 등장과 결부시켰고, 취락구조론을 통하여 국가로의 발전과정을 밝히고자 하였다.

송만영(2001, 2006)은 취락의 형성 과정과 구조를 중심으로 취락의 위계를 소형, 중형, 대형으로 분류하였고, 송국리단계에 지역공동체(읍락)가 출현한 것으로 보았다. 또한 기존연구와 달리 취락의 단기적이고 단절적인 모습이 아닌 분묘군-황석리지석묘군과 연계하여 취락의 장기지속성을 강조한 것도 특징이다.

이형원(2009)은 취락 공간구조의 분석을 통한 사회조직과 집단 간의 관계, 주거 간의 관계에서 벗어나 분묘, 환호, 농경지는 물론 하천 등 자연경관과의 관계, 취락 간 서열화를 연구하였다. 특히 취락과 분묘와의 관계를 집중적으로 검토하였다.

취락의 구조론적 연구 대부분은 주거의 규모와 입지, 공간구조가 위계를 파악할 수 있는

吳圭珍, 2011, 「曲橋川流域 驛三洞類型 聚落 硏究-自然科學的 分析을 中心으로-」, 高麗大學校 大學院 博士學位論文.
李秀鴻, 2012, 「靑銅器時代 檢丹里類型의 考古學的 硏究」, 釜山大學校 大學院 博士學位論文.
金奎正, 2013, 「湖南地域 靑銅器時代 聚落 硏究」, 慶尙大學校 大學院 博士學位論文.
공민규, 2013, 「靑銅器時代 前期 錦江流域 聚落 硏究」, 숭실대학교 대학원 박사학위논문.
羅建柱, 2013, 「靑銅器時代 前期 聚落의 成과 松菊里類型 形成過程에 대한 硏究-韓半島 中西部地方 資料를 中心으로-」, 忠南大學校 大學院 博士學位論文.
許義行, 2013, 「호서지역 청동기시대 전기 취락 연구」, 高麗大學校 大學院 博士學位論文.
朴榮九, 2015, 「東海岸地域 靑銅器時代 聚落 硏究」, 嶺南大學校 大學院 博士學位論文.
李宗哲, 2015, 「松菊里型文化의 聚落體制와 發展」, 全北大學校 大學院 博士學位論文.
김현준, 2017, 「한강유역 청동기시대 취락 연구」, 한양대학교대학원 박사학위논문.
兪炳琭, 2019, 「嶺南地域 松菊里文化 硏究」, 釜山大學校 大學院 博士學位論文.
高旻廷, 2020, 「南江流域 靑銅器時代 聚落과 生業」, 嶺南大學校 大學院 博士學位論文.
金權中, 2020, 「嶺西地域 靑銅器時代 文化 硏究」, 嶺南大學校 大學院 博士學位論文.

중요한 요소로 판단하고 있으며, 이러한 구조론을 통해 청동기시대 '도시론'(이상길 2002)과 계층구조를 통한 '國'의 발생과 직접적인 관련을 주장(배진성 2006)하기에 이른다.

이러한 취락 구조론은 취락 간 네트워크 연구로 이어진다. 초기에는 취락 간 네트워크를 위계적 관점에서 검토하였다(김장석 2008; 이형원 2009). 2009년 청동기학회(취락분과) 주최로 지역 별 취락 네트워크(한국청동기학회 2009)를 다루면서 취락 네트워크 연구의 활성화 계기를 마련 하였다. 이후 다수의 연구자가 네트워크 형태와 관계를 분석하고 모델화도 시도하였다(박영 구 2013; 이형원 2014; 이종철 2015; 유병록 2019; 김권중 2020).

취락연구에서 생산과 소비도 중요한 주제로 다루어졌다. 초기에는 취락의 입지조건을 통한 생업(김현준 1997), 영남지역 생업(김권구 2003; 김도헌 2005)과 같이 자료의 부족으로 생업과 관련한 생산적측면에서 주로 검토되었다. 취락의 생산에 대해 종합적으로 연구한 庄田愼 矢(2007)는 토기와 옥 생산을 중심으로 하였고, 농업생산과 석기 및 청동기생산도 대략적으 로 검토하였다. 남강유역 중심취락(대평리유적)에서 농업생산력을 바탕으로 한 수공업 생 산체계의 특징의 검토(고민정·Martin T Bale 2008)도 있었지만, 취락의 소비적 관점은 구체적으 로 설명되지 못하였다. 이후 제7회 한국청동기학회 학술대회(한국청동기학회 2013)에서 취락과 생산과 소비적 관점에서의 접근에 이르기 시작하였다. 간략하지만 영서지역 취락유형별 검토(김권중 2020)도 이루어졌다. 생산과 소비의 주요 논쟁은 전기에서 중기의 주거 변화(소 형화)를 통한 가족 또는 세대(공동체) 단위의 생산과 소비 방식에 접근하는 것이었다(안재호 1996, 2006; 이홍종 2005). 한편 생산적 관점에서 가구고고학적 접근(김범철 2006, 2012)도 주목되는데 多次元尺度法을 이용한 가구 간 빈부차와 위계를 분석하거나, 분배와 소비의 양태에 대해 서도 접근하였다.

2000년대 들어서 인구변동에 관한 연구도 주목된다. 기존 청동기시대 주거의 인구(수) 를 다루었던 것에서 벗어나 인구변동에 따른 인구분산과 인구집중의 문제로 다루었다(김장 석 2003, 2007; 황재훈 2009). 2010년대부터는 절대연대를 활용하여 인구변동에 관해 좀더 새로운 방법론을 적용하였다(황재훈 2014; 황재훈·양혜민 2015; 김세진 2021; 오용제·매튜 콘테 2021).

2000년대부터 경관고고학(Landscape archaeology)적 측면도 다루어지는데, 이러한 접 근은 이홍종(2003)이 충남지역 송국리형 취락의 농경지 입지유형에 따라 농업경관을 검토 한 것이 시초라고 할 수 있다. 경관고고학의 본격적인 계기는 김종일(2005)이 학사적 배경과 이론적 특징에 대해 설명하고, 영국을 중심으로 서구이론 소개, 중기 환호취락을 경관고고학의 측면에서 어떻게 이해할 수 있는지 검토하였다. 한편 청동기시대 공간과 경관에 관한 단행본(김선우 2016)이 발간되기도 하였다. 경관고고학과 관련하여 자연과학적 분석방법을 이용한 검토도 있었다. 항공사진을 이용하여 고지형을 분석하는 새로운 방법론(이홍종·손준호 2012)이 적용되어 충적지 취락의 지형환경을 복원하고, 지리학과 자연과학(통계분석)에 의한 고고학적 접근으로 GIS를 이용한 공간분석(강동석 2018, 2020)도 이루어졌다.

III. 청동기시대 취락연구의 문제점과 논쟁

본장에서는 그간 청동기시대 취락연구에서 드러난 몇 가지 문제점과 논쟁에 관해 살펴보고자 한다.

1. 취락의 공간적 범위

취락의 공간적 범위는 일차적으로 거주역과 그 주변을 둘러싼 지형경관이 포함될 수 있으나 일상적인 자원의 개척영역(Site Explotation Territory)을 포함(추연식 1997: 33-37)하게 되면 더 넓은 취락의 영역이 설정될 수 있다(공민규 2013)고 한다. 또한 단순한 공간 대신 인간주체의 사회적·상징적 행위와 관련하여 의미화된 장소나, 산이나 하천 같은 자연적 실체나 집이나 경작지와 같은 인공적 실체를 포함하는 가시적 경관을 고고학의 연구주제로 삼는 경관고고학의 관점(김종일 2006)에서 진행하는 것이 바람직하다는 지적(이형원 2021)과 같이 점차 광범위해지고 있다. 결국 공간 개념을 어떻게 적용하느냐에 따라 취락의 범위는 달라질 수 있고 시간의 흐름에 따라서도 유동적일 수 있다.

그러나 고고학적으로 확인가능한 취락은 범위는 한계가 있기 때문에 광범위하게 해석할 경우, 수렵이나 채집의 공간과 같이 취락에서 원거리를 둔 경우에는 취락의 범위에 포함할 수 있을지 의문이다. 또한 일정 거리를 둔 곳에 복수의 취락이 하나의 분묘군(적락동, 진동 등)이나 환구(동학산, 정문리 등)를 조성한 경우에는 취락의 범위가 어떻게 설정될까. 특히 가시적 범위에 있지 않다면 고민은 깊어질 것이다. 결국 취락의 고고학적 공간범위는 증명하기 어려운 관념적, 관계적 범위와는 구분되어야 하며, 경관적 해석과도 달리 적용하여야 한다. 가령 취락과의 관계에 따라 분묘권, 제의권, 수렵권, 채집권, 교역권 등의 범위로 설

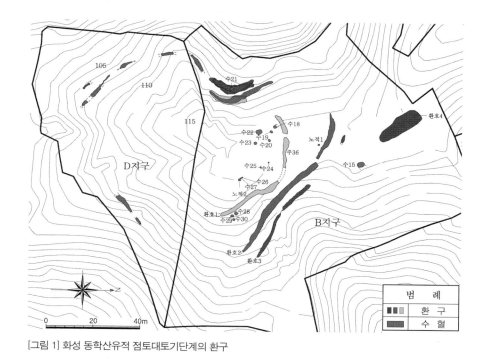

[그림 1] 화성 동학산유적 점토대토기단계의 환구

정하는 것은 어떨까. 좁게 본다면 일상적인 라이프싸이클의 범위로 보아야하지 않을까.

2. 취락의 동시기(共時性)

취락연구에서 취락의 구조나 취락 간 네트워크를 설명할 때 기본전제인 취락의 동시기 (共時性)를 확보하는 것이 무엇보다 중요하다. 이러한 중요성은 일찍부터 제기되었고(송만영 2001), 항상 지적되어 왔지만 취락자료가 가진 한계를 극복하기 어려운 점이 있는 것도 사실 이다. 특히 개별주거와 취락의 존속시기를 명확하게 파악하기 어려운 점으로 인해 충분한 검증과정 없이 해석을 위한 목적론적 접근경향이 다반사였다. 취락자료에서 확인되는 주 거의 배치는 일정한 시점의 분포상이기 보다는 여러 시간대의 분포 양상이 누적된 것에 가 깝다(송만영 2010). 그러므로 실제보다 최대치로 설명되고 과장되게 해석될 공산이 크다.

그러면 취락의 동시기는 어떻게 이해되고 있을까. 취락의 존속시기는 어느 지점에 최초 의 주거가 조성된 이후 많은 주거가 존폐(存廢)를 반복하고, 최후의 주거가 폐기되는 시점까 지의 시간대를 의미할 것이다. 주거의 존속기간은 다양할 것이고 개별주거의 존속시기와 취락의 존속시기가 동일하지 않을 가능성이 높다. 대규모 취락은 더욱 그럴 것이다. 취락은 편년상의 구분 없이 한 단계에만 존속한 단일단계의 취락이 있고, 두 단계 이상 존속한 복수단계의 취락도 있을 것이다. 이때 취락의 동시기 해석은 차이가 있다. 아래의 [그림 2]와 같이 단일단계취락에서는 시간대가 다른 복수-동시기 1과 2가 존재하지만 취락의 동시기는 고고학적으로 구분하기 어려워진다. 반면 단계가 구분되는 복수단계취락에서 두 동시기-1과 2는 고고학적으로 구분될 것이다. 만약 양 취락의 존속기간이 동일하다면 아이러니하게도 고고학적인 동시기의 해석은 달라지게 된다. 그러므로 동시기의 해석은 취락의 편년에 따라 유동적이게 되는 것이다. 취락이 장기지속적이라면 동시기의 구분은 더욱 어려워질 것이고, 주거 외의 다른 구성요소를 감안하면 동시기의 해석은 매우 복잡해질 것이다. 따라서 수없이 존재하는 동시기와 고고학적 동시기의 간극을 좁힐 필요가 있다. 결국 세밀하고 정치한 편년작업이 선행되어야 하며 동시기의 범위를 명확하게 설정하여야 한다.

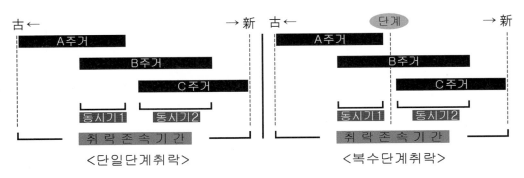

[그림 2] 취락의 존속기간과 동시기의 해석

3. 취락의 존속기간과 정주성, 장기지속성, 반복점유

취락의 편년작업으로 단계가 설정되면 취락의 존속기간에 대한 해석으로 자연스럽게 옮겨갔다. 취락의 존속기간에 따라 정주성과 장기지속성이 설명되고 반복점유의 문제가 개입되기도 한다. 일반적으로 '定住'의 사전적 개념은 '일정한 장소에 모여서 자리를 잡고 삶'이란 의미이다(국립국어원 1999). 정주취락의 개념과 판단기준에 대해 논의가 필요하다는 것을 지적한 바(김권구·공민규 2014) 있었다. 이러한 지적은 정주의 개념이나 기준이 명확하지 않음에도 편의적으로 판단하는 경향 때문이다.

전반적으로 정주성을 장기지속성과 동일한 개념으로 해석하는 듯하다. 또한 반복점유도 장기지속성의 중요한 요소로 보기도 한다(공민규 2013). 정주성과 상반된 개념은 移動性일 것이다. 가령 반복점유가 이동성을 포함하는 개념이라면 정주성과 장기지속성은 다르게 해석되어야 하므로 장기지속성에 반복점유의 개념은 포함되지 않을 것이다. 일반적으로 대규모 취락일수록 장기지속성이 있는 취락으로 판단하는 경향이 있다. 취락의 장기지속성(장기존속)은 중심취락의 상정에서 가장 중요한 요소(안재호 2009; 공민규 2013)로도 보기 때문에 장기지속성의 판단은 신중해야 한다. 대규모 취락은 다수의 중첩사례가 확인되고 취락의 사용이 단절적인지, 지속적인지 분명하지 않은 경우가 대다수이다. 또한 편년상으로 복수의 단계가 설정된다면 구분은 더욱 어려워진다. 정주성과 장기지속성, 반복점유의 상관관계는 개념의 정의에 따라 차이가 나기 때문에 기준을 명확하게 설정해야 하는 이유이다.

그러면 정주취락으로 인정하기 위해서는 어떤 조건을 갖추어야 할까. 일반적으로 분묘의 존재는 정주성의 중요 속성으로 보고 있다. 중요한 속성임에는 틀림없지만 절대적인 것은 아니라고 생각된다. 가령 아산만 일대 전기의 대표적인 대규모취락인 천안 백석동유적은 200여 기의 주거가 확인되었음에도 불구하고 분묘는 전혀 확인되지 않았고, 인근 지역

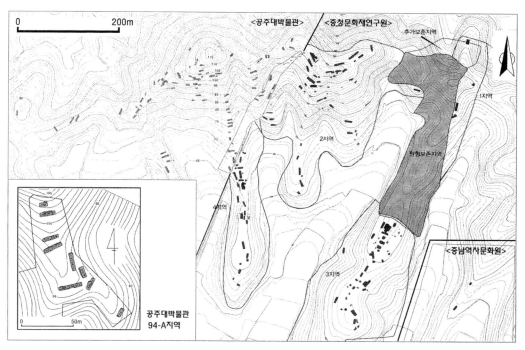

[그림 3] 천안 백석동취락 유구분포도(이형원 2009 인용)

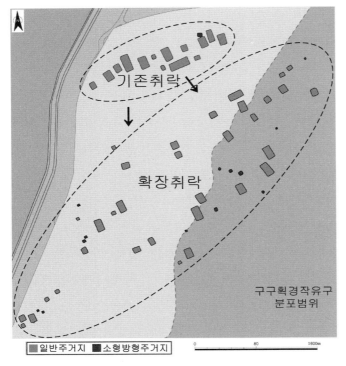

에서도 마찬가지이다. 또한 백석동취락에 대해 이동이 빈번한 화전농경을 주요 생계원으로 하였을 가능성이 높다는 견해(이형원 2010)가 제시되었다. 그러나 이런 대규모 취락이 이동이 빈번하였다는 견해에는 쉽게 수긍하기 어렵다. 분묘의 경우 구조를 갖추고 지하나 지상에 매장하는 방식이 본격적으로 도입되기 전의 장례 방식이나 습속-예를 들면 水葬, 鳥葬, 樹上葬 등과 같은 방식에 대한 고려도 필요하기 때문에 분묘를 정주취락의 절대적

[그림 4] 춘천 중도동취락 돌대문토기단계 유구분포도

인 요소로 판단하는 것은 재고의 여지가 있다.

중도동유적의 조기(또는 전기전반)의 취락은 확장되었을 가능성 높은 것으로 판단(김권중 2020; 박영구 2022)하고, 이들 취락과 관련된 경작지-구구획경작유구가 넓게 분포한다. 그러나 중도동취락은 장기지속성이 있다는 평가에도 불구하고 분묘의 존재는 명확하게 확인되지 않았다. 따라서 분묘도 정주성을 증명하는 척도이지만 오히려 안정적인 생계를 유지할 수 있는 경작지의 존재가 더욱 중요하지 않을까. 또한 분묘나 경작지뿐만 아니라 장기저장시설, 환호, 대규모 고상가옥, 의례시설, 각종 기념물의 사용기간도 종합적으로 검토되어야 한다.

4. 취락의 성격과 위계, 중심취락

취락연구에서 구조론적 접근은 가장 기초적이고 중요하게 다루어져 왔다. 취락의 규모와 구성 또는 구조에 따라 기능과 성격이 결정되고 사회구조나 위계와 경관, 취락 간 관계까지도 검토되었다. 주로 취락의 규모에 따른 大小의 구분과 여러 요소들의 기능-주거, 분

묘, 저장, 생산, 작업, 의례 등과 구성에 따라 취락의 성격이 결정되었다(이홍종 2005; 배덕환 2005; 이형원 2009; 송만영 2001; 이수홍 2012; 김권중 2020).

　초기의 취락연구는 취락 내의 위계에 관해 초점을 두고 주거의 규모와 입지가 위계를 결정한다는 견해가 상당수 제기되었다. 또한 취락은 여러 단위의 주거군이 결집하여 이루어지며, 주거군 내의 위계뿐만 아니라 주거군 사이에도 위계가 있다고 설명하였다. 그러나 (초)대형주거의 입지상 (상대적)우월성을 제외하면 구체적으로 증명되지 못하며, 유력 개인 내지 집단의 거처도 분명하지 않다. 주거군 사이에 위계가 존재한다는 증거도 없다.

　취락의 성격은 곧바로 취락의 위계 문제로 전환되는데 송만영(2006)은 취락의 위계는 일반적으로 취락의 기능 내지 역할과 밀접한 관련이 있고, 위계화가 발달한 취락일수록 다양한 기능을 수행할 뿐만 아니라 정치, 사회적으로 보다 중심적인 역할을 한다고 보았다. 일반적으로 중심취락2)은 거점취락, 중핵취락과 상위취락, 대규모 또는 대형취락, 모촌취락 등 매우 다양한 용어로 사용되고 있지만 대부분 유사한 의미로 보인다. 이에 상대적인 용어는 일반취락, 하위취락, 주변취락, 위성취락, 배후취락 등이다. 취락의 위계에 따라서 대형취락-중형취락-소형취락(송만영 2006), 최상위중심지-하위중심지-일반부락(김범철 2005), 거점취락-대취락-소취락(안재호 2006), 상위취락-중위취락-일반취락(이형원 2009) 등으로 분류하였다. 한편 안재호(2004)는 취락의 분업화에 주목하여 장의중심취락(오석리), 저장중심취락(대흥리), 경작중심취락(원북리) 등과 이들이 모여 있는 분업적 복합형 취락(관창리)을 유형화하여 취락의 발전과정과 위계관계를 논하였다. 김장석(2008)도 취락의 분화를 강조하지만 소비전문유적, 저장전문유적, 일반유적으로 삼분하여 송국리와 같이 저장시설을 갖지 않는 소비전문유적을 최상위 취락으로 설정하였다.

　연구자에 따라 중심취락의 내용을 살펴보면 차이가 있다.

---

2) 본 글에서 편의상 중심취락이라는 용어를 사용한다. 중심, 거점, 중핵의 의미는 다음과 같다.
　中心 : 사물의 한가운데가 되는 곳
　據點 : 어떤 활동의 근거가 되는 중요한 지점
　中核 : 사물의 중심에 있어 조직 형성에 중요한 부분

<표 1> 청동기시대의 취락체계(강동석 2018 인용)

구분	안재호	김범철	김장석	이형원	송만영	이종철
기준	기능	규모(면적)	기능(저장)	구성(기능공간)	규모(주거지수)	기능
취락체계	복합형취락	상위중심지	소비전문유적	상위취락	대형취락	거점취락
	묘사저장관리취락	하위중심지	저장전문유적	중위취락	중형취락	
	농업생산취락	일반부락	일반유적	일반취락	소형취락	일반유적

안재호(2009)는 거점취락의 조건을 대규모, 장기존속, 다양한 유구, 다종다양의 유물, 묘지나 제사유구, 구심적구조, 대형 고상창고, 물류 또는 수요의 중심지로 보고, 대규모, 장기존속, 다양한 유구의 3가지 요소만으로도 가능하다고 하였다. 다만 대형의 고상창고는 후기-송국리단계에 적용되는 것으로 보았다.

이상길(2011)은 중심취락(거점취락)을 구성하는 요소로는 취락의 규모(인구집중), 방어시설(환호, 목책), 수장의 거관, 공방의 존재, 창고(저장시설), 신전(의례공간, 종교시설물), 장거리 교역과 시장, 지배자층의 거대분묘 등을 들었다.

공민규(2013)는 대규모 취락, 잉여생산물의 보관을 위한 굴립주건물의 축조, 대형 분묘를 포함한 위계화된 분묘(군), 교역과 교류의 중심지, 청동기 등 위세품의 존재, 수장으로 표현할 수 있는 유력개인 또는 유력개인이 소속된 집단의 존재 등을 중심으로 설정하고 ①취락의 장기존속성 ②취락의 광역성 ③동일한 단계에 해당되는 다수의 주거지로 이루어진 복수 주거군의 존재 ④외래계문물의 존재 ⑤주변환경을 포함한 지리적 위치 등으로 요약하였다. 이들 중 셋 이상의 요소가 반영된 취락을 금강유역 청동기시대 전기 중심취락으로 상정하였다.

이형원(2009)은 주거공간을 비롯하여 저장공간, 분묘공간, 전업적 수공업 생산공간, 의례공간으로 이루어진 취락을 '상위취락'이라 표현한 바가 있으며, 가장 높은 위계의 대형취락, 최상위중심지, 거점취락, 상위취락 등이 중심취락을 구성하는 핵심 공간이 되며, 나머지는 주변취락에 해당할 것으로 보았다.

이수홍(2008) 유적의 규모나 주거지의 숫자보다는 대형굴립주, 무덤군, 위세품을 보유한 유적에 환호를 추가하여 거점취락으로 보았다. 최근 중심취락을 구성하는 여러 요소 가운데 환호 및 목책과 같은 대규모 기념물적 구축물이나 지석묘와 같은 분묘로서의 거석기념물, 그리고 공공의례 건물의 존재에 주목하는 견해도 제시되었다(이형원 2021).

이와 같이 중심취락을 구성하는 요소는 연구자에 따라 매우 다양하지만, 용어는 물론 개념이나 기준의 정리가 필요해 보인다. 또한 중심취락의 개념이나 기준 설명에 집중되어 있어 이하 등급의 취락은 설명이 없거나 기준이 명확하지 않다.

기존 중심취락의 기준은 대부분 송국리단계의 수준에 맞춰져 있기 때문에 이들 기준을 적용한

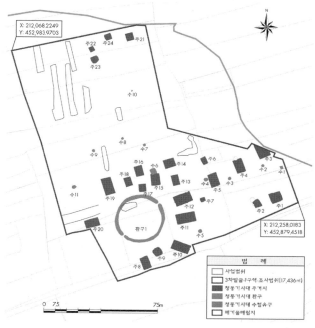

[그림 5] 구리 토평동취락 유구배치도

다면 구리 토평동취락의 성격은 모호해진다. 토평동취락(F지구)은 환구, 주거(23기), 수혈(11기)로 구성된 조기 후반 또는 전기 전반으로 편년되며, 이 시기 경기지역 최대규모의 취락이다. 기존 기준을 적용한다면 중심취락이 아닌 특수취락에 해당될 가능성이 있다. 그러나 시기적인 상황을 고려한다면 중심취락으로서의 가능성은 충분하다. 따라서 시기별로 중심취락의 기준은 달리 적용하여야 한다.

5. 취락 간 네트워크

취락 내부의 사회구조를 살피는 것과 취락 네트워크를 통해 지역집단의 사회구조를 파악하는 것은 매우 중요하면서도 어려운 과제이다(이형원 2021). 취락 간 네트워크를 설명할 때 일정한 공간적 분포범위에 취락의 존재가 확인되면 적정한 관계망(연계망)을 형성하였다는 전제를 두는 것이 일반적이다. 주로 중심취락을 설정하고 일반취락과의 위계에 따른 관계를 설명하는 방식이다. 대표적으로 송국리와 주변지역 저장전문유적과의 관계를 종속적 상하관계로 이해(김장석 2008)하였는데, 이에 대해 비판적 견지에서 원거리 취락-원북리, 안영리 새터, 상의리 등은 종속적 관계가 아닌 호혜적인 간접관계로 이해(이형원 2009, 2014)하였

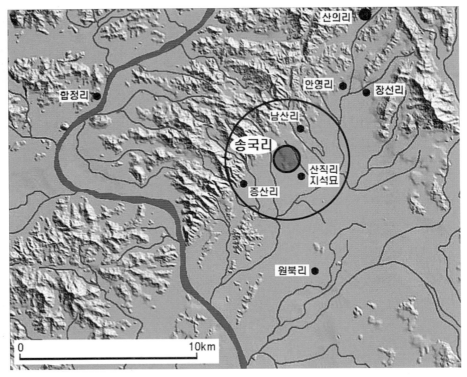

[그림 6] 부여 송국리 중심취락과 주변유적(이형원 2021 인용)

다. 종속적 관계가 아닌 다양한 관계의 해석이라는 점에서 진전된 결과로 볼 수 있지만, 종속적 관계는 물론, 호혜적인 관계를 입증할 구체적인 자료 제시는 없었기 때문에 실제 네트워크를 형성하였는지 여부는 알 수 없다.

취락 간 네트워크의 설명을 위한 모델화의 대표적 연구자인 이형원(2009, 2014)은 취락의 위계를 상위, 중위, 일반취락으로 구분하고, 직접적 또는 간접적으로 네트워크를 형성한 것으로 이해하였으며 취락들 간에는 긴밀한 교류 또는 교환이 이루어지는 네트워크가 존재했을 것으로 보았다. 또한 강한 문화적 동질성에 바탕을 둔 공동의 의례행위가 송국리와 같은 중심취락에서 행해졌을 가능성도 있다고 추정하였다. 비록 구체적 검증이 부족한 추정의 차원이 강하지만, 취락 간 네트워크의 설명에 진일보한 결과이다.

송국리형취락의 연계망을 또 다른 형태의 지역연계망으로 모델화한 것이 있다. 송국리형취락의 지역공동체 연계망 형태를 일방형, 양방형, 방사형으로 구분한 것이 특징이다(이종철 2015). 다른 시기와 지역 또는 타유형에 일반화할 수 있을지 의문이지만 송국리형취락의 네크워크를 모델화하였다는 데에 큰 의미가 있다. 이 외에도 지역 차원의 공간적 형태를 설명한 예(박영구 2013; 유병록 2019; 김권중 2020)가 있는데, 대부분 네트워크의 형태와 범위를 제시하였지만 어떤 방식으로 상호작용을 하였는지 구체적인 설명은 없다.

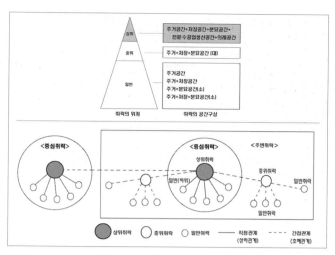

[그림 7] 청동기 중기 취락의 위계와 취락 간 관계 모식도(이형원 2014 인용)

또한 대부분의 연구자가 편년상의 동시기임을 전제로 하고 있지만 적용 범위가 적게는 100년에서 심지어 200년이 넘는 기간임에도 불구하고 취락의 존속기간을 너무 폭넓게 적용하였다. 어쨌든 취락 간 관계를 밝히기 위해서는 생산과 소비, 생산품의 분배나 재분배, 유통양상 분석을 통한 정치·경제적인 관계의 추적(이형원 2010), 일본 고고학계에서 강조한 석기의 산지추정과 유통망의 양상(이기성 2006), 농업 공

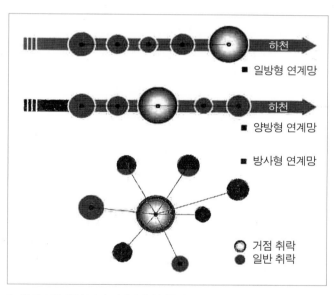

[그림 8] 송국리형취락의 지역연계망(이종철 2015 인용)

동체적 결합 정도와 취락 간의 분업이나 기능분화(都出比呂志 1989)를 살펴보자는 견해와 같이 이를 증명하기 위한 많은 노력과 방법이 필요해 보인다.

6. 취락과 인구변동

취락의 인구에 대한 연구는 초기부터 개별주거의 구성원(수)에 대한 많은 연구가 있었고, 취락자료가 증가하면서 다소 활발해졌지만 최근에는 별다른 진전이 없다. 초기에는 영남지역 청동기시대 인구변화에 대한 연구에서 수계별로 인구를 추정하여 시기별 변화를 검토한 바 있다(김권구 2003). 이 연구는 평균면적을 산출하여 추정거주인수를 파악하고자 하였으며, 1인당 면적을 3㎡와 5㎡를 적용하여 최대인구수와 최소인구수를 추정한 것이 주목된다. 이강승(2014)도 금강유역 청동기시대 조기와 전기의 방형계 주거와 중기 원형집자리의 전체 인구 산출에 5㎡를 적용하여 인구변화의 추이를 파악하였다. 의미 있는 시도이지만 만족할 만한 성과를 이루지 못하였는데, 취락자료가 가진 한계로 인해 실체적 접근이 어려웠기 때문이다.

최근 이러한 한계를 극복하기 위하여 절대연대치를 활용한 방법론이 등장하였다. 이러한 연구경향은 형식학적 방법론인 상대연대법과 교차편년에 의존하는 경향을 비판하고 탄소연대측정치를 이용하여 인구변화의 추이를 연구하는 방법론이다(김장석 2003, 2007; 황재훈 2009, 2014; 황재훈·양혜민 2015). 형식학적 방법론이 지닌 한계와 문제를 비판하고자 대안적으로 등장한 것인데, 개별 취락이 아닌 일정한 범위 내의 시기별 인구변동의 추이를 파악하는 것이었다. 특히 2021년에는 중부고고학회 주최로 인구변동에 대해 종합적으로 다루어지기에 이르렀다(중부고고학회 2021).

이 방법론은 탄소연대측정치의 수에 기반하여 취락의 규모를 추정하는 방법으로 샘플의 수가 인구규모를 반영한다는 것을 대전제로 삼고 있다. 방사성탄소연대측정치 분포의 해석에 있어서 특정 요소들이 미치는 영향을 평가하고, 샘플링 바이어스(sampling bias : 표본 편향)를 완하하는 방법으로 부트스트랩 리샘플링(bootstrap resampling)을 활용하여 인구 규모의 변화를 추정하였다(Kim 2016; 박지영 2017; 김세진 2021). 또 다른 방법론으로 방사성탄소연대의 학률밀도분포(SPD)[3]를 이용하여 중부지방 청동기시대 인구변동양상을 검토하기도 하였다(오용제·매튜 콘테 2021).

이러한 방법론은 취락의 인구변동을 다루는 데에 있어서 기존의 방법론과는 다른 접근

---

3) 탄소연대측정치를 보정해 모든 확률분포를 결합(Summed Probability Distribution) 결합하는 방법으로 Intcal20의 보정 곡선을 사용하였다.

법이지만 문제를 드러내기도 한다. 이와 같은 방법론을 적용한 사례인 김세진(2021)의 연구에서 보면, 중도동유적의 가구역은 예맥문화재연구원 조사구간인 C구역에 해당되고 절대연대는 2800-2600bp로 검출되었다. 이 측정치는 연대측정기관인 팔레오라보의 결과이다. 그런데 나·다구역 연대측정기관-라드피온, 지질자원연구원(에널리시스랩)의 절대연대치인 2600-2400bp와 차이를 보인다. 이러한 절대연대측정치의 차이는 조사구역의 편의상 구분에 따른 차이일 뿐 실제 취락의 연대차이로 보기 어렵다. 가구역과 나·다구역은 유구와 유물은 물론 고고학적인 정황상 동시기 취락의 가능성이 매우 높다. 따라서 다른 기관들의 연대측정치와 차이를 보이는 팔레오라보의 연대측정치[4]에 의문을 가질 수밖에 없다. 조사를 담당한 예맥문화재연구원도 보고서에도 이 문제를 지적(춘천 중도동유적 연합발굴조사단 2020: 582)하였다.

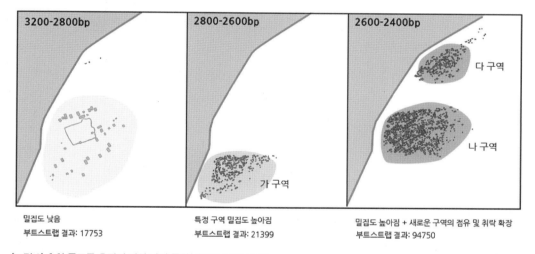

[그림 9] 춘천 중도동 유적의 변화 과정 종합(김세진 2021 인용)

한편 절대연대를 적극 활용하는 연구자들은 이 측정치(2800-2600bp)를 중도동유적의 전기 부재를 부정하는 근거로 사용하는 듯하다. 더 나아가 환호의 축조시기를 2800bp 이후의 주거지들 중 다수가 환호 내부에 축조되거나, 환호를 파괴했다는 점을 고려하여 돌대

---

4) 2022년 2월 안재호가 팔레오라보에 중도유적 연대문제를 전달하였으나 현재 일본에는 시료가 남아있지 않아 재측정은 어렵고, 당시에 기계적 오류의 가능성은 없다고 전달받았다.

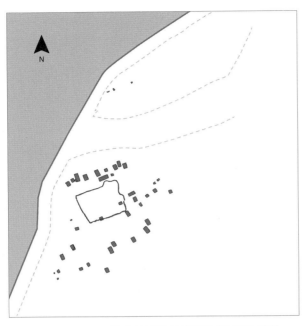
[그림 10] 3200-2800bp 주거지와 환호의 분포(김세진 2021 인용)

문토기단계로 추정(김세진 2021)하기에 이른다. 이는 유적의 중복관계(층서관계), 출토유물, 환호의 연대를 부정하며, 해당지역의 고고학적 맥락을 파악하지 못하고 절대연대측정치에만 의존하였기 때문에 발생한 결과이다. 이러한 괴리는 기존의 고고학적 연구와 C14연대가 정합성을 띠지 않는 것을 주요인으로 지적하고 있다(안재호 2020).

취락을 유구와 유물의 형식편년에 따라 단계를 구분하고 절대연대에 의한 검증과정을 거치는 것이 아니라, 형식학적 방법론의 문제와 한계를 극복하고자 배타적인 자료의 활용으로 발생한 문제라고 할 수 있다. 취락연구에서 편년상의 문제를 극복하기 위하여 속성배열법이나 순서배열보충법과 같은 일련의 성과물이 있었지만 여전히 한계를 드러낸다. 절대연대치를 이용하여 인구규모를 추산하는 방식은 인구변화의 추이를 살펴보는 것에 초점이 맞춰져 있어 한계가 있고, 근본적으로 취락의 실제 인구수를 파악하는 것과는 별개의 문제라고 생각된다.

7. 취락과 세대, 가구, 가족

청동기시대 취락연구에서 취락 구성의 기초단위인 세대 또는 가구, 가족이라는 용어는 세대보다는 가구로 사용하고 가족과는 구분하고 있다(김범철 2006). 취락 내 단위집단을 가족공동체나 세대공동체, 규모에 따라서는 핵가족, 대가족, 확대가족, 소가족체, 대가족체 등 다양한 용어로 사용하고 있다. 특히 한국 청동기시대 주거연구에서 전기에서 중기로의 가장 큰 변화는 대형에서 소형으로의 변화이고 이를 가족구성체의 변화로 인식하는 것이 일반적이다(안재호 1996; 이기성 2001; 김승옥 2006; 김현식 2006; 박성희 2015). 이러한 가족구성체는 경제학적 단위집단인 엥겔스의 이론을 차용하여 '世帶共同體'(都出比呂志 1989)로도 불린다. 세대공동체론을 고고학적으로 적극 활용한 안재호(1996, 2006)는 청동기시대의 가족체를 대가족체-세대공동체-핵가족체로 분화하며, 3~5동의 주거가 군집하는 것을 세대공동체로 해석하고, 이 변화과정을 위계화의 심화로 파악하고 있다. 이와는 다른 견해도 제시되었는데 전기의 대형주거지도 세대공동체의 주거이며 전기에서 중기로의 변화는 가족체의 변화가 아

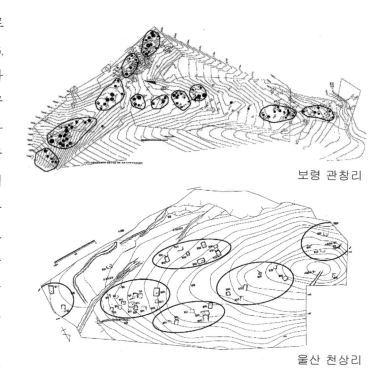

보령 관창리

울산 천상리

[그림 11] 세대공동체의 추정(김현식 2019 인용·수정)

닌 공동거주와 독립거주의 차이로 설명하였다(김승옥 2006). 김현식(2019)도 이를 찬동하여 변화요인을 농경사회의 사회조직과 노동의 전문화, 노동 수요의 증가에 따른 협업체계의 변화로 설명하였다. 이와 같이 전기에서 중기로의 변화를 '확대가족에서 핵가족으로의 전환', '세대공동체 형성' 등의 명제로 설명하는 것에 한계를 지적하고 가구고고학적 접근방식을 활용하기도 하였다(김범철 2012).

그런데 핵가족화든 개별 또는 공동 거주든 대부분의 연구에서 이러한 변화를 설명하면서, 단순히 근접하여 군집된 양상을 세대공동체로 해석하지만 뚜렷한 근거의 제시는 그다지 많지 않다. 주거가 세대 또는 가구와 일대일로 대응하는지의 여부는 차치하더라도, 이러한 세대공동체론적 관점에서 주거의 접근성에 따른 직관적인 판단이 아닌 그 이상의 근거 제시가 필요하다.

IV. 청동기시대 취락연구의 '패러다임 시프트'를 위한 몇 가지 제언

그간 청동기시대 취락연구에 대하여 비판적 시각에서의 접근(김장석 2007)과 각종 논쟁 검토(이형원 2010), 향후 과제의 제시(안재호 2014)가 있었다. 특히 김장석은 청동기시대 취락연구에서 논리적, 방법론적 재고가 필요하고, 취락을 하나의 고정적 실체로 바라보는 것에 대해 비판적 견해를 제시하였다.

2014년 발간된 『한국청동기시대의 고고학3-취락』편에서는 한국청동기시대 취락고고학 연구의 문제점과 미래과제에 대해 10여 가지를 지적하였다(김권구·공민규 2014: 12). 요약하면 다음과 같다.

- 정주취락의 개념과 기준 및 지역별·시대별 연구의 필요성
- 자원영역활용분석을 위한 자연과학분야의 활용
- 개별주거의 공간사용방식에 대한 연구를 위한 토양분석
- 가구와 가구군의 성격과 변화양상
- 마을의 특성 연구와 기능분화에 대한 심층연구
- 생업양상에 대한 다양한 시각에서의 연구
- 실험고고학과 민족지고고학의 적극 활용
- 가구, 세대, 중심취락 또는 거점취락의 용어 통일
- 청동기시대 조기와 후기 취락 연구

이들 가운데 몇몇 과제는 이후의 자료의 증가와 연구로 해소되어 가고 있지만 많은 부분에서 미진하다. 이에 덧붙여 몇 가지를 제기하고자 한다.

● 형식편년과 절대연대의 상보적 관계 형성

형식학적 편년과 절대연대의 활용은 양자의 방법론에 경도되거나 맹신의 수준에 이른 것으로 보인다. 단순히 취락연구에서만의 문제는 아니다. 형식학적인 문제를 극복하기 위한 새로운 방법론이 제시되었지만 여전히 불신의 벽이 높다. 절대연대의 활용도 과학적이라는 명분을 가지고 있지만 충분하게 검증되지 못한 오류의 문제도 드러났다. 결론적으로 형식편년의 한계와 절대연대의 오류가 있음을 인정하고 상보적 연구가 진행되어야 할 것이다.

● 취락의 폐기 또는 소멸 원인 규명

취락의 폐기 원인 규명은 취락의 소멸과 이주의 원인-자원고갈, 전쟁, 질병(전염병), 자연재해(홍수범람) 등을 포함한 각종 요인(push factor, pull factor)을 설명할 수 있는 기초이다. 그간 취락의 사용이 중단되어 폐기되는 원인에 관해 주거 차원의 논의는 다소 있었지만, 취락 차원의 구체적인 논의(허의행 2013)는 그리 많지 않았다. 또한 편년작업을 통한 취락의 폐기 시점이 설명되었지만 개별주거의 폐기만큼 취락 전체의 폐기의 원인에 대해서는 자세하게 설명하지 못하였다. 개별주거의 폐기 원인에 대한 명확한 해석이 쉽지 않은 한계 때문에 취락의 폐기에 대한 설명을 어렵게 하는 것으로 보인다. 결국 개별주거의 폐기 원인을 밝히기 위한 다양한 분석이 선행되어야 하고 기존 자료의 재분석도 필요하다. 최근의 팬데믹(pandemic) 상황과 같은 전염병이나 질병의 문제에 접근하거나, 가옥장, 화재 등 주거의 폐기 원인 규명을 위해 다양한 접근과 해석을 토대로 취락의 폐기 원인에 접근할 필요가 있다.

● 주거의 가족 구성원(수)과 취락의 인구에 대한 실체적 접근 필요

주거 내의 가족 구성을 세대공동체로 이해하는 관점(안재호 1996, 2006; 이형원 2007, 2009)이 주류였지만 주거 내의 공간구분을 기능적, 젠더적 관점에서 해석하는 견해(김종일 2008)도 등장하였다. 가족이나 세대 또는 가구의 구성원 실체에 접근하기 위해 다각도의 노력이 있었지만 대부분 추측의 수준에 머물러 있다. 또한 실제 취락의 인구(수)에 대한 접근이나 인구규모를 추산하기 위한 시도도 있었지만 실제와 동떨어진 감이 있다. 이를 극복하기 위한 기초작업이 필요하다. 가령 일본 福岡縣 野黑板

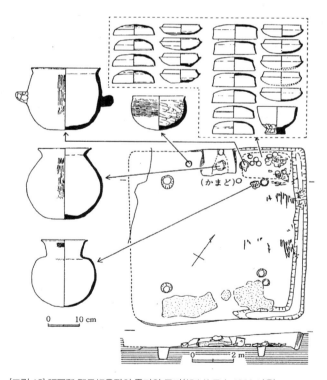

[그림 12] 福岡縣 野黑板유적의 주거와 토기(都出比呂志 1989 인용)

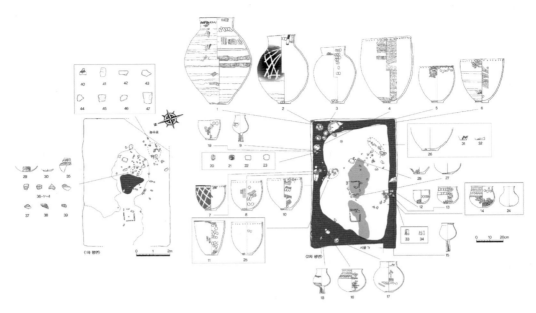

[그림 13] 영주 가흥리 1호 주거지 출토 토기류

유적의 주거지 사례5)와 같이 실제 거주인수를 밝히기 위한 작업도 필요한 것이다. 국내에도 영주 가흥동유적 1호 주거지[그림 13]의 예처럼 일본의 사례와 같은 자료가 많다. 청동기시대 인구수를 추정하는 데에 근본적인 한계가 있을 수밖에 없지만 다양한 방법으로 실제에 접근해야 할 필요가 있다.

 ● 민족지고고학 자료의 적극 활용
취락연구에서 민족지고고학 자료의 활용은 있었지만 적극적이지 않았다. 현재의 소수부족이나 환경적, 기후적 차이가 많은 오지의 민족지 자료를 국내 청동기시대 취락에 그대로 적용하기 어렵다는 비판적 시각이 있었기 때문이다. 그러나 고고학적으로 한계를 드러낸 주거나 취락의 복원과 검증의 수단으로 적절하게 활용할 수 있다면 적극적으로 검토하여야 한다. 가령 동남아시아 라오스 고산지대의 소수민족인 라후족은 혼기에 다다른 처녀들

---

5) 일본 고분시대 후기(6세기 중엽)의 주거지를 분석한 것으로 주거지는 한 변이 길이가 4.5m이고 면적은 20.25㎡이며, 내부에서 출토된 식기조합은 스에키 개배 4세트와 하지키 개배 5세트, 취사용기 옹 2개(각 6리터)가 출토되었다. 이를 토대로 4~5인이 거주한 것으로 추정하였다(都出比呂志 1989).

[그림 14] 라오스 라후족 처녀들의 거처

의 거처(개인숙소)를 옥외에 별도로 두고 있다. 취락 내의 시설에 대한 다양한 사실을 확인시켜주는 사례라고 할 수 있다. 주거 내의 기능이나 젠더(김종일 2008)뿐만 아니라 '世帶'가 아닌 '世代'적 관점에서의 접근은 취락에도 적용이 필요하다.

● 정주취락의 개념과 기준 정리

  정주취락의 개념과 판단기준에 대해 논의가 필요하다는 것을 지적(김권구·공민규 2014)한 바와 같이 개념 정의와 판단기준의 수립이 필요하다. 또한 장기지속성과 반복점유의 개념도 명확하게 정리되어야 한다. 정주취락으로 인정하기 위해서는 어떤 조건을 갖추어야 하는가의 문제에서 주거뿐만 아니라 분묘와 가경지의 존재는 물론 장기저장시설, 환호와 의례공간 등의 사용기간도 고려하여야 한다. 최근 작성된 것으로 주거의 사용기간 확인을 위한 연구(김준희 2021)는 초보적인 결과이지만 상당히 의미 있는 작업으로 생각된다.

● 취락 네트워크 연구의 한계 극복

  취락 간 관계를 주로 종속적인 관계로 해석한 것이 주를 이루고 이에 대한 반론으로 호혜적 관계를 설정하기도 하였지만, 좀더 다양한 관계-개방적, 폐쇄적, 독립적, 경쟁적, 배타적인 관계-와 같은 다양한 상호관계의 설명도 필요하다. 또한 이러한 관계를 형성하게 된 원인 규명도 필요하다. 2009년 한국청동기학회(취락분과)에서의 검토 이후 개별 연구자들의 많은 성과가 있었지만 취락 간 네트워크의 진전된 종합적 검토는 없었다. 많은 연구자가 지역적 네트워크를 검토하였지만 광역적 검토도 필요하고, 이제는 한국의 지형구조에 적절한 '한국형 중심지이론'의 모색도 필요한 시기가 되었다. 또한 취락 간 계층구조를 강조하는 전통적인 계층적 접근방식의 한계를 극복하기 위해 수직적·수평적 상호관계성을 검토하는 헤테라키(heterarchy)[6]의 접근(강동석 2018)은 더욱 필요하다.

● **인간과 취락의 라이프싸이클 연구**

취락연구의 궁극적 대상은 인간이어야 한다. 그러므로 그들의 일상생활 모습이 그려져야 하고, 그들의 실체, 행위, 관념에 접근하기 위한 연구로서 취락이 다루어진다면 그들 상호간의 관계도 설명될 수 있을 것이다. 취락의 라이프싸이클을 형성-발전-쇠퇴-소멸의 과정으로 설명한다면 주로 형성과 발전과정에 대한 설명에 집중되고, 쇠퇴와 소멸과정에 대해서는 구체적으로 다루어지지 않았다. 또한 취락의 단계별 변동 원인에 관한 설명도 여전히 부족하다.

V. 맺음말

한국 청동기시대 취락연구는 1990년대 중반부터 본격적으로 시작되어 지난 30년 가까이 눈부신 발전과 성장을 거듭하여 왔다. 그동안 취락의 구조와 성격, 사회조직과 위계, 네트워크, 경관, 인구변동, 생산과 소비 등 많은 부분에서 연구결과를 축적하였다. 그러나 취락자료와 연구결과의 양적인 증가에 비해 질적인 성장은 충분하지 않아 보인다. 고고자료가 가진 한계가 있음은 부정할 수 없지만 방법론적으로나 해석상의 한계에 이른 것으로 보인다. 그간 몇몇 비판적 견해와 방향의 제시가 있었지만 그에 따른 적절한 대안의 제시는 없었다. 필자 역시 비판을 위한 수준임을 인정한다.

취락자료는 고고학에서 총합체적 성격을 띠지만 이를 고려한 종합적 분석과 연구는 미

---

6)　계층성(hierarchy)과 상호관계성(network)의 대응관계로 구성된 '복합체계'로 보아야 한다고 주장(Cumming 2016)하였다.

진하다. 취락자료를 고정적 실체로 보거나 단선론적 접근에 대한 비판(김장석 2007)과 같이 가변적이고 다양한 관점에서의 접근도 필요하다. 또한 이론적, 논리적 접근도 당연히 중요하지만 추상적, 피상적 접근보다 구체적, 실체적 접근은 더욱 필요하다. 그러므로 그간 제기된 문제에 대해 신중하게 재검토할 필요성이 있고 축적된 취락자료도 재분석할 필요성이 있다. 더불어 취락연구자의 부단한 노력도 필요하다. 다수의 취락연구자가 학위 취득과 연구성과를 도출하였으나, 기존의 연구경향에서 탈피하지 못한 점은 반성해야 할 것이다. 또한 고고자료가 가진 한계를 인정할 수밖에 없지만 패러다임의 전환이나 새로운 방법론의 모색은 부진하다.

청동기시대 취락연구는 패러다임의 전환이 필요한 때에 이르렀다. 그러한 점에서 최근 가장 중요한 유적으로 평가받는 중도동취락의 성격 구명은 새로운 관점에서 검토되어야 한다. 중도동유적은 최근 보고서가 발간되면서 대규모 주거지와 분묘를 비롯하여 경작지, 환호, 고상가옥, 수혈유구 등 기초자료가 정리되었고, 이에 따라 부문별 연구도 일부 진행되었다. 향후 새로운 패러다임의 전환으로 중도동취락의 성격 구명에 다가서길 기대해 본다.

참고문헌

※ 청동기시대 취락 관련 박사학위 논문은 본문(각주1)에 별도로 기재하였다.

강동석, 2018, 「지석묘사회의 취락 패턴과 복합화:GIS를 활용한 영산강중류역 취락패턴의 재구성」, 『韓國考古學報』109.

_____, 2020, 『韓日初期複雜社會의 聚落體系의 比較:GIS를 用いた空間考古學的檢討』, 雄山閣.

고민정·Martin T Bale, 2008, 「청동기시대 후기 수공업 생산과 사회 분화」, 『韓國青銅器學報』2.

고민정, 2010, 「남강유역 청동기시대 후기 취락구조와 성격」, 『嶺南考古學』54.

국립국어원, 1999, 『표준국어대사전』.

김권구, 2012, 「청동기시대-초기철기시대 고지성 환구(高地性 環溝)에 관한 고찰」, 『韓國上古史學報』76.

_____, 2014, 「총설」, 『청동기시대의 고고학3:聚落』, 한국고고환경연구소 학술총서12, 서경문화사.

김권구·공민규, 2014, 『청동기시대의 고고학3:聚落』, 한국고고환경연구소 학술총서12, 서경문화사.

金範哲, 2005, 「錦江 中·下流域 청동기시대 중기 聚落分布類型 研究」, 『韓國考古學報』57.

_____, 2006, 「錦江 中·下流域 松菊里型 聚落에 대한 家口考古學的 접근」, 『韓國上古史學報』51.

_____, 2012, 「青銅器時代 家口變化의 社會經濟的 意味-中西部地域을 중심으로-」, 『韓國上古史學報』76.

金度憲, 2005, 「청동기시대 영남지역의 환경과 생업」, 『영남의 청동기시대 문화』, 第14回 嶺南考古學會 學術發表會.

김선우, 2016, 『경관의 고고학』, 경희 고대사·고고학 연구총서2, 주류성.

김세진, 2021, 「북한강 유역 청동기시대 대형 취락의 형성 과정에 관한 연구」, 서울대학교 대학원 석사학위논문.

김승옥, 2006, 「청동기시대 주거지의 편년과 사회변천」, 『韓國考古學報』60.

김장석, 2003, 「충청지역 송국리유형 형성과정」, 『韓國考古學報』51.

_____, 2007, 「청동기시대 취락과 사회복합화과정연구에 대한 검토」, 『湖西考古學』17.

_____, 2008, 「송국리단계 저장시설의 사회경제적 의미」, 『韓國考古學報』67.

_____, 2021, 「고고학에서의 인구연구」, 『인구변동의 고고학』, 2021년도 중부고고학회 정기학술대회 발표요지.

김종일, 2004, 「한국 중기 무문토기문화의 사회구조와 상징체계」, 『國史館論叢』104, 國史編纂委員會.

_____, 2006, 「景觀考古學의 理論的特徵과 適用의 可能性」, 『韓國考古學報』58.

_____, 2008, 「전통과 변화: 서울경기지역 청동기시대 연구의 새로운 전망」, 『전통과 변화-서울경기 무문토기문화의 흐름』, 2008년도 서울경기고고학회 추계 학술대회 발표요지.

김준희, 2021, 「경기지역 청동기시대 취락의 점유기간과 생계경제」, 충남대학교 대학원 석사학위논문.

김현식, 2006, 「蔚山式 住居址 研究」, 釜山大學校 大學院 碩士學位論文.

_____, 2019, 「남한 청동기시대 토기와 주거지의 변천연구」, 부산대학교 대학원 박사학위논문.

김현준, 1997, 「청동기시대 취락의 입지유형을 통해서 본 생업연구」, 한양대학교 대학원 석사학위논문.

朴性姬, 2015, 「南韓 靑銅器時代 住居 硏究」, 高麗大學校 大學院 博士學位論文.

박영구, 2022, 「춘천 중도동유적 돌대문토기 단계 주거와 취락양상」, 『湖西考古學』61.

박지영, 2017, 「백제의 확장과 주변부 취락 재조직: 방사성탄소연대와 GIS공간분석을 활용하여」, 서울대학교 대학원 석사학위논문.

裵德煥, 2000, 「嶺南地方 靑銅器時代 環濠聚落硏究」, 東亞大學校 大學院 碩士學位論文.

_____, 2005, 「南江·太和江流域의 靑銅器時代 據點聚落」, 『文物硏究』9.

裵眞晟, 2006, 「無文土器社會의 威勢品 副葬과 階層社會의 出現」, 『계층사회와 지배자의 출현』, 한국고고학 창립 30주년 기념 한국고고학전국대회.

松滿榮, 1997, 「中西部地方 無文土器文化의 展開」, 『崇實史學』10.

_____, 2001, 「南韓地方 農耕文化形成期 聚落의 構造와 變化」, 『한국 농경문화의 형성』, 제25회 한국고고학전국대회 발표요지, 韓國考古學會.

_____, 2006, 「남한지방 청동기시대 취락구조의 변화와 계층화」, 『계층사회와 지배자의 출현』, 한국고고학회 창립 30주년 기념 한국고고학전국대회 발표요지.

安在晧, 1996, 「無文土器時代 聚落의 變遷-住居址를 통한 中期의 設定-」, 『碩晤尹容鎭教授 停年退任紀念論叢』, 碩晤尹容鎭教授停年退任 紀念論叢刊行委員會.

_____, 2000, 「韓國農耕社會의 成立」, 『韓國考古學報』43.

_____, 2001, 「中期 無文土器時代의 聚落 構造의 轉移」, 『嶺南考古學』29.

_____, 2004, 「中西部地域 無文土器時代 中期聚落의 一樣相」, 『韓國上古史學報』43.

_____, 2009, 「南韓 靑銅器時代 硏究의 成果와 課題」, 『동북아 청동기문화 조사연구의 성과와 과제』, 학연문화사.

_____, 2020, 「靑銅器時代 智佐里聚落의 形成過程과 社會相」, 『韓國靑銅器學報』26.

요용제·매튜 콘테, 2021, 「'¹⁴C dates as data?-방사성탄소연대의 확률밀도분포를 통해 본 중부지방 청동기시대 인구 변동 양상-」, 『인구변동의 고고학』, 2021년도 중부고고학회 정기학술대회 발표요지.

이강승, 2014, 「청동기시대 금강유역의 인구산출에 대한 연구」, 『先史와 古代』40, 韓國古代學會.

李健茂, 1994, 「先史時代 住居址考古學現況」, 『마을의 考古學』, 第18回 韓國考古學全國大會 發表要旨.

이기성, 2006, 「석기 석재의 선택적 사용과 유통」, 『湖西考古學』15.

이상길, 2002, 「우리는 왜 남강유역의 유적에 주목하는가?」, 『청동기시대의 대평·대평인』, 국립진주박물관.

_____, 2011, 「남한 무문토기시대 거점취락과 그 주변-想像의 都市와 그 實相」, 『고고학에서의 중심과 주변』, 第20回 嶺南考古學會 學術發表會 發表要旨.

李盛周, 1998, 「韓國의 環濠聚落」, 『環濠聚落과 農耕社會의 形成』, 嶺南考古學會·九州考古學會 第3回 合同考古 學大會, 嶺南考古學會·九州考古學會.

_____, 2007, 『靑銅器·初期鐵器時代 社會變動論』, 學研文化社.

李秀鴻, 2008, 「蔚山地域 靑銅器時代 聚落構造의 變化」, 『韓國靑銅器學報』2

李松來, 1989, 「국가의 정의와 고고학적 판단기준」, 『韓國上古史 연구현황과 과제』, 民音社.

李亨源, 2007, 「호서지역 가락동유형의 취락구조와 성격」, 『湖西考古學』17.

_____, 2010, 「청동기시대 취락연구의 쟁점」, 『한반도 청동기시대의 쟁점』, 청동기시대 마을풍경 특별전 학술 심포지엄 발표요지, 국립중앙박물관.

_____, 2014, 「취락과 사회구조」, 『청동기시대의 고고학3 聚落』, 한국고고환경연구소 학술총서12, 서경문화사.

_____, 2021, 「청동기시대 중심취락의 지역적 양상-송국리유형 시기의 대규모 기념물을 중심으로」, 『湖西考古學』49.

이홍종, 2003, 「松菊里型 聚落의 景觀的 檢討」, 『湖西考古學』9.

_____, 2005, 「寬倉里聚落의 景觀」, 『송국리문화를 통해 본 농경사회의 문화체계』, 서경문화사.

_____, 2007, 「송국리형취락의 공간배치」, 『湖西考古學』17.

이홍종·손준호, 2012, 「충적지 취락의 지형환경」, 『嶺南考古學』63.

鄭漢德, 1995, 「東아시아의 環濠聚落」, 『蔚山檢丹里마을遺蹟』, 釜山大學校博物館.

중부고고학회, 2021, 『인구변동의 고고학』, 2021년도 중부고고학회 정기학술대회 발표요지.

秋淵植, 1994, 「聚落考古學의 世界史的 硏究傾向」, 『마을의 考古學』, 第18回 韓國考古學全國大會 發表要旨.

_____, 1997, 『고고학의 이론과 방법론』, 학연문화사.

韓國考古學會, 1994, 『마을의 考古學』, 第18回 韓國考古學全國大會 發表要旨.

한국청동기학회, 2009, 『청동기시대 중심취락과 취락 네트워크』, 한국청동기학회 취락분과 제2회 워크숍 발표요지.

_____, 2013, 『청동기시대 생산과 소비적 관점에서 바라 본 경제활동』, 제7회 한국청동기학회 발표요지.

황재훈, 2009, 「전남지역 선송국리~송국리단계의 인구분포 변동」, 『湖西考古學』20.

_____, 2014, 「무문토기시대 전기 사회의 상호작용과 문화변동-한반도 중서부지역을 중심으로-」, 경희대학교 대학원 박사학위논문.

황재훈·양혜민, 2015, 「¹⁴C연대 분석을 통해 본 청동기시대 전기 편년 시론」, 『湖南考古學報』50.

後藤直, 1995, 「朝鮮半島原始時代의 農耕集落立地」, 『第四紀硏究』第33卷 第5号, 日本第四紀學會.

都出比呂志, 1989, 『日本農耕社會의 成立過程』, 岩波書店.

Cumming, G. S., 2016, Heterarchies: Reconciling Networks and Hierarchies, Trends in Ecology&Evolution 31(8).

Kim, J., 2016, Demographic adaynamics Inferred from Radiocarbon Dates versus Sampling Baises, paper presented at C14 and Archaeology 8th International Symposium, Edinburgh.

청동기시대 무덤연구의
패러다임 시프트(paradigm shift)

윤호필 | 상주박물관

Ⅰ. 머리말

'무덤'은 '죽음'에 대한 인식의 산물로 만들어졌다. 즉, 죽음으로 인한 산 자(生者)와 죽은 자(死者)의 영원한 이별, 죽은 자에 대한 추모와 애도, 공포 등이 무덤으로 나타난 것이다. 따라서 '죽음의 패러다임'과 '무덤의 패러다임'은 밀접한 관계가 있음을 알 수 있다. 하지만 죽음은 '정신문화'로서 인류가 등장하면서부터 생겨나지만, 무덤은 죽음의 정신문화가 실체가 있는 '물질문화'로 재해석되어 나타나기 때문에 양자의 등장 시기는 차이가 있다. 즉, 무덤 조성은 죽음에 대한 관념이 어느 정도 정립된 시점부터 나타나기 시작하는 것이다.

인류 최초의 무덤은 구석기시대 중기부터 나타나지만, 본격적으로 무덤이 축조되기 시작한 것은 정착생활이 시작되는 신석기시대부터라 할 수 있다. 우리나라도 신석기시대부터 본격적으로 무덤이 조성되기 시작하지만, 보편적으로 조성되지는 못하였다. 그것은 무덤을 조성하기 위해서는 죽음에 대한 관념 정립과 함께 무덤을 조성하고 관리할 수 있는 사회시스템이 필요한데, 수렵·채집·어로 중심의 생계경제 방식으로는 어려움이 있었기 때문이다[1]. 신석기시대의 무덤 종류는 다양하지만 대부분 토광묘이며, 전체적으로 무덤의 구조와 형태는 단순하다. 따라서 우리나라 신석기시대는 다양한 무덤의 조성 및 장법, 부장유물 등을 통해 볼 때 죽음에 대한 관념은 명확하게 확립되었으나 무덤에 대한 인식은 상대적으로 부족했던 것으로 보인다. 즉, 무덤을 단지 시신을 처리하고 애도하는 공간으로만 인식하여 무덤의 형태나 구조에는 큰 비중을 두지 않았던 것으로 생각된다. 이러한 무덤에 대한 인식은 청동기시대에 들어서면서 큰 변화가 나타난다.

청동기시대는 생계경제 방식이 취락 발달과 함께 농경 중심으로 변화한다. 도구는 금속기인 청동기가 사용되고 목·공구인 마제석기는 세분화와 다양화된다. 토기는 단순화된 무문토기가 발달하고 기종이 다양해진다. 이러한 물질상의 변화는 사회·경제·문화를 발달시켜 대규모 취락을 등장시키고 취락간 상호 교류도 활발하게 만들었다. 특히, 사회적 변화와 발달은 사회적 불평등을 심화시켜 위계의 형성과 사회 구조화를 가속시켰다. 이러한 변화는 죽음에 대한 관념과 무덤에 대한 인식을 바꾸었다.

취락의 일반화는 무덤 조성의 일반화를 촉진하였으며, 인구증가는 대규모의 공동묘지를 만들었다. 이러한 무덤의 일반화와 사회의 구조화는 무덤에 대한 인식체계를 변화시켜 무덤을 통해 죽음을 보다 다양하게 표현하게 되었다. 또한, 무덤 축조과정과 구조가 정형화되면서 축조기술과 장송의례를 발달시켰다. 이는 이전 시대와 달리 무덤을 사자(死者)의 공간으로만 인식하지 않고 생자(生者)와 연결되는 공간으로 인식한 것이다. 즉, 인간은 사회적 존재로서 죽음을 맞이하기 때문에 단순히 피장자와 그 가족만이 겪는 통과의례가 아니라 집단의 사회구조 속에서 다양한 사회적 변화가 함께 수반되는 것으로 이해한 것이다. 따라서 청동기시대의 무덤은 신석기시대의 무덤과는 다른 새로운 "패러다임(paradigm)"이 생겨났으며, 이는 시대적 변화에 따른 무덤 패러다임의 전환(paradigm shift)을 보여준 것이다.

따라서 본 논문은 새롭게 나타난 청동기시대의 무덤 패러다임의 양상을 지금까지 조사되고 연구된 성과를 바탕으로 몇 가지 큰 틀에서 살펴보고자 한다. 청동기시대의 무덤관련 고고자료는 많은 조사와 연구를 통해 어느 정도는 확보되었지만 계속해서 새로운 자료와

---

1) 수렵·채집·어로의 생계경제 방식은 장기간의 정착생활이 어려워 무덤 조성과 관리에 어려움이 있기 때문이다. 하지만 일부 지역에서는 대규모의 취락이나 무덤군도 확인되어 본격적인 무덤조성이 이루어지고 있음을 알 수 있다. 대표적인 신석기시대 무덤은 부산 가덕도 장항유적, 통영 연대도유적 등이 있다. 무덤 종류는 토광묘, 동굴묘, 적석묘, 석곽묘, 옹관묘, 패각묘 등 다양하며, 장법도 신전장, 굴지장, 세골장, 화장, 합장 등이 확인되었다.

연구성과가 발표되고 있어 현재 진행형이다. 이에 모든 고고자료를 검토하는 것은 무리이며, 기존의 무덤관련 연구성과와 주요 고고자료를 바탕으로 통시적인 관점에서 무덤연구의 흐름과 주요 쟁점을 살펴보고 이를 바탕으로 향후 무덤연구의 방향성을 모색해보고자한다.

II. 청동기시대 무덤연구의 시기별 흐름[2]

1. 근대 이전~일제강점기

1) 근대 이전

우리나라에서 청동기시대 무덤에 대한 최초의 기록은 고려 후기 문신인 이규보(李奎報)가 전주지방을 유람하고 지은 기행문인 『동국이상국집(東國李相國集)(1241년)』 권 23의 남행월일기(南行月日記)이다[3]. 글에는 고인돌을 묘사한 표현이 있는데, 고인돌을 '支石'이라 지칭하며 '옛날 성인(聖人)이 고여 놓은 것'으로 기술하였다. 또한, 고인돌을 보고 '기적(奇迹)으로서 이상한 것'이라는 소감도 밝혔다. 이러한 내용으로 볼 때 고인돌의 형식은 지석을 갖춘 '기반식고인돌'로 생각되며, 그 형태와 규모가 인간이 축조하였다고 보기 힘들 정도로 크고 웅장했음을 알 수 있다. 또한, '세속에서 전해진다'는 말로 볼 때 이규보가 고인돌을 구경하기 이전부터 민간에 널리 알려져 있었음을 알 수 있다. 즉, 당시 사람들도 고인돌에 대해 많은 관심이 있었으며, 나름의 다양한 해석도 한 것으로 보인다. 하지만 다른 고려시대 기록에서는 찾아볼 수 없고, 이후 조선시대에도 고인돌과 관련된 기록이 없는 것으로 보아 민간에서는 다양한 이야기로 일부 전해지고 있었지만, 당시 학자들에게는 관심이 없었던 것으로

---

2) 청동기시대 무덤 발굴사 및 연구사에 대해서는 여러 연구자들이 잘 정리한 바 있다. 여기서는 기존의 자료를 바탕으로 다시 정리하였으며, 다음의 연구성과를 참고하였다.
    손진태(1948), 金貞姬(1988), 趙由典(1992), 李榮文(2002, 2012), 유태용(2003), 우장문(2004), 金圭鎬(2004), 윤호필(2013), 平郡達哉(2012), 甲元眞之(1980), 田村晃一(1988), 千葉基次(2006).
3) "明日將向金馬郡。求所謂支石者觀之。支石者。俗傳古聖人所支。果有奇迹之異常者。"
    (다음날 금마군(金馬郡)으로 향하려 할 때 이른바 '지석(고인돌)'이란 것을 구경하였다. 지석이란 것은 세속에서 전하기를, 옛날 성인(聖人)이 고여놓은 것이라 하는데, 과연 기적(奇迹)으로서 이상한 것이 있었다.) (東國李相國集 券二十三, 南行月日記)

보인다.

2) 19세기 말

이후 19세기 말에 외국문물이 본격적으로 유입되면서 조선으로 파견된 외국 선교사나 외교관들에 의해 고인돌이 새롭게 인지되면서 알려지게 되었다. 이들은 조선의 각지를 여행하면서 조선의 여러 문화를 관찰하였는데, 이중 고인돌도 포함되었다[4]. 가장 먼저 고인돌을 외국에 소개한 사람은 당시 조선 주재 영국 부영사(副領事)였던 W.R. Carles이다. 그는 서울에서 원산으로 가는 도중 관찰한 포천의 고인돌을 1883년 영국 런던에서 '한국에서의 생활'이란 글을 통해 소개하였다. 이후 여러 명의 외국인이 다양한 고인돌을 관찰하여 영국과 미국에 소개하였으며, 나름의 해석을 통해 대형 석조물, 제단, 고분 등으로 파악하거나 풍수지리설, 구전설화 등과 함께 언급하면서 민속적인 관점에서도 보기도 하였다. 특히, 고인돌을 무덤과 제단으로 파악한 H.B. Hulbert(1906)와 Underwood(1910), 고인돌을 외국에 분포하는 돌멘(Dolmen)과 비슷한 것으로 파악한 Allen 등은 초기 고인돌 연구의 중요한 성과라 생각된다.

3) 일제강점기

청동기시대 무덤연구가 학술적으로 연구되기 시작한 것은 식민지사업의 하나인 '조선고적조사사업'을 통해 조사된 고인돌 유적을 연구하면서부터이다. 따라서 무덤 조사[5]와 연구[6]도 고인돌을 중심으로 이루어졌다. 이중 鳥居龍藏(1917)은 평안남도와 황해도 지역을 답사하면서 한반도의 'dolmen(고인돌)'에 대해 언급하기도 하였다. 또한, 그간의 연구성과를 정리하여 한반도 고인돌에 대한 분포, 형식, 연대 등을 종합적으로 고찰하였다(鳥居龍藏 1926). 고인돌 발굴조사 중에는 1927년에 처음 조사된 大邱 大鳳洞 고인돌을 들 수 있다. 이 조사는 최초의 본격적인 발굴조사라는 점에서 발굴사에서 중요한 일로 볼 수 있으며, 명칭에

---

4) 한국 고인돌을 외국에 소개한 사람은 W. R. Carles(1883), Isabella Lucy Bird(1893), W. Gowland(1895), Bourdarel(1902), H.B. Hulbert(1906) 등이 있다.

5) 조사된 고인돌유적은 은율 군량리, 사금동, 운산리 고인돌군, 안악 입리동 고인돌군, 운산리 고인돌군, 고흥 운대리 고인돌, 대구 대봉동 고인돌 등이 대표적이다.

6) 일제강점기에 고인돌을 연구한 대표적인 학자들은 일본인 鳥居龍藏(1917, 1926), 藤田亮策(1941), 梅原末治(1972), 榧本杜人(1952, 1959), 小良顯夫(1986), 有光敎一(1959) 등이 있다.

대해 '支石墓'라는 학술용어가 제창되었고, 그 정의도 행해졌다(藤田亮策 1937). 이 시기의 한국인 학자들은 고인돌 조사에 직접 참여하지는 못했지만, 다양한 관점에서 고인돌을 연구하였다. 손진태(1934)는 고인돌을 형태적으로 구분하고, 고인돌의 축조방법, 기능, 장법, 전설 등 다양한 관점에서 검토하였다. 이는 현재의 고인돌 연구방법과도 맥을 같이하는 것으로 한국 고인돌 연구의 기초를 마련한 것으로 보인다[7]. 한흥수(1935)도 우리나라의 거석문화를 유럽의 거석문화와 같이 다양한 종류로 구분하고[8], 거석문화의 사상적인 특징들을 우리나라 거석물에도 적용하였다. 특히, 거석문화를 태양숭배사상의 표현으로 보고, 이를 황해도 안악지역에서 발견된 고인돌을 통해 설명하였다. 또한, 고인돌을 탁자식과 기반식으로 구분하고 고인돌의 기능을 무덤으로 파악하였다. 고인돌 기원과 관련해서는 연구가 있었는데, 梅原末治(1947)는 조선 고대의 묘제를 설명하면서 지하의 석관묘가 地上化·巨大化되어 고인돌이 되었다고 파악하였다. 즉, 석관묘가 발전하여 고인돌이 되었다는 것이다.

4) 근대 이전~일제강점기의 조사와 연구 특징

근대 이전은 고인돌을 연구하였다기보다는 고인돌의 존재를 소개하는 수준이지만, 당시에 민간에서는 고인돌의 존재가 널리 알려진 상태로 경외의 대상이 되었던 것으로 보인다. 이후 19세기 말에 외국인들인 조선에 들어와 전국 각지를 여행하면 관찰한 고인돌을 나름의 해석과 함께 영국과 미국에 소개하였는데, 학술적인 연구로 진행된 것은 아니지만 고인돌을 대형 석조기념물, 제단, 무덤 등으로 파악하거나 유럽에 분포하는 돌멘(Dolmen)과 비슷한 것으로 생각한 것은 초기 고인돌 연구의 중요한 성과라고 생각한다. 또한, 민속적인 관점에서 풍수지리나 구전설화 등을 고인돌과 함께 소개한 것은 당시 사람들의 고인돌에 대

---

7) 손진태는 신민족주의(新民族主義) 역사학을 창도한 민속학자이지만, 민속조사를 위해 답사하던 중 많은 고인돌을 확인하고 이를 정리하여 민속학적인 관점에서 고인돌을 연구하여 발표하였다. 그는 서양인들이 소개한 고인돌 자료의 원문을 소개하면서, 고인돌을 다양한 관점에서 검토하였다. 고인돌을 형태에 따라 고인돌(支石墓)와 거석개분묘(巨石蓋境墓)로 구분하였으며, 고인돌의 기능, 축조방법, 축조목적, 명칭, 전설 등을 검토하였다. 고인돌의 기능은 종교적 숭배물이나 제단, 주거형식, 고분의 석실 또는 석관이 노출된 것 등 세 가지로 파악하였다. 또한 상석을 피장자에 대한 공포를 억누르기 위한 것(死靈威壓), 피장자나 그 가족의 위세를 과시하기 위한 것(威勢矜誇), 선조에 대한 제사를 모시는 제단(祭壇) 등으로 보았다. 고인돌의 기능은 사람뼈가 출토되어 무덤으로 인식하였지만, 기념 고인돌(祭壇)와 무덤 고인돌로 분류하고 있다. 고인돌의 연대는 신석기시대로 파악하여 씨족사회의 가족 공동묘로 인식하였으며, 당시의 장법은 세골장(洗骨葬)으로 생각하였다.

8) 우리나라 거석문화를 선돌(單石, 立石), 고인돌(撑石, 支石, 卓石), 칠성바위(七星岩), 돌무덤(石像, 石籬) 등 네 종류로 나누었다.

한 인식을 보여주는 것으로 좋은 자료가 될 것으로 생각된다.

일제강점기의 무덤연구는 고인돌을 중심으로 학술적 목적을 가지고 실질적인 발굴조사가 시행된 것으로 중요한 의의가 있다. 또한, 일부이지만 발굴조사를 통해 고인돌의 기초자료(구조와 형태, 부장유물 등)를 확보한 것은 고인돌 연구의 기본 틀이 마련된 것으로 중요한 의미가 있다. 하지만 조사와 연구가 한국인이 참여하지 못하고 일본인의 주도로 이루어져 아쉬움이 있다. 고인돌에 대한 한국인 조사는 일부 학자에 의해 민속학적 관점에서 처음으로 연구되어 고인돌의 특징과 다양한 기능을 연구하여 중요한 연구성과를 발표하였다. 따라서 이 시기는 고인돌 조사와 연구의 첫걸음이 이루어진 때이다.

2. 1945년부터~1970년까지

1) 1945년~1950년대

해방 이후 고인돌 연구는 남한보다는 북한 학계의 성과가 두드러진다. 대표적인 북한 학자로는 정백운과 도유호가 있다. 정백운(1957)은 고인돌의 매장주체부 위치를 기준으로 형식을 북방형과 남방형으로 구분하고, 두 형식 간에 유물의 차가 별로 없어 연대상의 선후관계를 찾을 수 없다고 하였다. 또한, 고인돌의 조성시기를 이전까지의 학설과 달리 청동기시대까지로 내려보았다. 도유호(1959)는 고인돌의 형식을 전형(卓子式)와 변형(基盤式 · 蓋石式)로 나누고, 변형은 적석총(積石塚), 석상분(石箱墳), 전형 고인돌이 혼합된 것으로 보았다. 또한, 출토유물을 통해 동남아시아 전래설을 제시하였으며, 조성시기를 청동기시대인 기원전 6~5세기를 파악하였다. 사회형태는 원시 공동체사회로 보았다.

이 시기는 고인돌을 구조와 형태에 따라 형식분류하여 구분하였으며, 조성시기를 청동기시대의 묘제로 인식하였다.

2) 1960년대

우리나라의 고인돌 연구가 본격적으로 시작한 시기이다. 三上次男(1961)는 만주지역과 우리나라에서 발견된 고인돌와 석관묘를 검토하여 고인돌을 형식분류하였다. 크게 북방식과 남방식으로 나누고 남방식을 다시 4가지 유형으로 세분하였다. 또한, 북방식이 남방식보다 앞서며, 고인돌의 상한 연대를 B.C.3~2세기로, 하한연대를 A.D.3세기까지 보았다. 임병태(1964)는 고인돌을 탁자식, 기반식, 무지석식으로 대별하고 석실의 위치와 수에 따라 이를 세분하였다. 북한학자인 황기덕(1965)은 고인돌을 세 가지 유형으로 분류하였으며, 묘역이 형성된 침촌리 천진동과 긴동의 고인돌 석실과 유물을 통해 사회관계를 추정하였다. 김재원·윤무병(1967)은 남한의 12개 지역에서 총 60여 기의 고인돌을 발굴조사하여, 이를 집대성한 『한국지석묘연구(韓國支石墓研究)』를 발표하였다. 이 조사와 연구는 당시로서는 획기적인 업적으로 평가되었다. 고인돌의 형식을 북방식과 남방식으로 나누고, 남방식을 지석, 뚜껑돌, 적석의 유무에 따라 세 가지 유형으로 다시 세분하였다. 방선주(1968)는 무덤연구에 외국의 이론을 소개하고 고인돌 축조시의 제연(祭宴)과 세골장 풍습(洗骨葬風習)이 유행한 것으로 보고 남방기원 가능성을 제시하였다.

[그림 1] 한국지석묘연구

고인돌 이외에 석관묘에 대한 연구도 진행되었는데, 일본인 학자 三上次男(1961)에 의해 처음으로 형식분류가 이루어졌다. 크게 4가지로 분류하였는데, 한 벽에 1매의 판석을 세운 것, 여러 매의 판석을 잇대어 세운 것, 할석으로 쌓고도 판석을 세운 것, 쌓아서 축조한 것이다. 이 분류안은 현재에도 석관묘 분류의 기본 틀로 사용되고 있다.

3) 1945년부터~1960년까지의 조사와 연구 특징

1950년대는 해방 직후로 고인돌 연구는 북한 학계가 주도하였으며, 이 시기부터 고인돌의 형식분류가 본격적으로 이루어졌다. 또한, 고인돌의 축조시기, 전파양상, 고인돌 사회의 성격에 대한 연구도 시작되었다. 1960년대는 우리나라의 고인돌 연구가 본격적으로 시작한 시기로 일본과 북한에서도 다양한 연구가 진행되었다. 연구는 형식분류, 축조시기, 전파양상, 사회성격 등 기존의 연구주제와 함께 무덤과 관련된 외국 이론을 소개하여 보다 다양한 관점에서 검토하였다. 1967년 발간된 『韓國支石墓研究』는 고인돌 연구의 획기적인 업적으로 우리나라 고인돌 연구의 새로운 전환점을 마련하였다.

고인돌 이외에 석관묘에 관한 연구도 본격적으로 진행되어 처음으로 형식분류가 이루어졌으며 석관묘 분류안이 기본 틀이 되었다.

3. 1970년 ~ 1980년대

1) 1970년대

이 시기는 국토종합개발사업이 활발하게 진행된 시기로 각 지역에서 댐이 축조되면서 많은 수몰지역에서 발굴조사가 이루어졌다[9]. 따라서 대규모 발굴이 많아지게 되어 고인돌 자료도 증가하여 새로운 자료가 확인되고 다양한 연구들이 진행되었다. 임세권(1976)은 매장주체부의 위치에 따라 지상형(地上形, 卓子式)과 지하형(地下形, 碁盤式)으로 크게 나누고, 지하형을 들린형(支石式, 碁盤式), 놓인형(無支石式, 蓋石式)으로 구분하였다. 형식에서 매장주체부의 구조에 따라 다섯 가지 유형으로 세분하였다. 최몽룡(1978)은 전남지방 고인돌의 형식을 크게 남방식(碁盤式)과 개석식(蓋石式)으로 나누고, 축조구조에 따라 다섯 가지로 세분하였다. 또 전파경로는 남방식에서 개석식으로 변천하고 있다는 가정하에 고인돌이 서해안을 따라 전파되었다고 보았다. 북한학자인 석광준(1979)은 고인돌의 형식을 오덕리형(五德里形, 卓子式), 침촌리형(沈村里形, 變形支石墓)으로 크게 나누고 유형에 따라 침촌리형을 5가지로, 오덕리형을 3가지로 세분하였다.

석관묘에 관한 연구는 최초의 석관묘 학위 논문(석사)인 "한국 석관묘의 연구"를 이종선 (1977)이 1977년에 발표하면서 처음으로 종합적인 연구가 이루어졌다. 그는 한반도 석관묘를 거시적 관점에서 동북아시아까지 확대하여 설명하였다. 분류는 단순형 석관묘와 결합형 석관묘로 대별하고, 벽면의 축조방법과 재질에 따라 각각 A · B · C 세 유형으로 세분하였다. A형은 평면형태가 제형 혹은 장방형이며 약 15cm 두께의 판석을 장벽에 3~4매, 단벽에 1~2매를 잇대어 세운 것, B형은 한 벽에 1매씩을 세운 것, C형은 평면형태는 장방형이며 판석을 평적하거나 할석 혹은 천석을 쌓아 올린 것으로 설정하였다. 이 분류안 중 B형은 이후 자료의 증가에 따라 주 속성으로 파악되지 못하였다.

---

9) 대표적 수몰지 발굴지역은 팔당·소양댐, 영산강 4개댐, 대청댐, 남강댐, 등이 있다.
　　文化財管理局, 1974, 『八堂·昭陽댐 水沒地區 遺蹟發掘調査 報告書』.
　　全羅南道, 1976, 『榮山江 水沒地區 遺蹟發掘調査 報告書』.
　　忠南·忠北大學校 博物館, 1979, 『大淸댐 水沒地區 遺蹟發掘調査 報告書』.
　　文化財研究所, 1994, 『晋陽 大坪里 遺蹟』.

2) 1980년대

1980년대는 대규모 국토개발사업이나 토지 정리사업 등이 시작되어 대규모 유적 조사도 많아지면서 무덤 관련 고고자료가 증가하였다. 이 시기에서 주목되는 것은 기존의 형식 분류와 편년 중심의 연구에서 벗어나 고인돌의 구조, 기원, 사회복원 등 다양한 연구들이 나타나기 시작했다. 이융조(1980, 1981, 1888)는 발굴자료를 바탕으로 고인돌의 사회복원(이융조 1980), 상석의 운반(이융조 1981), 묻기방법과 장례의식(李隆助·禹鍾允 1988) 등을 검토하였다. 김병모(1981)는 고인돌의 축조를 농경으로 인한 정착생활과 씨족생활의 일환으로 보았다. 지건길(1982)은 고인돌을 크게 북방식과 남방식으로 대별하여 매장주체부의 축조방법에 따라 6가지로 나누고 이를 적석(積石)의 유무에 따라 세분하였다. 최몽룡(1981, 1982)은 고인돌 사회를 전문인이 출현하여 교역이 촉진된 사회로서 토착농경을 기반으로 계급이 발생한 족장사회로 보았다. 박희현(1984)은 고인돌 사회가 농경사회를 바탕으로 한 공동체적인 성격이 강한 사회로 파악하여, 상한 연대를 신석기 중기라는 견해를 피력하였다. 이남석(1985)은 청동기시대의 무덤을 E.R.Service의 사회발전단계를 적용하여 고인돌을 청동기 전기로 보면서 그 사회는 부족사회이며, 계급이 없는 평등한 사회로 파악하였다. 또한 고인돌을 공동체적인 우의에 의해 연장자나 능력 있는 지도자의 무덤으로 생각하였다. 최성락(1989)은 우리나라 최초로 상석운반과 관련된 실험고고학적 방법을 사용하였다. 6.8t의 상석을 통나무와 밧줄을 이용하여 73명(실제 60명)이 끄는 실험을 한 것이다. 실험을 통해 한 사람당 100kg이상을 끌 수 있다는 실험 결과를 제시하였다. 이와 더불어 지역별 무덤자료의 증가로 인해 지역 단위별 고인돌 연구도 진행되기 시작하였다. 호남지방과 전남지방은 지건길(1991), 최몽룡(1991), 이영문(1987, 1988), 남한강과 금강유역은 이융조·우종윤(1988), 하문식(1988), 제주도는 이청규(1985), 이청규·장제근(1991) 등 전국 각지에서 진행되었다.

석관묘 연구는 이남석(1985)의 연구가 있다. 축조방식과 석재에 따라 세 형식으로 구분하였다. I식은 네 벽에 각각 한 매의 판석을 세우고 개석과 바닥도 한 매의 판석을 깔고 덮은 것, II식은 판석 수 매를 세워서 벽면을 조성한 것, III식은 할석으로 쌓은 것으로 하였다. 또한, 이러한 축조방법의 차이는 피장자의 성격보다는 지역에 따른 재료 선택과 발전에 기인한다고 파악하였다. 지건길(1983)은 축조방법을 기준으로 할석묘, 단판석식(각 벽이 판석 1매), 복판석식(각 벽이 여러 매) 분류하고 단판석묘→복판석묘→할석묘 순으로 전개한다고 추정하였다. 각 형식별 분포는 지역적 차이가 있다. 단판석식은 한강 이북지역, 복판석식은 남한강 이남지역, 할석묘는 금강유역을 중심으로 분포하며, 이는 호서지역 일대에서만 분포하기에 지역성이 있는 것으로 추정하였다. 하지만 이후 관련 고고자료의 증가하면서 단판석식과 복판석식은 한반도 전 지역에서 분포하는 것으로 밝혀졌다.

3) 1970년~1980년까지의 조사와 연구 특징

1970년부터 국토종합개발사업이 시작되면서 각 지역의 댐 건설로 인한 수몰지역 발굴조사가 대규모로 이루어졌다. 이때부터 고고자료가 빠르게 증가하기 시작하였으며, 고인돌의 경우도 많은 자료가 확보되었다. 고인돌 연구는 북한에서도 활발히 진행되었으며, 연구주제는 대부분 형식분류, 축조구조, 전파경로 등이다. 형식분류는 이전에 비해 보다 세분화되고 다양화되었다. 1980년대는 국토종합개발사업에서 대규모 토지정리사업이 시작되면서 유적조사는 더 활발히 진행되었다. 따라서 고고자료도 발굴조사에 비례하여 점차 더 증가하였다. 이러한 고고자료의 증가는 연구주제가 다양화되는데 기여하여 기존의 형식분류와 편년 연구 중심에서 벗어나 고인돌의 구조, 기원, 사회복원, 상석운반, 장례의식, 농경과의 관계, 위계화의 진전과 사회구조화 등 다양한 연구성과들이 나타난다. 특히, 사회발전단계에서의 고인돌 사회를 연구하거나 실험고고학적 방법을 통해 상석운반을 연구한 것은 새로운 관점에서 청동기시대 무덤을 이해하려는 것으로 무덤연구의 중요한 전환점으로 생각한다. 특히 지역 단위별 연구가 활발해 지면서 단위 지역별 고인돌 사회를 보다 깊이 있게 살펴볼 수 있게 되어 지역간 고인돌 사회의 비교 연구도 가능하게 되었다.

석관묘 연구도 지속적으로 이루어졌으나 대부분 형식분류와 분포양상 등이 중심으로 고인돌과 같은 다양한 연구는 이루어지지 못하였다.

4. 1990년 ~ 2000년대

1) 1990년대

기존의 조사 및 연구성과를 총괄하는 다수의 논문이 발표되었다. 먼저 이영문(1993)은 전남지역의 고인돌에 대해 분포, 형식분류, 출토유물의 성격, 고인돌 문화의 지역성 등 전남지역의 고인돌 사회를 종합적으로 분석하였다. 이는 기존의 조사 연구성과의 대부분 총괄한 것으로 고인돌 연구의 획기가 되었다고 평가할 수 있다. 이 시기의 고인돌 형식분류와 편년은 기존과 같이 한반도 전체를 다룬 것도 있지만(全榮來 1991), 호남이나 전남과 같은 지역별 연구가 심화되었다. 또한, 이시기 비파형동검의 출토가 이어졌다. 여수 적량동유적에서는 하나의 고인돌군에서 비파형동검이 7점이나 출토되었으며, 대전 비래동 1호 고인돌에서도 비파형동검이 출토되었다.

1990년대 초 고인돌 발굴의 최대 성과로 볼 수 있는 창원 덕천리유적이 조사되었다(이상길 1993). 덕천리 1호 고인돌은 대규모의 묘역을 갖추고 있으며, 잔존규모는 장축 56m, 단축 17.5m이다. 이러한 거대한 묘역과 더불어 거대한 상석과 다단토광의 구조를 가진 매장주체부는 지금까지 알려진 고인돌과는 규모면에서 비교가 안되었다. 따라서 개인묘의 발전이라는 측면에서 청동기시대 사회의 위계화를 잘 보여준다 하겠다. 1993년에는 부여 송국리유적에서도 분묘 조사가 실시되어 기존에 비파형동검이 출토된 석관묘를 포함하여 총 8기의 무덤이 조사되었다(金吉植 1998).

 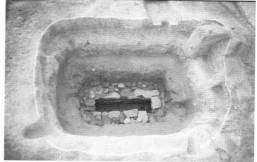

[그림 2] 창원 덕천리유적 1호 고인돌 및 매장주체부

 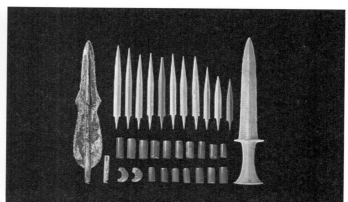

[그림 3] 부여 송국리 석관묘 및 출토유물

이러한 무덤들의 성격에 대해 비파형동검이 출토된 석관묘를 정점으로 한 지배자와 그 지배자집단의 구성원의 무덤 즉 송국리유적의 지배자집단의 무덤으로 상정되었다.

2) 2000년대

1990년대부터 시작된 대형 개발사업들은 2000년대에 들어서도 지속적으로 증가하여 문화재조사도 폭발적으로 늘어나게 되었다. 이에 따라 청동기시대 무덤조사도 함께 증가하여 자료의 양이 많아졌을 뿐만 아니라 유적과 유구도 다양하게 확인되었다. 그 결과 증가된 묘제 자료에 대한 정리 작업과 그 양상을 밝히려는 시도가 점차 증가하여 다양한 논문과 함께 관련 학술대회가 많이 개최되었다(한국상고사학회 2003; 동북아고인돌연구소 2004, 2007; 한국고고학회 2006; 경남발전연구원 역사문화센터 2012).

이 시기에 발표된 논문은 고인돌의 분류와 변천에 관한 연구가 있는데, 한반도 고인돌을 대상으로 한 연구(鄭漂德·李在賢 1998)와 전남지역의 고인돌을 대상으로 한 연구(趙鎭先 2004; 黃在焄 2006)로 나누어진다. 또한 새로운 형태의 묘제인 주구묘가 확인되어, 이에 대한 시기적 변천이나 그 기원에 대한 연구도 이루어졌다(金權中 2008). 그리고 한반도 남부지역을 중심으로 거대한 묘역시설의 존재(김해 구산동유적, 창원 덕천리유적, 김해 율하리유적 등), 매장주체부의 지하화(창원 덕천리유적, 김해 율하리유적 등), 분구형태와 비슷한 구조를 가진 무덤(마산 진동유적, 진주 가호동유적, 진주 초전동유적 등) 등 다양한 고인돌의 구조가 확인되었다.

이 중 묘역시설을 갖춘 고인돌과 관련하여, 이상길(1996)은 묘역시설을 가진 고인돌을 포함한 각종 묘제에 대해 그 기능적 측면, 즉 他者로부터의 구분 혹은 구획이라는 뜻을 강조하여 '구획묘(區劃墓)'라고 명명하였다. 그 후 보다 자세하게 정의하고, 다단토광, 다중개석, 적석, 봉토, 집석, 묘역 등의 요소를 갖춘 무덤을 '구획묘'라고 명명하였다(李相吉 2006). 이러한 묘역시설을 갖춘 무덤에 대해 고인돌의 형식 중 하나로 파악하여 '묘역식 고인돌'로 부르기도 하며, 지역명이나 구조를 토대로 '용담식 고인돌'(金承玉 2006)나 '적석부가고인돌' 등으로도 부르기도 한다. 하지만 '구획묘'나 '묘역식 고인돌'과 같이 고인돌의 한 형식으로 볼 것인지 아니면 고인돌 구조에 따른 세부속성으로 볼 것인지는 아직 논의가 필요한 것으로 보인다. 이는 윤호필(2009, 2010)의 연구에서 묘역시설이 고인돌의 모든 형식에서 확인되기 때문에 별개의 형식이 아닌 고인돌의 구조적 속성으로 파악되기 때문이다. 한편, 안재호(2009)는 주구묘도 '구획묘'의 하나의 범주로 포함시켜서 논하였는데, 묘역의 구획방법에 따라 주구식, 부석식, 석축식, 집석식 구획묘로 분류하였다. 이에 전기후반의 늦은 단계에는 부석식·주구식 구획묘가 등장하고 중기에는 석축식·집석식 구획묘가 축조된 것으로 보았다.

청동기시대를 계층사회 또는 복합사회로 인식하고, 이를 무덤자료와 출토유물을 통해 밝히려는 연구는 꾸준히 이루어졌으며, 2000년대에 들어와 보다 구체적이고 종합적인 연구성과들이 나타나기 시작했다. 윤호필(2000)은 비파형동검이 부장된 무덤을 중심으로 검토하여 무덤 및 무덤군의 위계화의 양상을 살펴보았다. 이를 통해 개별무덤 보다는 집단의 위계화가 활발히 진행된 것으로 파악하였다. 2006년에는 한국고고학회에서 '계층사회와 지배자의 출현'을 주제로 한국고고학전국대회가 개최되었다(韓國考古學會 2006). 김승옥은 분묘자료를 통해 청동기시대 묘제를 네 개 시기로 구분했는데, 세대공동체 리더의 출현, 유력세대공동체의 등장, 유력세대공동체의 성장, 지역지배자와 족장사회의 등장 순으로 설명하였다(金承玉 2006). 배진성은 계층구조와 '國'의 형성에 대해 동검이나 석검이 출토된 무덤과 다른 부장품과의 세트관계를 바탕으로 하여 논하였다(裵眞晟 2006).

한편, 고인돌에 대한 지역별 연구도 많이 이루어졌는데, 이러한 연구들은 석사·박사학위 논문들이 중심이 되었다. 전남지방, 전북지방, 여수반도, 도서지역, 영산강유역, 보성강유역, 서부경남, 영남지역, 포항지역, 금강유역, 한강유역, 북한강유역, 경기지역, 강화도지역, 강원도지역 등 각 지역별로 보다 세분된 연구가 전개되었다(平郡達哉 2004; 김진영 2001; 김진환 2012; 선재명 2001; 박덕재 2012; 김광명 2001; 이세주 2002; 김정현 2011; 이진택 2003; 김진 2005; 오대양 2006; 정연우 2000; 김규호 2001; 우장문 2004; 강동석 2002; 홍인국 2003; 김규호 2010).

다음 고인돌 축조의 실험고고학적 연구는 채석, 운반, 가공, 축조 등 일련의 축조과정이 모두 이루어져야 전체적인 축조시스템을 파악할 수 있다. 하지만 현재까지는 상석의 운반과 관련된 연구와 실험만이 이루어졌다(이종철 2003; 지건길 1983; 최성락·한성욱 1989; 하문식 2007b; 하문식·김주용 2001). 그 중 최성락·한성욱의 연구는 실험고고학적 방법을 이용하여 처음 시도된 것으로 의의가 있으며, 이후 진안 여의곡에서 상석 운반로로 판단되는 유구가 확인됨으로써 보다 구체적인 방법을 추정할 수 있게 되었다. 상석운반 실험은 채석 및 운반기술(운반틀, 이동경로 등)을 통한 기술적 검토와 대규모의 인력동원이라는 사회·정치적인 맥락에서의 검토는 할 수 있지만(배덕환 외 2008; 이상균 1999, 2000; 이영문·김승근 1999; 조진선 2003, 2004b; 최몽룡 1973) 석재축조기술을 구체적으로 검토하기에는 부족하다. 따라서 피장자가 안치되는 공간

(묘역시설, 묘광, 매장주체부)에 대한 구체적인 축조 복원실험이 필요할 것으로 생각된다. 이와 관련된 연구로서 윤호필·장대훈(2009a, 2009b)은 고인돌 축조 복원실험이나 석재가공 실험을 통해 축조과정을 연구하여 보다 구체적인 축조방법을 파악하였다.

한편 청동기시대 무덤 자료의 증가와 함께 1990년대 중반부터 의례관련 연구가 이루어 졌는데(李榮文 1993; 李相吉 2000), 매장주체부의 내외, 묘역시설 등에서 출토되는 다양한 종류의 유물과 함께 이러한 유물의 출토위치, 정황을 토대로 하여 청동기시대의 무덤축조·매장에 관한 여러 의례행위에 대한 논의가 이루어졌다. 이영문(1993)은 전남지역에서 조사된 고인 돌 출토 마제석검의 부장방법에 대해 언급하였다. 먼저 고인돌 출토유물을 매장주체부 안 에서 출토된 부장용과 매장주체부 주변이나 적석 사이에서 출토되는 의례용으로 구분하 였다. 그 후 이상길(2000)은 고인돌의 축조과정을 묘지의 선정으로부터 시작하는 다섯 단계 로 나누고, 각 단계에 대응하는 의례행위를 제시하였다. 그의 연구는 부장풍습 뿐만 아니 라 그것과 관련된 제사행위의 존재를 구체적인 고고자료를 통해 밝혔다는 점에서 의의가 크다고 말할 수 있다. 조영제(1998)와 하인수(2000)는 인위적으로 석검이나 석촉을 파괴(破壞) 시켜 여러 개로 깨진 유물을 피장자의 곁과 관외묘광 등의 공간에 매장하는 행위가 있다는 것을 지적하면서 '파검·파촉' 이라는 용어로 설명한 바가 있다. 김현(2005)은 경남지역의 청 동기시대 묘제의 변화를 논하면서 토기 부장위치가 시간의 흐름에 따라 변화하는 것을 밝 혔다. 윤호필(2007)은 경기도지역의 고인돌 자료를 중심으로 고인돌의 축조단계별 장송의 례 양상을 의례흔적, 유교장제, 민족지 사례를 통하여 보다 구체적으로 정리하였다. 이는 이상길의 고인돌 장송의례 단계를 보다 세분화하여 검토한 것이다. 平君達哉(2008)는 경남 지역 출토 자료를 바탕으로 관외부장행위의 성격부여, 영남지역 분묘출토 마제석검의 성 격부여를 시도하였다. 이 후 유절병식석검(有節柄式石劍)의 편년과 분포를 통해 청동기시대 전기 말부터 고인돌에서의 매장의례의 공유가 존재했던 것을 지적하기도 하였다(張龍俊·平 君達哉 2009). 최종규는 경남지역 무덤에서 보이는 적색마연토기의 출토위치·상태를 바탕으 로 묘광제(墓壙祭), 축관제, 입관제, 삽입제, 개석제라는 명칭을 사용하였으며, 묘지 축조에 따른 제사의 존재를 지적하였다(崔鍾圭 2010).

석관묘 연구의 두 번째 석사논문은 25년만에 발표되었는데, 2001년 오규진이 발표한 "중 서부지역 석관묘 연구"이다. 형식분류는 이종선과 지건길의 분류안을 바탕으로 새롭게 제 시하였다. 먼저 석재에 따라 판석식과 할석식으로 나누고, 판석식은 단판식과 복판식으로 다시 세분하였다. 벽석 축조방식은 횡치한 것, 종치한 것, 횡치와 종치의 혼합으로 구분하였으며, 바닥처리는 요갱의 유무, 수석, 토기로 한 벌 깐 것, 생토를 이용한 것으로 세분하였다. 또한, 공반유구와 유물을 검토해 개개 석관묘의 단계설정과 각 단계별 의미를 파악하였다. 김승옥(2001, 2003)은 송국리문화권인 금강유역 석관묘에 관심을 가지고 이를 '송국리형 묘제'와 연결한 연구를 진행하였다. 송국리형 묘제를 '석관묘·석개토광묘·옹관묘'가 세트를 이루는 것으로 파악하였으며, 석관묘의 분류는 묘광의 축조방식과 깊이에 따라 일단석관묘와 이단석관묘로 크게 나누었다. 일단석관묘는 개석으로 세분하는데, 단판으로 덮은 것, 판석재 개석위에 할석재를 덮은 것, 할석재로만 덮은 것으로 분류하였다. 이단석관묘는 2단으로 굴광을 하고 하단에 석관을 설치한 것으로, 그 상단은 흙으로 채운 것과 상단 상부에 부석한 경우로 세분하였다. 이러한 송국리형 묘제의 개념으로 제시되면서 이와 관련된 다양한 연구들이 진행되었다(김진 2006; 김현 2005, 2006; 손준호 2009; 황재훈 2009).

5. 2010년 ~ 현재

1990년대부터 시작된 대규모 개발사업은 중반부터는 개발속도가 빨라져 2000년대 들어면서 최전성기를 맞이하여 현재에 이르고 있다. 이에 따라 유적조사도 개발사업과 맞물려 1990년대 중반부터 폭발적으로 증가하기 시작하였으며, 현재까지 조사된 유적 수가 그 이전 시기의 조사된 전체 유적 수와 비슷한 수준까지 되었다. 따라서 고고자료의 수도 폭발적으로 증가하였으며, 그에 따른 무덤 자료의 양도 엄청나게 증가하였다. 또한, 유적조사에 주로 집중하다 보니 고고자료의 증가와 비교하면 상대적으로 연구 진행은 더딘 편이었다. 하지만 많은 양의 자료와 함께 다양하고 새로운 자료들이 확인되면서 무덤연구의 폭도 넓어지고 깊어졌다. 따라서 2010년대부터 현재까지는 2000년대에 진행된 다양한 연구들이 더 세분되고 심화하는 단계라 볼 수 있다.

먼저 고인돌의 형식분류 및 변천 관련 연구는 이전보다 현저히 줄어들었다. 이는 초창기 무덤연구부터 시작된 가장 기본적이고 오래된 연구주제로 많은 연구와 함께 연구성과도 어느 정도 확립되었기 때문으로 생각된다. 하지만 고인돌의 기원 문제에 대해서는 아직 명확하게 밝혀진 부분이 없어 지속적인 연구가 진행되고 있으며, 그중에서도 청동기시대 초기 고인돌에 관한 연구가 주로 진행 중이다(배진성 2011; 이영문 2011). 이 시기 가장 많은 연구는 지역 단위 연구이다. 지역 단위 연구도 소 단위권, 광역 단위권으로 구분할 수 있다. 소 단위권은 주로 행정구역 단위로 지역을 설정하여 연구하였다. 대구지역(허정화 2013; 김광명 2015; 이수홍 2017), 춘천지역(임성빈 2017; 송만영 2018), 경주지역(박영구 2017; 이수홍 2020), 함안지역(이동희 2021), 진안지역(이재열 2016), 여수지역(오세미 2018), 강화도지역(강동석 2020, 2021) 등 석사학위를 중심으로 정밀한 연구들이 진행되었다. 광역 단위권은 도 단위의 행정구역이나 하천중심의 유역권을 설정하여 연구하였다. 이런 연구는 석사학위 논문이 주를 이루면서 영남지역(김정현 2012; 김광명 2017; 우명하 2013, 2016, 2017; 윤성현 2013; 이수홍 2020), 호남지역(이영문 2014; 최성훈 2015; 박덕재 2012; 강진표 2016), 호서지역(민은숙 2017), 도서지역(김진환 2012) 등 각 지역이 고루 연구되었다.

송국리형 묘제에 관한 연구들이 많이 진행되어 기존 연구성과에서 벗어나 다른 묘제들과의 관계나 기존의 연구성과를 재검토하는 연구들이 이루어졌다(오대양 2021; 이명훈 2015). 고인돌의 기능과 성격에 대한 연구는 지속적으로 진행되고 있으며, 고인돌의 제단기능(김광명, 서길한 2009; 최상태 2012), 상징적 의미(김성현 2015; 윤호필 2009, 2017), 고인돌의 다양한 기능(이영문 2011, 2015, 이동희 2017, 표인주 2013) 등 이전 시기 보다 다양한 연구주제로 연구의 다양성이 증가하였다. 고인돌의 축조와 의례와 관련해서는 종합적인 연구들이 많이 이루어졌다. 윤호필(2013)은 고인돌의 축조과정과 의례양상을 함께 검토하면서 외국의 민족지사례를 소개하였다. 이성주(2012)는 고인돌을 의례 기념물로 파악하여 개인묘의 발전과 함께 검토하였으며, 송호인(2020)은 묘역시설이 설치된 고인돌을 재검토하여 의례와 상징 매체의 관점에서 검토하였다.

이 시기의 연구 중 중요한 연구주제로서 고인돌 사회와 문화, 고인돌 네트워크와 관련된 연구들이 있다. 강동석(2011, 2018, 2019)은 GIS를 활용하여 고인돌의 공간분석과 고인돌사회의 네트워크 연구를 주로 하였으며, 김선우(2011)도 주거지와 고인돌의 공간분석을 환경적 측면에서 분석하였다. 고인돌의 사회경제적 성격이나 위계화에 관한 연구들도 활발히 진행되었다(김권구 2018; 김범철 2010a, 2010b, 2012).

석관묘 연구는 국내에서는 지역단위 연구로 김소담(2019)의 연구가 주목된다. 영남지역 석관묘에 대해 전반적인 분석을 실시하였으며, 방선지(2017)는 금호강 상류역의 청동기시대 무덤에 대해서 고찰하였다. 호서지역은 황재훈(2021)에 의해 일부 검토되었다.

Ⅲ. 청동기시대 무덤연구의 주요 쟁점

1. 형식분류의 문제

무덤의 형식분류는 대부분 외형적인 형태를 바탕으로 크게 나누고 구조에 따라 세분하는 분류방법을 사용하고 있다. 청동기시대 무덤 중 외형적인 형태와 구조가 가장 다양하고 복잡한 고인돌의 경우 지역적 분포(北方式, 南方式), 조사지역(침촌리형-무지석식, 오덕리형-북방식), 외형적인 형태(탁자식, 기반식), 매장주체부의 위치(地上式, 地下式 또는 接地形, 離地形) 그리고 전형(북방식)과 변형(남방식) 등으로 구분하고 있다(이영문 1993: 94). 현재 가장 많이 사용되는 분류안은 탁자식(북방식), 기반식(남방식), 개석식, 위석식의 4가지 분류안이다. 하지만 이러한 분류방법은 여러 연구자가 지적했듯이 고인돌의 외형적인 형태나 연구자의 편의에 따라 분류한 것으로, 무덤이 성격이나 특징이 반영되지 않은 치명적인 단점이 있다. 또한, 형식분류된 용어 자체는 외형적인 형태는 설명하고 있지만 각 형식의 특징이나 속성을 대변해 주지는 못한다. 따라서 무덤의 형식분류에 대한 보다 깊은 논의가 필요하다.

현재 형식분류에서 가장 쟁점이 되는 무덤 형태가 크게 2가지가 있다. 첫째는 창원 진동리유적에서 처음 확인된 '분구형태의 무덤'이다. 진동리유적은 대규모 무덤군으로 여러 개의 무덤군을 형성하고 있으며, 묘역시설을 갖춘 무덤과 석관묘가 확인되었다. 이 중 묘역시설을 갖춘 무덤은 크게 원형의 묘역과 장방형의 묘역을 설치하였는데, 원형의 묘역 중에서 일부가 분구형태로 조성된 것이다. 원형묘역은 먼저 흙을 반구형태로 쌓고 표면에 할석을 붙이고 중심에 매장주체부를 설치하였다.

쟁점은 이러한 형태의 무덤을 고인돌로 분류할 것인지와 고인돌로 분류할 경우 기존의 분류법으로 구분할 것인지 아니면 새로운 형식으로 구분할 것인지이다. 먼저 고인돌의 가장 큰 기준은 상석의 유무인데, 진동리유적에서 원형묘역이 설치된 무덤에서는 상석이 확인되지 않았다. 하지만 이후 조사된 진주 가호동유적에서 분구형태의 묘역을 가진 무덤 상부에서 상석이 확인되어 고인돌의 범주에 포함할 수 있게 되었다. 또한, 분구형태의 묘역은 흙으로 조성되지는 않았지만 할석으로 저분구형태로 조성한 고인돌은 진주 대평리 옥방 1지구유적이나 진안 여의곡유적 등 여러 유적에서 확인된 바 있다. 따라서 큰 틀에서 보면 묘역의 형태도 고인돌의 범주에 속한다고 하겠다. 이에 상석의 존재와 비슷한 형태의 묘역

[그림 4] 마산 진동유적 A군 1호(봉토형 묘역), 진주 가호동유적 3호(봉토형 묘역)

이 확인됨으로 분구형태의 묘역을 갖춘 무덤도 고인돌의 범주에 포함된다고 생각된다.

그럼, 분구형 묘역시설을 갖춘 고인돌을 어느 형식으로 분류할 것인가에 대한 문제가 있다. 기존의 분류형식으로는 지석이 없고 상석이 개석 역할을 하므로 개석식 고인돌에 가깝다고 볼 수 있다. 하지만 '분구의 묘역' 형태는 일반적인 개석식 고인돌에서는 볼 수 없는 독특한 형태와 구조이다. 특히, 개석식 고인돌의 경우는 매장주체부가 지하에 설치되는 것이 기본구조인데, 분구형 고인돌은 분구형태의 묘역에 설치되기 때문에 매장주체부가 지상에 설치된다. 따라서 매중주체부의 설치위치로 보면 맞지 않게 된다. 현재로서는 새로운 형식으로 분류하는 것이 필요하다고 생각한다. 새로운 형식분류안은 기존의 형식분류 연구성과를 최대한 반영하고 지적된 문제점도 보완하면서 새로운 형태의 무덤을 분류에 추가하였다. 이에 무덤의 가장 중요한 기능인 '매장기능'을 가장 중요한 속성으로 파악하여 피장자가 묻힐 위치를 가장 큰 기준으로 설정하였다. 그것은 '시신을 처리하는 장법의 문제(전통성)'이자 무덤의 중요기능인 '시신 보관방법의 문제(무덤의 형태)'와 밀접한 관련성이 있기 때문이다. 따라서 매장주체부의 위치에 따른 분류를 기본전제로 하고, 나머지 제 속성들을 세분화하였다. 세부속성은 상석⇒묘역⇒매장주체부 순으로 분류하였다.

형식분류는 먼저 매장주체부의 위치에 따라 지상식(Ⅰ형)과 지하식(Ⅱ형)으로 구분하고 나머지 속성에 따라 세분한다. 지상식 고인돌(Ⅰ형)는 탁자형 고인돌(ⅠA형)와 위석형(類似石槨形) 고인돌(ⅠB형)으로 구분되며, 지하식 고인돌(Ⅱ형)는 기반형 고인돌(ⅡA형)와 개석식 고인돌(ⅡB형)로 구분된다. 나머지는 매장주체부의 형태에 따라 석축석관(1형), 상형석관(2형), 목관(3형), 토광(4형)으로 나누어진다[10].

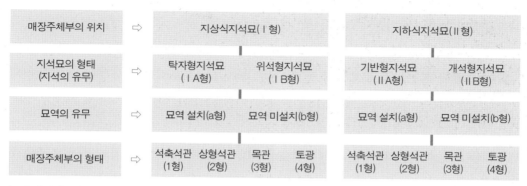

매장주체부의 위치 ⇨	지상식지석묘(Ⅰ형)		지하식지석묘(Ⅱ형)	
지석묘의 형태 (지석의 유무) ⇨	탁자형지석묘 (ⅠA형)	위석형지석묘 (ⅠB형)	기반형지석묘 (ⅡA형)	개석형지석묘 (ⅡB형)
묘역의 유무 ⇨	묘역 설치(a형)	묘역 미설치(b형)	묘역 설치(a형)	묘역 미설치(b형)
매장주체부의 형태 ⇨	석축석관(1형) 상형석관(2형) 목관(3형) 토광(4형)		석축석관(1형) 상형석관(2형) 목관(3형) 토광(4형)	

[그림 5] 지석묘의 형식분류

둘째는 묘역시설을 갖춘 무덤을 새로운 형식으로 분류할 것이지, 아니면 기존의 분류 안에 포함할 것인지이다. 이 쟁점은 초기에는 발굴조사를 통해 고인돌에서 묘역이 확인되어 다양한 명칭으로 불리다 이상길에 의해 새롭게 조명되었다. 기존에는 積石附加支石墓(노혁진 1986), 돌깐무덤(하문식 1990), 積石(이영문 1993), 敷石墓(문화재연구소 1994) 등으로 알려졌으나 크게 주목받지는 못했다. 이후 창원 덕천리유적이 조사되면서 거대 묘역에 관한 관심이 높아지고 새로운 자료들의 나타나면서 이상길(1996)에 의해 '구획묘(區劃墓)' 용어로 새롭게 정립되었다. 구획묘는 '구분 또는 구획'의 의미가 크다는 의미로 사용한 용어이며, 구획묘 자체를 고인돌의 범주에 포함시키지는 않았다. 이후 구획묘를 보완하는 여러 논문에서 구획묘의 개념을 '다단묘광, 다중개석, 적석, 봉토, 즙석, 묘역시설 등의 요소를 갖춘 분묘'로 확대하였다(이상길 2006). 이후에도 大平里型石棺(이주헌 2000), 周溝石棺墓(하인수 2000), 龍潭式支石·墓·域式支石墓(김승옥 2006), 周溝墓(김권중 2007), 葺石墓(경남발전연구원 2008) 등 다양한 용어가 사용되고 있다. 전체적으로 구획묘를 비롯한 묘역이 설치된 무덤들은 기존의 무덤들과 묘역을 제외하면 매우 유사하며, 구조가 복잡한 고인돌의 경우에도 구별하기 어렵다. 다만 묘역이 설치된 무덤이 가지는 특성이 일반 무덤과 차이가 있는 것으로 생각된다. 하지만 묘역의 개념과 기능 그리고 묘역이 모든 형식의 무덤에서 확인되는 점을 볼 때 양자를 구분

---

10) 매장주체부는 분류된 4가지 외에 '판석과 목재'가 혼합된 형태도 일부 확인되었는데, 아직 출토예가 소수이기 때문에 전체적인 분류기준에서는 제외하였다. 진주 평거 3-1지구유적, 김해 율하리유적, 진주 가호동유적 등에서 확인된 바 있다.

하기 어렵다(윤호필 2009). 따라서 외형적으로는 구분이 되고 묘역의 기능과 의미가 추가되었지만 이를 형식분류상으로 구분할 수 있을지 의문이 든다. 향후 새로운 발굴성과와 함께 양자간의 명확한 개념정리가 필요할 것으로 보인다.

2. 고인돌의 축조시기 문제

한반도에 고인돌이 처음 축조된 시기에 대해서는 여러 학설이 있고, 여기에는 외부로부터 유입된 것인지 자생적으로 생겨난 것인지에 대한 문제도 포함된다. 또한, 고인돌의 하안에 대해서도 아직 명확한 연구성과가 없는 실정이다. 이러한 축조시기의 문제는 청동기시대의 시기구분과 맞물려 더욱 복잡하게 전개되었다. 청동기시대의 시기구분에 따라 하안이 달라지는 것이다.

청동기시대 무덤의 기원에 관한 초창기 연구들로서 크게 4가지 정도이다. 첫째, 유럽 거석묘의 전파설. 둘째, 지석묘의 밀집도와 수량으로 인한 한반도 자생설(梅原末治 1946; 三上次男 1961). 셋째, 중국 동북지역의 석관묘를 기원으로 하는 북방기원설(金元龍 1974, 1986; 金貞姬 1988). 넷째, 동남아시아로부터 도작문화와 함께 기반식지석묘가 전래되었다는 남방기원설(八幡一郎 1952; 도유호 1959, 1960; 金秉模 1981) 등이 있다. 이들 기원론은 이후 추가적인 논의나 지속적인 연구가 이루어지지 못해 현재로서는 여러 가지 가능성만을 제기하는 수준에서 머물고 있다. 다만, 자생설과 북방기원설은 석관묘와 관련된 것으로 지석묘의 매장주체부와 관련성이 깊고 지역적으로도 한반도와 인접한 중국 동북지역에 위치하고 있어 일정한 관련성이 있다고 생각된다.

청동기시대 무덤의 기원을 파악하기 위해서는 보다 폭넓은 자료가 필요하다. 그것은 초창기 연구들이 한정된 자료와 연구성과를 통해 유추한 것이기 때문에 보다 실질적인 자료 확보와 해석이 필요하다. 따라서 거석문화와 관련된 해외자료를 보다 적극적이고 심층적으로 조사하고 연구할 필요가 있다. 고무적인 것은 2010년대 이후부터 해외 거석문화에 대한 관심이 높아지고 조사와 연구도 적극적으로 진행되고 있는 것이다. 또한, 해외에서 유학한 학자를 중심으로 한국 거석문화와의 비교연구도 활발히 진행되고 있다. 주요 해외 연구지역은 한국과 가까운 중국과 일본을 비롯하여 동남아시아지역의 인도네시아와 인도지역이 중심을 이룬다. 중국지역은 요동지역을 중심으로 고인돌과 석관묘와 관련된 연구들이 현지 조사와 더불어 활발하게 진행되고 있다. 이들 지역에 관한 연구는 華玉氷(2011), 오

[그림 6] 우: 인도네시아 숨바섬 고인돌, 좌: 인도 와라뚜라유적 고인돌

강원(2011, 2012, 2017, 2019), 오대양(2014, 2019), 유태용(2011)을 중심으로 많은 연구가 진행되었다. 일본은 규슈지역을 중심으로 대부분의 연구가 진행되고 있다(미야모토 가즈오 2011). 인도네시아는 이 지역의 거석문화를 한국에 적극적으로 소개한 가종수(2009, 2012, 2013)를 중심으로 여러 학자들이 현지를 방문하여 거석문화 조사와 연구를 진행하여 좋은 성과를 내고 있다. 인도네시아 거석문화 관련 연구는 이동희(2011), 임영진외(2011), 조진선(2013) 등이 활발히 진행하고 있다. 인도지역은 이지역에서 유학한 이헌재(2011, 2014, 2016, 2017, 2018, 2019)가 주도적으로 많은 연구성과를 내고 있으며, 동북아지석묘연구소에서는 현지조사와 함께 학술대회도 개최하여 양지역 거석문화를 비교연구하는데 많은 노력을 기울이고 있다(동북아지석묘연구소 2014). 이러한 해외 조사 및 연구 활동은 한국의 청동기시대 무덤의 기원을 밝히는 단서를 제공할 뿐만 아니라 세계사적 관점에서 거석문화를 이해함으로써 한국의 청동기시대 무덤문화에 대한 이해의 폭을 넓힐 수 있다.

3. 송국리형 묘제와 고인돌과의 관계

송국리문화의 중심지인 금강중하류역을 중심으로 확인되는 석관묘·석개토광묘·옹관묘의 세트를 송국리형 묘제라고 하며, 송국리문화의 대표 묘제로 인식되고 있다(김승옥 2001). 또한, 송국리문화권 전반에서 확인되어 송국리형 주거지의 분포와도 대체로 일치하는 것으로 알려져 있다(김승옥 2006). 그러나 관련 자료가 증가하면서 새로운 양상들이 확인되고 있다. 석관묘의 구조에서도 여러 매의 판석을 잇대어 세워 축조한 것 뿐만 아니라 가로로 세우거나 양자를 혼합하여 축조한 것도 확인된다. 또한, 석관의 재료에서도 할석과 판석을 혼합한 형태 등도 확인되어 보다 다양한 분류가 가능해졌다(오규진 2001). 옹관묘의 경우도 새롭게 횡치 옹관이 추가적으로 확인되고 있어 옹관의 설치방법도 다양해졌다(孫晙鎬 2009). 즉, 각 무덤의 축조기법이 다양해지면서 전형적인 세트관계 외에도 보다 다양한 요소가 복합된 것으로 파악된다. 송국리형 묘제의 분포 역시 송국리형 주거지의 분포권과 일치하지 않고 지역에 따라 전형적인 묘제의 특정 요소가 탈락하거나 변형하거나 송국리형 묘제의 영향력이 없어지기도 한다. 따라서 이렇게 송국리형 문화권에 속하지만 송국리형 묘제의 영향을 받지 않은 문제에 대해서 검토할 필요가 있다.

송국리문화는 청동기시대 중기를 대표하는 문화요소로서 이 시기에 한반도에서 가장 많은 무덤이 만들어진다. 그중에서도 고인돌의 수가 폭발적으로 늘어나는데, 고인돌은 송국리형 묘제에 속하지 않기 때문에 이 시기에 고인돌 축조가 활발해지는 원인에 대해서 살펴볼 필요가 있는 것이다. 송국리형문화에 대한 초기연구에서는 송국리형 묘제와 고인돌을 배타적 관계로 보았으며, 가장 대표적인 사례가 금강중하류역의 송국리형 묘제와 고인돌과의 관계이다. 양자의 축조집단이 다르다는 견해(김승옥 2001)와 축조집단은 모두 송국리집단으로 동일하지만 묘제 자체가 배타성을 갖는다는 견해(손준호 2009)로 구분된다. 약간의 차이는 있지만 두 견해 모두 고인돌과 송국리형 묘제를 배타적으로 본 것이다. 이러한 관점에서는 송국리형 묘제와 고인돌은 상호관련성이 떨어지는 것으로 볼 수 있다. 그렇다면 송국리형 문화양상이 떨어지는 경기남부지역, 전남 남해안지역, 영남지역 등에서 폭발적으로 나타난 고인돌을 어떻게 이해하는 것이 좋은지 살펴보아야 할 것이다. 이들 지역에서는 송국리형 묘제의 존재는 알았지만 송국리문화단계 이전부터 존속된 무덤문화인 고인돌 문화가 더 우세하게 작용하였다고 볼 수 있다. 즉, 취락과 농경을 중심으로 한 생활문화는 송국리형 문화이지만 무덤문화는 이전의 전통이 지속되어 보다 발달한 것으로 파악할 수 있는 것이다. 취락과 무덤관련 자료는 증가하였지만, 송국리형 묘제에 대한 정확한 개념확립과 고인돌과의 상호관계를 다양한 관점에서 살펴보는 것이 필요하다.

4. 향후 무덤연구의 방향성

앞서 무덤연구의 시기별 흐름과 중요한 연구 쟁점에 대해 살펴보았다. 우라나라 무덤연구는 초창기에는 고인돌과 석관묘를 중심으로 무덤에 대한 기본적인 개념과 특징을 검토하여 초석을 다졌다면, 1990년대 중반부터는 폭발적인 자료증가에 힘입어 다양한 무덤연구가 진행되었다. 조사된 무덤 자료들이 하나 둘 정리되면서 종합적인 연구성과들이 나오기 시작하였다. 기존의 형식분류와 편년 연구 중심에서 벗어나 다양한 관점과 주제를 통해 고인돌 전반에 걸쳐 연구가 진행되었다. 특히, 고인돌의 구조, 기원, 사회복원, 상석운반, 장례의식, 농경과의 관계, 위계화의 진전과 사회구조화 등 다방면에서 연구성과가 나오기 시작했다. 하지만 심도 깊은 연구나 논의는 진행되지 못하였다. 2000년 들어서면서 유적에서도 다양한 자료들이 확인되고 무덤 자료들이 축적되어 단편적으로 진행되었던 연구들이 다양한 관점에서 활발이 진행되고 있다. 지금까지의 연구성과를 바탕으로 연구방향은 살펴보면, 다음과 같이 정리할 수 있다.

향후 연구 방향

① 고인돌과 관련된 합리적인 용어 정립 필요
  - 고인돌 형식, 고인돌 속성 명칭 등
② 고인돌의 기능에 따른 성격 규명이 필요
  - 가장 기본적인 매장기능을 비롯하여 사회적, 경제적, 문화적, 정치적 관점에서 다양한 기능을 검토할 필요가 있다.
  - 거석기념물, 제단, 묘표석, 교통로 표지석, 취락의 경계, 가매장 시설 등
③ 고인돌 형식분류에 대한 개념 확립과 체계적인 검토가 필요함
  - 외형적 형태에 의한 분류가 아니라 기능과 특징이 포함된 분류안이 필요함
④ 고인돌의 출토유물(부장유물, 의례유물)에 대한 의미와 성격을 새롭게 검토
  - 부장유물과 부장위치에 따른 성격과 의미
  - 의례유물은 장송의례 과정 복원과 각각의 의미를 검토함
⑤ 고인돌의 형식편년 방법과 합리적인 연대 설정 문제이다.
⑥ 고인돌의 축조방법 및 석재가공에 대한 실험고고학적 연구 필요
  - 축조과정에 대한 다양한 실험고고학이 필요함
  - 상석채석 및 운반과정에 대한 실험고고학 필요
  - 상석의 무게측정, 노동력 복원
⑦ 거석기념물로서 사회구조와 신앙에 대한 복원 문제 검토
  - 거석문화의 관점에서 고인돌을 검토할 필요가 있음
  - 해외 거석문화와의 비교연구 필요

⑧ 고인돌 보존과 활용 문제
 - 세계유산적 가치 창출, 체계적 보존관리 시스템 구축, 효율적 활용 체계 구축

IV. 맺음말

우리나라의 청동기시대 무덤연구는 20세기 초부터 시작되었다고 보면 100년이 넘는 기간이다. 초창기 무덤연구는 고인돌을 중심으로 '무덤'이라는 인식부터 시작하여 다양한 형태의 고인돌을 하나의 계통으로 파악하고 형식분류를 통해 그 성격과 기능을 파악하고자 노력하였다. 이후 본격적인 무덤조사가 이루어진 것은 1960년대 중반으로 전국 각지의 고인돌을 조사하여 '韓國支石墓研究'라는 하나의 종합 보고서를 작성한 것이다. 현재의 관점으로는 미비할 수 있겠지만, 고인돌에 대한 기록과 검토 해석은 향후 무덤 연구의 초석이 되었다. 이를 기점으로 1980년대부터 개발사업이 시작되면서 조사유적의 수가 점차 증가하고 1990년대 중반부터는 대규모 개발사업이 전국 각지에서 폭발적으로 증가하면서 무덤 관련 자료도 많이 축적되었고, 이에 따라 다양한 연구가 진행될 수 있었다. 하지만 아무리 많은 자료가 축적되더라도 발굴조사의 질과 연구자의 관점이 중요하다고 생각한다. 현재는 관련 자료가 넘쳐나는 시대이다. 따라서 자료의 관리부터 분석과 해석까지 다양한 기법들도 필요할 것이다.

본 논문은 한국 청동기시대 무덤 연구의 흐름을 시기별로 살펴보았으며 주요 쟁점과 향후 연구방향에 대해서도 정리해 보았다. 향후 연구방향은 현재 진행형이다. 자료의 축적이 많아질수록 모르는 것도 많아지고, 아는 것도 미궁에 빠질 수 있기 때문이다.

지금까지 발굴조사된 청동기시대 유적은 약 3,500 개소 정도이며, 이중 무덤유적은 약 900여개소이다. 전체 청동기시대 유적의 1/3이 조금 안되는 수이지만 단일 유구로는 높은 비중을 차지한다. 그만큼 무덤유적은 청동기시대 연구에 중요한 역할을 하고 있으며, 생활유적과 함께 청동기시대 문화를 밝혀낼 수 있는 유구이다. 특히, 청동기시대인들의 세계관과 내세관 등의 다양한 사상을 살펴볼 수 있기 때문에 보다 꼼꼼한 발굴조사와 자료해석이 필요하다. 향후 새롭게 나타날 중요한 유적과 유물을 기대해 본다.

참고문헌

가종수, 2009, 「지금도 살아있는 지석묘 사회 숨바섬」, 『지금도 살아 숨쉬는 숨바섬의 지석묘 사회』, 북코리아.

_____, 2012, 「동인도네시아 사부 섬의 지석묘 : 현재까지 이어지는 사라진 거석문화의 전통」, 주류성출판사.

_____, 2013, 「인도네시아 플로레스섬의 지석묘 : 20세기까지 유지해온 '살아있는 거석문화'」, 주류성출판사.

甲元眞之, 1980, 「朝鮮支石墓의 再檢討」, 『鏡山猛先生古稀記念古文化論攷』.

강동석, 2002, 「강화 북부지역 지석묘사회의 취락유형 연구」, 성균관대학교대학원 석사학위논문.

_____, 2011, 「GIS를 활용한 지석묘 공간분포패턴의 사회경제적 배경 이해 : 고창분지 일대를 중심으로」, 『中央考古研究』제8호, 中央文化財研究院.

_____, 2018, 「지석묘사회의 취락패턴과 복합화: GIS를 활용한 영산강중류역 취락패턴의 재구성」, 韓國考古學會.

_____, 2019, 「지석묘사회의 네트워크 구조와 성격 검토」, 한국상고사학회.

_____, 2020, 「강화도 지석묘 축조의 사회경제적 배경 검토」, 韓國考古學會.

_____, 2021, 「강화도 지석묘 사회의 형성과 발전 과정 재고: 지석묘, 주거지, 경관 해석을 중심으로」, 중부고고학회.

강진표, 2016, 「전남지역 묘역지석묘의 연구」, 부산대학교 대학원 석사학위논문.

경남발전연구원, 2008, 『馬山 鎭東遺蹟』 I .

김광명, 2001, 「대구 경산지역 지석묘 연구」, 영남대학교대학원 석사학위논문.

_____, 2015, 「大邱地域 靑銅器時代 巨石記念物과 무덤」, 영남문화재연구원.

_____, 2017, 「洛東江 中·上流域 지석묘의 특징」, 영남문화재연구원.

김광명·서길한, 2009, 「영남지역의 제단식 지석묘 연구」, 『科技考古研究』제15호, 아주대학교 박물관.

김권구, 2018, 「청동기시대 암각화의 계층관계와 암각화 확산의 사회경제적 배경 검토」, 경북대학교 영남문화연구원, 퇴계연구소.

김권중, 2007, 「강원지역 청동기시대 묘제와 고인돌」, 『아시아 거석문화와 고인돌』, 동북아지석묘연구소.

김길식, 1998, 「부여 송국리 무문토기시대묘」, 『고고학지』9, 한국고고미술연구소.

김범철, 2010, 「湖西地域 지석묘의 사회경제적 기능」, 『韓國上古史學報』제68호, 韓國上古史學會.

_____, 2010, 「湖西地域 支石墓의 시·공간적 특징」, 『韓國考古學報』74, 韓國考古學會.

_____, 2012, 「巨石記念物과 社會政治的 發達에 대한 고고학적 이해 : 남한지역 지석묘의 사회적 역할에 대한 이론화를 위하여」, 韓國上古史學會.

金秉模, 1981, 「韓國 巨石文化의 源流에 관한 研究 (Ⅰ)」, 『韓國考古學報』10·11合輯, 韓國考古學會.

김성현, 2015, 「동북아시아 대형 지석묘의 성격」, 목포대학교 대학원 석사학위논문.

김소담, 2019, 「청동기시대 영남지역 석관묘의 시·공간적 전개」, 부산대학교 대학원 석사학위논문.

김승옥, 2001, 「錦江流域 松菊里型 墓制의 硏究-석관묘·석개토광묘·옹관묘를 중심으로-」, 『韓國考古學報』45, 韓國考古學會.

_____, 2003, 「금강 상류 무문토기시대 무덤의 형식과 변천」, 『韓國考古學報』49.

_____, 2006, 「墓域式(龍潭式) 支石墓의 展開過程과 性格」, 『韓國上古史學報』53, 韓國上古史學會.

金載元·尹武炳, 1967, 『韓國支石墓硏究』, 國立博物館.

김정현, 2011, 「영남지방 지석묘 문화의 지역색에 관한 연구」, 동아대학교대학원 석사학위논문.

김정희, 1988, 「韓半島における支石墓硏究の最近動向とその成果」, 『アジアの巨石文化-ドルメン·支石墓考-』, 六興出版.

_____, 1988, 「東北아시아 支石墓 硏究」, 『崇實史學』5.

김진, 2005, 「금강상류 청동기시대 묘제의 형식과 구조에 대한 일고찰」, 전북대학교대학원 석사학위논문.

김진영, 2001, 「여수반도 지석묘 연구」, 목포대학교대학원 석사학위논문.

김진환, 2012, 「한국 도서지역 지석묘의 성격」, 목포대학교대학원 석사학위논문.

김현, 2005, 「경남지역 무문토기시대 무덤에 대한 연구-전,중기를 중심으로-」, 부산대학교대학원 석사학위논문.

노혁진, 1986, 「적석부가지석묘의 형식과 분포-북한강유역의 예를 중심으로」, 『한림대학논문집』4 인문·사회과학편, 한림대학교.

도유호, 1959, 「朝鮮巨石文化硏究の研究」, 『문화유산』1959-2.

藤田亮策, 1937, 「第五 大邱大鳳町支石墓-査」, 『昭和十一年度古蹟調査報告』, 朝鮮古蹟調査研究會.

梅原末治, 1947, 『朝鮮古代の墓制』.

文化財管理局, 1974, 『八堂 昭陽댐 水沒地區 遺蹟發掘調査 報告書』.

文化財研究所, 1994, 『晋陽 大坪里 遺蹟』.

미야모토 가즈오, 2011, 「규슈(九州)지역의 지석묘」, 『한국의 고고학』통권 제18호, 주류성출판사.

민은숙, 2017, 「금강유역 및 충남서해안지역 지석묘의 일고찰」, 충남대학교 대학원 석사학위논문.

박덕재, 2012, 「보성강유역 지석묘문화에 대한 연구」, 원광대학교대학원 석사학위논문.

박영구, 2017, 「경주지역 청동기시대 무덤의 변천」, 영남문화재연구원.

박희현, 1984, 「한국 고인돌 문화에 대한 고찰-상한연대를 중심으로-」, 『韓國史所究』46輯.

방선주, 1968, 「韓國磨製石劍の硏究」.

방선지, 2017, 「금호강 상류역 청동기시대 무덤」, 『영남문화재연구』제30집, 영남문화재연구원.

배진성, 2006, 「무문토기사회의 위세품 부장과 계층화」, 『계층사회와 지배자의 출현』, 한국고고학회.

_____, 2011, 「墳墓 築造 社會의 開始」, 『韓國考古學報』80, 韓國考古學會.

백종오·오대양, 2014, 「遼東地域 支石墓의 研究成果 檢討」, 東아시아古代學會.

榧本杜人, 1952, 「大邱大鳳町支石墓群について」, 『考古學雜誌』38-4.

_____, 1959, 「朝鮮先史墳墓の變化過程とその編年」, 『考古學雜誌』43-2.

三上次男, 1961, 『滿鮮原始古墳の硏究』, 吉川弘文館.

석광준, 1979, 「우리나라 서북지방 고인돌에 관한 연구」, 『고고민속론집』7.

선재명, 2001, 「영산강유역의 지석묘 연구」, 목포대학교대학원 석사학위논문.

손준호, 2009, 「湖西地域 靑銅器時代 墓制의 性格」, 『先史와 古代』통권 제 31호, 韓國古代學會.

손진태, 1934, 「朝鮮 Dolmen考」, 『開闢』1, 開闢社.

_____, 1948, 「朝鮮 돌멘에 關한 調査 硏究」, 『韓國 民族文化의 硏究』.

송만영, 2018, 「춘천 지역 지석묘 구조 변화와 지석묘군의 조성 과정」, 韓國大學博物館協會.

송호인, 2020, 「墓域附加支石墓 : 청동기시대의 의례·상징 매체」, 서울대학교 대학원 석사학위논문.

오강원, 2011, 「中國 考古學界의 大石蓋墓論에 대한 批判的 檢討와 새로운 提案」, 『고조선단국학』제25호, 고조
    선단군학회.

_____, 2012a, 「東洲河 流域~蘇子河 下流域의 支石墓와 梁貊」, 東아시아古代學會.

_____, 2012b, 「遼東 南部 地域 支石墓의 立地와 長軸 方向 設定 背景과 패턴」, 『동아시아문화연구』제51집, 한
    양대학교출판부.

_____, 2012c, 「遼東 南部 地域 支石墓의 무덤 배치 유형 분류와 조성 맥락」, 국민대학교 출판부.

_____, 2012d, 「靑銅器文明 周邊 集團의 墓制와 君長社會 : 遼東과 吉林地域의 支石墓와 社會」, 湖西考古學會.

_____, 2019, 「동북아시아 지석묘의 표상 : 전통과 변형」, 釜山考古學會.

오규진, 2001, 「중서부지역 석관묘 연구」, 공주대학교 석사학위논문.

오대양, 2006, 「한강본류 유역의 고인돌 연구」, 단국대학교 석사학위논문.

_____, 2019, 「요동~서북한지역 고인돌 축조집단의 성격과 그 주변」, 湖南文化財硏究院.

_____, 2021, 「금강하류지역 석관묘제의 구조와 성격 : 청동기시대 묘제의 네트워크 분석을 위한 예비적검토」,
    『선사와 고대』제66호, 한국고대사학회.

오세미, 2018, 「여수지역 지석묘의 전개과정」, 전남대학교 대학원 석사학위논문.

우명하, 2013, 「嶺南地域 墓域支石墓의 展開」, 영남대학교 대학원 석사학위논문.

_____, 2016, 「영남지역 묘역지석묘 축조사회의 전개」, 嶺南考古學會.

_____, 2017, 「금호강하류역 지석묘의 변천과 성격」, 영남문화재연구원.

우장문, 2004, 「경기지역의 고인돌 문화 연구」, 경기대학교대학원 박사학위논문.

有光敎一, 1959, 『朝鮮磨製石劍의 硏究』.

유태용, 2003, 『한국 지석묘 연구』, 주류성.

_____, 2011, 「遼東地方의 '大石蓋墓'에 대한 검토」, 『고조선단군학』제24호, 고조선단군학회.

윤성현, 2013, 「경남지역 묘역식 지석묘에 대한 연구」, 동아대학교 대학원 석사학위논문.

윤호필, 2000, 「銅劍墓와 그 被葬者의 性格에 관한 硏究」, 慶南大學校 大學院 碩士學位論文.

_____, 2007, 「경기도 고인돌의 장송의례」, 『경기도 고인돌 연구의 어제와 오늘』, 경기도 고인돌 조사보고서 발

간기념 학술대회 발표요지, 경기도박물관.

_____, 2009, 「靑銅器時代 墓域支石墓에 관한 硏究-機能과 意味를 중심으로-」, 『慶南硏究』創刊號, 경남발전연구원 역사문화센터.

_____, 2010, 「영남지역 묘역지석묘의 변천과 성격」, 『한일고고학의 신전개』, 영남고고학회·구주고고학회.

_____, 2013, 「축조와 의례로 본 지석묘사회 연구」, 목포대학교 대학원 박사학위논문.

_____, 2017, 「청동기시대 지석묘의 축조배경과 상징성」, 한국청동기학회.

윤호필·장대훈, 2009, 「석재가공기술을 통한 청동기시대 무덤 축조과정 연구」, 『韓國考古學報』70, 韓國考古學會.

이남석, 1985, 「청동기시대 한반도 사회발전단계 문제」, 『백제연구』6輯 .

이동희, 2011, 「인도네시아 숨바섬과 한국 지석묘 사회의 비교 연구」, 『湖南考古學報』38, 호남고고학회.

_____, 2017, 「지석묘의 재활용과 그 의미」, 湖南考古學會.

_____, 2021「함안지역의 지석묘 사회」, 『史林』제 67호, 首善史學會.

이명훈, 2015, 「송국리묘제 검토」, 『한국고고학보』제97집, 한국고고학회.

이상길 2006, 「구획묘와 그 사회」, 『금강: 송국리형 문화의 형성과 발전』, 호남·호서고고학회 합동학술대회 발표요지.

_____, 1993, 「昌原 德川里遺隨 發掘調査 報告」, 『三韓과 考古學』第17會 韓國考古學全國大會 發表要旨, 韓國考古學會.

_____, 1996, 「靑銅器時代 무덤에 대한 일시각」, 『碩晤 尹容鎭敎授 停年退任紀念論叢』.

_____, 2000, 「靑銅器時代 儀禮에 관한 考古學的 硏究」, 大邱曉星가톨릭大學校大學院 博士學位論文.

이성주, 2012, 「儀禮, 記念物, 그리고 個人墓의 발전」, 湖西考古學會.

이세주, 2002, 「영남지역의 지석묘 연구」, 계명대학교대학원 석사학위논문.

이수홍, 2017, 「대구지역 청동기시대 취락에서의 무덤 축조 변화 : 월배지역 적석유구와 적석주거지를 검토하여」, 영남문화재연구원.

_____, 2020, 「경주지역 지석묘 문화의 특징과 종말기의 양상」, 국립문화재연구소.

_____, 2020, 「영남지역 지석묘 문화의 변화와 사회상」, 한국상고사학회.

이영문, 1987, 「全南地方 支石墓의 性格」, 『韓國考古學報』20輯.

_____, 1988, 「全南地方 支石墓 硏究」, 檀國大學校 碩士學位論文.

_____, 2002, 『韓國 支石墓 社會 硏究』, 學硏文化社.

_____, 2011, 「호남지역 지석묘의 형식과 구조에 대한 몇가지 문제 : 가매장시설의 기능과 관련하여」, 『韓國靑銅器學報』제8호, 한국청동기학회.

_____, 2014, 「화순지역 청동기시대 문화의 특징」, 鄕土文化開發協議會.

_____, 2015, 「靑銅器時代 小形石室의 特徵과 意味」, 韓國文化史學會.

_____, 1993, 「全南地方 支石墓 社會의 硏究」, 韓國敎員大學校 博士學位論文.

이융조, 1980, 「한국 고인돌 사회와 그 의식」, 『東方學志』23·24집.

_____, 1981, 「양평 양덕리 고인돌문화」, 『한국의 선사문화』, 探求堂.

이융조·우종윤, 1988, 「黃石里 고인돌 文化의 묻기방법에 관한 一考察」, 『博物館紀要』4輯, 檀國大博物館.

이재열, 2016, 「鎭安地域 靑銅器時代 支石墓 社會 硏究」, 경북대학교 대학원 석사학위논문.

이종선, 1977, 「韓國 石棺墓의 硏究」, 『韓國考古學報』1.

이주헌, 2000, 「大平里型 石棺墓考」, 『慶北大學校考古人類學科20周年記念論叢』, 경북대학교 고고인류학과.

이진택, 2003, 「포항지역의 고인돌에 관한 일연구」, 영남대학교 교육대학원 석사학위논문.

이청규, 1985, 「濟州道 支石墓 硏究」, 『耽羅文』4輯.

이청규·장제근, 1991, 「濟州 고인돌 -査報告」, 濟州市.

이헌재, 2011, 「남인도 거석문화의 현황과 성격 : 비누콘다(Vinukonda)와 큠붐(Cumbum)지역을 중심으로」, 『先史와 古代』통권 제35호, 韓國古代學會.

_____, 2014, 「남인도 치투르(Chittoor)지역의 지석묘 조사 연구. 1, 에구바카나탈라 체르브(Eguvakanatala Cheruvu)와 사라칼루(Sarakallu)마을의 지석묘를 중심으로」, 중앙문화재연구원.

_____, 2016, 「남인도 Hire Benkal의 암채화와 지석묘」, 한국암각화학회.

_____, 2017, 「남인도 Tavanampalle와 Mallayapally 마을의 지석묘와 암채화」, 한국암각화학회.

_____, 2018, 「인도 암각화 유적의 성격과 특징」, 한국암각화학회.

_____, 2019, 「요단강 유역 지석묘의 성격과 특징」, 한국성서고고학회.

임병태, 1964, 「靑銅器時代와 그 文化」, 『三星文化文庫』89.

_____, 1964, 「韓國 支石墓의 形式 및 年代問題」, 『史叢』9, 高麗大學校 史學會.

임성빈, 2017, 「춘천 중도 적석총의 기원과 형성 과정」, 한국학중앙연구원 한국학대학원 석사학위논문.

임세권, 1976, 「韓半島 고인돌의 妹合的 檢討」, 『白山學報』20.

임영진외, 2011, 「인도네시아 수마트라섬 파세마고원의 거석유적」, 『湖南考古學報』제38집.

藏田亮策, 1941, 「朝鮮の石器時代」, 『東洋史講座』18.

전영래, 1991, 「韓半鳥 支石墓의 型式學的 展開」, 『九州考古學』第56號, 九州考古學會.

田村晃一, 1988, 「東北アジアの支石墓」, 『アジアの巨石文化-ドルメン·支石墓考』, 六興出版.

정백운, 1957, 「조선 고대 무덤에 관한 연구」, 『문화유산』1957-2.

鳥居龍藏, 1917, 「平安南道 黃每道 古蹟調査報告」, 『大正五年度古蹟調査報告』, 朝鮮總督府.

_____, 1926, 「朝鮮のドルナン(Les Dolmens de la coree)」, 『東洋文庫歐文紀要』第1卷.

趙由典, 1992, 「第3章 靑銅器時代」, 『韓國先史考古學史』, 도서출판 까치.

조진선, 2004a, 「전남지방 지석묘와 보존현황」, 『세계거석문화와 고인돌-그 보존과 활용-』, 동북아지석묘연구소.

_____, 2004b, 「전남지역 지석묘의 연구 현황과 형식변천 시론」, 『한국상고사학보』43.

_____, 2013, 「인도네시아 지석묘의 기원 : 중국 절강성 지석묘와 비교」, 韓國上古史學會.

池健吉, 1982,「東北아시아 支石墓의 型式學的 考察」,『韓國考古學報』12.

_____, 1983,「墓制」Ⅱ,『韓國史論』13.

_____, 1991,「湖南地方 고인돌 形式과 構造」,『韓國考古學報』25輯.

_____, 1997,「청동기시대의 유적과 유물:무덤」,『한국사 3: 청동기문화와 철기문화』.

千葉基次, 2006,「支石墓研究-支石墓と撑石墓-」,『釜山史學』第30輯, 釜山大學校 史學會.

최몽룡, 1973,「원시채석문제에 대한 소고」,『고고미술』119.

_____, 1981,「全南地方 支石墓社會와 階級의 發生」,『韓國史研究』39.

_____, 1982,「全南地方 支石墓 社會의 編年」,『震檀學報』53·54.

_____, 1978,「全南地方 所在 支石墓의 型式과 分類」,『歷史學報』78.

_____, 1991,「湖南地方의 支石墓 社會」,『韓國考古學報』25輯.

최상태, 2012,「청동기시대 제단유구에 대한 시론 : 영남지역 중심으로」, 경주문화원.

崔盛洛·韓盛旭, 1989,「支石墓 復元의 一例」,『全南文化財』2輯.

최성훈, 2015,「전남 동남부지역 지석묘 연구」, 목포대학교 대학원 석사학위논문.

_____, 2015,「전남 동남부지역 지석묘사회 변천과정」, 한국청동기학회.

崔鍾圭, 2010,「龜山洞 遺蹟 A2-1호 支石墓에서의 聯想」,『金海 龜山洞 遺蹟 Ⅹ-考察編』, 경남고고학연구소.

平郡達哉, 2004,「전남지역 지석묘 사회 전개과정에 대한 일고찰」, 목포대학교대학원 석사학위논문.

표인주, 2013,「지석묘 덮개돌의 언어민속학적인 의미」, 전남대학교 호남학연구원.

하문식, 1990,「한국 청동기시대 묘제에 관한 연구-고인돌과 돌간무덤을 중심으로」,『박물관기요』6, 단국대중앙
　　　　박물관.

_____, 1988,「錦江과 南漢江流域 고인돌 文化의 比較 研究」,『孫寶基博士停年紀念: 考古人類學論叢』, 지식산
　　　　업사.

하문식·김주용, 2001,「고인돌의 덮개돌 운반에 대한 연구」,『한국상고사학회』34, 한국상고사학회.

한흥수, 1935,「朝鮮의 巨石文化 研究」,『震檀學報』3, 震檀學會.

허정화, 2013,「대구지역 지석묘사회 연구」, 영남대학교 대학원 석사학위논문.

홍인국, 2003,「강화 북부지역 족장사회의 실체」, 서강대학교대학원 석사학위논문.

화옥빙, 2011,『中國東北地區石棚研究』, 科學出版社.

황기덕, 1965,「무덤을 통해 본 우리나라 청동기시대 사회관계」,『고고민속』4.

황재훈, 2006,「全南地域 支石墓의 形式分類와 變遷」,『韓國上古史學報』53, 韓國上古史學會.

_____, 2021,「호서지역 청동기시대 무덤의 특징과 전개」, 湖西考古學會.

청동기시대 儀禮 연구와 그 방향성

이종철 | 전북대학교박물관

Ⅰ. 머리말

의례는 사전적 의미로 '형식과 절차를 갖춘 행사나 의식'이라 정의된다. 여기에는 매우 포괄적이면서도 다양한 형태와 성격을 가지는 절차와 개념들이 내포되어 있다. 의례의 결과로 남게 되는 것이지만, 의식(儀式)과 관련된 흔적에는 그 의식의 내용, 목적, 대상, 방법 등을 살필 수 있는 요소들이 포함되어 있기 때문에 행위에 수반된 물질적 자료가 남아 있는 한, 일차적으로 의례 연구의 대상(이상길 2000: 2)이 될 수 있는 것이다.

그러나 역으로 청동기시대에 존재했을 것으로 추정되는 다양한 의례들이 대부분 편린으로 발견되고 있는 점은 맹점이 아닐 수 없다. 유적에서 출토되는 의례 관련 유물이나 유구는 전체 의례 과정의 극히 일부에 지나지 않기 때문에 당시 행해졌던 의례의 전체 또는 의식의 절차를 복원해낼 수 없는 점은 가장 큰 한계인 것이다. 게다가 추정이나 가정의 연장으로 복원된 해석 역시 일반화를 기대할 수 없는 점도 의례 연구의 한계라고 할 수 있다.

이러한 한계 때문에 대부분의 연구자들은 의례 관련 고고학 자료를 'A는 B일 것 같다'는 전제를 바탕으로 추론에 추론을 거듭하면서 공간성과 시간성을 확장해가고 있을 뿐이다. 이것은 맞고 틀리고의 문제라기보다는 얼마나 설득력 있게 논지를 전개해 가는가에 있다고 볼 수 있다. 설득력 있는 해석과 논리적 전개는 의례를 복원하는 중요한 토대가 되고 있는 것이다. 그래서 좀 더 체계적인 접근과 상대적으로 가능성이 높은 다양한 해석이 필요한 것이다.

청동기시대의 의례 연구를 효과적으로 할 수 있는 방법은 1차적으로 발굴조사 현장에서의 정확한 기록과 조사자의 객관적인 1차 해석이 전제되어야 한다. 의례 연구의 출발점이기 때문이다. 다만 고고학적 증거를 있는 그대로 인식하고, 우리가 알지 못하는 과거의 모든 행위를 종교적인 활동으로 분류해버리는 오랜 잘못을 범하지 않는 것(콜린 렌프류·폴 반(이희준 譯) 2006: 416)은 무엇보다도 중요하다.

본 글은 그동안 제시되었던 청동기시대 의례 연구 성과를 통시적으로 살펴보면서 의례 연구의 흐름과 새로운 연구 방향성에 대해 고민해보는 기회로 삼고자 한다. 다만 청동기시대 의례를 전면적으로 정리하는 것은 무리라고 판단하여 주요 자료를 바탕으로 논의해보기로 하겠다.

II. 청동기시대의 의례 패러다임

1. 의례의 인식과 구성요소

의례는 청동기시대의 전유물이 아니다. 멀게는 구석기시대 네안데르탈인의 매장에서 죽은이를 위한 헌화의례로부터 가깝게는 현대의 대통령 취임식이나 기제사(忌祭祀) 등 다양한 의식들에서 목도할 수 있는 전세기적(全世紀的) 유산이기 때문이다. 시대가 내려올수록 그 형태와 체계는 더욱 다양해지고 세분화되는 것을 볼 수 있다.

사전적 의미로서 의례(儀禮)는 '형식과 절차를 갖춘 행사나 의식'이다. 사전적 관점에서 「형식·절차」와 「행사·의식」이라는 키워드는 의례를 규정하는 주요 요소로 간주할 수 있다. 따라서 행사나 의식으로 추정되거나 그에 귀속될 만한 제요소는 의례의 범주에 포함시킬 수 있는 것이다. 특히 의례의 한 분야인 「제의(祭儀)」는 제사를 지내는 의식으로서, 종교적인 색체를 강하게 띤다. 따라서 의례는 관혼상제 등 인간의 삶과 직결되는 생활 예법으로서의 의례가 있는가 하면, 신(神)이나 절대자에게 기원이나 축원을 목적으로 하는 의식적(儀式的)인 행위와 절차 등 여러 범주가 상정될 수 있기 때문에 그 범위 결정의 모호성은 고고학적으로 고민해야 하는 경계일 수 있다.

본디 '의례'라는 명칭은 중국 노나라 엄중(淹中)에서 하간헌왕(河間獻王)이 얻었다고 전해지는 『고문의례(古文儀禮)』와 노나라 공왕(共王)이 공씨(孔氏) 집에서 찾았다는 『금문의례(今文儀禮)』에서 비롯되었다. 『고문의례』는 없어진 지가 오래되어 목차와 내용을 알 길이 없기 때문에 『금문의례』에 의존하고 있다. 그런데 당나라 육덕명(陸德明)의 『경전석문서록(經典釋文敍錄)』에는 '정현(鄭玄: 後漢代)이 『의례』17권(금문의례를 말함)을 주석하였'고 기록되어 있으나 '의례'라는 말은 쓰지 않았고, '금례(今禮)'라고만 하였다. 의례(『儀禮』)라는 이름으로 책명을 가장 먼저 사용한 사람은 당나라 때 원도(元度)인데 『구경자양(九經字樣)』에서 이다. 『주례(周禮)』, 『예기(禮記)』와 함께 『의례』[1]를 3례라 칭함으로써 의례라는 명칭이 공식화된 것이다.

한편 의례(儀禮)는 의식(儀式)과 구별되어 사용되기도 한다(靑木保 1994). 의례는 인간의 형식적인 행동 일반을 의미하는 광의적 용어이면서도 상징적인 성격이 강한 형식적인 행동을 좁은 의미의 의례, 사회적 성격이 강한 형식적인 행동을 의식이라고 본 것이다. 이에 반해 인류학에서는 세부적으로 이루어지는 어떤 행위, 예를 들면 사제가 이리 걷느냐 저리 걷느냐, 막대기를 오른손에 들었느냐 왼손에 들었느냐 등의 행위를 의식(로저 키징(전경수 譯) 1990: 442)으로 보고 있어 개념적 차이가 있다.

의례는 광의적 성격의 개념이다. 신앙적·종교적으로 접근하느냐 아니면 절차적·의식적으로 접근하느냐에 따라 달라질 수 있다. 그래서 크고 작은, 체계적이거나 비체계적인 일상의 의례는 어디서부터 어디까지로 한정할 수 있을지 고민해야 하는 영역이다. 이는 의례의 기준이나 표준이 필요한 이유가 된다. 그동안 고고학에서는 상대적으로 전자의 관점에서 의례를 해석해 온 것이 사실이다. 이러한 관점에서 유의미하다고 생각되는 콜린 렌프류와 폴 반(이희준 譯 2006: 416-417)의 네 가지 구성요소를 살펴보면 〈표 1〉과 같다.

---

1) 『의례』는 사관례(士冠禮)·사혼례(士婚禮)·사상견례(士相見禮)·향음주례(鄕飮酒禮)·향사례(鄕射禮)·연례(燕禮)·대사의(大射儀)·빙례(聘禮)·공식대부례(公食大夫禮)·근례(覲禮)·상복(喪服)·사우례(士虞禮)·특생궤식(特牲饋食)·소뢰궤식(少牢饋食)·유사철(有司徹) 등의 내용으로, 의식 절차에 대해 자세히 서술해 놓았다(한국민족문화대백과사전).

<표 1> 의례의 지표(콜린 렌프류·폴 반 (이희준 譯) 2006) 개요

4대 구성요소	내용	사례
주의 집중	특별한 연상을 불러일으키는 장소	동굴, 작은 숲, 샘, 산꼭대기
	특별한 건축물	신전, 교회
	특수설비와 기구들	제단, 성로(聖爐), 등잔, 징, 종, 향로, 의례용 그릇 등
	중복되는 상징물들(redundancy)	
경계지대 (현세-내세)	공공연한 전시 행위 - 감추어진 배타적 비의	건축에 반영
	청결과 오염의 개념들	연못, 물웅덩이, 신성구역 등
신의 임재	신의 존재 또는 상징	예배상, 신의 표상
	신과 관련한 도상	특정 동물(실재 또는 가공)
	의례 상징	장례의식과 통과의례의 상징
참례와 봉헌	기도, 찬미의 몸짓 등 특수한 동작	장식, 형상미술, 도상에 반영
	종교적 체험을 위한 방책들	춤, 음악, 마약, 고통 가하기
	희생	사람이나 동물의 희생
	봉헌(바치거나 태우거나 버리는 행위)	음식이나 음료 등
	막대한 부의 투입	봉헌물, 봉헌 기구들, 구조물, 관련 설비

청동기시대에는 지석묘를 대상으로 의례 연구가 활성화되어 왔지만, 정작 의례의 세부 구성이나 주요소들에 대한 논의는 상대적으로 적었던 것 같다. 대부분 의례의 성격이나 구분/분류에 집중한 탓에 본질적인 구성 원리에 대해서는 논의되지 않았다. 이러한 중에 윤호필(2011)은 의례의 구성요소를 장소(祭場), 의식(儀式), 공헌(供獻)으로 구분한 바 있다. 앞에서 제시한 콜린 렌프류와 폴 반의 구성요소와 유사한 면이 있다. 그러나 좀 더 근원적인 구성요소의 추출이 필요하다고 생각한다.

의례는 신념체계라 하여도 과언이 아니다. 그리고 <표 1>에서 볼 수 있는 것처럼 무형의 체계와 유형의 체계가 적절하게 복합되어 있다. 전자와 후자가 적절하게 구성될 수도 있겠지만, 경우에 따라서는 한쪽이 적거나 많거나 하면서 완성된 체계를 갖추었을 것이다. 따라서 의례는 물질문화로만 표현될 수 없음도, 물질문화로써 의례를 온전히 복원할 수 없음도 상기시켜준다.

순자(荀子)의 예론(禮論)에 의하면(김학주 2001: 556), '예(禮)는 너무 긴 것은 자르고 너무 짧은 것은 이어주며, 남음이 있는 것은 덜어 주고 부족함이 있는 것은 보태 주어 사랑과 존경의 형식적인 수식을 다해 의로움을 행하여 기르고 완성케하는 아름다움'이라고 정의하였다. 즉 형식과 절차를 통해 의로움을 완성하는 아름다움이 예라는 것이다. 유형과 무형의 체계가 조화를 이룸으로써 신념체계가 구축되었음을 짐작할 수 있다. 이는 인류학에서 보는 집합적 감정(collective sentiment)뿐만 아니라 사회적 통합(social integration)을 강화하는 기능(로저 키징(전경수 譯) 1990: 442)과도 무관하지 않다.

이러한 관점에서 필자는 의례의 구성을 유형과 무형으로 대별하고, 그 세부 요소를 ①장소, ②설비와 기물, ③절차적 콘텐츠, ④구성원, ⑤신념(상징:神)으로 나누어 논의해보고자 한다[그림 1]. 이들 중 장소와 설비+기물은 유형에, 절차적 콘텐츠와 구성원은 무형에 해당한다. 5가지 요소들은 각 경계에서 상호작용을 하며, 밀접한 연관성을 갖는다. 이러한 요소들 가운데 특히 신념(상징:神)은 모든 의례의 핵심이자 정점으로서 나머지 구성요소들의 성격과 형태를 결정하

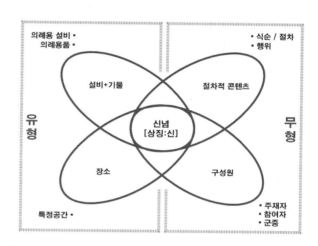

[그림 1] 의례의 구성과 세부 요소

는 것으로 보고자 한다. 신념은 유형(상징물, 신상, 도상 등)과 무형(神 등)의 경계를 넘나들 수 있다는 점에서 복합적 성격을 갖는다. 고고학적으로 검증할 수 없는 무형을 굳이 구분해 두려고 하는 것은 물질만으로는 의례의 진면목을 가늠할 수 없다는 것이 가장 큰 이유일 것이다. 그래서 물질을 바탕으로 각 경계에 대한 좀 더 유연한 해석을 도모할 수 있지 않을까 하는 고민이 내포되어 있다.

의례나 제사와 같은 정신세계를 복원하는 과정은 고고학적 노력만으로는 쉽지 않기 때문에 당시 사회에 내재된 행위의 유형화뿐만 아니라 정신문화를 복원하기 위해서 신화학, 인류학, 민속학, 심리학, 그리고 사회학과 같은 분야와 학제적인 연구를 진행할 필요가 있는 것(조현종 2014: 9)과 맥을 같이한다.

2. 청동기시대 의례 연구 약사(略史)

초창기 의례 연구에서는 의례의 개념보다는 종교적이거나 신앙적인 측면에서 다루어졌다. 대표적인 것이 농경문청동기와 같은 이형(異形)의 청동유물이다. 한병삼(1971)은 Y자형 입대목과 앉아 있는 새, 따비와 괭이 등으로 농사짓는 인물과 토기 등이 보이는 수확 장면으로 구성된 농경문청동기를 소개하였다. 그는 이 농경문청동기가 제사 지내는 시기와 신을 부르는 새가 표현되어 있다는 점에서 『삼국지』「위서 동이전」〈한전〉의 기록과 궤를 같이 한다고 보고 봄과 가을에 제사를 지낼 때 대목(大木)에 걸었던 의기(儀器)로 추정하였다. 이와 같은 의기적 성격의 청동기들과 문양의 성격을 김원용(1986)[2]은 무사적(巫師的) 기능을 가지는 종교적 의식의 물건으로 의미를 부여하였다. 특히 이러한 해석은 이건무(1992b)로 이어져 청동의기(靑銅儀器)들이 농경·수렵의례에 사용되었던 샤먼의 무구(巫具)로서 종교적인 제의를 주재하는 주재자가 의기와 무구를 바탕으로 피치자(被治者)에게 강제력을 행사했을 것이라는 풍부한 해석을 내놓음으로써 유형과 무형의 요소들을 조합한 연구의 진전을 이끌었다. 상대적으로 단선적 해석에서 복합적 해석으로의 발전을 살펴볼 수 있다.

의례와 관련하여 빠질 수 없는 고전적인 대상이 암화(岩畵)/암각화(岩刻畵)이다. 고령 양전동에서 발견된 동심원+田자형+장방형 문양의 암화(岩畵)를 두고 태양신을 신앙했던 당시 양전동 선사인들의 제단(祭壇)이었을 것이라는 이은창(1971)의 해석은 대표적이다. 유형보다는 무형적 속성이 강함에도 불구하고 타당한 해석으로 판단된다. 이러한 해석에서 장소+설비(바위면 조각)가 어우러져 신념에 이르는 확장성을 볼 수 있다.

고령 양전동 암각화를 발견한 이은창(1971)으로부터 비롯된[3] 암각화 연구는 문명대(1973), 김원용(1980), 임세권(1984), 황용훈(1987)의 연구를 거쳐 박정근, 정동찬, 전호태 등 많은 연구자들과 한국암각화학회(1999년 발족)의 연구 성과로 이어졌다.

암각화 연구는 대부분 제작 기법과 편년의 연구, 성격·신앙·제의 및 예술적 측면의 연구, 암각화의 원류 및 지역 비교의 연구 등에 집중되었고, 선사시대의 생활상을 고찰하는 데 목적(이상길 2000: 126-128)을 두었다. 앞으로는 암각화의 구도와 내용을 기획하고 실행했던

---

2) 김원용의 1986년 논문인 「예술과 신앙」은 『韓國史論』13(國史編纂委員會)에 수록된 글로서 제3판에 해당한다. 초판(1983년)과 중판(1984년)을 얻지 못하여 부득이 3판을 인용하였음을 밝혀둔다.

3) 암각화의 처음 발견은 1970년 울산 천전리(川前里)에서이나 1973년에 문명대에 의해 보고(『文化財』7, 문화재관리국)되었음을 밝혀둔다.

개인이나 집단(구성원)을 상정해갈 필요가 있고, 나아가 그러한 과정에서 행해졌을 어떠한 의례적 콘텐츠(제사, 춤 등 집단적 행위 등) 및 신념(神象, 神, 祈願 등)의 설정이 논리적으로 강화된다면 더욱 발전되고 풍성한 의례 연구가 될 것으로 기대한다.

암각화를 통해 이와 같은 재구성/추론이 가능한 이유는 여수 오림동 지석묘에서 발견된 암각화에서도 찾을 수 있다. 마제석검 또는 그 상징성을 숭배하는 지석묘 집단의 신앙체계를 엿볼 수 있기(전남대학교박물관 1992) 때문이다. 마제석검이라는 개별 기물(器物)을 매개로 구성원(기원하는 인물)의 행위와 기원을 명확하게 묘사함으로써 상징(신적 존재, 신념 등)하는 바가 분명하게 전달된다는 점은 매우 중요한 가치를 지닌다. 조선시대 의궤에서 볼 수 있는 화려한 식순이나 절차는 나타나 있지 않지만, 해석의 확장에 크게 기여할 것으로 사료된다.

한편 의례의 개념은 신앙이나 예술의 관점에서도 다루어졌다. 그 대표적인 연구는 김원용(1986)의 「예술과 신앙」이다. 물론 출토유물을 미술품으로서의 예술적 성격과 신앙과의 연계성을 골자로 하였기 때문에 약간의 시각차는 존재한다. 그러나 무산 호곡동 5기층에서 출토된 2점의 사람 모양 좌상을 서포항 4기층(신석기시대 말기)에서 출토된 여성상(女性像)과 견주어 여신상으로 추정하였다거나, 호곡동 출토 돼지 모양 토우들을 당시 주민들이 돼지의 증식을 기원하는 의식에서 쓰기 위해 제작했을 것이라고 해석한 것을 보면, 그 추론은 단편이적지만 연상작용에 의한 해석의 확장성을 발견할 수 있다. 기물과 신념이 연계되는 해석인 것이다.

이와 같이 특정 유물이나 유구를 의례적·종교적 성격의 것으로 해석하던 방식은 2000년에 접어들면서 새로운 계기를 맞이하게 되었다. 바로 의례의 개념과 유형뿐만 아니라 방법론에 대한 집중적인 연구가 등장하게 된 것이다.

이상길(2000: 60-64)은 특정 유물이나 유구에서 의례행위의 흔적을 찾을 수 있다는 전제하에 유물의 존재 양상(①~③)과 흔적(④~⑬)에 천착하여 13가지 의례행위를 제시하였다. ①의외의 장소나 위치에서 유물의 출토, ②한 개체분의 유물이 일부만 존재, ③한 개체의 유물이 멀리 떨어진 곳에서 부분적으로 출토, ④토기의 저부나 동체부에 구멍을 뚫는 행위(천공), ⑤토기를 무작위로 깨뜨리는 행위(파쇄), ⑥토기의 특정 부위만을 취하는 행위(선별파쇄), ⑦실용의 토기나 석기를 그대로 이용(轉用), ⑧토기나 석기를 깨서 다른 제품으로 만드는 행위(轉用재가공), ⑨소형 모조품이나 이형(異形), 토제품의 이용, ⑩단도마연토기의 이용(專用), ⑪각종 석기를 깨는 행위(파절), ⑫자연석(川石)의 이용(搬入轉用), ⑬옥(玉)의 이용이 바로 그것이다.

이상길의 방법론은 장소, 기물, 콘텐츠(행위)가 중심을 이룬다. 그동안 거론되지 않았거나 상대적으로 관심이 적었던 행위(콘텐츠)에 집중되고 있는 점이 특징이다. 무형의 행위를 유물에 남아 있는 흔적에서 찾아낸 것은 고고학적으로 큰 의미가 아닐 수 없다. 이러한 연구 성과를 바탕으로 의례 고고학의 접근과 연구의 밀도가 급속도로 발전하게 된 것도 주목할 만하다.

유물에 가해진 이러한 행위의 결과와 배경은 순자의 예론 중 「상례」(김학주 2001: 562)에서 찾아 볼 수 있다. 순자는 기원전 4세기 후반(323년)~기원전 3세기대 인물로서 우리나라 청동기시대~(초기)철기시대 전환기에 해당한다. 따라서 시기적으로 일치하는 것은 아니지만, 그 시대적 배경을 고려하면 참고할 만한 가치가 있다. 즉 상장례에 사용하는 명기(明器)에 대한 설명[4] 가운데 질그릇은 못 쓰게(흠집, 파쇄 등) 한다거나[陶器不成物], 대나무나 갈대 그릇은 겉만 좋게 하고 내부는 쓸 수 없게 한다거나[薄器不成內] 하는 것이다. 이것은 피장자가 살아 있을 때의 모습을 무덤으로 이사하는 것을 본뜬 것이지만, 명기는 모양만 갖출 뿐 쓸 수 없도록 하였다는 내용이다. 이 모든 것은 슬픔을 소중하게 여기기 때문이라고 한다. 이미 기원전 4~3세기뿐만 아니라 그 이전에도 상장례 시 기물을 훼기(毁棄)하는 습속이 존재했을 가능성을 짐작해볼 수 있는 대목이다.

무엇보다도 의례 유물의 특징과 유적에서 출토되는 위치 분석을 통해 지석묘와 관련한 장송의례를 복원하였다. 초기 지석묘 연구에서 지석묘 주위로 출토되던 다량의 토기편들을 무덤 조성 시에 거행한 의례 때 사용하고 버린 토기 파편이라는 해석(김재원·윤무병 1967)에 견주어 보면 큰 연구 진전이 아닐 수 없다. 뿐만 아니라 농경취락에서 공간의 개념을 의례와 연계하여 발전시킨 것도 간과할 수 없다. 즉 취락 내에서는 생활의례, 취락과 하천 사이에 있는 농경지에서는 농경의례, 하천에서는 수변의례, 묘역에서는 장송의례, 야산의 어딘가에서는 청동기의 매납이 행해졌다는 것이다. 이러한 의례 연구는 유병록(2002), 윤호필(2012, 2014) 등으로 이어졌는데, 특히 윤호필의 의례 연구는 절차적 콘텐츠라는 관점에서 기

---

4) ①독과 술통은 비워서 채우지 않거나, ②침대 없이 대자리만 깐다거나, ③나무그릇에는 조각을 하지 않거나, ⑥수레는 무덤 속에 묻지만 말은 되가져 간다거나 하는 등의 내용이 담겨 있다.

존 연구보다 더 세분된 의례 과정을 보여준다. 각 과정에 대한 의례/의식의 존재 여부는 알 수 없는 일이지만 의례/의식의 연속성 차원에서 살펴볼 만하다. 또 취락의 공간 개념은 최종규(2005), 이형원(2009), 이종철(2015a) 등으로 이어져 청동기시대 취락 공간의 기획성(또는 취락설계)이 좀 더 시각화될 수 있었다.

제사/의례와 관련한 호남고고학회 학술대회(2014)에서 조현종(2014: 10-12)은 청동기시대 유물과 유적을 중심으로 제사/의례에 대해 정리한 바 있다. 환호(화성 동학산, 합천 영창리, 진주 대평리)나 환구(부천 고강동, 안성 반제리)의 제사적 성격, 농경사회에서 중요시 되었을 수변제사(안동 저전리, 산청 묵곡리, 고창 황산), 신전의 출현(사천 이금동), 제사유적으로서의 암각화(반구대, 천전리, 양전동, 오림동)와 매납유구(영암 엄길리 지석묘: 토기/ 안동 지례동, 순천 쌍암교: 석기/ 고흥 소록도, 마산 가포동: 청동기+석기/ 청도 예전동, 합천 영창리, 산청 백운리, 함평 당하산, 완주 상림리: 청동기)의 성격 등에 주목하였다. 이러한 고찰을 통해 우리나라의 제사유적은 생활제사, 생산제사, 분묘제사로 유형화할 수 있음을 제시하였다.

김규정(2014)은 청동기시대를 전기, 중기, 후기로 구분하여 의례와 관계되는 유물과 유적을 통해 취락의례의 양상을 살핀 바 있다. 가옥의 축조와 폐기 시에 수행되는 주거의례, 농경과 관련한 수변의례, 바다와 관련한 해안의례, 그리고 매납행위 등을 제시하였다.

지금까지의 의례 연구는 유물이나 유구 또는 유적의 양상을 살펴 어떤 성격/종류의 의례/제사인지를 고찰하는 데 집중하였다. 유물이나 유구의 특성을 살펴 관련될 가능성이 높은 의례/제사를 상정하는 방식의 연구는 앞으로도 계속될 것이다. 이와는 달리 특정 유구를 역사기록에 견주어 그 연원과 전개 과정을 추론하는 연구도 진행되고 있다.

이종철(2014a: 61-62)은 『삼국지』「위서 동이전」에 기록된 마한의 소도(蘇塗) 기사에 묘사된 「입대목현령고(立大木縣鈴鼓)」에 주목하여 입대목(立大木) 의례를 처음으로 제안하였다. 입대목 의례가 마한의 문화요소이지만, 청동기시대 송국리형문화 단계까지 소급될 수 있음을 진안 여의곡 유적의 수혈유구를 통해 간략하게 제시하였다. 이러한 제안은 김해 율하리 유적의 수혈유구를 추가하면서 좀 더 구체화된 입대목+광장(공터)의 설정과 입대목 제의의 존재로 발전하였다(2014b: 110-113). 청동기시대의 원초적인 입대목 제의의 설정은 중국 귀주성 묘족의 동고축제[鼓藏祝祭 Guzang Festival]와 운남성 장족묘족자치주 화산절(花山節)의 화간(花杆) 등과 같은 민족지자료를 통하여 문화적 일반성을 확보하고자 하였다(2015b). 이러한 과정을 통해 청동기시대부터 역사시대에 이르는 입대목 제의의 전개 양상을 더욱 발전시켰고, 솟대와의 관련성을 이원적으로 접근함으로써 소도의 입대목이 갖는 의례적/제의적 중요성을 강조하였다(2018c). 이렇게 수립된 청동기시대 입대목 제의는 청동기시대 후기인 원형점토대토기문화 단계까지 전승되었음을 전주 평화동 대정IV 유적을 통해 제시하였고, 그 고고학적 의의와 중요성을 피력하였다(2021). 이로써 완전하지는 않지만, 입대목 제의는 청동기시대 중기(송국리형문화 단계: 진안 여의곡·김해 율하리 등)—청동기시대 후기(원형점토대토기문화 단계: 전주 평화동 대정IV)—□—원삼국시대(익산 영등동, 보령 명천동)—삼국시대(광주 동림동)에 이르는 시간축이 완성되어 가고 있는 중이다.

이 외에도 부여 송국리와 사천 이금동 유적의 고상가옥을 통해 청동기시대에 신전(神殿) 또는 제전(祭殿)이 존재했을 가능성(안재호 2009, 이종철 2014b 등), 부여 송국리의 54지구를 관통하는 대규모 목주열을 의례나 제의와 관련되는 종교적인 건조물이나 기념물로 보는 견해(정치영 2012, 이종철 2018a, 이형원 2018b)가 제시되었다. 특히 이종철(2019)은 송국리의 대규모 목주열을 선상열주(松菊里 線狀列柱, Songgukri Alignments)로 명명하고 그 시간성과 제의적 성격을 집중적으로 고찰한 바 있다.

학회 차원에서 또 연구자들의 연속적인 연구에서 의례가 깊이 있게 다루어지고 있다. 그리고 많은 유적 조사에서도 다양한 형태의 의례/제사 사례가 보고되고 있다. 모든 고고학적 사례를 정리한 것은 아니지만, 청동기시대의 의례/제사 유구 현황을 살펴보면 〈표 2〉와 같다.

〈표 2〉 청동기시대 의례/제사 유구·유물 현황(이종철 2014b에 추가)

연번	유적명	조사 내용	성격 및 해석
1	함북 선봉 서포항	뼈피리, 인물상	음악+의식용
2	함북 회령 창효리	별도끼	의식용
3	함북 무산 범의구석	점뼈, 조각품-인물상, 동물상	의식
4	자강 강계 공귀리	별도끼, 달도끼	의식용
5	황북 송림 석탄리	별도끼, 달도끼	의식용
6	황북 린산 주암리	별도끼	의식용
7	황남 개풍 해평리	매납유구 : 청동기	매납의례

연번	유적명	조사 내용	성격 및 해석
8	춘천 천전리	6호 주구묘 내 탄화곡물+석도	석도+곡물 봉헌 : 농경의례
9	강릉 방동리	2중 부분 환호(後) 내 구릉정상	제장 : 환구의례(?)
10	인천 검단 원당동	원형 환구(前)	제장 : 환구의례
11	구리 토평동	원형 환구(前)	제장 : 환구의례
12	부천 고강동	원형 환구+적석유구(後)	제장 : 환구의례
13	안양 관양동	2중 원형 환구+방형수혈(?)(前)	제장 : 환구의례
14	화성 쌍송리	환구·내부에 주공多(前)	제장 : 환구의례
15	화성 정문리	3중 원형 환구(後)	제장 : 환구의례
16	평택 용이동	원형 환구·내부에 주공多(前)	제장 : 환구의례
17	안성 반제리	원형 환구(後)	제장 : 환구의례
18	보령 관창리	토기가마군·동지주건물(中)	토기생산 관련 제전 : 생산의례
19	공주 신영리	저장공 구역에 동지주건물(中)	제전
20	傳대전 농경문청동기	입대목, 새, 나경, 조장인물(後)	입대목제의, 裸耕의례
21	부여 송국리	대형 굴립주건물·울책·목주열(中)	신전/제전·선상열주
22	완주 구암리	방형 환구·수혈유구(前)	제장 : 환구의례
23	전주 동산동	광장 내 수혈유구(中)	광장=제장 : 취락의례
24	전주 평화동 대정Ⅳ	입목수혈·小광장(後)	입대목 제의
25	진안 여의곡	집석유구·토기파편·입목수혈(中)	상장의례·입대목 제의
26	남원 대곡리	암각화: 방패형 기물·성혈	제장
27	광주 지석동 대촌	환상수혈유구(8+1개)(中)	방형수혈이 환상으로 배치 : 제장
28	나주 운곡동	암각화: 격자세선문(中)	제장
29	고흥 한천리	지석묘군 내에 입목수혈(中)	입대목 제의
30	여수 돌산 세구지	지석묘군 중앙 자연 암괴+토기편	破의식 : 파쇄의례
31	여수 오림동	암각화: 마제석검·인물(中)	제장
32	대구 동천동	집석유구·집수지(中)	수변의례
33	대구 진천동	석축 기단 내 입석(암각화)	제장
34	대구 매호동	타원형구덩이+적색마연토기(中)	주거 내 의례(의식)
35	청도 사천리	유물산포지·농어구 출토	취락의례
36	청도 예전리	매납유구 : 요령식동검	매납의례
37	고령 양전동	암각화: 동심원·가면·기하문	제장
38	산청 묵곡리	구상유구 및 수혈	구하도 주변 溝의례 : 수변의례

연번	유적명	조사 내용	성격 및 해석
39	진주 대평리 어은1	집석유구	주거군-집석유구-밭 : 농경의례
40	진주 대평리	매 부리 또는 돼지 모양 석기	돼지 공헌(?)
41	사천 이금동	초대형 굴립주건물(中)	신전/제전
42	창원 남산	환호 내 석기·토기 등 폐기(中)	광장=제장 : 취락의례
43	창원 상남동	구상유구·환호·다량의 토기편	제장 : 취락의례
44	창원 토월동	자연 溝 내부에 다량의 토기편	溝의례
45	김해 율하리	입목수혈(中)	입대목 제의
46	포항 인비동	암각화: 석검과 석촉	제장
47	경주 천군동	화재 주거지 내 인골	가옥장 : 상장의례
48	울산 검단리	환호 내부 광장에 구(溝)+多토기	溝의례
49	울산 대곡리	암각화: 바다-육지 동물	제장
50	울산 천전리	암각화: 동물·기하학무늬	제장
51	울산 연암동	2중 원형 환구+수혈유구(前-中)	제장 : 환구의례

3. 의례 연구의 새로운 모색

유형과 무형의 한계뿐만 아니라 유물과 유적의 해석에 대한 의례 연구의 어려움에도 불구하고 학계에서는 여러 차례 의례와 제사를 주제로 학술대회를 개최해 왔다. 2014년에 호남고고학회는 「호남지역 선사와 고대의 제사」를 주제로 제사고고학의 개념과 분류 및 연구사를 비롯하여 청동기시대 취락과 분묘에서 수행되었던 의례에 대해 집중적으로 논의한 바 있다. 그리고 같은 해 국립광주박물관은 「도작농경사회의 제사와 의례」를 주제로 한국, 중국, 일본의 제사와 의례 연구 성과를 비교 검토하는 국제학술심포지엄을 마련한 바 있다. 2017년에는 백제학회에서 「마한의 소도와 의례공간」을 주제로 청동기시대~마한 시기까지의 의례에 대해 논의하는 장을 갖기도 하였다. 이외에도 개별적인 의례 관련 논문들이 제시되어 청동기시대인들의 정신세계와 사회·문화적 의식(儀式)에 대한 다양한 해석이 집적되고 있다.

여기에서는 앞에서 언급한 5대 요소의 관점에서 대표적인 의례를 살펴보기로 하겠다. 연구 성과에 대한 선택은 오롯이 필자의 주관적 판단에 의한 것으로, 설령 여기에서 다루지 않는다고 하더라도 그 연구의 가치를 부정하거나 낮게 평가한 것은 전혀 아님을 밝혀둔다.

1) 장소(공간) 관점의 의례

(1) 암각화/암화

암각화/암화는 커다란 바위에 그림을 새기거나 그려 넣음으로써 완성된 바위그림이다. 우리나라는 바위에 그림을 새기는 암각화가 절대적이다. 큰 바위면은 그림의 배경지(背景紙)에 해당한다. 그러나 그 위치나 입지는 중요한 의미가 내포되어 있다.

암각화는 그 목적을 분명하게 알 수 없다. 울산 대곡리와 천전리 암각화처럼 당시의 사실적인 내용이 표현되어 있거나 고령 양전동·영주 가흥동·남원 대곡리 등 도식적인 표현이 주를 이룬다. 일반적으로 암각화는 주거 지역과 동떨어진 외진 곳에 위치하기 때문에 일반인의 접근이 용이하지 않다는 공통점이 있다. 공간적으로 분리되거나 폐쇄된 인상을 주는 곳이 많고, 매우 협소한 공간 때문에 대중이 모여 집단적인 제의를 진행했다고 보기 어려운 경우도 있다. 다만 전체적으로 암각화의 입지는 물과 밀접한 관련을 가지며, 외딴 봉우리가 선택되는 것이 특징이다(이상길 2000: 143-144).

암각화가 존재하는 장소는 종교·신앙적인 공간으로서 마한의 소도와 같은 공간일 것이라는 견해(최광식 1995)에 비추어 보면, 암각화와 면하는 특정 장소에는 집체적인 모종의 행위가 이루어졌을 가능성이 높다. 특히 그림들이 의미하는 특정의 전달체계를 감안하면 암각화를 기획했던 개인이나 집단 및 그들의 도구체계, 일련의 의식적 콘텐츠, 그리고 궁극적인 목표나 신념이 복합되어 있음을 상정할 수 있다.

이러한 관점에서 암각 행위는 모종의 목표나 신념에 수반되는 하나의 의식이었을 수도 있고, 그 자체가 목적이자 목표였을 수도 있다. 왜냐하면 암각을 위해서는 구도 계획, 밑그림 그리기, 암각 등의 절차가 필요하고 그에 따른 시간과 노동력이 요구되기 때문이다. 따라서 암각은 독립적인 암각 의례 또는 암각 의식으로도 볼 수 있고, 메인 행사를 위한 식전 행사 또는 무대 배경 설치 과정일 수도 있다. 결과적으로 암각의례/의식을 통해 의례의 궁극적인 목적을 달성했을 가능성이 있는 것이다. 이러한 점에서 암각화가 갖는 공간적 의미는 제장으로서의 성격이 강하다. 대구 진천동이나 김해 봉황대와 같이 제단으로서의 기능(이상길 2000: 149)도 생각해볼 수 있기 때문에 의례/의식과의 관련성을 부정할 수 없다. 다만 무형적 요소/경계가 너무 많거나 넓다는 데 한계가 아닐 수 없는 대상임에는 분명하다.

(2) 가옥장(家屋葬)

가옥장은 말 그대로 살던 집에 장사를 지내는 것이다. 주거지 발굴에서 온전한 형태의 인골이 출토되었을 때 인골의 상황은 다양한 해석이 가능하겠지만, 최종적인 해석은 죽은 이에 대한 매장으로 귀결된다. 죽은이가 전염병 등 질병에 의해 사망했든, 고려장 풍습과 같이 노쇠하여 더 이상 삶을 영위할 수 없게 되었든, 싸움이나 전쟁 등으로 사망했든 결국 집에서 죽음과 매장이 종결되었기 때문이다. 따라서 매장 시점에 추모와 관련되는 별도의 의식이나 의례가 존재했을 가능성이 높다. 이 의식/의례는 장소가 집이라는 점에서 무덤을 대상으로 하는 장송의례와 대비된다.

가옥장에 대한 고고학적 검토는 유병록(2010)에 의해 시도되었다. 그는 1960~70년대 일본의 연구성과를 바탕으로 우리나라 신석기시대와 청동기시대의 가옥장에 대한 해석의 가능성과 문제점들을 제시한 바 있다. 특히 신석기시대에는 화장 후 토기[埋甕]를 이용하는 2차장, 청동기시대에는 화재 건물지 내에서 확인되는 특징을 파악함으로써 건물지의 폐기 행위에 대한 관심을 더욱 높여 주었다[그림 2].

온전한 형태의 가옥장은 춘천 교동 유적을 들 수 있으며, 신석기시대부터 존재했을 것으로 추정된다. 교동 유적은 굴집 또는 혈거(穴居) 성격의 동굴집으로, 세 사람이 등간격을 이루어 방사상(放射狀)으로 매장된 매우 독특한 매장 유적이다(김원용 1963, 1986). 다만 고고학적 사례가 적기 때문에 희소성을 가진 특별한 매장이었는지 아니면 당시에 존재했던 장법(葬法)이었는지는 분명하지 않다.

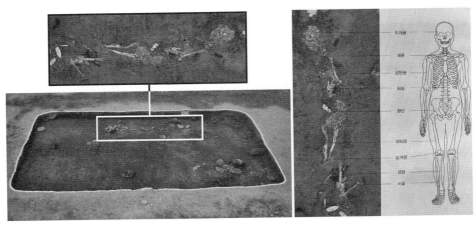

[그림 2] 경주 천군동 5호 주거지와 출토된 인골(김희철 2008, 필자 재편집)

최근 김천 지좌리 59호·122호 주거지를 대상으로 청동기시대의 가옥장이 제시되었다(안재호 2020: 45-46). 주거지 내부의 토기나 유물의 출토상태가 일상적인 모습으로 보기 어렵고, 유적 일원에서 무덤의 수가 적기 때문에 가옥묘의 가능성을 제기한 것이다. 화재 주거지로서 잡석들과 유물이 혼재하면서 온전한 토기가 깨진 채로 산재하는 점, 다량의 적색마연토기가 출토된 점도 근거로 삼았다. 그러나 인골이나 죽은이의 위치 및 정황 등에 대해서는 제시되지 않았다. 가옥장에 대한 관점과 개념이 명확하게 설정될 필요가 있어 보이는 대목이다.

가옥장으로 해석된 것은 아니지만, 춘천 거두2지구 유적에서 조사된 화재 주거지 가운데 북지구 10호와 15호도 가옥장과 유사한 해석으로 제시된 바 있다(강원문화재연구소 2008: 418-420). 인위적으로 화재를 낸 뒤 인위적으로 매몰시키고 상부 전체를 황색점토로 덮어 마감한 흔적에 근거하여 전염병과 같은 질병을 원천적으로 차단하기 위한 주거 폐기의 결과로 본 것이다. 특히 『삼국지』「위서 동이전」의 <예전(濊傳)>에 기록된 「꺼리는 것이 많아서 병을 앓거나 사람이 죽으면 곧 옛집을 버리고 다시 새집을 짓고 산다(多所忌諱 疾病死亡 輒捐棄舊宅 更作新居)」를 해석의 근거로 삼았다. 고고학적으로 주목해야 할 기록이다. 질병이나 질병에 의해 죽음을 맞은 특정 주거의 폐기(김권중 등 2019: 28)일 수도 있고, 가옥장과 연관될 수도 있다. 관련되는 기록이 없어 단정할 수는 없지만, 예(濊)는 꺼리는 것이 많다고 하였으니 '귀신이 붙어서 재수없기' 때문일 수도 있고, (내용에는 없지만) 경우에 따라서는 귀신이 붙어 꺼려지는 주검을 옛집에 두고 폐기했을 수도 있기 때문이다. 좀 더 면밀한 조사와 자료의 축적이 기대된다.

가옥장 의례/의식은 남겨진 의례의 흔적이 명확하지는 않지만 죽은이를 위한 일련의 추모행위가 존재했을 가능성이 있다. 집이라는 공간 속에서 특정의 주재자 또는 집단적인 추모와 모종의 의식들을 상정할 수 있기 때문에 죽은이의 사후를 기원하는 신념으로 연결할 수 있다. 비록 무형의 경계이지만, 이것이 최종적인 목적임을 설정할 수 있다. 따라서 가옥장이 성립하기 위해서는 ①죽은이의 흔적이나 정황이 파악되어야 한다. 무덤에서 인골이 출토되지 않았다고 하여 무덤으로 볼 이유가 없는 것은 아니지만, 무덤의 형태가 갖는 전통성 및 피장자의 위치와 부장유물이 무덤임을 말해주듯 가옥장 역시 같은 논리가 성립되어야 한다. 따라서 화재 주거지에서 거론되는 가옥장이 '葬'에 집중해야지 '粧'이 우선할 수는 없다. 또 ②설비와 기물의 출토 상태를 통해 의식(儀式)의 정황을 살필 수 있어야 한다. 질병과 죽음을 꺼려서 집을 버리는 것과 죽은이를 집에 매장하는 것은 차이가 있기 때문이다. 질병과 죽음이 서려 있는 주검을 아무리 꺼린다 하여도 옛집에 매장했다면 고고학적으로 많은 사례가 나타나야 하는데 그렇지 못하다. 앞으로 고고학적 근거 제시의 체계성이 갖춰질 필요가 있다.

2) 설비와 기물 관점의 의례

(1) 환구(環溝)

환구는 원형이나 방형에 가까운 형태로 도랑을 파서 일정한 공간을 구획한 것으로, 장소(공간)적 개념이 내포되어 있기는 하지만 구릉의 정상부에 설치된 대형 무대와 같은 설비의 개념도 강하다. 특히 환구 내부에는 주민들의 가옥이 조성되지 않기 때문에 마을을 에워싸는 대규모의 환호와 구분할 수 있다(이형원 2012). 이때의 환호는 공간이나 장소의 속성이 강하다. 환호와 환구의 구분은 1차적으로 주거군의 존재 여부로 판단하는 것이 적절한 것 같다. 또 규모로써 명확하게 규정할 수는 없지만, 대체적으로 환호보다 작은 경향성은 인정될 수 있지 않을까 한다[5]. 청동기시대의 대표적인 환구를 정리하면 〈표 3〉과 같다.

〈표 3〉 청동기시대 주요 환구 유적 현황

연번	유적명	입지	중앙 공터 규모	특징
1	구리 토평동	평지	지름 30m 내외	전기, 원형, 개구부
2	안양 관양동	구릉 정상부	지름 23~40m	전기, 원형 2중 환구, 중앙에 방형수혈(?)
3	화성 쌍송리	구릉 정상부	지름 30m 내외	전기, 원형, 개구부, 내부에 주공多
4	평택 용이동	구릉 정상부	지름 30m 내외	전기, 원형, 개구부, 내부에 주공多
5	완주 구암리	구릉 정상부	20m 내외	전기, 방형, 개구부, 중앙에 수혈유구
6	울산 연암동	구릉 정상부	76~93m(內)	전기 or 중기, 원형, 개구부, 중앙에 장방형 수혈, 2중 환구(外 126~105m)
7	부천 고강동	구릉 정상부	지름 30m 내외	후기, 원형, 개구부, 중앙에 방형 적석부
8	화성 정문리	구릉 정상부	지름 40m 내외	후기, 원형, 다중환구(3중)
9	안성 반제리	구릉 정상부	지름 30m 내외	후기, 원형

---

5) 한자(漢字)의 속성에 근거해 볼 때, 호(濠)는 성(城)을 빙 둘러 판 못으로 사람들의 생활 근거지를 둘러 싸는 공간을 의미하며, 호(壕)와 같은 글자이다. 구(溝)는 호(濠)의 뜻도 있지만, 일반적으로 물을 끌어들이는 도랑의 의미로 쓰이기 때문에 생활 공간과의 경계보다는 도랑이라는 기능적 의미가 강하다. 따라서 이러한 의미와 차이로 구분·설명될 필요가 있어 보인다.

청동기시대 환구는 이성주, 이상길 등 여러 연구자들에 의해 의례영역 또는 제사영역으로 해석되어 왔다. 이러한 해석을 좀 더 종합적으로 고찰한 김권구(2012)는 산 정상부나 구릉 정상부에서 조사되는 환호유구·환구·주구·주구형 유구 등에 주목하여 환호보다는 작고, 주구보다는 큰 유구들을 편의상 환구(環溝)로 통칭하였다. 그리고 입지의 특성을 고려하여 '고지성 환구(高地性 環溝)'로 명명하였다. 이러한 환구는 제장(祭場)으로서 청동기시대 지신의례(地神儀禮) 또는 지석묘 등을 중심으로 한 개별적 조상숭배의례에서 천신의례(天神儀禮) 또는 신성한 성격이 부여된 추상적 조상숭배의례로 변화되는 과정 속에 천신의례 및 그와 결합된 다양한 의례가 행해졌던 곳으로 해석하였다. 결국 청동기시대에는 지신(地神)이나 조상신과 관련되는 의례의 장(場)이었을 가능성이 높다는 것이다. 제장으로서의 환구는 청동기시대에 나타나지만 초기철기시대에 더욱 증가할 뿐만 아니라 이전 시기와 차별화된 새로운 의례가 확산되는 것으로 보았다. 특히 천신의례 또는 신성한 추상적 조상숭배의례로 변화되는 과정에서 다양한 청동의기가 제의도구로 사용되었을 것으로 추정하였다. 우리나라 중서부 지역을 대상으로 한 환구 유적 고찰에서도 농경의례와 천신의례의 가능성(이형원 2018a)에 무게를 두었다.

지금까지 조사된 환구 유적의 특징을 종합해보면, ①대부분 청동기시대 전기와 후기에 집중되는 양상이다. ②일반적으로 구릉 정상부에 조성되며, ③환구 내부에는 주거군이 조성되지 않거나 별도의 공간에 축조되어 환구의 독립성이 유지된다. ④평면형태는 원형을 이루며 개구부가 있다. 구릉 정상부라는 입지적 특성도 고려되었겠지만, 둥근 원(圓)이 갖는 상징성(예를 들면, 태양·해무리·금환일식 등 자연현상과 관련한 신성함)이 반영된 결과가 아닐까 생각된다. ⑤환구로 구획된 중앙 공터는 지름이 대략 30~40m 정도로 환호와는 큰 차이를 보인다. 물론 울산 연암동과 같이 100m 내외로 구획되기도 하지만, 필요 이상으로 규모가 큰 환구는 다각도로 생각해볼 필요가 있다. ⑥환구 내부에서는 여러 가지 설비의 흔적이 확인된다. 아무런 시설도 발견되지 않는 경우도 있지만, 모종의 설비가 존재했음을 보여주는 기둥구멍들이 확인되기도 한다. 특히 공터의 중앙부에서 수혈유구나 적석유구 등도 확인되기 때문에 모종의 의식과 직접적으로 연관되는 설비였을 가능성이 높다. 환구 내부 또는 주변에서 의례에 사용되었을 것으로 보이는 토기 편들이 출토되기 때문에 당시 다양한 기물들이 준비되어 있었음을 짐작할 수 있다. ⑦1열의 단일 환구가 일반적이지만 2중, 3중의 다중환구가 조성되기도 한다. 2중 환구는 안양 관양동 유적과 같이 전기 단계부터 등장한다. 재사용해도 되는 환구에 많은 노동력과 시간을 투여한 것은 무대설비의 장식적 효과를 위한 것으로 의례의 과정과 결과를 극대화하려는 전략적 모색으로 생각해볼 수 있다.

(2) 입대목제의(立大木祭儀)

입대목제의는『삼국지』「위서 동이전」의 〈한전(韓傳)〉에 기록된「立大木縣鈴鼓」에 기반하여 설정된 집체적 성격의 의례로서 취락의 특정 공간에 세워진 대목(大木)을 중심으로 행해지는 제의의 총체로 정의된다(이종철 2015b: 38). 본디 입대목은 한(韓)의 여러 나라[諸國]에 있는 별읍(別邑), 즉 소도(蘇塗)에 세워진 의례목이다. 입대목현령고의 전통이 韓과 밀접한 관계가 있고, 韓은 한국식동검문화 및 점토대토기문화와 연계되어 있을 뿐만 아니라 이 단계에도 송국리형문화의 기층세력이 잔존하면서 복합문화를 이루게 되므로 원초적인 입대목 제의가 송국리형문화 단계부터 전승되었을 것이라는 가정에서 출발하고 있다(이종철 2018c: 12-13).

유형(물질)으로서의 입대목제의는 대목+수혈로 이루어지는 설비와 대목에 매달았거나 의례용으로 사용했을 기물로 구성된다. 그러나 대목과 기물은 전혀 남아 있지 않기 때문에 최종적인 고고학적 근거는 특정 공간에 존재하는 수혈과 대목흔밖에 없는 셈이다. 따라서 입목수혈(立木竪穴)의 성격은 매우 중요하기 때문에 ①공간적 연계성, ②공간의 면적성, ③입목수혈의 독립성, ④입목수혈의 특수성이라는 네 가지 조건을 두루 검토할 필요가 있다 (2018c: 14-15).

입목수혈로밖에 설명할 수 없는 입대목제의는 민족지자료에 의거하여 그 존재성을 입증할 필요가 있었다. 이를 위해 제시된 것이 중국 귀주성의 랑덕상채(郎德上寨)와 천호묘채(千戶苗寨)의 동고축제[鼓藏祝祭 Guzang Festival], 중국 운남성 문산 장족묘족자치주의 화산절(花山節) 화간(花杆)이었다. 郎德上寨의 입대목은 광장+수혈·바닥장식+입대목+동고 매달기[縣鼓]+다채로운 의식(춤·연주·행렬 등)+구성원(주재자·연주자·주민·외부인 등)으로 이루어짐으로써 묘족의 바람과 기원이 표출된다. 千戶苗寨도 유사한 구성을 이룬다. 운남성의 화간은 직경 40m 정도의 수혈식 원형 광장+수혈+입대목/장간(長竿)+돼지머리·상금 등[縣物]+다채로운 의식(기름칠·오색끈 달기·옷 벗기·춤·화간 오르기 등)+구성원(주재자·참가자·군중 등)으로 이루어지며, 우승자에게는 상품과 한 해 동안 만사형통의 기운이 제공된다. 이러한 행사를 통해 집단의 대동단결을 도모하게 된다(2015b: 50~52).

다채로운 의식과 다양한 구성원으로 이루어졌을 입대목제의는 중국 묘족의 사례를 통해 풍성한 유·무형적 체계를 갖추었을 것으로 짐작할 수 있다. 청동기시대의 입대목제의는 아직까지 많은 유적에서 조사되지는 않았지만, 원형점토대토기문화 단계까지 전승되었을 가능성(2021)이 최근에 제시되었다. 이를 정리하면 <표 4>와 같다.

<표 4> 청동기시대 입대목제의 유적 현황(이종철 2021)

구분	진안 여의곡	김해 율하리	고흥 한천리	전주 대정IV
굴착 방식	2단 수혈	2단 수혈	수직형	3단 수혈
입목 직경	30~40cm 사이	30~40cm 사이	40~50cm 사이	20~40cm 사이
고정 방식	중·상단부 돌+흙 하단부 직경 일치	상단부 둘레석+흙 중단부 흙 충전 하단부 小둘레석 하단부 직경 일치	다량 할석 충전	전체 흙 충전 하단부 직경 일치
설치 위치	매장영역·생산영역에 인접한 공터	주거영역·매장영역에 인접한 공터	매장영역 가장자리	주거영역 내 광장
제의 주체	송국리형문화 집단	송국리형문화 집단	지석묘문화 집단	송국리형문화+점토대토기문화 집단

청동기시대의 입대목제의는 광장과 같은 넓은 공터를 기반으로 입목수혈이 설치되는 것이 특징이다. 중국 묘족의 동고축제와 상통한다. 유적들의 공통점과 차이점을 바탕으로 입대목제의의 공간적 환경을 도출하면 두 가지로 정리된다(이종철 2021: 44). 하나는 중앙집중형 환경의 입대목제의이다. 광장 중앙에 대목을 설치함으로써 사방에서 군중의 시선이 집중되는 형태이다. 중국 郞德上寨의 동고축제와 운남성 화산절 축제가 대표적이며, 김해 율하리 유적이 여기에 해당할 수 있다. 다른 하나는 편향집중형 환경의 입대목제의이다. 무대가 있는 연극이나 극장과 같이 대목의 설치가 공터의 한쪽에 치우쳐 조성됨으로써 군중의 시선이 한쪽으로 집중되는 형태이다. 진안 여의곡, 고흥 한천리, 전주 대정IV 유적이 여기에 해당한다.

입대목제의는 대목과 수혈밖에 존재하지 않지만 ①공터나 광장과 같은 공간성(장소), ②대목+입목수혈+제의용품과 같은 설비와 기물, ③입대목을 세우고 의식을 거행하는 여러 절차적 콘텐츠, ④의례/제사를 수행했을 주재자·참여자·군중과 같은 취락 구성원, ⑤집체적 성격의 의례를 통해 얻을 수 있는 목표와 신념은 유형과 무형의 복합체로 복원될 수 있을 것이다. 이러한 관점에서 郎德上寨의 동고축제와 운남성 화산절 축제는 매우 중요한 단서를 제공해준다.

(3) 송국리 선상열주(Songgukri Alignments)

송국리 선상열주(線狀列柱)는 부여 송국리 유적에서 조사된 대규모 목주열을 말한다. 송국리에서는 5지점에서 15건 정도의 목주열이 조사되었다<표 5>, [그림 3]. 이 가운데 가장 특징적인 목주열은 방형계 주거군이 밀집해 있는 54지구를 정통으로 가로지르는 1~4호이다. 직경 50~100cm의 기둥구멍이 100~200cm 거리를 유지하면서 1호는 170m, 2호는 150m, 3호는 37m, 4호는 60m의 긴 열을 이룬다. 각 목주열은 300~400cm의 대칭거리를 유지하면서 평행을 이룬다. 이러한 목주열의 특성에 주목하여 선상열주라는 명칭이 제안되었다(이종철 2018a).

〈표 5〉 부여 송국리 유적 목주열 현황(㎝)

목주열	길이	주혈 거리	대칭거리	직경	깊이
1	17,000	120~150	300	60~80	40~50
2	15,000	120~150		40~100	30~60
3	3,700	100~120	400	60~90	30~50
4	6,000	200~230		50~100	10~40
5	1,140	120~130		60~80	40~70
6	2,350	110~130		40~70	35~60
7	3,000	120~130		60~160	30~85
8	3,300	120~130		70~100	10~85
9	2,800	120~130		50~120	25~85
10	2,960	120		25~125	20~70
11	2,600	120		50~90	25~85
12	2,760	90~160	400	60~80	20~60
13	2,740	200		80~120	20~40
14	2,000	200~250		75~125	-
15	1,150	200~225		50~75	-

15건의 목주열은 형태상 일부는 지상건물지 또는 고상가옥과 같은 건물이었을 가능성도 있고, 일부는 선상열주로 볼 수 있는 것도 있다. 14호와 15호는 1열로만 조사되었기 때문에 열주(列柱)의 속성을 보여준다. 5~13호는 중첩관계가 복잡하거나 길이가 상대적으로 짧아 건물일 가능성과 열주일 가능성 모두 고려될 수 있겠다. 1~4호 목주열은 선상열주일 가능성이 높지만, 건물로 보는 주장도 있다. 건물로 보는 견해는 곡식 등을 보관하던 창고(김미경 2017)나 북미 원주민 사회의 롱하우스(long house) 등과 같은 가옥(김경택 등 2017)으로 나뉜다. 선상열주는 제의적 성격의 건조물이나 기념물로 보는 견해(정치영 2012, 이종철 2018a, 이형원 2018b)가 있으나 나무기둥만 세웠을 것으로 보는 견해와 기둥 위에 지붕을 씌웠을 것이라는 견해로 나뉜다.

이종철(2018a: 44-47)은 이러한 목주열이 ①방형계 주거와 송국리형주거가 공존하던 시기에 존재, ②울책이 설치된 고상가옥 1호와 2호의 사용 시기와 공존, ③방형계 주거군의 대대적인 폐기→대규모 목주열 공사→목주열 일부 또는 대대적인 폐기→방형계 주거군 재조성이라는 변천 과정, ④54지구에서 대규모의 자연자원과 노동 에너지의 집중과 소멸, ⑤방형계 주거 집단과 송국리형주거 집단과의 갈등이라는 사회적 배경에 있었다고 보았다. 또한 ⓐ직선적이고 과감한 기획적 성격, ⓑ방형계 주거군의 피해와 불가피한 공사, ⓒ2열 이상의 다선(多線) 구조, ⓓ초반의 불규칙성과 형태의 다양성, ⓔ 고상가옥(1·2호)과 공터 쪽으로의 방향성 등에 의거하여 집단의 집체적 상징성을 대내외적으로 과시하기 위한 대규모

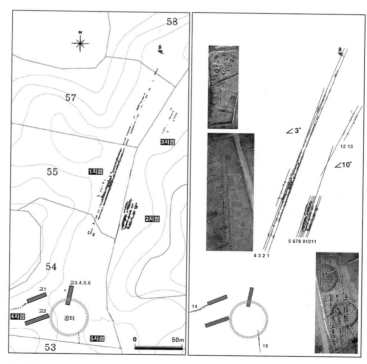

[그림 3] 송국리 유적의 선상열주와 목주열(이종철 2018a)

취락의례의 기념물로 상정하였다. 특히 이러한 대규모 공사를 통해 대단위 노동력을 집결시키고, 자연자원을 집중화시키며, 부의 재분배를 실현시키면서 정치·사회적인 압박전략으로 활용됨으로써 당시 유력자(권력자)의 리더쉽을 공고히 했을 것으로 보았다.

고상가옥, 광장(54지구 24호 주거지 남쪽 공터 : 직경 40m) 등과 상호 연계된 집체적·제의적 성격의 선상열주는 송국리 사회에서 중요한 위치를 점했을 것이다. 광장이 의례 주재자와 참여자 및 취락 구성원들과 함께 의례를 거행했던 공간이었다면, 선상열주는 고상가옥이 가지는 상징성을 증폭시키고 사회적인 열망이나 신념체계를 구현하기 위해 시각적으로 표출시킨 취락의례의 기념물로 작용했을 가능성이 있기 때문이다. 그러므로 당시 송국리 사회를 이끌어 갔던 유력자(권력자)의 지도력과 사회 발전 양상은 최상의 위계를 보이는 동검묘의 존재, 신전/제전의 축조, 대규모 선상열주의 조성, 원형·방형계 주거로 이원화된 대규모 취락 등과의 관계 속에서 훨씬 부각될 수 있다. 이러한 송국리형문화의 취락체계는 그 어떤 유적에서도 확인되지 않은 송국리만의 특징으로 삼을 만하다.

(4) 고상가옥(高床家屋)

송국리형문화 단계의 중·대규모 취락에서는 굴립주건물(지), 지상건물(지), 고상가옥 등으로 불리는 기둥열이 조사된다. 주거생활면과 상부구조를 떠받치는 하부구조의 흔적으로서, 곡물창고·공공집회소·신전/제전 등으로 해석된다. 이러한 건물은 보령 관창리, 부여 송국리, 공주 신영리, 익산 영등동, 영암 장천리, 대구 동천동, 청동 진라리, 사천 이금동 유적 등에서 확인된 바 있다. 이를 정리하면 <표 6>과 같다.

굴립주건물은 규모에 따라 크게 3군으로 구분할 수 있다[그림 4]. 1군은 사천 이금동에 해당하며, 초대형으로 일반적인 굴립주건물과는 비교할 수 없는 규모이자 고도의 기술력이 뒷받침되어야 하는 건물이다. 이와 같은 건물은 의례 전용 건물일 가능성(안재호 2009)이 매우 높은 것으로 이해되고 있다. 2군은 부여 송국리에 해당하며, 대형에 속한다. 송국리 유적에서 가장 큰 주거지의 면적이 54지구 23호(장방형계)의 80㎡인 것을 감안하면 가장 큰 형태의 고상가옥을 염두에 두었을 가능성도 배제할 수 없다. 3군은 50㎡ 이하의 건물로서 당시 일반 주거의 면적과 거의 동일하다(이종철 2014b).

<표 6> 청동기시대 송국리형문화 단계의 굴립주건물(掘立柱建物)

유적명	유구명	축조방식	규모㎝	면적㎡	도면
보령 관창리	KC204	4칸×2칸	1,020×260	27	
	KC210	7각형	800×770	43	
부여 송국리	1호	11칸×1칸	1,900×310	59	
	2호	11칸×1칸	2,400×340	82	
대구 동천동	5호	10칸×2칸	1,416×210	30	
	6호	7칸×2칸	900×262	24	
청도 진라리	2호	11칸×2칸	1,440×200	29	
	3호	9칸×1칸	1,232×210	26	
사천 이금동	60호	□칸×2칸	2,900×600	174	
	61호	19칸×2칸	2,600×500	130	

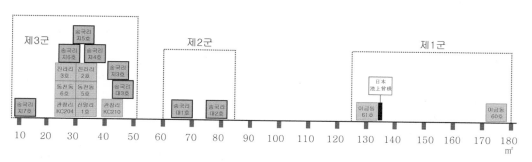

[그림 4] 굴립주건물(고상가옥)의 면적 분포(이종철 2023)

부여 송국리의 고상가옥은 다른 고상가옥에서 볼 수 없는 특별한 시설(울책)로 외부와의 차단을 계획했다는 것이 특징이다. 취락 내 특수한 기능(정치영 2009)을 수행했던 건물이라는 것을 짐작할 수 있다. 이와 같은 규모의 건물이 여러 채 조사되는 것을 보면, ①당시 송국리 사회는 매우 집체적인 목적성이 장기적으로 존재했고, ②사회적인 조직 체계 뿐만 아니라 유력자(권력자)의 지도력이 사회·정치·경제적으로 잘 유지되었을 것으로 추정된다. 결국 ③고상가옥—광장—선상열주의 관계성은 중요한 제의적 설비로 작동되었을 것인 바, 고상가옥은 신전/제전으로서의 상징성, 광장은 고상가옥과 선상열주를 매개로 모든 제의적 에너지가 집중되었던 의례공간이었을 가능성이 있다.

이러한 관점에서 송국리와 이금동의 고상가옥은 신전/제전으로서의 기능을 담당하면서 신에게 바쳐졌을 다양한 공헌물을 보관하였을 것이고, 취락의례와 대규모 공사 시 재분배됨으로써 잉여생산물의 순환적 기능으로도 작용했을 것으로 추정된다.

(5) 환상수혈(環狀竪穴)

최근 광주 지석동 유적에서 조사된 고고학 자료로, 이와 같은 수혈유구는 처음 보고된 것으로 판단된다. 유적은 송국리형문화 단계의 송국리형취락이며, 환상수혈은 조사 범위의 한쪽 구석에서 독립적으로 확인되었다. 남북 방향으로 길게 뻗은 구릉 능선의 끝부분에 위치하며, 모두 9개의 수혈로 구성되어 있다. 방형 수혈로 둘러 싸인 중앙에는 북서-남동 방향으로 굴착된 폭이 좁은 구상 유구가 존재한다[그림 5]. 방형 수혈의 토층에서는 불을 피웠던 흔적이 정연하게 나타나 있으며, 벼·조·팥 등의 곡물을 비롯하여 벼 규소체가 확인됨으로써 볏짚이 존재했을 것으로 보았다. 조사자는 환상수혈이 곡물을 저장하는 저장공으로서 본디 원형계의 송국리형주거 내부에 환상열로 방형 수혈을 설치한 것이었으

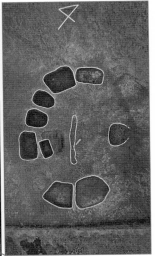

[그림 5] 광주 지석동 유적의 환상수혈

나 지층의 삭토로 말미암아 방형 수혈만 남게 된 것으로 해석하였다(전남문화재연구원 2021).

이 환상수혈은 다음과 같은 점에서 송국리형주거라기보다는 특수한 기능을 위해 조성했던 흔적일 가능성이 높다고 생각한다.

첫째, 주거지의 삭평으로 볼 수 없다. 구릉 정상부에 자리하는 주거지들도 깊이가 10~30㎝ 내외를 유지하고 있기 때문에 대단위 삭평 가능성은 무리한 해석이다. 또한 3호, 21호, 27호, 32호 주거지 등 경사면에 자리하는 대부분의 주거지들에서 일정 부분의 바닥면이 잔존하고 있기 때문에 완전한 지층 삭평으로 볼 수 없다. 주변과 동일한 밭으로 경작되던 곳이기 때문에 어떤 식으로든 주거지 윤곽선이 존재할 가능성이 높고, 바닥면보다 더 깊이 굴착되는 타원형구덩이나 기둥구멍 역시 일부라도 남아 있어야 할 입지인 것이다.

둘째, 환상열을 이루는 타원형은 송국리형주거의 원형 평면으로 보기에 단장비 차이가 너무 크다. 환상수혈의 타원형은 단장비가 1:1.35[6]인데 반해 유적 일원에서 조사된 원형계 주거는 1:1.1~1.23에 집중되어 있어 이질적인 양상을 보인다. 물론 특수성이나 예외성을 배제할 수는 없지만, 지석동·압촌동·대지동 유적 일원에서 거주했던 송국리형주거민의 원형 평면에 대한 인식에는 큰 차이가 있었던 것만은 분명하다.

셋째, 주거군 일원의 등고선은 대부분 자연스러운 간격을 이루고 있는 데 반해 환상수혈이 자리하는 부분에서만 평탄화된 양상을 보인다. 자연적인 삭평이라면 일대가 균등한 간격을 유지해야 하지만 그렇지 않다. 의도적으로 평탄화되었을 가능성이 있다. 대략 14m×12m 범위이며, 정상부 쪽으로 좀 더 넓은 공간이 마련되어 있다. 이 평탄면이 후대의 삭평이 아니라면, 상단부의 흙을 하단부 쪽으로 밀어 대지 조성을 하면서 정지(整地)했던 결과로 판단되며, 그 이유는 의례공간을 마련하기 위한 것으로 사료된다.

송국리형주거 내부에 방형이나 원형의 저장공을 설치한 사례는 서천 오석리, 익산 부평, 전주 유교리, 광주 지석동 하지석에서 확인되며, 김제 장산리에서도 조사된 바 있다. 3~7개 정도의 수혈이 바닥 가장자리를 따라 설치되었다. 이러한 주거 내 수혈은 저장이나 보관을 위한 용도로 해석되지만 송국리형문화 단계에 보편적으로 설치되는 옥내시설은 아니다.

환상수혈은 송국리형주거의 흔적이 아니라는 관점에서 다음과 같은 추론이 가능하다.

첫째, 환상수혈 중앙부는 의례/의식의 중심이었거나 핵심적인 무대였을 가능성이 있다.

---

6) 단축과 장축의 길이가 2m 이상 차이가 난다.

장축이 약 7m, 단축이 약 4m, 면적이 약 22㎡인데, 모종의 설치물이 존재했거나 1~2명 내외의 동선이 가능한 공간으로 생각해볼 수 있다. 방형 수혈 조성 시 굴착한 흙을 중앙부에 쌓아 올려 정지했을 가능성도 배제할 수 없다.

둘째, 방형 수혈을 조성한 후 어느 시점에 불을 피웠고, 매몰하였다. 토층상에는 얇은 재층이 띠를 이루고 목탄과 재 등이 혼토되어 일부 매몰층을 이루거나 토층 중간중간에 목탄층이 존재하는 것으로 보아 일반적인 화재 주거지와 같은 정황은 아닌 것으로 추정된다. 단순히 화재의 흔적으로 볼 수 없고, 일반적인 수혈의 자연적인 매몰 정황으로도 볼 수 없다. 불과 관련된 모종의 의식으로 나타난 결과가 아닐까 추정된다. 불과의 관련성뿐만 아니라 수혈의 한쪽에 호형토기 등 여러 개체의 토기(1-8호), 토제구슬 1점과 토기편(1-4호), 석착 1점(1-7호)이 출토되기도 하였다. 조사자는 자연폐기된 것으로 보았지만, 토층 양상으로 볼 때 저장·보관의 성격보다는 의례/의식과 관련되었을 것으로 판단된다.

셋째, 방형 수혈의 환상열은 일시에 이루어졌다기보다는 시간차를 두고 조성되었을 가능성이 있다. 즉 타원형이라는 본연의 구획을 염두에 두고 수혈을 조성했을 수 있다. 일정한 간격과 분포 양상은 중앙부를 의식했음이 분명하다. 특히 구릉의 능선과 같은 남-북 방향에 개구부와 같은 공간이 마련되어 있는데[7], 서편은 5기로 가득 찼고, 동편은 2개 정도가 채워지지 않은 상태이다. 완전한 1열의 환상열을 고려한다면 모두 12개(1-3호 제외)의 수혈이 가능할 것으로 생각된다. 이것은 환상열이 완성되기 전에 의식이 중단되었거나 폐지되었을 가능성을 암시해주는 것으로 판단된다.

이상의 추론에 비추어 볼 때 지석동 환상수혈은 의례/의식을 위한 설비로서 취락의례로 수 차례 활용되었을 가능성이 있다. 뒤에는 주거군이, 앞에는 드넓은 평지와 하천(대촌천)이 바라다 보이는 곳에 위치하고 있어 취락 내에서 농경의례와 관련된 시설로 추정해볼 만하다. 특히 수혈에서 벼, 조, 콩, 팥 등과 벼 규소체가 검출되었을 뿐만 아니라 토제구슬, 석착편, 작은 호형토기 등이 출토된 것도 무관하지 않다고 생각된다. 만약 환상수혈이 농경의례를 위한 제의적 성격의 유구라면, 청동기시대에 수혈을 매개로 새롭게 체계화된 의례/

---

7) 이 곳이 개구부라면 중앙부 안쪽에 설치된 1개의 작은 수혈(1-3호)이 빗겨서 조성된 이유가 설명될 수 있을 것이다. 뿐만 아니라 다른 수혈들에 비해 규모가 상대적으로 작은데, 이는 환상수혈 중앙부의 공간을 최대한 침범하지 않는 선에서 부득이 조성해야만 했던 상황이 있었을 것으로 판단된다.

의식으로 볼 수 있을 것이다. 취락 내에서 개별적으로 발견되는 방형/원형 수혈 중 목탄+소토+토기편+석기 등의 조합을 이루는 수혈이 좀 더 체계적이고 집체적으로 발전하여 구현된 것일 가능성도 있기 때문에 앞으로 자료 축적이 기대된다.

그러나 이러한 의례가 논리적으로 인정받기 위해서는 ①수혈 내부의 정황이 저장공이 아닌 모종의 의식이 이루어졌다는 무게 있는 근거가 제시되어야 하고, ②일련의 방형 수혈들이 어떤 식으로 조성되면서 최종적인 체계(타원형)를 갖추게 되었는지에 대해 논리적인 설명이 필요하다. 그리고 ③수혈에서 출토된 벼, 조, 콩, 팥 등의 재배종 곡물이 저장용으로 남아 있었던 것인지 아니면 의례용으로 사용될 만큼의 양인지에 대해서도 좀 더 분별 있는 판단이 필요해 보인다. ④구릉 정상부에 굴립주건물들이 조성되어 있는데, 크기도 작고 공간도 한정된 수혈을 별도의 장소에 조성한 것이 저장이나 보관을 위한 것인지 아니면 의례를 위한 것인지에 대해서도 좀 더 밀도 있는 검토가 필요하다. 송국리형문화 단계에는 저장공을 별도의 장소에 집단적으로 조성하는 사례들이 있기 때문에 차이점과 공통점을 대조해볼 필요가 있다.

(6) 적색마연토기

유적 조사에서 용도 미상의 유물이 출토될 경우 대부분 종교적이거나 의례적인 물품으로 해석하는 경우가 다반사다. 적색마연토기 역시 붉은 색상에서 풍기는 상서로움 때문에 그러한 범주에 포함되어 왔다. 그 성격이 어떻든 간에 매우 특별한 기능이나 성격이 내재되어 있어 무덤에 부장되는 대표적인 유물로 인식되어 온 것은 사실이다(노혁진 1987, 하인수 1989, 이상길 1994 등).

적색마연토기는 원저호, 플라스크형호(또는 병), 완, 발 등으로 구분할 수 있는데, 용도 분화와 지역적 다양성이 발견된다. 특히 청동기시대 중기에 특징적으로 나타나는 플라스크형은 금강 중하류역에서 가장 집중적으로 확인될 뿐만 아니라 만경강 유역으로 이어지는 경향을 보임에 따라 새로운 제작기술의 전통을 배경으로 등장하였을 가능성이 제기된 바 있다. 뿐만 아니라 전~중기에 걸쳐 적색마연토기의 부장은 금강 상류를 중심으로 한 차령 이남 지역에서 확인되는 반면, 중기 취락의 점유가 활발하고 적색마연토기가 빈번하게 제작된 금강 중하류역에서는 부장되는 예가 거의 확인되지 않는 것이 특징이다(이정은 2019). 전남이나 영남 지역에서 적색마연토기가 지석묘와 석관묘 등 무덤에 적극적으로 부장되는 양상과는 큰 차이를 보인다. 이러한 현상이 지역성을 반영하는 것일 수도 있겠지만, 부장품에 대한 관념의 변화(손준호 2009)라는 관점에서 보기도 한다.

최근 무덤에서 온전한 모습으로 출토되는 적색마연토기의 성격을 제사적·종교적 관점으로 접근한 배진성(2020)의 연구는 눈에 띤다. 그에 의하면, 적색마연토기 단 한 점을 무덤의 특정 위치에 의도적으로 놓음으로써 공헌(供獻)의 의미를 부여하였는데, 이 적색마연토기가 망자의 영혼을 담았다는 해석이다. 즉 적색마연토기는 공헌호(供獻壺)로서 피장자의 영혼을 담아 저세상으로 보내는 데 사용되었고, 죽은이의 영혼이 무사히 저세상으로 가서 조상신이 되어 이세상의 자손을 보호하고 풍요를 가져다 줄 것이라는 농경사회적 관념을 담고 있다고 본 것이다.

그동안 적색마연토기의 기종 구분, 형식학적 분석, 계통 추적, 기능이나 성격 등 다양한 연구들에 비하면 매우 신선하고 획기적인 해석이 아닌가 싶다. 그러나 이 해석은 스스로 던진 의문에서처럼 ①온전한 형태의 적색마연토기가 출토되는 무덤과 그렇지 않은 무덤이 서로 공존하고 있는 점에서 난관에 부딪힌다. 또 ②한 무덤 안에 주검과 영혼을 분리하는 영혼관/내세관을 고고학적 맥락으로 설명할 수 있는지와, 이러한 맥락을 기록이나 민족지 자료를 통해 접근할 수 있는지가 관건이라고 생각한다.

오래 전부터 중국인들은 인간의 영혼이 혼(魂)과 백(魄)으로 구분되어 있고, 혼·백·육체가 분리되면 죽는다고 믿었다. 혼은 정신적인 경험과 지적인 활력을, 백은 육체의 각 부분에 힘과 운동을 불어 넣는 역할로 인식되어 왔다(마이클 로이(이성규 譯) 1987: 42).

혼백이라는 용어가 처음 등장하는 기록은 『좌전(左傳)』으로 소공(昭公) 7년(기원전 535년) 정(鄭)나라 자산(子産)의 말에서다. 그는 '사람이 생겨나면 처음에 백(魄)이 작용하고, 이후에 양기(陽氣)인 혼(魂)이 작용한다…(중략)…사람이 죽으면 그 혼백이 다른 사람의 몸에 붙어 사람들에게 해를 입힌다…(중략)…이렇게 횡사하였으니 귀신이 되는게 당연하지 않겠는가'라고 하였다. 자산의 이 말은 중국에서 영혼이나 귀신에 관한 가장 고전적인 해석으로 인식되고 있다. 전국시대~한나라에 이르는 여러 전적에서는 '혼기(魂氣)는 하늘로 돌아가고 형백(形魄)은 땅으로 돌아간다'거나 '하늘의 기운이 혼(魂)이고 땅의 기운이 백(魄)이다'라는 표현들이 나타나 있어 중국의 전통적인 죽음관으로 고착되었다(박지현 2002: 34-36).

『설문해자』에는 '혼은 양기(陽氣), 백은 음신(陰神)'이라 했고, 『성리대전』에는 '혼기(魂氣)는 신(神)이 되고, 체백(體魄)은 귀(鬼)가 된다'고 하여 사람이 죽으면 혼(魂)은 육신을 벗어나 하늘로 올라가고, 백(魄)은 육신과 함께하는 땅속으로 돌아감으로써 혼백이 분리되는 것으로 이해되었다(김윤희 2019: 37).

중국 은허(殷墟)의 갑골문에 이미 복사(卜辭)가 존재하고, 춘추시대에 이미 혼백의 분리에 대한 기록이 있는 점을 고려하면, 우리나라 청동기시대에도 망자의 영혼을 어떤 식으로든 적색마연토기에 담았을 것이라는 가설은 무리가 아닐 수 있다. 그러나 이러한 가설이 성립되기 위해서는 (검증은 어렵겠지만) 호/병에 영혼을 담는 의식이 청동기시대에 존재했다는 것이 전제되어야 하고, 동시에 영혼을 담은 호/병이 주검과 함께 매장되는 습속이 보편화되었거나 특정 지역에서 유행했다는 것을 분포와 밀도를 통해 고고학적으로 밝혀내야 한다.

주검으로부터 혼백의 분리를 가정하고, 적색마연토기에 영혼을 담았다면, ①그 주체는 맥락상 혼(魂)이나 백(魄)이어야 한다. 그리고 ②죽은 시점에서 매장 전까지 주검으로부터 혼이나 백을 분리해서 담는 의식이 진행되어야 한다[8]. 이후에 비로소 무덤 내부에 주검과 혼 또는 백이 담긴 적색마연토기를 안치했다고 볼 수 있다. 그런데 만약 혼을 담았다면, 백은 주검과 함께 매장되어 사라질 것이고, 백을 담았다면 혼이 남게 된다. 분리된 혼을 일정 기간 동안 모시는 습속이 있었다면, (혼이 사라지거나 돌려 보낸?) 어느 시점에 본래의 무덤에 빈 영혼호(靈魂壺)를 다시 묻었을 수 있다. 이 경우라면 2점의 적색마연토기가 위치를 달리하여 출토될 것이다. 그러한 습속이 없었다면 백이 흙으로 사라지듯 일정 시기 후에 자연/하늘로 인도되었을 것이다. 이러한 추론이 가능하다면, 배진성(2020, 2021)이 제시한 매장주체부 안쪽의 적색마연토기는 백(魄)을 위한 안식처, 바깥쪽 특정 위치의 적색마연토기는 혼(魂)을 위한 안식처였을 가능성이 있다.

그러나 ③주검과 혼백을 분리하는 별도의 의식 없이 그대로 매장되었을 가능성도 있다. 주검에서 벗어나지 못한 혼백을 위해 평온하게 존재하다가 사라질 수 있도록 내밀한 공간, 즉 적색마연토기를 주검과 함께 놓아줌으로써 혼백이 토기 안으로 인도될 것이라는 믿음의 존재를 상정할 수 있다. 무덤 내부 특정 위치에 부장된 '구멍 있는 토기' 등도 바로 이러

---

8) 『주자가례』「상례」〈題主〉조에는 혼백상(魂帛箱: 혼을 담는 상자)이 기록되어 있다. 매장이 끝나고 묘소에서 신주(神主: 위패)를 쓴 후에 "○○이 ○○에게 아룁니다. 형체는 무덤 속으로 가셨지만 신령은 집안으로 돌아오십시오. 신주가 이미 이루어졌으니 업드려 바라건대 신령께서는 옛 것을 버리고 새것을 좇아 여기에 기대고 의지하십시오" 하면서 주검과 혼을 분리시킨다. 이후 혼백상을 품고 있다가 신주와 함께 영거(靈車)에 태워 무덤을 떠나 살던 집으로 향하게 된다.

한 혼백의 존재를 말해주는 것이라고 판단된다. 이때 뚜껑의 유무는 반드시 검토될 필요가 있다. 다만 매장주체부 바깥쪽 특정 위치에서만 확인된다면, 이것은 분리된 혼의 안식처일 가능성이 높다. 이러한 해석은 적색마연토기 안에 아무것도 출토되지 않아야 하는 전제를 기반으로 한다.

한편 이러한 추론에도 불구하고 적색마연토기 안에 곡식(종자)과 같은 모종의 유기물을 넣어 무덤 안에 부장했다는 주장(송영진 2006: 35)도 매력적인 해석임에 분명하다. 이 경우에는 부장(副葬)과 공헌(供獻) 모두 가능한 해석이다. 부장된 곡물의 존재는 적색마연토기가 갖는 붉은 색의 상징성과 함께 망자를 위한 공헌물로서 제격이다. 곡물은 농경사회의 풍요와 안정을 기원하는 매개체일 수도 있고, 저세상으로 가는 망자를 위한 먹거리 또는 내세의 삶을 위한 종자(種子)로도 볼 수 있기 때문이다.

조선 초기의 상장례 때에는 『국조오례의(國朝五禮儀)』와 『주자가례(朱子家禮)』의 영향이 지대하였다. 시대가 많이 달라 직접적인 연관성은 무리이나 농경사회에서 곡물의 중요성은 내세에도 중시되었기 때문에 '무덤과 곡물의 관계'를 살펴볼 수 있는 대목이다. 『주자가례』 「권4 상례」 <치장>조에는 '오곡(五穀: 쌀·보리·콩·조·기장)을 5개의 대나무 용기(筲) 또는 작은 옹기(甕)에 각각 담고, 3개의 자기에 술, 포, 육장을 담아서 편방에 넣는다'는 내용이 있다. 또 '오곡은 물에 담가 끓인 것을 담는데, 신(神)이 식도(食道)를 쓰지 않으니 공경(敬)이 담겨 있다'고 하였다. 이러한 공경의 의미가 담긴 공헌물은 농경사회의 전통적인 소산으로서 과거나 지금이나 상식적으로 통용되는 관념으로 볼 수 있다.

그러나 적색마연토기와 곡물의 관계는 위 ③항과 동일한 조건이자 고고학적 정황으로, 해석만 다를 뿐이다. 적색마연토기 안에 눈으로 볼 수 있는 그 어떤 것도 담겨 있지 않기 때문이다. 출토 빈도에 비해 곡물의 흔적이 없다는 것은 가장 큰 약점이다. 적정 수준의 출토 사례가 축적이 된 이후에야 비로소 의미 있는 해석으로 자리잡을 수 있으리라 판단된다.

3) 절차적 콘텐츠 관점의 의례

지금까지 논의된 의례 연구에서 최종적인 성격이나 목적/목표 외에 방법론이나 과정을 심도 있게 다룬 적은 거의 없었다. 'A는 이러저러해서 B일 것 같다'는 단순 해석에 머물러 온 것이 사실이기 때문이다. 이것은 종교적·신앙적 관점으로 접근했기 때문에 정보의 한계에 부딪힌 결과였다고 생각한다. 앞에서 언급한 대부분의 의례가 그러하다.

그런데 이상길(2000: 117-123)의 연구를 계기로 의례의 새로운 패러다임이 형성되었다. 중국 역사에서 볼 수 있는 「의례」의 관점과 같이 절차와 의식이라는 과정이 성립된 것이다. 그의 의례 연구 중 지석묘를 대상으로 한 장송의례(葬送儀禮)는 대표적이다<표 7>. 그는 지석묘의 축조 과정을 의례의 단계로 상정함으로써 체계적인 의례의 모델을 처음으로 제시하였다. 이것은 비단 죽은이를 저승으로 보내는 절차적 과정인 '장례(葬禮)' 또는 '장례식(葬禮式)'과 크게 다르지 않다는 점에서 주목할 만하다.

이상길 이후 지석묘의 장송의례는 윤호필(2012: 377-393)에 의해 더욱 세분화된다. 지석묘 축조 과정과 연동되는 거의 대부분의 과정과 환경을 의례와 연결시킴으로써 풍성한 절차적 콘텐츠를 확보했다는 데 의미를 둘 수 있다<표 8>. 그러나 세분된 단계 설정이 당시에 유의미한 절차로 인정되어 의례로 구현되었는가에 대해서는 의문이다.

기록으로 남아 있지 않거나 세부 절차 및 행위에 대한 규정이 없는 상황에서 임의로 세세하게 의식/의례를 설정하는 것은 무리라는 생각이 든다. 상식적인 범위 내에서 적절한 절차의 세분화와는 차이가 있다. 맞고 틀리고의 문제는 아니지만, 적정선의 유지에 대해 고민하지 않을 수 없는 경계임에는 분명하다. 다만 이러한 고민은 순자의 예(禮)에 대한 정의가 도움될 수 있으리라 생각한다.

〈표 7〉 지석묘의 단계별 장송의례(이상길 2000)

단계	의례명칭	콘텐츠	비고
I	정지의례 整地儀禮	• 무덤 자리 정비 • 수혈+석부 또는 청동기	금릉 송죽리, 칠곡 복성리
II	축조의례 築造儀禮	• 땅을 파고 무덤 조성 • 벽석 사이, 충전토 사이에 유물	
III	매장의례 埋葬儀禮	• 시신 안치, 장송의례의 핵심 • 유물 부장/매납, 희생의례	*안치의례(安置儀禮)-필자
IV	매장의례 埋葬儀禮	• 시신 매장/매몰 • 매장, 개석-지석-상석-묘역 마감	
V	제사의례 祭祀儀禮	• 사후 제사	

<표 8> 지석묘 축조 과정과 단계별 의례(윤호필 2012)

축조단계			축조과정	단계별 의례
I단계	①		묘지 선정	산천의례
	②		묘구 조성	지신의례
	③		묘역 선정 및 정지	정지의례
	④		채석	채석의례
	⑤		석재 운반(상석, 벽석, 바닥석 등)	운반의례
II단계	개석식	①	묘광 파기	천광의례
		②	바닥석 및 벽석(4벽) 설치	축조의례
		③	시신 안치 및 유물 부장	매장의례, 매납의례
		④	매장주체부 내부 채우기	밀봉의례
		⑤	개석 덮기	밀봉의례
		⑥	개석 상부 채우기	밀봉의례
		⑦	지석 및 상석 놓기	상석의례
		⑧	묘역시설 설치	묘역의례
	탁자식	①	바닥석 및 벽석(3벽) 설치	축조의례
		②	상석 놓기	상석의례
		③	시신 안치 및 유물 부장	매장의례, 매납의례
		④	마구리돌 설치	밀봉의례
		⑤	묘역시설 설치	묘역의례
III단계			묘구(묘역)관리·보수(벌초 및 보수작업)	제사의례

4) 구성원 관점의 의례

청동기시대 의례에서 구성원을 특정하기란 쉽지 않다. 통상적으로 주재자, 의식을 보좌하는 수행자, 군중 정도로 대별할 수 있을 뿐이다. 좀 더 나아간다면, 특정 개인이나 집단만 의례에 참여할 수 있거나 취락 구성원 일부만 제한적으로 참여했을 수도 있다. 또 공식적인 의례와 비공식적인 의례로 구분할 수 있을 것이다.

의례 수행에 있어 구성원에 초점을 맞춰 생각해볼 만한 것이 매납의례가 아닐까 한다. 매납의례는 종교적·의례적인 목적으로 특정 기물을 땅속에 묻는 것을 말하는데, 일본의 청동기 매납이 대표적이다(이상길 2000: 171). 우리나라는 청도 예전동과 개풍 해평리에서와 같이 산

비탈의 돌무지(너덜겅) 속에 청동유물을 매납 또는 은장(隱藏)한 것을 제사(祭祀) 또는 퇴장(退藏) 유적으로 본(이건무 1992a: 126-127) 이래 마산 가포동 등 많은 유적에서 조사되고 있다.

일본 시마네현 神庭荒神谷 유적과 같은 매납유적으로 볼 때 매납의례가 이루어지기 위해서는 ①(다량의) 특정 기물, ②매납을 위한 특정 장소, ③의례를 수행하는 구성원, ④의례를 구성하는 다양한 콘텐츠, 그리고 ⑤의례의 최종 목적이나 목표(신념)가 조직적이고 유기적으로 작동되어야 한다. 이러한 구성요소 가운데 구성원을 좀 더 세분화해 본다면 〈표 9〉와 같다.

〈표 9〉 매납의례의 구성원

관련성	구성원	비고
기물+설비	기물 제작자/집단	
	기물 운반자/집단	
	매납 구덩이 굴착자/집단	
	매납 수행자/집단	또는 의식 수행자/집단(?)
장소	매납 장소 기획자	=주재자(?), 마을회의(?)
콘텐츠	주재자	
	의식 수행자/집단	
	취락 구성원	=군중

매납의례에서 구성원은 주재자, 수행자 및 조력자, 군중으로 크게 구분할 수 있다. 군중을 제외한다면 기물 제작자나 운반자 같은 조력자들이 반드시 있었을 것이다. 물론 경우에 따라 조력자의 역할을 의식 수행집단에서 전문적으로 했을 가능성도 배제할 수 없다. 따라서 이러한 세분화는 매납행위가 비공개로 내밀하게 진행되었는지 아니면 공개적으로 운영되었는지에 따라 달라질 수 있는 문제다.

이상길(2000: 194)은 우리나라의 매납의례가 청동기를 중심으로 확인되고 있는데, 특히 청동의기보다는 무구(武具)가 중심을 이루고 있어 매납이 종교직능자에 의한 것이 아니라 정치적인 지도층에 의해 주도되었을 것으로 보았다. 즉 신앙적 차원이라기보다는 집단 대표자인 수장이 범공동체적 차원에서 수행한 의례라는 것이다. 따라서 매납과 관련된 일련의 행위는 집단 전체의 이익을 위한 목적에서 이루어졌다고 추단하였다. 그리고 이러한 행위는 청동기의 매납이 발견되는 요령식동검기부터 기원후까지 일관된 목적하에 이루어진 것으로 보았다.

이와 달리 조현종(2014: 11-12)은 매납을 단순한 은닉이나 폐기와는 다른 것으로, 제사와 같은 신앙의식과 관련된다고 보았다. 청동기가 대부분이지만, 토기와 석기도 확인된다고 하면서 ①토기 매납은 제사용으로 제작된 것과 일상생활의 것을 전용한 예가 있는데, 제사후 매납으로 보이는 흑도(영암 엄길리 지석묘)를, ②석기 매납은 독립적인 작은 석관에 석검 1점을매납한 것(안동 지례동)과 석부 3점을 매납한 수혈유구(순천 쌍암)를 제시하였다. 특히 청동기의 매납은 단순한 마을 범위를 초월하여 지역집단의 제사에 사용됨으로써 집단의 결속력을 강화하고 번영을 기원하였던 것으로 추정하였다. 다만 이러한 매납이 그 자체로 제사행위인지 제사 후 매납한 것인지에 대한 구분은 분명하지 않음을 전제하였다.

제사를 비롯한 대부분의 제의/의례는 당시의 목적성을 가지고 (다양한) 신에게 공헌하는 과정이다. 따라서 제물로 사용되는 기물들과 음식들은 신을 위한 무대에서 융성하게 빛을 발했을 것이며, 최종적으로 음식은 음복이나 재분배를 통해, 제사 전용 기물들 또는 특정한 기물은 기원과 함께 매납되었을 가능성이 높다. 불에 태워져 하늘로 올라가지 않는 이상 땅에 묻음으로써 오롯이 신만을 위한 퇴장(退藏)으로 역할을 다했을 가능성이 있는 것이다. 이러한 과정에서 구성원의 역할과 의식이 기물과 함께 담겨졌을 것이므로 좀 더 치밀한 조사가 필요해 보인다.

5) 신념(상징, 신) 관점의 의례

신념은 신(神), 상징뿐만 아니라 기원의 대상에 대한 믿음에 이르는 범주까지 해당한다. 따라서 의례/제의의 최종적인 목표이자 신봉의 대상이라고 할 수 있다. 마을의 풍요와 안녕을 바라는 것이 목표이지만, 그것을 이루어 주는 대상은 신(조상신, 지신, 천신 등)이 될 수 있기 때문에 나머지 구성요소들의 정점에 놓이게 된다.

우리나라 청동기시대에는 고고학적으로 신상(神像)이 발견되지 않아 유형적으로 검증할 수 없는 실정이다. 비록 암각화에서 패형신상(牌形神像)이나 인면상(人面像)이 거론되기는 하지만 그 대상물이 신(神)인지, 제사장인지, 가면(假面)인지 알 수 없다. 그러나 향후 연구에서 끊임없이 접근해가야 할 대상임에는 틀림없다. 또 선사시대에는 조상신이 가장 보편적으로 등장하지만, 애니미즘(animism)이나 토테미즘(totemism)에 기반한 신념도 완전히 배제할 수

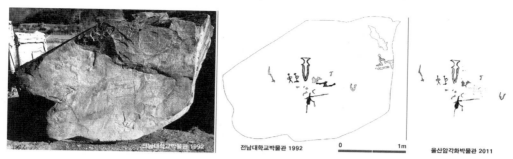

[그림 6] 여수 오림동 지석묘 암각화(5호 지석묘)

없다. 청동기에 새겨진 다양한 문양들을 간과할 수 없기 때문이다.

이러한 상황에서 여수 오림동의 암각화는 신념에 가장 가까이 접근할 수 있는 유형과 무형 요소가 복합된 사례라고 생각한다[그림 6]. 이 암각화에는 신성한 마제석검(상징), 마제석검을 향해 무릎을 꿇고 기원하는 사람과 서서 합장하는 사람, 그리고 분명하지는 않지만 무릎을 꿇은 몇몇 사람들이(구성원) 묘사되어 있다. 석검은 암각화에서 중심을 이루는 소재로서 조사자는 생전에 자신을 지켜주고 권위나 신분을 상징하는 의미가 담겨 있다고 보았다. 또 이러한 상징적인 검은 피장자뿐만 아니라 무덤(지석묘) 자체도 보호해줄 수 있는 조상과 동일시되는 존재였을 것으로 해석하였다(전남대박물관 1992: 86).

이와는 달리 오림동 암각화는 전사 의례(戰士儀禮)의 사례로서 마

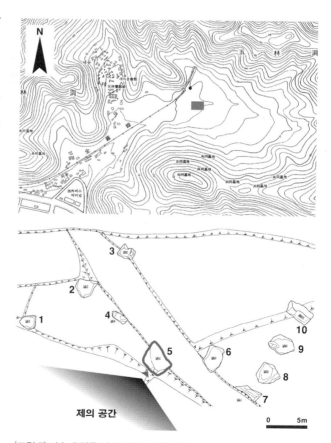

[그림 7] 여수 오림동 지석묘군의 제의공간

제석검을 통해 청동기시대 전사(戰士)의 상징성을 보여줄 뿐만 아니라 사회계층의 분화로 가는 권력자의 상징물로 보는 데 동의(이성주 2012: 90)하는 견해도 있다.

암각화는 앞에서 언급한 것처럼 장소적 개념이 강하지만, 지석묘군 가운데 특정 상석에 표현됨으로써 장소라는 불변의 환경적 요소보다는 상징적 의미가 더욱 강화되었다고 볼 수 있다. 특히 마제석검은 물질적 성격의 석검으로서가 아니라 사람들이 숭배하는 상징물로 작용하고 있다는 점에서 중요하다. 이것은 마제석검=권위/신격화된 존재=신성(神聖)으로 해석될 수 있다. 여기에는 전사로서의 용맹함과 지도력이 튼튼한 기반을 형성해준다. 이러한 관계는 비단 「엑스칼리버(Excalibur)=위대한 아서왕=신성」의 관계와 다르지 않다. 무엇보다도 암각화가 묘사된 5호 지석묘는 가장 큰 상석으로 이루어져 있으면서 지석묘군의 중앙에 위치한다[그림 7]. 일견 나머지 지석묘들을 좌우에 거느린 것 같은 형국으로, 남서-북동 방향의 열상분포 또는 북서-남동 방향의 열상분포로 기획되었을 것으로 판단된다. 이러한 무덤들의 열상분포와 신성함으로 거듭난 암각화를 배경으로 5호 지석묘의 남서쪽 또는 남쪽 공간은 제의 공간으로 활용되었을 가능성이 높다.

결국 오림동 암각화는 석검, 영웅적 전사, 권력자를 나타낸 것이기도 하지만 이미 그러한 경계를 넘어선 존재, 즉 신성·위대한 조상신·후손들을 영원히 지켜줄 수 있는 존재로 고착되었을 것으로 생각된다. 따라서 본연의 형상으로서의 도상(圖像)과 신적 존재로서의 신상(神像)의 상징이 응축되어 있는 대표적인 사례로서 오림동 청동기시대인들의 신념이 담겨 있는 그림으로 볼 수 있다.

III. 의례 연구의 방향성

1. 체계적인 유형화(類型化)의 필요성

고고학 현장에서 발견되거나 또는 해석되는 의례는 일반적으로 종교적·신앙적·제의적 성격 정도로만 제시되고 있다. 결과보고 및 조사 보고서 작성 과정에서 밀도 있는 접근이 쉽지 않기 때문으로 생각된다. 증거 확보나 정황 설명에서 자료의 부족 때문에 초래될 수밖에 없는 결과일 것이다.

무형으로서의 행위 과정을 파악하는 것이 쉽지 않더라도, 의례의 확인과 그러한 행위의 목적 및 대상, 나아가 행위 주관자와 참여자들의 공간적 범위(취락 내, 특정 위치 등)에 대한 유추는 어느 정도 검토 가능하기 때문에(김두철 2000: 48) 필자는 의례 구성요소들을 제시하여 나름대로 복합적 연계를 모색해보았다.

의례 연구에서 중요한 것은 체계적인 유형화(類型化)라고 생각한다. 신석기시대~삼국시대의 제사를 검토한 조현종(2014: 18-19)은 ①제사유물과 제사유적에 대해 구체적인 유물의 형태, 재질 특징, 출토 사례, 밀집도, 분포 정황 등이 철저하게 분석되어야 하고, ②제사 자료의 개념과 종류를 더욱 구체화시켜야 하며, ③선사·고대인들이 기본적으로 동일한 심성이나 관념에 놓여 있었을 것이라는 무비판적 시각에서 벗어나야 함을 지적하였다.

앞에서 장황하게 언급한 사례 설명이 사실은 유형화를 위한 작업이어야 했다. 그러나 유형화 이전에 세부 구성요소로 분해하여 의례의 구조적 특성과 성격을 파악하는 것이 의례를 이해하는 과정에서 중요하다고 판단하였다. 또 의례는 신격(神格), 장소, 목적, 시기, 행위 등 시각에 따라 그 명칭과 정의가 달라질 수 있기 때문이다.

기록에 없는 의례/제사는 어떤 한 기준에 의해 명제화할 수 없는 대상이기 때문에 여러 가지 성격을 나타내는 항목들을 종합적으로 수렴하여 제사를 정의하고 분류하는 것이 바람직하다(권오영 2018: 311-312). 이와 같은 관점에서 필자(2018b: 72) 역시 여러 가지 고고학적 한계에도 불구하고 장소, 신앙/대상, 목적, 시기, 형태/행위(儀式), 제사의 주체 등의 관점에서 의례/제사를 정의하거나 유형화할 필요가 있음을 제기한 바 있다.

수변의례/제사를 예로 들면, 이것은 물 가까이에서 이루어진 의례/제사라는 뜻이지 특정한 신격이나 숭배의 대상을 알 수도 없거니와 일련의 행위로 구성되는 의식의 정체 역시 알 수 없는 것과 같다. 같은 맥락에서 암벽에 새겨진 암각화를 산천의례, 농경의례, 수렵의례, 기물(器物)의례 등으로 분류할 수도 있기 때문에 좀 더 체계적인 기준이 필요한 것이다.

청동기시대의 의례 분류는 생각보다 단순하면서도 특정한 내용을 기반으로 한다. 또 포괄적 개념이나 정의 같으면서도 서로 중복되고 애매한 경계를 이룬다. 의례에 대한 자료가 부족한 것도 있지만, 관점이나 기준이 다르기 때문에 나타나는 결과라고 생각한다. 몇 가지 주요 제사/의례 분류를 살펴보면 〈표 10〉과 같다.

<표 10> 청동기시대 의례/제사의 분류 사례

연구자	분류	내용	관점/기준
이상길(2000)	생활의례	주거 공간	공간이 기준 같지만 목적, 행위(의식)가 내포되어 있음
	농경의례	경작지	
	수변의례	하천	
	장송의례	분묘 공간	
	매납	외진 곳, 정치 지도자, 집단 전체의 이익	
조현종(2014)	생활제사	집락의 내/외부, 자연(산,하천,해안 등)	공간이 기준 같지만 목적이 내포되어 있음
	생산제사	논밭, 생산시설(철, 토기 등)	
	분묘제사	무덤	

의례/제사에 대한 유형화가 대부분 장소나 배경을 염두에 두고 분류되었음을 알 수 있다. 그러나 앞에서 의문을 제기한 것처럼, 한 가지 관점만으로 분류를 하게 되면 다음과 같은 문제점에 봉착하게 된다.

① 농사의 풍요를 기원하는 의례가 주거영역 일원의 광장(공터)에서 이루어졌다면 농경의례인가? 생활의례인가?

② 관개수로를 정비하거나 수전(水田)의 안전과 풍요를 기원하는 의례는 농경의례인가? 수변의례인가?

③ 매납은 메인(main) 의례에 수반되는 하나의 의식이나 행위 또는 자체적인 독립된 의례일 수 있는데, 대분류로 사용 가능한가? 생산의례(청동기 제작에서 안전과 최상품 기원)의 일환, 승리 기원 의례, 전쟁의례의 일환으로도 해석해볼 수 있지 않은가?

④ 결사(結社)를 형성하거나, 성인식 또는 결혼을 할 때의 의례는 생활의례에 해당하는가? 또 생활의 범위와 정의는 무엇인가?

여러 가지 문제점에도 불구하고 유형화의 필요성이 요구되는 이유는 의례의 체계성을 수립하는 데 있다. 의례를 구성하는 요소들이 거의 동일한 목적이나 목표를 위해 작동되고 있는 만큼 그 구조는 변화무쌍이라기보다는 유한(有限)할 것이기 때문이다.

이에 대표성은 갖지만 중복될 수 있는 여러 의례 분류명을 독립적이면서 포괄적 개념의 분류명으로 체계화 및 유형화하는 방법이 최근에 제안되었다. 장소, 생계, 대상, 행위, 설비 등 여러 항목을 기준으로 그에 합당한 명칭을 부여해 가는 방식이다<표 11>.

〈표 11〉 의례(제의·제사)의 분류(이종철 2022)

구분	①장소의 관점	②생계의 관점	③대상의 관점	④행위의 관점	⑤설비의 관점
의례 [제의·제사]	해양의례	농경의례	공헌의례	파쇄의례	환구의례
	산악의례	수렵의례	[ex. 天神의례]	매납의례	입대목의례
	노천의례	생산의례	[ex. 地神의례]	…	솟대의례
	수변의례	…	…		구(溝)의례
	상장의례…				…

이상과 같은 분류 체계가 선사시대의 의례/제사를 체계적이고 온전하게 구분해낼 수 있을지 의문이지만, 지금처럼 이렇게도 되고 저렇게도 되는 의례/제사에 대한 명명을 객관적으로 볼 수 있게 해준다는 점에 의미를 둘 수 있지 않을까 한다.

2. 사회현상에 대한 적극적인 해석

청동기시대 중기 진입을 전후하여 복합사회 및 계층사회로 전환된다는 것에 대해 학계는 대체로 긍정적이다. 그러나 이러한 계층사회로의 변화는 일시적이거나 전체적이라고 보는 것은 무리일 수 있다. 거점취락이나 대규모 취락에서 사회체계가 구조적으로 확립되어 있다면, 그 가능성은 매우 높을 것이나 모든 중·소규모 취락까지 동일한 체계의 계층사회였다고 보는 것은 무리가 아닐까 한다.

브래들리(R. Bradley)는 취락사회에서 의례의 수행과 과정은 이중적인 면을 가진다고 하면서 한편으로는 형식화된 규칙·관념·구조·이념들이 의례를 통해 실현되고, 다른 한편으로는 의례에 의해 이러한 체계들이 구조화되었을 것이라고 본 바 있다(이성주 1999: 428). 이러한 관점에서 의례의 연구는 취락의 성격과 함께 복합적으로 구명되어야 하고, 조사되는 의례 흔적도 사회체계 속에서 해석되어야 바람직할 것이다.

청동기시대 취락사회에서 의례의 과정과 의식의 형태를 명확하게 밝힐 수는 없겠지만, 그 가치는 사회발전 양상과 더불어 어느 정도 가늠할 수는 있다. 송국리형문화를 전후하여 계층사회적 사회 현상들이 나타나고 있기 때문에 유력자-의례-사회체계 간 상호관계에 접근해볼 수 있는 것이다.

부여 송국리 유적은 대규모 마을 유적으로서 이원화된 주거 집단 체계, 대규모 대지조성, 제전, 광장(공터), 선상열주, 동검묘의 존재 등 일련의 취락사회를 재구성할 수 있는 요소들이 마련되어 있다. 반면 진주 대평리 유적은 송국리보다 더 큰 취락을 형성했음에도 송국리와 같은 의례 체계가 확인되지 않는다. 또 이와는 달리 사천 이금동은 취락의 규모는 송국리와 대평리보다 작지만, 우리나라에서 가장 큰 제전을 축조하였고, 취락설계적 관점에서 의례 체계도 발달해 있었을 것으로 추정된다. 따라서 취락의 발달 수준 정도는 의례 체계의 수준과 궤를 같이할 가능성이 높기 때문에 일반적인 해석의 정도를 맞춰갈 필요가 있다. 물론 특정 취락에서 더욱 발전된 의례 체계가 존재할 수도 있고, 대규모 취락이라고 해서 발전된 체계가 반드시 존재해야만 하는 것은 아니지만, 상호관계성을 간과해서는 안 된다는 것이다.

무엇보다도 무덤, 주거, 유물 등을 통해 다양한 사회현상의 실마리를 추출하고 있는 것처럼 의례를 통해 특정한 사회현상을 도출해내는 작업은 매우 중요하다. 부여 송국리 유적에서 선상열주는 취락민들의 공감대, 집체적인 노동력 운용, 근·원거리 지역연계망, 자연자원의 집중화, 부의 재분배, 유력자의 리더십, 취락의례의 연출 효과 등 주요 사회현상(이종철 2019)을 추출해낼 수 있다. 연구자의 관점에 따라 다르게 볼 수도 있겠지만, 송국리 복합사회를 설명하기 위한 주요 장치로 기능할 수 있다는 점에서 그 가치를 평가해볼 수 있다.

의례와 사회현상의 관계는 아무리 강조해도 지나치지 않을 것이다. 의례의 흔적이 확인되면 다음과 같은 일련의 물음과 답이 제시되어야 할 것이기 때문이다.

① 왜 의례의 흔적인가?
② 의례는 누구에 의해(구성원), 무엇을 가지고(설비+기물), 어떤 형태나 행위로(콘텐츠), 어디에서(장소), 무엇을 위해(신념) 존재했는가?
③ 의례는 취락사회에 어떤 영향을 주었고, 어떤 성격으로 존립했을 것인가?
④ 의례는 모두를 위한 것이겠지만, 취락 내 특정 개인 또는 유력자의 독점적 정황도 추출할 수 있는가?
⑤ 의례는 특정한 취락이나 지역에서만 나타나는가? 다른 지역과의 영향관계는 없는가?
⑥ 동일한 성격·형태를 가지는 의례의 분포는 무엇을 의미하는가?

의례를 통해 이러한 사회현상의 축적이 가능해진다면, 취락사회를 이해하는 데 매우 중요한 한 축으로 발전할 수 있을 것이다. 그 대표적인 것이 제사/의례고고학(祭祀/儀禮考古學)

분야이다. 갈 길은 멀지만, 발굴조사자와 연구자들의 냉철한 시각과 집중력을 바탕으로 더욱 해상도 높은 의식(儀式)들이 되살아나기를 희망한다.

Ⅳ. 맺음말

청동기시대 의례 연구는 오랜 역사성을 가지고 있다. 많은 연구자들의 심도 있는 의례 연구로 말미암아 학문적 패러다임의 대전환을 맞이하기도 하였다. 이러한 전환적 사고가 앞으로의 의례 연구를 더욱 진작시킬 것으로 생각한다. 특히 신과 같은 절대적 존재나 종교적·신앙적 가치를 기반으로 하는 의례가 있는 반면, 절차적·의식적 가치를 중시하는 의례가 존재하기 때문에 두 관점의 조화를 통해 발전해가기를 기대한다. 그리고 이러한 과정에서 특정 개인이나 집단이 의례를 독점하거나 의례를 매개로 사회적 위계를 공고히 하려는 종교적·정치적 제의권의 설정과 사회체계에 대한 연구도 간과되어서는 안 될 것이다.

이를 위해서는 의례/제사의 유형화가 무엇보다도 중요하다고 생각하며, 기본적으로 구성요소의 정확한 파악과 객관화가 선결되어야 할 것이다. 물론 의례가 갖는 무형적 특징 때문에 명제화 및 유형화 작업이 수월하지 않을 것임은 분명하다. 이는 단지 객관적 관점에서 의례/제사에 접근해보자는 것이므로 강박보다는 유연한 자세가 필요해 보인다.

이러한 관점에서 순자의 예론은 의례/제사 연구를 위한 길잡이 역할을 해준다. '예(禮)는 너무 긴 것은 자르고 너무 짧은 것은 이어주며, 남음이 있는 것은 덜어 주고 부족함이 있는 것은 보태 주어 사랑과 존경의 형식적인 수식을 다해 의로움을 행하여 기르고 완성케하는 아름다움'이라는 정의를 통해 의식/제사는 조화로운 예(禮)에 기반하고 있다는 점을 상기시켜 주기 때문이다.

참고문헌

江原文化財研究所, 2008, 『春川 擧頭2地區 遺蹟』.

권오영, 2018, 「의례」, 『마한 고고학개론』, 중앙문화재연구원 학술총서 40, 진인진.

국립광주박물관, 2014, 『稻作農耕社會의 祭祀와 儀禮』, 光州 新昌洞遺蹟 國際學術심포지엄Ⅳ.

김권구, 2012, 「청동기시대-초기철기시대 고지성 환구(高地性環溝)에 대한 고찰」, 『韓國上古史學報』第76號.

김권중·박경신·황대일·공봉석, 2019, 『수혈 주거지 조사 방법』, 백두문화재연구원.

김두철, 2000, 「祭祀考古學의 硏究成果와 課題」, 『고고학의 새로운 지향』, 제4회 부산복천박물관 학술발표대회,
    부산복천박물관.

김미경, 2017, 「부여 송국리 선사취락의 구조와 변천」, 『부여 송국리』, 국립부여박물관 특별전 도록.

金元龍, 1963, 「春川校洞穴居遺蹟과 出土遺物」, 『歷史學報』20.

_____, 1986(三版), 『韓國考古學槪說』, 一志社.

_____, 1986(三版), 「藝術과 信仰」, 『韓國史論』13, 國史編纂委員會.

김윤희, 2019, 「조선시대 국장으로 본 혼백의 수호신 방상시(方相氏)의 기능 고찰」, 『서울민속학』제6호.

金載元·尹武炳, 1967, 『韓國支石墓硏究』, 國立博物館.

김학주 譯, 2001, 『순자』, ㈜을유문화사.

김희철, 2009, 「경주 천군동유적-청동기시대 주거지에서 인골이 출토되다」, 『2008 한국고고학저널』, 국립문화
    재연구소.

盧爀眞, 1987, 「紅陶」, 『韓國史論』17, 國史編纂委員會.

마이클 로이(이성규 譯), 1987, 『古代中國人의 生死觀』, 지식산업사.

文明大, 1973, 「蔚山의 先史時代 岩壁刻畵」, 『文化財』7, 文化財管理局.

박지현, 2002, 「중국의 영혼 관념과 혼백설」, 『중국문학』38.

배진성, 2020, 「망자의 壺, 영혼의 壺」, 『한국고고학보』116.

_____, 2021, 「묘광 外 공헌 적색마연호 小考」, 『韓國靑銅器學報』29.

백제학회, 2017, 『마한의 소도와 의례공간』, 제28회 백제학회 정기학술회의.

孫晙鎬, 2009, 「湖西地域 磨製石劍의 變化相」, 『湖西考古學』20.

宋永鎭, 2006, 「韓半島 南部地域의 赤色磨研土器 硏究」, 『嶺南考古學』38.

安在晧, 2009, 「靑銅器時代 泗川 梨琴洞聚落의 變遷」, 『嶺南考古學』51.

_____, 2020, 「靑銅器時代 智佐里聚落의 形成過程과 社會相」, 『韓國靑銅器學報』26.

유병록, 2002, 「Ⅳ. 고찰」, 『大邱 東川洞聚落遺蹟』, (財)嶺南文化財硏究院.

_____, 2010, 「竪穴建物 廢棄行爲 硏究1-家屋葬-」, 『釜山大學校 考古學科 創設 20周年 記念論文集』.

윤호필, 2011, 「한국 선사시대의 수변의례」, 『고대 동북아시아의 수리와 제사』, 학연문화사.

_____, 2012, 「경기도지역 지석묘의 장송의례」 『인문논총』 제30집, 경남대학교 인문과학연구소.

_____, 2014, 「호남지역 청동기시대 분묘의례」, 『호남지역 선사와 고대의 제사』, 제22회 호남고고학회 학술대회 발표요지.

李健茂, 1992a, 「韓國의 遼寧式銅劍文化」, 『韓國의 靑銅器文化』, 汎友社.

_____, 1992b, 「韓國 靑銅儀器의 硏究-異形銅器를 中心으로-」, 『韓國考古學報』 28.

李相吉, 1994, 「支石墓의 葬送儀禮」, 『古文化』 45.

_____, 2000, 「靑銅器時代 儀禮에 관한 考古學的 硏究」, 大邱曉星가톨릭大學校 大學院 博士學位論文.

이성주, 1999, 「지석묘: 농경사회의 기념물」, 『한국 지석묘(고인돌) 유적 종합조사연구(Ⅰ)-분포, 형식, 기원, 전파 및 사회복원-』, 문화재청·서울대학교박물관.

_____, 2012, 「儀禮, 記念物, 그리고 個人墓의 발전」, 『湖西考古學』 26.

李殷昌, 1971, 「高靈良田洞岩畵調査略報」, 『考古美術』 112.

이정은, 2020, 「청동기시대 중기 적색마연토기 연구-충청·전북 지역을 중심으로-」, 충남대학교 대학원 석사학위논문.

이종철, 2014a, 「湖南地域 靑銅器時代 聚落儀禮에 대한 토론」, 『호남지역 선사와 고대의 제사』, 제22회 호남고고학회 학술대회 발표요지, 호남고고학회.

_____, 2014b, 「韓國 祭祀遺蹟 事例-靑銅器時代 農耕聚落을 中心으로-」, 『稻作農耕社會의 祭祀와 儀禮』, 光州 新昌洞遺蹟 國際學術 심포지엄Ⅳ, 국립광주박물관.

_____, 2015a, 「松菊里型文化의 聚落體制와 發展」, 全北大學校 大學院 博士學位論文.

_____, 2015b, 「청동기시대 立大木 祭儀에 대한 고고학적 접근」, 『한국고고학보』 96.

_____, 2018a, 「부여 송국리 유적의 고고학적 의의와 과제」, 『부여 송국리 유적의 의미와 활용』, 국립부여박물관 특별전 <부여 송국리> 연계 국제학술심포지엄 발표요지.

_____, 2018b, 「한국의 고대 신앙과 제사유적」, 『부안 죽막동유적의 역사적 의미와 활용 방안』, 전라북도 부안군·(재)호남문화재연구원.

_____, 2018c, 「立大木·솟대 祭儀의 등장과 전개에 대한 試論」, 『한국고고학보』 106.

_____, 2019, 「부여 송국리 線狀列柱의 성격과 시간성」, 『호남고고학보』 61.

_____, 2021, 「청동기시대 후기 立大木 祭儀 존재와 의의에 대한 試論」, 『호남고고학보』 69.

_____, 2022, 「馬韓의 제사유적-익산 영등동 유적을 중심으로-」, 『고고학 자료로 본 익산지역 마한사회』, 2022 고도 익산의 정체성 확립을 위한 학술회의, 익산시·馬韓·百濟文化硏究所.

_____, 2023, 「거점 취락으로서의 송국리유적」, 『동아시아의 거점 취락과 송국리유적』, 부여군·백제역사문화연구원.

이형원, 2009, 「韓國 靑銅器時代의 聚落構造와 社會組織」, 忠南大學校 大學院 博士學位論文.

_____, 2012,「중부지역 신석기-청동기시대 취락의 공간 구조와 그 의미」,『고고학』11-2.

_____, 2018a,「삼한 소도의 공간 구성에 대한 고고학적 접근-중부지역의 환구 유적을 중심으로-」,『百濟學報』 제24호.

_____, 2018b,「청동기시대 중심취락의 지역적 양상-송국리유형 시기의 대규모 기념물을 중심으로-」,『청동기 시대 송국리 유적, 왜 중요한가?』, 서울대학교박물관·중부고고학회 공동 학술대회 발표요지.

全南大學校博物館, 1992,『麗水 五林洞 支石墓』.

全南文化財研究院, 2021,『光州 大支洞 上村·鴨村洞 大村·支石洞 大村遺蹟』Ⅲ.

정치영, 2009,「송국리취락 '특수공간'의 구조와 성격-대형 굴립주건물을 중심으로-」,『韓國靑銅器學報』第4號.

_____, 2012,「부여 송국리 유적-삶과 죽음의 공간이 공존한 청동기시대의 마을 구조-」,『한국고고학저널 2011』, 국립문화재연구소.

조현종, 2014,「祭祀考古學-선사·고대의 祭祀-」,『호남지역 선사와 고대의 제사』, 제22회 호남고고학회 학술대 회, 호남고고학회.

朱熹(임민혁 譯), 2011,『주자가례』, 예문서원.

靑木保, 1994,『社會學事典』(見田宗介 外編), 弘文堂.

최광식, 1995,「大伽耶의 信仰과 祭儀」,『伽耶史研究』, 慶尙北道.

崔鍾圭, 2005,「所土里遺蹟에서 본 松菊里文化의 一斷面」,『梁山 所土里 松菊里文化 集落』, (社)慶南考古學研究所.

콜린 렌프류·폴 반(이희준 譯), 2006,『현대고고학의 이해』, 사회평론.

河仁秀, 1989,「嶺南地方 丹塗磨研土器에 對한 新考察」, 釜山大學校 大學院 碩士學位論文.

韓炳三, 1971,「先史時代 農耕文靑銅器에 대하여」,『考古美術』112.

호남고고학회, 2014,『호남지역 선사와 고대의 제사』, 제22회 호남고고학회 학술대회.

청동기시대 연구의
패러다임 변화(Paradigm Shift)와 새로운 방향

정대봉 | 부산대학교 고고학과

Ⅰ. 머리말

'패러다임(paradigm)'이란, 미국의 사회과학자이자 철학자인 토마스 쿤(Thomas Kuhn)이 그의 저서 『과학혁명의 구조 (The Structure of Scientific Revolution)』에서 새롭게 제시하여 사회 여러 분야에 널리 통용된 개념이다. 토마스 쿤은 패러다임을 한 시대를 지배하는 과학적 인식·이론·관습·사고·관념·가치관 등이 결합된 총체적 틀 또는 개념의 집합체로 정의하였다. 또한 패러다임은 개인이 아니라 전체 집단에 의해 공식적으로 인정된 모범적 틀로 인식되고 이러한 패러다임은 전혀 새롭게 구성되는 것이 아니라 기존의 자연과학 위에서 혁명적으로 생성되고 쇠퇴하며 다시 새로운 그것으로 대체되는 과정을 거친다(홍성욱 2013).

상기의 개념을 우리나라 청동기시대 고고학 연구에 대입하여 본다면, 지난 반세기 동안 적지 않은 패러다임의 변화를 겪어왔다고 할 것이다. 간단히 말해 우리나라 청동기시대 연구에 있어서 패러다임 변화의 요체는 다음과 같이 新자료의 등장과 그에 따른 연구방법론의 변화로 요약할 수 있을 것이다. 그 변화를 살펴보면 다음과 같다.

첫째, 고고자료는 그 특성상, 新자료가 예고와 순서 없이 속출하는 특징을 지니고 그것을 연구의 대상으로 취하는 고고학연구에서 획기적 자료의 등장은 빠른 시간에 걸쳐 패러다임을 변화시킨다.

둘째, 청동기시대 뿐 아니라, 타 시대 고고학에서도 마찬가지겠지만 누적된 고고자료를 유의미하게 해석하려는 방법론은 지난 반세기 동안 거듭 변화하여 왔고 특히 청동기시대 연구의 경우, 과거사회의 복원이라는 포괄적·대의적 방법론을 바탕으로 다각도로 당시 사회의 전반을 이해하려는 노력이 경주되어 왔다.

다만 사전적 의미의 '패러다임의 변화(paradigm shift)'는 성과가 누적되어 기존 패러다임이 부정되고 경쟁적 패러다임이 나타나는 혁명을 거치며 기존 패러다임은 부정되거나 사라지고 경쟁관계에 있던 패러다임이 새롭게 대체되는 과정을 거치는 반면, 고고학에서는 연구방법이 변하거나 新자료의 출현에 의해 새로운 성과가 누적되지만 기존의 틀을 완전히 부정하여 새롭게 대체되는 과정은 극히 드물다.

대부분의 성과는 거시적으로 '고고자료를 통한 총체적 과거 사회복원'이라는 新고고학 시각에서의 궁극적 목표에 서서히 수렴하여 나아가고 있으며 新자료의 출현, 연구방법의 변화 등의 요소에 의해 검증·재고될 뿐이다. 즉, 고고학에 있어 '패러다임의 전환'이란, 과거 인식과 성과의 매몰이라기 보다는 누적된 성과위에 연구방법의 변화(또는 진화)나 新자료 출현에 따른 학계의 요구에 의한 결과로 보는 편이 타당할 것이다.

물론, 전통고고학의 입장에서 탈피하여 1960년대 이후 서구에서 제창되었던 '新고고학'의 등장과 쇠퇴, 그리고 1980년대 등장한 '후기과정고고학'과 같은 일련의 변화 등은 연구방법의 진화 또는 인식의 변화에 기인한 산물로 여겨지지만 패러다임 변화의 본질과 같이 기존 성과 일체를 부정하는 의미에서의 전환이 아니라 -누적의 성과 위에서- 고고학이 나아가야 할 궁극적 방향을 제시하는 의미로 해석되어야 할 것임은 분명하다.

본고에서는 지난 반세기동안 우리나라 청동기시대 연구의 略史를 살펴보고 그 안에서 일어난 패러다임 전환과 현재 봉착한 몇 가지 문제점들을 짚어본 다음, 청동기시대 연구의 새로운 방향을 간략히 제시해 보고자 한다.

Ⅱ. 패러다임 변화(paradigm shift)의 과거와 현재

한국 고고학에서 청동기시대 연구는 해방 직후 초보적 인지 단계에서 시작하여 60~70년대 서구에서 도입된 체계·방법론을 기초로 70~80년대를 거치며 본격적인 연구의 틀이 완성되었다.

이후 1990년대에 들어 명문화(明文化)·체계화된 문화재 관리법과 국토개발에 따른 구제발굴의 성과로 폭발적인 고고자료가 축적되는 획기를 마련했고 현재는 방대한 자료와 함께 상당한 수준의 연구 성과를 구축한 상태에 이르렀다.

요컨대, 지난 반세기의 연구경향을 살펴보면, Willey와 Jeremy(1980)가 주창(主唱)한 고고학의 발전 단계(Willey,G.R. and Sabloff,J.A 1980) 중 '사변의 단계(해방 직후~1960년대)', '분류·서술의 단계(1960~1970년대)', '분류·역사의 단계(1980년대 이후)'를 충실히 이행하고 있으며 현재는 이를 바탕으로 더욱 입체적이고 총체적인 시각으로 연구의 깊이를 더하여 과거 사회복원에 한 걸음 더 다가가기 위한 노력을 경주하고 있다.

본 章에서는 총 3기로 나누어 각 연대별로 나타난 연구 思潮와 대표적 논문을 통해 그 속에 나타난 패러다임의 변화를 간취해보고자 한다.

1. Ⅰ기 (해방 전후~1970年代)

일제 강점기 이전의 조사·연구는 전무한 실정이다. 1905년 대한제국(大韓帝國) 시절 왕실 재산 파악 의뢰를 받은 동경제국대학 건축학교실이 전국의 건조물을 비롯한 문화유산 현황을 파악한 것이 시초인데 이 당시 간단한 선사시대 유적 조사가 시행된다.

이후 일제강점기 당시 대부분의 조사·연구는 시대 여건 상, 우리 연구자에 의한 주체적 연구가 아닌 일본 연구자에 의해 실시되었고 대상은 시대를 명확히 하는 -주로 고분이나 패총- 유적조사에 국한되었다. 韓國考古學이 태동하는 무렵인 해방 직후의 연구는 주로 新발견 유적이나 그에 따른 일괄유물을 소개하는 논문, 혹은 어느 한 시대의 유물이나 유적을 개관하고 그 계통에 대해 언급하는 것이 주류였다(李盛周 2017).

이 시기는 한국고고학의 黎明期인 만큼 新자료가 등장하면 그것은 곧 한반도 전체의 광역 의미의 유물로 인식되고 그에 대한 고찰은 바로 학설로 이어졌던 불안정한 시대였다. 이 시기 남한 선사시대(청동기시대) 연구는 특히 미진하여 유적의 조사방법이나 유물 기술

등의 측면에서 1세대 유럽 유학파 도유호가 이끌던 북한 한계의 연구 사조가 크게 작용한 것이 사실이다. 당시 북한 학계는 해방직후 이미 금탄리유적, 석교리유적, 태성리유적, 지탑리유적, 신흥동유적, 침촌리유적, 오동유적, 호곡유적, 공귀리유적, 심귀리유적 등 청동기시대 주요 유적의 발굴조사를 爲始하여 이를 토대로 한 연구가 기초를 다진 시절이었다. 이 외에도 해방전에 발굴조사 된 중국 동북지역 발굴조사 자료를 소개한 한·중 합작 논문이나 일본학자의 논문도 다수 보인다.

이러한 성과는 물론 당시 사회제도상 국가주도의 연구에 천착된 결과물이지만, 조사방법이나 유물의 기술, 고찰 등 보고방법은 남한의 그것과 비교할 정도가 아니었으며 현재의 시각으로 보더라도 비교적 세밀한 편이다. 특히 1950년대 후반에 발표된 '조선서북지방 원시토기의 연구(황기덕 1958)'는 각형토기의 소개, 분류, 기원, 공반유물 등을 분석함은 물론 이전 시기와의 관계 및 주변국가의 분포까지 고찰(황기덕 1958)하는 등 당시 남한 학계에 비하면 이미 매우 심도 깊은 연구가 진행되고 있었음을 알 수 있다.

이후 1960~70년대까지 북한고고학은 더욱 더 체계를 갖추어 유물의 분류, 계통, 편년, 나아가 이를 토대로 한 사회 경제 및 구조 등에 집중하여 괄목할만한 성과를 축적하기에 이른다. 〈표 1〉은 해방 이후 북한 고고학의 주요업적을 정리한 것이다.

〈표 1〉과 같이 해방 이후 북한 청동기시대 연구는 '新자료 발견-고찰(분류·편년·계통연구)-사회구조 연구' 등 일련의 과정을 겪으며 심도 있게 발전해 왔다. 이러한 업적의 기저에는 해방 전후 축적한 다수의 고고자료와 주변국의 영향을 받은 선진 방법론이 원동력으로 작용한 결과로 보인다.

〈표 1〉 해방이후 북한고고학의 주요 업적(『북한의 선사고고학(1992)』 발췌)

연번	문헌	저자(연대)	연구분야
1	조선거석문화연구	도유호(1959)	개관
2	압록강 및 송화강 중상류 청동기시대 문화와 그 주민	리병선(1966)	
3	우리나라의 청동기시대	김용간·황기덕(1967)	
4	두만강유역의 청동기시대문화	황기덕(1970)	
5	부계씨족공동체사회	력사연구소(1977)	

연번	문헌	저자(연대)	연구분야
6	조선에서 발견된 초기금속유물에 관한 종래의 견해들과 그에 대한 검토	정백운(1957)	연대
7	강계시 공귀리 원시유적 편년에 대하여	김용간(1959)	
8	우리 나라 청동기시대의 년대론과 관련한 몇 가지 문제	김용간(1964)	
9	서부지방 팽이그릇유적의 년대에 대하여	황기덕(1966)	
10	기원전 2천년기 문화의 특징과 시기구분	고고학연구소(1977)	
11	부계씨족사회의 유적들과 그 년대	력사연구소(1979)	
12	압록강류역 빗살무늬 그릇 유적들의 계승성에 대한 약간의 고찰	리병선(1965)	계통
13	청동기시대의 유물에 보이는 계승관계	고고학연구소(1969)	
14	라진·초도 원시유적 출토인골 감정보고	최명학(1955)	
15	초도유적의 주인공에 대하여	도유호(1960)	주민
16	우리 나라 동북지방의 청동기시대 주민과 남녘의 주민과의 관계	황기덕(1964)	
17	무산 범의구석 원시유적에서 나온 인골에 대하여	백기하(1965)	
18	웅기 서포항 원시유적에서 나온 인골	백기하(1966)	
19	우리 나라 원시시대 주민들의 인류학적 특징	백기하·장우진(1973)	
20	승리산유적에서 나온 청동기시대 사람뼈	고고학연구소(1978)	
21	압록강 중·상류 및 송화강 류역 청동기시대 주민의 경제생활	리병선(1966)	사회 경제
22	청동기시대 짐승사냥	김신규(1970)	
23	원시시대의 집짐승	김신규(1970)	
24	승리산유적의 짐승상에 나타난 청동기시대 집짐승치기와 사냥	고고학연구소(1978)	
25	남경유적에서 나온 낟알을 통하여 본 팽이그릇주민의 농업	김용간·석광준(1984)	
26	고인돌 변천과정을 통하여 본 청동기시대 사회관계	석광준(1979)	
27	우리 나라 청동기시대의 사회관계에 대하여(1)·(2)	황기덕(1987)	
28	청동기시대 집자리를 통하여 본 집째임새의 변천	김용남·김용간·황기덕(1975)	주거지
29	팽이그릇집자리들의 류형별 집째임새와 그 변천	리기련(1980)	
30	남경유적 청동기시대 집자리들의 년대	김용간·석광준(1984)	
31	청동기시대 및 고대 살림집의 구조형식과 건축기술의 발전	황기덕(1984)	

연번	문헌	저자(연대)	연구분야
32	북창유적의 돌상자무덤과 고인돌에 대하여	석광준(1973)	무덤
33	고인돌째임새의 기본특징과 오덕고인돌에 대한 편년	석광준(1974)	
34	고인돌과 돌상자무덤의 관계	석광준	
35	묵방리고인돌에 관한 몇가지 고찰	리정남(1985)	
36	돌관무덤에 대하여	김동일(1988)	
37	조선 서북지방 원시토기의 연구	황기덕(1958)	유물
38	압록강 류역의 청동기시대의 특징적인 토기들과 그 분포 정형	리병선(1963)	
39	우리 나라 활촉의 형태와 그 변천	박진욱(1967)	
40	함경남도, 량강도 일대에서 새로 알려진 청동기시대 유물에 대한 고찰	김용간·안영준(1986)	
41	청동기시대의 피리, 팽이그릇, 반달칼, 돌상자무덤, 미송리형단지, 돌돈, 비파형단검	민속학연구소	

반면, 남한의 청동기시대 연구는 해방 직후 이렇다 할 성과 없이 1960년대에 들어서 비로소 黎明을 맞이한다. 남한의 1세대 고고학자인 김원룡(1968)은 무문토기에 대해 '광복 전 무문토기라 한 것은 빗살무늬토기 및 金海式 打捺무늬토기와 구분될 뿐 아니라, 홍도와 흑도 등의 마연토기와도 구분이 되는 적갈색 조질무문토기를 일컫는 좁은 의미의 개념이었다. 광복 후 조사연구가 진척됨에 따라 빗살무늬토기는 신석기시대, 金海式 打捺무늬토기는 철기시대, 무문토기는 청동기시대에 속하는 등의 시대적 선후관계가 분명해지고, 한편으로 마연토기와의 공반이 확인되면서 무문토기는 마연토기를 포함한 넓은 의미의 개념으로 받아들여지게 되었다.'라고 정의하였다(金元龍 1968).

이렇듯 해방 전후는 무문토기의 존재에 대해 어렴풋이 인지를 하면서도 시대적 위치나 유물이 가지는 의미 등에 대한 인식은 전무한 상태였음을 알 수 있다. 기초적 시대 인식을 바탕으로 한국 청동기시대 연구가 新자료 발견에 박차를 가하고 이를 연구하기 위한 체제 및 방법론을 도입한 것은 비로소 1960년대부터이다. 이 시기는 북한 및 주변국 자료 등을 통해 입수한 선사시대 유물(주로 토기, 석기)에 대한 인지를 시작한 것에 기초해서 남한에도 본격적으로 청동기시대 유적 조사가 시작되는 시기이다.

1960년대 초 남양주 수석리유적(서울대학교 1961)을 필두로 서울 가락동유적(고려대박물관 1963), 서울 역삼동유적(숭실대박물관 1966) 등 청동기시대 주요 유적이 조사되고 이내 본격적인 연구가 시작되었다. 이 무렵 청동기시대 유물에 대한 연구는 대표적으로 무문토기(金元龍 1968), 반달돌칼(崔淑卿 1960)에 대한 연구에서 보듯이 새로운 자료(유물)에 대한 소개나 관찰 등이 주를 이루고 나아가 큰 틀에서 초보 단계의 편년(시기설정)이 시도되는 성과를 보인다. 그러나 대부분의 연구는 이른바 '사변의 단계'에 머문 것으로 철저하게 전통고고학의 시각으로 해석한 결과로 보인다.

요컨대, 해방직후부터 1960년대까지 전통고고학의 시각에서 新자료 출현에 따른 기초적 연구가 당시 청동기시대 연구의 사조였다면, 이러한 과정에서 벗어나 우리나라 청동기시대 연구의 첫 번째 패러다임변화의 태동은 1970년대에 감지된다. 이 시기는 이론, 방법, 실천 등에 대한 관점의 深化 및 分化가 본격적으로 일어나 다양한 연구 결과가 도출되는 시기이다. 특히 이 시기에는 여주 흔암리유적(서울대박물관 1972~1977), 부여 송국리유적(국립중앙박물관 1975) 등 향후 청동기시대 연구에 주요 과제가 되는 유적의 조사가 진행되고 이를 토대로 점차 연구의 방향과 체제를 잡기 시작한다.

이를테면 1974년 마을주민의 신고로 시작된 부여 송국리유적은 석곽묘 1기에서 요령식동검, 관옥, 곡옥, 마제석기 등 획기적인 유물이 출토되어 각종 언론에 '한국 선사고고학계의 최대 발견' 등으로 보도되고[1] 이러한 조사 성과는 당시 학계에 유례없는 파장을 가져 왔다. 이 유적에서 출토된 요령식동검은 한반도에서 출토지가 확실한 최초의 사례로 주목을 받았으며 우리나라 청동기문화의 시간적 위치와 내용이 전반적으로 재검토되는 획기를 하기도 했다. 이후 송국리유적은 2017년까지 약 43년동안 총 4개 기관이 22차례의 정식 발굴조사를 통해 수많은 연구와 학설을 양산해 내며 한반도 남부지역 대표적 청동기문화인 '松菊里文化'의 개념을 정립케 한 유적이다. 그리고 이 유적의 발굴을 계기로 여러 방법적 시도가 개진되면서 우리나라 청동기시대 연구는 비로소 '사변의 단계'에서 벗어나는 계기를 마련했다.

또한 이 시기부터는 전통고고학에서 벗어나 新고고학의 관점을 적극 수용하면서 고고자료를 통해 당시 사회구조 전반에 관한 연구를 진행하려는 동향이 감지된다. 이러한 연구 사조는 1950년대 전통고고학이 득세하다가 1960년대 新고고학의 관점으로 들어서는 서구학계의 세계적 '패러다임 변화'와 軌를 함께 하고는 있지만 해방 직후 고고학적 저변이 미미하

---

1) 경향신문(1974년 10월 8일), 동아일보(1974년 10월 8일), 조선일보(1974년 10월 9일), 중앙일보(1974년 10월 8일) 등.

였던 우리나라의 경우는 이러한 의제전환이 한 걸음 늦게 나타난 결과로 볼 수 있겠다.

특히 이 시기부터 나타난 우리나라 청동기시대 연구의 가장 큰 특징은 新고고학의 관점에서 과거 사회구조 복원을 시도함과 동시에 전통고고학 관점에서 유물관찰의 기술이 더욱 심화되어 이를 편년작업으로 귀결하고자 하는 二元的 연구 사조가 시작된다는 점이다. 전자는 연역적 방법, 후자는 귀납적 방법에 근간을 두지만 양자는 과거사회의 복원이라는 新고고학적 시각에서 그 지향하는 바가 동일한 목적에 수렴한다. 이러한 연구 사조는 향후 우리나라 선사고고학의 특징으로 자리매김하는 출발점이 되기도 했다.

1970년대 이러한 二元的 연구 사조는 마침내 유물을 분류·정의하고 간단한 편년과 함께 공간적 의미에 대한 고찰까지 더한 논문(李白圭 1974)의 등장을 야기했다. 이백규(1974)는 동북지역에서 남하한 역삼동식토기와 황해-평안지방의 각형토기 문화권에서 남하한 가락동식토기의 한강유역 융합을 근거로 이른바 '欣岩里式土器說'을 주창하여 前期 무문토기시대 연구의 서막을 알렸다. 이는 결과적으로 훗날 많은 지지와 再考를 받아온 청동기시대 대표적 연구로서 단일 유물(군)을 통해 간취할 수 있는 최대한의 고고학적 정보를 통해서 그간의 연구와 결합하여 계통, 집단 및 공간을 종합적으로 추적한 연구의 嚆矢라는 점에서 큰 의의를 가진다. 또한 토기에 반영된 문양요소와 외형을 통해 서로 이질적인 문화가 특정장소에서 융합하여 전개했다는 결론의 도출은 형식학적 편년에 매몰된 당시의 시각으로서는 매우 합리적이고 자연스러운 결과였다. 이후 본격적으로 토기의 제작 집단 및 계통연구의 場이 열린다는 점에서 학계에 매우 긍정적 반향을 야기한 것으로 보인다.

요컨대, 1960년대의 청동기시대 연구가 新자료 출현에 따른 '사변적 단계'에 머물렀다면, 1970년대는 유물을 보다 면밀히 관찰·분석하고 기초적 분류체계를 도입하였으며 나아가 이를 통해 제작 집단·계통적 연구의 발판을 다진 '분류·서술의 단계'에 해당한다 할 것이다.

또한 당시 북한학계가 기초적 편년은 물론 압록강·대동강·두만강유역과 같은 광역단위의 공간적 범위를 인지한 반면, 남한은 여전히 단일 문화권으로 보는 시각에 머물렀지만 70년대 후반 송국리식 토기문화를 필두로 남한지역을 단일 문화권으로 이해하기에는 곤란한 자료가 속출함에 따라 학계에는 광역단위 연구의 필요성이 대두되는 계기를 마련한 것도 큰 변화라 할 수 있다.

2. II기 (1980~1990年代)

1980년대는 모든 면에서 청동기시대 연구의 큰 틀이 본격적으로 다져진 시기이다. 이전의 연구가 初出 자료의 단편적·개관적 소개 및 초보적 편년·분류에 머물렀다면, 이 시기는 본격적으로 편년·지역성·유형 등의 연구를 통해 보다 시·공간적으로 복합적이고 立體的 연구가 시도되어 큰 성과를 축적한 시기이다. 또한 학제간 융합차원에서 유물에 대한 과학적 분석이 최초로 시도되는 획기를 이룬 시기이기도 하다. 대표적 성과를 살펴보자.

이백규(1986)는 한강유역의 토기와 석기를 분석하여 이전 연구에 더해 지역성과 편년을 연구한 성과를 제시했다. 그는 충주댐 수몰지구유적 발굴조사의 성과 등 최신 자료를 인용하여 한강유역 전반기 민무늬토기 유적을 크게 네 群 으로 나누고 편년(Ⅰ~Ⅳ기)과 비교적 좁은 범위의 지역성에 대해 연구하였다. 그의 연구는 각 유적별 토기와 석기의 공반관계를 통해 유물군을 설정하고 무문토기시대 全 시기를 편년한 점에서 큰 의의가 있다. 다만 방법론적 측면에서 다소 막연한 연역적 추론에 의한 대분류→소분류→단계설정에 머물렀고 유물(토기)의 등장과 소멸에 따라 편년한 점은 현재의 시각으로 본다면, 초보적 편년방법이라 할 수 있겠다. 그러나 토기와 석기의 조합을 통해 편년을 시도하고 이러한 유물의 속성이나 형식 등을 세밀히 관찰하여 지역성을 도출해 낸 점은 향후 연구에 큰 영향을 끼쳤다[그림 1].

이후 1980년대 후반 획기적인 연구로 이청규(1988)의 성과를 주목할 필요가 있다. 그는 1970년대까지 남한지역 청동기시대 연구(林炳泰 1969; 後藤直 1973)가 단일문화권(역삼동식·가락동식·수석리-괴정동식)시각에 매몰된 점에 착안하여 세밀한 유물의 속성 분석을 통해 토기와 석기를 중심으로 한 여섯 가지 '토기복합군'(가락동식·역삼동식·흔암리식·송국리식·수석리식·군곡리식)을 설정하고 이를 '~式'토기군으로 인식하였다. 나아가 이러한 토기군이 특정 지역에서 전개되는 과정에 주목하여 각각의 '~類型'으로 정의하였다(李淸圭

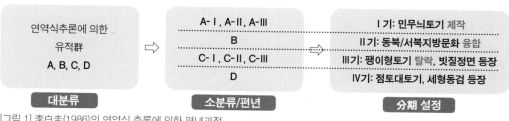

[그림 1] 李白圭(1986)의 연역식 추론에 의한 편년과정

1988). 그리고 각 유형의 토기와 석기 등 유물 갖춤새의 정형 변화 및 방사성탄소연대까지 더해 편년(李淸圭 1988)을 제시하는 종합적 방법론을 주창하였다. 이른바 '類型論'의 탄생이다. 또한 방법론적으로 살펴보면 유형설정, 시기구분(편년), 절대연대에 의한 검증 등의 단계를 거치며 청동기시대 연구에서 편년의 틀을 확립했다.

그의 연구는 이전 시기와 같이 토기, 석기와 같은 개별 유물 관찰에 천착하지 않고 (1)'토기복합군(式)'을 설정한 점, (2)토기복합군을 지역과 결부하여 '土器文化'로서의 개념(類型)으로 인식한 점, (3)상대편년을 탄소연대로 보완·검증한 점, (4)한반도 무문토기시대의 특수성을 미리 인지한 점 등에서 고고자료가 비교적 부족했던 당시를 고려하면 매우 입체적이고 종합적인 성과라 할 수 있다.

'유형론'은 수많은 연구가 거듭된 현재까지도 그 기본적 얼개를 유지하고 있으며 청동기시대 지역성 연구의 新지평을 열어갈 단초를 제공했다는 점에서 특히 의의가 있다고 하겠다. 특히 송국리식외반구연호, 플라스크형 마연토기, 삼각형 석도 등의 조합상을 인지하여 '송국리유형'으로 정의하고 초보적 단계의 (상대)편년 등은 반향을 일으키며 향후 시기구분 연구에 있어서 중기 설정의 근거를 마련하는 큰 틀을 마련하기도 했다[그림 2].

그리고 이 시기에 남한에서는 충주댐 수몰지구 조사(堤原 黃石里 B地區유적)에서 최초로 돌대문토기가 報告된다(忠北大學校博物館 1884). 최초의 보고에서는 서북·동북지역 전환기토기와의 관련성을 생각하여 무문토기시대가 시작되는 시기로 파악하였지만, 이홍종(1988)은 황석리와 미사리의 돌대문토기를 西일본 죠몬시대(繩文時代) 만기의 덧띠새김무늬토기(각목돌대문토기)와 관련하여 우리나라 무문토기 中期로 편년한 바 있다. 후술하듯, 돌대문토기가 시기구분의 표지적 유물로 자리 잡은 계기는 2000년대 들어서지만(안재호 2000), 최초에 황석리B지구유적(1884)이나 그 이전 춘천 내평유적(1974)에서 보고된 새로운 유물군에 대해 이미 有文土器시대 말기로 인지하고 있었고 한영희(1983)는 내평유적의 유문토기와 융대문토기를 금탄리II식의 범주에 포함시키는 혜안으로 앞으로 다가올 돌대문토기 연구의 序幕을 알리기도 하였다.

한편, 80년대 초·중반은 이희준과 최성락 등의 주도하에 편년을 위한 방법론 제고론이 등장하여 이전까지 '연역적 추론'이나 '주관적 견해' 등에 의해 다소 막연히 결정되었던 (상대)편년 방식에 제동을 걸고 방향을 제시하여 향후 도래할 편년연구의 계기를 마련하기도 했다.

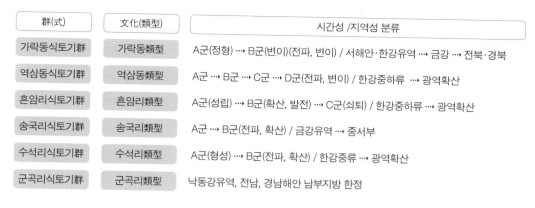

群(式)	文化(類型)	시간성 /지역성 분류
가락동식토기群	가락동類型	A군(정형) ⋯ B군(변이)(전파, 변이) / 서해안·한강유역 ⋯ 금강 ⋯ 전북·경북
역삼동식토기群	역삼동類型	A군 ⋯ B군 ⋯ C군 ⋯ D군(전파, 변이) / 한강중하류 ⋯ 광역확산
흔암리식토기群	흔암리類型	A군(성립) ⋯ B군(확산, 발전) ⋯ C군(쇠퇴) / 한강중하류 ⋯ 광역확산
송국리식토기群	송국리類型	A군 ⋯ B군(전파, 확산) / 금강유역 ⋯ 중서부
수석리식토기群	수석리類型	A군(형성) ⋯ B군(전파, 확산) / 한강중류 ⋯ 광역확산
군곡리식토기群	군곡리類型	낙동강유역, 전남, 경남해안 남부지방 한정

토기문화의 형성/확산	시기구분	절대연대	탄소연대치
역삼동유형 가락동유형 형성	초기	B.C.10~8C	옥석리, 흔암리(3개)
흔암리유형 송국리유형 형성	전기	B.C.8~6C	흔암리, 내평리, 송국리, 양평리(6개)
역삼동유형 가락동유형 확산	중기	B.C.6~4C	조도패총(1개)
수석리유형 형성/확산	후기	B.C.4~2C	수석리(1개)
군곡리유형 형성/확산	말기	B.C.1C~A.D.1C	군곡리, 늑도패총 한식철제유물, 王莽때 貨泉

[그림 2] 李淸圭(1988) 분류/편년 과정

李熙濬(1983)은 편년작업의 대상에 따라 속성, 형식, 유물복합체 등이 시의적절하게 활용되어야 하지만 오직 형식(type)의 단위에 국한하여 의존하는 형식학적 방법론에 제약성이 있다는 점, 형식은 다분히 靜的인 것으로서 그 형식에 속하는 유물이 일정한 기간 동안 그 특성을 변함없이 지니고 존속한다고 연구자가 상정한다는 개념적 모순을 지적하였다. 또한 형식학적 방법에서 규정한 형식은 평균치에 해당하므로 대상의 變異를 간취하지 못하거나 원칙적으로 빈도(頻度, frequency)개념을 포괄할 수 없다는 방법론상 한계를 지적하면서 이를 타계할 방법론으로서 '순서배열법(順序配列法)'을 제시하였다. 순서배열법은 고고학적 편년단위의 집합체를 각 단위가 가진 형식의 상대빈도나 속성의 공유 여부에 따라 배열함으로써 편년을 구하는 방법으로 이해할 수 있다. 나아가 그는 후속 논문에서 편년의 의미와 목적, 단위, 방식을 제시하고 순서배열법의 장점을 재차 강조하였다(李熙濬 1984).

崔盛洛(1984)도 형식학적 방법은 상대편년의 한 방법으로서 유물의 변화를 일목요연하게 제시할 수 있다는 점에서 그 중요성이 유효하지만 배열의 방향을 검증할 수 없고 G.Clark가 지적한 것처럼 생물체의 변화에 적용된 進化論이 인간에 의해 만들어진 유물에 그대로 적용될 수 없다는 점을 근거로 형식학적 방법이 세계적으로 구태한 방법론임을 지지하였다. 그는 당시의 연구사조가 유물중심에서 문화중심으로 전환된 것을 이미 인지하고 형식분류, 공간성에 관한 연구방법, 통계적 방법 등을 검토할 것을 꾸준히 주장하였다.<표 2>

<표 2> 1980년대 등장한 이론적 방법론

연구자	내용
李熙濬(1983)	형식학적 방법의 문제점, 순서배열법 검토와 적용
李熙濬(1984)	편년의 의미와 목적, 단위, 방식, 순서배열법의 장점
崔盛洛(1984)	형식학적 방법의 검토, 연구 방법론
李熙濬(1986)	상대연대의 의미, 연대결정법 종류, 이용현황 및 전망

이상과 같이 1980년대 초·중반에 제창된 연구방법론 제고의 요체는 서구에서 이미 舊態가 된 형식학적 연구방법에서 탈피하고자 하는 움직임으로 이어졌고 그러한 의지는 우리나라 고고학연구 실정에 맞게 다양한 방법론을 도입하자는 혜안으로 보인다.

한편, 이 시기에는 유물연구에 있어서 과학적 분석의 필요성이 본격적으로 대두되기 시작했다. 최몽룡·신숙정(1988)의 연구가 대표적인데 토기에 대한 과학분석의 원리와 장·단점을 정확하게 제시하고 분석의 목적을 기술발달과정 확인과 원산지 추정으로 정의하기도 하였다.

요컨대, 1980년대 청동기시대 연구의 패러다임 변화는 명확하다. 1970년대 연구의 핵심이 단편적·개관적 연구에 머물고 개별 유물을 형식학적 방법에 의한 단선적 시간축에서 이해하고자 했다면, 이 시기는 개별유물이 아닌 유물복합체를 대상으로 하여 시간축과 공간축을 동시에 입체적으로 파악하여 유형화하는 보다 발전적·진보적 방법론이 강구된 것이다.

이러한 패러다임 변화는 1990년대 들어 각종 국토 개발 사업에 따른 구제발굴조사가 전국적으로 급증하고 이와 연동한 연구에 있어서 유물복합체가 제공하는 편년이나 지역성, 계통 등 문화사적 의미 탐구에 힘을 실어 2000년대 본격적 취락연구 등장의 발판을 마련하는데 큰 공헌을 하였다. 그리고 1990년대 후반 천안 백석동유적(공주대학교박물관 1998)과 같은 대규모 취락유적이 잇달아 보고되어 유물의 관찰과 분석, 대략적 편년에 국한되던 연구의 동향이 종합적 취락연구로 확대되는 경향을 보인다.

먼저 안재호(1991·1992)는 초보적 편년연구에 그쳤던 이전 연구를 토대로 유물연구에 더욱 박차를 가하여 전기 무문토기 및 석기를 세부적으로 편년하는 것에 나아가 전기 무문토기의 공열토기문화(孔列土器文化)와 송국리유형 사이의 시간적 간극을 메우기 위해 '先송국리유형단계(승주 대곡리 도롱유적 I 기)'라는 중간과정을 상정하고 지역별 전개과정을 통해 복합적으로 이해하였다. 주지하듯, 이 연구는 당시 최신 자료를 인용하여 남한 前期 무문토기를 세밀하게 편년하고 공반 석기의 편년을 더해 시간성을 확보한 다음, 송국리유형과 대조하는 방식을 통해 나타나는 시·공간적 공백을 해결하기 위한 획기적 연구로 평가된다.

특히 그의 편년작업에 나타난 방법론을 주목할 필요가 있다. 그는 속성의 변화가 다양한 유물(토기, 석기)은 형식학적 방법에 의해 상대편년을 하고 다시 순서배열법을 이용하여 유적의 상대편년을 한 다음 공반유물를 통해 이를 검증하고 최종적으로 유적의 편년 및 단계설정을 도출하는 방법론을 사용하였다. 형식학적 방법론에 의한 상대편년을 공반유물 관계를 통해 검증하고 유구(또는 유적)와 유물을 순서배열법으로 편년한 이 방법론은 현재까지도 많은 연구자들에 의해 보편적으로 사용되고 있는 편년연구의 합리적 방법론이다. 그 외 송만영(1995)은 중기 무문토기문화를 이해하는데 있어서 송국리문화의 중심(서남한지방)과 주변(중서부지방)으로 인식하고 세부 편년 및 성격에 대해 탐구하였다. 그는 심발형 토기에 부가되는 문양의 조합여부와 공반유물을 분석하고 편년하여 각 단계를 설정한 다음, 문화사적 의미를 더하여 공열문토기문화와 송국리문화의 관계를 파악하는 결과를 도출하였다. 또한 취락유적간 상대편년을 시도하여 무문토기문화의 전개과정을 시·공간적으로 고찰하였다.

이상과 같이 각 類型의 정의속에서 지역별로 일괄 유물의 세부 편년이 주를 이루며 취락연구의 초보적 단계가 이 시기 연구의 큰 틀을 이룬 가운데 1990년대 잇달아 보고된 河南

미사리유적(1994), 金陵 송죽리유적(1994), 晋州 대평 어은1지지구·상촌리D·소남리유적(1999), 齊州 상모리(1990)유적 등의 등장은 종래 유물연구에 대한 커다란 인식의 변화를 가져왔다. 1990년대 후반 새롭게 등장한 일련의 유물복합체는 기존 편년에 대입하기 곤란한 상황에 봉착했고 이는 유물이 제공하는 고고학적 의미는 단순히 편년을 넘어 系統과 연관된다는 발상의 전환으로 이어졌다. 그리고 이러한 유물복합체의 등장은 한반도 남부지역 무문토기문화의 성립에 대한 의문으로서 향후 전환기 연구의 발판을 마련하게 된다.

먼저 최종택(1994)이 미사리유적의 돌대각목문토기가 역삼동식토기에 선행할 가능성을 제시하고 한영희(1994, 1996)는 돌대문토기에 대해 대동강유역의 금탄리Ⅱ기와 팽이형토기문화는 시간적으로 연속되며 여기에는 서북지방 토기의 영향이 있었다고 주장하였다. 諸 의견은 1990년대 후반 전기 무문토기에 대한 계통성에 대한 再考(大貫靜夫 1996; 朴淳發 1999)로 이어지며 기존의 편년·지역성 연구와는 별개로 초기 무문토기의 성립, 즉 우리나라 전환기 연구의 서막을 알리는데 결정적 역할을 담당했다.

이러한 가운데 1990년대 말 진주 어은1지구유적(1999)이 조사되면서 초창기 무문토기의 실체가 구체화되고 이상길(1999)는 어은1지구유적에서 즐문토기와 각목돌대문토기가 공반되는 주거지에 대해 즐문토기에서 무문토기로 넘어가는 과도기적 시기로 인식한 慧眼을 보이기도 했다.

이상 1990년대 청동기시대 유물연구의 패러다임 변화는 여전히 편년의 중요성이 강조된 가운데 다음과 같이 요약할 수 있다.

첫째, 방법론의 변화이다. 편년 연구에 있어 이전 시기에서 노출된 형식학적 방법론의 단점을 보완하고자 상대편년의 방법으로 순서배열법이 보편화되기 시작하였고 그 검증으로 공반유물, 교차편년, 탄소연대 등의 방법이 사용되었다. 그리고 이러한 방법론에 의해 도출된 편년은 궁극적으로 취락연구나 계통연구의 도구로서 작용하기 시작하였다.

둘째, 편년연구의 대상이 유물, 주거지와 같은 개별 단위에서 유물복합체로 확대되었고 공간적 대상은 기존의 광역단위에서 지역별, 권역별로 한정되었다. 이러한 공간적 대상의 변화는 각 유형의 지역성 연구로 이어지고 각 지역별 물질문화 변화에 대한 각각의 문화사적 의미가 부여되기 시작하였다.

셋째, 미사리유적·어은1지구유적 등과 같은 새로운 자료가 등장하면서 종래 편년에 대입할 수 없는 새로운 양식에 대한 인식의 변화이다. 이러한 인식의 변화는 기존 편년 체제의 재편과 함께 곧 계통연구로 이어졌다. 그리고 諸 변화는 다가올 2000년대에 한반도 남부지역 청동기시대문화의 성립에 대한 단초를 제공함과 동시에 새로운 시기편년의 근거로 작용하며 학계의 反響을 불러 일으켰다.

물론 고고자료의 과학적 분석에 관한 연구도 이전 시기보다 더욱 진척되었는데 당시 최신 방법(XRD, XRF, TG-DTA, TMA, SEM 등) 무문토기의 과학적 분석을 시도하여 태토, 소성온도, 광물조성 등을 통해 산지나 지역성을 추정하는 연구도 등장했다(崔夢龍·李榮文·鄭昌柱·姜景仁 1993). 이러한 개별 유물의 과학적 분석은 학제 간 교류 또는 융합을 통해 고고학적 연구의 한계를 극복할 수 있다는 점에서 매우 큰 의미를 가진다 할 것이다.

3. III기 (2000年代 이후~현재)

2000년대 이후 현재까지는 이전 시기에서 구축된 편년·지역성연구를 토대로 더욱 복잡·심화된 연구로 이어지는 시기이다. 결론적으로 말해, 2000년대 이후 현재까지는 시기구분·계통·취락연구·학제 간 교류 등 다방면의 주제에서 여러 가지 방법론이 등장했으며 이러한 시도는 다양한 결과와 함께 패러다임의 변화도 야기했다.

2000년대 초는 상술한 바와 같이 1990년대 등장한 미사리유적(1994)이나 남강유역 어은 1지구유적(1999)에서 등장한 새로운 유물복합체를 기왕의 편년에 대입하여 새로운 편년안 및 시기구분을 구축하는 작업이 먼저 시행되었다. 先鋒은 안재호(2000)가 제안한 부期를 포함한 4시기 구분법이었다. 내용은 역삼동·가락동·흔암리를 전기로 일괄하고 중기는 선송국리·송국리유형, 조기는 돌대문토기를 표지로 삼고 이 시기를 유문토기시대 말기 형식의 유물과 공반되는 단계로 삼았다. 당시까지 안정적인 시간적 위치를 가지지 못했던 '돌대문토기단계'가 미사리유적으로 인해 실체가 서서히 드러나고 漢沙里式住居址(安在晧 1996) 출토 일괄유물 중 원저의 발형토기가 중부지역 말기 신석기토기로 인식되면서 시간적 위치가 가장 앞설 것으로 생각되었던 것이다. 계통이 전혀 다른 것으로 이해된 이 유물복합체의 이른 시기 편년의 근거는 신석기 유문토기와의 공반관계 이외에 토기의 성형수법, 공반된 석기(석촉, 석도) 등에 의한 것으로 기존과 같이 토기 자체의 형식학적 방법론에 의한 편년이 아닌 점에서 큰 의미가 있다.

또한 남강유역의 어은1지구유적(漁隱1地區遺蹟)(이상길 1999)에서도 유문토기 및 이른 시기 석기 등과의 공반관계가 인정되면서 상기와 같은 맥락에서 이해되고 이러한 인식을 토대로 그동안 확실치 않았던 황석리 유적(제Ⅱ층), 내평2리 유적(韓炳三 1974)의 상황도 어느 정도 이해하기에 이르렀다. 여기에 문화사적 의미를 더하여 평저의 돌대문토기와 유문토기가 공반하는 미사리유적과 어은1지구유적의 주거지는 대체로 압록강유역 또는 요동반도에서 농경을 기반으로 한 주민들이 남하한 것으로 간주하여 재지계의 有文土器文化와 외래계의 突帶文土器文化가 융합된 시기를 '早期'로 설정하여 새로운 시기구분의 틀로서 재편한 것이다(安在晧 2000). 그간 소수에 불과하여 일본의 繩文晚期의 각목돌대문토기와 관련해 무문토기시대 中期(李弘鍾 1988, 1994)로 편년되던 유물복합체의 실체가 비로소 드러난 것이다. 이는 무문토기의 종류와 성격을 비파형동검문화에 비추어 인식했던 70년대 전·후기의 2분법(林炳泰 1969; 後藤直 1973; 李白圭 1974), 송국리유형의 등장으로 인한 80년대 전·중·후기의 3분법(藤口健二 1986; 河仁秀 1989; 李健茂 1991)에 이어 각목돌대문토기를 조기 편년의 근거로 한 조·전·중·후기의 4시기 구분법으로 劃期를 이룬 큰 성과이다.

특히 이런 새로운 획기는 토기의 문양에 따른 편년에 국한하지 않고 제작기법의 관찰, 석기와의 조합상, 반출 주거지의 형태 등을 종합적으로 고려하여 시기구분을 넘어 문화사적 의미까지 부여한 결과로서 선사시대 유물이 제공하는 고고학적 정보를 연구자가 최대한 간취하여 고찰한 성과이기도 하다. 그러한 저변에는 이상길(1999)과 같이 새로운 유물군(돌대문토기 등)에 대해 처음부터 전환기 자료로 인식한 慧眼이 영감을 준 것이다.

특히 남강유역 어은1지구의 방사성탄소연대가 2850±60BP인 점은 수가리Ⅲ층의 연대가 3130±80BP인 점과 비교해 시간적 공백까지 메워지는 계기를 형성하고 한동안 많은 지지를 받았다.[2] 이후 早期는 청동기시대 시기구분의 한 軸으로서 한반도 남부지역에 있어 광역별 세부편년이 활성화되는 결정적 역할을 담당하기에 이른다(韓國靑銅器學會 2007).

이후 박순발(2003)의 미사리유형 설정과 김재윤(2004), 천선행(2005) 등 각목돌대문토기 세부 연구가 잇따르고 관련 고고자료가 증가해 조기 설정론은 많은 연구자들의 지지를 받으며 차츰 중론으로 고착된다.[3]

그리고 돌대문토기를 위시한 석기, 이를 반출하는 주거지 형태 등의 제 요소는 기원지(원류지)를 구하는 계통 연구로 이어졌고 이는 한반도 남부지역 청동기시대의 개시, 나아

---

2) 주지하다시피 최근은 강원 영서지방을 위시한 여러 지역에서 3000B.P를 넘어서는 자료가 속출하고 있다.
3) 조기설정에 대해 적지 않은 연구자들의 합리적 비판이 이어져 왔는데 이는 후술하도록 한다.

가 농경문화의 시작을 탐구하는 주제로 점차 외연을 확장한다. 그리고 강원영서·영동, 서울·경기, 충청북서·남동, 영남내륙, 남강유역, 동남해안지역, 전라도 지역까지 조기의 내용에 부합되는 자료가 추가되는 등 전국적 양상으로 인식되어 돌대문토기문화는 신석기~청동기시대 전환기를 대변할 핵심 키워드로 자리 잡기에 이른다(한국청동기학회 2012, 2013). 여기서 중요한 점은 前期(가락동·역삼동·흔암리), 中期(송국리)의 상대편년이 확고해진 가운데 새롭게 설정된 무期의 시기구분은 한국 청동기시대의 성립에 대한 의문과 '계통 문제'를 야기했고 이는 곧 우리나라 청동기시대 전환기 연구의 지평을 열었다는 점이다. 이를 타계하기 위해 학계는 기원치 추정, 유물의 관찰, 전후시기 유물과 형식학적 상관관계 검토 등에 의존한 연구를 진행한 결과, 조기 부정론의 빌미를 야기하기도 했다.

한편, 이 시기에는 또 하나의 계통연구 주제로 기원지가 명확한 미사리유형에 비해 송국리유형에서 보다 열띤 논쟁이 이어졌다. 90년대 초 안재호(1992)의 '松菊里類型의 檢討'이후 해당 유형의 계통과 확산에 대해서는 2000년대 들어 김장석(2003, 2006)의 논의가 이어져 先송국리유형에 대한 관심과 인정이 보편화된 가운데 여전히 계속되는 송국리문화 기원 논쟁은 현재까지도 진행형으로 볼 수 있겠다.

이러한 논쟁 역시 유물복합체를 이해하는 방법론이 키를 쥐고 있다. 최초 재지 발생설을 주장했던 안재호(1992)는 전기 무문토기문화와 송국리문화를 계기적 변천관계로 파악하고 양자 사이에 先송국리유형(도롱유적 1期)을 설정함으로써 전기와 중기를 연결하는 편년의 도구로 삼았다.

이후 이형원(2009)과 같이 주거형태의 변화에 착안하여 송국리유형의 계통을 설명한 연구도 있었지만, 김장석(2003, 2006)은 충청지역으로 공간을 한정해서 先송국리유형을 검토하면서 유물의 변화에 중점을 두었는데 구연부가 내만 또는 직립하는 토기가 송국리식 외반구연호에 선행하는 것을 근거로 先송국리식유형이 전기 무문토기에서 발생한 것으로 보았다.

반면, 외래기원설을 주장한 연구자(김정기 1996; 우정연 2002; 이진민 2004; 이홍종 2002 외)도 적지 않았는데 이들의 방법론은 유물(토기)의 문양을 통해 해석한 경우다. 최근 이종철(2015)은 先송국리유형으로 말미암아 고고학적 해석이 굴절되고 있는 점을 비판하고 문화접변적 관점에서 先송국리유형과 송국리유형이 혼재하고 있을 가능성에 대해 언급했다. 그리고 송국리식토기의 영향을 받은 것으로 추정되는 외반구연호는 전국에 분포하지만 대부분 변화형에 가깝고 이는 중심지에서의 이탈이자 시간성이 만들어내는 변화, 즉 문화변동 과정에서 비롯된 결과로 보면서 송국리유형의 형성지를 금강하류역으로 판단함과 동시에 그 기원으로 중국 남방문화 내지 동남아시아 일원 지역의 농경문화의 가능성을 제기하기도 하였다.

형식학적 방법론에 의한 시각과 문화사적 의미에서 문화접변의 시각으로 바라 본 고고자료의 해석결과는 상기와 같이 정반대의 결과를 도출하기도 한다. 후술하겠지만, 양론의 결과는 방법론에 기인한 것이기도 하다.[4] 자생설은 前期 유물복합체를 순서배열법으로 편년한 다음, 층서와 중복이 뚜렷한 大谷里 도롱유적의 사례를 대입하여 先송국리유형을 도출한 것이다. 立論의 과정에서 형식학적 방법론에 의한 편년 결과의 단점을 보완하기 위해 공반유물 관계와 층서적 근거가 명확한 자료를 선정한 것이다. 다만 이러한 형식학적 편년 과정을 통한 계통의 추적은 계기적 변천과정을 전제로 하고 그것을 검증하기 위한 방법적 한계를 극복하기 어렵다. 즉, 이종철(2015)의 주장대로 전기와 중기의 매개인 先송국리유형과 송국리유형이 혼재하거나 先송국리유형이 배제된 채 전·중기 자료가 혼재하는 과정을 설명할 수 없다. 고고자료를 해석하는데 있어서 서로 다른 방법론의 적용이 반대의 결과를 도출하는 사례라 본다.

미사리유형의 조기 설정과 송국리유형의 발생의 논쟁에 있어 또 한 가지 큰 패러다임의 변화를 간취할 수 있다. 2000년대는 이른바 '再考과 檢證의 시대'라 해도 과언이 아닐 만큼 이전 시기 연구에 대한 비판적 연구가 쇄도한 시대이다. 이러한 비판적 연구 사조는 그간 빈약하고 단절된 고고자료의 한계속에서 설정된 종래의 학설에 대한 합리적이고 건강한 비판으로서 그간 축적된 자료의 증가나 방법론에 기인한 것이다.

그러한 의미에서 대표적으로 김장석(2002, 2003, 2008, 2011, 2014, 2018)의 연구와 비판은 학계 큰 물음표를 던지기도 했다. 그는 한국고고학(특히 청동기시대)에서 형식학에 근거한 편년과 시기구분에 대한 문제점을 지적하면서 '조기 설정 무용론'을 최초로 주장했다. 핵심은 한반도 남부지역 청동기시대 성립에 있어 돌대문토기집단이 외부에서 이주해 온 이주민이라는 전제는 동일하지만 형식학에 근거한 토기의 구연부 처리방식이나 편년은 時間性을 전혀 반영하지 않으며 결국 시기구분 단위로서 조기는 그 문화사적 실체가 모호하다는 것이다. 이러한 논조는 황재훈(2014, 2015), 황재훈·양해민(2015) 등이 제시한 탄소연대에서 돌대문토기, 이중구연토기, 공열문토기가 그 상한이 차이를 보이지 않는다는 점에서 탄력을 받아 논쟁

---

4)　당시 자생설과 외래기원설 양론의 입론 과정만을 언급한 것이다.

은 점차 고조되었고 현재도 진행형이다. 김장석(2018)은 안재호(2016)가 가장 최근 주장한 조기 설정의 세 가지 조건 또한 이른 시기 토기문양들이 절대연대의 상한에서 차이를 보이지 않는 점을 들어 반박하였다.

　문제는 결국 김장석(2018)의 주장이 향하는 결론은 청동기시대의 성립에 대한 시각에 있다는 것이다. 방사성탄소연대치를 근거로 각목돌대문토기, 이중구연토기는 그 시작점에서 아무런 차이를 보이지 않는다는 점과 분포상의 차이만 있을 뿐 서로 배타적 양상이 아니라는 의견을 들어 이른 시기(전기) 청동기시대 편년에서 문양을 통해 시기를 파악하고 계통, 기원, 나아가 집단을 설정하는 방식은 더 이상 유효하지 않다는 점이 핵심이다.

　한반도 남부지역 청동기시대 사회의 성립이 이주민에 의한 농경문화의 성립이라는 대전제에 대해서는 조기 설정론, 부정론 모두 참인 명제하에 논쟁을 펼치지만 조기 부정론자들이 시간성을 판단하는 방법론은 철저하게 '방사성탄소연대측정법'에 의존하고 있다. 조기 부정론에 선 연구자들이 지향하는 연구의 목적은 유물복합체의 변천과정이 아닌 '사회현상' 해석에 있다. 동일 주거 내에서 확인되는 다양한 토기의 문양은 청동기시대 성립 당시 폭발한 인구(2800BP시점까지)의 이합집산과 사회재편 과정에서 나타난 '선택사항'으로 보는 것이다(김장석 2018). 즉, 전통고고학의 방법론에 근거한 미시적 접근법과 과학적 연대측정법에 기반을 둔 이론적 접근법이 낳은 전혀 다른 결과의 양산이 양론의 평행선을 유지케 하는 것으로 보인다.

　이렇듯 정형화·고착화된 편년의 틀에서 새로운 유물군의 등장은 청동기시대 뿐 아니라 고고학이 관여하는 어느 시대에서나 나타날 수 있는 문제인 점[5]을 감안하여 모든 연구자가 인정할 수 있는 합리적 방안으로 신중히 대입하는 것이 요구된다. 따라서 이 주제는 현재까지도 패러다임의 전환과정을 겪고 있는 중이라 생각된다.

　한편, 2000년대에 청동기시대 연구의 또 하나의 패러다임 변화는 기왕의 편년 및 계통연구와 그에 기인한 해석의 대상이 유물복합체를 넘어 '聚落硏究'로 서서히 수렴하고 있다는 점이다.

　현재 취락연구는 현재 대부분 연구자들로 하여금 '과거문화의 복원'이라는 고고학연구의

---

5)　말하자면, 김장석(2009)이 주장한 호서·호남지역 '경질무문토기 단순기 부재론'도 전환기 공백문제에 대한 논쟁이며 비슷한 맥락으로 이해할 수 있다.

완성이자 궁극의 지향점으로 인식되고 있는 것 같다. 그러한 바탕에는 1990년대 이후 폭발적으로 증가한 고고자료, 기왕의 유물연구에 대한 편년 및 탄소연대 축적에 따른 동시기성 확보, 경관고고학, 환경고고학 같은 새로운 시각, 지리정보체계(GIS:Geographical Information System)의 발전 등을 들 수 있을 것이다. 따라서 최근 대부분의 연구의 종착점이 취락연구로 일제히 수렴하고 있음은 부정할 수 없는 패러다임의 변화로 보인다.

안재호(2006)의 '靑銅器時代 聚落研究' 등장 이래 최근 취락연구의 동향을 보면, 권역별 대규모 취락유적들을 세부편년을 완성하고 동시기성을 확보하여 취락 간 관계망(social network) 형성을 탐구하고 이를 모델화함으로써 이른바 '據點聚落'의 등장을 주요 테마로 하고 있음을 알 수 있다(박영구 2015; 李秀鴻 2015; 李宗哲 2015). 각 과정에서 문화사적 의미를 부여함은 물론이다. 이러한 변화는 윌리(G.R.Willey)가 주창한 인간행위와 연관된 취락유형의 공간적 분포에 대한 연구로서 '공간고고학'과 같은 구조적 개념은 아니다. 이는 취락 내 편년을 통한 동시기성 확보를 기본으로 한 다음 취락 간 편년, 위계, 유형, 사회구조, 관계망 등 전 분야를 탐구하는 총체적 산물인 셈이다. 이런 동향은 고전적 관점에서 유물의 편년이나 기능, 계통에 기반을 둔 지역성 연구 등에서 벗어나 과거 사회복원이라는 공동의 지향점으로 나아가기 위한 인식의 변화에 기인한 것이기도 하다.

요컨대, 청동기시대 고고학에서 기왕의 유물연구가 편년, 계통과 같은 일차적 정보를 주는 매개였다면 앞으로의 연구 방향은 유물과 유구를 통해 청동기시대 사회의 총체적 복원이라는 큰 틀에서 취락연구를 뒷받침하는 객관적 도구로 변화하고 있는 것이다.

이러한 사조는 -연구자의 의도와는 상관없이- 1960년대 미국고고학을 중심으로 등장한 新고고학(과정고고학)의 연구 목적에 부합하는 것으로 보인다.

청동기시대연구에 있어서 마지막 패러다임 변화로 과학적 분석을 통해 유물이 제공하는 고고학적 정보 외 과학적 분석으로 도출된 결과에 고고학적 의미를 부여하는 인식이 확대되고 있다는 점도 빼놓을 수 없다. 유물에 대한 과학적 분석은 언급한 바와 같이 1990년대 초를 기점으로 꾸준히 성과를 축적해 왔는데 이러한 시도는 당연히 당시 과학발달의 정도와 연동되기 때문에 과학기술 발전 정도에 따라 많은 양의 정보를 제공한다.

초기의 방법은 X선 회절분석, 화학조성, 열분석, 현미경관찰 등과 같은 기초과학적 방법으로 태토의 성질, 광물조성, 소성온도 등을 통한 산지추정 등에 국한되었다(崔夢龍·李榮文·鄭昌柱·姜景仁 1993). 그러나 2000년대에 들어서면서 과학적 분석은 동·식물 유체 분석이나 과학적 연대측정법 등 고고학적 가설을 검증하는 도구로 쓰이기도 하고 실험고고학과 같은 분야와 결합되기도 하면서 다양한 시도가 이어지고 있다.

예컨대, '고배율 현미경을 통한 반월형석도의 사용분석(손준호 외 2006)', '복제법(replica)을 이용한 청동기시대 토기 압흔 분석(손준호 외 2008)', '실험고고학을 통해 본 청동기시대 마연토기의 제작복원(신경숙 외 2008)' 등 매우 다양한 주제에서 과학적 분석이 쓰이고 있다. 또한 무문토기의 용량을 복원하여 사회경제적 양상을 파악하고자 한 김범철(2007, 2013)의 시도 또한 대단히 신선하다. 이러한 과학적 분석과 그에 따른 실증적 방법론의 모색은 패러다임의 변화라기보다 과학기술 발전에 의한 연동결과로서 과학기술의 발전과 함께 향후에도 지속될 것이다. 특히 이러한 분야는 고고학을 중심으로 학제간 교류를 통한 고고학적 결론 도출이 지향되어야 할 것이다.

이상과 같이 2000년대는 이전 시기부터 진행된 편년의 결과가 안정되는 한편 탄소연대와의 정합성을 꾸준히 검토하는 단계이며 그러한 과정에서 제기되는 이론의 검증과 재고, 연구의 총체로서의 취락연구 발전 등 많은 다양성과 지향점이 모색된 시기라 할 수 있다.

III. 새로운 연구방향의 모색

이상과 같이 해방 이후 현재까지 우리나라 청동기시대 연구의 패러다임 변화에 대해 서사의 순으로 간략히 살펴보았다. 본 章에서는 현재 패러다임 변화를 겪고 있는 몇 가지 문제들을 짚어보고 향후 연구의 새로운 방향에 대해 간단하게 모색해 본다.

1. 몇 가지 문제와 쟁점

1) 編年

해방 이후부터 현재까지 이어 온 청동기시대 연구의 근간과 목적이 적어도 최근까지는 '편년연구'에 있음은 어느 연구자라도 부인할 수는 없을 것이다. 해방 직후 1970년대까지 이른바 직관에 의존했던 '사변의 단계'를 제외한다면, 모든 연구의 근간은 편년을 도구로 한다.

큰 틀에서 고고학의 본질이 시간의 순서에 따라 과거 사회구조를 복원하고 그에 따른 문화사적 의미를 부여하는 작업이라면, 시간의 순서를 정하는 일은 가장 기초적이고 선행되어야할 작업임은 자명하다. 동시에 고고학 연구에서 편년은 목적이 아니고 도구나 수단이 되어야 함도 당연하다. 편년의 방법은 상대편년과 절대편년이 있음은 주지의 사실이지만 청동기시대 연구에서의 편년 방법은 주로 상대편년에 의존해 왔다.

상대편년의 방법은 1980년대 이희준(1983, 1984, 1986), 최성락(1986)에 의해 한국고고학에 있어 형식학적 방법론의 폐단이 지적된 이래 1990년대 안재호(1991, 1992)가 시도한 형식학적 방법을 기초로 한 순서배열법이 가장 합리적인 방법으로 제시되어 왔고 현재도 많은 연구가 이 방법에 의존해 편년 작업이 이루어지고 있다. 그렇다면 많은 고고자료가 축적되고 방법론에 대한 인식의 변화가 이루어진 현 시점에서 상대편년의 방법으로서 형식학적 방법 및 순서배열법이 여전히 유효한가에 대해 짚어볼 필요가 있다.

19세기말 Hidebrand가 주장하고 진화론에서 영감을 얻은 Montelius가 완성한 형식학적 방법은 형식들을 일정한 순서로 배열하여 각 형식 단위로 분기 또는 단계를 설정함으로써 편년의 결과를 얻는 방법이다. 몬텔리우스의 이러한 형식학적 편년방법은 유물을 형식별로 늘어놓는 단계인 형식학적 배열과 이를 검증하는 단계(형식학적 흔적기관의 검증, 일괄유물에 의한 검증)로 구성되어 있다. 그런데 19세기 말에서 20세기 초까지 서구에서 상대편년의 방법으로서 널리 이용되어 오던 이 편년법은 20세기 초 곧바로 일본으로 유입되어 다소 변형을 거친 후 일본인 학자에 의해 우리나라에 소개되는 이력(履歷)을 주목할 필요가 있다. 즉, 이 방법론은 서구에서 일본으로 넘어와서 형식의 單位(개별유물·토기군)와 意味(주민, 계통, 부족)가 다소 변질된다. 그리고 이후 일본에서는 이러한 형식을 지나치게 연대상의 단위로 세분하여 '형식편년'론이 대두되기에 이른다. 이러한 사정이 해방 전후 일본인 학자 및 국내 학자들에 의해 한국고고학에 그대로 적용된 사례는 쉽게 찾아볼 수 있다.

반면, 이러한 형식학적 방법의 문제점은 서구 학자들에 의해 잇달아 지적되는데 형식학적 배열의 방향성을 검증할 수 없는 점(G.Childe 1956), 형식학적 방법의 이론적 바탕이 진화론에 있으므로 역사성에 대한 몰이해를 가져오며 고고학 연구에 부적당하다는 점(G.Clark 1952) 등에서 방법론으로서는 서서히 배척되기 시작하였다.

우리나라 또한 일찍이 형식학적 방법의 문제점이 제기된 바 있다. 이희준(1983, 1984)은 형식에 의해서만 편년을 얻고 있는 점, 형식을 靜的인 것으로 인식하고 유물상의 변화를 범주적으로 인식하고 있는 점, 빈도의 개념이 없다는 점을 문제로 삼았고 최성락(1984)은 형식학적 방법이 시간적인 추구 외에는 다른 역할을 할 수 없다는 점, 생명을 가진 생물체의 변화에 적용된 진화론이 인간에 의해 만들어진 유물에 그대로 적용될 수 없다는 점 등을 지적하였다. 실제로 1990년대 이전 형식학적 방법에 의한 편년법의 결과는 개별 유물이나 토기군을 일직선상에 늘어 놓고 별다른 검증 없이 직관적이거나 주변 유적의 상대편년의 결과를 대입해서 편년하는 사례가 적지 않았다.

요컨대, 형식학적 방법은 방법론 자체가 가지는 구조적 문제점을 차치하고서라도 편년의 단위를 일직선상의 시간축에 늘어놓는 방법에 불과하지 않다는 점을 상기해야 한다. 현재 우리나라의 청동기시대 고고자료는 시기별로 계통이 전혀 다른 유물복합체가 나타나고 이러한 유물복합체가 기존의 자료와 짧은 시간 동안 뒤섞여 각종 변이를 양산하며 공간적으로 확산되는 복잡한 특징을 지닌다. 이런 상황에서 개별유물이나 일군의 토기군을 일직선상의 시간축에 늘어놓는 형식학적 편년의 방법은 巨視的으로 크게 의미가 없다. 또한 편년의 결과가 함의하는 고고학적 내용도 유추할 수 없다.

이를테면, 자동차를 문제로 들어 보면, A자동차 회사에서 1970년부터 1995년 동안 출시된 S시리즈의 자동차가 있다고 가정해 보자. 형식학적 방법으로는 S1(1970~1975) → S2(1974~1980) → S3(1978~1985) → S4(1983~1990) → S5(1988~1995) 의 편년결과밖에 얻지 못한다. 즉, 시간의 순서대로 엔진 개발자가 동일했는지, 각 부품이 현지에서 생산되었는지, 시간의 경과에 따른 품질의 여부, 사회구조와 이슈가 모델에 미친 영향 등 그 어떤 含意도 알지 못하고 그저 자동차의 외형 변화에 따른 모델의 시간의 순서만 알 뿐이다. 나아가 이러한 단순 시간의 순서에 연구자의 잘못된 문화사적 의미가 개입된다면 실제 내용과는 전혀 다른 결과가 도출될 위험이 크다. 따라서 현 상황에서 굳이 형식학적 방법을 적용할 대상을 찾는다면 동일 유적 내에서 같은 기종의 유물변화 과정 정도가 되겠다.

한편, 앞서 살펴본 것과 같이 1980년대 후반 이청규(1988)에 의해 광역을 무대로 하는 類型論 연구가 시도되고 유물복합체가 가지는 공간적 의미에 대한 대중의 요구에 부응하기 위해 상대편년의 방법으로 순서배열법이 적극 도입되기에 이르렀다. 순서배열법은 개별유물(유구)에 한했던 형식학적 방법에 비해 보다 다면적 방법으로 유적간 편년에 용이하고 나아가 지역별, 권역별 광역 편년까지 가능하다. 또한 계통이 다른 유물 복합체가 출현하더라도 공반유물의 형식을 통해 극복가능하며 이는 시대 내 시기구분의 근거로 작용하기도 한다.

순서배열법의 등장은 한국 청동기시대의 가장 큰 특징 가운데 하나인 前期에 여러 유형이 시·공간적으로 난립하고 後期에 양대 유형으로 대별·고착되는 점이 인식되면서 형식학적 방법이 가지는 공간·빈도적 한계를 극복할 수 있는 유일한 상대편년법으로 간주되어 왔다. 그리고 2000년대 초, 안재호(2006)를 기점으로 최근 청동기시대 대부분 연구의 종착점이 취락고고학을 향하고 있고 취락고고학에서 가장 쟁점은 同時期性 확보라 할 수 있겠다. 동시기성이 확보되지 않은 취락연구는 취락의 변모나 취락 간 위계 등을 전혀 설명할 수 없기 때문이다. 과언하자면, 작금의 상황에서 편년 연구가 가지는 가장 큰 목적은 취락연구를 위한 동시기성 확보라 해도 과언은 아닐 것이다. 이를테면 생업형태의 변화나 그에 따른 생계전략의 변화 등 대부분의 심화주제가 정확한 편년에 의한 동시기성 확보가 관건인 점은 부인할 수 없다.

2000년대 이후 광역편년이 어느 정도 뚜렷한 성과를 나타낸 현 시점에서 편년의 목적은 지역별·권역별 세부 편년을 완성하여 한반도 남부지역 전역의 무문토기문화 성립과 전개를 파악하는 도구적 역할이다. 최근 편년연구에 있어 가장 큰 쟁점은 과거 형식학적 방법이나 순서배열법의 검증도구로 사용되었던 절대연대치의 개입이다. 현재 우리나라 방사성탄소연대치의 누적은 세계 어느 나라보다 많다. 따라서 이러한 탄소연대치에 대한 해석과 오류가 상대연대에 의한 편년 결과를 부정하거나 무의미하게 만드는 경우도 늘고 있다. 대표적 사례가 청동기시대 조기를 둘러싼 諸 논쟁일 것이다. 2000년대 이후 미사리유형의 등장이 본격화되고 이는 곧 상대연대법에 의해 조기설정의 근거로 이어진다. 이후 조기설정이 어느 정도 고착화된 시점에서 김장석(2008)을 필두로 탄소연대치를 근거로 한 조기 부정론이 대두되기 시작했다. 이론적 방법론에 기인한 상대편년의 결과가 탄소연대치와 정합하는 것이 가장 이상적임은 물론이지만, 전기 각 유형의 탄소연대 상한이 대동소이하며 문화사적으로 별다른 의미가 없다는 입장은 청동기시대 前期 사회에 대해 완전히 다른 인식에 도달하고 있다.

탄소연대의 사용에 대한 근본적 문제점은 차치하더라도 한반도 남부지역 청동기시대 사회의 성립과 전개를 올바르게 파악하기 위해 이론적 방식의 상대편년과 현재 무시할 수 없는 양이 집적된 탄소연대의 활용은 반드시 접점을 구할 필요가 있어 보인다. 현 시점에서 상대연대 및 절대연대 결정법이 相衝하고 있으며 그에 따른 문화사적 의미부여가 판이하게 다른 점은 향후 이 시기 연구를 위해서라도 반드시 해결해야 할 숙제이다. 상대연대 결정법은 탄소연대를 이용하여 '검증'해야 하며 탄소연대 결정법은 초출자료와 그 의미를 장담할 수 없다는 점을 반드시 인식해야 한다. 여기에서 고고학 연구자의 탄소연대 해석에 대해 지적하고 싶다. 단발성이 아닌 집적된 탄소연대의 수치는 당연히 고고학적으로 유의미하며 현재 우리나라는 세계 어느 나라보다 청동기시대 유적 탄소연대의 집적률이 높다.

　다만, 조기 부정의 근거로 작용한 돌대문토기, 이중구연토기, 공열토기의 시작 시점이 탄소연대 상으로 아무런 차이를 나타내지 않는다는 점은 방법론적 오류로서 再考할 여지가 있다. 우리나라 청동기시대 모든 유적의 탄소연대치가 확보되지 않는 이상 탄소연대만으로 初出 자료를 특정할 수 없기 때문이다. 初出 자료는 탄소연대치가 누적될 때 마다 항상 상회하여 왔다는 점이 이를 방증하고 있다. 조기 긍정, 부정 양론 모두 청동기시대 사회의 성립이 이주 농경민과 수렵채집 재지민의 관계에 의한 것이라는 고고학적 정황에 대해 일부 합의된 만큼 初出 자료에 대한 고고학적 중요성은 양론 모두 인정하는 것 같다. 이는 초출자료의 수가 증가하고 그것을 뒷받침할만한 탄소연대도 인정된다면 논란은 방점을 찍을 것으로 예상된다[그림 3].

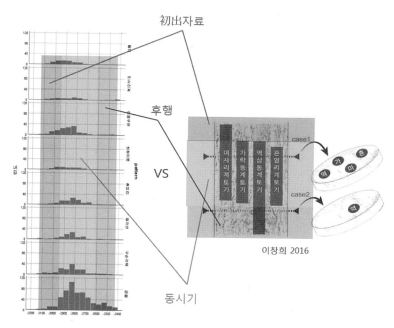

[그림 3] 주거지 출토 각 문양의 방사성탄소연대치 분포(황재훈 2014, 김장석 2018, 이창희 2016 수정)

2) '類型論'

당초 유형론을 주창한 이청규(1988)는 당시까지 무문토기문화 연구가 북한 학계에서 압록강유역, 두만강유역, 대동강유역 등 공간적으로 광역 단위의 연구가 진행되어 온 것에 대해 남한지방은 '단일문화권' 수준으로 다루어 진 점을 인식하고, 1970년대 등장한 '송국리토기문화'를 필두로 남한지역의 토기문화를 더 이상 단일문화권으로 규정할 수 없다는 취지에서 제기된 이론이었다.

그러한 주장에는 남한 지역 주민의 구성과 변천의 맥락을 이해하기 위해 박순발(1999)의 견해[6]와 같이 일정한 토기군 혹은 토기문화의 유형이 곧 일정한 주민집단이라는 등식을 전제하고 같은 의미에서 유물복합체로서 토기群을 '~式', 토기文化를 '~型'으로 정의한 것이다. 이후 학계에는 '동일 토기문화(유물복합체)=동일 주민집단' 이라는 전제하에 일일이 거론하기도 힘들만큼 많은 유형이 양산되기에 이르렀다. 〈표 3〉은 유형론 발표 당시 이청규(1988)의 대략적 시기구분案이다. 물론 미사리유형의 부재와 누적 탄소연대치가 빈약했던 당시 案이고 현재의 시기구분과는 다소 차이를 보이지만 2000년대 이후 논문들을 보면 아직도 큰 틀에서 그 얼개는 유지되고 있는 것 같다.

문제는 각 유형들이 대변하고 있는 고고학적 정보와 문화사적 의미 혹은 한반도 남부지역을 광역으로 묶는 고고자료의 '단위'로서 그 實體가 아직도 유효한가에 대한 의문이다. 이러한 자문의 의도는 단지 고고학적 공통적 분모만을 추출한 인위적 방편의 도구가 되는 것을 경계하고자 함이다.

〈표 3〉 이청규(1988)의 유형론

시기구분	초기	전기	중기	후기	말기
내용	가락동유형과 역삼동유형이 상존하는 단계	흔암리유형 형성 역삼동·가락동 보급 송국리형성	가락동유형 소멸 흔암리·역삼동·송국리유형이 남부로 확산	수석리유형이 형성 및 확산 역삼동·송국리·흔암리 잔존	군곡리·늑도유형 형성 및 확산
절대연대	B.C. 10~8C	B.C. 8~6C	B.C. 6~4C	B.C. 4~2C	B.C. 1C~A.D. 1C

---

6) 박순발은 유형을 '동질적 문화전통을 가지고 있으면서 고고학적 동시간대로 포괄될 수 있는 제작사용집단에 의해 제작 사용된 일련의 유물 및 유물군으로 정의하고 일정한 공간범위 내에서 동일한 유형의 고고학자료들이 반복적으로 확인될 경우에는 해당 유형을 고고학적 문화로 부를 수 있다.'고 하였다.

당초 '유형'이 제시한 고고학적 단위는 북한지역의 광역 문화권에 대응한 시·공간적 복합개념이었다. 즉, 유형이 뜻하는 바는 토기문화로서의 시·공간적 의미로 볼 수 있다. 이를테면, '가락동유형'이라 함은 공간적으로는 한강유역에서 형성되어 금강유역의 중부지방을 거쳐 그 以南인 호서지역 및 경북 내륙 지방까지를 포함하며 시간적으로는 조·전기에 귀속되는 단위로서 일종의 '土器文化'로서의 개념인 것이다(李淸圭 1988). 하지만 많은 자료가 축적된 지금은 유적 분포상 최초의 내용과 비교했을 때 공간적 개념이 희미해졌다. 시간적 개념 또한 상·하한의 외연이 광폭으로 확장되었음은 물론이다. 자료가 늘어날수록 전기 무문토기 물질문화는 여러 요소들이 뒤섞이며 산발적으로 나타나는 자료의 특징을 目睹하여 왔음은 부인할 수 없다.

예컨대, '동남해안지역에서 典型 가락동유형이 나타나는가?' 같은 상징적 질문에 대한 답은 현재 큰 의미가 없을 것으로 생각된다. 최소한 과거 유형의 시·공간적 개념이 사라진 것은 확실해 보이기 때문이다. 그 동안의 청동기시대 연구에서 많은 연구자들이 유형론에 천착했던 이유는 연구자들 간 '특정 토기문화를 대변하는 類型이 곧 집단'이라는 등식이 오랫동안 작용했고 그러한 집단은 곧 그들이 향유한 물질문화에 정체성(identity)을 투영한다는 당위적 사고에 매몰된 결과였다.

우리는 2000년대 초 김장석(2001)의 '흔암리유형'에 대한 재고론에서 그 교훈을 얻을 수 있다. 동북지역에서 남하한 역삼동식토기와 서북지역 각형토기 문화권에서 남하한 가락동식 토기가 한강유역에서 융합한 결과라는 이백규(1974)의 주장은 형식학적으로 매우 자연스러운 주장이었으며 자료가 빈약했던 당시라면, 당연하고 합당한 결과였을지도 모른다. 다만 1990년대말부터 大貫靜夫(1996), 박순발(1999) 등에 의해 흔암리식토기 발생에 대한 견해차가 등장하면서 2000년대 초, 김장석(2001)에 의해 재고론이 급부상하면서 論은 이론적으로 취약점을 드러냈다. 가락동식토기와 역삼동식토기의 융합으로 발생한 것으로 간주되었던 흔암리식토기의 연대가 전자와 차이가 없고 흔암리식토기의 하한이 가락동식토기의 하한보다 늦지 않다는 점을 들어 그 문화적 실체가 부정되기에 이르렀다. 이른바 '한강유역 융합론' 이후 연역적 입장에서 그에 맞는 자료들을 수집한 과정에서 오는 오류로 규정한 것이다. 대안으로 지역별 전개과정에 있어 가락동식토기 집단을 청천강-대동강유역의 각형 토기집단 이주에 의한 결과로 매듭지었다. 이러한 주장 이후 여러 연구자들은 그 타당성을 일부 인정하고 前期 각 유형의 상대편년에서 흔암리유형의 시간적 위치에 대해 한동안 큰 혼란을 겪기도 했다.

현재 청동기시대 연구에서 대부분의 類型(=토기문화)은 빈도의 차이는 있을지언정 전국적으로 분포하는 경향이 짙다. 문제는 빠른 시간동안 확산·소멸하는 과정에서 나타난 변이와 그러한 변이가 나타나는 전개과정을 파악하는 것이 현 시점에서 유형론이 당면한 과제라 할 것이다.

후술할 무기(武期)의 문제를 차치한다면, 청동기시대는 현재 前期 각 유형으로 대별되는 물질문화와 후행하는 송국리·검단리문화로 양분된다. 그리고 검단리, 송국리 문화의 상한이 거듭 올라간 상황에서 전기 각 유형은 생각보다 매우 급진적이고 동시다발적으로 지역문화를 형성하는 것으로 보인다. 심지어 전개 양상에 따라 지역마다 空白이 발생하거나 상·하한이 상이하게 나타나기도 하는 현상은 빈번하게 확인된다. 이 모든 변이나 조합에 의미를 부여하여 유형화 한다면 유형의 시·공간적 의미보다 오로지 현상에만 천착될 위험이 높다.

생각컨대, 유형론이 발생한 배경은 시·공간적 정보를 제공할 광역단위의 상대편년 도구가 요구되었던 당시 학계의 필요와 요구에 기인한 것이다. 향후는 유형론이 주는 연역적 사고의 매몰과 오류에서 벗어나 다시 각 물질문화가 내포한 개개 요소의 조합이 주는 문화사적 의미를 탄소연대와 결합하여 복합적으로 해석할 필요가 있다고 본다.

3) '무기(武期)' 설정

청동기시대 연구에서 조기 설정은 안재호(2000)가 主唱한 이래 많은 연구자(김재윤 2004; 천선행 2005, 2007, 2015; 배진성 2009, 2012; 이형원 2010, 2016; 정대봉 2013)의 지지를 받아 중론으로 고착된 한편, 김장석(2008)을 위시하여 적지 않은 연구자(이기성 2012; 황재훈 2014, 2015)에 의해 꾸준히 제기되어 온 해묵은 논쟁 가운데 하나이다. 이 논쟁은 2000년대 이후 청동기시대 연구에 있어 가장 큰 쟁점으로 부각되었다. 현재는 단순히 시기구분상 획기의 문제가 아니라 시기구분이 야기하는 편년, 계통, 탄소연대 문제 등 총체적 담론으로 비화된 느낌이다.

최초 논쟁의 핵심은 간단했다. 돌대문토기 단독기 혹은 재지계 이중구연토기를 포함한 돌대문토기 시기를 시간적으로 가장 앞에 두고 여기에 전환기라는 문화사적 의미를 더하여 시기구분상 무기(武期)로 설정한 것에 대해 반론으로 각 문양들의 주거지 내 공반관계, 이를 반출하는 유구의 방사성탄소연대 비교를 통해 각목돌대문토기, 이중구연토기 및 그 변종

들, 그리고 공열문토기의 上限에서 어떠한 차이도 보이지 않는다는 주장에서 비롯되었다.

현상을 보면 간단한 문제이고 한국청동기시대 개시 및 성립이 기원지가 명확한 이주민에 의해 전개되었다는 대전제에도 이견이 없다. 문제는 논쟁의 裏面에 고고학적 상대편년과 탄소연대치의 해석 등 방법론적 문제가 내재하고 있다는 점이며 현재는 양론의 출발점과 결과 도출에서 큰 차이를 보인다는 점이다.

논의는 점점 고조되어 최근 김장석(2018)은 한국고고학이 편년과 시기구분을 완전히 혼동하고 있으며 양자가 성립되는 순서 또한 顚倒된 것으로 간주했다. 즉, 시기구분의 결과가곧 편년이 되는 오류를 지적하고 있다. 짐작컨대, 당초에 조기가 설정된 후, 특정 시기구분내에서 물질문화적 요소를 전·후시기와 대비하여 조열했다는 점을 지적한 것이며 이러한방법론을 연역적 사고에 의한 오류로 인식한 것 같다. 대표적으로 조기 설정 이후 나타난구연부처리방식에 의한 형식학적 편년 등을 거론하면서 청동기시대 이른 시기 토기 문양이 선후관계를 가진다는 점은 입증된 바 없다고 주장한 것이 그의 주된 논조이다. 그 외 많은 논거를 들어 설명하였지만, 결국 이른 시기 물질문화(토기)에서 나타난 문양 요소는 시간성을 반영하지 않고 인구가 이합집산하는 과정에서 생겨난 선택적 결과라는 결론에 도달하고 있다.

황재훈(2015)도 같은 입장인데 과도한 형식조열(혹은 순서배열)을 통해 양산되는 시기구분과 같은 편년결과나 교차편년이 도구적 역할을 하는 방법론의 폐해에 대해 지적하고 결국 형태 간 유사의 연속이 계기적 시간성과 계통적 연결을 동시에 담보할 것이라는 전제는 막연한 가정에 불과하다고 지적하면서 논지를 더했다. 拙稿(2013, 2016, 2018)를 통해 반대의 입장에 섰던 筆者도 이러한 방법론적 지적이 매우 합리적이고 부분적으로는 매우 타당한 논거를 마련했다고 생각하는 바다.

그리고 실제로 조기를 주장했던 연구자들도 제 문제를 긍정적으로 수용하고 대안을 모색하고 있는 움직임도 있는 것 같다. 따라서 조기설정에 대한 그간의 지난한 논쟁에 큰 틀에서 합의점을 찾고자 최대한 객관적 입장을 견지하면서 몇 가지 방안을 제시하면 다음과같다.

첫째, 신석기시대 말기의 물질문화에 대한 인식이다. 김장석(2018)은 스스로 신석기시대말기 수렵채집민의 상황과 청동기시대 이른 시기의 상황을 합리적으로 연결시킬 수 있는방안이 강구되어야 함을 강조하면서 이주민이 갑자기 無主空山에 등장하지는 않았음을 인지하고 있다. 그리고 왜 수렵채집사회에서 농경사회로의 전환이 다른 시대의 시기변화에 비해 단절적인가 自問하며 신석기시대 말기의 상황을 설명한다. 주거유적이 발견되지 않는 점을 인구의 감소(임상택 2008)로 생각하기도 하고 非주거유적의 양이 증가한 점을 들어 '이동성의 증가'로 연결하기도 한다. 또한 이주 농경민과 재지 수렵채집민이 짧게나마 공존하였을 것이 예상되지만, 그 양상이 매우 불명확한 것으로 간주하고 이를 고고학적으로 증명하는 것은 힘들다고 단언하고 있다. 필자는 이 부분을 재고할 필요가 있다고 본다. 신석기말 상황에 대해 정확히 인지하면서도 정황에 대한 인식만을 거론할 뿐, 정작 토기와 석기 같은 유물에 대한 고고학적 검토가 없다는 점이 아쉽다. 주지하듯 한반도 남부지역 신석기 말기 상황은 남해안지역과 중서부지역이 매우 상이하며 물질문화의 재지적 전통의 정도 또한 다르다.(천선행 2011 外) 그런 입장의 차이는 농경 이주민이 유입되었을 때 각기 다른 대응과 그에 따른 흔적을 남겼을 것이며 그것을 간취하는 것이 고고학 연구자의 책무이지 않을까 한다. 그리고 '접촉은 흔적을 남긴다' 라는 거창한 修辭를 부언하지 않더라도 최근 다수 유적의 안정적 층위에서 양 시기 토기가 공반하는 사례는 점차 늘고 있으며 우리는 이러한 명백한 고고학적 현상을 무시할 수 없다.[7]

또한 김장석(2002, 2003)의 말대로 재지의 채집수렵민이 고고학적으로 간취할 수 없을 만큼 빠른 시일 내에 급격히 농경민화 한다 하더라도 그러한 문제는 탄소연대로도 증명 불가하다. 오로지 물질자료에 투영된 고고학적 요소를 통해서만 설명 가능한 '고고학적 부분'이다. 같은 맥락으로 전환기 양집단의 접촉이 있었다고 가정한다면 수렵채집민 입장에서 토기의 문양이나 제작방법 등 인적 교류의 흔적이 일체 없이 일거에 폐기하고 농경사회로 편입되었다고 보는 것 또한 쉽게 납득하기 힘들다. 예컨대, 김장석(2001)의 논리대로 편년이나 시기구분 같은 개념을 차치하더라도 '흔암리유형의 재고'에서처럼 가락동식토기 집단(외래)과 역삼동식토기집단(재지)의 접촉이 다양한 고고학적 산물을 남긴 사례처럼 접근하는 것은 어떨까.

둘째, 앞서 언급한 방사성탄소연대치의 해석에 관한 문제이다. 단발성이 아닌 집적된 탄소연대의 수치는 당연히 고고학적으로 유의미하며 이를 객관적으로 해석하는 것은 철저하

---

7) 김장석(2018)도 이주민과 재지민과의 접촉을 어떻게 고고학적으로 신빙성있게 간취할 수 있을지 고민한 흔적이 많은 문장에서 나타난다.

게 연구자의 책무이자 권한임은 지당하다.

다만, 조기 부정의 근거가 된 각목돌대문토기, (古式)이중구연토기, 공열토기의 출현시점이 탄소연대상 아무런 차이를 보이지 않는다는 점은 재고할 여지가 있다. 탄소연대만으로는 初出자료의 확보가 매우 힘들기 때문이다. 앞서 언급했다시피, 조기에 대한 긍정, 부정론 모두 이주 농경민과 수렵채집 재지민이라는 고고학적 정황에 대해 일부 합의된 만큼 初出 자료에 대한 고고학적 중요성은 양론 모두 인정하는 것 같다. 향후 이와 관련된 자료를 연구자가 인지하는 것 자체가 불가능에 가깝다는 김장석(2018)의 말을 충분히 인정하더라도, 반대의 입장에서 신뢰 불가능한 빈도로 도출된 동시기론은 더더욱 받아들이기는 쉽지 않다. 당연한 이야기 같지만 초출자료의 수가 증가하고 그것을 뒷받침할만한 탄소연대도 인정된다면 논란의 종지부가 찍힐 것으로 믿는다.

한 공간에서 여러 문화요소가 뒤섞인채 연속적으로 흘러가는 縱的인 시간의 개념을 한 지점에서 잘라 橫的 단면을 본다면, 그 시점에서 모든 요소는 당연히 동시기가 되는 것은 自明하고 그 해석은 자칫 오류로 흐를 수 있다는 점을 강조하고 싶다.

각 요소가 병존하기 전후의 상황을 추정하고 가장 선행하는 요소를 찾아 의미를 부여하는 작업은 탄소연대만으로 해결될 문제는 아니다. 바꾸어 말하면, 탄소연대치에 의해 각 요소의 上限이 차이가 없다는 점을 당장 부정하는 것이 아니라 어느 시기보다 初出 자료가 가지는 의미가 중요한 전환기에서 탄소연대 자체는 빈도수의 측면에서나 해석적 측면에서 모든 문화 요소가 '동일한 시점'에서 전개된다는 결론에 이르기에는 아직 시기상조가 아닐까 한다.

굳이 蛇足을 붙이자면, 탄소연대치의 집적된 수량은 그 연대치를 생산·보고하는 현장에서 비용·여건 등에 의한 조사자의 의지와 객관성이 담보된 과학기술적 측면을 고려하더라도, 현실상 多著 측정기관에서 결과가 도출되는 형편이므로 부정적 결과를 외면하기 힘들다고 생각한다.

2. 연구의 새로운 방향 모색

이상과 같이 현재 청동기시대 연구가 당면하고 있으며 패러다임의 전환이 이루어지는 과제는 편년, 유형론, 조기설정의 문제 등으로 일축할 수 있겠다. 諸 문제들은 톱니바퀴와 같이 모두 유기적 관계를 가지고 있고 문제의 결과는 고고자료를 해석함에 있어서 '단절과 공백'으로 나타난다.

현재 우리에게 주어진 방대한 양의 자료라면 더 이상 특별히 새로운 정보를 제공할만한 자료가 출현하는 것을 기대하기도 힘들거니와 출현한다 하더라도 전체 맥락에서 충분히 예측 가능한 상황에 도달했기 때문에 현 시점에서 우리는 이러한 '단절과 공백'을 고고학적으로 어떻게 이해하고 극복하는지가 관건일 것이다.

첫 번째 편년의 문제이다. 편년의 결과가 대부분 연구의 근간인 점은 강조할 필요도 없지만, 현재 편년의 문제가 가장 개입되어 있는 주제는 취락고고학에서의 동시기성 확보의 문제를 들 수 있다. 취락고고학에서 동시기성 확보를 위한 편년의 방법론은 전통적 방법의 편년안을 구축해야 한다. 별다른 방법론 없이 70~80년대 시도되었던 연역적 사고에 의한 추론 이후 개별 유물이나 속성을 분류하여 편년의 결과를 도출하는 방식이 현재는 거의 이루어지지 않지만 관념이나 직관에 의해 시행되었던 분기법(시기구분)과 단계구분은 앞으로도 철저히 경계해야 한다. 최근 안재호(2021)는 사회고고학의 도구로서 유적 내 모든 유구의 동시성과 시간성을 밝히기 위해 발생순서배열법의 일환으로 '순서배열보충법(順序配列補充法)'을 제안하였다. 결실자료를 보충하고 그 결실자료가 최소가 되는 배열을 조작하여 양식편년을 목적으로 하는 새로운 방법론이다. 전환기부터 한정된 공간에 방대한 유형의 유물복합체가 난립하고 확산·전개되는 한반도 남부지역의 특성에 적합한 방법론으로 생각된다.

두 번째 유형론의 문제이다. 유형론 또한 시간성의 문제를 내포하고 있지만 여기에 공간성의 의미가 더해진다. 과거에는 특정 지역에 어떠한 유형들이 존재하며 전개와 확산이 거듭되는지를 탐구하는데 주안점을 둔 것에 반해 현재는 늦은 시기 송국리문화 非분포권에 속하는 세 지역유형(당동리, 천전리, 포월리유형)을 제외하면, 전기 각 유형은 빈도를 달리하여 전국적으로 분포하는 특징을 보인다.

특정 유물복합체(유형 또는 문화)가 가지는 시간적인 폭이 서로 다른 공간에서 어떤 존속기간을 가지며 기존 유물복합체와 어떤 과정을 거쳐 변이되는지의 과정을 복합적으로 검토해야 한다. 이 때 나타나는 형태상 변이는 전파론, 공백은 이주론 등의 방법론적 접근이 가능하며 시간의 축은 절대연대를 부여하는 방법이 적절할 것이다.

최성락(2019)은 최근 고고학에서 공백과 단절이 나타는 이유가 연구자들의 잘못된 인식에서 기인할 수 있다는 점을 지적한 바 있다. 고고학에서 공백과 단절이 생기는 이유에 대해 형식분류와 이를 바탕으로 하는 편년법 문제, 분기법, 탄소연대법, 시대구분, 고고자료의 해석 등으로 설명한 것이다. 그리고 해결방안을 위해 편년법과 탄소연대법의 올바른 활용법을 강조하였다. 상대연대법에서 가장 중요한 점은 형식학적 방법의 인식에서 벗어나야 한다는 것이며 한국고고학에서 분기법(시기구분)을 여전히 단계구분으로 인식한다는 점을 문제로 삼았다. 또한 절대연대가 편년 문제를 해결하는데 반드시 필요한 것임은 틀림이 없지만 절대연대만으로 편년이 가능할지는 의문으로 지적했다. 이러한 지적은 통시기적으로 적용가능하며 특히 선사시대라면 상대연대의 틀을 유지하면서 각 시기의 연대에 절대연대를 반영하여 정합성을 검토하는 작업이 필수적이다.

세 번째, 조기 설정에 대한 시기구분 문제이다. 조기 설정 문제의 본질은 조기의 내용이 문화사적 의미부여가 가능한지의 여부가 아니다. 조기 설정의 문제는 근본적으로 전통방식의 편년과 탄소연대의 부정합에 있으며 이를 다르게 해석하는 연구자간 시각에 있다.

최초 황석리유적이나 내평유적이 등장했을 때, 공반유물이나 층위를 근거로 유문토기문화와의 관련성을 언급하였고, 이후 90년대 미사리유형의 일괄유물에서 신석기시대 토기가 공반하는 양상을 보이면서 청동기시대 성립기의 유물복합체로 인식되었다. 이상길(1999) 또한 어은1지구 유적을 통해 전환기적 유물로 인식하였다. 그리고 마침내 돌대문토기를 표식으로 하는 유물복합체가 조기 설정의 근거로 작용하면서 시기구분의 한 축을 마련하게 되었고 2000년대 이후 고착화되기에 이르렀다.

상대편년에 의한 조기설정의 立論 과정은 다분히 연역적이었고 설정 이후 문화사적 의

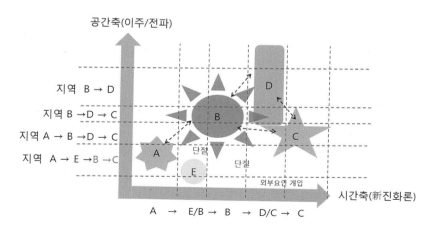

[그림 4] 연구에서 시간축과 공간축의 이해

미를 점차 부여하고 기원지의 내용과 연결하려는 다소의 작위적 노력 또한 부정할 수 없다. 다만 축적된 탄소연대로 전기 각 유형의 상한을 동일시하는 것은 탄소연대 해석이 가지는 허구임도 분명하다.

따라서 이 문제는 절대적으로 양 방법론의 한계가 대립하고 있는 양상으로 보인다. 한반도 남부지역 특수한 신석기말 상황을 감안한다면, 양론 모두 초출 자료의 중요성을 인식하고 있을 것이다. 물질문화의 생성-전개-소멸의 과정에서 탄소연대를 통한 절대연대치의 집적은 확률적으로 해당 물질문화의 중심시기를 파악하는데 용이할 것이다. 엄격히 말해 현 시점에서 탄소연대만으로 초출자료를 특정하는 것은 불가능에 가깝다. 물론 지나치게 세분되거나 무리한 상대편년의 결과로 조기를 억지로 분리시키고 거기에 의미를 부여하는 시도는 철저히 지양되어야 하겠지만 현재로서는 주어진 고고자료에서 합리적인 편년 방법으로 초출자료를 구하고 절대연대의 정합성 여부로 그 자료를 검증하는 것이 유일한 방법이라 판단된다.

IV. 맺음말

이상으로 청동기시대 연구에 대해 연구사적 입장에서 지난 반세기 동안 간취되는 연구의 패러다임 변화를 살펴보고 당면한 문제점과 향후 연구의 방향에 대해 나름의 의견을 개진해 보았다.

애초의 생각과 달리 필자가 감당하기에는 너무나 방대하고 심오한 주제임을 부인할 수 없기에 談論 수준에 그친 점을 아쉽게 생각한다. 또한 서두에 언급하였듯 '패러다임의 전환'이란 개인이 아니라 전체 집단에 의해 공식적으로 인정된 모범적 틀로서 혁명적으로 생성되고 쇠퇴하며 다시 새로운 것으로 대체되는 과정인데 필자의 개인적 견해로 전체를 이해하고 진단하고자 한 것 자체에 대한 두려움을 감출 수 없다.

다만, 지난 반세기 동안 유물연구가 변화해 온 과정을 살피고 그 안에서 나타난 나름의 패러다임 변화를 간취하였던 점과 어렴풋이나마 향후 연구의 방향에 갈피를 잡은 것 자체에 의의를 두고 싶다.

본 장에서는 언급했던 내용을 간략히 정리하고 넘어가고자 한다.

해방 전후부터 1970년대까지 대부분의 조사·연구는 여명기라 할만큼 빈약했다. 1960년대 최초로 무문토기에 대한 시대적 개념을 인식하였고 이론, 방법, 실천에 대한 관점의 변화와 발전은 1970년대 이후 나타난다. 이 시기부터 방법적으로 新고고학의 관점을 적극 수용하기 시작함과 동시에 편년연구도 시도된다. 1980년대 모든 면에서 청동기시대 연구의 큰 틀이 본격적으로 마련되며 시·공간적 개념이 요구됨에 따라 '유형론'이 등장하였다. 또한 편년연구로서 형식학적 방법의 폐해와 새로운 방법론(순서배열법)이 등장하기 시작하였다. 1990년대에 이르러서는 타임라인에 공백을 메워 줄 중요 유적들이 추가되었으며 순서배열법을 유적에 적용한 편년법이 강구되기도 하였다. 2000년대 들어서면서 추가된 신자료에 따라 많은 연구가 진행됨과 동시에 문제점도 드러냈다. 현재 당면한 문제점으로 편년, 유형론, 조기설정 등을 지적하였고 제 문제를 극복하기 위한 연구방향을 나름 모색하였다.

참고문헌

*보고서 생략

金元龍, 1968, 「韓國無文土器地域分類試論」, 『考古學』1.

金壯錫, 2001, 「혼암리 유형 재고:기원과 연대」, 『嶺南考古學』28號.

_____, 2002a, 「남한지역 후기신석기시대-전기청동기시대 전환:자료의 재검토를 통한 가설의 제시」, 『韓國考古學報』48輯.

_____, 2002b, 「이주와 전파의 고고학적 구분:실험적 모델의 제시」, 『韓國上古史學報』第38號.

_____, 2003, 「충청지역 송국리유형 형성과정」, 『韓國考古學報』51輯.

_____, 2006, 「충청지역 선송국리 물질문화와 송국리유형」, 『韓國上古史學報』第52號.

_____, 2008, 「무문토기시대 조기설정론 재고」, 『韓國考古學報』69輯.

_____, 2014, 「한국고고학의 편년과 형태변이에 대한 인식」, 『韓國上古史學報』第83號.

_____, 2018, 「한국 신석기-청동기시대 전환과 조기청동기시대에 대하여」, 『韓國考古學報』, 第109輯.

김재윤, 2004, 「한반도 각목돌대문토기의 편년과 계보」, 『韓國上古史學報』第46號.

金範哲, 2013, 「青銅器時代 土器容量復原 試論-湖西地域 취락출토자료를 중심으로-」, 『韓國上古史學 報』第80號.

김범철·안형기·송한경, 2007, 「무문토기의 용량분석 시론」, 『야외고고학』제2호.

朴淳發, 1999, 「欣岩里類型 形成過程 再檢討」, 『湖西考古學』第1號.

박영구, 2015, 『청동기시대 취락과 사회』, 서경문화사.

배진성, 2009, 「압록강-청천강유역 무문토기편년과 남한」, 『韓國上古史學報』第69號.

_____, 2012, 「가락동식토기의 초현과 계통」, 『考古廣場』第11號.

安在晧, 1991, 『南韓 前期無文土器의 編年』, 慶北大學校碩士學位論文.

_____, 1992, 「松菊里類型의 檢討」, 『嶺南考古學報』第11號.

_____, 2000, 「韓國 農耕社會의 成立」, 『韓國考古學報』第43輯.

_____, 2016, 「청동기시대의 시기구분」, 『청동기시대고고학2:편년』서경문화사.

손준호·조진형, 2006, 「고배율 현미경을 이용한 반월형석도의 사용분석」, 『야외고고학』창간호.

손준호·中村大介·百原新, 2008, 「복제(replica)법을 이용한 청동기시대 토기 압흔 분석」, 『야외고고학』8호.

신경숙·오민미, 2008, 「실험고고학을 통해 본 청동기시대 마연토기의 제작복원」, 『야외고고학』8호.

尹武炳, 1975, 「無文土器型式分類試攷」, 『震檀學報』39.

이기성, 2012, 「문화사적 시기구분으로서의 무문토기시대 조기설정 재검토」, 『韓國上古史學報』第76號.

李白圭, 1974, 「京畿道 出土 無文土器 磨製石器」, 『考古學』3.

_____, 1986, 「漢江流域 前半期 민무늬토기의 編年에 대하여」, 『嶺南考古學』第2號.

李相吉, 1999, 「晉州 大坪 漁隱1地區 發掘調査 概要」, 『南江선사문화세미나요지』, 동아대학교박물관.

李秀鴻, 2015, 『檢丹里類型의 研究』, 含春苑.

李盛周, 2017, 「70~80년대의 한국고고학」, 『韓國上古史學報』제97호.

李榮文, 1997, 「全南地方 出土 磨製石劍에 관한 研究」, 『韓國上古史學報』第24號.

李宗哲, 2015, 『松菊里型文化의 聚落體制와 發展』, 全北大學校 大學院 博士學位論文.

李淸圭, 1988, 「南韓地方 無文土器文化의 展開와 孔列土器文化의 位置」, 『韓國上古史學報』第1號.

李弘種, 1988, 「日本 初期水田農耕期의 덧띠새김무늬토기」, 『史叢』33.

이형원, 2010, 「청동기시대 조기설정과 송국리유형 형성논쟁에 대한 비판적 검토」, 『考古學』9-2.

_____, 2016, 『청동기시대의 고고학 2: 편년』, 서경문화사.

林炳泰, 1969, 「漢江流域의 無文土器時代」, 『李弘種博士 回甲紀念 韓國史論叢』.

임상택, 2008, 『한반도 중서부지역 빗살무늬토기문화 변동과정 연구』, 일지사.

鄭大鳳, 2013, 「東南海岸地域 轉換期 無文土器의 系統과 特性」, 『韓國上古史學報』第80號.

_____, 2016, 「청동기시대 조기 移住와 定着의 고고학적 현상과 의미」, 『考古廣場』第18號.

_____, 2018, 「영남지역 신석기~청동기시대 전환기에 대한 小考」, 『韓國靑銅器學報』第23號.

천선행, 2005, 「한반도 돌대문토기의 형성과 전개」, 『韓國考古學報』57輯.

_____, 2007, 「무문토기시대의 조기설정과 시간적 범위」, 『韓國靑銅器學報』창간호.

_____, 2011, 「신석기시대 후말기 二重口緣土器의 지역적 전개양상」, 『韓國上古史學報』第72號.

_____, 2015, 「청동기시대 조기설정 재고」, 『湖南考古學』第51號.

崔夢龍·申叔靜, 1988, 「韓國 考古學에 있어서 土器의 科學分析에 대한 檢討」, 『韓國上古史學報』第1號.

崔夢龍·李榮文·鄭昌柱·姜景仁, 1993, 「全南 昇州·麗川地域 無文土器의 科學的 分析」, 『韓國上古史學報』第14號.

최성락, 2019, 「고고학에 있어서 공백과 단절의 문제」, 『한국상고사학보』제106호.

崔淑卿, 1960, 「韓國 摘穗石刀의 研究」, 『歷史學報』13.

최종택, 1994, 「渼沙里遺蹟의 住居樣相과 變遷」, 『마을의 考古學』, 第18回 韓國考古學全國大會.

崔熙圭, 1995, 「강원영동지역 출토 민무늬토기 연구」, 『韓國上古史學報』第18號.

韓永熙, 1983, 「角形土器考」, 『韓國考古學報』14·15합본.

_____, 1994, 「中·西部地方의 櫛目文土器」, 『The Second Pacific Basin International Conference on Korean Studies』, 東北亞細亞考古學研究會.

_____, 1996, 「新石器時代 中·西部地方 土器文化의 再認識」, 『韓國의 農耕文化』제5집.

홍성욱, 2013, 『과학혁명의 구조』, 까치글방.

황기덕, 1958, 『문화유산』58-4.

황재훈, 2014, 「중서부지역 무문토기시대 전기의 시간성 재고」, 『韓國考古學報』92輯.

_____, 2015, 「청동기시대 전기 편년연구 검토-형식편년과 유형론, 그리고 방사성탄소연대」, 『考古學』14-1.

Willey, G. R. and Sabloff, J. A., 1980, 『A History of American Archaeology』.

전북지역 청동기시대 전기 생업경제 시론

김규정 | 전북문화재연구원

Ⅰ. 머리말

전북지역은 호남 최대 곡창지대 가운데 하나로 고대 농경수리시설인 벽골제, 황등제, 눌제가 위치하고 있다. 현재까지도 농경이 차지하는 비중이 다른 지역에 비해 상당히 높은 지역이다. 청동기시대의 전북지역 역시 생업경제에서 농경의 비중이 높았을 것으로 보이는데, 아직까지 선사시대 농경의 흔적인 경작지(논과 밭)는 아직 조사되지 않았지만, 최근 만경강변 충적지에 대한 조사를 통해 조선시대 경작지(밭)가 조사되었고 만경강의 지류인 전주천변에 위치한 전주 동산동에서 대규모 취락이 확인되면서 만경강변 충적지를 중심으로 농경이 행하여졌던 것으로 볼 수 있다.

우리나라 선사시대 생업경제는 신석기시대에 일부 농경의 흔적이 보이지만 주로 수렵·채집·어로에 의존하였던 것으로 보인다. 청동기시대 전기 생업경제에서는 여전히 수렵·채집·어로가 차지하는 비중이 농경보다는 높았을 것으로 보이며, 청동기시대 중기 송국리문화와 함께 수도작이 본격화되면서 농경의 비중이 수렵·채집·어로에 비해 높아진 것으로 보인다.

본고는 전북지역 청동기시대 전기 생업경제를 살펴보고자 작성하였다. 최근 고고자료가 증가하면서 전북 전역에서 청동기시대 전기주거지들이 확인되고 있지만, 여전히 다른 지역에 비해 조사된 유적이 많지 않다. 따라서 당시 생업경제에 대해 체계적으로 연구할 수 있는 자료 또한 한정될 수밖에 없다. 다만 최근 조사된 전기주거지에서 간헐적으로 출토되는 곡물자료를 통해 볼 때 청동기시대 전기부터 생업경제에서 농경이 차지하는 비중이 높아지고 있었던 것으로 보인다.

전북지역 청동기시대 전기 취락의 입지는 전주 동산동취락을 제외하면 대부분 구릉상에 입지한다[1]. 이러한 입지는 주변 곡저지를 이용하기 유리한 조건으로 볼 수 있다. 주거지 출토 유물을 통해 볼 때 수렵, 채집, 어로와 함께 농경이 이루어졌음을 알 수 있는데, 특히 농경구인 석도는 생업경제에 있어 농경이 상당히 활발하게 이루어졌음을 보여주는 자료이다.

전북지역 청동기시대 전기는 중기에 비해 유적 수가 많지 않다. 또한 아직까지 청동기시대 전기유적에서 농경의 직접적인 증거라 할 수 있는 경작지(논과 밭)가 조사된 예는 없다. 그동안 주거지 출토 석기를 통해 생업경제에 대한 연구가 시도되었지만, 석기는 하나의 석기가 다양한 용도로 사용될 수 있고, 망실률이 높고 한정되어 있다는 점에서 도구만을 가지고 당시 생계경제를 추론하는 것 역시 한계가 있다. 그리고 청동기시대에 농경이 본격화되었다고 하지만 당시 농경의 적극적인 증거라 할 수 있는 경작지가 조사되지 않는 이상 주거지 출토 농경구에 한정할 수밖에 없다. 그런데 최근 전기주거지에서 탄화곡물과 토기에 찍힌 낟알 등이 확인되면서 청동기시대 전기 생업경제에서 농경이 상당한 비중을 차지하고 있었던 것으로 보인다. 따라서 보고에서는 주거지 출토 탄화곡물과 석기를 통해 전북지역 청동기시대 전기 생업경제를 추론하고자 한다.

---

1) 호남 북서부지역에 해당되는 금강·만경강유역의 지형적인 특징을 살펴보면 금강하류는 충적지의 발달이 미약하고, 만경강도 감조하천이면서 자유곡류하천으로 충적지의 발달이 미약하지만, 해발 50m 이내의 낮은 구릉과 곡저지가 형성되었다. 금강과 만경강이라는 두 개의 큰 하천은 육로 교통이 발달되지 않았던 선사·고대에 강을 통해 외부로부터 선진문물이 지속적으로 유입될 수 있었던 유리한 자연환경을 형성한 것으로 볼 수 있다.

II. 청동기시대 생업경제 연구사

청동기시대 생업경제에 대한 연구는 여러 연구자들에 의해 진행되고 있는데 안재호(2000: 41-66)는 한반도 중부이남지역의 농경사회는 유적의 입지와 석부의 형식에 따라, 평지형취락의 전작(미사리·대평리유적), 산지형의 화전경작(백석동유적), 구릉형의 수전작(옥현유적)이라는 3유형으로 모형화하였고, 청동기시대 취락 입지를 지형에 따라 평지형은 충적지를 밭으로 개간하여 밭작물 중심의 농경생활을, 산지성취락은 화전 중심의 농경생활을, 구릉성 취락은 곡간부에 수전을 조영하는 농경생활을 영위하였을 것으로 보았다.

청동기시대 농경의 핵심이라 할 수 있는 水稻作의 시작은 울산 옥현유적을 통해 볼 때 중기부터 시작된 것으로 보고 있으며(안승모 1998, 2000b), 논산 마전유적에서도 水田이 확인되었지만, 이보다 늦은 중기후반으로 보고 있어 현재까지 옥현유적보다 빠른 水田址는 확인되지 않는 것으로 보인다(안재호 2000: 53).

청동기시대 유적에서 출토된 작물유존체 분석을 토대로 보면 청동기시대에 농경이 확산되면서 벼, 보리, 콩, 팥 등과 같은 작물들을 본격적으로 수확/섭취하였고, 이후 송국리 단계에 접어들어 보다 집약적인 수전농경이 실시되어 이전 시기에 비해 도작 농경의 비중이 증가하였고(안승모 2008), 2000년대 이후로 청동기시대 유적에서 벼농사와 관련된 논과 수로 등 다양한 유구들이 조사되면서 청동기시대에 수도작이 본격화 되었으며 식생활에서 벼가 차지하는 비중이 높아진 것으로 보고 있다(이준정 2011: 32). 하지만 생계경제에 대한 검증되지 않은 해석을 바탕으로 청동기시대 전기 사회의 다른 요소들을 이해하고자 하는 지금까지의 시도들은 근본적인 문제를 내포하고 있다(고일홍 2010: 27).

청동기시대 생업활동과 관련하여 대부분의 연구가 농경과 재배작물에 편중되어 있으며 농경이 생계경제에서 차지하는 비중이 높아 재배작물에 초점을 맞춘 연구가 주로 진행되었지만, 청동기시대 사람들의 식생활을 보다 다각적으로 검토하기 위해 유적에서 출토된 토기 내부에 잔존하는 지방산을 이용한 안정동위원소분석법을 통해 반추동물의 이용연구도 활발하게 진행되고 있다(곽승기 2017).

그리고 최근 발굴조사가 증가하면서 농경의 적극적인 증거라 할 수 있는 논과 밭이 전국적으로 많이 조사되고 있으며 연기 대평리유적에서 각목돌대문토기 관련 水田 가능성이 보고되었고(이홍종·허의행 2013: 18; 이홍종 2016: 10), 청동기시대 전기의 수도 사례가 확인되고 있는 것으로 보고 있다(나건주 2013: 128-130). 하지만 청동기시대 전기 수도작이 차지하는 비중과 중기에 수도작이 차지하는 비중이 어느 정도인지 현재로서는 명확하지 않고, 청동기시대 전 시기를 통해 농경이 차지하는 비중이 어느 정도인지 알 수 없기 때문에 좀 더 신중한 접근이 필요해 보인다.

또한 최근 청동기시대 유적에서 쌀과 함께 두류의 출토도 증가하고 있어 벼농사와 함께 밭농사로써 두류의 재배가 높았던 것으로 보인다.

III. 출토유물을 통해 본 청동기시대 전기 생업경제

1. 주거지 출토 곡물자료 검토

청동기시대 전기 생업경제에 대해서 진행되는 대부분의 연구들은 주로 주거지 출토 유물을 굴지구, 수렵구, 어로구, 농경구로 구분하여 당시의 생업경제를 연구하고 있다. 이러한 도구들 이외에도 주거지 출토 유물 가운데 농경과 관련된 자료는 간헐적으로 출토되는 곡물자료로서 이를 통해 당시 농경으로 생산된 식량이 어떠하였는가에 대한 연구들이 진행되고 있다. 전북지역 전기주거지에서 출토된 곡물자료는 익산 용기리, 김제 상동동유적에서 확인되었으며, 전주 동산동유적에서 토기 압흔이 확인되었다.

용기리유적은 남-북 방향으로 뻗은 해발 30m 내외의 구릉 능선과 사면에 위치한다. 크게 I지구와 II지구로 구분되는데 전기주거지는 I지구에서 (장방형)주거지 4기, 수혈 1기가 조사되었다. 1호 주거지는 무시설식노지 2기가 설치된 주거지로 벽 가장자리를 따라 벽구와 저장혈, 정연하지 않은 주혈이 확인되었다. 2~4호 주거지도 장축을 따라 중앙에서 한쪽으로 치우쳐 무시설식노지와 저장혈, 주혈 등이 확인되었다. 유물은 이중구연토기, 이중구연+단사선문토기, 이중구연+단사선문+공렬문+구순각목문토기, 구순각목문토기, 발형토기 등의 토기류와 반월형석도, 석부, 석촉, 석착, 편평편인석부, 지석, 방추차 등의 석기류와 토제어망추, 토주 등이 출토되었다. 이 가운데 곡물자료는 1호 주거지에서 쌀, 기장, 조, 2호와 3호 주거지에서 쌀이 출토되었으며 1호 주거지에서 조 압흔이 검출되었다 <표 1>.

〈표 1〉 익산 용기리유적 전기주거지 출토 곡물자료 현황

유구	형태	규모(cm)			면적(㎡)	장단비	노지	탄화곡물				주요 출토유물	특징
		장축	단축	깊이				쌀	조	기장	기타		
1	장방형	(860)	(446)	11	(38.35)	2.3:1	무2	○	○	○	콩	무문토기편, 어망추 3, 석도 3, 석제방추차 4, 박편석기, 찰절석기, 지석, 망치돌	화재폐기
2	방형	580	493	40	28.5	1.17:1	무1	○				구순각목심발형토기, 구순각목문토기편, 구순각목+공열문+단사선문토기편, 옹형토기, 어망추 2, 석촉, 박편석기, 지석, 박편	화재폐기
3	방형	640	508	36	32.5	1.25:1	무1	○				이중구연+단사선문 심발형토기, 어망추, 미완성석기, 박편석기, 지석	북벽 벽체를 따라 단시설

　김제 상동동유적은 해발 16~19m 내외의 구릉사면에 분포하며 청동기시대 주거지 3기가 조사되었다. 주거지 평면형태는 세장방형 1기(3호), 장방형 2기(1호·2호)이다. 내부시설은 무시설식노지, 벽구, 주혈, 저장혈 등이 확인되었다. 2호 주거지에서 이중구연+단사선문토기와 구순각목문토기가 출토되었다. 곡물자료는 3기의 주거지에서 모두 쌀이 출토되었으며, 1호와 2호 주거지에서는 쌀과 함께 머루가 출토되었다〈표 2〉.

〈표 2〉 김제 상동동유적 전기주거지 출토 곡물자료 현황

유구	규모(cm)			면적(㎡)	장단비	노지	탄화곡물				주요 출토유물	특징
	장축	단축	깊이				쌀	조	기장	기타		
1	804	574	30	46.2	1.4:1	1	○			머루	심발, 완, 적색마연토기, 저부, 토제방추차, 석도, 석부, 미완석기, 수정	화재폐기
2	1,230	734	20	90.3	1.7:1	1	○			머루	이중구연+단사선문토기편, 구순각목문토기편, 저부편, 토제방추차, 석검편, 마연석, 미완석기, 수정	화재폐기
3	1,370	560	31	76.7	2.4:1	3	○				외반구연호, 어망추, 석도, 삼각만입촉	화재폐기

전주 동산동유적은 황방산에서 북쪽으로 흘러내리는 구릉 최말단부와 북쪽의 만경강 사이에 위치한 해발 14m 내외의 평탄한 충적지에 분포한다. 유적의 동쪽으로 약 500m 정도 떨어져서 만경강의 지류인 전주천이 남동에서 북서방향으로 흘러 만경강으로 합수되어 동쪽에서 서쪽방향으로 흐르면서 너른 충적지를 형성하고 있다. 청동기시대 유구는 주거지 83기, 수혈 86기, 굴립주건물지 10기, 석관묘, 토광묘, 옹관묘, 구가 조사되었다.

이 가운데 전기주거지는 18기로 평면형태는 장방형(15기), 방형(3기), 부정형(1기)이다. 내부시설은 노지, 주혈, 벽구, 저장혈 등이 확인된다. 노지는 축조방법에 따라 석상위석식노지, 위석식노지, 무시설식노지, 토광식노지로 구분된다. 석상위석식 1기, 위석식 3기를 제외하면 모두 무시설식이다.

주혈은 39호가 2×3열로 정연하고 59호는 남쪽 방형으로 구분되는 지점에 모서리를 중심으로 대칭으로 4개의 주혈이 설치되었으며, 나머지 주거지는 정형성이 없다. 저장혈은 1호의 경우 남서쪽부분을 중심으로 크기와 깊이가 다양한 다수의 저장혈이 설치되었다. 39호는 북서쪽 벽가에 설치되었고, 56호는 북동쪽에 약간 치우쳐 있다. 59호의 경우 남서쪽 방형의 공간과 북동쪽 벽 가장자리에 접하여 수기의 저장혈이 분포한다. 특히 남쪽 방형 공간은 북쪽 바닥면과 10㎝의 높이차를 보이고 중앙에서 서쪽으로 치우쳐 노지가 설치되었고 모서리부분에 주혈이 설치되어 특수공간으로 이용된 것으로 보인다.

유물은 1-1호, 16호, 74호, 83호 주거지에서 돌대문토기가 출토되었는데 1-1호 출토품은 절상돌대문이고, 16호 출토품은 편으로 출토되어 정확한 형식은 알 수 없지만, 발형토기는 저부에서 구연까지 완만한 곡선으로 올라가 구연단이 약간 외반된 형식이다. 74호 출토품은 편으로 출토되었으나 잔존 상태로 보아 구연을 일주하는 형식으로 볼 수 있으며, 83호 출토품도 구연을 일주하는 형식이다. 이중구연토기는 39호 주거지에서 출토되었다. 대부분 편으로 출토되어 정확한 기형은 알 수 없으나 잔존상태로 보아 심발로 추정된다. 토기를 제외하면 석기는 1호와 39호에서 주형석도, 60호에서 합인석부편이 출토된 것을 제외하면 빈약하다. 그 외에는 방추차, 토제어망추 등이 출토되었다.

그동안 주거지에 돌대문토기가 단독으로 출토되는 양상을 조기로 설정하였지만, 가락동유형 취락의 중심 분포권인 금강 중류 일원에서는 가락동유형이 미사리유형 취락에 선행한다(공민규 2011: 57). 금강·만경강유역 전기 취락은 전주천변 충적지를 이용한 최초의 농경취락인 미사리유형이 등장하지만, 동시기 주변 구릉지는 가락동유형 취락이 점유하였던 것으로 보인다.

59호 주거지 출토 발형토기 단면에서 나온 시료로 토기를 복원하기 직전 단면부를 확인하면서 탄화미와 압흔이 함께 발견되었다. 탄화미는 형태가 온전하지 않지만 종으로 주름이 있는 벼의 특징으로 보이며, 일부 껍질이 남은 부분에 쌍봉돌기의 흔적이 희미하게 나타난다. 압흔분석에서 전체적인 형태, 쌍봉돌기와 강모의 확인으로 분명하게 벼인 것을 알 수 있다(안현중 2012).

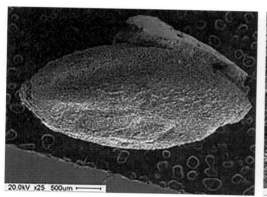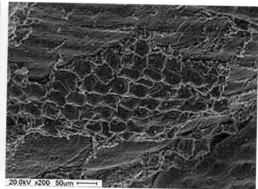

[사진 1] 동산동 59호 주거지 출토 심발형토기 벼압흔 (우: 쌍봉돌기 세부)

이 외에도 약 1,000여 점의 토기와 토제품에 대한 압흔 분석을 실시하여 목본·초본류의 종자와 곤충·패류 등 다양한 종류의 압흔이 검출되었다. 목본식물의 종자를 확실하게 알 수 있는 것은 때죽나무속 종자의 압흔이다. 벼과는 조 가능성·기장·벼의 작물과 기장족에 속하는 잡초종자의 압흔이 있다. 이 가운데 조 압흔 4점, 기장 압흔 14점, 벼 압흔 34점, 콩과 6점 가운데 콩 2점, 팥 2점, 대두속 1립, 나비나물속 1립, 31호 주거지 식물의 수술머리, 25호 주거지 패류, 36호 주거지 딱정벌레목이 확인되었으며, 1-1호 주거지에서는 벼, 기장, 조(가능성) 압흔이 분석되었다(안현중 2012).

돌대문토기문화는 이전 시기에 없는 독특한 문화요소로 이주민에 의해 형성된 것으로 보고 있으며 이주민은 도작 농경민으로 강을 터전으로 한 하천어로, 강 배후의 구릉산지를 터전으로 수렵, 충적지를 터전으로 한 전작형태의 도작을 복합적으로 일구어 나간 것(천선행 2015: 23)으로 보고 있다. 하지만 앞에서도 언급한 것처럼 각목돌대문토기 단계의 논이 세종시 대평리유적에서 조사되어(이홍종 2016: 10) 우리나라의 각목돌대문토기가 수도작과 관련된 기술체계를 인식하고 있었음이 실증적으로 확인되었다(이홍종 2021: 232).

2. 주거지 출토 도구 검토

청동기시대 농경을 알 수 있는 것은 생산시설인 논과 밭, 작물 등이 가장 확실한 증거가 되지만, 이 외에도 석기, 목기 등이 포함된다. 당시에 수많은 도구가 목기로 제작되었지만, 유기물인 목기는 산성토양인 우리나라에서 실물로 남아 있는 경우가 많지 않다. 다만 최근 저습지에 대한 조사가 늘어나면서 다양한 목기들이 출토되고 있지만, 아직 양은 많지 않다. 청동기시대 목기는 석부의 목병, 괭이, 고무래, 흙받이, 곡병, 삽, 따비, 절구공이 등이 있다(조현종 2014: 126).

곡병은 광주 동림동유적 저습지에서 1점이 출토되었다. 괭이는 호남지역에서는 아직 출토된 예가 없지만 영남지역에서는 안동 저전리, 김천 송죽리, 대구 서변동, 울산 교동리 등에서 출토되었다. 삽은 나주 동곡리 횡산 주거지 출토품이 유일한데 탄화된 상태로 출토되었으며, 삽날과 자루가 일체형이다. 공반된 유물이 전기의 특징적인 공열토기가 출토되었으며, AMS연대가 3,000BP로 편년되어 청동기시대 전기 전반으로 볼 수 있다. 이를 통해 청동기시대 전기에 목제 삽이 사용되었다는 것을 알 수 있다.

호서·호남지역에서는 청동기시대 전기에 고무래가 출현하고 이후 중기를 거쳐 후기가 되면 따비가 부가되며, 초기철기시대에는 신창동식 농경구 일색으로 변화가 진전된 것으로 보고 있다(조현종 2014: 140-141). 흙받이는 고무래에 장착되는 것으로 논토양을 고를 때 일어나는 진흙탕을 제거하여 작업이 수월하도록 사용한 수전 전용 농구이다(조현종 2014: 129). 호남지역에서는 광주 동림동유적 저습지와 고창 봉산리 황산 저습지에서 출토되었다. 이 밖에 광주 동림동유적 저습지에서는 고무래, 활, 눈금새긴 목제품, 흙받이 등이 출토되었다.

청동기시대 유적에서 목기가 잔존하는 경우는 많지 않고 대부분 석기만 잔존하여 주거지 출토 석기를 통해 당시의 생계경제를 추정할 수 있다. 최근 석기조성비를 통해 생계유형을 파악하는 연구자들(손준호 2008; 김민구·권경숙 2010; 권경숙 2011)이 늘어나고 있지만 석기는 그 기능을 정확하게 추정하기 어려울 뿐 아니라 한 종류의 석기가 다양한 용도로 사용될 수도 있기 때문에 생업경제 복원에 분명한 한계가 있는 자료이다. 하지만 자연유물에 관한 연구가 빈약한 현재 상황에서 생업경제를 연구하는데 있어 비교적 효과적인 자료라는 점 역시 부정할 수 없다(김민구·권경숙 2010: 64). 석기는 크게 벌채·목공구, 굴지구, 수확구, 가공구,

수렵·무기구, 어로구, 방직구, 석기제작구로 분류된다. 벌채·목공구에는 석부·자귀·대팻날·홈자귀, 굴지구인 맨도끼·보습·괭이, 수확구인 석도·석겸, 가공구인 갈돌·갈판·공이, 수렵·무기구인 석촉·석겸·석창, 어로구인 어망추, 방직구인 방추차, 석기제작과 관련된 미완성석기·지석 등으로 분류된다<표 3>.

〈표 3〉 전북지역 청동기시대 전기주거지 출토 생업도구 분류

유적·유구		벌채·목공구					굴지구	수확구		가공구		수렵·무기구			어로구	방직구	석기제작		계	기타
		합인석부	편인석부	대팻날	유구석부	석착	굴지구	석도	석겸	갈돌	갈판	석촉	석검	석창	어망추	방추차	미완성석기	지석		
영등동	I-3	편1		1			편1	1				5	1		4	2		3	19	
	I-17											1	편1		2				4	
	I-18		편1	1															2	
	II-7	2	1	1				2	2			9	2		28	2	1	9	59	석기편4
용기리	1							3							3	4	10		20	
	2	1											1		2		5	3	12	
	3												1				4	1	6	
	4																2		2	
	5												1						1	재가공1
섬다리 2						1	1								1				3	
쌍제리	1					1	1			2		4				1	1		10	미완석촉2
	2						1												1	
삼담리 호천 2						1	1					1			1	2	6		12	
제상리	A1		1								1	4				1	2		9	환상석부2
	B1	1					편1				1	2				2	2	1	10	
부거리	I-1 1																	1	1	
	I-1 2						편2									1	6	1	10	
	I-1 3											1					2	1	4	미상석기1

유적·유구	벌채·목공구				굴지구		수확구		가공구		수렵·무기구			어로구	방직구	석기제작		계	기타
	합인석부	편인석부	대팻날	유구석부	석착	굴지구	석도	석겸	갈돌	갈판	석촉	석검	석창	어망추	방추차	미완성석기	지석	계	기타
상동동 1	1						2								2	2	1	8	수정원석7
상동동 2												편1			1	5		7	수정원석3
상동동 3							1				2			4		3		10	석재편9
상정 1																1		1	
성곡 1					1						2			13				16	토제구슬1 석제품3
성곡 2					2		2							6	1			11	토제구슬1 석제품6
효자 4-5																2		2	발화석3
장동 8																	1	1	석재2
장동 9	2						편1							2				5	
장동 36	1						2				1	편1		3	3	1	10	22	환상석부1
동산동 1-1			1			1								10	2	1		15	투공구1 원판형석기1
동산동 1-2	편1						2		1		1			5	1	1	2	14	
동산동 16											1							1	
동산동 39														8	3		1	12	미상석기1
동산동 56							편1							2				3	
동산동 59			1				편2				1				1	3		8	
동산동 60																1		1	
동산동 70				1										1				2	
동산동 71							편1		1	1		1		1				5	
동산동 81	1						2								1	1	1	6	
오산리 붓내C-1 1																1		1	
여의동1-1												2				1	2	5	
원만성1-5							1									1	1	3	

유적·유구		벌채·목공구					굴지구	수확구		가공구		수렵·무기구			어로구	방직구	석기제작		계	기타
		합인석부	편인석부	대팻날	유구석부	석착	굴지구	석도	석겸	갈돌	갈판	석촉	석검	석창	어망추	방추차	미완석기	지석		
구암리	1					1		2								1			4	
	2	1						1								1		2	5	석제품1
	3					1										1		1	3	
	4							1				2			2	1	3	1	10	석재5
	4-1	1															4	4	9	석재7
	5							1											2	
	6																4	4	4	석재7
	7						1										2	1	5	석재1
정읍 갈선1		1										2			57	2	2		64	
계		14	3	5	1	9	1	36	2	5	3	41	8	1	155	41	73	52	450	

전북지역 청동기시대 전기주거지에서 출토된 생업도구인 석기를 기능별로 살펴보면 〈표 3〉과 같다. 먼저 벌채·목공구는 합인석부, 편인석부, 대팻날, 유구석부, 석착으로 구분되는데 합인석부는 14점이 출토되었다. 영등동 Ⅱ-7호 2점, 장동 9호 2점을 제외하면 나머지 주거지에서는 1점이 출토되었다. 석착은 9점이 출토되었는데 성곡 2호에서 2점이 출토된 것을 제외하면 나머지 주거지에서는 1점이 출토되었다. 대팻날은 5점이 출토되었는데 영등동 Ⅰ-3호·Ⅰ-18호·Ⅱ-7호, 동산동 1-1호·59호에서 각 1점이 출토되었다. 편인석부는 3점이 출토되었는데 영등동 Ⅰ-18호·Ⅱ-7호, 제상리 A1호에서 각 1점이 출토되었다. 유구석부는 1점이 출토되었는데 동산동 70호에서 출토되었다. 유구석부는 주로 송국리식주거지에서 출토되는 유물로 송국리문화의 특징적인 석기로 보고 있다. 동산동 70호 주거지는 평면 장방형에 중앙에서 한 쪽에 치우쳐 노지가 설치되어 전기주거지의 특징을 나타낸다. 공반된 유물은 토기는 출토되지 않았고 단추형토제어망추 1점만 공반되었다. 전기주거지에서 출토된 것은 이례적인 것으로 유구석부의 출현시기를 송국리문화 형성 이전으로 올려 볼 수 있을 것으로 보인다.

굴지구는 용연리에서는 1점이 출토되었는데 평면형태는 타원형에 가깝고 가장자리를 타격하여 떼어낸 것으로 이러한 굴지구들은 주로 신석기시대 유적에서 출토된다. 농경과 직접적인 관련이 있는지는 명확하지 않지만 땅을 뒤지기 위해 사용된 것으로 볼 수 있어 근경류 채집이나 농경을 위한 도구로 볼 수 있다.

수확구는 석도와 석겸이 출토되었다. 석도는 36점으로 용기리 1호 3점, 영등동 Ⅱ-7호 2점, 부거리 Ⅰ-1지점 2호 2점(편), 상동동 1호 2점, 성곡 2호 2점, 장동 36호 2점, 동산동 1-2호 2점, 동산동 59호 2점(편), 동산동 81호 2점, 구암리 1호 2점, 나머지 주거지에서는 1점이 출토되었다. 석겸은 영등동 Ⅱ-7호에서 2점이 출토된 것을 제외하면 다른 유적에서는 아직 출토된 사례가 없다. 석도의 기능과 관련하여 석도는 애초에 썰기, 베기, 끊기 등 다양한 기능을 가진 도구였으며 다양한 기능 중에 끊기를 이용하여 곡식을 수확하기도 했을 것이다. 그러가 점차 끊기에 초점을 맞추어 형식적인 변화를 거치게 되고 끊기에만 특화된 형식이 바로 삼각형석도로 발전한 것으로 보인다(김현식 2016: 148).

가공구는 갈돌과 갈판이 출토되었다. 갈돌은 5점이 출토되었는데 쌍제리 1호 2점, 영등동 Ⅰ-3호 1점, 동산동 1-2호 1점, 동산동 71호 1점이 출토되었다. 갈판은 3점이 출토되었는데 제상리 A1호 1점, B1호 1점, 동산동 71호 1점이 출토되었다. 특히 동산동 71호에서는 갈돌과 갈판이 세트로 출토되었다.

수렵·무기구는 석촉이 41점으로 가장 많은 수를 차지한다. 영등동 Ⅱ-7호 9점, 영등동 Ⅰ-3호 5점, 쌍제리 1호 4점, 제상리 A1호 4점이 출토되었으며, 나머지 주거지에서는 1~2점이 출토되었다. 석검은 8점이 출토되었는데 영등동 Ⅱ-7호 2점, 여의동 1-1호 2점, 영등동 Ⅰ-3호 1점을 제외하면 나머지 주거지에서는 편으로 출토되었다. 석창은 동산동 71호에서 1점이 출토되었는데 주거지는 평면 장방형에 중앙에서 한 쪽으로 치우쳐 노지가 있고, 노지 반대쪽으로 치우쳐 저장혈이 있다. 공반된 유물은 외반구연 송국리식토기, 적색마연토기편, 삼각형석도편, 갈돌, 갈판, 토제방추차가 출토되었다. 주거지는 장방형이지만 유물은 송국리식토기와 삼각형석도가 출토되어 전기로 편년하였지만 송국리문화와 관련된 주거지일 가능성도 배제할 수 없다.

어로구인 어망추는 155점이 출토되었다. 어망추는 그물에 매달아 사용하기 때문에 수점에서 많게는 수십 점이 출토되는데 정읍 갈선은 57점, 영등동 Ⅱ-7호 28점, 성곡 1호 13점, 동산동 1-1호 10점, 39호 8점 등이다.

방직구인 방추차는 41점이 출토되었는데 용기리 1호 4점, 장동 36호 3점, 동산동 39호 3

점, 영등동 Ⅰ-3호 2점, Ⅱ-7호 2점, 삼담리 호천 2점, 제상리 B1호 2점, 상동동 1호 2점, 동산동 1-1호 2점, 갈선 2점을 제외하면 대체로 1점이 출토되는 양상이다.

　석기제작구는 미완석기 73점, 지석 52점이 출토되었는데 미완석기는 용기리 1호 10점으로 가장 많고, 삼담리 호천 2호 6점, 부거리 Ⅰ-1유적 2호 6점, 용기리 2호 5점, 상동동 2호 5점이 출토되었으며, 다른 주거지에서도 1~4점이 출토되었다. 지석은 장동 36호 10점, 영등동 Ⅱ-7호 9점이 출토되었으며 나머지 주거지에서는 1~4점이 출토되어 주거지 내에서 다양한 석기제작이 이루어진 것으로 볼 수 있다.

　그동안 특정 주거지에서 석기 출토량이 많다는 것은 석기를 전문으로 생산하는 주거지일 가능성이 있는 것으로 보고 석기생산주거지에서는 일반주거지의 '수요'에 비해 뚜렷하게 많은 양의 석기 완성품 및 미완성품이 출토되고 있어 주거지 내에서 석기생산이 중심적으로 이루어진 것으로(조대연·박서연 2014: 25) 보기도 하지만, 영등동 Ⅱ-7호는 지석은 9점이 출토되었지만 미완석기는 1점에 불과하고 용기리 1호에서는 미완성석기 10점이 출토되었지만 지석이 단 1점도 출토되지 않았고, 장동 36호에서는 지석 10점이 출토되었지만 미완성석기는 1점만 출토되어 석기를 전문으로 생산한 주거지로 보기는 한계가 있다. 다만 다른 주거지에 비해 석기의 출토량이 높다는 것은 그만큼 석기생산이 빈번했을 가능성이 높다고 볼 수 있다.

　수확구인 석도는 용기리 1호에서 3점이 출토되었는데 수확과 관련된 탄화곡물이 출토되어 인근 충적지에서 농경이 이루어진 것으로 볼 수 있다.

Ⅳ. 전북지역 청동기시대 전기 생업경제의 특징

1. 유물을 통해 본 생업경제의 특징

　생업경제는 농경은 물론 어로, 수렵과 채집 등 인류가 삶을 영위하기 위해 필요한 모든 경제활동을 말한다. 청동기시대 전기 농경방식의 경우 농경의 실제 모습을 보여줄 수 있는 경작유구의 부재로 인해 대부분의 고고학자들은 간접적인 증거가 되는 취락자료에 주로 의존하고 있다(고일홍 2010: 27). 특히 주거지에서 출토된 유물을 통해 생업경제활동의 단면을 볼 수 있는데 석기 및 토제품을 용도에 따라 나누면 농경구(기경구(起耕具)-보습, 수확구-석도·부리형석기, 곡식가공구-갈돌·갈판), **수렵구**(석검·석촉·석창·석구·환상석부·동북형석도), **어로구**(어망추·토주), **목재가공구**(목재가공구-석부·석착, 석재가공구-지석), **방적구**(방추차), **장신구**(옥) 등으로 구분할 수 있다(배길희 2017: 45-46).

1) 농경

인류는 농업을 통해 식량문제를 해결하게 되면서 정치·사회·문화 분야에서 다양한 활동을 할 수 있었다(염정섭 2015). 청동기시대는 신석기시대에 시작된 농경이 본격화 되는 시기로 고고학적 자료로 볼 때 조기부터 농경이 이루어진 것으로 보고 있으며, 청동기시대에는 쌀·기장·조·콩이 주류를 이루고 밀·보리·수수·팥·녹두·들깨·피 등이 재배된 것으로 보고 있다(신숙정 2001: 17).

청동기시대 곡물조성은 지역별로 차이를 보이는데 중부지방은 대체로 쌀 자료가 주를 이루며, 식물규산체분석과 토기압흔 자료로 보아 잡곡·두류의 재배 가능성도 높다. 호서지방은 유적에 따라 차이가 있지만 전체적인 상황에서 전기부터 쌀+잡곡(조·기장)+맥류(보리·밀)+두류(콩·팥)의 곡물조성이 확립되면서 후기까지 이어지고 그밖에 외·박·들깨·복숭아·갓(추정)이 있다. 후기에 대체로 잡곡이 감소하면서 도작의 비중이 높아지는 양상이고, 전기에 극히 소수에 불과하던 팥 출토 유적이 증가하여 보편화되는 양상을 보인다. 영남지방도 쌀+잡곡(조·기장)+맥류(보리·밀)+두류(콩)의 작물조성이 갖추어지나 맥류의 출현확률은 매우 낮으며, 후기에 팥이 출현한다(안승모 2008, 2014).

전북지역 청동기시대 유적에서 확인된 작물은 크게 벼와 잡곡(조·기장) 및 두류(콩·팥)로 구분된다. 용기리 I 유적에서는 벼와 조·기장·콩이 검출되었다(전북문화재연구원 2013; 佐々木由香 외 2013). 상동동 I 유적에서 벼가(김민구·정유진 2013), 용기리 I 유적에서 조 압흔이, 전주 동산동유적에서 조·벼와 조 압흔(가능성), 기장 압흔, 벼 압흔, 콩 압흔, 팥 압흔(가능성)이 확인됨에 따라 쌀+잡곡(조·기장)+두류(콩·팥)로 구성된 '무문계곡물조성'이 거의 갖추어졌다.

아직 호남지역에서 작물이 출토된 유적 수는 많지 않지만 지금까지 검출된 자료를 살펴보면, 청동기시대 전기에 쌀과 잡곡인 조·기장, 두류인 콩이 출토된 것으로 보아 유적에 따라 약간의 차이가 있지만 대체로 쌀과 잡곡(조·기장)이 주를 이룬다. 용기리 I 유적에서 분석이 이루어진 1호 주거지의 경우, 1주-1시료·1주-17시료에서 곡물은 쌀+잡곡(조·기장)만 검출되었다. 또한 별도로 분석된 1주-14-1시료에서는 두류인 콩이 추가된다. 상동동 I 유적에서 작물은 쌀만 검출된다.

쌀, 잡곡, 두류는 모두 여름작물이며, 맥류는 겨울작물로 호서지역에서는 전기부터 쌀+잡곡(조·기장)+맥류(보리·밀)+두류(콩·팥)의 곡물조성이 확립되어 여름작물과 겨울작물이 모두 재배되었다. 하지만, 전북지역 청동기시대 전기유적에서 아직까지 맥류는 출토되지 않았다. 쌀과 잡곡이 봄에 파종하여 가을에 수확을 하는 작물이라면 맥류는 가을에 파종하여 여름에 수확하는 작물로 쌀과 잡곡이 소진될 시점에 수확이 이루어지기 때문에 식량의 안정적인 확보를 위해서는 꼭 필요한 작물이지만 전기유적에서 맥류가 보이지 않는다. 다만 인접한 호서지역에서 맥류가 확인되고 있는 것으로 보아 기후조건이 비슷한 전북지역에서도 맥류가 찾아질 가능성이 높다.

벼는 신석기시대 중서부와 남부지방에서만 간헐적으로 보고되었으나, 청동기시대에 들어서면 동해안을 포함한 남한 전역과 대동강유역까지도 출토된다. 신석기시대에는 벼의 재배가 극히 제한적이었지만 청동기시대에는 다른 곡물과 비교하여 벼 자료가 출토되는 유적·유구 수, 그리고 출토 빈도도 가장 많다. 중부에서는 쌀만 단독으로 출토되는 유적이 많으나 다른 지역에서는 다른 작물과 공반되는 경우가 보다 일반적이다. 중부, 호서, 호남에서도 도작이 우세하나 남한강 상류의 산간지대는 맥류가, 남강유역은 잡곡이 벼보다 우세하다(안승모 2008: 11). 한반도는 벼 자생지가 아니기 때문에 유적에서 발견된 벼 식물유체는 모두 재배된 벼로부터 기원한 것이다(김민구 2010: 47).

한반도 출토 벼는 옥천 대천리 주거지에서 탄화미가 출토되어(한창균 외 2003) 신석기시대부터 벼농사가 시작된 것으로 보고 있지만, 벼농사가 본격적으로 시작된 것은 청동기시대로 보는데 이견이 없다. 특히 전기로 편년되는 흔암리에서 탄화미가 다량 출토된 바 있고 최근에는 그 자료가 증가하고 있는 추세. 청동기시대 전기에는 육도이든 수도이든 벼의 재배행위가 있었던 것은 분명하고 생계경제에서 차지하는 벼농사의 비중이 어떠하였는지는 알기 어렵지만 최근 식물유체가 급증하면서 아산만지역 청동기시대 전기에 벼재배가 일반화된 것으로 보고 있다(나건주 2009: 73-74). 그리고 최근 세종시 대평리에서 각목돌대문토기 단계의 논이 조사되어(이홍종 2016: 10) 우리나라의 각목돌대문토기가 수도작과 관련된 기술체계를 인식하고 있었음이 실증적으로 확인되었다(이홍종 2021: 232).

전북지역에서 아직까지 논은 확인되지 않았지만 동산동 유적 전기주거지의 토기 압흔분석에서 쌀과 기장의 수량이 동일하게 우세하며, 소량의 조(가능성) 자료가 확인되었다. 중기에도 벼와 기장의 압흔 수량은 다른 작물에 비해 많은 수를 차지한다. 조와 기장은 생육기간이 짧고 물의 공급을 많이 필요로 하지 않으며 거의 모든 토양에 잘 적응하므로 초기 농경기에 부담이 적은 작물이지만, 쌀이나 밀, 콩류는 발달된 기술과 노동력이 요구된다(고민정 2020: 143).

　하지만 청동기시대 조기부터 전기에 이르는 유적에서 탄화미가 출토된 경우가 많이 확인되는데 水稻라기 보다는 陸稻로 보고 있다(안재호 2000: 52). 충청지역의 경우도 청동기시대 전기-陸稻, 중기-水稻의 경향성을 보인다(김범철 2006b: 71). 다만 수도농경이 어떤 한 시점에 완성된 형태로써 한반도 남부지역에 등장하였다기 보다는 점진적인 재배 개량화 과정을 통해 형성된 것으로 청동기시대 전기 후반에 벼 재배방식의 개량화가 이루어지기 시작하고 그에 따라 수도농경에 유리한 지형적 조건에 따라 인구가 이동된 것으로 보고 있다(나건주 2009: 74-75).

　두류는 청동기시대 주거지에서 주로 출토되는데 대부분 콩과 팥으로 청동기시대 전기부터 재배되기 시작하지만 전기주거지에서 출토된 콩의 양은 대부분 수립에 불과해 콩 재배가 보편화된 것으로 보지는 않는다(안승모 2008: 13). 하지만 한반도에서 선·역사시대를 거쳐 가장 오래 식용된 두류가 대두와 팥이고(김민구 2018) 두류는 척박한 환경에서도 잘 자라는 작물이기 때문에 청동기시대 전기에 두류의 재배가 보편화되었을 가능성은 충분한 것으로 볼 수 있다.

　특히 청동기시대에 콩과 식물이 주로 이용되는 것은 벼과 작물위주의 식단에서 오는 탄수화물 편중을 보완하기 위해 단백질과 지방의 공급원으로 주로 재배된 것으로 식생활 질 향상에 도움을 주며 재배시 질소 고정을 통해 토질을 향상시키고 다양한 음식으로 가공하는 것도 가능하기 때문인 것으로 볼 수 있다(김민구·류아라 2018: 167). 그리고 콩은 밭작물 재배에 있어 다른 작물을 두둑에 재배할 때 두둑과 두둑 사이 고랑에 심을 수 있는 혼합재배가 가능하기 때문에 일찍부터 이용된 것으로 볼 수 있다. 또한 콩과 식물은 생육기간이 짧고 가뭄에도 잘 견디며 산간지대는 물론 마을 주변의 자투리땅에서도 재배할 수 있다는 이점이 있으며 무엇보다 지력을 개선하기 위한 목적으로 심었던 것으로 보인다.

　청동기시대에 재배된 잡곡은 조와 기장으로 화북지방에서 기원하여 한반도에서도 늦어도 기원전 4천년기부터 재배되기 시작한 작물이다(안승모 2014: 93). 최근 구미의 학계에서는 농경의 정의가 단순한 재배식물의 존재가 아니라 전체 생업에서 재배식물이 차지하는 비중을 갖고 판단하는 방향으로 바뀌는 추세이다(안승모 2006: 21).

2) 어로

전북지역 청동기시대 전기주거지는 대부분 구릉 상에 입지하지만, 최근 강변충적지에서도 주거지들이 조사되고 있어 강변충적지에 대한 조사가 증가한다면 주거지 또한 늘어날 것으로 보인다. 강변충적지에 입지한 주거지는 넓은 충적지를 중심으로 다양한 농경이 이루어질 수 있으며, 한편 강에서 어로를 통한 생계경제 활동이 가능하다. 구릉 상에 입지한 주거지는 강변에 입지한 주거지에 비해 농경과 어로에 불리한 것은 분명하지만 구릉 상에 입지한 주거지에서 다량의 어망추들이 출토되는 주거지도 확인되는 것으로 보아 어로가 차지하는 비중이 결코 작지는 않았을 것으로 보인다. 구릉 상에 입지한 주거지는 인근에 위치한 소하천이나 자연습지가 어로 장소로 이용되었던 것을 알 수 있다.

전북지역 전기주거지에서 어로를 알 수 있는 것은 다양한 어망추이다. 어망추는 모두 155점이 출토되었는데 갈선 1호 57점, 영등동 Ⅱ-7호 28점, 성곡 1호 13점, 동산동 1-1호 10점 등 10점 이상 출토된 주거지들과 동산동 39호 8점, 성곡 2호 5점, 상동동 3호, 영등동 Ⅰ-3호 4점, 그 밖에 각 주거지들에서도 1~2점이 출토되고 있어 거의 모든 전기주거지에서 어망추가 출토된다고 보아도 무리는 아니다. 갈선 1호 주거지 출토 어망추는 평면 타원형에 상면 양쪽 가장자리에 구멍이 있는 어망추 9점과 원통형 48점이 출토되었다. 타원형 어망추는 주거지가 각지에 흩어져 출토된 반면 원통형 어망추는 남서쪽에 치우쳐 48점이 한 곳에 집중 출토되어 어망이 놓여 있었던 것으로 볼 수 있다. 타원형 어망추는 구멍이 천공된 상단부쪽 측면에 凹面이 있어 그물에 매달 때 결박이 용이하도록 하였다. 그리고 용기리 1호와 동산동 70호에서도 양단에 홈이 있는 단추형 어망추가 출토되었다. 이에 반해 영등동 Ⅰ-17호·Ⅱ-7호·섬다리 2호·용기리 2호, 장동 Ⅰ-9호·동산동에서는 대부분 원통형 어망추가 출토되었다. 원통형 어망추는 청동기시대 전기 이후에 주로 출토되는 것으로 보고 있는데(천선행 2016: 76-77) 전북지역 전기주거지에서 출토된 어망추가 대부분 원통형 어망추이다. 전기주거지에서 어망추가 다량 출토된다는 것은 적어도 이 시기에 망어법을 이용한 어로행위가 이루어졌다는 것을 알 수 있다.

어망추가 출토된 유적의 입지를 살펴보면 가장 많은 어망추가 출토된 갈선유적은 서쪽으로 2㎞ 정도 떨어져 고부천이 있고, 유적 남쪽에 고부천의 지류인 소하천이 흘러 소하천을 중심으로 어로행위가 이루어진 것으로 볼 수 있다. 영등동유적은 구릉성 취락으로 동쪽으로 탑천으로 합수되는 소하천이 있지만, 주변은 곡저지와 저습지가 발달되어 저습지에서 어로행위가 이루어진 것으로 볼 수 있다. 용기리유적은 북동쪽으로 죽청천으로 합수되는 소하천이 흐르며 소하천을 중심으로 어로가 이루어진 것으로 보인다. 섬다리유적도 북서쪽으로 오산천으로 합수되는 소하천이 흐르며, 쌍제리유적도 북쪽으로는 왕궁천으로 합수되는 소하천이 흐른다. 삼담리 호천유적은 동쪽으로 어량천이 흐른다. 부거리유적은 남쪽으로 동진강에 합수되는 시평천이 흐르며, 상정리·제상리·상동동유적은 비록 소하천은 확인되지 않지만 곡저지에 저습지가 발달된 지역으로 저습지에서 어로행위가 이루어진 것으로 볼 수 있다. 성곡유적은 주변에 곡저지가 발달하였고, 장동유적은 동쪽에 만경강으로 합수되는 조촌천이 흐르며, 효자 4지구 남동쪽으로는 삼천으로 합수되는 중복천이 흐른다. 원만성과 여의동유적도 서쪽으로 조촌천이 흐르며, 오산리 붓내C유적은 주변에 곡저지와 저습지가 발달하였다. 구암리유적은 동쪽으로 석탑천이 흐른다. 이처럼 전기 취락은 입지와 출토유물을 통해 볼 때 소하천과 저습지를 중심으로 어로행위가 이루어진 것으로 볼 수 있다. 그리고 비록 유물로 남아 있지는 않지만, 물을 가두고 있는 농경지나 수로에 어류를 기르는 행위도 생각해 볼 수 있다.

동산동 1-1호 주거지 출토 토기부착 탄화물에 대한 탄소와 질소의 안정동위체비를 측정한 결과 부착된 탄화물은 C3식물(주로 견과류)과 해산물(주로 조개류)이 탄화된 탄화물일 가능성이 높은 것으로 나타났다(山形秀樹·공지현 2012). 따라서 당시 다양한 채집활동이 이루어진 것으로 볼 수 있다.

3) 수렵과 채집

청동기시대 농경이 정착되었다고 하지만, 당시 사람들 모두의 식료가 해결되는 것이 결코 아니며 당시는 유적의 입지에 따라 생업이 매우 달랐을 개연성이 높다(신숙정 2001: 7). 수렵으로 얻을 수 있는 식재료가 다양한데 수렵은 식량생산의 다양성 확보와 부족한 영양분을 보충하기 위해(손준호 2014b: 187) 농경과 병행한다.

청동기시대 수렵의 증거는 사냥 동물의 뼈와 사냥도구를 통해 짐작할 수 있는데 사냥 동물뼈가 완전하게 남아 있는 경우는 없기 때문에 주로 수렵도구를 통해 당시의 수렵을 이해할 수 있다. 수렵과 관련된 도구 가운데 가장 주목되는 것은 석촉과 석창인데 석창은 동산동 71호 주거지에서 출토된 1점을 제외하면 아직까지 출토된 사례가 없다. 석촉은 거의 모든 유적에서 출토되고 있는데 특히 영등동 II-7호에서는 9점이 출토되었으며 I-3호에서 5점이 출토되었다. 쌍제리 1호 4점, 제상리 A1호 4점이 출토되었고 그 밖에 주거지에서는 1~2점이 출토되었다. 특기할 것은 영등동유적은 구릉성 취락인데도 불구하고 석촉이 다량으로 출토되어 사냥도 상당한 비중을 보이고 있다는 점인데 앞에서 언급한 것처럼 어망추의 출토량도 높게 나타나 취락의 입지는 농경에 적합하지만 농경보다는 오히려 어로나 수렵에 치중했을 가능성도 생각해 볼 수 있다. 특히 영등동 II-7호 노지에서 동물뼈로 추정되는 뼈가 부서진 채로 다량 출토되어 사냥을 통해 잡은 동물을 섭취한 것으로 볼 수 있다.

채집은 구석기시대 이래 인류가 이용할 수 있는 모든 야생식재료를 이용했을 것으로 볼 수 있는데 청동기시대 또한 계절에 따른 채집이 다양하게 이루어졌을 것으로 짐작해 볼 수 있다. 이와 관련하여 상동동에서 출토된 탄화머루가 주목되는데 머루는 가을에 들판에서 쉽게 얻을 수 있는 식량자원으로 청동기시대 전기에 가을에 주로 채집이 이루어진 것으로 볼 수 있다. 즉 들판이나 산에서 자라는 모든 식재료를 채집하였던 것을 알 수 있다. 동산동 취락의 경우 구릉에서 내려와 충적지가 시작되는 경계지점에 입지하며, 토양은 실트와 점토, 부분적으로 10㎝ 내외의 자갈이 퇴적되어 곳곳에 구하도와 습지가 분포하여 하천의 영향으로 형성된 지형을 이룬다. 저습지에서 검출된 종자의 종류도 구릉지와 습지 두 환경에서 흔히 자라는 식물이다. 동산동에서 다량의 과수가 검출된 점도 구하도 주변으로 참나무와 오리나무류가 서식하기 좋은 환경이 형성된 것으로 볼 수 있다. 여름에는 취락 주변에서 서식하는 딸기·머루 등의 육질과를 채집하여 식용하였을 것이다(안현중 2012: 140). 초본류 가운데 사초광의 고랭이속·사초속·방동사니속은 습지 주변에서 흔히 서식하는 종류로 취락 주변의 수로나 습지에서 자라던 것으로 보인다. 며느리배꼽·여뀌속·쇠비름속·말냉이 등의 초본류는 취락 주변이나 교란이 흔히 발생하는 경작지 주변에서 주로 서식하는 (문화지표식물)종들이며, 이들의 어린 순은 나물로 식용할 수 있다(김민구 2014).

2. 전북지역 청동기시대 전기 농경의 제문제

작물생산량 증가, 특히 벼 생산량 증가는 청동기 사회의 전개, 위계적 사회 질서의 확립, 고대국가 성립 등 과거의 사회변화를 이해하는데 있어 매우 중요한 문제이다(김민구 2010: 47-48). 수렵·채집·어로는 탄수화물 외에 필요한 단백질과 비타민을 보충해 준다는 점에서 농경사회에서 긴요한 것이다(신숙정 2001: 19).

특히 수도작은 수확량에 있어 육도에 비해 훨씬 더 유리하지만 용수의 지속적인 공급을 위해 필수 시설인 보(洑)의 축조와 관리(김범철 2006a: 47)가 중요하였을 것이다. 송국리문화 취락이 저지대로 접근성이 한층 높아진 것은 전기의 생업양상과 차이를 보이는 것으로 水田地의 개척과 관련될 가능성이 높은 것으로 보는데(이홍종·허의행 2013), 전북지역의 경우 동산동은 만경강의 지류인 전주천변의 충적지에 입지하여 배후습지에서 수도작이 이루어졌을 것으로 보이지만, 탄화미가 출토된 용기리와 상동동은 모두 구릉 상에 입지한다. 하지만 이들 유적도 주변 곡저지를 이용한 수도작이 이루어졌을 가능성을 배제할 수 없기 때문에 앞으로 전기의 수전이 찾아질 가능성은 충분하다.

그동안 청동기시대 전기 농경 특히 水稻作에 대해서는 대체적으로 부정적으로 보았지만, 최근 자료가 증가하면서 청동기시대 전기부터 수도작이 이루어진 것으로 보는데 의견이 모아지고 있다. 하지만 청동기시대 벼농사가 생계경제에서 차지하는 비중에 대해서는 학자마다 이견이 많다. 그렇다면 청동기시대 벼농사를 어떻게 인식하고 있는지에 대해 살펴볼 필요가 있다. 이와 관련하여 비록 청동기시대는 아니지만 수도작에 적합한 환경이 아닌 제주도 벼농사의 흔적을 통해 당시인들이 벼농사를 어떻게 인식하고 있었는지 살펴볼 필요가 있다.

제주도는 지질적인 특성상 물을 가둘 수 있는 논(水田)을 만드는데 제약이 많아 주로 잡곡이 주식으로 이용된 것을 알 수 있다. 시기적으로 1454년에 편찬된 『세종실록지리지』의 논(水田)에 대한 기록으로 보아 제주도에서도 적어도 조선 전기 이전부터 벼농사가 이루어진 것을 알 수 있는데 조선시대까지는 습지나 상시 하천과 같이 물이 풍부한 지역에서만 벼농사가 이루어진 것으로 보고 있다(정근오 2014: 56-71). 조선시대 제주지역의 벼농사지역은 제주 이호·내도·광령, 북제주 구시물·구엄·명월, 남제주 용수·고산·신도·사계·화순·토산·성산, 서귀포 예래·강정·하논 등 일부 지역에서 벼농사가 이루어졌다. 당시의 벼농사는 쌀을 주식으로 이용하기 위한 것이 아니라 판매용 혹은 상례용 쌀을 확보하기 위한 수단으로 재배한 것으로 보고 있다(정근오 2014: 71). 청동기시대 전기주거지에서 출토된 벼의 경우도 주식으로 이용하는 데는 한계가 있었을 것이다. 청동기시대 전기에 재배된 작물은 조, 기장, 콩과 함께 지역에 따라 벼와 맥류가 추가된 것으로 볼 수 있으며 미사리유형과 역삼동유형에서 이미 잡곡(조·기장)+벼+맥류(보리·밀)+두류(콩)의 작물조성이 갖추어진 것으로 보고 있다(안승모 2008). 즉 작물생산량 증가, 특히 벼 생산량 증가는 청동기 사회의 전개, 위계적 사회 질서의 확립, 고대국가로 성장하는 배경이 된 것으로 볼 수 있지만, 그렇다고 벼가 모든 문제를 해결해 주지는 않았던 것으로 보인다.

청동기시대에 농경이 확산됨에 따라 식생활에서 벼를 위시한 재배작물이 차지하는 비중은 높아졌지만 사슴이나 멧돼지 등의 육상동물의 수렵활동이 작물재배와 함께 병행되는 등 청동기시대 농경민들은 집약적 도작 농경이 이루어진 이후에도 작물재배 이외에 다양한 생업전략을 활용하였던 것으로 보이며, 농경 이전부터 인류의 가장 대표적인 생업활동의 하나였던 수렵도 그 한 축을 담당했을 것이다. 따라서 농경에 집중되어 있는 청동기시대 생업연구가 보다 다양한 관점에서 이루어질 필요는 있다고 본다(곽승기 2017: 70).

전북지역 청동기시대 전기주거지의 연대는 익산 용기리 AMS연대는 1호 탄화목 2860 ±20BP, 탄화미 2840±20BP, 2호는 탄화조 2910±20BP, 3호는 탄화미 2770±20BP로 각각 편년되었다. 쌍제리 1호 탄화목 2970±40BP, 김제 상동동 AMS연대는 1호 탄화목 2900± 40BP·2870±40BP, 2호 탄화목 2710±40BP·2850±40BP, 3호 탄화목 2760±40BP·2780± 40BP로 각각 편년되었다. 부거리 Ⅰ-1유적 1호 주거지 탄화목 3040±50BP, Ⅰ-1유적 2호 주거지 탄화목 2580±50BP, Ⅰ-2유적 5호 주거지 탄화목 2960±60BP, 완주 구암리 2호 주거지 탄화목 2930±30BP, 6호 주거지 탄화목 2970±30BP, 장동 9호 주거지 탄화목 3080± 80BP로 측정되었고 토기는 Ⅱa, b, c식과 Ⅲd식이 출토되었다. 36호 주거지 탄화목 2740± 60BP로 측정되었고 토기는 Ⅱd식과 Ⅳa식이 출토되었다. 동산동은 주거지 4동에서 AMS 연대가 측정되었다. 시료는 대부분 탄화목이지만, 1-2호는 탄화목과 함께 토기 내면 부착물(탄화물)을 이용하였다. 방형에 위석식노지가 설치된 1-1호의 경우 시료(탄화목) 2점이 2978±22BP·2943±22BP로, Ⅰb·c식, Ⅱa식, Ⅳa·b식의 토기가 출토되었고, 세장방형에 위석식노지와 무시설식노지가 설치된 1-2호는 2점의 시료(탄화목과 탄착물)가 2894± 22BP·2933±21BP이며, Ⅰb·c식, Ⅳa식의 토기가 출토되었다. 방형(소형)에 무시설식노지가 설치된 16호는 시료(탄화목) 1점이 2935±21BP로 유물은 Ⅰb식의 토기가, 장방형 주거지에 석상위석식 노지가 설치된 39호는 시료(탄화목) 2점이 2965±23BP·2964±22BP로 Ⅰ b식, Ⅱa식의 토기가 출토되었다. 동산동 AMS연대는 1-2호 탄화목 1점을 제외하면 모두 2,930BP 이전으로 편년된다. 특히, 중복관계를 이루는 1-1호와 1-2호는 조사과정에서 1-1 호가 1-2호에 선행하는 것으로 확인되었으며, 절대연대 또한 1-1호가 1-2호에 앞선 것으로 나타났다. 만성 9-1지점 5호 주거지 탄화목 2857±34BP로 측정되었다.

물론 AMS연대 측정시료가 대부분 탄화목이기 때문에 신뢰성을 지적할 수 있지만, 동산동은 탄화목과 함께 탄화물을 동시에 측정하여 AMS연대 값이 큰 편차를 보이지 않는 것으로 보아 신뢰성이 높다고 할 수 있다. 따라서 현재까지 자료로 본다면 전북지역 전기 취락은 2,900BP 이전에 형성되기 시작한 것으로 볼 수 있으며, 이를 역연대로 환산하면 기원전 1,300~1,000년으로 볼 수 있다. 특히 탄화미의 경우 우리나라에 자생하는 작물이 아니기 때문에 주거지 내에서 출토되었다는 것은 농경과 직접적인 관련으로 볼 수 있다. 탄화미는 용기리와 상동동유적의 주요한 작물로 추정되며, 상동동은 목탄 수종분석 결과 참나무가 압도적인 비율을 차지하고 있어 인근 식생은 참나무를 위주로 한 낙엽 활엽수림으로 추정되지만 채집된 목탄이 모두 건축재임을 감안하면 목재의 선별적 이용을 반영할 가능성도 있다(김민구·정유진 2013: 370). 육도인지 수도인지 정확한 분석은 이루어지지 않았지만 전북지역에서 청동기시대 전기부터 쌀이 재배되고 있었던 것은 분명해 보인다. 다만 쌀이 주식으로 이용되었는지에 대해서는 좀더 신중한 접근이 요구된다.

V. 맺음말

본고에서는 전북지역 청동기시대 전기의 생업경제를 살펴보았다. 전북지역은 주지하다시피 만경강과 동진강을 끼고 있는 호남평야를 대표하는 지역에 해당된다. 현재까지도 가장 높은 비중을 차지하고 있는 것이 농업이며, 청동기시대에도 농경의 비중이 상당히 높았던 지역이다.

청동기시대 전기는 대대적인 개간을 통한 농경보다는 취락 인근에서 소규모 경작과 함께 수렵과 채집, 어로를 적극적으로 이용하여 취락의 생계를 이끌어 나간 것으로 보고 있다(박서현 2016: 26). 그럼에도 불구하고 전기주거지에서 논과 밭에서 재배되었던 작물들이 탄화된 상태로 주거지 내에서 출토되고 있어 당시의 농경에 대한 일면을 볼 수 있다. 탄화된 작물 가운데 탄화미의 출토량이 증가하고 있어 전기부터 벼농사가 적극적으로 시행되었을 가능성이 있지만, 벼농사가 어떠한 경작방식으로 이루어졌는지에 대해서는 아직 풀어야 할 숙제라 할 수 있다.

참고문헌

고민정, 2020, 『남강유역 청동기시대 취락과 생업』, 영남대학교 대학원 박사학위논문.

고일홍, 2010, 「청동기시대 전기의 농경방식 재조명 -화전농경에 대한 비판적 검토를 중심으로-」『한국상고사학보』67, 한국상고사학회.

공민규, 2011, 「금강 중류역 청동기시대 전기 취락의 검토」『한국청동기학보』8, 한국청동기학회.

곽승기, 2017, 「특정화합물 안정동위원소분석법을 이용한 청동기시대 중서부지방 생업양상연구」『한국상고사학보』95, 한국상고사학회.

권경숙, 2011, 『호남지역 청동기시대 석기조성과 생업 경제』, 전남대학교대학원 석사학위논문.

김민구, 2010, 「영산강 유역 초기 벼농사의 전개」『한국고고학보』79, 한국고고학회.

_____, 2014, 「제2부 인간과 자연자원의 이용, 제2장 야생 식용식물」『청동기시대의 고고학1 인간과 환경』서경문화사.

김민구·권경숙, 2010, 「제주도 송국리문화의 석기조성과 생업경제」『호남고고학보』36, 호남고고학회.

김민구·류아라, 2018, 「탄화물 분석을 통한 삼국시대 대두(大豆)이용 방법 고찰」『한국상고사학보』100, 한국상고사학회.

김민구·정유진, 2013, 「김제 상동동 Ⅰ유적 발굴조사 수습 탄화물 분석」『김제 상동동 Ⅰ유적』, 전라문화유산연구원.

김범철, 2006a, 「중서부지역 청동기시대 수도생산의 정치경제 -금강 중·하류역 송국리형 취락체계의 위계성과 도작집약화」『한국고고학보』58, 한국고고학회.

_____, 2006b, 「충청지역 송국리문화의 생계경제와 정치경제 -농업집약화 관련 설명모형을 통해 본 수도작-」『호남고고학보』24, 호남고고학회.

김현식, 2016, 「송국리단계 유물·유구 변화와 의미」『한국청동기학보』19, 한국청동기학회.

나건주, 2009, 「송국리유형 형성과정에 대한 검토」『고고학』8-1호, 서울·경기고고학회.

_____, 2013, 『청동기시대 전기 취락의 성장과 송국리유형 형성과정에 대한 연구 -한반도 중서부지방 자료를 중심으로-』, 충남대학교 대학원 박사학위논문.

박서현, 2016, 「호남지역 청동기시대 생업경제 -취락과 생업도구의 분석을 중심으로-」『호남고고학보』53, 호남고고학회.

배길희, 2017, 「청동기시대 중기 울산지역 취락구조의 특징」『한국청동기학보』21, 한국청동기학회.

손준호, 2008, 「석기조성비를 통해 본 청동기시대 생계와 사회경제」『한국청동기학보』3, 한국청동기학회.

_____, 2014a, 「도구의 사용과 생계」『청동기시대의 고고학1-인간과 環境-』, 한국고고환경연구소 학술총서12, 서경문화사.

_____, 2014b, 「제3부 도구를 통해 본 생계와 사회 제1장 도구의 사용과 생계」『청동기시대의 고고학 5 道具

論』, 이청규·손준호 편, 서경문화사.

신숙정, 2001, 「우리나라 청동기시대의 생업경제 -경기도를 중심으로 한 시론-」『한국상고사학보』35, 한국상고
사학회.

안승모, 2000, 「한반도 벼농사 기원에 관한 제논의」『한국고대사논총』9, 한국고대사회연구소편, 가락국사적개
발연구원.

_____, 2008, 「한반도 청동기시대의 작물조성 -종자유체를 중심으로-」『호남고고학보』28, 호남고고학회.

_____, 2014, 「제2부 인간과 자연자원의 이용 제1장 작물」『청동기시대의 고고학 1 人間과 環境』, 이청규·손준
호 편, 서경문화사.

안재호, 2000, 「한국 농경사회의 성립」『한국고고학보』43, 한국고고학회.

안현중, 2012, 「식물유체 및 토기압흔 분석」『전주 동산동 청동기시대 취락 3권 고찰』, 전북문화재연구원.

염정섭, 2015, 『신석기 혁명부터 쌀 개방까지 우리나라 농업의 역사』, 사계절.

이홍종, 2016, 「자연제방 입지유적의 토지이용 양상 -대평리유적을 중심으로-」『중앙고고연구』20, 중앙문화재
연구원.

_____, 2021, 「3부 송국리문화의 역동성」『일본문화의 기원 송국리문화』, 한국고고환경연구소 학술총서18, 진
인진.

이홍종·허의행, 2013, 「송국리문화 재래기원설에 대한 재검토」『先史와 古代39, 한국고대학회.

정근오, 2014, 「제주도 벼농사의 역사지리적 연구 -천제연 일대를 사례로-」『문화역사지리』, 제26권 제3호, 문
화역사지리학회.

조대연·박서현, 2014, 「청동기시대 석기생산에 대한 일고찰 -중부지역 취락 출토 자료를 중심으로-」, 『호서고
고학』28, 호서고고학회.

조현종, 2014, 「제2부 옥, 목기, 청동기 제2장 목기의 종류와 특징」『청동기시대의 고고학 5 道具論』, 이청규·손
준호 편, 서경문화사.

천선행, 2015, 「청동기시대 조기 설정 재고」『호남고고학보』51, 호남고고학회.

_____, 2016, 「호남지역 전기무문토기문화의 실체와 전개」『호서고고학』35, 호서고고학회.

한창균 외, 2003, 『옥천 대천리 신석기 유적』, 한남대학교중앙박물관.

山形秀樹·공지현, 2012, 「토기 부착 탄화물의 탄소·질소 안정동위체비분석」『전주 동산동 청동기시대 취락 3
권 고찰』, 전북문화재연구원.

佐々木由香·Sudarshan Bhandari, 2013, 「익산 일반산업단지 용기리 Ⅰ유적에서 출토된 탄화종실」『익산 구평
리Ⅰ·Ⅱ·Ⅲ, 연동리Ⅰ, 용기리 Ⅰ·Ⅱ유적 -본문-』, 전북문화재연구원.

경관, 구조, 부장품으로 본 고(古)대산만 지석묘 문화

김미영 | 경남연구원 역사문화센터

Ⅰ. 머리말

낙동강 하류 내륙평야인 대산평야에는 과거 대산만이었던 연안을 따라 대형 지석묘군이 분포하고 있다. 권역별로는 古대산만의 서쪽 구릉, 중앙천 주변, 동쪽의 구릉지, 낙동강 자연제방대로 구분된다. 중앙천 상류와 하류에 각각 조성된 덕천리와 용잠리, 주남저수지 서쪽 구릉의 화양리에서는 각각 방형과 원형의 묘역을 가진 대형지석묘가 확인되었다. 봉산리에서도 덕천리 1호와 같이 깊은 매장시설을 가진 지석묘가 발굴조사되어 고대산만 내 대형 지석묘들이 구조적으로 유사할 것으로 추정된다. 깊은 매장주체부와 다중개석을 가진 지석묘들은 경남지역 지석묘의 구조적 특징이며 가장 늦게까지 축조되었다.

고대산만 지석묘에는 석검, 석촉, 적색마연호를 중심으로 부장되며 덕천리에서 비파형동검 1점과 관옥이 공반되었다. 석검은 이단병식과 일단병식 모두 출토되며 적색마연호는 경부내경호 일색이어서 함안과 의령 등 낙동강 하류를 통한 교류가 상정된다. 이단병식 석검은 대구와 밀양지역에 많이 나타나는 형식으로 금호강 유역과의 교류도 분명하다. 기성품으로 입수된 것으로 보이는 관옥목걸이는 보성 동촌리, 통영 남평리와 유사하며, 호서지역 초기철기시대 목관묘에서도 같은 형태로 출토되어 시간적으로 접점이 있었을 것으로 짐작된다.

본고에서는 고대산만 지석묘의 입지와 경관을 살펴보고 발굴조사를 통해 드러난 지석묘 구조와 부장품을 통해 고대산만 지석묘 사회의 특징과 의미를 찾아보고자 한다.

Ⅱ. 古대산만 지석묘의 분포와 입지

1. 분포

고(古)대산만(임학종 2007)은 낙동강 하류에 형성된 내륙평야인 대산평야의 고지형을 말한다. 대산평야는 행정구역상 창원시 의창구 대산면 전역과 창원시 의창구 동읍 동쪽 평야지대에 해당하고 김해시 진영읍과 김해시 한림면이 일부 포함된다. 지리적으로 서쪽 구룡산(432.5m)과 남쪽 정병산(566.3m), 그리고 대산평야의 동쪽 경계를 이루는 주천강으로 둘러싸여 있고 북쪽은 낙동강에 접한다. 근대 이후 낙동강 제방 축조와 대대적인 농지정리작업을 단행하면서 지금과 같이 논농사와 거주가 가능한 평야지대가 되었으며 이때 매적되지 않은 배후습지는 주남저수지와 동판저수지로 남아 있다.

지석묘는 대부분 고대산만의 가장자리 구릉지를 따라 분포하는데 낙동강 자연제방대에 유일하게 1기가 분포한다. 권역별로는 신방리부터 산남리까지의 서쪽 권역, 대산평야 남쪽의 중앙천 권역, 대산평야 동쪽 권역, 북쪽 낙동강 자연제방대로 나눌 수 있다. 이중 발굴조사가 이루어진 곳은 창원 덕천리 유적, 봉산리 1호 지석묘, 화양리 1호 지석묘, 용잠1구 지석묘 동쪽의 용잠리 유적이다.

1) 고대산만 서쪽 권역

창원시 동읍과 창원시 북면의 경계를 이루는 구룡산(432.5m)과 구룡산 북쪽 줄기인 백월산 구릉 동쪽 끝을 따라 지석묘가 분포한다. 이 지석묘들은 주남저수지와 동판저수지 인근의 도로를 따라 배치되어 있다. 가장 북쪽의 산남리 지석묘는 고대산만 내부 독립된 구릉에 위치하여 권역 내 다른 지석묘군과 입지상 차별적이다. 남쪽의 신방리 지석묘군과 다호리 고분군 북쪽의 화양리 지석묘군이 구릉 정상부와 사면에 군집으로 배치된 것과 달리 북쪽의 봉곡리 지석묘, 금산리 지석묘는 구릉 끝 도로가에 1~2기씩 조성되어 있어 북쪽 지석묘군의 군집성과 경관성이 남쪽 지석묘군에 비해 떨어지는 경향이 있음을 알 수 있다. 월백리 지석묘는 동읍에서 북면으로 넘어가는 해발 86.6m 고개마루에 위치하여 대산만 권역 지석묘 중 가장 높다.

화양리 지석묘군은 도로를 기준으로 양쪽 구릉으로 나눠져 있다. 두 구릉은 각각 해발 17m와 해발 12~14m로 분리되어 있는데 1호 지석묘만 서쪽 구릉에 단독으로 위치한다. 1호 지석묘는 가장 높은 곳에 있고 상석이 136㎝로 높아 주변 지석묘에 비해 가시성이 탁월하다. 2021년 동아세아문화재연구원에서 1호 지석묘를 발굴조사하여 타원형의 묘역시설과 다단 굴광의 매장주체부를 확인하였다. 5기는 길 건너편 동쪽의 낮은 언덕에 군집해서 배치되어 있으며 상석의 크기도 1호 지석묘에 비해 현저히 작고 낮다.

신방리 지석묘군은 신방리 배후 구릉 해발 9~35.4m에 위치한다. 지표에 드러나는 것은 원래 5기 정도가 있었다고 하나 훨씬 많은 수의 지석묘가 구릉 전체에 조성되었을 것으로 추정된다. 지석묘는 북쪽에서 남쪽 방향으로 뻗어 내린 구릉상에 주로 분포하며 북쪽 산정에 1호 지석묘가 배치되어 있다. 1호 지석묘에서는 사방이 조망되어 북쪽의 다호리 인근까지 한눈에 들어온다. 남서쪽 덕천리 유적 방면으로 옛 길이 나 있어 상호간에 왕래하기가 쉽고 덕천리 유적을 지나 신풍고개를 넘으면 창원분지에 진입할 수 있다. 남쪽으로 용잠1구·6구 지석묘와 중앙천이 내려다보인다. 북쪽의 화양리 지석묘군과는 2.7㎞ 정도 떨어져 있고 화양리와 신방리 사이에 다호리 고분군이 위치한다.

2) 고대산만 남쪽 중앙천 권역

덕천리 일대에는 덕천리 유적과 서쪽 구릉 사면의 석곽묘군[1]이 분포한다. 덕천리 유적은 동읍 덕천리 중덕마을 서편에 위치하는 해발 210m의 산에서 동남쪽으로 뻗어 내린 해발 15~20m의 구릉 말단부에 조성되었다. 지석묘군 동쪽을 흐르는 덕천천은 유적의 동남

---

1) 두류문화재연구원, 2020, 「창원 지개-남산 연결도로 민간투자사업부지 내 문화유적 발굴조사 약보고서」, 유적 내 2지구에 해당하며 문화유적분포지도 상의 남산리 유물산포지Ⅱ에 해당함.

쪽에서 중앙천과 합류하여 동판저수지로 유입된다. 덕천리 유적은 고대산만 내륙 깊숙한 곳에 고립되어 있고 환호와 대규모 묘역이 설치되며 청동검이 부장되는 등의 특징을 통해 무덤 외 공동 제장 등의 특별한 장소로 이해되기도 한다.(이동희 2020)

덕천리 유적은 고대산만 방면에서 보면 깊숙한 내륙이기도 하지만 신방리에서 중덕을 거쳐 덕천리 유적 방면으로 길이 나 있어 고립된 곳은 아니다. 덕천리 유적에서 다시 신풍고개를 넘어 창원 분지에 진입할 수 있으며 길이 완만하여 보행환경이 양호하다. 이처럼 덕천리 유적은 교통로에 위치하는 입지적 특징을 가지고 있어 고립된 장소로 단정할 필요는 없다.

그럼에도 덕천리 지석묘가 고대산만의 다른 지석묘군에서는 나타나지 않는 관옥, 청동기 등의 희귀재를 부장하고 있어 특별한 지위를 가지고 있음은 분명하다 하겠다. 덕천리 지석묘는 대산평야 주변의 지석묘군에 비하면 대산평야가 조망되지 않고 중앙천 일대만 조망되는 매우 협소한 조망권을 가지는데(김정율·권귀향·배덕환 2021: 69) 오히려 이러한 차별적 입지가 제장 등 특별한 장소로 해석되는 근거가 될 수 있을 것이다.

최근 발굴조사된 지개-남산 간 연결도로 유적 2지구에서 해발 28.2~29m의 구릉 사면에 조성된 석곽묘 3기가 확인되었다. 이중 2호 석곽묘는 이단 굴광과 이중 개석을 갖춘 형태여서 동쪽으로 약 500m 정도 떨어진 덕천리 유적의 지석묘 매장시설 구조와 유사함을 알 수 있다.

동읍과 창원분지를 구분하는 정병산(566.3m)의 북쪽과 북동쪽 산록 말단부를 따라 지석묘가 분포한다. 정병산의 동북쪽은 주항천이 남에서 북으로 흐르고 북쪽 끝은 중앙천이 남에서 북으로 흘러 동판저수지에 합류한다. 주항천 서쪽의 정병산 산록 말단부에 용정리 지석묘군과 용정리 전방 독립 구릉에 위치하는 사산리 지석묘, 중앙천과 남쪽의 정병산 사이 구릉 말단부에 봉산리 지석묘군과 용잠리 지석묘군이 분포한다.

용정리 지석묘군은 주항천 서쪽의 정병산 산록 말단부 해발 31.8~41m에 분포한다. 2기가 알려져 있었으나 창원지역 지석묘 조사에서(두류문화재연구원 2020)에서 4기의 지석묘 상석을 새로 확인하였다. 지석묘 상석들은 구릉의 진행방향과 나란한 동서 방향으로 대략 2열로 놓여 있다. 동쪽으로 사산리 지석묘가 조성된 독립 구릉이 조망되고 북쪽 방면으로 현재 시점의 주항천과 동판저수지 합류점이 조망된다. 지석묘군은 위치상으로 대산만에서 남쪽 가장 깊숙한 내륙에 위치하고 남쪽으로는 정병산 산록에 가로막히는 곳이나, 동쪽 전방의 넓은 충적지는 농경에 유리하다. 지석묘군 앞으로 난 도로를 따라 북서쪽으로 1㎞ 정도 내려가면 봉산리 지석묘군에 닿는다. 용정리 지석묘군 앞 도로 외곽의 경지정리 된 논들의 동쪽 경계가 직선이 아닌 자연지형을 따라 곡선을 이루는데 대략 이 논을 경계를 따라 김해시와 창원시가 갈라진다. 행정구역의 경계로 고지형을 복원할 수 있는 사례이다.

사산리 지석묘는 주항천 서쪽 충적지 내 독립 구릉 정상부에 위치한다. 주변에 넓은 충적지가 조성되어 있으며 북쪽 방면으로 현재 시점에서 주항천과 동판저수지 합류점이 조망된다.

봉산리 지석묘군은 정병산에서 북쪽으로 뻗어내린 구릉 말단부에 분포한다. 지석묘가 분포하는 곳은 해발 34.1~35.5m의 구릉 정상부와 사면에 해당한다. 서쪽 400m 거리에 용잠 6구 지석묘가 위치한다. 현재는 용잠 6구 지석묘와 봉산리 지석묘군 사이에 아파트 등 건물이 들어섰지만 1950년대까지만 해도 지금은 폐역된 덕산역 인근에만 주택이 들어서 있고 두 지석묘군 사이는 계단식 경작지였다. 용잠 3구-용잠 6구-봉산리 지석묘군이 일견한 축으로 연결되어 원래 하나의 지석묘군으로 볼 수 있으나 용잠리 지석묘군과 봉산리 지석묘군은 하천 충적지와 구릉지로 입지상 각각 구별된다. 지석묘군 중에는 2호 지석묘(창원문화원과 국립김해박물관의 1호)가 길이 616㎝, 너비 313㎝, 두께 150㎝로 가장 크고 지석묘군 중에서 중앙 가장 높은 곳에 위치한다. 무엇보다 두께가 150㎝로 높아 주변에서 지석묘를 봤을 때 가시성이 돋보인다. 그런데 북쪽에는 해발 55.7m의 구릉이 솟아 있고 구릉에서 무점마을까지 낮은 구릉지대가 연결되어 봉산리 지석묘에서 보면 대산만이 가려진다. 낮은 구릉 사이로 대산만이 언뜻 보일 수 있으나 양호한 조망은 아니다. 서쪽 용잠리에서 동쪽 진영으로 넘어가는 낮은 고개길에 입지했다고 보는 편이 어울린다.

용잠리 지석묘군은 1구·3구·6구로 나누어지며 중앙천 남안 충적지와 구릉 끝을 따라 서쪽 상류부터 용잠 3구 지석묘-용잠 6구 지석묘-용잠 1구 지석묘군으로 연결된다. 이중 1구 지석묘군은 해발 7.8~8.2m의 논 가운데 놓여 있다. 해발 6m에 입지하는 우암리 지석묘와 함께 고대산만 내에서 가장 낮은 해발고도에 조성된 지석묘군이다. 1구 지석묘군 2호 지석묘는 중앙천변 자연제방대에 위치하고 1호 지석묘는 논 가운데 있으나 지석묘 일대는 주변의 논보다 약간 높다. 1950년대 항공사진에서도 이러한 입지는 분명하게 나타난다. 1호 지석묘의 동쪽에서는 송국리식 주거지와 고상 건물지로 구성된 용잠리 취락이 발굴조사 되었다. 또한 취락 내 가장 높은 해발 10m에서 덕천리 1호 지석묘와 유사한 기단묘 1기(39호)가 확인되어 주목된다. 용잠리 6구는 해발 15.4~19.5m의 구릉 말단부에 해당한다. 지금은 폐역된 덕산역 기준에서 보면 평지에서 구릉이 시작되는 시점에 해당된다. 용잠 3구 지석묘는 중앙천 남안의 해발 21.6m 충적지에 1기가 남아 있다. 용잠리 지석묘군 중에서 해발고도가 가장 높으나 이는 중앙천 상류에 위치한 결과이지 특별한 입지적 차별성을 가졌다고 보기는 어렵다.

3) 고대산만 동쪽 권역

일부 평야지대가 김해시에 포함되기는 하지만 고대산만의 동쪽 평야와 구릉의 경계는 자연적으로 행정구역의 경계가 되어 창원시와 김해시로 구분된다. 지자체 행정단위 간의 경계선은 대체로 주항천과 주천강이 되는데 주항천 일대 행정 구획선은 하천보다 구 도로를 경계로 설정되었다. 이와 같이 대산만의 동쪽은 행정적으로 김해시에 속한다. 이 권역에는 본산리 용산 지석묘, 신룡리 지석묘, 진영리 지석묘가 분포하고 있으며 덕천리와 봉산리 지석묘와 같은 대형 지석묘군이 조사된 예가 아직까지는 없다. 우암리는 대산만 충적지 내에 위치하며 행정구역 상으로는 창원시 대산면에 속한다.

본산리 용산 지석묘는 주천강의 동쪽 구릉 2개의 정상에 각각 1기씩 위치한다. 지석묘가 있는 두 구릉은 해발고도 27.2m로 같으며 중간에 곡을 두고 마주보고 있다. 원래 동쪽편 구릉 정상에도 1기가 있었다고 한다. 3기의 지석묘들은 독립된 구릉에 위치하고 있어 서쪽의 대산만과 사방이 조망된다.

신룡리 지석묘는 김해시 진영읍 시가지의 동쪽 구릉 끝에 1기가 남아 있다. 이곳은 고대산만 내륙의 구릉 사이로 들어가 있어 고대산만이 조망되지 않으며 김해시 진례면으로 넘어갈 수 있는 구 국도변에 해당한다. 같은 국도변인 서쪽의 구 진영역 부근에도 진영리 지석묘가 있었다고 하나(三上次南 1961: 63) 지금은 도시로 변모해 흔적을 찾을 수 없다.

4) 고대산만 북쪽 낙동강 자연제방대

우암리 지석묘는 고대산만 북쪽 충적지 내에 위치한다. 고대산만 내 지석묘 중 가장 낮은 해발 6m에 입지하며 낙동강변에서 1㎞가 채 떨어지지 않아 낙동강의 자연제방대에 속하는 것으로 볼 수 있다. 상석의 반이 땅에 묻혀 있어 원지표는 현재 보다 약간 더 낮았을 것으로 추정된다.

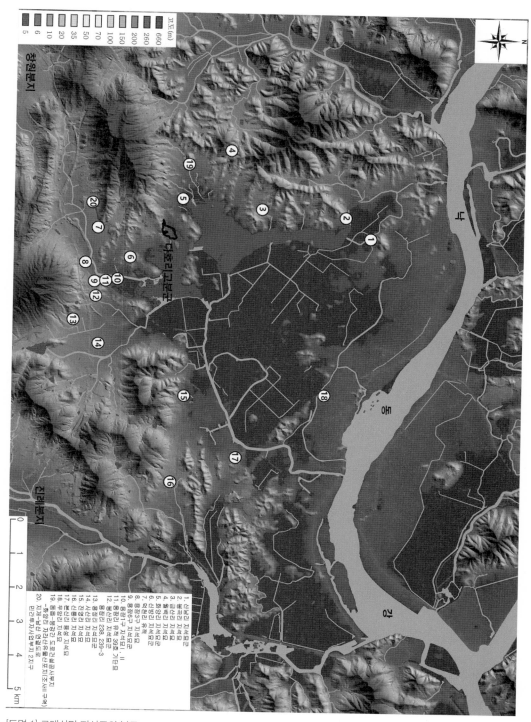

크도(m)
660
260
200
150
100
70
50
35
20
10
6
5

창원분지

진례분지

낙동리고분군

낙동강

애

1. 신방리 지석묘요
2. 신기리 지석묘
3. 금산리 지석묘
4. 월백리 지석묘
5. 신방리 지석묘
6. 신방리 지석묘
7. 신방리 지석묘
8. 용잠리 지석묘요
9. 덕곡리 지석묘요
10. 용잠구 지석식묘, Ⅱ
11. 용잠리 지석묘 39호
12. 용잠리 지석묘 가18요
13. 용잠리 238, 239-3
14. 신음리 지석묘
15. 신음리 지석묘
16. 신음리 지석묘
17. 신음리 용잠 지석묘
18. 동읍 일원주건도로개공사부지
19. 방완리 지석식도로(신포조사구역)
20. 지귀-내산 간도로부지(조사Ⅰ구역)
    신가-내산 자산업부지 2지구

[도면 1] 고대산만 지석묘의 분포

〈표 1〉 고대산만 연안 지석묘 분포 현황(연번은 [도면 1]의 유적번호임)

권역	연번	유적명	해발(m)	입지	유구	상석크기		비고
서쪽 권역	1	산남리	11.4~13.6	구릉 말단	지석묘 4	1	335×285×63	지표조사
						2	143×135×49	
						3	214×184×63	
						4	163×138×29	
	2	봉곡리	27.5	구릉 말단	지석묘 1		260×194×107	지표조사
	3	금산리	15.5	구릉 말단	지석묘 1		211×156×59	지표조사
	4	월백리	86.6	고개마루	지석묘 1		346×123×139	지표조사
	5	화양리	11.2~17	구릉 사면	지석묘 6	1	389×240×136	1호 지석묘 (발굴)
						2	204×172×77	
						3	140×103×50	
						4	156×108×42	
						5	262×174×32	
						6	165×130×40	
	6	신방리	9~35.4	구릉 사면	지석묘 3	1	242×155×24	지표조사
						2	432×298×50	
						3	379×240×69	
중앙천 권역	7	덕천리	15~20	구릉 사면	지석묘 5 석관묘 9 토광묘 6	1	460×300×190	발굴조사
						2	230×190×35	
						3	210×120×49	
						4	450×170×140	
						5	280×160×100	
	8	용잠 3구	21.6	구릉 말단	지석묘 1		550×381×109	지표조사
	9	용잠 6구	15.4~19.5	구릉 말단	지석묘 2	1	207×206×60	지표조사
						3	581×330×80	
	10	용잠 1구	7.8~8.2	충적지	지석묘 2	1	456×285×260	지표조사
						2	494×173×87	
	11	용잠리 유적	9.5	충적지	기단묘 1 토(석)관묘 5	39	2,500×700×20	발굴조사

권역	연번	유적명	해발(m)	입지	유구	상석크기		비고
중앙천 권역	12	봉산리	34.1~35.5	구릉 사면	지석묘 7 석관묘 3	1	612×287×185	발굴조사
						2	393×272×66	
						3	484×467×102	
						4	240×216×53	
						5	204×127×38	
						7	173×124×31	
						8	160×54×40	
	13	용정리	31.8~41	구릉 말단	지석묘 6	1	574×419×204	지표조사
						2	210×120×57	
						3	214×123×128	
						4	197×151×75	
						5	278×173×53	
						6	153×145×56	
	14	사산리	33.5	독립구릉 정상	지석묘 1		420×270×60	지표조사
동쪽 권역	15	진영리	진영역 부근		기반식 1			지표조사
	16	신룡리		구릉 끝	기반식 1		280×230×90	지표조사
	17	본산리 용성	27.2	구릉 정상	기반식 2		240×140×60	지표조사
자연 제방대	18	우암리	6	충적지	지석묘 1		160×125×53	지표조사

※ 창원문화원 2018; 국립김해박물관·두류문화재연구원 2020; 이동희 2020; 동아세아문화재연구원 2021 수정.

2. 입지와 경관

1) 자연지리적 입지

지석묘는 고대산만의 가장자리 구릉지를 따라 분포하고 있으나 세밀하게 들여다보면 같은 구릉지에서도 정상부, 사면부, 구릉 끝으로 구분되거나 사면을 포함한 구릉 전체에 조성되기도 한다. 주변 지형과의 관계에 따라 길이나 고갯마루에 해당하기도 한다. 저지의 위치하는 지석묘는 하천변이나 자연제방대에 조성되어 있다.

고대산만에서 구릉 사면부에 입지하는 지석묘는 화양리 지석묘군, 신방리 지석묘군, 덕천리 유적이 있다. 신방리 1호 지석묘와 봉산리 1호 지석묘는 정상부에 위치하고 주변 사면으로 다른 지석묘가 배치되어 있어 정상과 사면 모두를 입지로 선택한 곳이다. 산남리·봉곡리·금산리·용잠 3구와 6구·용정리·신룡리·진영리 지석묘는 구릉 말단부에 입지하는 지석묘로 분류할 수 있다. 이중 용정리 지석묘군은 구릉 말단부에 위치하나 구릉 정상부에서 사면부까지 분포하는 봉산리 지석묘와 같은 해발고도인 30~40m 사이에 입지한다. 또한 용잠 3구와 6구 지석묘는 구릉 말단에 입지하나 논 가운데 입지하는 용잠리 1구 지석묘와 함께 중앙천의 남안 충적지에 입지하는 공통점이 있다.

고대산만 내부 충적지에 위치하는 지석묘는 용잠 1구 지석묘군과 우암리 지석묘가 있다. 각각 해발 8m와 6m 정도의 낮은 지대에 입지하나 세부 지형으로 보면 용잠 1구 지석묘 주변은 주변보다 약간 높은 미고지에 해당하고 우암리 지석묘는 북서방향으로 뻗은 낮은 구릉의 끝자락에 위치한다. 낙동강 변의 청동기시대 무덤 입지 정보를 알 수 있는 유적으로 광려천과 낙동강이 합류하는 점에 위치하는 함안 덕남리 유적(해동문화재연구원 2013)이 있다. 함안 덕남리 유적에서는 채문토기와 마제석검이 부장된 청동기시대 전기후반의 석개토광묘가 조사되었는데 가장 낮은 지점의 A지구-1호묘의 어깨선 높이가 5.6m, 바닥 높이가 5.2m로 확인되어 현재까지 낙동강변에서 가장 낮은 곳에 입지한 청동기시대 무덤이라할 수 있다.

입지 중 특이하게 충적지 내부에 고립된 구릉 정상에 조성된 지석묘가 있다. 고대산만 내부에는 똥뫼산(독뫼산)으로 별칭되는 독립 구릉이 다수 존재한다. 사산리 지석묘는 용정리 지석묘군 전방에 펼쳐진 충적지 내부 독립 구릉 정상에 1기가 조성되어 있다. 지석묘 상석이 높지는 않아 표식으로서의 가시성이 떨어지나 장소에 의미를 두고 조성한 것은 분명해 보인다.

2) 인문지리적 입지

지석묘의 입지는 취락이나 길 등 인문지리 환경과 관련이 깊다. 같은 해발과 입지여도 주변에 쉽게 넘을 수 있는 고개가 있거나 양방향 소통이 되는 길가에 위치하기도 하고 길의 끝이나 가로막힌 곳에 입지하기도 한다. 취락 옆에 배치되기도 하지만 취락과 동떨어지기도 한다. 축조 당시의 인문지리 환경을 고고학적 조사방법으로 모두 알기는 어려우나 대규모 개발로 인해 원지형을 잃은 것이 아니라면 교통로(김춘영 2015) 등의 인문지리 환경은 어느 정도 추정 가능하다.

높은 고갯 마루에 위치하는 지석묘는 이정표이자 경계를 표시하는 것으로 생각되며 고대산만에서는 월백리가 유일하다. 월백리는 고대산만과 서쪽의 창원시 북면 행정 경계인 해발 86.6m 고지대에 위치하므로 이정표이자 경계로서의 장소성이 분명하게 드러난다. 주목되는 것은 월백리 지석묘가 북면방면에서는 보이는데 고대산만 방면에서는 보이지 않는다는 점이다. 그런데 정작 월백리 지석묘 넘어 북면에는 외감리 지석묘 3기 외에 알려진 지석묘가 없다. 이정표로 가정했을 때 북면 방면에서 진입할 경우 목적지인 고대산만을 안내하는 역할이 더 크다는 의미로 해석할 수 있다. 고대산만에서는 이 지석묘가 보이지 않아 이정표로서의 역할을 가지고 있지 않다. 봉곡리 지석묘의 위치와 시선도 마찬가지이다. 봉곡리 지석묘는 고대산만 내부로 들어오는 낮은 고개마루인데 고대산만 방면에서는 보이지 않는다. 북쪽 낙동강에서 지금의 주남저수지 방면으로 진입하는 육로의 진입부에 해당하여 월백리 지석묘와 같은 배경 하에 선택된 입지로 볼 수 있다.

당시의 길을 정확하게 알기 어려우나 구릉 끝 완만한 곳에 조성된 지석묘를 따라 자연스럽게 길이 났을 것이다. 사산리를 제외하면 모두 교통로상에 입지하는 것으로 볼 수 있다. 덕천리 유적은 동북쪽의 구릉들 사이로 신방리 일대로 넘어갈 수 있다. 근대 지도에도 이 길은 주요 도로로 그려져 있다. 신방리에서 창원분지로 넘어가려면 지금과 같이 덕천리 동쪽 구릉끝을 돌아가는 것보다 덕천리 유적 앞을 지나 신풍고개로 넘어가는 길이 가장 가깝다. 시야에 들어오는 맞은편의 봉산리와 용잠리는 중앙천 건너편에 위치하고 있어 단절된 느낌마저 준다. 이런 점에서 덕천리의 장소성이 다시 주목된다. 광역 지형으로 보면 덕천리는 고대산만 서쪽 방면 도로와 동쪽 진영 방면에서 창원 방면으로 지나는 도로가 만나는 지점에 해당한다. 고대 교통로상에서 대산만에서 창원 분지로 넘어가려면 반드시 거치는 관문이라고 할 수 있다. 따라서 덕천리는 대산만과 양쪽 지역의 집단을 연결하는 중개자이면서 동시에 양 지역을 영향력 하에 둘 수 있는 위치를 우선으로 선점한 집단으로 짐작된다.

봉산리 지석묘군 역시 길목에 위치한다. 서쪽 저지대에서 송국리식 주거지와 고상가옥, 방형 묘역을 가진 기단묘와 지석묘가 발굴조사되어 취락이 조성되어 있음이 밝혀졌다. 그러나 이 취락은 봉산리 지석묘의 시계에 들어오지 않아 직선거리로는 가까우나 심리적 거리감이 있다.

3) 경관

대형 상석, 묘역과 묘역 내 적석, 분구나 봉분 등은 지석묘의 외관 요소로서 경관을 형성하는 과정이라고 볼 수 있으며(이성주 2012: 74-109) 축조가 끝난 후에도 이 경관은 지속된다. 외관으로 표출되는 요소들은 피장자와 축조집단의 위세를 과시하기 위해 충분히 의도되었다고 볼 수 있다. 축조과정에서도 이러한 과시는 드러난다.

축조 과정과 축조 이후의 경관을 각각 능동적 경관과 피동적 경관으로 나눌 수 있으며 1차 과시와 2차 과시로 각각 대입할 수 있다. 능동적 경관은 지석묘 축조 준비와 축조 당시에 표현된다. 피장자 및 축조집단의 위세를 보여주는 수단으로 장례 과정을 노출시키는 것이다. 거대한 상석과 묘역, 다단의 깊은 묘광과 석실의 축조, 화려한 부장품들은 축조에 참여한 자와 이를 현지에서 목격한 사람들에게 피장자 및 그 집단의 위계를 충분하게 과시할 수 있다(윤호필 2017: 94-97). 지석묘가 완성된 후 밖으로 드러난 묘역, 상석, 적석, 분구, 봉분 등은 축조 후 경관의 일부가 되어 2차 과시가 연속된다. 이때부터는 지석묘의 외관은 경관의 주체에서 경관의 대상이 된다.

조망이 탁월한 곳을 지석묘 입지로 선택했을 때 경관의 심미성은 더욱 강조된다. 입지의 선정은 축조 집단들에게 중요한 의미를 가진 것으로 볼 수 있지만 지석묘 축조과정 상의 어려움과 주변 지형적 영향도 작용하였을 것이다.(김석현 2015: 95) 경관이 빼어난 지석묘의 경우 경관 중심으로 기획된 입지 선정도 있지만 주변의 지형적 조건에 맞게 축조된 결과로 볼 수도 있다는 말이겠다.

입지상 우월한 곳이 반드시 경관이 빼어난 곳일 필요는 없다. 낮은 평지라도 주요 교통로 상에 위치하고 주변 집단이 쉽게 모일 수 있는 곳을 좋은 입지일 수 있기 때문이다. 의도하는 경관을 입지로 충족할 수 없는 경우에는 거대한 상석을 선택한다거나 대형의 묘역을 조성하는 방법으로 충족했을 것이다. 김해 구산동 지석묘가 일례가 될 수 있을 것이다. 반대편의 구지봉 지석묘는 상석이 높지 않아도 이미 구릉 자체로서 경관을 충족시켰다고 볼 수 있어 입지가 전혀 다른 지석묘가 경관을 어떻게 구축하는지 비교할 수 있는 사례가 된다.

지석묘의 남겨진 경관은 제장이나 취락 단위의 집단 연회장 등으로 당대뿐 아니라 다음 세대에도 그 장소성이 지속되었을 것으로 생각된다. 축조자가 의도하지 않았다 하더라도 지석묘의 경관적 요소가 지속화되기 위해서는 거석기념물적 성격에 걸맞게 지표에 가시화된 대상이 뚜렷하게 남아 있어야 한다. 제장의 경우 가시성이 뛰어나지 않아도 장소에 대한 기억과 정보가 누대로 전승되어 공공제장으로 활용할 수 있겠지만 고대 의례의 특성상 제의의 대상인 神體가 분명하고 가시성이 뛰어난 것을 선호했을 것으로 추정된다. 멀리서

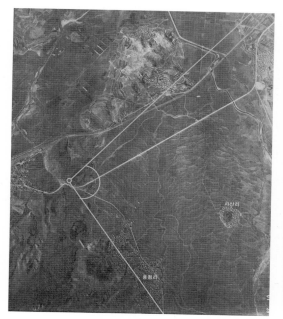

[도면 2] 봉산리 지석묘 주 가시권

[도면 3] 신방리 지석묘 1호 가시권

[도면 4] 덕천리 1호 지석묘 가시권

봐도 식별되고 오랜 시간 퇴적물에 의해 매적되지 않는 것은 지석묘 구성물 중 상석이 유일하다. 여기서 대형 상석의 기준은 구분될 필요가 있다. 즉, 물리적으로 무게가 많이 나가는 것이 대형 상석의 충족 요건인지, 평면보다 높이감을 강조한 것이 대형의 의미인지 구분할 필요가 있다. 후대까지 의례 공간으로 지속적으로 사용된 지석묘는 평면적으로 큰 것보다 높은 입방체형 상석을 가진 지석묘였을 개연성이 높다.

이러한 기준에서 대산만 지석묘의 경관을 살펴보면, 가장 뛰어난 조망을 가진 경관은 지석묘 위치에서 사방이 트여 있고 주변에서도 지석묘가 인식되는 구릉 정상부에 높은 상석을 가진 지석묘이거나 구릉 사면에 높은 상석을 가진 지석묘이다. 고대산만에서 구릉 정상부에 높은 상석을 가진 지석묘는 없다. 기반식 지석묘 중 상석으로서 그 위상을 가장 잘 표현하는 지석묘는 인근의 창녕 유리 지석묘이다. 유리 지석묘는 구릉 정상부에 위치하는 데다 높은 상석을 가지고 있어 경관이 뛰어나나 이런 경우가 흔하지는 않다. 구릉 사면에 조성되어 어느 한쪽 방면의 시계가 확보되지 않는다고 해서 경관성이 떨어진다고 단정할 수도 없다. 창원 덕천리 유적은 고대산만이 보이지 않는 가장 깊숙한 곳에 위치하고 있으나 대산만의 여러 집단들을 통솔하는 방편으로 마련한 제장으로 인식(이동희 2020: 107)된다.

그러나 공동체가 참여하는 제사는 엄숙함도 있지만 집단연희나 축제의 성격을 띠었을 것임을 고려해야 한다. 신방리 지석묘 1호 주변 정상부에 암괴가 노두되어 있고 남쪽으로 봉산리와 용잠리, 북쪽으로 다호리와 화양리가 한 눈에 조망되어 산상제의가 행해진 장소로 추정(두류문화재연구원 2020: 147)되나 많은 사람들을 수용하는 연희장으로 쓰기에는 공간적으로 부족하고 안전하지 않다. 음식과 제구를 산정까지 나르는 것도 쉽지 않다. 그렇게 본다면 제장은 넓고 안정적인 곳이어야 하는데 지금의 신방리 모암보호수 및 대형 암괴 주변은 제사 후 뒷풀이를 행하는 연희장으로 사용하기에 최적의 장소이다. 그러나 이 보호수는 신방리 지석묘군과 약 1㎞ 떨어져 있고 주변에 청동기시대 유적이 조사된 사례가 없어 직접 연결하는 것은 무리이다. 오히려 보호수 맞은편의 삼한시대 다호리 취락에서 사용한 제장일 가능성이 높다. 덕천리 유적 1호 묘역은 제장과 연희 모두 충족되는 공간으로 볼 수 있어 다시금 덕천리 1호의 제장적 성격이 주목된다.

그렇다면 제의에 참여하는 집단의 범위를 어떻게 상정해야 하는가? 제장의 주변 집단에 대한 흡수 영역은 어디까지일까? 이 부분이 해결되어야 제의 집단의 물리적 범위를 추정해 낼 수 있다. 교통수단이 없던 시기에 걸어서 1시간 거리는 물리적·심리적으로 수용할 만한 거리인지, 시계에 들어오는 취락을 공동 제의권역으로 볼 수 있는가를 따져보아야 하겠으나 이를 모델링하기 쉽지 않다. 조망권 속에 들어오는 범위를 집단의 주요 영역(김석현 2015)으로 보는 분석 방법과 물리적 거리를 제의권 분석에 적용시켜 보면 고대산만에는 몇 개의 제의권역이 생성된다. 덕천리의 시계는 동쪽으로 봉산리 1호, 서쪽으로 신풍고개까지인데 봉산리는 1호 주변의 정상만 보인다. 봉산리까지는 직선거리로만 2㎞이고 사이에 중앙천이 있어 지리적으로 단절되어 있다. 반면 북동쪽의 신방리까지는 1㎞로 봉산리의 절반 거리이고 교통로로 이어져 있어 왕래에 불편함이 없다.

봉산리는 오히려 동쪽의 용정리 지석묘군·사산리 지석묘와 1㎞ 떨어져 가시권에 포함되며 신방리 지석묘군은 조망되지 않는다. 반면 신방리 지석묘는 사방이 조망되고 덕천리, 용잠 1구·6구·3구, 용잠리 취락이 모두 1㎞ 거리 안에 위치한다. 화양리 지석묘군은 다호리 고분군 북쪽에 위치하고 신방리 지석묘군과 도로 기준으로 2.5㎞ 이상 떨어져 있어 덕천리-봉산리-용잠리 지석묘군 그룹과 네트워크가 긴밀하지 않았을 것으로 추정된다. 지석묘군들의 동시성이 전제되어야 하겠지만 시작은 달랐어도 대체로 일정기간 존속했을 것으로 추정된다. 또한 여러 가지 입지 조건과 경관으로 봤을 때 신방리 지석묘군 일대에 중심 취락이 조성되었을 가능성이 높아 보인다.

Ⅲ. 古대산만 지석묘의 구조적 특징

1. 상부구조: 상석, 묘역, 봉분

고대산만의 지석묘는 창원지역 내에서 가장 밀집되어 있고 상석이 큰 것이 특징이다(두류문화재연구원 2020: 272). 대형 상석의 우선적 기준은 무게에 둘 수 있으나 평면적으로 넓은 것보다 두껍고 높은 것이 시각적으로 압도시키는 효과가 크다. 두꺼운 입방체 형태의 상석은 단일 지석묘군 내에서도 우월한 위치를 점하는 경향이 있다.

봉산리 1호 지석묘는 길이 612㎝, 너비 287㎝, 두께(높이) 185㎝로 주변의 지석묘 높이가 30~100㎝ 사이인 것과 비교해 월등히 높다. 지석묘군 내에서도 가장 높고 평탄한 구릉의 중앙에 위치에 있고 주변에 작은 상석들이 둘러싸고 있다.

화양리 1호 지석묘는 다른 지석묘들과 이격하여 설치함으로써 독보성을 표현하였다. 화양리 1호 지석묘 역시 길이 389㎝, 너비 240㎝, 두께 136㎝로 두께가 70㎝ 이하인 주변 지석묘보다 두 배 가까이 두껍다. 또 5기의 지석묘군 건너편 구릉의 최전방에 독립적으로 조성되어 있어 주남저수지가 조망된다. 대형 상석이 입지 선점과 무관하지 않음을 보여준다 하겠다. 고갯마루에 위치하여 표지석이나 이정표 역할을 하는 상석도 높게 만들어 기능을 극대화한다. 월백리 지석묘가 대표적이다. 대형상석 중에는 용잠리나 신방리처럼 낮고 평면적이 넓은 것이 있는데 표식의 기능은 약하다. 입방체 상석은 교통로에 위치하는 경향성이 있는 것으로 생각된다.

묘역은 덕천리와 용잠리에서 방형, 화양리에서 타원형 묘역이 1기씩 조사되었다. 용잠리의 방형 묘역지석묘는 덕천리와 유사한 것으로 판단되나 구릉과 평지로 입지가 다르다. 구획석 외곽에 포석을 한 것은 동일하다. 구획석 기단을 밖으로 물리고 최상단석을 내부로 길게 빼낸 구조는 김해 구산동 지석묘와 유사하다.

덕천리 1호·2호·5호에서는 봉분이 확인되었으며 용잠리 1구 1호 지석묘도 봉분이 있는 것으로 추정된다. 용잠리 1구 1호는 주변 충적지보다 한 단 높은 곳이어서 저지대 중에서도 높은 곳을 선택해서 조성했는데 봉토의 존재는 수직적 효과(윤호필 2017)를 최대화하기 위한 방편 중의 하나이다. 가장 저지대에 입지하는 용잠리 1구 1호 상석이 길이 456㎝, 너비 285㎝, 높이 260㎝로 고대산만 지석묘 중 가장 높은 것도 저지대의 입지를 극복하고 수직성을 극대화 하고자 한 의도와 무관하지 않아 보인다.

2. 하부구조: 묘광, 관·곽

고대산만 지석묘 발굴조사는 전체가 발굴된 덕천리유적 외에는 단발적으로 진행되었다. 그러므로 단일 지석묘군의 전모를 알 수 있는 것은 덕천리가 유일하다. 화양리 지석묘군 중에서는 가장 규모가 큰 1호가 발굴조사되었고 봉산리 지석묘 1호는 상석은 크지 않았으나 지하의 매장주체부 구조는 덕천리 1호와 같은 이단 토광 구조로 밝혀졌다. 다단토광과 중층개석을 가진 매장주체부는 덕천리 1호·2호·5호, 봉산리 1호, 화양리 1호가 있으며 덕천리 1호 지석묘는 4m로 가장 깊다. 세 유구 모두 해발 20m~35m 사이의 구릉지에 조성되었다. 대형의 상석과 봉분을 가진 저지에 위치하는 용잠리 1구 1호묘의 하부도 이런 구조인지 알 수 없으나 지표 해발고도가 8m 정도이므로 덕천리 1호와 같은 깊이인 4m까지 내려간다고 가정하면 해발 4m에 피장자가 묻히는 셈이다. 참고로 다호리 목관묘 구지표

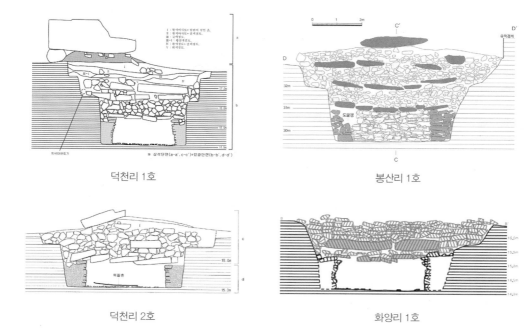

덕천리 1호

봉산리 1호

덕천리 2호

화양리 1호

[도면 5] 고대산만 대형 지석묘의 하부구조

의 가장 낮은 해발고도가 6m인데 최고 깊이 2m로 상정하면 4m 선에 목관이 놓이게 된다. 용잠리 유적 발굴조사에서 확인된 조선시대 논의 해발고도가 4m 정도(삼강문화재연구원 2012) 이므로 적어도 조선시대까지는 용잠리 1구 1호와 다호리 저지의 목관묘 어깨선이 논보다 2m~4m 정도 높았던 것을 알 수 있다.

　매장주체시설은 석관, 석곽+목관, 토광+목관 등 다양하나 대체로 목관을 사용했던 것으로 추정된다. 덕천리 1호, 2호, 7호, 8호, 11호, 22호에서 목관 혹은 나무를 이용하여 피장자를 감싼 구조물이 확인되었다. 덕천리 2호의 경우 목관의 사용은 인정되나 통나무목관이나 판재를 상자모양으로 결구한 정형의 목관이라기보다 얇은 부정형의 넓적한 판재로 시신을 상하로 감싼 형태(경남대학교박물관 2013: 89)로 추정된다. 덕천리 7호, 8호, 11호 바닥에서 확인되는 받침돌의 존재로 보아 목관이나 이와 유사한 구조물이 있었음은 분명해 보인다.

Ⅳ. 유물로 본 古대산만 지석묘 문화의 특징

고대산만에서 단일 유적 전체가 발굴조사된 지석묘군은 덕천리 유적이 유일하다. 덕천리 1호 지석묘와 유사한 구조를 가진 화양리 1호와 봉산리 1호 지석묘 발굴조사에서는 도굴로 인해 유물 정보를 획득하지 못하였다. 용잠리 1구 지석묘 동쪽 용잠리 유적에서 적색마연호와 석검 등이 부장품으로 출토되어 창원 덕천리 지석묘 출토품과 함께 고대산만 무덤 부장품의 특징의 일면을 살펴볼 수 있다.

덕천리 유적과 용잠리 유적 지석묘에는 경부가 직립하는 것과 경부가 내경하는 형태의 적색마연호 모두가 부장된다. 경부내경단경호는 함안을 경계로 동쪽에 집중되어 있으며 밀양-대구 지역의 경부내경장경호와 연관성이 깊은 토기이다. (김미영 2011: 17) 덕천리 유적에서는 직립호가 출토된 16호를 제외하고 2호·7호·3호·5호·7호에서 모두 경부내경호가 출토되었다. 고대산만과 김해지역의 청동기시대 무덤 출토 적색마연호는 보편적으로 경부가 직립하는 속성이 시간상 이른 것으로 인정되는 편년에 부합하지 않는 경우가 종종 있다. 우리나라 동남해안 지역은 경부직립마연호의 전통이 후기까지 지속되기도 하므로 동남해안 접경지에 있는 김해나 고대산만의 경부직립마연호를 모두 전기로 위치지울 필요는 없다. 덕천리 유적 16호, 김해 대성동 1호 지석묘의 적색채색호의 기형이 직립호인 것도 같은 맥락이다. 석검의 최말기 형태로 인정되는 김해 무계리 지석묘 출토 석검과 공반한 적색마연호도 경부가 직립한다. 다단 토광에 중층 개석을 갖춘 김해 신문리 3호 무덤에서 변형비파형동검과 함께 출토된 마연호도 경부가 직립한다.

용잠리 유적 22호·23호·24호 무덤에서는 부장품으로 토기와 석검이 세트로 출토되었다. 세 유구가 일렬로 조성되어 있고 무덤의 형식이 크게 다르지 않으므로 동시에 축조된 것이 분명해 보인다. 이 세 무덤의 부장품에서 받는 느낌은 석검과 토기가 부장되었다는 것 외에 개별 유물 간에 통일성도 없고 정형성도 없다는 것이다. 석검은 형태가 제각각이며 토기는 발, 직립호, 내경호로 각각 다르다. 부장품으로서 토기나 석검에 반영된 엄숙함과 상징성은 사라지고 부장 행위와 절차만 형식적으로 남았다. 단적인 예가 김해 대성동 1호 지석묘의 적색채색호이다. 대성동 1호 출토품은 적색마연토기에 누대로 고수되어 오던 마연 기법은 부가하지 않으며 적색 모티브를 모방하여 흉내만 낸 것이 역력하다. 그러므로 대산만이나 김해 지역의 지석묘에 부장되는 모든 직립호를 전기로 두는 편년안은 재고되

어야 한다. 한편 덕천리 유적 12호·22호·23호 무덤에서는 호 대신 완이나 고배형 토기가
부장되었으며 용잠리 24호 토광묘에서도 발이 출토되었다. 지석묘 후기에 대부호와 발 등
이 적색마연호를 대체하는 현상(이동희 2020: 117)도 고대산만 부장품의 특징으로 볼 수 있다.

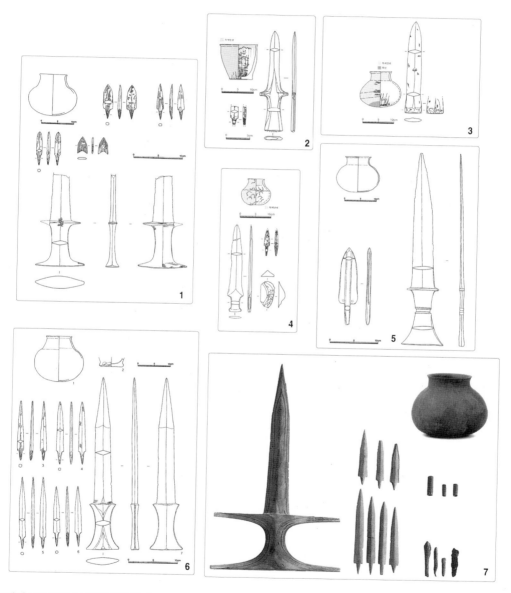

[도면 6] 단위 무덤별 부장품 공반 관계
(1: 덕천리 7호, 2: 용잠리 24호, 3: 용잠리 22호, 4: 용잠리 23호, 5: 덕천리 16호, 6: 덕천리 11호, 7: 김해 무계리 지석묘(비교
자료. 출처: 김해의 고인돌))

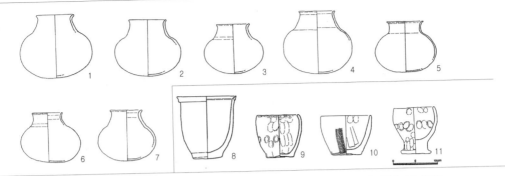

1: 2호, 2: 7호, 3: 8호, 4: 11호, 5: 16호, 6: 19호, 7: 21호, 8: 4호 주변, 9: 12호, 10: 22호, 11: 23호

[도면 7] 덕천리 유적 부장토기

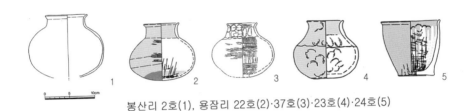

봉산리 2호(1), 용잠리 22호(2)·37호(3)·23호(4)·24호(5)

[도면 8] 봉산리와 용잠리 유적 부장토기

덕천리 16호 무덤에서 재가공 비파형 동검이 출토되었다. 이 동검은 최근 남해 당항리 유적에서 유사한 형태가 출토되어 발굴자는 이를 석검형 동검으로 명명하고 덕천리 16호, 김해 신문리, 마산 진동리, 사천 이금동 D-4호 출토품을 같은 형식으로 분류하였다. 덕천리 16호 동검의 脊突이 보이지 않는 것은 관부 쪽 검신을 재가공했기 때문이라고 한다. 이 동검을 남해 당항리-사천 이금동-마산 진동리-김해 신문리 간 네트워크의 산물(최종규 2021: 91)로 보았는데, 그렇게 본다면 덕천리 16호 동검은 마산 진동리 방면에서 유입된 것으로 추정할 수 있다.

석검은 절대가 있는 (유절)이단병식과 일단병식이 모두 출토되며 소형의 재가공품이 부장되기도 한다. 공반되는 적색마연호는 석검의 형식과 뚜렷한 조합을 보인다. 경부직립적색마연호는 덕천리 16호에서 출토되었는데 비파형동검과 이단병식석검이 공반된다. 경부직립적색마연호는 보편적으로 전기에 편년되나 지역에 따라 획일적으로 적용하기 어렵다. 이러한 편년의 교란은 낙동강 하류역의 김해 지역에서 두드러진다. 청동기시대 후기로 편년되는 김해 무계리 지석묘와 신문리에서 병부가 과장된 석검이나 석검형 동검과 공반되는 적색마연호는 모두 직립구연이고 동최대경이 중간에 위치한다.

고대산만 지석묘 부장품 중 무엇보다 덕천리 2호 지석묘에서 출토된 관옥 165점이 주목된다. 2호 출토품은 일정 범위에 몰려 있어 꿰어서 목걸이 형태로 부장된 것으로 추정된다. 줄에 꿰어 부장된 관옥은 사천 이금동 C-8호묘에서 61점, 통영 남평리 8호에서 64점, 보성 동촌리 1호에서 출토된 86점이 있다. 덕천리 2호묘 목걸이가 식옥으로서 가장 많은 수의 관옥이 사용된 것이다. 4개 유적의 관옥을 목걸이로 복원해 보면 하나의 공통점이 발견된다. 즉 크기가 대중소로 구별되며 일정한 배열을 가진다. 통영 남평리 8호의 관옥 목걸이 출토상태가 양호해 목걸이를 원형대로 복원할 수 있었다. 가장 긴 것을 중앙에 두고 양쪽 방향으로 크기 순으로 배열하면 마지막 맺음에는 가장 작은 크기의 관옥이 꿰어진다. 이를 인지하고 보면 사천 이금동 C-8호묘와 창원 덕천리 2호 출토상태도 목걸이 모양대로 놓여 있음을 알 수 있다. 보성 동촌리 목걸이도 이와 같은 순서로 재배열하면 같은 패턴으로 엮어질 것이다. 이 목걸이들은 꿰어진 채로 기성품으로 유통되었을 가능성이 높다.

관옥의 생산과 유통에 대해서 정확하게 밝혀진 바는 없으나 남강 상류의 천하석제 옥 생

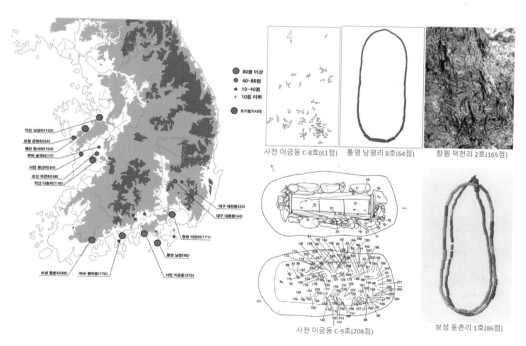

사천 이금동 C-8호(61점)   통영 남평리 8호(64점)   창원 덕천리 2호(165점)

사천 이금동 C-9호(208점)   보성 동촌리 1호(86점)

[도면 9] 청동기~초기철기시대 관옥 출토 현황(김미영 2021)

산과 소비 네크워크와는 다른 생산과 유통체계가 이금동 유적을 중심으로 존재했을 것으로 추정된다.(고민정 2016: 20) 현재로서는 이금동 유적에서 가장 많은 수의 관옥이 출토되었으며 이금동 C-9호 묘광 바닥에 208점이나 되는 관옥을 의례용으로 흩어 뿌리는 것에서 풍족함에서 오는 여유로 느껴진다. 관옥 생산지 혹은 유통을 장악한 집단일 수 있겠다는 생각이 든다. 덕천리 2호 출토 관옥 목걸이는 사천 이금동에서 기성품으로 제작된 것을 입수했을 가능성이 큰 것으로 판단된다. 한편 관옥은 아산 남성리, 예산 동서리, 익산 다송리 등 호서지역 초기철기시대 무덤에서 더 많이 출토되는 식옥으로 지석묘 출토 관옥의 시기와 성격을 규명하는데 참고가 된다. 매장주체부가 깊어지는 심장 습속 또한 덕천리 1호와 같은 대형 지석묘와 연결점이 있을 것으로 생각된다.

V. 맺음말

이상으로 고대산만 지석묘의 분포현황, 입지 특성과 경관, 부장품의 성격에 대해 살펴보았다. 지표조사로 확인한 지석묘군이 대부분이고 발굴조사된 부장품은 덕천리와 용잠리 뿐이어서 부분적인 자료로서 고대산만 지석묘 전체의 성격을 파악하기에 무리가 따른다.

분명하게 알 수 있는 것은 현재 조사 자료가 축적되고 있는 다호리 취락지구에서 청동기시대 주거지가 확인되지 않고 있고 다호리 반경 1㎞ 내에 청동기시대 지석묘와 취락이 보이지 않는다는 점이다. 우연이라고 보기에는 두 집단의 활동 영역이 너무 뚜렷하게 분리된다.

다호리가 삼한시대의 중심지가 되면서 지석묘 축조 집단의 성장은 멈추었을 것으로 예상되나 두 집단의 접촉과 융합 과정도 있었을 것이다. 고대산만의 지석묘는 김해지역과 유사한 점이 많으나 김해보다 먼저 지석묘 축조가 중단된 것으로 보인다. 김해 지석묘에서 초기철기시대 유물이 종종 출토되나 고대산만 지석묘 내부에서 청동기시대 이후의 유물은 발견되지 않기 때문이다.

고대산만 지석묘는 구조적으로 대형 묘역과 상석(上石), 깊은 묘광이 특징이며 초보적인 형태의 목관을 사용한 것으로 추정된다. 묘역시설은 원형과 방형 석축 모두 확인되나 다단의 묘광과 개석을 중층으로 덮는 매장주체부는 동일하다. 이러한 구조는 경남 남해안지역 지석묘의 특징인데, 보성 동촌리와 경주 갑산리 등 경남 해안지역 외곽에서도 나타난다. 청동기시대 후기에 남해안 지역을 중심으로 유행하는 대형 지석묘에서 주목해야 할 것은 평면의 확장보다 깊이 묻는 소위 심장(深葬) 습속의 도입과 목관의 사용이다. 깊어지는 지석묘의 매장시설과 그 이후에 전개되는 목관묘의 심장 습속은 같은 맥락 속에서 발생했거나 상호간에 영향을 주었을 것이 분명하다.

이러한 추론은 부장유물을 통해 보다 선명해진다. 고대산만 지석묘에는 부장품의 대표 격인 석검, 석촉, 적색마연호를 부장하며 극히 드물게 비파형동검, 관옥을 공반한다. 석검은 이단병식과 일단병식이 모두 출토되며 소형의 재가공품이 부장되기도 한다. 적색마연호는 대부분 경부내경호로 대구-의령-함안으로 이어지는 낙동강 하류문화권과 관련이 있다. 반면에 덕천리 16호의 비파형동검은 마산 진동리, 김해 신문리 출토품과 유사한 형식으로 남해안을 따라 유입된 동검일 가능성이 높다. 덕천리 2호에서 출토된 165점의 관옥은 사천 이금동, 통영 남평리, 보성 동촌리와 같이 기성품 목걸이로 유통되었을 것으로 추정된다. 이러한 기성품으로 유통된 관옥 목걸이는 기원전 4~3세기경으로 편년되는 아산 남성리, 예산 동서리, 익산 다송리 등 초기철기시대 무덤출토품과 매우 닮아 있으며 시기적으로도 멀지 않다.

이상에서 고대산만의 지석묘는 남해안 루트와 내륙의 낙동강 루트를 통해 유입된 문화들이 융합하여 전개되었으며 호서지역의 목관묘 축조집단과도 교류했을 것으로 추정된다. 같은 고대산만에 정착한 다호리 초기 집단과도 접촉했으며 두 문화가 접촉했을 당시 일정 기간동안 대등한 위치로 공존했을 가능성이 있다.

참고문헌

고민정, 2016, 「청동기시대 남강유역 옥 장신구의 생산과 소비체계」, 『경남연구』 11, 경남연구원.

김권구, 2011, 「무덤을 통해 본 청동기시대 사회구조의 변천」 『제5회 한국청동기학회 학술대회 자료집』.

김미영, 2011, 「영남지역 경부내경적색마연호 연구」, 『경남연구5』, 경남연구원.

_____, 2015, 「함안지역 청동기시대 문화의 특성과 지역성」, 『우행이상길교수 추모논문집』.

_____, 2021, 「경남 남해안 청동기시대 유적의 분포와 양상」, 『가야선주민의 바닷길과 대외교류』, 국립김해박물관.

김석현, 2015, 「동북아시아 대형 지석묘의 성격」, 목포대학교대학원 석사학위논문.

김춘영, 2015, 「지석묘 분포를 통해 본 남해안 각 지역의 교통로」, 『우행이상길 교수 추모논문집』.

배진성, 2008, 「함안식적색마연호의 분석」, 『한국민족문화』32, 부산대학교 한국민족문화연구소.

송영진, 2015, 「경남 해안지역 마연토기의 전개」, 『중앙고고연구』16, 중앙문화재연구원.

윤호필, 2017, 「청동기시대 지석묘의 축조배경과 상징성」, 『한국청동기학보』21, 한국청동기학회.

이동희, 2007, 「支石墓 築造集團의 單位와 集團의 領域」, 『호남고고학보』26, 호남고고학회.

_____, 2020, 「고대산만 지석묘 사회와 다호리 집단」, 『가야선주민의 무덤 영남의 지석묘 사회』 국립김해박물관.

이상길, 2006, 「구획묘와 그 사회」, 『금강: 송국리형 문화의 형성과 발전』, 호남고고학회·호서고고학회.

이성주, 2012, 「의례, 기념물, 그리고 개인묘의 발전」, 『호서고고학』26, 호서고고학회.

이수홍, 2020, 「영남지역 지석묘 문화의 변화와 사회상」, 『한국상고사학보』110, 한국 상고사학회

이종철, 2015, 「송국리형문화의 취락체제와 발전」, 전북대학교 박사학위논문.

이청규, 2010, 「청동기시대 사회 성격에 대한 논의:남한에서의 고고학적 접근」, 『고고 학지』16, 한국고고미술연구소.

三上次男, 1961, 『滿鮮原始墳墓の硏究』, 吉川弘文館

경남발전연구원 역사문화센터, 2010, 『경남의 청동기시대문화』.

*발굴조사보고서 생략.

남강유역 출토 식물유체상으로 본 농경 발달 검토

이경아 | 미국 오리건대 인류학과

Ⅰ. 머리말

본고는 진주 평거동유적 3-1 및 4-1지구 신석기, 청동기, 삼국, 고려시대 생활 및 경작유구에서 수습된 식물유체를 대상으로 남강유역 농경상을 시대별로 고찰한다. 3-1·4-1지구 발굴 보고서 출간 이후 추가 분석된 시료에서도 이전 보고 내용과 동일한 종들이 확인되어 그 종류를 〈표 1〉에 보고된 시료와 추가된 시료의 유구별 수량은 〈표 2〉에 기재하였다. 새로 추가된 신석기시대 유구 시료는 없으나 3-1지구 보고서(이경아 2011)에 수록된 13호 토취장 C유구 시료가 좀 더 분석되어 종자수가 3-1지구 보고서에 보도된 수량보다 증가하였다 〈표 3〉. 분석된 토양시료의 수량은 3-1지구 266시료, 4-1지구 98시료이며 부피가 기재되지 않은 시료까지 포함하면 더 많은 시료가 분석된 셈이다.

평거동유적에서 토양시료 채취의 기본 방침은 가능한 한 전 유구에서 충분한 양의 시료를 수습하고자 함이다. 이는 'Blankset Sampling Strategy'(Pearsall 2000)의 일환으로 유적 내 전반적인 식물유체의 분포상을 토대로 식물자원의 이용상을 복원하는 목적에 적합한 방법이다. 각 유구의 크기와 탄화물의 밀집도에 근거하여 각 유구별로 다른 양의 시료가 채취되었다. 채취된 시료를 건조시킨 후 기계식 부유법을 적용하여 탄화 식물유체를 토양에서 분리하였다. 이 기계는 물거품의 부력을 이용하여 비중이 낮은 탄화물을 걸러내는 방식으로 미국 미주리주에서 1970년대 고안된 기계(SMAP Machine)를 개조한 모델이다(이경아 1998). 탄화물을 걸러내는 데 사용된 표준망체의 눈금 크기는 0.212㎜, 비중이 커서 가라 앉은 침전물(주로 토양에 혼재된 토기편, 석기편 및 일부 큰 목탄편)을 걸러내는데 사용한 망의 눈금 크기는 1.0㎜다. 탄화유체는 건조된 후 2.0, 1.0, 0.715, 0.425, 0.212㎜ 눈금의 표준망체를 이용하여 크기별로 분류하였다. 각 크기별로 분류된 탄화유체를 10~50배율의 현미경을 통해 동정한 후, 전자저배율현미경 및 전자주사현미경으로 촬영, 기록하였다.

토양시료의 양이 방대하고 다수의 시료, 특히 신석기시대 시료의 종자밀도가 높아 몇몇 시료는 그 일부만이 검토되었고 〈표 3〉에 별표(*)로 표기되었다. 이 시료에서는 눈금 크기가 0.715㎜인 표준 망체 및 이보다 가는 눈금의 체(0.415, 0.212㎜)에 걸린 식물유체 중 일부만이 분석되었다. 따라서 가는 망에 걸린 시료를 다 분석하면 종자 크기가 1㎜ 이하의 잡초 종자 수가 증가하리라 예상된다. 현재까지 분석된 자료만으로도 평거동유적은 이전 어느 유적 보다도 많은 양의 시료가 분석되었고 이전 연구에서 밝혀지지 않은 새로운 자료를 제시하여 선사시대 농경의 발전 양상에 시사하는 바가 크다.

〈표 1〉 평거동 유적 출토 식물유체의 일반명과 학명

	벼	조	기장	벼	보리	밀	팥	들깨속
작물/경제적 식물 종자	*Oryza sativa*	*Setaria italica*	*Panicum miliace-um*	*Oryza sativa*	*Hordeum vulgare*	*Triticum aestivum*	*Vigna angularis*	*Perilla*
야생종자	두과	조속	기장속	기장족	명아주속	마디풀속	소리쟁이속	십자화과
	Fabaceae	*Setaria,*	*Panicum*	*Paniceae*	*Chenopo-dium*	*Polygo-num sp.*	*Rumex*	*Brassica-ceae*
	도꼬마리속	가지속	민들레속	제비꽃속		익모초속	산딸기속	다래나무속
	Xanthium	*Solanum*	*Tarraxa-cum*	*Viola?*	*Molsa*	*Leonurus*	*Rubus*	*Actinidia*
	머루속	가지속	기타 장미과					
	Vitis	*Solanum*	*Rosaceae*					
견과/구근	상수리속	달래나무속?						
	Quercus	*Alium?*						

식물유체의 종류와 분포상

평거동유적에서 현재까지 확인된 탄화 종자는 3-1·4-1지구 보고서에 수록된 8,736립과 2,218립 및 보고서 출판 후 추가 확인된 6,600여 립에 달한다. 종자 외 식물유체로는 구근, 견과류, 목탄, 단자엽 식물(monocot)의 줄기편 등이 있으며 과(family), 속(genus), 또는 종(species) 수준으로 동정이 가능한 유체의 종류는 약 30종이나 아직 동정되지 못한 미상 종자를 고려하면 더 다양한 식물유체가 출토된 셈이다<표 1>. 작물 탄화 종자의 연대를 직접 측정(AMS dating)하여 이들이 교란으로 인한 후대의 유체가 아님을 확인하였다.

〈표 2〉 시대별, 지구별 식물유체 분석용 토양시료 수량
(3-1지구 괄호 안은 시료가 담긴 유물박스의 수량이며 각 박스는 약 14리터 가량. 4-1지구 괄호안은 토양 리터)

| | 3-1지구 | | | | 4-1지구 | | | | |
| | 보고서 | | 추가 분석 | | 보고서 | | | 추가분석 | |
	생활유구	경작유구	생활유구	경작유구	생활유구	분묘유구	경작유구	생활유구	경작유구
신석기	18(103)				18(1139)				
청동기	9(28)	3(17)	1(6)	9(58)	9(337)	1(?)	22(1398)		
삼국	28(251)	3(39)		99(930)			25(972)		12(618)
통일신라							2(112)		
삼국~고려				6(6)					
고려		1(10)		85(550)			9(336)		
조선		1(33)							
미상				2(?)					
합	55(382)	8(99)	1(6)	202(1550+)	27(1476)	1(?)	58(2818)		12(618)

1. 신석기시대 유구 식물유체

식물유체가 출토된 신석기시대 유구의 종류는 주거지, 저장혈, 야외노지, 소성유구, 토취장, 수혈로 3-1·4-1지구에서 각각 18개 시료가 분석되었다<표 3>. 토기상으로 볼 때 신석기시대 유구는 후기에 해당하며 탄화 종자 및 도토리를 시료로 측정된 연대 또한 기원전 3000-2300년(98.6%보정연대)으로 상대연대를 뒷받침한다.

조리가 이루어졌다고 추정되는 야외노지에서는 흔히 식물유체의 보존이 양호하리라 추측한다. 그런데 3-1·4-1지구에서는 신석기시대 야외노지의 식물유체 출토상이 다른 유구

에 비해 미미하다. 소토층이 두껍게 확인된 3지구 3호 야외노지에서 밀 3립과 미상종자 1립을 비롯하여 상수리속(Quercus sp.) 견과인 도토리 7편이 확인되었다. 3지구 6호 야외노지에서 채취된 시료는 그 전량이 분석되었으나 도토리로 추정되는 견과편만이 확인되었다. 3지구 10호 야외노지 역시 소량의 시료(20리터)에서 그 종이 파악되지 않은 미상 종자 1립만이 확인되었다. 노지에서 조리가 이루어지기 때문에 작물 유체의 보존율이 높으리라 흔히 예상하지만, 평거동유적 야외노지에서는 작물류가 거의 출토되지 않았다. 어은1지구 야외노지는 작물류가 총 종자류의 반을 차지하지만, 이 역시 수혈에 비해 비율이 낮은 편이다. 조리시 손실된 곡물이 탄화되기 쉬운 노지에서 식물유체가 거의 출토되지 않은 점으로 볼 때 과연 평거동 야외노지가 조리용이었는지 검토해 보아야 한다. 그러나 조리시 노지에 흘린 잔여물을 수혈에 폐기하는 행위를 상정한다면, 노지보다는 수혈 내부에 탄화된 곡물이 많이 축적되는 양상을 설명할 수 있다.

이는 토취장으로 쓰이다가 주거 공간 폐기물의 처리장으로 용도가 전환된 듯한 3지구 13호 토취장에서 타유구에 비해 좀더 다양한 유체가 다량 확인된 점으로도 증명된다. 즉 다른 신석기시대 유구에 비해 토취장이 특이한 점은 타유구에서는 확인되지 않은 달래속(Allicum sp.)으로 추정되는 구근이 출토되었다는 점 및 도토리편을 비롯 명아주속(Chenopodim sp.), 제비꽃속(Viola sp.) 종자가 훨씬 많이 출토되었다는 점이다. 이는 토취장의 원래 용도 및 폐기시 용도가 다른 유구와 차이가 있었음을 반영한다. 의도하지 않은 화재에 의해 주거지역이 폐기되는 경우를 제외하면 모든 유물과 유구는 당시 주민이 점거시에 생활패턴 보다는 폐기시 양상을 보이는 자료란 점도 고려해야 한다(김민구 2010).

13호 토취장 내에는 다시 3기의 타원형 수혈(A호·B호·C호)이 중복적으로 조성되어 있는데 각각의 수혈에서 따로 토양을 채취하여 분석하였다<표 3>. A호 수혈 동쪽편에는 수혈 바닥에서 50㎝ 정도 더 깊게 굴착된 작은 수혈이 확인되었으며, 이 지점(A호내 작은 수혈)에서도 토양시료가 따로 채취되었다. 작물인 조(Setaria italica ssp. italica)와 기장(Panicum miliaceum) 및 콩(Glycine max), 팥(Vigna angularis) 종자가 다량으로 확인되었는데 특히 A호 및 A호 수혈 내 작은 수혈에서 가장 많은 종자가 확인되었다. A호 수혈에서는 각종 밭 작물이 다량 출토되어 조와 기장의 수량이 1500립을 넘는다<표 3>. 토취장 시료 중 0.715㎜ 눈금의 체에 걸린 작은 종자의 분석이 완료되면 총 종자의 수량이 훨씬 많아지리라 예상된다. B호·C호 수혈에서도 비슷한 종류의 종자가 다량 발견되었다. 토취장에서 출토된 다양한 잡초류 중 명아주속은 반 이상을 차지한다. 명아주는 신석기시대 전기 세죽리유적, 중기 동삼동유적에서도 흔히 보인다(이경아 2005). 명아주는 그 종자와 어린 잎 모두 식용 가능하며, 현재까지도 나물로 이용된다는(Pemberton and Lee 1996) 점을 고려하면 신석기인들이 밭과 주거지역에 흔히 자생하는 명아주를 이용하였을 가능성을 시사하는 자료이다. 야생 콩류 및 제비꽃속으로 추정되는 종자는 토취장에 집중적으로 분포한다.

수혈 역시 폐기장으로 용도가 전환된 유구로 본다면 식물유체의 양이 비교적 많으리라 예상할 수 있다. 단 평거 3-1지구에서 조사된 6기의 수혈유구는 식물유체의 양에서 큰 차이를 보인다. 이러한 양상은 4-1지구에서도 보여 아직 분석이 끝나지 않은 68호 수혈에서 분석이 완료된 다른 수혈보다 훨씬 높은 종자 밀도를 보인다<표 3>. 이 분석 결과는 같은 종류의 유구라 할지라도 식물유체의 분포상이 반드시 일치하지 않음을 시사한다. 다량의 시료가 분석된 3-1지구 13호 토취장C, 28호 수혈 및 4-1지구 68호 수혈에서 더 많은 종류의 유체가 발견된 점으로 볼 때, 식물유체 분포상의 차이가 시료의 양에 따른 오류인지, 아니면 각각의 수혈 용도가 다른 점에서 비롯된 차이인지는 확실하지 않다. 이 유구 내 시료에서는 조와 기장이 종자류의 대부분을 차지한다는 점이다<표 3>. 이와 동반된 야생종자 역시 밭에 흔한 조속(Setaria sp.), 기장속(Panicum sp.), 명아주속, 마디풀속(Polygonum sp.) 및 제비꽃속이 대부분이다. 아직 0.715㎜ 눈금의 체에 걸린 작은 종자의 분석이 끝나지 않았으므로 사실상 더 많은 잡초가 이 세 유구에 잔존할 것으로 보인다. 따라서 이 유구들에서 밭잡초 밀도가 높은 점은 작물 수확시 딸려 온 잡초 종자를 키질로 커낸 후 수혈에 폐기했기 때문으로 보인다. 한편 조, 기장, 콩, 팥이 많이 보이는 점은 조리시 노지에 손실되어 탄 음식물을 폐기한 결과로 볼 수 있다. 따라서 토취장과 수혈은 식물자원의 처리 및 조리에 관련된 여러 행위의 결과에서 비롯된 잔존물이 여러 차례 걸쳐 폐기된 곳으로 추정할 수 있다.

분석이 이루어진 5기의 주거지 중 3지구 2호 주거지와 4지구 5호 주거지에서 다량의 유체가 확인되었다. 역시 조, 기장이 가장 많이 확인되었고 콩, 팥 유체도 4지구 11호 주거지에서 출토되었다. 조, 기장과 동속인 잡초 종자 약간과 명아주가 확인되었다.

3지구 15호와 18호 저장혈에서 채취된 소량의 시료는 아직 분석이 완료되지 않았으나 다양한 종자가 제법 많이 보인다. 특히 28호 수혈에서 출토된 1립을 제외하면 머루속(Vitis sp.) 종자는 18호 저장혈에서만 출토되었다. 그대로 섭취가 가능한 육질과 과실류(Freshy fruits)는 저습지 유적을 제외하면 보존될 가능성이 희박한 점을 고려할 때, 실제 신석기시대 주민들이 식용했던 과실량에 비해 훨씬 낮은 비율이 보존되었다고 할 수 있다.

다른 신석기시대 유구와는 다소 떨어져 있는 12호 소성유구 내 목탄과 소토가 혼재된 흑갈색 부식토층에서 20리터의 토양시료가 채취되었는데 토양의 양이 다소 적어서인지 그 종을 알 수 없는 종자편 1립만이 확인되었다.

평거동유적 신석기 출토 종자 밀도의 범주는 1리터당 0립부터 228립(3지구 2호 주거지)으로유구당 변이가 심하다. 평균적으로 3-1지구에서 5.1, 4-1지구에서는 3.6으로 상촌리B유적 2.7, 어은1지구 0.3에 비해 높다(이경아 외 2011). 이는 분석된 유구의 종류와 토양시료의 양이 평거동유적에서 압도적으로 많다는 점에 일부 기인한다고 할 수 있다. 세 유적 모두에서 작물의 밀도가 다른 범주보다는 높은 데 이는 조와 기장이 식물유체의 대부분을 차지하기 때문이다<표 2>. 본인의 박사논문(Lee 2003)과 2003년 (Crawford and Lee 2003), 2011년 원고(Lee 2011)에서 어은1지구, 상촌B유적에서 콩이 출토되지 않았다 기재하였으나 분석된 시료를 최근 다시 검토한 결과 야생 콩과(Fabaceae) 종자로 표기된 일부 종자과 콩임을 확인하였다. 따라서 콩은 세 유적 모두에서 출토되지만 평거동유적에서 그 밀도가 훨씬 높다.

3-1지구 13호 토취장을 제외한 모든 유구에서 화본과 잡초류는 기타 잡초류에 비해 밀도가 높게 나타나는데 이는 화본아과(Panicoid) 기장족(Paniceae tribe)의 비중이 크기 때문이다<표 2>. 일년생 잡초류 중 조속, 기장속, 기장족 종자류는 탈곡 시 골라낸 밭잡초를 대변한다고 할 수 있다. 후대 유구에서도 출토된 마디풀속 및 소리쟁이속(Rumex sp.), 명아주속, 민들레속(Taraxacum sp.), 가지속(Solanum sp.), 십자화과(Brassicaceae) 종자 및 제비꽃속으로 추정되는 종자도 여러 수혈에서 확인되었다. 따라서 이 유체들은 남강유역 신석기시대 주민이 조와 기장을 추수할 때 함께 섞여 들어온 잡초들로 추정된다. 잡초류 구성은 추수 후 어떤 방법으로 잡초를 골라내었는지, 어느 유구에서 잡초를 골라내는 키질을 하였는지를 보여주는 흥미로운 자료이다(Boggard et al. 2001; Reddy 1997). 또한 잡초류의 상태, 비율에 따라 농산물을 생산한 유적과 이를 수입, 소비한 유적도 밝혀낼 수 있다(Lee et al. 2007).

3-1지구 신석기시대 35호 수혈에서 벼(Oryza sativa) 1립이 확인되었으나, 여러 시대 유구가 혼재하는 점을 감안할 때, 이 자료가 신석기시대 중·후기에 벼농사가 시작되었음을 확증하는 자료라고 보기 어렵다. 탄화 밀(Triticum aestivum) 총 은 3-1지구 13호 토취장C, 21호(?)·28호·37호 수혈, 3호 야외노지, 4-1지구 15호 야외노지, 28호, 77호 수혈, 25호 구내에서 출토되었다<표 3>. 밀은 총 19립이 3-1·4-1지구 토취장, 야외노지 및 수혈에서 출토되었

다<표 3>. 밀의 신석기시대 재배 가능성에 대해서는 검토된 바 있으나(안승모 2013; Lee 2011) 결론을 내리기에는 자료가 부족하다. 예를 들어 옥천 대천리 신석기시대 중기 주거지에서 벼, 조, 기장 및 밀과 보리가 1립씩 출토되었다는 보고가 있었고(한남대박물관 2000), 이 탄화밀과 보리에 측정된 AMS연대가 기원전 3500-3000년으로 출토된 유구의 연대와 일치한다고 한다(구자진과의 대화). 그러나 서남아시아의 소위 '비옥한 초승달 지대'라 불리는 기원지에서 밀은 중앙아시아와 중국을 통하여 한반도로 유입되었을 텐데 감숙성에서는 기원전 4800년, 동부 중국에서는 양성진(兩城鎭)유적에서 확인된 바와 같이 산동성 룽산(龍山)기 후기(기원전 2600-2300년)에서야 확실한 밀 자료가 출토된다. 또한 어은1지구와 상촌리B유적의 신석기시대 유구에서 출토된 밀과 보리의 예처럼 혼재된 후대 유구의 교란으로 곡물이 들어왔을 가능성을 배제할 수 없다.

〈표 3〉 신석기 유구 출토 식물유체
(3, 4 차 보고서에 실린 시료와 그 이후 분석된 시료를 총괄하며 * 표시된 시료는 분석 진행중)

Grid	유구	조	기장	벼	밀	콩속	팥속	들깨속	조속	기장속	기장족	화본과	명아주속	마디풀속	소리쟁이속	쉬께풀속	십자화과	민들레속	도꼬마리속	가지속	제비꽃속	산딸기속	다래나무속	머루속	장미과	미상	상수리속	견과추정	달래속근	기타구근류	기타 유체
3-1																															
20	토취장A*	1178	436			6	7	23	41	5	6		104	16		19					263					74		1	127		
20	토취장A 수혈*	7	4			25	7			25			1	1							25					2	유		29		
20	토취장B	28	14			3				1	3										14					37			6		
20	토취장C	127	179		1	20	35	2	3	1	20			1		2	1				62					19	47	2	3		
23	수혈21				1																						1				
21	수혈28	260	979		1	15	11		7	49	15		3	2							65		1			5	유				
21	수혈30					3																				1					
21	수혈35			1			2																			1	1				
21	수혈37			1						1																1	1				
21	수혈61		1																							1	7	4			
21	저장혈15	다수							2			유								유						1					
21	저장혈18	다수				유	유			유	유									유					유	7		유			
21	야외노지3*			3																						1	7				
28	야외노지6*																									1					
22	주거지10																									1					
10	소성12																									1		4			
21	주거지1																									2					
28	주거지2	411	747					2	14		2																				
4-1																															

Grid	유구	조	기장	벼	밀	콩속	팥속	들깨속	조속	기장속	기장족속	화본과	명아주속	마디풀속	소리쟁이속	쉽싸리속	민들레과	도꼬마리속	가지속	제비꽃속	산딸기속	다래나무속	머루속	장미과	미상	상수리속	견과추정	달래속구근	기타구근류	기타 유체
138	주거지1	2																	1						23					단자엽줄기/마디
139	주거지2 노지1																													
139	주거지2 노지2	12							1					5	1															
141	주거지3 노지	60	22		3	10																		1	45	25			1	
143	주거지5 노지	3	9		2				2	1															3	7			1	
144	야외노지15	15			7				2	3		5	2	3	4										3	1				단자엽줄기/마디/봉오리
151/2	수혈28								1			1						1	2			1	2	1	2	21				단자엽줄기/마디
153	수혈31	32	2				2	1	2	2															1					
155	수혈35	2971	384			1	1	1	189	15	8	1				1	2	1					1			23				
156	수혈68	2			1	1																			67	3	1		20	단자엽줄기/마디/봉오리
159	수혈77	33				4			1										1				11			*	6			
150	수혈108		1			1			1					2												*				
160/1	구25																									2	19			봉오리
162	구25수혈1																								6	21	11			
163	구25 수혈2	2			1																				1	22	17			
164	구25 수혈4	4			1	2		5										6							2	25	8			
165	구25 도토리																									38	5			봉오리
149	집석114	2																												

2. 청동기시대 유구 식물유체

3-1지구에서는 주거지, 수혈, 제사유구를 포함한 생활유구에서 10개, 경작유구에서 12개 시료, 4-1지구에서는 주거지와 수혈유구에서 9개, 지석묘에서 1개 및 경작유구에서 22개 시료가 분석되었다.

3-1·4-1지구 생활유구(주거지, 수혈, 제사유구)를 통틀어 559립의 탄화종자가 확인되었는데 리터당 종자 밀도는 경작유구에 비해 높다<표 4>. 전반적으로 유체의 양과 종류가 신석기시대 유구에 비해 낮은데 이는 아직 작은 종자류의 일부만 분석되었고 토양시료의 양도 훨씬 적은 점에서 기인한다. 조의 부재도 인근 어은, 옥방지구 청동기유구에서 다량으로 출토된다는 점을 고려하면, 경작의 여부보다는 아직 분석 미완이란 점에 기인할 것이다. 신석기시대 유구에 비해 새로 추가된 작물은 돌대문토기가 출토된 5호 주거지 노지에서 벼와 69호 수혈, II층 밭 두둑1에서 출토된 밀이다. 또한 6호 주거지 내에서 출토된 2편의 종자는 밀

또는 보리(*Hordeum vulgare*)로 추정된다. 단 5호 주거지 출토 탄화미의 연대는 기원후 250-440년(98.6% 보정연대, UCI 67221 비보정연대 1715±20 BP)으로 후대의 교란물로 판정되었다. 그러나 1층 밭고랑2에서 출토된 밀은 기원전 810-760년(98.6%보정연대, UCI 67222, 비보정연대 2580±20 BP)로 청동기시대 중기의 유체임이 확인되었다.

어은1지구 청동기시대 전기 주거지에서 출토된 탄화미는 모두 전기에 속함이 확인되므로 평거 3-1지구 탄화미 1립은 교란물이라 할지라도 남강지역 전반적으로 수도작이 전기부터 시작되었음을 알 수 있다(Crawford and Lee 2003). 또한 어은1지구 옥방1·4·9지구 내 다양한 청동기시대 전기·중기 유구에서 밀, 보리가 출토된다는 점을 고려할 때 동북아시아 원산의 밭작물인 조, 기장, 콩, 팥과 더불어 근동에서 기원된 밀과 보리의 재배가 청동기시대 시작 무렵부터 자리잡았음을 확인하였다.

평거 3-1·4-1지구 청동기 및 삼국시대 유구에서 발견된 특이한 점은 이전 연구에서 전혀 확인되지 않았던 두류인 나비나물속(*Vicia* sp.)으로 추정되는 종자이다.

〈표 4〉 청동기~삼국시대 생활, 분묘유구 출토 식물유체(3-1, 4-1지구 발굴 보고서 출간 이후 분석된 시료 포함).

지구/시기	Grid	신유구	조	기장	벼	보리	밀	밀또는보리	콩	팥	들깨속	조속	화본과	명아주속	마디풀속	십자화과	나비나물속	기타두과	사초과	산딸기속	복숭아속	미상	상수리속	기타견과	기타구근류	기타유체
3-1																										
청	21	19주수혈							1								1							6		
청	23	3주바닥	9	22					3	3	1												유	유		
청	22	4주노지외		1																				2		
청	22	4주노지내																						1		
청	22	4주노지주변																						6		
청	22	5주노지			1																	1				
청	22	6주내부						2	1															14		
청	21	19주바닥																						4		
청	22	69수혈바닥				2			1	13							13							32		
청	29	234제사유구		4	2					1							1	1				1		1		
4-1																										
청전	17	1주노지	3	3																				30		유
청전	17	1주목탄주변	15	3	1				6			1		20	1	1							15	145		단자엽줄기/마디
청전	17	2주노지	9	21										2									2	2	2	
청전	17	3주저장혈1	145	84	1		1			1		1										2	2	29	4	유

남강유역 출토 식물유체상으로 본 농경 발달 검토 - 이경아

지구/시기	Grid	신유구	조	기장	벼	보리	밀또는보리	콩	팥	들깨속	조속	화본과	명아주속	마디풀속	십자화과	나비나물속	기타두과	사초과	산딸기속	복숭아속	미상	상수리속	기타견과	기타구근류	기타유체
청전	17	3주 저장혈2															1				2		10	3	
청전	17	5주 주혈9	12	29																			7	1	유
청전	17	5주 노지하	3	1				2	12		2					1					2		5		
후	38	11수혈 소토																			1			4	유
후	38	11수혈tr		1											1	1								1	봉오리
후		6지석묘 포석																							
3-1																									
삼국	4	3주 내부	2		3	1			8																
삼국	15	3주 내부		1			9	738	6							34					1		18		
삼국	23	10주 바닥					1	53	3														24		
삼국	23	11주 바닥						1															4		
삼국	23	14주 아궁이						1															6		
삼국	23	16주 내부						2																	
삼국	23	16주 바닥						14	1								1					1	1		
삼국	23	19주																		3					
삼국	23	20주 내부			1			5										2					8		
삼국	22	27주 내부			2	1		6	3					1					1				29		
삼국	14	28주 내부												1											
삼국	22	32주 바닥						10	1									1			1		63		
삼국	22	33주 내부			1	3		17	3						2						9				
삼국	22	33주 소토			4			3									1				3		23		
삼국	22	34주 내부						4	23												3		87		
삼국	22	35주 내부				3		12	6														100		
삼국	22	35주 아궁이						2															7		
삼국	22	36주 내부					1		3										1		2		15		
삼국	22	36주 아궁이					1																3		
삼국	22	37주 내부				1	1																4		
삼국	22	41주 내부																					2		
삼국	22	42주 내부						2	13														14		
삼국	22	43주 내부					122		119														12		
삼국	22	49주 내부						2												1					
삼국	21	54주 바닥				1		2															7		
삼국	14	60주 내부																		1			4		
삼국	21	68주 바닥							4																

3. 삼국, 고려시대 유구 식물유체

삼국시대 식물유체 자료는 3-1지구 주거지 바닥토 및 내부토, 아궁이를 포함한 생활유구에서 채취한 28시료와 3-1·4-1지구 경작유구에서 채취된 102개, 37개(1590리터) 시료를 바탕으로 한다. 작물류는 청동기시대 유구 내 식물유체상과 유사하게 조, 기장, 벼, 밀, 보리, 콩, 팥이 출토되었다. 주거지와 경작유구에서 밀이 확인되었는데 그 크기가 다양하며 일부는 아직 완숙되지 않은 개체로 보인다. 밀은 특히 43호 주거지 내부토에서 집중적으로 출토되어 총 122립에 달한다. 중국 황하유역 룽산기 유적에서 발견되는 밀처럼(Lee et al. 2007) 국내 선사, 역사 유적에서 발견되는 밀은 그 종자가 작다(Lee 2003). 3-1지구 청동기, 삼국시대 유구에서 출토된 밀도 역시 작아 중동지역에서 작물화가 진행된 후 전파되는 과정에서 동아시아의 토질과 기후 조건에 맞게 적용된 개체로 추정된다. 보리는 삼국시대 주거지와 고려시대 밭에서만 확인되었다. 특히 고려시대 1층 밭 두둑에서 292립이 집중적으로 출토되었다<표 5>. 통일신라 밭에서는 작물류 중 조와 벼만이 확인되었다. 조선시대 논둑에서는 밀만 20여립이 출토되었다.

콩 종자가 여러 주거 유적에서 확인되었는데 특히 삼국시대 3호 주거지 내부에서 738립이 확인되었다. 이들 대부분의 크기는 신석기, 청동기시대 콩속 종자와 별반 차이가 없다. 따라서 평거 3-1지구 출토 콩 종자는 삼국시대 출토 개체까지 포괄하여 재배종으로 추정되는 청동기시대 울산 다운동 유적 출토 콩에 비해 훨씬 작다. 단지 크기만으로 야생콩(*Glycine max* ssp. *soja*)으로 간주하기에는 전시기에 걸쳐 여러 주거 유구에서 빈번히 다량으로 발견되었다. 따라서 평거 3-1지구 출토 콩은 적극적으로 이용된 야생콩이거나 작물화되었으나 그 종자가 작은 품종으로 삼국시대까지 꾸준히 이용된 개체가 아닌가 싶다. 팥속 종자 역시 삼국시대 주거지에서 흔히 출토되었는데 그 크기는 신석기, 청동기시대 유구 출토 종자와 유사하다.

잡초류는 신석기, 청동기시대 유구에서 발견된 종류와 유사하여 야생 콩, 피속, 조속, 기장족(*Paniceae*), 명아주속, 마디풀속 등 건지 잡초 및 습지성 사초과(*Cyperaceae*) 종자가 확인되었다. 삼국시대 식물유체 중 전시기와 달리 복숭아(*Prunus persica*) 핵이 19호 주거지에서 발견되었다. 그 크기는 현생 재배종 복숭아보다 작으나 그 형태는 복숭아 핵과 동일하다.

⟨표 5⟩ 청동기 ~ 삼국시대 경작유구 출토 식물유체
(3-1, 4-1지구 발굴 보고서 출간 이후 분석된 시료 포함, D 두둑, K 고랑을 지칭).

	Grid	유구 No.	조	기장	벼	밀	보리	콩속	팥속	기장족	두과	명아주속	마디풀속	제비꽃속	다래나무속	산딸기속	미상	견과류?
3-1																		
청동기	55	밭6 I층 밭D2				1												
청동기	59, 60	밭8-1, 9 II층K1																
청동기	59, 60	밭8-1, 9 II층K2																
청동기	59, 60	밭8-1, 9 II층D5			1													
청동기	63	밭12-1, 9 II층K1																
청동기	63	밭12-1 I층K2				1												
청동기	63	밭12-1 I층D2																
청동기	63	밭12-1 I층D3															1	
청동기	62, 70	밭11 I층D1							1									
삼국	6	상층밭D2				2	3	11										
삼국	7	상층밭K1					1											
삼국	7	상층밭K2																2
삼국	7	상층밭K3																
삼국	7	상층밭D1																
삼국	7	상층밭D2																
삼국	49	밭1(2차)K1					3	2										
삼국	49	밭1(2차)K2					2											
삼국	49	밭1(2차)K3					1										1	
삼국	49	밭1(2차)D1					1											
삼국	49	밭1(2차)D2					1	1										
삼국	50, 51	밭2(2차)C K1					6	2										
삼국	50, 51	밭2(2차)C K2																
삼국	50, 51	밭2(2차)C D1					7											
삼국	50, 51	밭2(2차)C D2					2										1	
삼국	50, 51	밭2(2차)C D3			1												2	2
삼국	50, 51	밭2(2차)B K1			1			1									1	
삼국	50, 51	밭2(2차)B K3															1	
삼국	50, 51	밭2(2차)B D1																
삼국	50, 51	밭2(2차)B D3					1											
삼국	50, 51	밭2(2차)B K2																1
삼국	50, 51	밭2(2차)B D1					1											1
삼국	50, 51	밭2(2차)B D2					1											
삼국	53	밭4 K1	2												2			
삼국	53	밭4 K2					1										1	
삼국	53	밭4 K3	1	2														3
삼국	53	밭4 D3					1											
삼국	54	밭5 (2차) K1				1	11	2									11	1
삼국	54	밭5 (2차) K2																
삼국	54	밭5 (2차) KE					2											

	Grid	유구 No.	조	기장	벼	밀	보리	콩속	팥속	기장족	두과	명아주속	마디풀속	제비꽃속	다래나무속	산딸기속	미상	견과류?
삼국	54	밭5 (2차) D1				22												
삼국	54	밭5 (2차) D2				2												
삼국	54	밭5 (2차) D3																1
삼국	55	밭6 상층밭 K2				4											2	
삼국	55	밭6 상층밭 K3			1		1											
삼국	55	밭6 상층밭 D2				5											1	1
삼국	55	밭6 상층밭 D3				3											1	
삼국	57	밭14 전사면 K2			1	2												
삼국	57	밭14 상층밭 K1				1												
삼국	57	밭14 상층밭 K2				1												
삼국	57	밭14 상층밭 D1									1							
삼국	57	밭14 상층밭 D2				1	1											
삼국	59	밭8-1 하층밭 K2																
삼국	59	밭8-1 상층밭 K1																
삼국	59	밭밭8-1 상층밭 K2			1													
삼국	59	밭8-1 상층밭 K3				2												
삼국	59	밭8-1 상층밭 D1					3											
삼국	59	밭8-1 상층밭 D2				3	2											
삼국	59	밭8-1 상층밭 D3				1	1											
삼국	60	밭9 하층밭(2차) K1										1						
삼국	60	밭9 하층밭(2차) K2				1												
삼국	60	밭9 하층밭(2차) D1											35					
삼국	60	밭9 상층밭(1차) K2				1												
삼국	60	밭9 상층밭(1차) D2				1												
삼국	60	밭9 상층밭(1차) D3				2	1											
삼국	61	밭9 상층밭(1차) K1																
삼국	61	밭10 상층밭 K2					3											
삼국	61	밭10 상층밭 D1			1	2												1
삼국	61	밭10 상층밭 D2				2	3	2										1
삼국	61	밭10 상층밭 K1				1					1							
삼국	61	밭10 상층밭 K2				3												
삼국	61	밭10 상층밭 K3			1	2	5							1				
삼국	61	밭10 상층밭 D1			1	1	1											
삼국	61	밭10 상층밭 D2				3											1	
삼국	61	밭10 상층밭 D3				2											1	
삼국	62	밭11 (1차) K1			1	6	4											
삼국	62	밭11 (1차) K2	1			3	5				3						1	
삼국	62	밭11 (1차) D1			1	9	8				3							
삼국	62	밭11 (1차) D2	2			2	8	2			2							
삼국	62	밭11 (2차) K1				1												
삼국	62	밭11 (2차) K2			2	6	3											1
삼국	62	밭11 (2차) K3				6					3							

	Grid	유구 No.	조	기장	벼	밀	보리	콩속	팥속	기장족	두과	명아주속	마디풀속	제비꽃속	다래나무속	산딸기속	미상	견과류?
삼국	62	발11 (2차) D1																1
삼국	62	발11 (2차) D2		.	1	5	2											
삼국	62	발11 (2차) D3				6												
삼국	63	발12-1 (2차) K2	1			4					2			1				3
삼국	63	발12-1 (2차) K3			2	1												1
삼국	63	발12-1 (2차) D1			2	1	1											
삼국	63	발12-1 (2차) D2		2		4	3					1						2
삼국	63	발12-1 (2차) D3	1		1	2												1
삼국	64	발7-1상층발목탄시료 1																2
삼국	64	발7-1 상층발목탄시료 2			1	12												15
삼국	64	발7-1 상층발목탄시료 3			1	3										2		14
삼국	66	발15-1 상층발(1차) K1				3	10					1						
삼국	66	발15-1 상층발(1차) K2					1											
삼국	66	발15-1 상층발(1차) K3			1	3	6										2	
삼국	66	발15-1 상층발(1차) D1					2											
삼국	66	발15-1 상층발(1차) D2					2											
삼국	67	발16-1 2호수혈(바닥)																
삼국	67	발16-1 2호수혈(상부)										1						
삼국	67	발16-1 4호수혈(바닥)				1												
삼국	67	발16-14호수혈(상부)				1												
삼국	71	발12-1 (1차) K1			4	13	10											
삼국	71	발12-1 (1차) K2				7	3					1					1	
삼국	71	발12-1 (1차) D1			4	17	15					1					2	
삼국	71	발12-1 (1차) D2			1	10	6					2					1	
삼국	78, 79	발18, 19-1 발(4차) K2															1	
삼국	78, 79	발18, 19-1 발(4차) D1				1												2
4-1																		
삼국	39, 40	1층두둑5	3			6	4						9				2	
삼국	39, 40	1층고랑5			2	3							4	1				
삼국	39, 40	1층두둑6	2		4	9	7										3	
삼국	39, 40	1층두둑4			2	1												
삼국	39, 40	1층두둑1			1		1											
삼국	39, 40	1층고랑6	2		2	5											1	
삼국	39, 40	1층고랑1																
삼국	39, 40	1층고랑2				3												
삼국	39, 40	1층고랑4	1															
삼국	39, 40	1층두둑2																
삼국	13	2층고랑1			1		2		1				2	3		1	1	
삼국	13	2층고랑4															2	
3-1																		
고려	63	발12-1 K1				68	10					7						
고려	63	발12-1 D1			3	36	11					5						
고려	63	발12-1 D2	1		8	16	6	4									1	

	Grid	유구 No.	조	기장	벼	밀	보리	콩속	팥속	기장족	두과	명아주속	마디풀속	제비꽃속	다래나무속	산딸기속	미상	견과류?
고려	66	밭15-1 K1					13	2										
고려	66	밭15-1 K2			3	3	7				5							
고려	66	밭15-1 K3				1												
고려	66	밭15-1 K4					5										2	
고려	66	밭15-1 K5			1	3	15											
고려	66	밭15-1 K6			1	3	14										2	
고려	66	밭15-1 D1				5	18	5			4							
고려	67	밭16-1 K1				5	20				5						1	

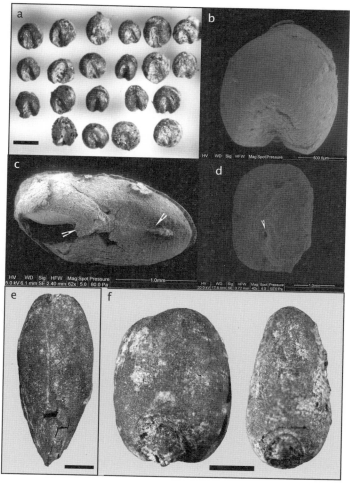

[도면 1] 평거동 유적 출토 유체. a. 조 (Setaria italica ssp. italica), b. 기장 Panicum miliaceum c. 콩속(Glycine max ssp.), d. 팥속 (Vigna angularis ssp.) 이상은 신석기 토취장 13C유구 출토. e. 3-1지구 고려시대 밭 보리(Hordeum vulgare), f. 3-1지구 삼국시대 주거지 43호 내부토 출토 밀(Triticum aestivum) .

Ⅱ. 맺음말

평거동유적은 한반도 선사 및 초기 역사시대 농경사를 연구하는데 중요한 자료를 제공한다. 첫째, 기원전 3천년대 전반기 신석기시대 후기에 다작물 밭농사가 남강유역 생업경제의 일부로 자리잡았음을 제시하였다. 이번 분석에서 새롭게 밝혀진 사실은 기존의 연구(이경아 2005; Lee 2003)에서도 확인된 조와 기장은 물론 다량의 콩과 팥 종자가 발견되었다는 점이다. 13호 토취장에서 추출된 콩(4200±40 BP, Beta 252971), 팥(4350±25 BP, UCI 60748), 28호 수혈의 팥(4175±25 BP, UCI 60749) 연대는 기원전 3010-2700년(98.6% 보정연대)으로 기장 및 도토리에서 측정된 연대와 일치한다(이경아 외. 2011). 남강댐 수몰지구 대평리 어은1지구에서 콩으로 추정되는 종자편이 소수 출토된 예를 제외하면, 콩은 청동기시대 전기에서야 흔히 보이는 작물이다(Crawford and Lee 2003). 남강유역 신석기시대 콩은 작물화된 청동기시대의 콩에 비해 그 종자 크기가 작지만, 팥은 거의 비슷한 크기로 주목된다(이경아 외 2012; Lee 2013). 하지만 작물화의 여부를 단순히 종자의 크기만으로 판단할 수는 없기 때문에 신석기시대의 콩과 팥이 완전히 작물화되었는지는 확언할 수는 없다. 사실 콩은 야생종과 재배종이 동속(Con-specific)이며(Harlan 1985), 재배과정 초기에는 종자 크기의 변화가 명확하지 않았으리라 본다. 이러한 가정은 작물화과정에서 콩깍지의 탈립성여부와 종자의 강도(흡수성)상의 변화가 종자 크기 변화에 선행함을 보여주는 최근의 유전자적 연구와도 일치한다(Tian et al. 2010). 단 본고는 식물자원의 해석에서 각 종의 작물화 여부를 중시하는 유전자학적 관점보다는 당대 거주민의 역할을 강조하는 입장을 취하고자 한다. 즉 남강유역에서 수습된 콩과 팥의 작물화가 완료된 종인지의 여부보다는 신석기인의 시도에 초점을 두어야 한다. 콩과 팥이 청동기시대 시작부터 남강유역에서 중요한 자원으로 이용되었음은 이전 연구에서 밝혀진 바 있다(Crawford and Lee 2003). 즉 신석기시대 후기 기원전 3천년대 초반부터 청동기시대 초기인 기원전 2천년대 중반 사이 1천여년 간에 걸쳐 콩과 팥이 작물화되는 과정을 거치고 중요한 자원으로 자리잡게 된다. 따라서 신석기시대 콩과 팥을 우연히 유적에 들어온 야생종으로 본다면 식물자원의 이용과 재배 초기 과정을 관찰할 중요한 기회를 간과하게 된다. 더욱이 최근 유전자 연구에서 콩은 동아시아에서 널리 여러 차례에 걸쳐 작물화가 이루어졌음이 밝혀졌다. 즉 중국과 일본의 현생 대두는 유전자의 이질화가 심화된 점으로 볼때 각 지역의 야생종에서 독립적으로 작물화된 결과라 한다(Abe et al. 2003; Xu et al. 2002). 현재 고고학 자료상 종자 크기가 현생 재배종 콩과 유사한 유체는 일본 죠몬 중기와 한국 청동기시대 전기·중기 유적에서만 보일 뿐 중국 출토 콩은 한대에 이르러서도 작다. 종자의 크기가 작물화의 여부를 완전히 대변한다고 할 수는 없더라도 종자의 크기가 증가하는 점은 큰 콩을 선호하는 인간의 선택, 즉 재배의 증거라 볼 수 있다. 인간의 관심과 노력이 투여되는 과정이 바로 신석기시대 후기에서 청동기시대 전기로 이어진다는 점에서 신석기시대 남강유역의 콩과 팥은 다른 작물과 같이 경제 식물자원으로 간주해야 한다. 또한 이렇듯 작은 콩 종자가 평거 3-1·4-1지구 청동기 및 삼국시대 유구에서도 다량 출토되는 점으로 보아 작은 종자의 재배종이 개발된 결과로도 볼 수 있다. 일본 동경 및 구주 일대 죠몬 중기의 식물유체 자료와 더불어 평거동유적 식물유체 자료는 일본과 한반도에 자생하는 야생콩이 최소한 기원전 3천년대 전반기부터 이용되기 시작하였고 작물화도 이때부터 진행되었음을 시사한다(이경아 외 2012: Lee et al. 2011). 이는 콩과 팥의 작물화가 어느 한정된 지역에서 기원한 것이 아니라 한반도를 포함한 여러 지역에서 독립적으로 이루어졌음을 의미한다.

평거 3-1지구 28호 수혈과 2호 주거지에서 출토된 기장의 연대는 기원전 3010-2900년(98.6% 보정연대, 4340±40 BP, Beta 252972), 기원전 2480-2350년(98.6% 보정연대, 3940±20 BP, UCI 67219)으로 어은1지구, 상촌리B유적에서 출토된 도토리, 가래(Juglans sp.), 조에 측정된 연대와 일치한다(이경아 외 2011). 또한 부산 동삼동유적(Lee 2003), 장재리 안강골유적(이경아 2010) 및 여러 청동기시대 유적(Lee 2003)과 비교할 때 특이한 점은 평거동 신석기시대 유구에서는 기장이 조의 출토량에 버금 갈 만큼 많다는 점이다. 이에 대한 배경을 기장의 재배상 특성과 당시 기후 조건을 고려하여 살펴보면 다음과 같다. 기장은 수분의 요구량이 조에 비해서도 적어 가뭄에 강하여 재배가 용이한 작물이다. 따라서 초기 농경 단계에 별다른 기술과 위험 부담없이 재배하기에 적합한 종이라 할 수 있다. 이는 다소 건조한 환경인 중국 황하유역에서 1만여 년 전에 기장이 먼저 재배되었음을 보여주는 자료를 통해서도 입증된다(Lu et al. 2009). 경기도 평택지구에서 조사된 화분분석에 따르면 기원전 4000-2500년 경에 상수리속 화분이 줄고 침엽·낙엽상록수혼합림이 증가한 점이 충적세 기후온난기(Mid-Holocene Hypsithermal Period)가 끝나고 다소 건조하고 추운 기후대로 진입했다는 증거라고 한다(Jun et al. 2010). 그렇다면 기원전 3천년대에 감소한 견과류를 보충하고 한랭 건조한 기후에 대비하여 위험 부담이 적은 기장의 재배는 매우 합리적인 선택이라 할 수 있다. 다만, 기타 동아시아 기후연구에 비해 Jun et al.(2010)이 제시하는 기후온난기의 종결 연대가 다소 이르고, 일부 지역의 화분 분석에 의존하여 한반도 환경을 복원하고 이에 맞추어 생업경제상을 설명하기에는 무리가 있다. 토양시료의 348리터가 다량 분석된 어은1지구에서도 기장은 매우 소수인 점은 남강댐 유역이라는 동일 지역 내에서도 재배작물의 분화가 진행되었는지 검토해 보아야 할 문제이다.

참고문헌

김민구, 2010,「화재 주거지 출토 탄화물을 통한 식량자원 구성의 복원: 해남 신금 유적의 예」『한국고고학보』7, pp. 49~69.

안승모, 2013,「식물유체로 본 시대별 작물조성의 변천」『농업의 고고학』, 안승모 편집. 사회평론사.

이경아, 1998,「고민족식물학의 연구방향과 한국에서의 전망」『영남고고학보』23, pp. 61~89.

_____, 2005,「식물유체에 기초한 신석기시대 '농경'에 대한 관점의 재검토」『한국신석기연구』10, pp. 27~49.

_____, 2010,「아산 신도시 개발 지역 신석기, 청동기 유적 출토 식물유체 분석」『장재리 안강골 유적』, 충청문화재연구원, pp. 341-345.

_____, 2011,「진주 평거 3-1지구 유적 식물유체 분석 보고」『진주 평거 3-1지구 유적』, 경남발전연구원 역사문화센터, pp. 302-319.

_____, 2012,「진주 평거 4-1지구 유적 식물유체 분석 보고」『진주 평거 4-1지구 유적』, 경남발전연구원 역사문화센터, pp. 328-343.

이경아, 윤호필, 고민정, 2012,「선사시대 팥의 이용 및 작물화에 대한 고고학적 검토」『한국상고사학보』75.

이경아, 윤호필, 고민정, 김춘영, 2011,「신석기시대 남강유역 식물자원 이용에 대한 고찰」『영남고고학보』56.

Abe J, Xu DH, Suzuki Y and Kanazawa A (2003) Soybean germplasm pools in Asia revealed by nuclear SSRs. Theoretical and Applied Genetics 106: 445-453.

Boggard, A., G. E. M. Jones, and M. Charles, 2001, On the archaeobotanical inference of crop sowing time using hte FIBS method. Journal of Archaeological Science 28: 1171-1183.

Crawford, G. W., and G.-A. Lee, 2003, Agricultural Origins in the Korean Peninsula. Antiquity 77(295): 87-95.

_____, A. P. Underhill, Z. Zhao, G.-A. Lee, et al., 2005, Late Neolithic plant remains from northern China: preliminary results from Liangchengzhen, Shandong. Current Anthropology 46(2): 309-346.

Harlan JR (1985) Crops and Man. Madison: American Society of Agronomy.

Jun, C. P., S. Yi, and S. J. Lee, 2010, Palynological implication of Holocene vegetation and environment in Pyeongtaek wetland, Korea. Quaternary International 227: 68-74.

Lee, G-.A., 2003, Changes in Subsistence Patterns from the Chulmun to Mumun Periods: Archaeobotanical Investigation. Dept of Anthropology. Toronto, University of Toronto.

_____, 2003, Archaeological perspectives on origins of azuki (Vigna angularis). The Holocene 23(3): 453-459.

_____, G. W. Crawford, L. Liu, and X. Chen, 2007, Plants and People from the Early Neolithic to Shang periods in North China. Proceedings of National Academy of Sciences of the USA 104(3): 1087-1092.

_____, G. W. Crawford, L. Liu, Y. Sasaki, and C. Xuexiang, 2011, Archaeological soybean (Glycine max) in East Asia: does size matter? PloS ONE 6(11): e26720. Doi:10.1371/journal.pone.0026720.

Pemberton, R. W. and N.-S. Lee, 1996, Wild food plants in South Korea: market presence, new crops, and exports to the United States. Economic Botany 50: 57-70.

Tian Z, Wang X, Lee R, Li Y, Specht JE, Nelson RL, McClean PE, Qiu L and Ma J (2010) Artificial selection for determinate growth habit in soybean. Proceedings of the National Academy of Sciences 107: 8563-8568.

Xu D, Abe J, Gai J and Shimamoto Y, 2002, Diversity of chloroplast DNA SSRs in wild and cultivated soybeans: evidence for multiple origins of cultivated soybean. Theoretical and Applied Genetics 105: 645-653.

Watson, Patty Jo, 1997, The shaping of modern paleoethnobotany. In People, Plants, and Landscapes: Studies in Paleoethnobotany, Kristen J. Gremillion, ed., pp.23-41. University of Alabama Press, Tuscaloosa and London.

남강유역 청동기시대 조·전기 취락의 특징

고민정 | 경남연구원 역사문화센터

Ⅰ. 머리말

한반도 청동기시대 조·전기 문화는 한강유역, 남강유역, 호서지역 등 한반도 남부지역의 각지에서 다발적으로 성립된 것으로 이해되고 있다. 각 지역별 입지와 환경 차이에 따른 지역성은 인정되나 기본적으로 주거구조와 토기의 조합은 대체로 유사하다. 특히 신석기시대-청동기시대 전환기에는 지역에 따라 다양한 토기 문화요소가 공존하고 있으며, 공반 유물도 재지계와의 관계에 있어 각 지역별로 차이가 나타난다.

남강유역의 청동기시대 유적들은 하천에 의해 형성된 넓은 충적지상의 자연제방에 위치하며 배후에는 낮은 구릉들이 발달해 있다. 청동기시대 취락은 자연제방을 따라 분포하며, 자연제방 사이에 발달한 배후저지는 주로 경작지로 이용되었다. 남강유역의 무문토기문화

---

* 본고는 2021년 진주청동기문화박물관-경상국립대학교박물관 공동학술대회에서 발표한 내용을 수정, 편집한 글입니다.

성립기에 대한 연구는 진주 대평리유적, 진주 상촌리유적, 사천 본촌리유적 등에서 출토된 각목돌대문토기를 바탕으로 한 청동기시대 조기 설정이 이루어진 이래, 진주 평거동유적, 가호동유적, 초전동유적, 초장동유적 등 대규모의 유적이 추가로 조사되면서 자료가 더욱 축적되어 남강유역의 청동기시대 조·전기 편년문제 뿐만 아니라 조·전기의 물질문화 양상도 좀더 세부적으로 논의되고 있다.

특히, 최근 중부지역의 북한강, 남한강 일대의 대규모 발굴조사가 많이 이루어져 남강유역의 조·전기 문화와 비교연구를 비롯하여 북한지역, 중국동북지역과의 병행관계에 대한 연구도 매우 활발히 진행되고 있어 좀더 청동기시대 조·전기 사회문화상을 구체적으로 논의할 수 있게 되었다.

본고는 남강유역의 청동기시대 조·전기 주거지와 출토유물을 검토하여 당시 취락의 구조와 특징에 대해 살펴보고[1], 다음으로 조·전기 문화의 성립과 출현배경에 대해 기 연구성과를 중심으로 정리해 보고자 한다.

Ⅱ. 조·전기 주거지의 분류

1. 미사리유형

미사리유형은 평면형태 (장)방형주거지와 석상위석식노지로 구성된 미사리식주거지에 각목돌대문토기가 출토되는 유적들을 기반으로 설정되었다. 미사리식 주거지에 대해서는 대부분 주거지의 평면형태와 내부 노지시설의 분류와 구조의 변화과정에 대해 연구가 이루어졌다(안재호 2000; 김재윤 2003; 천선행 2005). 안재호는 각목돌대문토기 출토 주거지를 처음으로 '미사리식주거지' 라고 명명하면서, 중서부지역 주거지의 변화양상을 평면형태는 방형→장방형, 노지는 석상위석식→토광위석식→수혈식으로의 변화과정을 상정하였다(안재호 2000).

남강유역의 미사리식주거지의 분류 속성은 규모, 평면과 노지의 형태, 초석열 혹은 주공열, 단시설, 저장구덩이 등을 들 수 있다. 초석열 혹은 주혈열이 추가된 남강유역의 주

---

1) 조·전기 주거지의 분류와 취락의 구조에 관한 내용은 拙稿(2020)를 요약·정리하였다.

거지를 '어은식'으로 분류(안재호 2006)하기도 한다. 규모는 소형, 중형, 대형으로 구분되며, 소형은 길이 4~6m, 중형 10~15m, 대형 18m 이상이다. 평면형태는 방형과 장방형으로 구분된다. 노지형태는 타원형과 장방형, 노지구조는 석상위석식노지가 1기 혹은 2기 설치되었다. 이외에 얕게 수혈을 판 형태이거나 주거지 상면에 노지의 흔적으로 추정되는 무시설식도 있다. 또한 주거지 양 장축을 따라 초석열 혹은 주혈이 설치된 것도 있다.

남강유역의 미사리식주거지는 대부분은 중형 주거지이다. 평면형태 방형은 모두 소형으로 대평리 어은1지구, 옥방5지구, 평거3-2지구 유적에서 확인된다. 대형은 어은1지구 104·110호 주거지와 평거 3-1지구 7호 주거지 등이 있다. 초석열은 대부분 석상위석식노지가 설치된 주거지에서 확인되는데, 초석열은 중서부지역의 주거지에서 주로 확인되는 것으로 이러한 주거지의 구조를 둔산식주거지와 관련시키는 견해(이형원 2002)도 있다. 다만 중서부지역의 둔산식주거지는 시기가 내려오면서 점점 세장해지는 특징이 있는 반면, 남강유역 돌대문단계의 주거지는 계속 장방형을 유지하고 있으면서 규모가 커지는 차이점이 있다. 석상위석식노지와 초석열은 서북한지역 주거지의 구조와 바로 연결시킬 수 있을 것이며, 이는 계보나 편년문제에 있어서도 중요한 요소로 생각된다. 단시설은 주거지에서 다수 확인되는데, 양 장벽에 혹은 사방으로 돌아가면서 설치되어 있고, 높이는 5~10cm 내외로 얕게 되어 있는 특징을 보인다. 단시설에 대해 압록강유역에서는 확인되지 않고, 두만강유역과 홍성유적과의 관련성이 더 높은 것으로 보는데(김재윤 2003), 홍성유적 주거지의 단시설은 좁고 다소 높게 되어 있어 남강유역 주거지의 단시설과는 기능적인 면에서 차이를 생각할 수 있다.

남강유역에서는 주거지의 형태가 평면 방형과 장방형이 모두 확인되고 있는데, 방형 주거지의 경우 대평리 어은1지구 69·94호 주거지, 평거3-2지구 3·4호 주거지처럼 규모가 모두 소형이다. 이는 최근 조사된 중도유적을 포함하여 강원 영서지역의 유적에서도 같은 양상이다. 서북한지역으로 거슬러 올라가면 압록강 중류역의 공귀리유적과 심귀리유적의 주거지는 평면형태가 완전 정방형이 아니라 장방형에 가까운 방형으로 길이 6~8m 정도의 소형주거지이다. 특히 대평리 어은1지구 94호 주거지는 평면 방형에 장방형 석상위석식노지를 갖춘 주거지이다. 공귀리유적 Ⅳ호 주거지에는 장방형 석상위석식노지가 설치되었고, Ⅱ호와 Ⅴ호 주거지에는 장방형의 위석식노지가 확인된다. 공귀리유적 Ⅲ호 주거지의 장축 양쪽에는 주초석도 확인된다.

이러한 주거지 형태는 심귀리유적에서도 마찬가지이다(안재호 2000). 배진성의 편년에 따라 조기~전기전반으로 편년되는 심귀리유적 1호 주거지는 방형주거지로 양쪽에 초석열이 확인되며, 한쪽에 치우진 장방형 석상위석식노지를 가지고 있다. 또한 전기전반~후반으로 편년되는 심귀리유적 2호 주거지는 장방형주거지에 장방형의 석상위석식노지와 초석열이 있고, 북벽에는 단시설이 확인된다. 자강도의 로남리 간평유적의 주거지는 2기의 노지가 확인되는데, 어은1지구 110호 주거지처럼 1기는 장방형 석상위석식노지이고, 나머지 1기는 장방형 위석식노지가 설치되어 있어 이들 지역과의 관계가 주목된다. 미사리 A-1호 주거지도 석상위석식과 위석식노지가 함께 설치되어 있어 돌대문 초기단계부터 이러한 양상은 공통적으로 나타난다.

천선행도 한반도 남부의 지역별 조·전기 고고자료의 특징을 파악하고 이를 통해 위석식노지와 초석이 설치된 주거지에서 돌대문토기와 공열문이 공반되어 이중구연토기·위석식노지·초석이 가락동유형을 결정하는 지표가 아닐 가능성을 제시하였다. 실제로 압록강유역의 공귀리유적에서 석상 및 토광위석식노지와 초석이 확인되고, 이러한 압록강유역의 돌대문토기는 청천강유역에도 영향을 미치는데 주거지가 위석식노지와 초석으로 정형화되는 것도 이 지역의 영향으로 파악하였다. 따라서 주거지의 석상위석식노지와 위석식노지는 돌대문토기문화와 가락동유형이 공통적으로 보유하던 요소로 판단하고, 초석, 무시설식노, 주혈도 돌대문토기문화의 한 요소로 파악하였으며, 남한강·북한강유역의 돌대문토기 출토 주거지에서 확인되는 구연이 살짝 외반되는 옹형토기, 가락동식토기와 구별되는 이중구연토기, 돌대문에서 발생하는 구순각목까지 조기의 범주에 포함시켰다(천선행 2015: 21).

남강유역의 미사리식주거지와 공반유물에 대한 기존 연구를 살펴보면 김재윤(2003)은 각목돌대문토기의 속성분석, 형식분류, 공반유물을 바탕으로 남한지역의 각목돌대문토기 출토유적을 3기로 편년하였다. 이 중 Ⅲ기는 각목돌대문토기가 혼암리식토기·가락동식토기가 공반 출토되는 단계로 파악하고 이들 토기 양식을 돌대문토기 이후에 성립된 것으로 파악하였다.

천선행(2005)은 돌대 거리, 돌대 단면형태, 돌대 폭, 구연단 형태와 기종분류, 주거구조의 특성변화를 통해 남강유역 각목돌대문토기를 조기부터 전기Ⅰ기~Ⅲ기까지 편년하였다. 안재호(2002, 2006)와 같이 미사리식주거지와 각목돌대문토기 단독기만을 조기로 설정하였는데, 무문토기문화 초기의 양상에 대해 각목돌대문단독기 / 즐문토기내 무각목돌대문, 공열문, 돌류문, 거치문 공반 / 무문토기내에서 신석기시대 말기의 이중구연, 거치문과 같은 즐문토기 요소의 잔존 등을 예로 들었다.

필자도 각목돌대문토기를 3가지 형태로 분류하였는데, 1형은 구연단에서 0.5~1.0cm 정도 떨어져 돌대가 부착된 것으로 돌대 단면 제형, 각목의 폭이 넓은 형태이고, 2형은 구연단 가까이에 돌대가 부착된 것으로 돌대 단면과 각목 폭은 1형과 유사한 것이다. 3형은 구연단에 바로 붙여 돌대를 부착하였으나 돌대의 흔적이 희미하고(퇴화돌대), 구순외측이나 구연단과 이어지는 돌대의 상단부에 각목한 형태로 구분하였다(고민정 2011, 2016).

한편 돌대문토기와 공반되는 공열문계토기에 대해서 살펴보면, 옥방5지구 C-3호에서 출토된 단사선문과 공열문이 시문된 흔암리형토기는 김재윤(2003: 47)에 따르면, 전형적인 흔암리식토기와는 다른 것으로, 점토대의 위치가 구연단에서 약간 떨어져서 돌대처럼 붙어 있고, 그 위에 단사선문 시문, 단사선문 아래에는 공열문이 시문된 것이다. 그렇다면 이 토기는 퇴화된 돌대문+공열문이 조합된 토기로 볼 수 있으며, 평거3-1지구 5호 주거지 출토토기와 같이 구순외측모서리각목+공열문토기와 유사한 형태일 가능성도 있다[2].

정지선(2010)은 남강유역의 조·전기에 해당되는 돌대문, 이중구연, 거치문, 구순각목문, 공열문토기를 모두 형식분류하였는데, 특히 이중구연토기는 진주 평거동유적에서 출토된 독특한 형식의 토기를 각목돌대문토기와 구분되는 '이중구연토기'로 분류하였다. 이중구연토기는 점토의 형태에 따라 점토띠를 붙인 형태, 점토판을 붙인 형태, 이중구연 흔적만 남은 형태로 세분하였는데, 상촌리식토기(배진성 2007), 평거동식이중구연토기(정대봉 2015), 가락동식토기 등으로 구분하였다.

남강유역에서는 미사리식주거지와 어은식주거지가 거의 같은 비율로 확인된다. 주거지에서 확인되는 토기문양요소는 돌대문, 절상돌대문, 뉴상파수, 평거동식이중구연, 구순외단각목문, 구순각목문, 공열구순각목문, 공열문이 있다. 개별 토기문양요소의 출토량은 각목돌대문토기와 평거동식이중구연토기가 다수 출토되고, 공열문토기와 구순각목문토기도 출토되기 시작한다. 공열문은 단순 공열문과 공열+구순각목문토기가 출토되어 이른 시

---

2) 안재호는 대평리 옥방5지구 C-3호 주거지 출토토기를 흔암리계토기로 보았는데, 이는 절상돌대문과 공반하는 것으로 용산동 4지구 5호보다 늦은 양상으로 파악하고, 절상돌대문토기의 시기를 가늠할 수 있는 자료라고 하였다. 따라서 남한지역 내 각목돌대문토기는 획기에서 조기로 편년되어도 좋고 전기에 이르러서야 가락동계토기와 흔암리계토기가 출현하는 것으로 이해하였다(안재호 2009: 51).

기부터 공열문과 구순각목문이 결합되는 것을 알 수 있다.

남강유역의 미사리유형은 3단계로 구분할 수 있다. 1단계는 옥방5지구와 어은1지구 107호주거지가 포함된다. 석상위석식노지가 있는 소형의 방형·장방형주거지가 해당된다. 남강유역에 각목돌대문토기문화가 형성되는 단계이며, 주거지 내에서 각목돌대문 1형과 즐문토기가 공반된다. 어은1지구에서 각목돌대문토기 출토 주거지 주변에 신석기말기의 야외노지가 확인되는 것으로 볼 때 서로 공존 기간이 있었을 것으로 생각된다.

2단계는 상촌리 D지구 B-2호와 옥방5지구 D-1호에서 각목돌대문 1형과 2형이 출토되고, 평거3-1지구를 중심으로 각목돌대문 1·2형과 절상돌대문, 뉴상파수, 평거동식이중구연토기가 주를 이룬다. 평거동식이중구연토기는 단순이중구연과 사선문이 시문된 토기로 구분되며, 단순이중구연토기가 다수를 차지한다. 평거3-1지구 4호 주거지에서는 뇌문토기도 공반된다. 석기는 편평편인석부, 장방형석도, 어형석도, 삼각만입석촉, 환형석기, 부리형석기, 석제방추차 등이 출토된다.

한편 졸고에서 가락동유형 1·2단계로 파악하였던 것을 이 단계에 포함시키고자 한다. 기존 연구에서 주거지의 노지가 위석식노지 혹은 무시설식노지인 점을 들어 둔산식주거지로 파악하고 가락동유형의 범주에 넣었으나, 서북한지역 및 강원 영서지역에서도 위석식노지 주거지가 석상위석식노지 주거지와 공반하고 있으며, 남강유역의 미사리유형과 마찬가지로 각목돌대문토기와 평거동식이중구연토기가 다수 출토되며, 석기도 유사한 양상을 보이기 때문이다. 추후 이 부분에 대해서 좀더 면밀히 검토하고자 한다.

평거3-1지구 2·3·5·10호 주거지에서도 각목돌대문토기와 평거동식이중구연토기가 다수 출토된다. 석기는 미사리유형의 조기와 유사한 양상이다. 이들 보다 조금 늦을 수 있는 유적으로 평거3-2지구와 옥방4지구의 장방형주거지와 소형의 방형주거지가 해당된다. 유물은 평거동식이중구연과 뉴상파수가 주로 출토되며 돌대문과 이중구연거치문점열토기(옥방4지구 31호), 구순각목문, 공열문토기가 공반된다. 석기는 앞 시기와 유사하다. 평거3-2지구 3호 주거지에서 출토된 이중구연단사선문토기는 이중구연의 폭이 짧고 도톰하면서 단사선문은 이중구연 바로 밑에 짧게 시문되고 있어 평거동식이중구연과는 다른 형태이다. 이러한 토기는 인천 동양동유적 출토 토기(강병학 2012: 69-70)와 유사해 보이는데 구체적인 검토가 필요하다. 평거3-2지구 1호 주거지 출토 공열문토기는 높이 50cm의 대형토기로 공열문은 내→외로 관통하였다. 토기 바닥에 활엽수의 잎맥흔이 남아있는데 이는 각목돌대문토기에서 주로 관찰된다. 이 주거지에서는 호형토기, 심발형토기, 천발, 완 등이 출토되어 토기 기종이 다양해졌다.

미사리유형 3단계는 미사리식주거지와 어은식주거지로 구분할 수 있다. 각목돌대문토기 2·3형, 평거동식이중구연토기, 구순외단각목문토기[3], 구순각목문토기, 공열문토기가 출토되는데, 평거동식이중구연토기는 어은식주거지에서만 나타난다. 석기는 1단계의 석기상에 유경식석촉과 합인석부가 추가되었다. 유경식석촉과 합인석부는 서울, 경기지역 2단계와 금강유역 미사리유형 2단계에 보이는 것으로 전기전반으로 편년하고 있다. 한편 평거4-1지구 유적에서는 모두 어은식주거지만 확인되어 평거3지구 유적과 다른 양상이다. 또한 토기상에서도 각목돌대문토기는 2형과 3형, 뉴상파수, 구순외단각목문토기 등이 확인되나, 평거동식이중구연토기는 출토되지 않는다. 평거4-1지구 5호 주거지에서는 공열+구순각목문 토기가 2점 출토되었다.

다음은 본촌리 나-3호 주거지의 편년문제이다. 나-3호 주거지의 연대는 조기, 전기전반, 전기후반으로 보는 견해로 크게 차이가 있다. 먼저 본촌리 나-3호 주거지 출토 각목돌대문토기와 공반 출토된 흔암리식토기는 이중구연의 경계가 애매하고 사선문은 구연부와 동체에 걸쳐 시문된 남부지역권의 사선문 분류 Ⅳ기(안재호·천선행 분류)이며, 남강유역 전기 Ⅲ기로 편년하고 있다(千羨幸 2005: 72). 이에 대해 김병섭은 본촌리유적 나-3호 출토 흔암리식토기의 출토위치에 대한 문제를 바탕으로 본촌리 나-3호 주거지의 연대를 전기후반이 아닌 조기까지 올려볼 수 있고, 각목돌대문토기의 존속기간에 대한 문제 뿐만 아니라 횡대구획문의 출현시기에 대해서도 기존의 견해는 재고될 필요가 있다고 지적하면서(金炳燮 2009: 16-17), 이후의 연구에서는 조기전반(?)까지 올려보기도 하였다(金炳燮 2012: 218).

필자는 이와 견해를 달리하는데, 일단 상부 매몰토에서 출토된 흔암리식토기를 제외하고라도 전반적으로 나-3호 주거지의 유물 출토양상을 보면, 조기와는 달리 호형토기와 마연토기 등 토기 기종이 다양해지고 있다. 물론 조기의 요소인 각목돌대문토기, 장방형석도, 방형의 대팻날석기 등으로 볼 때에는 조기의 가능성도 있지만, 최근 송영진의 마연토

---

3) 구순외단각목문(공민규 분류 구순각목b)에 대해서 공민규는 수당리(C) 6호 출토 토기를 금강유역의 가락동유형 1단계에 편년하고 있다. 구순외단각목문과 절상돌대문을 같이 1~2단계로 편년하고 있는데, 서로 병행하거나 구순외단각목문이 후행할 가능성은 있지만, 출토유구의 수가 적고 제한적이므로 거의 동일한 단계로 편년하였다(공민규 2013: 31).

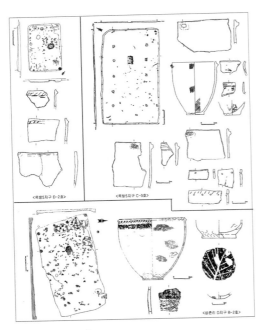

[도 1] 미사리유형 1단계(옥방5지구 D-2호), 2단계(옥방5지구 C-3호(상), 상촌리 D지구 B-2호(하))

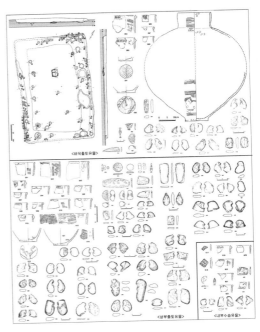

[도 2] 미사리유형 2단계(평거3-1지구 4호 주거지)

기 분류 및 편년을 통해서도 본촌리 나3호

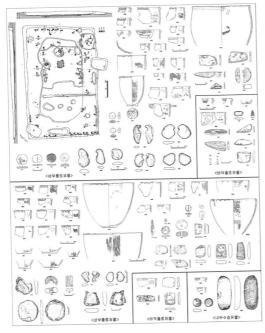

[도 3] 미사리 유형 2단계(평거3-1지구 3호(상), 5호(하))

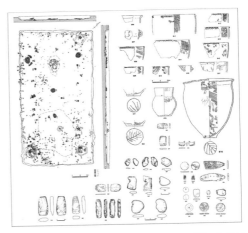

[도 4] 남강유역 미사리유형 3단계(평거3-1지구 7호 주거지-주거지 바닥유물)

주거지 출토 평저장경호의 연대를 전기전반(宋永鎭 2016)에 두는 것과 같은 양상으로 본촌리 나3호 주거지를 전기전반으로 편년하고자 한다.

2. 가락동유형

가락동유형의 기본적인 개념은 첫째, 장방형주거지에 위석식노지를 비롯한 초석, 저장 공 등의 요소를 공유하고 있다는 점(둔산식주거지), 둘째, 토기상에서 이중구연과 단사선 문으로 대표되는 가락동식토기의 존재, 셋째, 이단병식 또는 유혈구 마제석검을 비롯한 삼 각형석촉, 이단경촉, 양인석부, 반월형석도 등이 공반되는 점이 특징이다.

이러한 특징은 시간적, 지역적 차이에 따라 세부적으로 다양한 속성들도 나타난다(이형원 2002: 22). 남강유역 가락동유형의 둔산식주거지는 평면 장방형에 위석식노지와 초석열 혹은 주혈열을 갖춘 주거지로, 안재호의 둔산식과 영등동식(안재호 2006)을 포함하고 공민규의 분류안(공민규 2013)에 따라 둔산식으로 총칭하였다. 가락동유형은 2단계로 구분할 수 있으며, 졸고의 가락동유형 3단계→1단계로, 4단계로→2단계로 수정하였다. 미사리유형과 역삼동·흔암리유형과 비교하여 남강유역에서 관련 주거지는 많이 확인되지 않는다. 진주 가호동유적에서 가장 빠른 시기의 가락동유형 주거지가 확인되고, 초장동유적에서 다수의 주거지가 확인된다.

1단계는 가호동 1호와 2호가 해당된다. 가호동 1호 주거지는 평거동식이중구연(+거치문)토기와 상촌리식이중구연토기, 구순외단각목문토기 등이 출토된다. 심발형토기 외에 호형토기가 다수 출토되고, 천발 등 기종구성이 다양해진다. 홑구연에 거치문이 시문된 심발형토기가 2점 출토되었는데, 이 중 한 점은 내면사이부토기이며, 나머지 한 점은 무문양의 심발형토기이다. 상촌리식이중구연토기가 출토되어 조기후반에 편년도 가능하지만 합인석부와 유경식석촉 등으로 볼 때, 전기 초에 편년한다. 가호동 2호 주거지도 돌대문2형이 공반되어 조기로 생각될 수도 있지만, 석기상에서 1호 주거지와 유사하다.

2단계는 평거4-2지구와 초전동유적이 해당되는데 평거동식이중구연이 사라지면서 가락동식이중구연토기가 다수 출토된다.[4] 평거4-2지구 3호에서는 뉴상파수, 평거동식이중구

---

4) 최근 금강유역의 이중구연토기의 세부편년에서 미사리계의 폭이 좁은 이중구연과 가락동계의 폭이 넓은 이중구연이 이른 단계부터 공존한 것으로 이해하고 있는데(공민규 2013), 남강유역에서는 전기초 혹은 전기전반에 이르러서야 가락동계(?) 이중구연토기가 나타나는 것으로 생각된다.

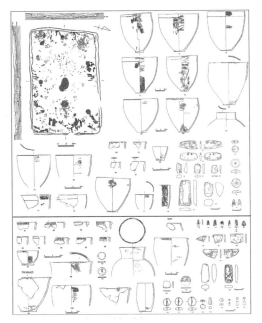
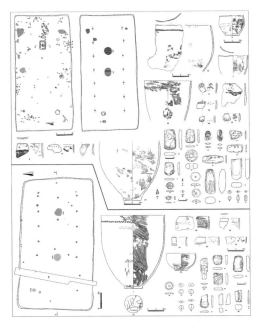

[도 5] 가락동유형 1단계(가호동 1호(상), 2호(하))　　　[도 6] 가락동유형 2단계(초전동 42호(상), 43호(하))

연과 함께 가락동식이중구연토기가 다수 출토된다. 이외 단순 이중구연토기 2점과 이중구연+단사선문토기 3점이 출토되었는데, 이 중 1점은 이중구연이 두툼하고 짧고, 2점은 가락동식토기와 같이 이중구연이 2~3cm 정도로 넓고 편평하다. 이외 거치문+구순각목문토기는 이중구연부가 평거동식이중구연 보다는 편평하고 길게 되어 있다. 석기는 어형석도, 유공삼각만입석촉, 유경식석촉, 편평석부, 석제방추차 등이 출토되었다. 한편, 이중구연+구순각목문토기 중에는 구순외단각목문이 시문된 것도 확인된다. 평거4-2지구 7호 주거지에서도 심발, 마연토기 장경호, 천발 등이 출토되어 기종이 다양해진다. 평거4-2지구 8호 주거지에서도 이중구연+단사선+구순외단각목문이 시문된 가락동식이중구연토기가 출토되었다.

　이상 가락동유형에 속하는 주거지 가운데서 위석식노지와 초석열이 보이지 않는 장방형 주거지도 포함시켰는데, 이러한 주거지에 대해서 非가락동계문화로 이해(공민규 2013)하기도 하지만, 유물 출토정황 및 주변 주거지 분포양상으로 볼 때, 가락동유형의 범주에 포함시켰다. 이는 이형원과 송만영에 의해서도 둔산식주거지를 반드시 가락동유형의 필요조건으로 규정하지는 않는다(李亨源 2007; 송만영 2013)는 점과 또한 토기상에서도 공열토기나 적색마연토기가 공반되는 것을 역삼동·흔암리유형의 틀 속에서 이해해야 할 것인지, 가락동유형과 역삼동유형 간의 문화 접촉 등으로 보아야 할 지 검토가 필요하다.

3. 역삼동·흔암리유형

역삼동·흔암리유형에서는 관산리식과 흔암리식주거지가 확인되며, 평면형태는 세장방형, 장방형, 방형으로 구분되고 무시설식노지를 기본으로 한다. 역삼동·흔암리유형은 모두 3단계로 구분되며, 1단계는 전기전반에 해당되고 2단계와 3단계는 전기후반에 해당된다.

1단계는 세장방형주거지와 장방형주거지에 무시설식노지 2~3기가 설치되어 있다. 흔암리식토기와 역삼동식토기가 주류인데, 역삼동식토기가 더 많이 출토된다. 이외에 뉴상파수, 이중구연단사선문토기, 이중구연마연토기(대평리식이중구연토기) 등이 공반된다. 옥방5지구 C-2호 주거지는 역삼동식토기와 이중구연토기가 출토되었는데 천발과 심발에 공열문이 시문되어 있다. 석기는 장주형석도, 합인석부, 유경식석촉 등이 확인된다. 옥방5지구 C-4호 주거지에서는 흔암리식토기와 역삼동식토기를 비롯한 심발, 호, 천발, 이중구연마연토기, 채문토기, 적색마연토기 등 기종이 다양하며, 석기는 주형석도, 양단자른어형석도, 합인석부, 편인석부, 유경식석촉, 화형석기, 석제방추차 등이 출토되었다.

2단계는 평면 장방형·방형주거지에 퇴화 이중구연+단사선문토기가 확인되고, 흔암리식토기는 거의 확인되지 않는다. 흔암리식토기는 옥방4지구 1호에서 공열+이중구연단사선문토기가 1점 확인되었다. 본촌리 나8호에서는 공열, 공열+구순각목, 구순각목, 단순이중구연토기가 출토되고 적색마연토기도 다수 공반된다. 이전 시기의 본촌리 나3호와 나6호에서 보였던 경견간횡침선문토기가 출토되는데 송영진은

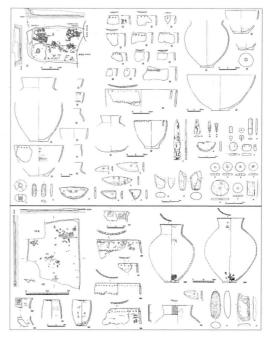

[도 7] 역삼동·흔암리유형 1단계(사월리 11호(상), 본촌리 나6호(하))

평저호의 분류를 통해 전기후반에 편년하고 있다(宋永鎭 2016: 130-132). 옥방4지구 8호 주거지에서는 퇴화이중구연 단사선문토기가 확인되고, 귀곡동대촌 7호와 8호, 초전동 44호에서 이중구연단사선문 토기편이 확인되는데 구연단 끝부분이 확인되지 않아 가락동식토기인지 흔암리식토기인지 구분이 애매하다.

3단계는 평면 세장방형, 장방형, 방형주거지가 모두 확인된다. 토기는 역삼동식토기(공열+구순각목과 공열)가 주류이며, 구순각목문과 이중구연마연토기(대평리식이중구연토기), 횡침선문토기도 출토된다. 석기는 삼각만입촉, 유경식석촉, 편평석부, 부리형석기 등이 공반된다. 옥방1지구 2호, 하촌리 ⅠB-25호 주거지 등 평면 방형의 주거지가 청동기시대 중기의 하촌리형주거지로 연결된다.

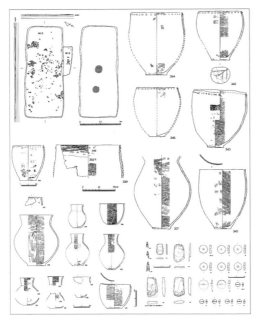

[도 8] 남강유역 역삼동·흔암리유형 2단계(본촌리 8호 주거지)

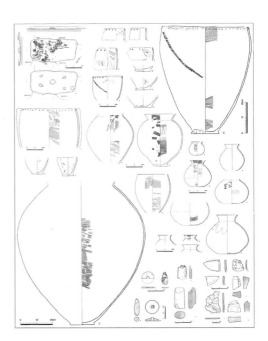

[도 9] 남강유역 역삼동·흔암리유형 3단계(옥방4지구 11호 주거지)

Ⅲ. 조·전기 취락의 구조

남강유역의 청동기시대 조·전기 취락은 산청 하촌리유적에서 부터 진주 대평리유적, 평거동유적, 초장동유적, 사천 본촌리유적에 이르기까지 다수의 유적이 분포해 있다. 이 중 대평리 어은1지구와 옥방5지구 D-1호·D-2호 주거지, 상촌리D B-2호 주거지, 상촌리B 2 지구 1호 주거지, 평거동유적, 초장동유적을 비롯하여 최근 조사된 함양 용평리유적에서도 미사리유형의 주거지가 다수 확인되었다. 이들 유적을 포함하여 산청 하촌리, 사월리, 어은2지구, 옥방1·2지구, 귀곡동대촌, 가호동, 사천 본촌리유적 등에서는 가락동유형과 역삼동·흔암리유형의 주거지들이 분포한다. 대표적으로 진주 대평리유적 어은1지구과 옥방5 지구의 청동기시대 조·전기 취락은 자연제방 상면과 가장자리에 조성되어 있으며, 주거지가 일정한 간격을 두고 10여동이 열상으로 배치되어 있다. 진주 평거동유적과 초장동유적에서도 같은 양상으로 이러한 취락 구조를 나열식의 線狀구조(安在晧 2006: 101)라고 한다. 10 여동 이상의 주거지가 분포하는 유적을 중심으로 전기 취락 내 분포와 구조에 대해서 살펴보도록 하겠다.

1. 진주 대평리유적-어은취락과 옥방취락

진주 대평리유적에서 조·전기 주거지는 주로 어은1지구와 옥방5지구에 분포하고 있다. 중기 단계의 주거지는 어은취락과 옥방취락으로 대별할 수 있고, 옥방4지구의 환호와 옥방 1지구의 환호를 중심으로 각각 두 개의 취락으로 구분되는데, 조·전기 단계에도 주거지의 분포양상에 따라 어은취락과 옥방취락으로 구분이 가능하다.

먼저 어은취락에서는 다수의 주거지가 확인된 어은1지구를 중심지역으로 볼 수 있다. 어은취락의 범위를 청동기시대 중기단계와 같이 옥방4지구까지 포함시켰고, 대부분의 이른 시기의 주거지는 옥방5지구까지 분포하고, 옥방4지구에는 역삼동·흔암리유형의 주거지가 확인된다. 어은취락의 주거지는 각목돌대문토기, 절상돌대문토기, 이중구연거치문토기가 출토되는 미사리유형의 장방형계 주거지와 공열문, 공열+구순각목문토기, 적색마연토기가 출토되는 역삼동·흔암리유형의 세장방형주거지로 크게 나눠지는데 시기차가 있다. 미사리유형의 주거지의 구조는 앞서 살펴본 바와 같이 내부에 석상위석식노지를 갖추고 단시설, 초석열, 벽주혈 등 남강유역만의 주거구조(어은식)를 갖춘 형태이다.

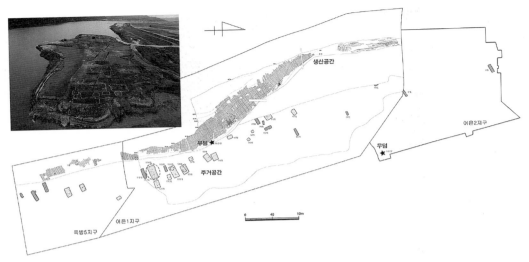

[도 1] 대평리유적 어은취락-조·전기 취락의 분포

　미사리식 주거지는 16동이 자연제방을 따라 열지어 분포하고 있는데, 옥방5지구와 어은 1지구의 94호와 95호 주거지는 나란히 배치되어 있다. 또한 103호 대형주거지와 106호 소형주거지가 함께 배치되기도 하고, 114호 대형주거지와 122호 주거지는 일렬로 배치되어 있다. 대부분의 주거지는 장축방향이 동서방향이지만, 옥방5지구의 D2호 주거지와 어은 1지구의 87호 주거지만 남북방향으로 장축방향을 달리하고 있다. 특히 이 두 주거지는 장방형의 소형주거지이고, 다소 독립적으로 떨어져서 위치하고 있다. 또한 87호 주거지에 인접하여 84호와 86호 방형의 소형주거지, 남쪽으로 떨어져서 97호 소형주거지가 위치한다. 114호 대형주거지는 길이가 25m 정도로 이 일대 주거지 중 가장 규모가 크며, 단시설과 초석열, 판석부위석식노지가 설치되어 있다.

　한편, 역삼동·흔암리유형의 세장방형주거지는 옥방5지구에서 3동, 어은1지구에서 8동, 어은2지구에서 2동까지 총 13동이 확인되었다. 미사리유형 단계와는 좀 다른 배치형태를 보이는데, 옥방5지구의 남쪽 끝부분, 어은1지구의 남쪽 끝부분과 중간부분에는 주거지 2~3동이 인접하고, 다른 군집과는 100m 이상 떨어져서 배치되어 있다. 어은1지구의 중간부분에 밭과 인접한 지역에는 77·78·80호 주거지 3동이 모여 있는데, 80호 주거지만 장축방향을 달리하고 있다. 80호 주거지는 토광형노지 3기가 있고 내부에서 흔암리식토기가 출토되었으며, 77호 주거지에서는 역삼동식토기와 채문토기 등이 출토되어 장축방향에 따른 시기차는 확인되지 않는다. 어은1지구와 어은2지구가 서로 접하는 지역에는 4동의 주거지-어은1지구 65·37호, 어은2지구 6·2호 주거지-가 각각 80~120m 정도 떨어져서 분포하는 모습을 보인다.

어은1지구 65호 주거지는 세장방형주거지로서 토광형 노지 4기가 설치되어 있으며, 채문토기 8점, 각종 발과 완, 호, 이중구연마연토기, 대형호(기고 58㎝)와 각종 석기들이 출토되었다. 다양한 기종과 형태의 토기가 한 주거지 내에서 다수 출토되는 것은 여러 가지 가능성을 생각해 볼 수 있는데, 특히 무덤에서 주로 출토되는 채문토기가 한 주거지에서 완형으로 8점이나 출토된 사실은 이 주거지에서 다른 곳으로 토기를 분배 혹은 공급하는 역할을 했을 가능성도 생각해 볼 수 있다. 청동기시대 전기부터 이처럼 다양한 기종의 토기를 제작했던 전통이 중기로 이어져 내려온 것으로 이해할 수 있다.

한편, 어은1지구 중간부분의 밭 경계부분과 어은2지구의 남동쪽 끝부분에는 전기의 무덤으로 추정되는 석관묘가 조사되었는데, 주거지와 비교하면 무덤의 수가 매우 부족하다. 어은2지구 8호 석관묘는 주거지와 일정 간격 떨어져 배치되어 있는 반면, 어은1지구 16호 석관묘는 주거지에 인접한 위치에 밭 가장자리에 조성되어 있어, 중기에 밭 가장자리에 무덤을 조성한 것과 같은 입지를 보인다.

다음은 옥방취락에 대해서 살펴보자. 옥방취락은 옥방8지구와 2지구, 1지구에서 각각 세장방형주거지가 1동씩 독립적으로 배치되어 있다. 이 세 주거지는 100m 이상 서로 떨어져서 분포하고, 옥방1지구의 세장방형주거지는 장축방향이 다르다. 또한 이 주거지의 남쪽으로 소형의 방형주거지가 인접해 있다. 하천과 접해 있는 자연제방대-미저지-자연제방(전기취락)으로 지형이 연결

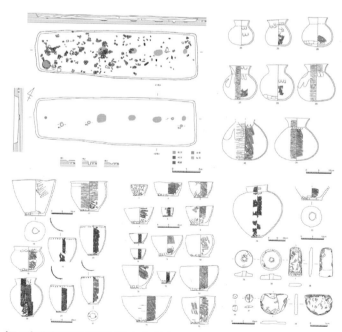

[도 11] 대평리유적 어은1지구 65호 주거지 및 출토유물

되는 것은 어은취락과 거의 동일하지만, 취락의 규모는 훨씬 소규모로 확인된다. 또한 옥방 8지구에서는 전기의 묘제로 파악되는 주구묘 4기와 석관묘 3기가 주거지의 바로 서쪽에 인접해 있다. 옥방1지구의 북쪽으로는 소규모의 밭 경작지가 확인되는데 보고서에는 개인의 텃밭으로 이해하고 있다.

이상으로 대평리유적의 청동기시대 조·전기 취락의 분포양상을 중심으로 살펴보았다. 대평리유적은 어은취락과 옥방취락으로 구분되며, 어은취락은 안쪽에 형성된 자연제방대를 따라 주거지가 일정한 간격으로 열을 지어 조성되거나, 2~3동 모여 있는 양상을 보여준다. 밭 경작지에서는 전기의 유물도 출토되므로 이 시기부터 경작을 했을 가능성이 있다고 생각된다. 따라서 미저지의 밭 경작지를 생산공간으로 하고 자연제방대를 주거공간으로 하여 생활하였으며, 무덤은 현재 단 2기 확인되었는데, 묘역을 뚜렷이 구분하거나 입지의 차별화는 나타나지 않고, 주거 공간 내에 다소 혼재된 느낌이다. 특히, 어은1지구의 대형주거지(114호)는 후술할 평거 3-1지구의 7호 주거지와 같이 대평리유적에서 압도적으로 규모가 큰 것으로 볼 때, 공동생활공간이거나 다른 주거지들보다 우위에 있었을 가능성도 보여주는 것으로 생각된다. 또한 29동이라는 주거지 수에 비해 무덤은 단 2기가 확인되었고, 무덤에서 이단병식석검과 채문토기 등의 출토로 볼 때, 이 무덤의 피장자의 신분을 대형주거지와 연결시킬 수 있을지도 모르겠다. 물론 청동기시대 전기에 사회적 위계화가 출현했

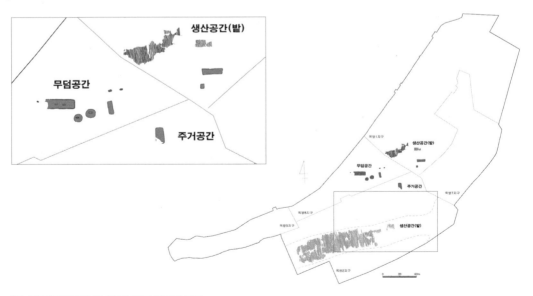

[도 12] 대평리유적 옥방취락-전기 취락의 분포

다고 논하기는 어렵고, 전기의 취락 요소 중에 주거지의 규모나 유일한 무덤의 존재 등에서 당시 공동체를 대표하는 지도자의 성격 정도로 추론해 볼 수 있다.

2. 진주 평거동유적

진주 평거동유적의 조·전기 취락은 지형 및 주거군이 밀집해 있는 양상에 따라 3군으로 구분할 수 있다. 전체적인 지형대가 남쪽 하천과 접해 있는 자연제방대-미저지(밭 경작지)-소하천-미고지-배후저지로 연결되어 있다.

A군 취락은 평거 3-1지구 북쪽 미고지의 주거군으로 중·대형의 장방형주거지가 자연제방 상면의 가장자리를 따라 일정한 간격으로 나란하게 배치되어 있다. 선상구조로 분포하면서 개별주거지 2~3동이 모여서 한 단위의 주거군을 이룬다. 대부분 장축방향은 남북방향이고, 3호와 5호는 동서방향이다. 1·2호, 3~6호, 8~10호, 11·12호가 인접해서 소군을 형성한다. 1·2호, 11·12호는 나란하게 배치되고, 3~6호, 8~10호는 삼각형 모양으로 배치되었으며, 7호 주거지만 중간에 단독으로 위치한다. 7호 주거지는 이 주거군에서 가장 규모가 큰 대형주거지이다. 8~10호는 중소형에 해당하는데 좁은 공간에 3동이 모여 있다. 23호

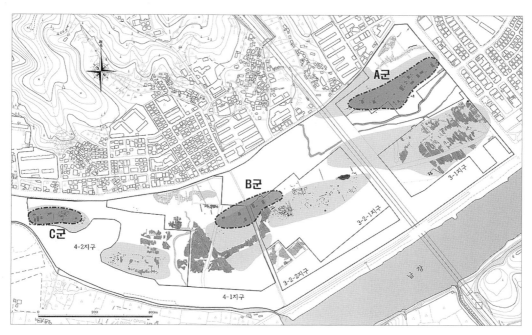

[도 13] 평거동유적 청동기시대 조·전기 취락의 분포

주거지는 7호 주거지의 북동쪽에 인접한 것으로 볼 때, 관련된 유구일 가능성이 있다. 초석열과 주혈열, 단시설, 저장혈 등은 남강유역 청동기시대 조·전기 주거지에서 나타나는 공통적인 구조이다.

주거지와 출토유물의 속성에서 4·6·12호 주거지(석상위석식노지)와 2·3·10호 주거지(위석식노지)는 조기후반에 공존하였으며, 7호와 11호 주거지는 다른 주거지들에 비해서 늦은 전기전반에 속하는 것으로 보이나, 다른 주거지들과 연속선상에 있으므로 따로 구분하지 않고 취락의 전반적인 구조를 파악하였다. 특히, 7호 주거지는 A군 취락에서 가장 규모가 크며 입지상 중앙에 위치하는 점, 1·2차 생활면을 통한 주거지를 개축하여 사용한 흔적, 주거지의 구조면에서도 단시설과 초석열, 벽주혈 등이 매우 정연하게 설치, 원석을 비롯한 다량의 석영제가공구 및 토기와 석기 등 가장 많은 유물이 출토되는 것으로 볼 때, 대평리 어은 1지구 114호 대형주거지와 같은 맥락으로 파악할 수 있을 것이다.

B군 취락은 평거 3-2-1지구 서쪽과 4-1지구 동쪽 미고지의 주거군으로 소형, 중형, 대형의 주거지가 미고지 상면의 북쪽 가장자리를 따라 배치되어 있다. 주거지는 돌대문토기와 이중구연토기가 출토되는 미사리유형에 속하며 시기는 조기후반과 전기전반에 걸쳐 있다. 평거3-2-1지구 1·2호, 평거4-1지구 1·3호 주거지가 30~50m 간격으로 일렬로 배치되어 있고, 평거3-2-1지구 3·4호, 평거4-1지구 4·5호 주거지는 인접해서 소군을 형성하고 있다. 출입구는 평거 3-2-1지구 2호 주거지의 북쪽 모서리부분에 있으며, 나머지 주거지도 노지의 위치를 고려한다면 대부분 북쪽을 향해 있을 가능성이 높아 A군 주거지와는 차이가 있다.

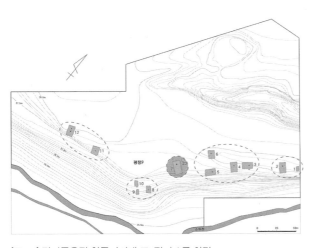

[도 14] 평거동유적 청동기시대 조·전기 A군 취락

평거3-2-1지구 2호 주거지는 B군 취락의 중앙에 위치하며, 길이 15.24m, 너비 8.4m(면적 128㎡)로 취락 내에서 규모가 가장 크다. 노지, 초석열, 벽주혈이 정연하게 배치되어 있고, 초석 높이도 지형에 따라 27.6m 내외로 일정하게 조절하였다(공봉석 2012). 저장혈은 남쪽 양 모서리에 집중되어 있는데, 목재로 방형의 틀을 짠 후 내부에 발형토기

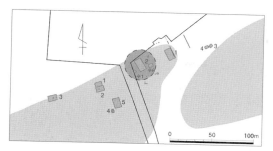

[도 15] 평거동유적 청동기시대 조·전기 B군 취락

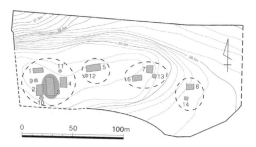

[도 16] 평거동유적 청동기시대 조·전기 C군 취락

1점을 정치해 놓았다. 2호 주거지 주변의 6호 수혈은 형태와 규모면에서 소형주거지 혹은 창고시설로 볼 수 있으며, A군의 7호 주거지와 23호 주거지의 배치관계와 유사하다.

B군 취락은 출토유물상에서 늦은 형식의 각목돌대문토기가 많이 출토되지만 그 외 이중구연토기, 파수부토기, 공열문토기, 구순각목문토기, 석기조합상에서 유사하며, 주거지의 구조적인 측면에서도 A군과 유사하다.

C군 취락은 4-2지구 서쪽 미고지의 주거군으로 소형, 중형, 대형의 주거지가 미고지의 상면을 따라 2~3동 혹은 5~6동이 일정한 간격을 두고 배치되어 있다. 1~4호와 9~11호, 5호와 12호, 6·7호와 13호, 8호와 14호 주거지가 인접해서 대형주거지와 소형주거지가 함께 소군을 형성하고 있다. 9~14호 소형주거지에 대해서, 보고자는 주거지 내부에서 다량의 어망추(9호)와 조(11호)가 탄화된 채로 출토된 것을 통해, 주거지의 용도와는 다른 작업이나 저장의 기능을 하는 특수한 부속건물로 추정하고, 고고지자기연대 측정결과 시기가 유사한 것 등을 통해 장방형주거지와 세트관계를 이루는 것으로 보았다(박용근 2012: 397).

3호 주거지는 C군에서 가장 큰 규모의 주거로 내부에는 3기의 토광형 노지와 초석열, 벽주혈이 정연하게 설치되어 있고, 다수의 유물이 출토되었다. 주변에 1·2·4호 주거지가 둘러싸고 있다. 1·4·5호 주거지는 노지 2기가 설치되어, 주거지 내부 공간이 노지에 의해 2분할이 가능하다. 노지는 주거지의 한쪽에 편중되지 않고 주거지 중앙에 배치되어 있는데, A군·B군 취락의 주거지와 내부 공간구분이 다르다. 또한 출토유물상에서도 전형적인 각목돌대문토기편은 1점도 확인되지 않고 퇴화형인 토기가 대부분이며, 이중구연과 구순각목문이 단독 혹은 조합된 토기가 다수를 차지한다. C군 취락은 대부분 가락동유형에 속하며, 3호 주거지에서 각목돌대문토기와 빠른 형식의 평거동식이중구연토기와 이중구연단사선문토기가 출토되기도 하지만 전기전반이 중심시기이다. C군의 취락은 전기 전반의 늦은 시기에서 후반까지 이어지는 것으로 판단되며, A군·B군 취락 보다 늦은 시기에 형성된 것으로 보인다.

A군 취락의 주거지는 대부분 조기 후반 혹은 전기전반의 이른 시기에 편년되고, B군 취락은 조기후반에 해당되는 주거지도 있으나 대부분 전기전반에 해당되므로 평거동유적의 청동기시대 조·전기 취락은 A군(先)≥B군≥C군(後) 취락 순으로 형성된 것으로 생각된다. 이는 동쪽 미고지에서 점차 서쪽 미고지로 취락의 범위가 확대된 것으로 볼 수 있다.

3. 진주 초장동유적

초장동유적에서는 미고지를 따라 주거지가 남-북방향으로 列狀분포하고 있다. 평면형태는 방형과 장방형으로 내부시설은 석상위석식노지, 위석식노지, 상면식노지, 초석과 주주혈 및 벽주혈, 저장공 등이 확인된다. 유물은 각목돌대문토기와 절상돌대문토기, 유두상파수부토기, 이중구연토기, 구순각목이중구연단사선문토기, 구순각목문토기 등의 토기류와 장방형석도, 합인석부, 편평편인석부, 어망추, 방추차 등이 출토된다.

대평리유적과 같이 각목돌대문토기가 출토되는 조·전기의 대형 장방형주거지는 면적 90㎡ 이상으로 1호, 2호, 7호, 13호, 17호, 21호 주거지가 해당되는데, 2열로 주혈 혹은 초석이 배치되어 있다. 중형의 주거지도 8동(4호, 10호, 15호, 16호, 18호, 23호, 24호, 25호) 정도 확인되었는데, 모두 석상위석식노지가 설치되어 있고 주혈(초석)의 배치가 양쪽 2열 혹은 중앙 1열, 벽주혈 등 다양하게 나타난다. 이외 위석식노지와 상면식노지가 설치된 중소형의 주거지가 13동 정도 확인되며, 평면 방형의 소형주거지는 8동으로 대부분 상면

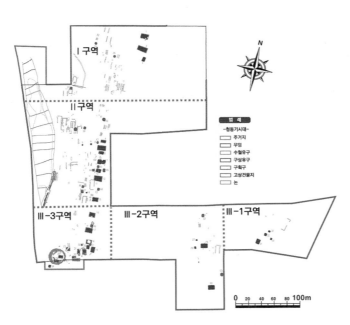

[도 17] 초장동유적 유구배치도(청색-전기주거지, 적색-중기주거지).

식노지가 설치되어 있다.

주거지의 배치상황을 보면, 석상위석식노지가 설치된 소위 미사리식유형의 어은식주거지는 미고지의 가장자리를 따라 일정한 간격으로 열지어 배치되어 있다. 이는 대평리유적과 평거동유적과 같은 배치형태를 보이는데, 조사지역 남서쪽 끝부분의 20호와 21호 주거지는 장축방향을 달리하면서 배치되어 있다. 주거지간의 중복관계는 확인되지 않고, 전기의 18호 주거지와 중기의 51호 주거지가 중복되어 있고, 24호와 25호 주거지 상부에 1호묘가 중복된 양상을 보인다. 상면식노지와 위석식노지가 설치된 가락동유형의 주거지는 단독으로 배치되거나 밀집된 양상을 보인다.

한편 초장동 16호 주거지에서는 옥을 제작했던 것으로 추정되는 옥 원석과 박편, 미완성품이 출토되었고, 30호 주거지에서는 천공구가 출토되었는데, 이는 진주 대평리 어은1지구 유적 전기 주거지-77호 주거지에서도 천하석제 옥 미완성품이 출토되어 청동기시대 전기부터 남강유역에서 옥장신구의 생산을 추론할 수 있는 직접적인 증거가 추가적으로 확인되었다. 청동기시대 조·전기의 초장동유적의 전반적인 취락 구조는 서쪽의 배후저지에 청동기시대 중기의 논 경작층이 확인되는 것으로 볼 때 전기에도 이 공간이 생산공간으로 활용되었을 가능성을 배제할 수 없다.

청동기시대 전기 취락 규모는 취락 전체가 제대로 확인된 예가 거의 없어 정확하게 추론하기는 어렵지만, 일정 범위가 조사된 대평리유적과 평거동유적, 초장동유적에서는 어느 정도 추론이 가능할 것으로 보인다. 주거지의 동시기성을 고려하지 않고 일단 미사리유형 단계의 주거지수를 파악해 보면, 대평리유적 어은취락 14동, 평거동유적 A군 12동, 초장동유적 14동이고, 주거지 평균 면적에 따른 1인당 5㎡ 면적으로 인구수를 추정해 보면, 대평리 어은취락의 경우 취락 내 105명 정도가 거주한 것으로 추론된다. 평거동유적은 90명, 초장동유적도 105명 정도로 당시 한 마을 단위의 인구규모는 100명 내외로 추정된다. 대평리 어은취락은 한 마을 단위로 추정되고, 평거동유적은 3-1지구에서 동쪽 도로변으로 취락이 더 연결될 가능성은 있으나, 지형상으로 볼 때 범위가 많이 확대되지는 않을 것으로 보인다. 초장동유적도 조사지역 북쪽과 남쪽으로 취락이 확대될 가능성은 있지만, 대체로 이와 유사한 규모였을 것으로 추정된다. 이는 가락동유형과 역삼동·흔암리유형 단계에서도 대평리 어은취락과 초장동취락의 규모는 비슷하였을 것으로 보이며, 평거동유적에서도 지형에 따라 크게 3개의 단위 마을로 구분되고, 각 마을에서 8동 내지 14동 정도의 주거지가 분포하는 것으로 볼 때, 마을 규모는 거의 유사하였을 것으로 보인다.

청동기시대 전기 취락에서는 주거지 외에 다른 취락구성요소는 확인이 잘 되지 않고 무덤은 조사예를 찾기가 더욱 어렵다. 남강유역의 전기 취락은 대부분 주거공간으로 구성된 취락이며, 중기 취락의 공간구성으로 미루어 볼 때, 경작지를 이용한 생산공간이 있었을 가능성이 있다. 현재까지 남강유역에서 이 시기의 경작지는 확인이 되지 않았지만, 진주 평거동유적과 초장동유적에서 주거지역 배후의 저지대에서 청동기시대 중기의 논 경작지가 조성되어 있고, 또한 어은 1지구 주거지 내부에서 탄화미와 탄화조가 출토(李相吉·李炅娥 1998)되는 상황으로 볼 때, 취락의 배후습지와 자연제방대 사면부에서 초보적인 농경이 이루어졌을 것으로 생각된다.

IV. 조·전기 문화의 출현배경

한반도 남부지역 무문토기문화의 성립은 각 지역별로 다양한 형태로 나타나며, 성립기부터 지역성을 띠고 있었다. 남한 전체를 일률적으로 다루어 북한의 어느 한 지역의 영향으로 남한에 무문토기문화가 시작되었다는 등으로 단순하게 논할 수는 없으며, 남부지역 전체에서 모든 토기문화가 동시에 성립했다고 볼 수도 없다.

남강유역 청동기시대 조·전기문화와 관련하여 계속해서 활발한 연구가 진행되고 있는 조기 설정과 편년문제, 조·전기문화의 계통 및 등장배경에 대해 살펴보자. III장의 남강유역의 조·전기 취락의 형태를 분석하여 조·전기문화의 출현배경과 관련한 사회규모와 인구추정, 사회상 등의 논의에 기초자료로 활용하려 했으나, 대표유적의 소개와 단순히 취락 내 주거지의 배치와 공간구성 등에 대한 정리만 이루어졌다. 먼저 조기 설정문제는 1990년대 하남 미사리유적과 진주 대평리유적이 발굴조사되면서 각목돌대문토기를 조기로 설정하는 견해가 등장(안재호 2000)한 이래, 현재까지도 끊임없이 논쟁이 되고 있다.

청동기시대 조기의 각목돌대문토기 단독기 설정(안재호 2000; 천선행 2005)에 대해, 김장석은 남한 내 각목돌대문토기와 가락동식토기의 출현, 흔암리식토기의 등장은 하나의 과정으로 설명되어야 하며, 시점상으로 차이를 두기는 어렵고 각 토기형식이 어디에 먼저 정착하였는가에 따라 특정 지점에서의 선후관계는 인정할 수 있으나, 남한 전역을 아우르는 조기로 설정할 수준의 선후관계는 아니라고 비판하였다(김장석 2008).

　이후 각목돌대문토기 외에 가락동식이중구연토기와 구분되는 소위 요동계이중구연토기(혹은 평거동식이중구연토기), 공열토기 등도 청동기시대 이른 시기의 양상으로 이해하는 다양한 연구들이 진행되었다(김현식 2008; 김병섭 2009, 2012; 정대봉 2015). 김병섭은 남강유역의 각목돌대문토기와 상촌리식 이중구연토기의 하한을 조기로 보고 있으며, 단선문계(평거동식이중구연토기)는 조기전반에 출현하여 전기중반경 소멸하는 것으로 보았다. 공열과 구순각목은 조기후반에 출토되고, 돌류문은 별개로 구분하여 조기 말에 출현하는 것으로 보았다(김병섭 2012: 213). 각목돌대문토기와 공반하는 이중구연토기에 대한 연구도 활발하게 진행되어 배진성은 조기에 해당하는 이중구연토기와 전기에 해당하는 이중구연토기를 구분하면서 각목돌대문토기와 이중구연토기가 남한 내 공반하고 있음을 설명하였고(배진성 2009), 청동기시대 이중구연토기와 신석기시대 최말기의 이중구연토기를 연결시키려는 견해(안재호 2006; 정대봉 2013, 2015)도 있다.

　특히, 청동기시대 조기 설정에 반대하는 입장으로서 김장석은 북한지역에서도 압록강, 청천강 일대의 여러 주거유적은 지점에 따라 다양한 요소가 공존하고 있었다는 점을 강조하였는데, 압록강 중상류일대에서는 각목돌대문토기와 공귀리식토기가, 청천강 일대에는 이중구연단사선문토기, 대동강일대에서는 각형토기가 분포하고 있으므로(김장석 2008: 108-113), 각목돌대문토기의 기원지로 지목되는 곳에서는 각목돌대문토기만 보이는 시기가 불확실하므로 단순기를 설정하는 것은 불가능한 것으로 보고, 각목돌대문토기 보다 늦게 간주되던 역삼동식토기의 방사성탄소연대가 각목돌대문토기나 이중구연토기보다 늦지 않다는 점을 근거로 들어 이를 통해 청동기시대 조기를 설정할 수 없다고 주장하고 있다(김장석 2008, 2017). 또한 조기와 전기 사이에 문화적으로 차이가 없어 조기를 설정하는 것은 의미가 없으며(이기성 2012), 남한지역의 각목돌대문토기는 대체로 다른 양식의 토기들과 동일한 주거지에서 공반되고 방사성탄소연대 상으로도 시기차가 보이지 않는다고 주장도 꾸준히 제기되고 있다(황재훈 2014; 황재훈·양혜민 2015).

　천선행(2015)은 돌대문 단독기 설정 비판에 대한 반론으로서, 청천강유역을 중심으로 돌대문과 이중구연이 공반되므로 시간차가 없다는 논의(김장석 2008; 김현식 2008)에 대해, 중국동북지역에서도 돌대문은 마성자문화로 대표되는 요동산지에, 이중구연토기는 요동반도 남단에서 주류를 이루며, 돌대문과 이중구연의 중심분포권이 다르다는 것을 강조하였다. 또한 서북한 지역에 대해서는 배진성(2007)에 의해서도 한번 논의된 바 있으며, 신암리Ⅱ기와 Ⅲ기, 공귀리Ⅰ기와 Ⅱ기, 구룡강Ⅰ기와 Ⅱ1기, 쌍타자3기와 상마석단계, 마성자문화1기와 2기의 토기변화상을 예로 들어 한반도 남부와 북부, 요동반도에 이르기까지 청동기시대 돌대문토기 중심에서 이중구연토기 중심으로 변하는 양상은 동일하다고 설명하였는데, 이는 남강유역의 돌대문토기와 이중구연토기의 편년에서도 유효한 것으로 판단된다.

이전에 남강유역과 러시아 연해주와의 관련성은 진주 대평리유적 옥방5지구에서 수습된 곡옥형청동기에 대한 논의가 있었는데(강인욱 2007), 최근 평거동유적에서 출토된 이중구연토기와 관련하여 연해주의 시니가이문화와의 관련성에 대한 흥미로운 연구가 이루어졌다. 김재윤은 평거동 출토 점토띠가 부착된 이중구연 발, 옹과 점토띠를 접은 이중구연 옹, 소형토기는 연해주 시니가이문화의 동부1유형과 관련이 있고, 홑구연 옹과 장방형 갈판, 무공석도, 곰배괭이 등도 연해주 시니가이문화 서부2유형의 문화요소로 파악하였다. 또한 이전 논의된 대평리 출토 곡옥형청동기도 평거동유적에 안착한 시니가이문화의 물질문화가 남겨진 것으로 이해하였다. 여기에서 확인된 시니가이문화요소는 강원 영서지역의 여러 유적에서 시니가이문화의 서부2유형과 동부1유형의 토기, 서부2유형의 석기 특징이 확인되는 것으로 보아 이 지역을 경유해서 남강유역으로 들어온 것으로 추정하였다. 그는 연해주 일대와의 관련성 뿐만 아니라 평거동유적 3호와 4호 주거지에서 출토된 채색뇌문토기는 신암리 3지점 1문화층 및 석불산유적 등 서북계통의 것으로, 평거동유적에서 서북계, 동북계, 재지계의 요소가 공존하는 것으로 보았다. 다만 동북계통과 서북계통이 동시기에 들어왔는지 시간차를 두고 들어왔는지에 대해서는 명확하지 않고 곡옥형청동기를 통해 서북지방이 반드시 주류라고 말하는 것은 곤란하다고 하였다(김재윤 2018).

이에 대해 천선행은 연해주 일대의 시니가이문화 즉 동북계통의 문화요소가 영서지역 및 남강유역에서 나타날 수 있음을 부정하지는 않지만, 정선 아우라지Ⅱ유적 출토 청동기, 시니가이문화 유입 경로에 대해서는 견해를 달리한다. 연해주-영서-남강유역을 직접적 관계를 설정하기에는 중간경로가 불분명하고, 지형상 내륙의 산지를 뛰어넘어 유입되기는 어려운 상황이라는 것이다. 그는 고일홍(2015)의 압록강 중상류와 두만강유역의 주거지가 초석 기둥 2열 혹은 4열 배치 양상이 공통되고 돌대문토기문화와 가락동유형 주거지와 관련된 것이라는 연구결과에 비추어 압록강 중상류의 지리적 특성상 이 지역에 이미 동북계 요소가 공존한다는 주장이다. 따라서 마성자문화-요동반도 동안-압록강으로 이어지는 인적, 물적 정보의 주된 흐름과 기반 속에서 두만강-연해주지역의 문화요소가 가미된 압록강 중상류 문화가 한반도 무문토기문화 형성에 더 큰 역할을 하였다는 것이다(천선행 2020: 28-30). 이에 대해서는 압록강 중상류에서 동북계 요소, 좀더 구체적으로 예를 들어 연해주 시니가이문화에 대한 구체적인 요소를 확보해야 할 것이고, 또한 김재윤의 주장대로 시니가이문화와 평거동유적과의 관계에 대해서는 물론 제작기법과 공반유물의 검토도 있었지만, 과연 남강유역에 직접 영향을 준 것인지 압록강 중상류지역에서 접촉한 다양한 요소들이 전해진 것인지 등 다각도의 검증이 있어야 할 것이다.

다음은 남강유역 조·전기 문화의 편년에 관한 문제이다. 남강유역 청동기시대의 조·전기는 미사리유형, 가락동유형, 역삼동·흔암리유형이 각각 출현과 소멸시점을 달리하면서 상존하고 있었던 것으로 이해하는 것이 현재 일반적인 견해이다. 조·전기 주거지의 편년에 있어서 정지선(2013)은 돌대문토기와 이중구연토기를 중심으로 하는 남강유역 Ⅰ기(1·2단계)와 이중구연토기와 구순각목문, 공열문토기가 출토되는 남강유역 Ⅱ기(3·4단계)로 구분하였다. 1단계는 돌대문토기가 중심이고, 신석기시대와 관련된 양상이 확인될 것으로 추정하였고, 2단계는 돌대문토기와 이중구연토기를 비롯한 다양한 문화가 남강유역에 유입되면서 정착한 시기이다. 3단계는 가락동식토기가 출토되는데 주거지 수가 적고, 돌대문토기가 소멸된다는 점에서 1·2단계와 구분하였다. 4단계는 흔암리식토기가 다수 확인되는데 이중구연이 흔적으로만 남아 공열문만 시문되거나 단사선문만 시문되고, 주거지 소형화와 공열문, 구순각목문, 구순+공열토기가 증가한다고 하였다.

주거지와 토기의 분류 및 시간순서 등 전체적인 흐름은 필자의 의견과 유사하며, 다만 4단계의 흔암리식토기의 시작을 전기 전반으로 보아야 하지 않을까 생각된다. 이는 옥방5지구와 어은1지구, 산청 사월리유적에서 확인되는 토광형노지를 갖춘 세장방형주거지의 흔암리식토기와 어형·주형석도, 이단경식석촉, 합인석부 등이 전기전반으로 편년된다.

남강유역에서 청동기시대의 시작은 진주 대평리 옥방5지구와 어은1지구에서 시작되었으며, 소수이지만 신석기시대 야외노지도 취락 주변에서 확인되므로 신석기시대 말기 유구와 공존한 것으로 볼 수 있다. 이후 상촌리D유적과 평거동유적, 초장동유적 등에 취락이 형성된 것으로 보인다. 조기후반의 미사리식주거지에서는 각목돌대문토기와 절상돌대문토기, 평거동식이중구연토기, 이중구연거치문토기 등이 공열토기와 공반되는 양상을 보인다. 각목돌대문토기는 적어도 역삼동·흔암리유형이 활발히 전개되는 전기 후반까지 존속한다고 보기는 어렵다고 보는데, 가락동유형과 역삼동·흔암리유형의 주거지에서 각목돌대문토기가 출토되어 전기 후반에 편년되는 것은 가능할지도 모르겠지만, 미사리유형의 주거형태가 전기후반까지 이어지지는 않는 것으로 생각된다.

천선행(2015)은 남강유역의 각목돌대문토기 출토 주거지에 대한 새로운 편년에서 조기는 돌대문과 유상돌기만 출토된 상촌리 D-2호, 어은 118호와 이중구연토기가 추가되는 평거3-1지구 11·12호, 평거3-1지구 2·4·6호로 두고, 조기와 전기전반 사이에 구순외단각목문이 추가되는 평거3-1지구 3·7호, 전기전반은 어은·옥방D-9호, 상촌리 2·10호, 옥방 C-3호·D-1호, 평거3-1지구 5호이며, 본촌리 나-3호는 전기후반에 두고 있다. 돌대문토기의 하한에 대해서는 서일본 돌대문토기와의 관련성, 중국동북지역과의 관계를 고려할 때 전기 후반까지 존속한 것으로 이해하고 있는데(천선행 2015: 정대봉 2016), 특히 돌대문토기의 하한에는 상기한 두 연구와 차이가 있다. 이는 서북계의 주류속에서 형성된 남한지역의 각목돌대문토기문화의 하한은 전기 전반에 각목돌대문 요소가 소멸하는 서북한 지역의 압록강중하류역과 청천강유역과 같은 양상으로 파악된다. 남한지역의 각목돌대문토기문화도 전기전반의 이른 시기까지 전개되다가 전기전반의 늦은 시기에는 가락동식, 역삼동식/흔암리식 토기문화가 전국적으로 확산되고 전개되는 과정에 밀려 소멸되었을 가능성이 높다고 생각된다.

남강유역에서 가락동식토기는 가호동유적에서 전기초에 등장하는 것으로 보이는데 상촌리식이중구연과 이중구연거치문와 구순외단각목문토기, 각목돌대문 2형과 공반된다. 전기전반에 평거 4-2지구유적에서는 대부분 둔산식주거지에 가락동식토기가 출토되고 초전동유적에서도 확인된다. 이처럼 가락동유형의 취락에서는 중기로 이어지면서 최후에 구순각목문이 잔존하는데, 흔암리유형의 취락이 중기로 이어지면서 공열문이 가장 마지막까지 잔존하는 양상과 차이를 보인다. 조기후반부터 각 유형에서 1~2점씩 공반예가 확인되는 공열토기와 공열+구순각목토기(역삼동식토기-돌류문과는 구분)는 비주류속성으로 조기의 남강유역에서는 주체적인 문양요소는 아니었던 것으로 보인다. 흔암리식토기는 전기전반에 출현하고 전기전반~후반에 걸쳐 흔암리식토기보다는 역삼동식토기가 다수 출토되는 경향을 보이면서, 청동기시대 중기 송국리단계에서도 계속해서 역삼동식토기가 출토되면서 공열문, 구순각목문이 단독문 형태로 중기후반경까지 잔존한 것으로 볼 수 있다.

여하튼 신석기-청동기시대의 전환은 편년과 계통의 문제는 차지하고 물질문화 및 취락구조의 근본적인 변화라는 의미와 수렵채집사회에서 본격적인 농경사회로의 전환이라는 내용에는 모두 동의하는 것 같다. 하지만 이 전환을 어떻게 설명할 것인가에 대한 논의는 그동안 많이 이루어지지 못하였고(김장석 2017), 주로 계통문제와 관련하여 최근 출현배경으로 주민의 이주에 중점을 두고 있는 듯하다. 이에 대해서는 관련 연구성과를 종합하여 정리하고자 한다.

조기 무문토기의 계통에 대해서는 압록강유역설(안재호 2000; 배진성 2003; 천선행 2005)과 두만강유역설(김재윤 2003; 姜仁旭 2005)로 대별되었으나, 이후에는 서북한과 동북한지역 양지역의 영향을 받은 것으로 이해하고 있다(배진성 2007; 김현식 2008; 고민정 2011; 천선행 2015; 정대봉 2016; 김재윤 2018). 배진성은 조기 무문토기문화는 서북계라는 주류 속에서 동북계와 재지계 요소도 가미되어 새로운 토기문화를 형성한 것으로 파악하였으며, 무문토기문화 출현에는 서북계>동북계≥재지계 순으로 관여했다고 보고 있다. 특히 영동·영남지역의 적색마연대부토기, 심발형토기 등은 두만강요소라 보고 있는데, 여기에 덧붙여 남강유역에서 출토되는 매부리형석기와 장방형석도 등도 동북한지역의 요소로 볼 수 있다. 또한 그는 중앙박물관 소장 두만강유역 무문토기는 '지두상 돌대문토기'로 돌대부착 수법은 서북지역과 관련있는 것으로 파악하였으며, 절상돌대문은 압록강유역, 말기 즐문토기의 다른 계통의 토기는 요동지역의 영향으로서 남한 조기 무문토기 계통은 요동~압록강유역에서 구해진다고 하였다(배진성 2007).

천선행은 각목돌대문토기와 가락동, 역삼동유형과의 관계를 검토하였는데, 가락동유형은 돌대문토기문화와 완전 겹치지 않고 약간 어긋나 있는데, 돌대문토기는 충적지에, 이중구연토기는 금강유역의 구릉지에 정착하는 모습을 보이며, 이것은 가락동유형의 모태가 되는 청천강유역 이중구연토기문화가 돌대문토기와 공존하던 시점이 아니라, 돌대문이 거의 소멸한 단계에 들어왔음을 시사하는 것으로 파악함으로써 가락동유형은 미사리유형보다 늦은 것으로 판단하였다. 또한 역삼동식토기와의 관계는 김장석(2001, 2008)의 자체발생 가능성에 대해 공열토기는 한반도 남부에 집중분포하여 그 기원을 북에서 찾기는 어렵지만, 신석기시대 후기의 서해안지역에서 공열요소가 보이므로 빗살무늬 전통의 공열문과 돌류문의 파급시기와 파급이유에 대한 설명이 필요하다고 하였다. 또한 흔암리식토기의 형성은 청천강유역의 직접적 이주가 아닌 남한화한 가락동유형과의 접촉에 의한 결과물로 파악하였다(천선행 2015: 19).

청동기시대 조·전기 문화의 출현배경에 대한 연구는 김장석에 의해 신석기-청동기시대 전환은 수렵채집경제에서 농경사회로의 전환으로서 왜 다른 시대의 시기변화에 비해 단절적인가와 이주농경민의 등장이 어떤 새로운 조건을 발생시켰고 재지수렵민이 어떻게 대응하였는지에 대한 논의가 있었다. 그는 한국의 신석기-청동기시대의 전환과정을 단순히 신기술의 확산, 즉 농업기술의 확산으로 볼 수 없고 대안으로서 토지이용방식의 확산으로 설명하였지만(김장석 2002), 이후 조·전기 문화의 출현배경에 대해 거의 논의되지 못하였다.

　조·전기 문화의 출현배경에 대한 연구로 먼저, 천선행은 청동기시대 조기에 기후변화, 지역관계, 농경지 확보와 인구불균형 등의 복합적 계기로 농경민이 한반도로 이주하였고, 토착 신석기인들은 농경에 능동적으로 대처하며 수렵채집민에서 농경민으로 전환한 것으로 보았다. 영서지역 유적의 예를 통해 농경민의 정착지는 내륙의 하천변 충적지로 신석기시대 주거 및 야외노지가 확인되는 신석기인들의 자원집중처 또는 가공처에서 농경민과 수렵채민이 조우했음은 확실하고, 돌대문토기 출토 주거지 수가 한정되어 있고 돌대문토기 출토 유적에서 수렵채집민이 동시에 거주했다는 증거가 확인되지 않는 점으로 보아 수렵채집민은 그들의 정체성을 유지하며 돌대문토기 집단과 어느 정도 거리를 두고 관계했을 것으로 추정하였다. 또한 농경사회로 진입하기 위한 기술 습득과 같은 적응 및 시도기간은 약 200년 정도 지속되었을 것으로 판단하였다(천선행 2015).

　정대봉은 이주와 전파에 대한 이론적 개념 이해와 한반도 중남부지역 청동기시대 조기의 물질문화에 적용하는 연역적 방법을 적용하여 청동기시대 조기 이주와 정착에 관한 현상과 의미에 대해 연구하였다. 천선행(2015)의 견해와 같이 이주집단이 농경문화를 발전시키고 보다 나은 정착을 위해 남하한 것으로 보고, 해수면 변화와 식물동정의 분석 결과 등에 따라 4000~3000BP 사이에 기온의 변화가 있었으며, 이러한 환경변화는 농경을 생업으로 하던 중국 동북지역 농경민들에게 북위 40°선을 넘게 한 요인으로 작용하였을 가능성이 크다고 하였다. 또한 이주의 배경으로는 한반도 중남부지역의 돌대문토기문화가 압록강~청천강유역의 서북지역에서 이주하였다는 일반적인 의견을 감안하여-해상루트를 경유하지 않는 한- 공간적으로 한반도 중부지역에 가장 먼저 도달한 것으로 보고, 강원 영서지역의 조기유적이 절대연대치에서 남부지역보다 앞서는 점을 들고 있다(정대봉 2016: 52-54).

　이주와 정착의 증거로는 일종의 접점으로 보이는 신석기적 요소가 반영된 즐문계이중구연토기(정대봉 2013)나 평거동식이중구연토기(정대봉 2015)의 등장시점까지 양 집단은 독립된 생활-독립적 토지점유-을 영위하였을 가능성이 매우 높다고 하면서 이주집단과 선주민과의 역관계(力關係)에 따른 3가지 모델[5]을 통해 추론하였다. 다만 수렵채집민과 이주농경민의 접촉에 대한 고고학적 증거가 현재는 거의 없으므로 자료의 한계상 단정하기는 어렵지만, 선주민의 규모와 세력이 없었거나 미약하였을 것이라는 점[6], 이주 후 일정기간 적응을 거치는 동안 이주 직후 원형(原形)에서 벗어난 토기변형 현상 발생, 주거지의 벽주혈, 위석식노지의 분할 및 복수화를 통해 정주성과 항구성 도모 등을 들어 이주와 정착의 고고학적 증거로 판단하였다(정대봉 2016: 57).

김장석은 최근의 이러한 연구에 대해 조기설정론의 논리가 오히려 신석기시대 수렵채집민을 당시의 상황에서 말소시키고 있으며, 재지수렵민의 반응은 언급되지 않고 단지 농경 이주민이 어디로부터 왔는지에만 초점이 두어져 있음을 비판하였다. 배타적 토지점유[7]가 등장하여 수렵채집민의 이동 비용이 급증하는 상황을 설명하고, 이 이동상의 문제점은 양자의 본격적 접촉이나 동일지점 내 장기간 공존이 없이도 발생할 수 있음을 논하면서, 결국 재지 수렵채집민과 이주농경민과의 상호작용에 의한 모델로 설명될 수 있다고 하였다. 그리고 여전히 외부로부터 농경이 들어오고 이에 따라 이동에 기반하였던 신석기시대 수렵 채집이 급속히 버려지는 과정에 대한 설명만이 전환의 급격성과 단절성을 설명하는 데 유효하다고 하였다(김장석 2018: 21-28). 결국 청동기시대 이른 시기에 수렵채집을 포기하고 농경민화한 재지민과 외부로부터 유입된 농경민의 결합으로 구성되었으며, 이주민 역시 중국동북지방 각지는 물론 북한 등 다양한 곳으로부터 유입되었을 것임은 이미 여러 연구자들에 의해 개진되어 왔다고 하였다(김장석 2018: 30).

청동기시대 조·전기문화 성립기, 즉 전환기는 기후변동과 이로 인한 생업 환경변화에 따른 이주집단이 농경문화를 발전시키고 보다 나은 정착을 위해 남하한 것으로 보는 것이 일반적인 견해이다. 수렵채집민과 이주농경민의 접촉에 대한 고고학적 증거는 매우 단편적

---

5) 첫째, 이주 당시 한반도 내에 신석기문화가 완전 소멸한 경우. 둘째, 이주 당시 선주민 세력이 극히 미약하여 어떠한 사회경제적, 공간적 갈등도 유발하지 않는 경우. 셋째, 이주민의 집단과 선주민의 집단이 비슷한 세력과 규모를 가지고 있을 경우.

6) 하인수는 청동기시대 이중구연토기와 신석기시대 최말기의 이중구연토기를 연결시킬 수 없다는 입장으로서 다른 맥락일 수 있지만, 당시 한반도에 선주민이 존재하지 않았을 가능성에 대해 언급하였다(하인수 2016).

7) 배타적 토지점유란 (수렵채집민이 아니라) 농경민의 토지이용방식으로서, 농경민이 한 곳에 작물을 심고 경작할 때 그 수확물의 소유권을 확보하기 위해서는 최소한 그 수확시점까지는 다른 사람들의 접근을 막을 수 밖에 없다는 것을 의미하고, 이는 농경민이 어떤 곳을 점유하는 순간 수렵채집민이 광범위한 이동성이 제한을 받거나 이동비용 자체가 상승한다는 의미라고 하였다(김장석 2018: 25).

으로 확인되므로 어떤 과정을 거쳤는지 구체적으로 설명할 수는 없지만 수렵채집 재지민과 외부로부터 유입된 농경민의 결합으로 구성되었음에도 연구자들 간의 이견은 없으며, 이주한 농경민은 중국동북지방을 포함한 한반도 북부지역 등 다양한 곳에서 유입되었을 가능성이 논의되고 있다.

V. 맺음말

　본고는 남강유역 청동기시대 조·전기 주거지 특징과 출토유물을 바탕으로 취락의 구조와 특징에 대해서 살펴보고자 하였다. 과거의 분석에 대한 많은 오류를 발견하였고 최신 연구성과를 반영하여 상당부분 수정이 이루어져야 했지만 제대로 분석을 마무리하지 못하였다. 최근 한반도 무문토기문화의 성립에 대한 연구 경향은 중국동북지역을 포함한 서북한지역, 두만강-연해주를 포함한 동북한지역까지 지역 관계망 형성과 변화 연구(천선행 2020) 등 그 범위를 넓혀가고 있어 훨씬 더 광역적인 범주의 연구가 필요하게 되었다. 남한 내에서도 각 지역마다 다양한 형태로 물질문화가 확인되고 있어 이에 대한 병행관계를 파악하기 위해서는 한반도 전체의 보편성 속에서 지역마다의 특성을 추출해 낼 수 있어야 비교연구가 가능할 것이다. 본고에서 몇가지 대표 연구성과를 정리하는 수준에 그친 조·전기문화의 출현배경에 대한 물질자료의 분석과 검토는 앞으로의 과제로 삼고자 한다.

참고문헌

강병학, 2012, 「서울·경기지역의 조기~전기 편년」, 『청동기시대 광역편년을 위한 조기~전기문화 편년』, 제6회 한국청동기학회 학술대회, 韓國靑銅器學會.

姜仁旭, 2005, 「한반도 동북한지역 청동기문화의 지역성과 편년-토기의 변천을 중심으로」, 『江原地域의 靑銅器 文化』, 2005년 추계 학술대회, 江原考古學會.

_____, 2007, 「두만강 유역 청동기시대 문화의 변천과정에 대하여」, 『韓國考古學報』62, 韓國考古學會.

高旼廷, 2011, 「남강유역 각목돌대문토기문화의 지역성 연구」, 『동북아역사논총』32, 동북아역사재단.

_____, 2016, 「남강유역 공열토기의 전개 및 여타토기와의 관계」, 『역삼동유형의 시공간적 위치 및 문화적 의 의』, 제13회 매산기념강좌·제10회 한국청동기학회 학술대회.

_____, 2020, 「南江流域 靑銅器時代 聚落과 生業」, 嶺南大學校大學院 博士學位論文.

고일홍, 2015, 「청동기시대 북한지역의 초석 주거지에 대한 검토」, 『湖南考古學報』49, 湖南考古學會.

공민규, 2013, 「靑銅器時代 前期 錦江流域 聚落 硏究」, 숭실대학교대학원 박사학위논문.

공봉석, 2012, 「Ⅵ. 종합고찰」, 『진주 평거동유적Ⅳ-종합고찰·부록』, 慶南文化財硏究院.

金炳燮, 2009, 「남한지역 조·전기 무문토기 편년 및 북한지역과의 병행관계」, 『韓國靑銅器學報』4, 韓國靑銅器學會.

_____, 2012, 「남강유역 조기~전기의 편년」, 『청동기시대 광역편년을 위한 조기~전기문화 편년』, 제6회 한국청 동기학회 학술대회, 韓國靑銅器學會.

金壯錫, 2001, 「흔암리유형 재고: 기원과 연대」, 『嶺南考古學』28, 嶺南考古學會.

_____, 2002, 「남한지역 후기신석기시대-전기청동기시대 전환: 자료의 재검토를 통한 가설의 제시」, 『韓國考 古學報』48, 韓國考古學會.

_____, 2008, 「무문토기시대 조기설정론 재고」, 『韓國考古學報』69, 韓國考古學會.

_____, 2017, 「선사고고학 연구의 동향과 쟁점」, 『학문연구의 동향과 쟁점』6, 대한민국학술원.

_____, 2018, 「한국 신석기-청동기시대 전환과 조기청동기시대에 대하여」, 『韓國考古學報』109, 韓國考古學會.

金材胤, 2003, 「韓半島 刻目突帶文土器의 編年과 系譜」, 釜山大學校大學院 碩士學位論文.

_____, 2018, 「청동기시대 조기 경남 평거동유적과 연해주 시니가이문화의 관련성 검토」, 『嶺南考古學』81, 嶺 南考古學會.

김현식, 2008, 「남한 청동기시대 조기-전기 文化史的 意味」, 『考古廣場』2, 釜山考古學硏究會.

_____, 2013, 「남한 청동기시대 서북한양식 주거지에 대한 고찰」, 『嶺南考古學』66, 嶺南考古學會.

박용근, 2012, 「Ⅴ. 考察 1. 晉州 平居4-2地區 靑銅器時代 住居址에 대한 檢討」, 『晉州 平居4地區 Ⅱ區域 遺蹟』, 東西文物硏究院.

裵眞晟, 2003, 「無文土器의 成立과 系統」, 『嶺南考古學』32, 嶺南考古學會.

_____, 2007, 「無文土器의 成立과 階層社會」, 釜山大學校大學院 博士學位論文.

_____, 2009, 「압록강-청천강유역 무문토기편년과 남한」, 『韓國上古史學報』69, 한국상고사학회.

송만영, 2013, 「혼암리식토기 발생의 재검토」, 『韓國上古史學報』79, 한국상고사학회.

宋永鎭, 2016, 「韓半島 靑銅器時代 磨研土器 研究」, 경상대학교대학원 박사학위논문.

송영진·하용인, 2014, 「청동기시대 전기 마성자문화요소의 한반도 유입 일양상-경남 남강~해안지역으로의 직
접 유입에 대하여-」, 『韓國考古學報』92, 韓國考古學會.

安在晧, 2000, 「韓國 農耕社會의 成立」, 『韓國考古學報』43, 韓國考古學會.

_____, 2002, 「赤色磨研土器의 出現과 松菊里式土器」, 『韓國 農耕文化의 形成』, 학연문화사.

_____, 2006, 「靑銅器時代 聚落研究」, 釜山大學校大學院 文學博士學位論文.

_____, 2009, 「남한 청동기시대 연구의 성과와 과제」, 『동북아 청동기문화 조사연구의 성과와 과제』, 학연문화사.

安在晧·千羨幸, 2004, 「前期無文土器の文樣編年と地域相」, 『福岡大學考古學論集-小田富士雄先生退任記念-』.

이기성, 2012, 「문화사적 시기구분으로서의 무문토기시대 조기설정 재검토」, 『韓國上古史學報』76, 한국상고사학회.

李相吉, 1999, 「진주 대평 어은1지구 선사유적」, 『남강선사문화세미나요지』, 동아대학교박물관.

_____, 2002, 「우리는 왜 남강유역의 유적에 주목하는가?」, 『청동기시대의 大坪·大坪人』, 국립진주박물관.

李相吉·李炅娥, 1998, 「大坪 漁隱1地區 遺蹟과 植物遺體」, 『南江댐 水沒地區의 發掘成果』, 제7회 영남고고학대
회 발표요지.

李亨源, 2002, 「韓國 靑銅器時代 前期 中部地域 無文土器 編年 研究」, 忠南大學校大學院 碩士學位論文.

_____, 2007, 「南韓地域 靑銅器時代 前期의 上限과 下限」, 『韓國靑銅器學報』創刊號, 韓國靑銅器學會.

정대봉, 2013, 「東南海岸地域 轉換期 無文土器의 系統과 特性」, 『韓國上古史學報』80, 韓國上古史學會.

_____, 2015, 「靑銅器時代 早期 二重口緣土器의 觀察-진주 평거3-1지구 유적을 중심으로」, 『韓國上古史學報』
89, 한국상고사학회.

_____, 2016, 「청동기시대 조기 移住와 定着의 고고학적 현상과 의미」, 『고고광장』18, 부산고고학회.

_____, 2018, 「영남지역 신석기~청동기시대 전환기에 대한 小考」, 『韓國靑銅器學報』23, 韓國靑銅器學會.

鄭智善, 2010, 「남강유역 돌대문토기의 편년」, 경상대학교대학원 석사학위논문.

_____, 2013, 「청동기시대 남강유역 조·전기 주거지 연구」, 『韓國靑銅器學報』12, 韓國靑銅器學會.

千羨幸, 2005, 「한반도 돌대문토기의 형성과 전개」, 『韓國考古學報』57, 韓國考古學會.

_____, 2015, 「청동기시대 조기설정 재고」, 『湖南考古學報』51, 湖南考古學會.

_____, 2020, 「청동기시대 성립 전후의 지역 관계망 형성과 변화」, 『韓國考古學報』116, 韓國考古學會.

하인수, 2016, 「신석기-청동기 전환과정에 대한 제문제」, 『韓國新石器研究』31, 韓國新石器學會.

황재훈, 2014, 「중서부지역 무문토기시대 전기의 시간성 재고-C14연대 분석을 중심으로-」, 『韓國考古學報』92,
韓國考古學會.

황재훈·양혜민, 2015, 「14C 연대분석을 통래 본 청동기시대 전기편년 시론」, 『湖南考古學報』50, 湖南考古學會.

남강변 周溝墓의 受容과 変遷[1)]
-晋州 大坪 玉房 1地區를 중심으로-

소배경 | 삼강문화재연구원

Ⅰ. 머리말

周溝墓는 방형 또는 원형의 周溝를 만들고 그 안쪽에 매장주체시설을 갖춘 무덤이다. 남강변에서는 진주 대평유적의 조사로 알려지기 시작하였다. 진주 옥방 8지구에서 장방형의 주구와 석관이 결합된 온전한 구조를 갖춘 무덤(국립창원문화재연구소 2003)이 드러나 다른 지역과의 비교연구가 가능하게 되었다.

남강변 周溝墓는 형태적인 측면에서 원형과 장방형계통이 공존하며, 송국리형 주거역이 폐기된 이후 주구묘가 급증하고 있다. 특히 남강변에서는 無文土器時代 前期에 등장한 주구묘가 무문토기시대 중기 이후에 급증한다. 즉, 송국리문화를 거치면서 木棺墓, 石棺墓(板石造), 土石棺墓, 기단 석축을 갖춘 基壇墓, 周溝墓 등 각양각색의 무덤이 등장한다. 이러한 현상은 송국리문화의 묘제가 支石墓라는 등식보다는 다양한 묘제에 대한 인식과 함

---

1) 이 글은 2023년 3월 발간된『晋州 大坪 玉房 1地區 無文時代 集落』보고서에 수록된 고찰을 수정 보완하였다.

께 해석의 다양성이 필요한 시기에 접어들었음을 보여준다.

남강변에 입지하는 무문토기시대 집락에서 '帶狀遺構' 또는 '區劃溝'로 명명된 유구에 대한 보고가 있다(경남문화재연구원 2012; 동서문물연구원 2012, 2017; 한국문물연구원 2012). 이는 '도랑'을 가리키는 것으로 '帶狀'으로 표현한 것은 평면형태가 弧形이나 不定形이 아니라 일직선이거나 일정한 면적을 보이기 때문이다. '一'자형인 帶狀遺構가 'Ⅱ'자형, 'ㄷ'자형, 'ㅁ'자형으로 결합하여 방형 또는 장방형으로 세트를 이루는 유구가 진주 남강변에서 많이 조사되었다. 이러한 유구의 명칭에 대해 帶狀遺構·溝狀遺構·區劃帶狀遺構·區劃溝 등 다양하게 불린다. 필자는 周溝墓가 주거지 폐기 이후에 왕성하게 축조되는 점과 일정한 형태와 규모을 갖춘 점에서 無文土器時代 前期 後半부터 출현하는 것으로 검토하고자 하였다. 따라서 본고는 남강변의 周溝墓 유적을 검토하여 진주 대평 유적에서는 언제부터 周溝墓가 축조되었고 그 변천은 어떻게 일어나는지를 살펴보았다.

Ⅱ. 남강변 周溝墓 유적 검토

1. 진주 대평 유적

옥방2지구 북동쪽 모서리에서 주구묘가 확인되었고, 옥방 4지구의 3호·4호 溝 역시 방형의 주구묘일 가능성이 있다. 그 외 옥방 8지구에서는 원형과 장방형의 주구를 둘러 그 안쪽에 석관묘를 배치한 전형적인 周溝墓가 확인되었다.

보고서에는 옥방 8지구에서 확인된 석관묘는 발굴조사구역의 중앙부 남동쪽에서 모두 21기가 확인되었다(국립창원문화재연구원 2003). 석관묘는 2열 또는 3열로 하천과 직교되는 동서향으로 줄지어 배치되어 있다. 석관묘는 대부분 길이 1.5m 내외의 소형으로 얇은 판석으로 측벽을 세우고 바닥은 판석 1~2매를 깔거나 생토면을 그대로 이용하였다. 또한 석관의 개석 상부에 많은 礫石과 무문토기편 등을 넓게 깔아둔 의례 행위의 흔적과 석관묘 주위에 원형 또는 장방형의 주구를 둘러 무덤을 경계 지운 특이한 석관묘도 확인되었다.

여기서 특이한 석관묘는 3호·5호·7호·9호 석관묘이다. 3호와 5호 석관묘는 장방형의 주구 안쪽에 2기[도 1]가, 7호와 9호는 원형의 주구 안쪽에 각각 1기씩 위치한다.

3호와 5호 墓는 길이 23.2m·너비 7.5m·깊이 0.4m 정도의 장방형 주구 안쪽에 동서방

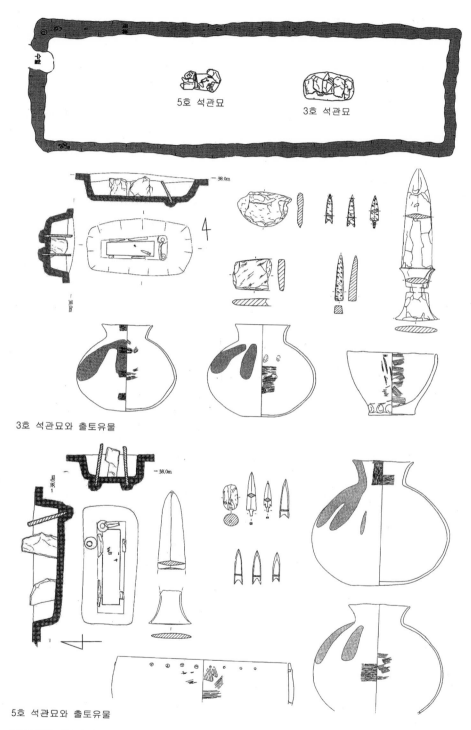

5호 석관묘

3호 석관묘

3호 석관묘와 출토유물

5호 석관묘와 출토유물

[도 1] 진주 대평 옥방 8지구 3호·5호 주구묘(S=1/60, 석관묘 1/40, 출토유물 1/4)

향으로 약 5m 간격을 두고 드러났다.

3호 석관묘는 길이 290㎝·너비 160㎝·깊이 60㎝의 묘광을 파고 판석 4매를 사용하여 석관을 축조하였다. 주축은 동서향이며, 석관의 규모는 길이 175㎝·너비 45㎝·깊이 50㎝이다. 유물은 목관내에서 이단병식 석검·무경식석촉·유경식석촉이, 북동쪽 모서리에서 채문토기 1점이 출토되었다.

5호 석관묘는 길이 220㎝·너비 95㎝·깊이 40㎝ 크기의 묘광을 파고 여러 매의 판석을 사용하여 석관을 축조하였다. 석관의 규모는 길이 165㎝·너비 45㎝·깊이 60㎝이다. 개석은 판석을 여러 매 사용하였다. 유물은 석관의 북동쪽 모서리, 동단벽의 묘광과 석관 사이에서 채문토기 각 1점씩이 출토되었다. 그 외에도 석관 안쪽에서 석촉과 석검의 검신부편 각 1점씩 출토되었다.

7호 석관묘는 직경 6m의 주구를 돌리고 그 안쪽에 석관묘 1기를 축조하였다[도 2]. 주구의 너비는 40~60㎝·깊이 20㎝이다. 평면형태는 원형인데, 서쪽 일부가 파괴되었다. 석관

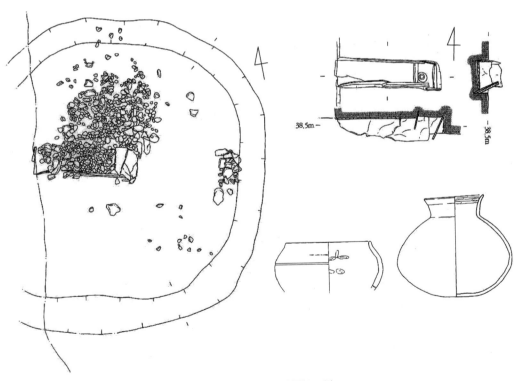

[도 2] 진주 대평 옥방 8지구 7호 주구묘(S=1/40) 및 석관묘 및 출토유물(S=1/4)

은 판석 6매로 구성된 蓋石이 확인되고 묘광의 규모는 길이 103cm·너비 32cm·깊이 25cm이고 석관의 규모는 길이 102cm·너비 30cm·깊이 23cm이다. 바닥에 1매의 판석을 깔았으며 석관의 동쪽에 별도의 부장공간을 만들어 채문토기 1점을 부장하였다.

9호 주구묘는 직경 6.7~7.3m 정도의 원형의 주구를 만들고 그 안쪽에 석관묘 1기를 구축하였다. 주구의 너비는 40~60cm이며, 깊이는 10cm 내외이다. 묘광의 규모는 길이 240cm·너비 85cm·깊이 50cm이고 석관의 규모는 길이 185cm·너비 40cm·깊이 70cm이다. 바닥은 3매의 판석을 중앙부와 양 가장자리만 횡으로 깔았으며 목관이 있었던 것으로 판단된다. 유물은 목관의 충전토 내에서 채문토기 1점과 유구의 노출과정에서 무문토기편과 지석편이 수습되었다.

마지막으로 대평유적에서 주구묘가 가장 많이 확인된 곳은 옥방 1지구이다. 대평리유적 전체에서 주거지가 가장 밀집되어 분포하는 곳이고, 환호가 다중으로 설치되어 있는 곳이다. 옥방 1지구의 周溝墓는 3장에서 별도로 검토하고자 한다.

2. 진주 평거동유적

평거동유적에서는 경남문화재연구원 조사구역에서 周溝墓가 많이 조사되었고, 동서문물연구원에서 조사한 4지구 2역에서도 帶狀遺構가 22기 보고되었다(경남문화재연구원 2012; 동서문물연구원 2012).

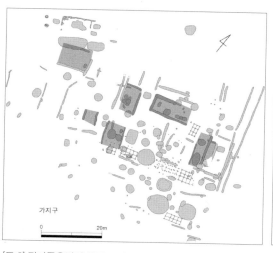

가지구

나지구

[도 3] 평거동유적의 주구묘 배치도

평거동유적은 남강변의 충적지에 위치한다. 조사지역의 북쪽은 구릉지대의 끝자락에 해당된다. 주거지가 하천방향인 동서향으로 분포하고 주구묘는 하천방향과 나란하거나 직교되는 방향으로 확인된다. 주구묘의 周溝만 잔존하고 있다. 보고서에는 帶狀遺構로 보고되었다. 이 대상유구 중에서 일정한 형태와 면적을 갖춘 것을 周溝墓로 파악하였는데, 가지구에서는 적어도 9기가, 나지구에서는 6기가 관찰된다[도 3].

3. 진주 가호동유적

지석묘는 단독으로 구축된 1호 묘와 연접되어 있는 2호와 3호 묘 사이에 열상으로 배치되어 있다(동서문물연구원 2011). 3호 묘의 북쪽에는 4호 묘가 2·3호 묘와 남북방향을 축으로 직선상으로 배치되어 있다. 2~4호 묘는 지석묘중에서 가장 먼저 축조된 것으로 집락내 무덤공간과 주거공간의 경계에 위치한다. 후축된 지석묘는 2·3·4호 묘의 서쪽에 기단묘에 연접 및 중복되어 있다. 본고에서는 주구를 갖춘 2호와 3호 묘을 중심으로 검토하였다.

2호와 3호 묘는 성토 분구된 기단묘의 외연에 주구가 굴착되어 있으며, 3호 묘가 먼저 축조되고, 2호 묘가 후대 축조되었다. 2호 묘의 주구는 3호 묘와 연접된 부분에는 주구를 굴착하지 않아 묘역을 一周하는 3호 묘의 주구와 달리 C자형이다. 3호 묘의 주구에서는 유물이 출토되지 않았지만 2호 묘는 주구에서 적색마연호와 일단경식 석촉 등이 출토되어 송국리문화 단계에 축조된 것으로 보고되었다. 3호 묘도 선후관계에서는 2호 묘보다 선축이지만 2호 묘가 3호 묘를 인지하고 축조한 것으로 보아 동시기로 파악된다.

[도 4] 가호동 2호·3호 묘 전경

4. 진주 초전 환호취락유적

충적지에 형성된 유적으로 자연제방과 배후습지가 만나는 지역에 위치한다. 조사결과 무문토기시대 주거지·수혈·고상건물지·환호·석관묘·함정 등과 함께 帶狀遺構가 조사되었다. 59동의 주거지 중에서 전기주거지가 12동이며 송국리문화 단계 주거지가 47동이다 (한국문물연구원 2012). 조사구역 전체에 주거지와 周溝墓가 분포하는데 입지적인 분포 차이는 확인되지 않는다. 단, 하천방향인 남북향을 따라 나란하게 周溝墓 축조가 이루어진 것으로 판단된다. 이점은 후술한 초장동유적과 동일한 양상이다.

보고자는 帶狀遺構 80기 중에서 일정한 구획을 이루는 세트가 8기라고 하였다. 보고자도 일정한 형태와 면적을 갖춘 유구의 성격을 '區劃'에 초점을 맞추어 '區劃帶狀遺構'라 명명하였다. 필자가 파악한 帶狀遺構 중에서 형태와 면적을 갖춘 周溝墓는 12기이다[도 5]. 그외 대상유구는 형태와 면적을 추적하기 어렵다. 하지만 송국리문화 단계 주거지를 파괴하고 조성된 점에서 주구묘의 축조시기가 주거지와 같은 시기이거나 다소 늦다.

[도 5] 초전동유적 주구묘 배치도

5. 진주 초장동유적

앞서 살펴본 초전 환호취락유적에서 북쪽으로 약 500m 떨어진 곳에 위치한다. 입지는 충적지로 동일하다. 조사결과, 무문토기시대 주거지, 수혈, 무덤, 논, 고상건물지 등과 함께 帶狀遺構가 확인되었다. 주거지는 53동 중에서 34동이 돌대문토기와 이중구연토기가 출토되는 무문토기시대 조기·전기에 해당되며, 帶狀遺構와 동시기일 것으로 추정되는 송국리문화 단계의 것은 19동이다. 이 19동 중에서 18동이 휴암리식이며 송국리식은 1동뿐이다. 주거지는 하천의 진행방향과 나란한 남북향으로 열을 지어 분포한다. 帶狀遺構도 조사구역 서쪽에 열을 지어 남북향으로 분포한다(동서문물연구원 2017).

보고자에 따르면, 帶狀遺構는 41기이며 그 외에 구획을 이루는 세트 24기이다. 보고서에서 구획을 이루는 것과 개별 帶狀遺構를 구별하였는데, 41기라는 것은 구획을 이루는 帶狀遺構를 제외한 수량이다. 필자는 帶狀遺構 중에서 일정한 형태와 면적을 갖춘 周溝墓는 19기 정도로 파악하였다[도 6].

남강변 다른 유적에 비해 송국리 주거지와 동시성이 관찰된다. 주거지 공간과 周溝墓 공간이 어느 정도 분리되어 있다. 남강변에서 확인된 송국리문화 단계 주구묘 중에서 다소 동시성이 강하게 나타난 周溝墓이다.

18호 무덤의 주구는 C자형 주구 2개가 1/2정도 겹친 형태로 조사되었다. 매장주체부 내부는 목관묘로 추정되기는 하지만 목관흔은 발견되지 않았다. 내부에서 출토된 유물도 없고, 초장동유적의 여타 무덤들과는 분리되어 고상건물지 사이에 독립적으로 위치하므로 시간대를 추정하기 어렵다.

[도 6] 초장동유적의 주구묘 배치도

6. 사천 이금동유적

周溝墓는 2기(A-10호와 47호)가 확인되었다(경남고고학연구소 2003, 도 7).

A-10호 주구묘는 가지구 남쪽 중앙부에서 확인되었다. 평면형태는 장방형이며, 溝를 'ㄷ' 자형으로 돌렸다. 주축은 동서향이며, 구의 규모는 잔존길이 12.5m·너비 6.2m이다. 구의 너비는 100~140㎝·깊이 20~30㎝이다. 주구의 중앙에 석관묘가 위치하는데, 석관묘의 규모는 길이 240㎝·160㎝·깊이 32㎝이다. 유물은 석관 내부에서 적색마연토기 호 2점과 일단경식석촉 1점이 출토되었다.

47호 주구묘는 가지구 북서쪽에서 확인되었다. 주구가 동쪽과 북쪽의 중심으로 일부만 확인되는 것으로 평면 말각장방형 또는 타원형으로 추정된다. 주구묘의 규모는 잔존길이 8m, 잔존너비 3.2m이며, 구의 규모는 너비 90㎝·깊이 20㎝이다. 주구 안쪽에는 길이 270㎝·너비 118㎝·깊이 34㎝ 크기의 묘광을 파고 길이 190㎝·너비 32㎝의 석관을 설치하였으며 내부에서 채문토기 2점과 球玉 1점이 출토되었다.

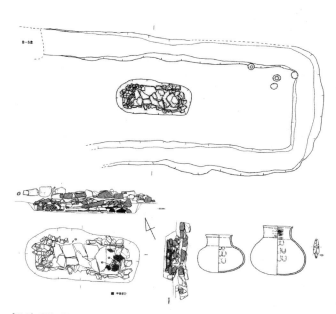

[도 7] 사천 이금동유적 A-10호 주구묘(S=1/60), 석관묘(1/40) 및 출토유물(1/4)

7. 마산 망곡리유적

무문토기시대 석관묘, 주구묘, 주거지, 수혈, 구상유구, 환호 등이 조사되었다. 유물은 채문토기와 적색마연토기, 무문토기 등의 토기류와 석부, 석검, 석촉, 지석, 옥 장신구류 등이 출토되었다(경남발전연구원 역사문화센터 2009).

주구묘는 자연제방대의 微高地를 감싸고 도는 環壕 안쪽에 위치한다. 보고자는 유구의 중복관계로 판단하면 송국리형주거지와 환호, 열상배치의 석관묘 군집보다 먼저 축조된

[도 8] 마산 망곡리유적 1호 주구묘(S=1/80) 및 출토유물(S=1/4)

것으로 판단하였다. 평면형태는 'ㄷ'자형으로 확인되었으나 유구의 서쪽은 삭평이 심해 그 흔적이 사라졌을 가능성이 있으므로 원래는 석관묘 전체를 둘러싼 'ㅁ'자형의 방형 주구묘였을 가능성이 높다[도 8]. 3기의 석관묘가 주구를 파괴하고 조성되었다. 주구의 규모는 길이 17.6m·너비 12.5m·깊이 50㎝ 내외이다. 주구 안쪽에 장방형의 석관을 안치하였는데, 시상석만 잔존한다. 시상석은 여러장의 판석으로 구성되어 있다. 석관의 주축방향은 남북향이다. 묘광의 규모는 310㎝·너비 170㎝·깊이 15㎝이다. 석관 내에서 이단병식석검 1점과 옥 2점이 출토되었다.

8. 마산 진동유적

무문토기시대 무덤은 Ⅰ지구에서 확인되었다. 무덤은 기단을 갖춘 대형 基壇墓와 石棺墓로 구분된다. 상석이 있는 3기의 지석묘를 제외하면 대부분 상석이 결실된 상태이다. 상석이 남아 있는 지석묘의 양상이나 주변에서 확인되는 塊石으로 볼 때, 진동유적의 지석묘는 대부분 상석을 갖춘 지석묘일 가능성은 있으나 일부는 상석 없이 基壇石列과 埋葬主體部만 존재한 것으로 추정된다.

무덤은 원형 혹은 장방형의 대형 기단석단이 연접되어 군집을 이루고 있다. 석관묘는 지석묘와 분리되어 4개의 열상으로 분포하며, 이 무리들 속에서 2~5기씩 소군집을 이루기도 한다(경남발전연구원 역사문화센터 2011).

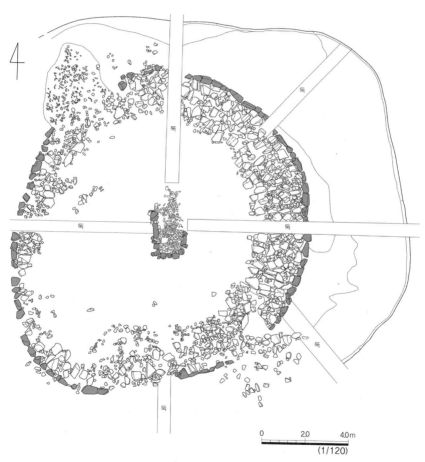

[도 9] 마산 진동유적 A-1호 기단묘 평면도

본고에서는 周溝를 갖춘 A-1호 무덤에 대한 검토를 진행하였다[도 9].

대평 8지구에서는 주구묘에서 나타나는 방형과 원형의 무덤이 공존하는데, 대평 주구묘와의 차이는 주구 안쪽으로 기단석과 敷石 그리고 매장주체시설인 석관묘를 갖춘 구조라는 점이다. 다시 말해 성토후 분구를 굴착하여 매장주체부를 축조하였고 봉토주변에 덧붙인 敷石은 가시적인 효과를 극대화한 장식요소이다. 묘역 주변에 설치한 周溝는 무문토기시대 전기 늦은 시기 주구묘에서부터 확인된다. 남강변에서는 송국리문화 단계 원형 기단묘에서 주구가 확인된 사례로는 앞서 살펴본 진주 가호동유적이 대표적이다.

9. 산청 하촌리 유적

하촌리유적은 무문토기시대·삼국시대·고려시대의 집락이 복합적으로 조성된 대규모 유적이다. 조사구역은 Ⅰ~Ⅲ지구로, Ⅲ지구는 가지점과 나지점으로 구분하였다(경남발전연구원 2011; 경남문화재연구원 2011). 그중에서 주구묘는 Ⅲ-나지점 중앙부 남쪽 가장자리에 1기(경발연 Ⅲ-나-1호 주구묘)가 조사되었다[도 10].

Ⅲ-나-1호 주구묘의 평면형태는 장방형이며, 전체규모는 잔존길이 17.42m·너비 11.35m·깊이 23~48㎝이다. 이 주구 안쪽에 2기의 매장주체부가 확인되나 주축과 나란한 토광묘가 매장주체시설로 보고되었다. 그 외 석관묘는 후대 조성된 무덤으로 파악하였다. 매장주체부는 후대 삭평으로 묘광 어깨선과 시상만 잔존한다. 시상은 바닥에 편평한 천석

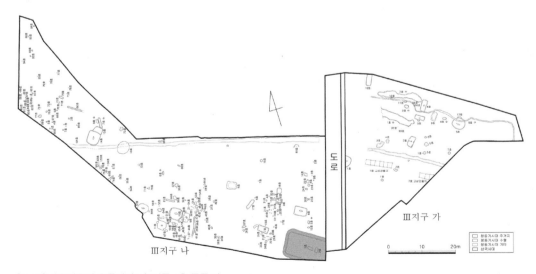

[도 10] 하촌리유적 유구배치도(3지구 1호 주구묘)

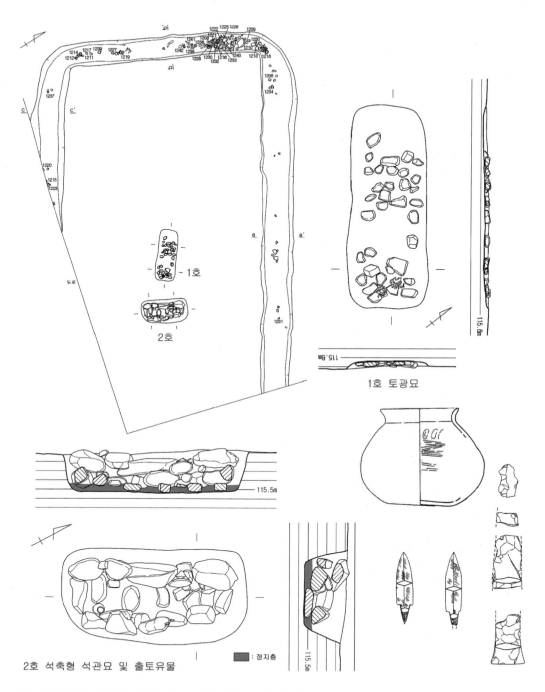

1호 토광묘

2호 석축형 석관묘 및 출토유물

[도 11] 산청 하촌리유적 주구묘(S=1/160), 석관묘(1/40) 및 출토유물(1/4)

을 한 벌 깔았다. 유물은 동단벽에서 완전히 파괴되어 형태를 파악하기 어려운 토기편 2점이 확인되었는데, 채문토기 내지는 적색마연토기편으로 보고되었다. 이외에도 주구 내부에서는 돌류문토기편 3점, 구순각목문토기 1점, 적색마연호 1점, 천발 12점, 심발 4점, 구연부편 1점과 석검편 1점이 드러났다. 주구 대부분에서 토기편이 무질서하게 파쇄된 채 출토된 점으로 보아 지속적인 의례행위가 이루어진 것으로 추정된다.

2호 석관묘는 1호 주구묘를 파괴하고 조성되었다. 동장벽 일부가 무너져 내렸으며, 벽석의 축조가 정연하지 않다. 벽석은 천석으로 엉성하게 쌓았는데, 바닥에 두께 7㎝ 정도 흙을 채워 정지하였다. 이 정지층 위에 5매의 천석을 놓아 시상대를 마련하였다. 유물은 남동쪽 모서리에서 적색마연호 1점·동벽석 사이에서 석촉 2점과 석검편 1점이 출토되었다.

Ⅲ. 옥방 1지구 周溝墓의 특징

1. 1지구 무덤의 배치와 주구묘

대평유적에서 완전한 구조를 갖춘 周溝墓는 옥방 1지구 1기(274호)와 옥방 8지구에서 4기(3호·5호·7호·9호)가 확인되었다. 주구와 매장주체시설을 갖춘 것만으로 주구묘를 입지와 구조를 논하기에는 한계가 있다. 그러다 보니 주구묘보다 溝을 중심에 두고 帶狀遺構(김상현·윤희경·구자경 2012)나 区劃溝(이수홍 2022) 등으로 분석하기도 한다. 그렇지만 옥방 1지구 주구묘는 남강과 나란하게 배치된 형태와 직교되게 배치된 형태가 공존하며, 제3환호 보다 먼저 축조되거나 송국리주거지를 파괴하고 조성되었다. 본 장에서는 1지구 무덤의 배치 속에서 주구묘의 위치를 검토해 보았다. 옥방 1지구에서는 무덤을 5그룹(A~E그룹)으로 구분가능하다[도 12].

A그룹은 5호 基壇墓를 중심으로 석관묘 12기(6호·7호·8호·10호·20호·31호·35호·36호·37호·38호·45호·51호 석관묘)가 群集을 이룬다. 5호 기단묘는 제3환호를 파괴하고 조성되었으며, 석관묘도 말각(장)방형 주거지를 파괴하고 조성되었다. 석관묘의 주축이 하천과 직교되는 동서향으로 동일하다. A그룹 5호 기단묘가 제3환호를 파괴하고 구축된 것으로 보아 송국리단계 後半에 해당한다.

B그룹은 제4환호 육교부를 관통하며, 하천과 직교하는 동서향인 264호 기단묘와 석관묘

20기(170호·175호·177호·264호·258호·533호·463호·465호·492호·490호·493호·489호·446호·529호·326호·327호·442호·441호·539호·663호 석관묘)가 열상배치를 보인다. 석관묘 중에서 264호는 기단석단이 'L'자형으로 남아 있는 점으로 보아 基壇墓로 판단하였다.[2] B그룹은 제4환호 육교부를 관통하고 있어 E그룹 주구묘와 동시에 축조되었을 가능성도 있다. B그룹과 E그룹은 주축이 동서향이라는 점이 같다. 그리고 일정한 점유 공간을 가지고 있다는 점이 두 그룹간에 근친성이 보인다.

C그룹은 제4환호 밖에 위치한다. 주축방향이 하천과 직교되는 동서향으로 A그룹과 B그룹 무덤의 주축과 동일하다. 석관묘 2기(346호·351호)와 목관묘 1기(640호)이다. 석관묘는 割石造로 대평식 석관묘와는 차이를 보인다. 특히, 640호 목관묘는 深壙이며, 목관의 흔적이 뚜렷하게 확인되었다.

D그룹과 E그룹은 周溝墓가 열상배치를 보인다. 무덤의 주축이 하천과 나란한 D그룹과 하천과 직교되는 E그룹으로 대별된다. D그룹은 주구묘 대부분이 제3환호와 제4환호 사이에 분포하는 특징을 보인다. 예외적으로 355호 주구묘만 제4환호 밖에서 확인되었다. 즉, 제3환호와 제4환호 사이에 입지하는 것만으로 보면 제3환호 바깥쪽에 일정한 구역을 선점한 것으로 추정된다. 이런 점에서 D그룹 주구묘는 제3환호와 같은 시기 이거나 다소 늦은 시기로 판단된다. D그룹은 주구묘 7기와 석관묘 2기(279호·407호)로 구성되어 있다.

이에 비해 E그룹은 제4환호 집락이 폐기된 이후 무덤이 들어서고 있다는 인상을 강하게 받는다. 왜냐하면, 제4환호 안쪽 집락 주거지를 파괴하고 주구묘가 조성되고 있기 때문이다. E그룹은 주구묘 7기와 석관묘 1기(583호)로 구성되어 있다. 석관묘는 판석조이며, 주축은 하천과 직교되는 남북향으로 E그룹 주구묘와 동일하다. 따라서, D그룹 주구묘가 제3환호와는 동시에 존재할 수 있어도 제4환호 보다는 이른 것으로 볼 수 있다. 제4환호가 164호 주구묘를 관통하고 있는 점도 근거가 된다.

위와 같은 내용을 정리하면, 대평 옥방 1지구 주구묘와 석관묘는 하천과 나란한 남북향

---

2) 본 보고서는 매장주체시설이 석관이거나 목관일 때 주구를 갖춘 것은 周溝墓, 基壇石壇을 갖춘 것은 基壇墓로 구분하였다. 필자는 無文時代 전기 후반에서 출현한 周溝墓가 敷石을 갖춘 구조로 변화하는 것으로 주구묘로부터 주구를 갖춘 기단묘 속성이 나타나는 점에서 송국리단계 무덤의 최고 頂点에 발달한 무덤의 형태로 보고 싶다. 즉, 주구묘와 주구를 갖춘 기단묘는 시간성을 반영한 결과물이나 현재로서는 자료증가와 지역적 비교연구가 필요하다.

의 무덤이 우선 축조되기 시작하다가 하천과 직교되는 동서방향 무덤이 들어선 것으로 판단된다. 後者는 열상배치(B그룹과 E그룹)와 군집(A그룹)의 형태로 墓域이 조성되었다.

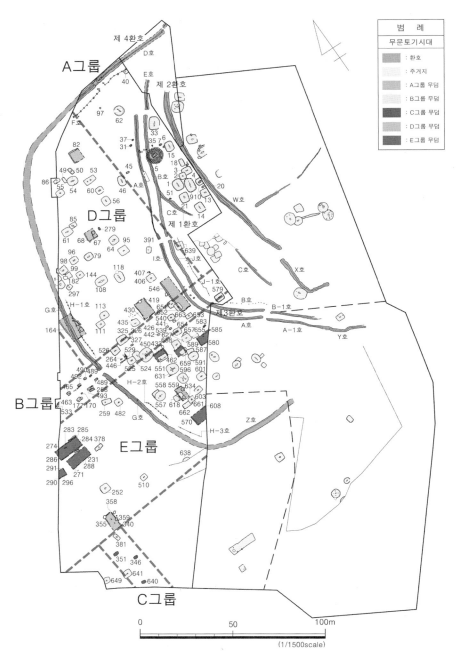

[도 12] 옥방 1지구 주구묘 배치도

2. 중복관계로 본 周溝墓의 시기

여기에서는 주구묘와 중복관계를 이루는 주거지와 환호를 통해 주구묘의 대략적 시기를 찾고자 하였다. 이미 옥방 1·9지구에 대한 송국리단계를 연구한 논고(金賢 2002)가 있으며, 이번 보고서에서는 이를 보완하여 송국리단계를 세부적으로 구분(엄경은 2023)하였다. 따라서, 본 절에서는 周溝墓와 住居址, 周溝墓와 環壕 중복관계를 중심으로 검토하고자 한다.

우리 연구원에서 보고한 옥방 1·9지구 주거지들은 무문토기시대 전기의 欣岩里型住居址와 중기의 松菊里型住居址(長方形住居址와 圓形住居址)로 구분된다. 무문토기시대 중기 주거지는 그 평면형태에 따라 장방형·말각장방형·방형·말각방형·타원형·원형 등으로 세분되지만, 크게는 直立口緣의 壺와 孔列의 鉢, 口脣刻目文土器가 출토되는 休岩里型의 長方形住居址와 外反口緣 壺가 주로 출토되는 松菊里型의 圓形(타원형, 원형)住居址로 나눌 수 있다. 이러한 주거지의 평면형태에 따른 선후관계는 지역에 따라 혹은 연구자마다 조금씩 차이가 있다. 적어도 중부 남해안지역에 있어서는 장방형이 先, 원형이 後인 것으로 파악된다. 대평 옥방유적의 각 주거지들의 층위와 중복 축조된 주거지들의 先後 관계에서도 확인된다.

옥방 1지구 주구묘와 중복관계는 대부분 장방형계 주거지를 파괴하고 조성되거나 제4환호와 중복관계를 보인다. 주구묘와 중복관계를 보이는 유구는 아래 <표 1>과 같다.

<표 1> 주구묘 중복관계 현황표

先 → 後
551호 장방형주거지 → 433호 주구묘
618호 장방형주거지 → 599호 주구묘
634호 장방형주거지 → 599호 주구묘
652호 장방형주거지 → 546호 주구묘
659호 장방형주거지 → 627호 주구묘
제4환호 → 164호 주구묘

옥방 1지구의 원형주거지단계에 포함된 평면형태 장방형계 주거지 출토유물들의 특징은 오히려 원형주거지 단계에 해당된다. 이들 주거지는 주축방향이 남북향이고, 작업공 양쪽에 배치된 목주혈들이 작업공 외부에 위치하고 있는 것이 공통적인 특징이다. 주구묘와

중복된 장방형주거지는 주축방향이 동서향이고, 작업공 양쪽에 배치된 목주혈들이 작업공 내부에 위치하거나 없다. 앞서 살펴본 주구묘 중에서 E그룹 주구묘의 주축이 하천과 직교되는 동서방향이며, D그룹 주구묘의 주축이 하천과 나란한 남북향이다. 이런 점에서 하천과 직교되는 주구묘가 먼저 축조되고 그 다음 E그룹 주구묘가 구축된 것으로 추적해 볼 수 있다. 주구묘와 주구묘가 중복된 것이 없고 주축방향이 다른 점만 관찰되기 때문에 장방형주거지 중복관계로 추적한 것이다.

주구묘가 장방형계 주거지를 파괴하고 조성된 점으로 보아 무문토기시대 중기 前半期에 축조되기 시작하여 전형적인 송국형주거지단계에 왕성하게 축조된 것으로 볼 수 있다. 그러다가 5호 기단묘 중심의 A그룹과 동서방향의 B그룹·C그룹·E그룹의 무덤이 들어서면서 주거역이 무덤역으로 변화한 것으로 볼 수 있다. 즉, 基壇墓와 石棺墓 그리고 周溝墓가 동시다발적으로 축조되고 있어 남강변 이른 시기 周溝墓와는 차이가 있다. 따라서 대평 유적 중에서도 가장 밀집도가 높은 옥방 1지구 住居域과 墓域은 같은 시기에 형성되나 어느 시점에는 주거역이 묘역으로 활용된 것으로 판단된다. 옥방 1지구에서 가장 늦게까지 조성되는 것이 周溝墓이다.

3. 南江邊 周溝墓에 대한 上限과 下限

周溝墓는 일반적으로 충적지의 낮은 구릉상에 입지하고 봉토를 먼저 조성한 후 매장주체시설이 들어서는 구조적 특징 때문에 유구의 상부가 대부분 훼손되거나 유실된다. 따라서 대부분의 주구묘는 매장주체부가 유실되거나 발견되더라도 훼손이 심하여 무덤의 시공간적 변화를 분석하기가 어렵다. 또 주구묘의 주구에서 일부 유물이 발견되지만 이러한 유물은 장송의례에 의해 의도적으로 破砕된 경우가 많고 발견되는 유물의 수가 많지 않은 점도 주구묘의 분석을 더욱 어렵게 하는 요인이다. 이런 이유로 주구묘의 편년에 관한 문제가 항상 제기되고 있다(이건무 2002).

여기에서는 앞서 살펴본 남강변 주구묘의 年代的 범위를 살펴보았다. 선행연구에 따르면 무문토기시대 주구묘의 최초 등장은 한반도 남부지역 전체에서 거의 동시기인 무문토기시대 전기후반이며, 변화 양상에는 지역적으로 약간의 차이가 있지만 이전과는 달리 피장자의 차별성을 강조하는 측면이 두드러지며, 특정지역에서 주거공간과 구분된 묘역을 형성하기 시작한다는 논고가 있다(김권중 2008). 김권중은 천전리유적 주구묘 검토를 통해 기원전 9~8세기 정도에 천전리 주구묘가 등장한 것으로 보고하였다. 강원 영서지역 주구묘의 변화를 살펴보면 규모와 형태에서는 1단계에 소형의 방형에서 3단계에 대형의 세장방형으로 변화하고, 매장주체부의 수는 1기만 설치되던 1단계에서 3단계인 철정리 2호 주구묘와 같이 세장한 단계에 이르면 2기가 확인되고 있다. 주구묘의 분포는 1단계의 산발적이고 개별적인 분포에서 2·3단계에는 특정지역에서 계획적으로 군집화하는 경향을 띠는 점을 착안해 결국 1인 매장의 개인묘에서 혈연을 기반으로 하는 특정집단의 가족묘 또는 집단묘의 변화를 상정하였다.

본고의 2장에서 검토한 영남 남서부지역은 다른 지역과 달리 장방형과 원형이 주구묘가 확인되는데, 출토유물로 볼 때 큰 시기 차이는 보이지 않는다고 생각되기 때문에 서로 공존하고 있었을 것으로 생각된다. 출토유물로 볼 때 채문토기, 적색마연토기, 이단병식석검, 이단경식석촉과 무경식석촉 등 전기단계의 유물 위주이고 석관의 구조는 소위 대평리형석관묘(李柱憲 2000)라고 부르는 것으로, 이 형식의 석관묘는 주로 흔암리형주거지를 조영한 집단에 의해서 축조된 매장시설로 송국리형석관묘보다 다소 앞선 시기에 유행하던 것이다. 옥방 8지구유적 주구묘의 절대연대는 대략 기원전 8~6세기경으로 추정되고 있다. 망곡리유적의 주구묘도 내부에서 출토된 유물과 시상석만 남아 있지만 주변의 송국리형 석관묘와 다소 차이가 있어 이를 감안하면 옥방 8지구의 원형주구묘와 동시기로 판단된다.

원형과 장방형 주구묘의 피장자는 구체적으로 어떤 차이가 있는 것인지 명확하지 않지만 이러한 동시기의 공존 양상은 다음 단계인 사천 이금동유적과 마산 진동리유적에서 확인된 (장)방형과 원형 기단묘의 공존 양상과 동일하다고 판단된다. 진동 A-1호 무덤은 마산 망곡리 주구묘에 비해 형식적으로 늦을 것으로 판단되는데 망곡리유적 주구묘는 송국리형주거지 보다 선행하는 것으로 밝혀져 무문토기시대 전기 후반으로 편년 된다(배진성 2006). 또한 망곡리유적 주구묘에서 출토된 유단병식석검은 진주 이곡리 30호 지석묘, 합천 저포리 E지구 8호 출토품과 함께 무문토기시대 전기로 편년되고 진동 26호 석관묘 출토 석검은 무문토기시대 중기로 편년된다. 특히, 망곡리유적은 환호가 설치되기 이전 단계(1단계)→환호집락 단계(2단계)→환호집락 이후 단계(3단계)로 구분할 수 있는데 환호에서 출토된 토기는 내만구연 심발과 직립구연호, 적색마연토기, 야요이계토기, 구순각목문토기, 이중구연토기 등이 출토되어 무문토기시대 중기 전반에 조성된 것으로 파악되고 있다. 이러한 현상은 진주 대평 8지구와 1지구 유적에서도 보이는 특징이다. 3장의 주구묘 배치관계와 중복관계 보아 제3환호 이전 단계(1단계) 주구묘와 제3환호 이후 단계(2단계)로 구분 가능하다.

필자도 무문토기시대 주구묘의 출현시점은 전기 늦은 시점에 출현한 것으로 볼 수 있다고 생각하나 송국리문화단계의 지석묘로 대체되는 것이 아니라 계승되고 더 유행하여 보령 관창리유적·서천 당정리유적·익산 영등동유적으로 변천한다고 보고 싶다. 영남지역 주구묘로 한정하면, 무문토기시대 전기 늦은 시점이라고 하는 것도 상한을 말하는 것이지 확실하게 전기라고 볼 수 있는 유적이 희미하며, 무문토기시대 중기가 안정적인 中心年代로 보인다. 그런 의미에서 주구묘는 송국리단계에 유행한 묘제로 볼 수 있는데, 그 예가 남강변에서 축조된 大坪 周溝墓이다. 그 후 남강변 대표적인 유적인 평거동 유적·초장동유적·초전동유적 등에서 주구묘가 왕성하게 축조되고 있다.

따라서 무문토기시대 前期 늦은 시점에서부터 시작해서 중기 늦은시기까지 남강변에서 확인되고 있으며, 영남지역 전체로 확대하면 삼한시대 조양동문화 단계까지 이어진다. 경남을 벗어난 다른 지역에서도 대평 주구묘와 시기적으로 비슷하거나 늦게까지 주구묘가 확인된다. 특히, 최근 연구성과로 보면, 관창리 주구묘에 대한 시기를 三韓時代까지 내려 보는 관점도 있다(김기옥 2011).

필자는 三韓時代 주구묘 출처까지도 무문토기시대 전기 늦은 시점에 등장하는 주구묘에서 찾는 시각이 필요(崔鍾圭 2016)하다는 생각에 적극적으로 同調하는 견해다. 더 나아가 주구묘의 하한은 삼한·삼국시대로 이어져 분구묘[3]로 변화 발전 가능성도 열어두고자 한다. 주구묘의 상한은 무문토기시대 전기 늦은 시점에서 출현하여 그 하한이 삼국시대 분구묘로 이어질 가능성까지 열어두고 연구의 시각을 넓힐 필요가 있다.

---

3) 주구묘는 간략하게 정의하자면, 周溝를 판 후 그 안쪽에 매장주체시설을 마련한 무덤이다. 즉, 先封土築造 後埋葬이라는 프로세스로 정리된다. 문제는 현재 한국고고학계에서는 무문토기시대 周溝墓와 원삼국시대 周溝墓 더 나아가 삼국시대 墳丘墓까지 용어와 계통에 대한 혼란을 일으키는 개념으로 인식되고 있다. 특히, 분구묘의 개념이 도입되면서 복잡하게 전개되는 양상이다. 先墳丘築造 後埋葬이란 프로세스를 밝힌 것은 성과이나 이 이유로 이것을 주구묘에서 분리시켜 墳丘墓로 特化시키면서 概念的인 混乱을 惹起시켰다. 분구묘에서 분구가 남아 있는 것은 소수이고 대부분 주구만이 남아 있는 경우가 많아 양자를 峻別하는 기준이 없다. 따라서 본고에서는 무문토기시대 출현하는 주구묘의 속성이 분구묘에서도 관찰되는 점으로 보아 넓은 의미에서 주구묘로 총칭하였다.

Ⅳ. 맺음말

대평 옥방 1지구는 조사구역 중에서도 유구의 밀집도가 가장 높은 곳이다. 남강댐 수몰지구 조사구역 중 핵심구역이며, 다중의 환호집락이 구축되고 있어 집락의 변화상을 잘 보여주고 있다. 그중에서도 무덤의 종류가 목관묘·석관묘(할석조 또는 판석조)·기단묘·주구묘 등으로 다양하게 확인되었다. 다양한 묘제가 출현하는 시기가 송국리문화 단계이며, 거의 동시다발적으로 집락에 스며든다. 옥방 1지구 집락에서는 무덤의 분포가 열상배치와 군집을 이루는 요소가 함께 보인다. 무덤의 열상배치와 군집은 집락의 형성과 동시에 시작되며, 집락이 폐기된 시점의 최종 모습이다. 옥방 1지구에서는 송국리문화 전반기에 다양한 묘제가 출현하며, 가장 유행한 무덤양식은 대평리식석관묘와 주구묘이다.

특히 주구묘는 대평 옥방 8지구 유적에서 등장한 이후 옥방 1지구 집락에서 절정에 이른다. 그 후 남강변 대부분 집락에서 송국리단계에 왕성하게 축조되고 있음을 확인하였다. 아울러 집락에서 일정한 형태와 규모를 갖추고 있는 '一'자형인 帶狀遺構가 '‖'자형, 'ㄷ'자형, 'ㅁ'자형으로 결합하여 방형 또는 장방형으로 세트를 이루는 유구에 대한 해석을 周溝墓로 판단하였다.

後記

나와 우행선생님과의 만남은 특별하다. 2003년 사학과 가을 답사를 우연히 참여하게 되었다. 그 당시 나는 정치외교학과 학생으로 사학과 복수전공 수업을 듣게 되었다. 가을학기 우행선생님의 고대사 전공수업이 필수과목이라 수강중이었다. 사학과 가을답사를 가자고 학회장이 권유하였다. 문제는 당시 나는 정치수배자였다. 총학생회 부회장을 역임했다는 이유로 2년째 정치수배자로 학내에서 숙식을 해결하고 있었다. 혹여 사학과 학생들에게 피해가 있을 것 같아 가을 답사를 포기하고 있었다. 그런데 학회장이 통솔하는 지도교수님께 허락을 받았다는 것이다. 그분이 바로 우행선생님이다. 2003년 가을답사 코스 중에서 밀양 금천리 발굴현장을 가게 되었다. 발굴현장이라는 곳을 처음으로 갔고 재미가 있었다. 그날 저녁 가을답사 답게 새벽까지 술잔이 오갔고 그 자리에서 우행선생님께 감사한 마음을 전했다. 그렇게 시작한 인연은 2004년 『三國史記』 강독회에 참여하게 되었다. 그 후 2004년 마산 여양리 보도연맹 희생자들에 대한 최초의 발굴조사에 자원봉사자로 참여하였다. 그 과정에서 학원 수학강사로 일하고 있는 나에게 고고학을 권유하셨다. 우행선생님과의 인연으로 나는 19년째 고고학 공부를 하고 있다. 우행선생님과의 만남은 내 인생에 있어 큰 전환기가 되었다. 늘 생각난다. 10년이라는 세월이 흘러도 늘 곁에 계신 것 같다. 그곳에서도 발굴 현장을 누비며 다니시리라 믿어 의심치 않는다. 편안하셨으면 좋겠다.

제자 소배경 拜上.

참고문헌

慶南考古學硏究所, 2003, 『泗川 梨琴洞遺蹟』

경남문화재연구원, 2011, 『山淸 下村里 遺蹟Ⅰ』

_____, 2012, 『진주 평거동 유적』

경남발전연구원 역사문화센터, 2009, 『마산 진북 망곡리유적Ⅰ』

_____, 2011, 『馬山 鎭東 遺蹟Ⅱ』

_____, 2011, 『山淸 下村里遺蹟-Ⅲ지구-』

국립창원문화재연구소, 2003, 『진주 대평리 옥방8지구 선사유적』, pp. 208~253

金權中, 2008, 「靑銅器時代 周溝墓의 發生과 變遷」『韓國靑銅器學報』3號, pp. 100~126

김기옥, 2011, 「서해안지역 초현기 분구묘」『慶北大學校 考古人類學科 30周年 紀念 考古學論叢』, pp. 313~334

김상현·윤희경·구자경, 2012, 「2) 대상유구」『晋州 草田 環濠聚落遺蹟』, 한국문물연구원

金賢, 2002, 「大坪 玉房 1·9地區 中期 無文土器」『晋州 大坪 玉房 1·9地區 無文時代 集落(本文·圖面)』, p. 433~438

東西文物研究院, 2011, 『晋州 加虎洞遺蹟(上)』

_____, 2012, 『晋州 平居 4地區 Ⅱ區域 遺蹟』

_____, 2012, 『晋州 平居 4地區 Ⅱ區域 遺蹟』

_____, 2017, 『晋州 草長洞遺蹟』

_____, 2017, 『晋州 草長洞遺蹟』

배진성, 2006, 「석검 출현의 이데올로기」『석헌정징원교수정년퇴임기념논총』

엄경은, 2023, 「진주 대평 옥방 1·9지구의 시기 검토 -주거지 출토 토기를 중심으로-」『晋州 大坪 玉房 1地區 無文時代 集落』

이건무, 2002, 「湖南考古學과 東아시아 周溝墓」『湖南考古學報』16輯, pp. 133~139

이수홍, 2022, 「남강유역 청동기시대 구획구의 구조와 성격」『영남고고학』제93호, pp. 5~27

李杜憲, 2000, 「大坪里型石棺墓考」『慶北大學校 考古人類學科 20周年 紀念論叢』

崔鍾圭, 2016, 「昭明文化」『考古学探究』第19号, pp. 1~28

한국문물연구원, 2012, 『晋州 草田 環濠聚落遺蹟』

진주 대평 송국리집락의 전개
- 옥방1·9지구를 중심으로 -

엄경은 | 삼강문화재연구원

Ⅰ. 머리말

대평유적의 무문토기시대 집락은 만곡하는 남강의 북안에 발달된 곡류하도의 곡류부 내측 외곽의 충적지에 입지하여 모래와 점토로 구성된 사질토층에 형성되어 있다. 경호 강·남강유역에서 확인된 대규모 무문토기시대 유적들이 대개 이러한 곳이 위치하고 있으 며, 남강댐 수몰지구 내에서 확인된 유적들도 대부분 만곡하는 남강의 내측 돌출부나 포인 트바에 입지하고 있다. 현재 대평유적은 수몰되어 있는 상태이다.

대평유적은 무문토기시대 전기와 중기에 걸쳐 형성된 대규모 집락유적이다. 단순한 집 락유적이 아닌 복합적인 집락유적으로서 다양한 형태의 무덤군, 생산유적인 田地와 玉作, 双体環壕와 같은 공공시설물 등이 동시에 조사되었다.

이번 보고서에 수록된 옥방 1·9지구는 남강수계가 곡류하는 東岸에 장기간 퇴적된 충적 지에 입지하고 있는 무문토기시대 중기 집락이다[도 1·2]. 우리 연구원(경남고고학연구소, 현 삼강문화재연구원)에서 조사한 옥방 1지구는 환호와 주거지군이 조성된 집락의 일부분으로 진주박물관(옥방 1지구) 조사구간과 경남문화재연구원(옥방 7지구) 조사구간을 함께 보아야 동일 생활권역의 전체 상황을 파악할 수 있다[도 3].

본고의 검토대상은 우리 연구원에서 조사한 옥방 1·9지구의 송국리문화 단계의 주거지와 출토 토기이다. 무문토기시대 중기에 해당하는 송국리형 주거지와 토기에 대한 특징과 편년은 선행연구 결과와 크게 다르지 않아 기존의 연구 결과에 이어 검토를 진행하고자 한다. 2002년 우리 연구원에서 발간한 보고서 고찰편(우지남 2002: 428-432; 김현 2002: 433-443)에 옥방 1·9지구에 대한 무문토기시대 전기의 주거지와 토기 및 송국리 문화 단계의 주거지와 토기에 대한 검토가 이미 일부분 이루어졌다. 이를 바탕으로 기존에 검토된 대상과 함께 이번 보고서에 보고된 유구들을 중심으로 옥방 1·9지구에 대한 무문토기시대 중기의 송국리 문화 단계 토기와 주거군의 흐름에 대해 검토해 보고자 한다. 중복된 주거지군의 특징과 출토된 유물, 환호와의 관계에 집중하여 시기적 서열 구분의 기준으로 삼았다.

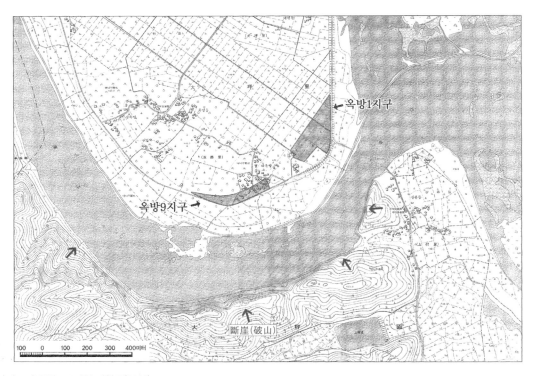

[도 1] 옥방 1·9지구 지형도(1999)

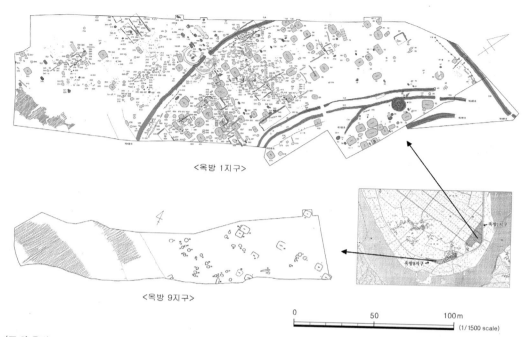

<옥방 1지구>

<옥방 9지구>

[도 2] 옥방 1·9지구 유구배치도(경남고고학연구소(삼강문화재연구원)조사)

0　　　　　50　　　　　100 m

(1/1500 scale)

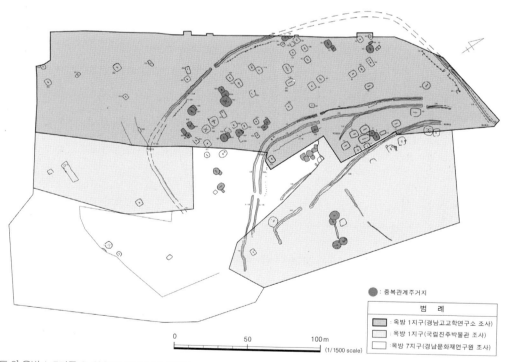

● : 중복관계주거지

범　례		
▨	옥방 1지구(경남고고학연구소 조사)	
□	옥방 1지구(국립진주박물관 조사)	
□	옥방 7지구(경남문화재연구원 조사)	

0　　　　　50　　　　　100 m

(1/1500 scale)

[도 3] 옥방 1·7지구 內 환호 및 주거지군 현황도

Ⅱ. 옥방 1·9지구 주거지와 토기 검토

1. 옥방 1·9지구 유구현황

옥방 1지구는 규모가 다양한 제1환호에서부터 제4환호가 중복되어 조성되어 있으며, 각각의 환호 내·외측에 주거지들이 자리하고 있다. 옥방 1지구는 우리 연구원과 국립진주박물관에서 조사가 진행되었다. 우리 연구원에서 조사한 옥방 1지구의 유구 현황은 환호 4기, 무문토기시 주거지 76동, 고상건물지 7동, 야외노지 73기, 함정 5기, 수혈 301기, 요 17기, 구 62기, 무덤 42기, 집석유구 2기이고, 옥방 9지구에서 조사된 유구는 주거지 10동, 수혈 33기, 구 1기, 밭 등이다.

〈표 1〉 옥방 1·9지구의 주거지 시기별 현황

시기	주거지형태	특징	1지구(호수)	9지구(호수)	유형구분
무문토기시대 早期 晩段	세장방형 주거지	중형 (4동)	53, 259, 551, 662호	-	-
		소형 (12동)	18, 40, 49, 50, 85, 86, 378, 381, 391, 618, 655, 653호		
무문토기시대 中期 早段	(장)방형주거지	남북향 (8동)	2, 14, 15, 21,56, 145, <u>524</u>, 652호		A형
		동서향 (39동)	<u>3</u>, 4, 13, 55, 60, <u>61</u>, <u>64</u>, <u>79</u>, <u>95</u>, 96, <u>98</u>, 111, 113, <u>144</u>, <u>146</u>, <u>252</u>, 297, <u>325</u>, 406, <u>435</u>, <u>482</u>, 510, <u>525</u>, <u>526</u>, 540, <u>558</u>, <u>579</u>, 587, <u>601</u>, <u>603</u>, <u>634</u>, <u>639</u>, 641, 649, <u>651</u>, <u>654</u>, <u>657</u>, <u>658</u>, <u>661</u>호	1, 4, 7, 26, 30, 32, 33, 38, 39, 44	B형
무문토기시대 中期 晩段	(타)원형주거지	2주공 (10동)	1, 9, 33, 46, 54, 62, 108, 118, 557, 591호		C형
		4주공 (3동)	<u>450</u>, 596, 631호		D형
불명	-	(3동)	182, 638, 659호	-	-

〈표 1〉은 2022년도에 보고된 고찰편에 수록된 표를 바탕으로 이번 보고서에 수록된 유구 현황을 분석하여 옥방 1·9지구에서 조사된 주거지 현황을 재정리한 것이다(김현 2002: 436). 옥방 1지구에서 조사된 주거지는 평면형태에 따라 구분된다. 세장방형주거지(중형-4동, 소형-12동) 16동, 말각(장)방형주거지 47동, (타)원형주거지 13동으로 확인된다. 유구의 파괴가 심하여 형태적 특징을 파악하기 어렵거나 내부 무시설인 주거지는 3동이다.

(장)방형주거지는 환호의 내·외측 모두에서 넓은 분포 범위로 확인되고 있으며, (타)원형 주거지는 제3환호와 제4환호의 내측에서 집중적으로 분포하고 있는 것으로 파악된다.

대평유적의 주거지들은 일반적으로 무문토기시대 早期의 혼암리형 주거지와 中期의 송국리형 주거지로 구분된다. 옥방 1지구에서 무문토기시대 早期에 속하는 대표적인 주거지는 진주박물관 조사구간에서 조사된 1호 주거지 1동과 중·소형에 속하는 세장방형주거지이다. 무문토기시대 中期에 속하는 송국리형 주거지는 우리 연구원의 조사 구간인 옥방 1지구에서 조사된 주거지 76동 중에서 약 60동이며, 이는 1지구에서 조성된 주거지의 대다수를 차지한다. 송국리형 주거지는 평면형태가 말각(장)방형과 (타)원형주거지로 양분되며, 이들은 直立口緣壺와 孔列文鉢, 口脣刻目文土器가 출토되는 (장)방형주거지와 外反口緣壺가 출토되는 (타)원형주거지로 구분된다. 일반적으로 (장)방형주거지가 先, (타)원형 주거지가 後 인것으로 파악되고 있다.

2. 옥방 1·7지구의 주거지의 서열관계

옥방 1지구에 조성된 주거지의 대다수가 송국리 단계의 주거지로 확인되어, 무문토기시대 中期 주거지를 주 검토대상으로 삼았다. 주거지는 평면형태가 (장)방형인 주거지(A·B형)와 (타)원형인 주거지(C·D형), 중·소형의 세장방형주거지로 크게 3유형으로 구분되며, 세부적인 속성의 차이로 총 5개의 유형으로 구분된다.

무문토기시대 中期의 주거지는 평면형태가 (장)방형인 주거지(A·B형)와 (타)원형인 주거지(C·D형)로 양분된다. (장)방형주거지는 남-북향(A형), 동-서향(B형)의 장축방향의 차이가 확인되며, (타)원형주거지는 내부에 설치된 수혈과 주혈의 유무나 주혈 개수의 차이가 확인되어 이를 기준으로 세분하였다.

이들 주거지 중에서 중복관계에 있는 주거지의 형태와 출토된 유물을 검토하여 주거지 조성의 시기적 서열을 검토해 보았다. 먼저 3동이 중복되어 있는 524호(A형)·525호(B형)·450호(D형) 주거지를 기준으로 두고 이들 주거지의 속성을 대표 유형으로 삼았다. 557호(C형)주거지는 558호 주거지(B형)를 파괴하고 있으며, 국립진주박물관 조사 13호 주거지(D형)는 14호 주거지(C형)를 파괴하고 조성되었다<표 2>.

<표 2> 옥방1·7·9지구 무문토기시대 中期 주거지 유형

A형 주거지	56호·524호·145호 주거지 등이 해당된다. 평면형태는 말각(장)방형이며, 장축방향은 남-북향이다. 주거지 내부에 타원형 수혈이 설치되어 있으며, 수혈 양 가장자리로 주혈이 1기씩 배치되어 있다. 유물은 孔列文 鉢과 直立口緣 壺片이 출토되었다. B형 주거지에 비해 규모가 작다(도 4). B형 주거지를 파괴한 것과 B형주거지에 의해 파괴된 것 모두 확인된다.
B형 주거지	525호·639호·661호 주거지 등이 해당된다. 평면형태는 말각(장)방형이며, 장축방향은 동-서향이다. 주거지 내부에 타원형 수혈과 수혈 가장자리에 주혈이 1기씩 배치되어 있는 점이 A형 주거지와 동일하다. 유물은 구연부가 살짝 내경하는 無文土器 鉢이 출토되었다(도 5). A형 주거지를 파괴한 것과 A형 주거지에 의해 파괴된 것 모두 확인된다. 세장방형 주거지를 파괴하였으며, C형 주거지에 의해 파괴되었다.
C형 주거지	1호·62호·108호 주거지 등이 해당된다. 평면형태는 원형 내지 타원형이다. 장축방향은 남-북향과 동-서향 모두 확인되나, 동서향이 多數이다. 내부에 타원형 수혈과 수혈 가장자리에 2개의 주혈이 배치되어 있다. 유물은 外反口緣壺片, 내경하는 구연의 鉢, 淺鉢, 赤色磨硏壺 등이 출토되었다(도 6). B형 주거지와 세장방형 주거지를 파괴하였으며, D형 주거지에 의해 파괴되었다.
D형 주거지	450호·596호·631호 주거지 등이 해당된다. 평면형태는 원형 내지 원형에 가까운 말각 방형이다. 주축방향은 남-북향을 이룬다. 내부에는 타원형 수혈이 있는 것과 없는 것 모두 확인되며, 주거지 내부에 2~4기의 주혈이 배치되어 있다. 유물은 外反口緣壺片, 내경하는 구연의 鉢, 淺鉢, 赤色磨硏壺 등이 출토되었다. A·B·C형 주거지에 비해 규모가 크다(도 7). C형주거지와 제2환호를 파괴하였다.

A형 주거지는 2·14·15·21·56·145·524·652호 주거지로 총 8동이다. 이 중에서 4동(56·145·524·652호)은 평면형태가 장방형이며 제4환호의 내측에 위치한다. 나머지 4동(2·14·15·21호)은 평면형태가 방형(2호)인 것과, 장방형(14·15·21호)인 것 모두 확인되며 제3환호의 내측에 위치한다. 56호 주거지는 단독으로 조성되었으며, 그 외의 나머지 주거지는 B형 주거지와 중복되어 조성되어 있다

B형 주거지는 3·4·13·55·60·61·64·79·95·96·98·111·113·144·146·252·297·325·406·435·482·510·525·526·540·558·579·587·601·603·634·639·641·649·651·654·657·658·661호 주거지로 총 39동이다. 조사구역 전 구역에서 가장 많은 수로 넓은 분포 범위로 확인되고 있다.

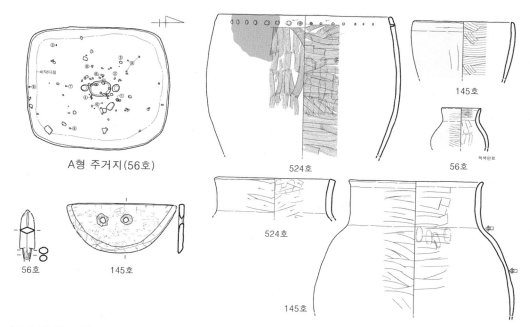

A형 주거지(56호)

56호

145호

524호

524호

145호

56호

145호

[도 4] A형 주거지와 출토토기

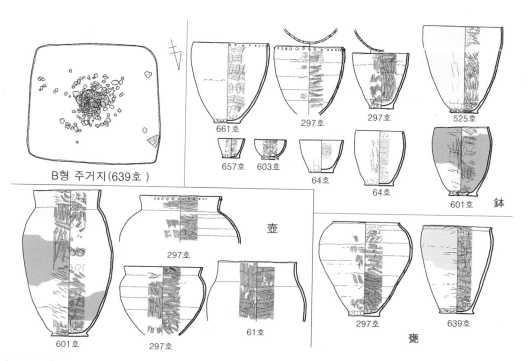

B형 주거지(639호)

661호

297호

297호

525호

657호 603호

64호

64호

601호 鉢

601호

297호

61호

壺

297호

639호

甕

[도 5] B형 주거지와 출토토기

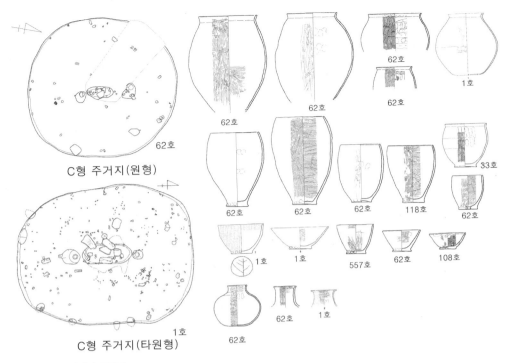

C형 주거지(원형)

62호

C형 주거지(타원형)

1호

[도 6] C형 주거지와 출토토기

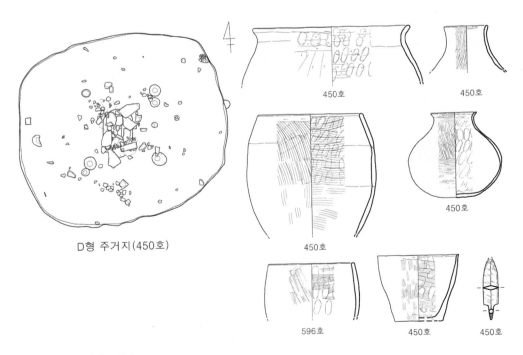

D형 주거지(450호)

[도 7] D형 주거지와 출토토기

B형 주거지는 A·C·세장방형 주거지 모두와 중복관계를 보인다. C형 주거지에 의해 파괴되었으며, 세장방형 주거지를 파괴하고 조성되었다[도 10·11]. 도 8에서 보듯이 B형이 後代인 것과 A형이 後代인 것 모두 확인된다. A형과 B형에서 출토되는 토기는 孔列文 鉢, 直立口緣 壺, 無文土器 鉢 등으로 무문토기시대 中期의 이른시기에 보이는 토기들로 구성된 공통성을 보인다. A형 주거지에서 출토된 토기들은 B형 주거지 출토품에 비해 더 이른시기의 토기 비중이 높은편에 속하는 느낌이 있다. A형과 B형 주거지는 일정 기간 교차되어 존속하는 시기가 있었을 것으로 보이며, 거의 동일 시기에 조성된 주거지로 판단된다.

옥방 1지구에서는 B형 주거지가 가장 많이 확인되고 있다. A형 주거지는 옥방 1지구(경남고고학연구소 조사지구)에서만 확인되고 있으며, 동서향으로 일정한 간격을 두고 열을 지어 분포되어 있는 특징이 있다. A·B형 주거지는 평면형태 방형의 중·소형 규모, 내부에 타원형수혈과 외부에 주혈이 설치된 주거지에 역삼동식 토기가 출토되는 주거지로, 고민정(2004)은 이와같은 주거지의 유형을 대평리 유형으로 설정하였고, 송국리형 유형에 앞서는 유형으로 보고 있다. 본고에서 검토하고 있는 주거지의 중복관계와 출토 토기로 따른 주거지 간의 시기 설정도 이와 부합된다[도 3·5·9].

C형 주거지는 1·9·33·46·54·62·108·118·557·591호 주거지로 총 10동이다. B형 주거지를 C형 주거지가 파괴하고 조성된 예로는 558호-557호 주거지와 587호-591호 주거지가 있으며, 세장방형 주거지를 C형 주거지가 파괴하고 조성된 예는 54호-49호 주거지가 있다. 옥방 7지구(경남문화재연구원)에서는 15동의 주거지가 조사되었는데 (타)원형주거지는 8동으로 확인된다. 이 공간에서 (타)원형주거지가 소형장방형주거지를 파괴하고 조성된 중복양상이 두드러진다.(도 3·11·12)

D형 주거지는 450호·596호·631호 주거지로 총 3동이다. 450호(D형) 타원형주거지는 524호(A형) 주거지를 파괴하고 조성되었다. 596호·631호 주거지는 450호 주거지의 남쪽에서 450호 주거지와 나란하게 열상으로 배치되어 조성되어 있음이 확인되며, 596호 주거지의 평면형태는 거의 원형에 가까워졌다. 또한 D형 주거지는 제2환호 내측에서 4호·8호·12호·13호·15호 주거지(국립진주박물관 조사구간) 5동이 더 확인되었는데, D형 주거지는 C형 주거지와 D형 주거지를 파괴하고 조성되는 양상이어서 가장 후대에 조성된 주거지로 확인된다. 특히, 15호 주거지는 제2환호를 파괴하고 조성되어 있음이 주목된다. 유물은 赤色磨研 壺, 外反口緣 壺, 淺鉢 등이 출토되었다[도 3·7·13].

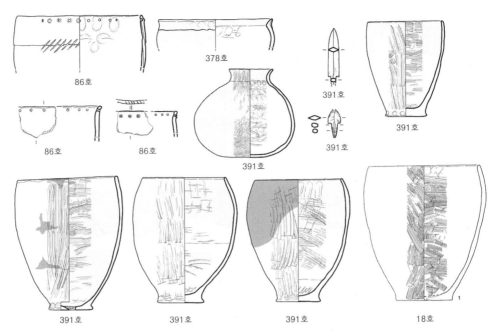

[도 8] 옥방 1지구 소형장방형주거지 출토유물 각종

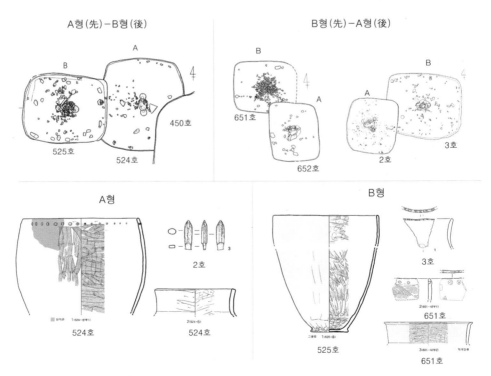

[도 9] A형 주거지와 B형 주거지 중복관계 및 출토유물

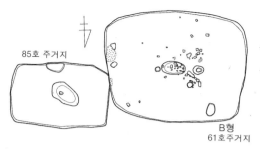

85호 주거지

B형
61호주거지

661호 주거지
B형

662호 주거지

[도 10] B형 주거지와 세장방형주거지 중복관계 양상

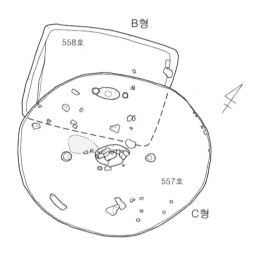

B형
558호

557호

C형

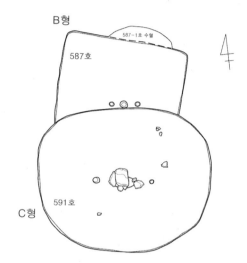

B형
587호

587-1호 수혈

591호

C형

[도 11] C형 주거지와 B형 주거지의 중복관계

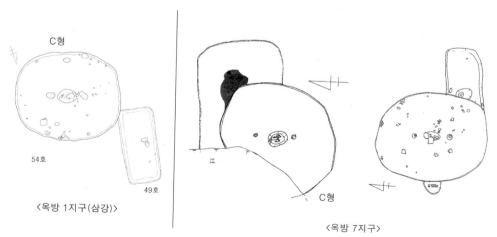

C형

54호

49호

〈옥방 1지구(삼강)〉

C형

〈옥방 7지구〉

[도 12] C형 주거지와 세장방형 주거지 중복관계

[도 14]의 3동이 중복된 524호(先)→525호(後)·450호(後) 주거지의 유구 중복관계로 보면 524호(A형) 주거지를 525호(B형)와 450호(D형) 주거지가 파괴하고 조성된 것을 알 수 있다. 524호(A형) 주거지가 3동의 주거지 중에서 가장 먼저 조성되었으며, 이후 525호(B형)와 450호(D형) 주거지가 조성된 것을 확인할 수 있다.

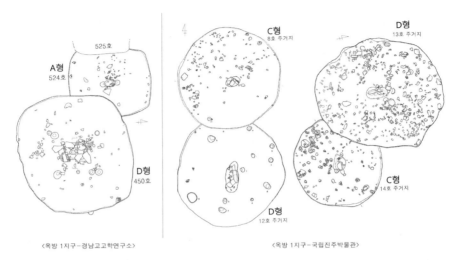

〈옥방 1지구 - 경남고고학연구소〉 〈옥방 1지구 - 국립진주박물관〉

[도 13] D형 주거지의 중복관계 양상

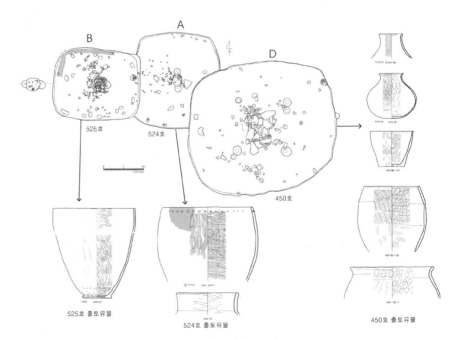

[도 14] 524호(A형)·525호(B형)·450호(D형) 주거지 중복관계 및 출토 토기

주거지의 중복관계를 통한 선후관계는 (先) A·B→C→D형 (後) 순으로 확인된다. 각 유형의 주거지에서 출토된 토기들을 기존에 연구된 토기 편년에 대입하여, 본고에서는 A·B형에 속하는 (장)방형주거지를 무문토기시대 中期 早段으로, C형·D형에 속하는 (타)원형주거지는 무문토기시대 中期 晩段으로 설정하였다.

위의 현황을 종합한 각 유형의 주거지 조성 시기적 서열은 다음과 같다.

(早) -- 세장방형주거지(대→중→소)→(장)방형주거지 →(타)원형주거지 -- (晩)

III. 옥방 1지구의 시기적 서열

1. 옥방 1·7지구 內 주거지와 환호의 시기적 서열

각 환호간의 중복상태를 살펴보면, 제1환호를 제3환호가 파괴하여 조성되어 있으므로 제1환호가 先, 제3환호가 後 임을 알 수 있다. 제1환호는 잔존상태가 불량하고 4개의 환호 중에서 가장 규모가 작다. 제2환호가 제1환호의 설치 공간을 가로질러 진행하고 있는 것으로 확인된다. 이것으로 볼 때 환호 조성의 시기적 서열은 다음과 같이 유추된다.

(先) -- 제1환호 → 제2환호 → 제3환호 → 제4환호 -- (後)

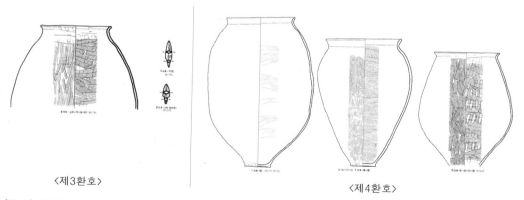

<제3환호> <제4환호>

[도 15] 제3환호·제4환호에서 출토된 壺와 石鏃

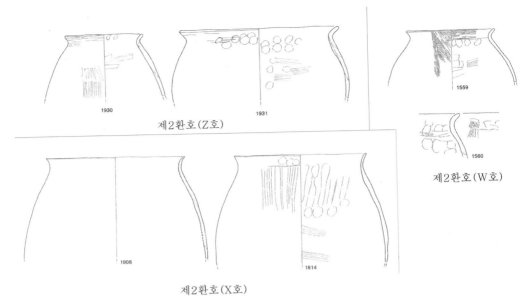

제2환호(Z호)

1930

1931

1559

1560

제2환호(W호)

1908

1814

제2환호(X호)

[도 16] 제2환호 출토 壺(국립진주박물관)

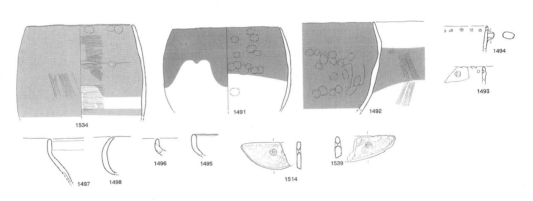

1534

1491

1492

1494

1493

1497

1498

1496

1495

1514

1539

[도 17] 제1환호-V호 출토유물(국립진주박물관)

옥방 1지구에서 확인된 무문토기시대 中期의 주거지는 (장)방형 주거지(A·B형)와 (타)원형주거지로 양분된다. (장)방형 주거지에서는 내경하는 口緣의 鉢, 孔列文土器, 直立口緣 壺 등이 출토되었으며, (타)원형 주거지에서는 外反口緣 壺 등이 출토되었다. (장)방형 주거지가 선행하며, (타)원형주거지가 후행하는 것으로 확인된다.

주거지와 환호와의 중복관계를 살펴보면, 제2환호가 B형 주거지인 4호와 13호 주거지를 파괴하고 조성되었고, 제2환호를 D형 주거지인 15호 주거지(1지구 진주국립박물관)가 파괴하고 조성되었다. 또한, 579호 주거지(B형)와 33호 주거지(B형)가 제3환호의 목주열인 J-1호의 주혈과 동일한 위치상에 조성되어 있는 것이 확인된다. 뚜렷한 선후관계를 나타내는 중복관계가 확인되고 있지는 않지만, A형과 B형 주거지와 제3환호는 공간적 위치상 중복관계에 있는 것으로 볼 수 있게 된다. 제3환호와 제4환호에서는 무문토기시대 전기의 유물과 A·B·C·D형 주거지 단계의 유물이 모두 출토되고 있다. C·D형 주거지 단계의 外反口緣壺와 첨저형의 일단경식 석촉이 출토되고 있는 점으로 볼 때, 제3환호와 제4환호는 A·B형 주거지보다 늦은 시기에 조성된 것으로 보여진다.

옥방 1·7지구에서의 주거지와 환호와의 중복관계를 통한 시기적 서열을 살펴보면 다음과 같다.

① A형과 B형 주거지는 거의 동일시기이다. ② A형 주거지를 D형 주거지가 파괴하였다. ③ B형 주거지를 C형 주거지가 파괴하였다. ④ C형 주거지를 D형 주거지가 파괴하였다. 그러므로 A·B·C·D형 주거지 유형의 시기적 서열 관계는 <u>(先) A↔B형 → C형 → D형 (後)</u> 순으로 나타난다. ⑤ 제1환호와 제2환호는 일중환호이다. ⑥ 제3환호와 제4환호는 목주열이 설치된 이중환호이다. ⑦ 제1환호를 제3환호가 파괴하였다. ⑧ 제2환호가 제1환호를 가로지르고 지나가고 있다. 그러므로 제1환호·제2환호·제3환호·제4환호의 선후관계는 <u>(先) 제1환호 → 제2환호 → 제3환호 → 제4환호 (後)</u> 순으로 나타난다. 또한 주거지와 환호의 중복관계를를 나타내는 것은 ⑨ B형 주거지를 제2환호가 파괴하였고, ⑩ 제2환호를 D형 주거지가 파괴한 것으로 확인된다.

위의 ①~⑩을 종합하여 환호의 조성 순서와 주거지의 시기별 배치상태를 정리하여 보았을 때 종합적인 시기적 서열은 다음과 같다.

<주거역> – (早) – A·B형 주거지 → 환호(C·D형주거지) + 주구묘 축조-- (晩)

2. 옥방 1지구의 송국리단계 집락의 변화

옥방 1지구의 주거지와 환호의 검토 결과, 무문토기시대 中期에 이르면 早期의 세장방형

주거지와는 다른 유형의 주거지군이 들어선다. (장)방형(A·B형)주거지 집락군의 존속 이후 환호를 설치한 (타)원형(C·D형)주거지 집락군으로의 변화가 나타난다. 제3환호와 제4환호는 평면형태가 'ㄷ'자형이고 목주열이 확인되고 있어 구조적 형태가 거의 동일하다. 제1환호와 제2환호에 비해 더 복잡하고 뛰어난 토목 기술의 발전을 보인다. 제2환호가 B형주거지를 파괴하고 설치된 상태이므로 적어도 A·B형 주거지는 환호가 조성되기 이전에 생성된 주거지군로 보이며, 제1환호의 조성공간을 가르지르고 지나고 있는 있는 양상이다.

A·B형 주거지군 이후에 들어선 C·D형 주거지군은 제3환호와 제4환호의 내측으로 조성되어 있는 배치상태를 보인다. 환호 내측에 위치하는 주거지군 중 중복관계에 있는 주거지를 1동으로 보게 되면, 제3환호는 6동의 주거지, 제4환호는 13동의 주거지로 약 20동의 C·D형 주거지가 분포하는 모습이다. 이후, 2호 기단묘와 주구묘들이 주거지를 파괴하고 조성되기 시작함으로 집락과 환호 폐기 이후 옥방 1지구는 점차 묘역으로 변화함을 알수 있다(소배경 2023).

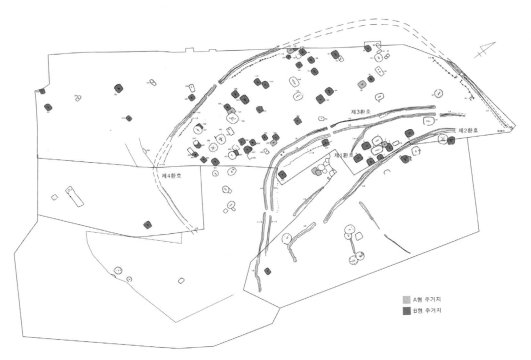

[도 18] 환호 조성 이전 - A형과 B형 주거지 분포양상

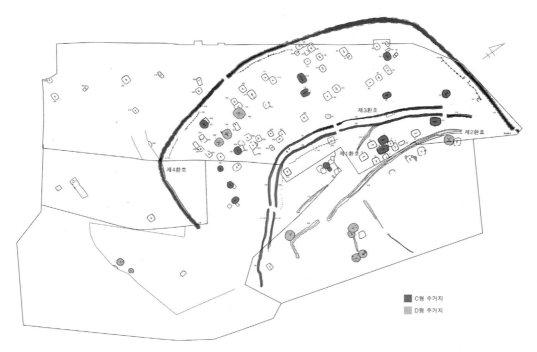

[도 19] 환호 조성 이후 - C형과 D형 주거지 분포양상

Ⅳ. 옥방 9지구 시기검토

옥방 9지구에서 조사된 유구는 무문토기시대 주거지 10동, 수혈 33기, 구 1기, 밭경작지 1개소이다. 주거지 10동 모두 평면형태 장방형이고, 장축방향은 동서향이다. 내부에 타원형 수혈과 주혈이 설치되어 있다. 주거지 출토유물로는 鉢·赤色磨研小壺·주상편인석부·일단경식석촉 등이 출토되었다. 본고의 B형 주거지에 속하며, 무문토기시대 中期의 早段에 해당한다. 주거지들은 동서방향으로 열상배치를 이루며 조성되어 있으며, 동쪽으로는 옥방 8지구(국립창원문화재연구소)와 옥방 2지구(경상대학교박물관)와 접하고 있다. 서쪽으로는 옥방 3지구(경상대학교박물관)를 지나 옥방 6지구(동아대학교박물관)까지 무문토기시대 田作址가 펼쳐져 있다. 田作址 넘어로는 옥방 1지구에서 확인된 쌍체집락이 옥방 4지구(동의대학교박물관)에서도 확인된다.

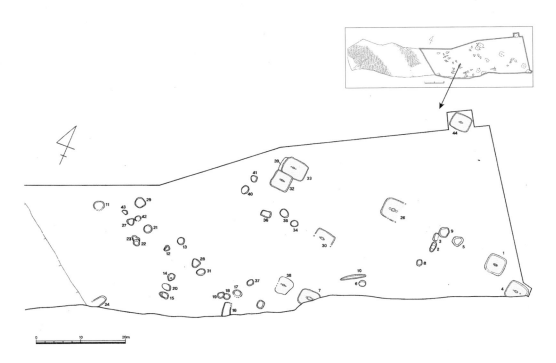

[도 20] 옥방 9지구 B형 주거지 현황

〈표 3〉 옥방 9지구 주거지 속성표

연번	호수	평면형태	장축방향	내부시설	대표출토유물	규모(㎝) 가로×세로×깊이
1	1	말각방형	동-서향	수혈+주공	발, 소형토기	450×400×36
2	4	말각방형	동-서향	수혈+주공	발, 공렬문 구연부편	460×380×56
3	7	말각장방형	동-서향	수혈+주공	발, 적색마연소호	423×397×16
4	26	말각장방형	동-서향	수혈+주공	지석, 미완성석기, 부리형 석기	470×365×39
5	30	말각장방형	동-서향	수혈+주공	지석, 무문토기편, 천하석	430×210×44
6	32	말각장방형	동-서향	수혈+주공	일단경식석촉	410×400×11
7	33	말각장방형	동-서향	수혈+주공	적색마연호	530×425×16
8	38	말각방형	동-서향	수혈+주공	석재박편	380×345×3
9	39	말각장방형	동-서향	수혈+주공	적색마연호	400×330×19
10	44	말각장방형	동-서향	수혈+주공	적색마연호, 발, 구순각목문토기	450×345×27

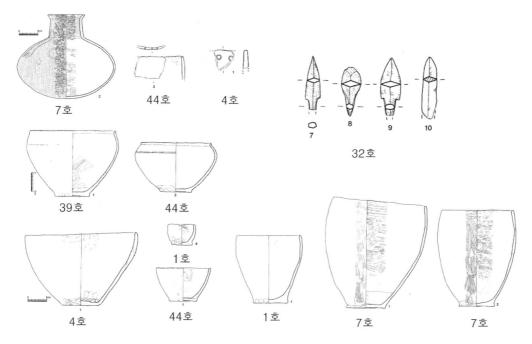

[도 21] 옥방 9지구 B형 주거지 內 출토유물 각종

V. 맺음말

대평유적은 무문토기시대 전기와 중기에 걸쳐 형성된 대규모 집락유적이다. 단순한 집락유적이 아닌 복합적인 집락유적으로서 다양한 형태의 무덤군, 생산유적인 田地와 玉作, 双体環壕와 같은 공공시설물 등이 동시에 조사되었다.

우리연구원에서 조사한 옥방 1지구의 유구 현황은 환호 4기, 주거지 76동, 고상건물지 7동, 야외노지 73기, 함정 5기, 수혈 301기, 요 17기, 구 62기, 무덤 42기, 집석유구 2기이고, 옥방 9지구에서 조사된 유구는 주거지 10동, 수혈 33기, 구 1기, 밭 1개소(4개층) 등이다.

옥방 1지구에서 무문토기시대 早期에 속하는 주거지는 1호 세장방형 주거지(국립진주박물관 조사) 1동과 중·소형에 속하는 세장방형주거지이다. 무문토기시대 中期에 속하는 주거지는 송국리형 주거지로, 우리 연구원의 조사구간 내에서 조사된 주거지 76동 중에서 약 60동으로 확인되었다.

송국리형 주거지는 평면형태가 말각(장)방형과 (타)원형주거지로 양분되며, 이들은 直

立口緣壺와 孔列文鉢, 口脣刻目文土器가 출토되는 (장)방형주거지와 外反口緣壺가 출토되는 (타)원형주거지로 구분된다.

옥방 1지구는 규모가 다양한 제1환호에서부터 제4환호가 중복되어 조성되어 있으며, 각각의 환호 내·외측에 주거지들이 자리하고 있다. (장)방형주거지는 환호의 내·외측 모두에서 넓은 분포 범위로 확인되고 있으며, (타)원형주거지는 제3환호와 제4환호의 내측에서 집중적으로 분포하고 있는 것으로 파악된다.

옥방 1지구는 무문토기시대 早期에서 中期의 집락군이 형성되어 있다. 무문토기시대 中期의 早段에서부터 晚段까지 (장)방형주거지 중심에서 환호를 조성하고 (타)원형주거지로가 설치되는 변화가 나타난다. 환호를 파괴하고 들어선 (타)원형주거지에서 보이 듯 주거역 이후에는 기단묘와 주구묘등이 설치되면서 묘역으로 변화한 것으로 확인된다.

옥방 9지구에서 조사된 주거지 10동 모두가 내부에 타원형 수혈과 주혈이 설치된 (장)방형주거지로 확인된다. 출토유물로는 鉢·赤色磨研小壺·주상편인석부·일단경식석촉 등이다. 옥방1·9지구의 무문토기시대 中期의 早段에서 晚段에 속하며 중심연대는 기원전 6세기~ 5세기이다.

참고문헌

경남문화재연구원, 2001, 『진주옥방 7지구선사유적』

고민정, 2004, 「南江流域 無文土器文化 變遷」, 경북대학교 석사학위논문

국립진주박물관, 2001, 『진주 대평리 옥방1지구 유적』

김현, 2002, 「대평 옥방 1·9지구 중기 무문토기」, 『진주 대평 옥방 1·9지구 무문시대 집락』

소배경, 2023, 「남강변 周溝墓의 受容과 變遷」, 『진주 대평 옥방 1지구 무문토기시대 집락』

우지남, 2002, 「대평 출토 흔암리식토기」, 『진주 대평 옥방 1·9지구 무문시대 집락』

青銅器時代 儀禮遺構 小考
-하동 중평리 유적을 중심으로-

배길희 | 경남연구원 역사문화센터

Ⅰ. 머리말

　청동기시대 의례와 관련해서 1970-80년대에는 신앙적, 제의적, 예술적 측면에서 보는 연구들이 주를 이루었다. 이 시기에 고고학적으로 의례와 관련된 대표적인 유물은 청동의기[巫具]로 기하학적 문양이 새겨져 있거나 독특한 형태의 청동기들은 시베리아지역의 샤머니즘과 관련된 것으로 알려져 있다. 그리고 또 하나는 암각화이다. 암각화에 새겨진 여러 형태의 문양들은 태양이나 별과 같이 우주(천체)를 상징하거나 실생활에서 사용하는 물건과 유사한 형태의 문양을 통해 그 외의 것을 유추해내거나 남성과 여성을 나타내는 상징적인 표현 등으로 각 문양에 상징성이 부여되었다.

　2000년대부터 의례는 청동기시대 사람들의 생활 속에서 단순한 종교행위로만 이해하는 것이 아니라 이전 시기와 달리 농경사회로 변화하면서 인구의 증가, 대규모의 취락 형성, 경작을 통한 식량의 획득과 연결되어 당시의 사회상을 이해하는 요소로 연구가 이루어졌다. 의례가 행해진 장소, 흔적[器物], 행위를 중심으로 의례의 형태를 분류한 연구들이 있는데 취락 내에서 확인되는 생활의례, 하천변에서 행해진 수변의례, 경작지에서 확인되는 농경의례, 취락과 경작지 주변에서 이루어진 생산의례, 묘역 주변에서 이루어진 장송의례, 산악지에서 이루어진 산악의례로 구분된다(이상길 2000; 윤호필 2014). 이처럼 각각의 공간 내에서 확인되는 유구나 유구에서 출토되는 유물이 존재하는 양상 그리고 유물에 나타난 흔적을 통해 일상적인 생활과 관련된 것이면서 종교·신앙적인 의미가 있다고 판단되는 요소들을 통해 의례를 구분한 것은 이상길(2000)에 의해 처음으로 연구가 이루어졌다. 이후 의례행위 또는 의례유구로 구분할 수 있는 판단근거가 마련되었고, 2000년대 이후 발굴조사를 통해 많은 유적들이 조사되면서 유적이나 유구가 확인되는 장소(입지), 유구 조성 현황, 유물의 출토양상이나 유물에서 관찰되는 인위적인 흔적 등을 고려하여 의례유구나 제사유구로 분류되는 것들이 증가하였다.

본고에서는 이러한 근거에 따라 지금까지 확인된 의례유구 가운데 몇몇 사례를 검토하여 하동 중평리 유적에서 확인된 유구의 성격을 규명해보고자 한다.

* 본고는『하동 중평리 유적』「Ⅴ. 고찰」(경남연구원 역사문화센터 2022)을 수정, 편집한 글입니다.

Ⅱ. 의례유구·제사유구 검토

하동 중평리 유적은 구릉 말단부에 위치하고 있으며, 유구는 얕은 수혈과 같은 형태로 확인되었다. 유적 주변으로는 조사가 이루어지지 않아 확인된 청동기시대 유적이나 유구는 없다. 다만 지표조사를 통해 지석묘 상석 2기[1]가 확인된바 있다(경남발전연구원 역사문화센터 2003).

지금까지 발굴조사를 통해 확인된 의례유구 가운데 입지, 유구의 형태가 동일하지는 않으나 유사한 성격을 가지거나 유물의 출토양상 등에서 하동 중평리 유적(경남연구원 2022)에서 확인된 유구와 비교가능하다고 판단되는 산청 묵곡리유적, 창원상남선사유적, 진주 평거 3-1지구 유적, 하동 운암리유적을 비교 검토해보고자 한다.

---

1) 문화유적분포지도에는 1기만 있는 것으로 되어 있으나, 지표조사를 통해 성혈이 새겨져 있는 지석묘 1기가 추가로 확인되었다.

1. 산청 묵곡리유적[도면 1~3, 사진 1]

산청 묵곡리유적(경남대학교박물관 2013)은 경호강의 곡류로 인해 형성된 충적대지의 하안단 구에 위치하고 있으며, 조사지역의 서쪽과 남쪽으로 경호강이 곡류하고 있다. 대전-통영간 고속도로 건설에 따라 조사범위는 폭 30m로 제한되어 조사가 이루어졌다. 조사결과 청동기시대~삼국시대의 유구와 유물이 확인되었는데 청동기시대 유적은 토기구[2]가 확인되는 공간(1-A지구, 의례공간)과 주거지, 고상건물지가 확인되는 공간(1-B지구, 주거·생산공간) 으로 구분된다[도면 1].

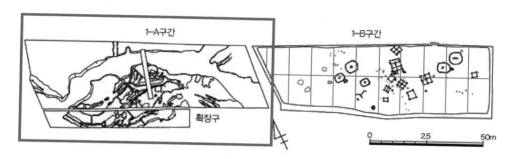

[도면 1] 산청 묵곡리유적 유구배치도(1-A구간: 의례공간, 1-B구간: 주거·생산공간)

토기구[구상유구]는 주거지가 확인되는 1-B지구에서 일정거리 떨어진 곳에 위치하고 있다. 구 내부에서 토기류(무문토기 구연부편, 저부편, 적색마연토기, 천공저부, 가공저부 등), 토제품(부리형토제품, 원판형토제품 등), 소형토기[미니어처], 석기류(무구류, 수렵구, 가공구 등), 옥제품과 옥가공구(천공구, 옥지석) 등이 출토되었다[도면 3]. 유물은 일상생활에서 사용되는 것과 의도적으로 행위가 가해져 원래의 기능이 상실된 것으로 구분되는데 이 유물들은 구 내부의 좁은 구(의도적으로 판 구)나 수혈에 한 개체가 깨진 채로 확인되거나 토기편을 서로 겹쳐서 꽂아 넣거나 석기류는 세워서 꽂혀 있는 상태로 확인되었다<사진 1>.

---

2) 보고자는 구와 구하도 내부에 토기와 석기 등 인공유물이 들어있는 인위적인 구상유구를 편의상 '토기구(土器溝)'로 명명하였다.

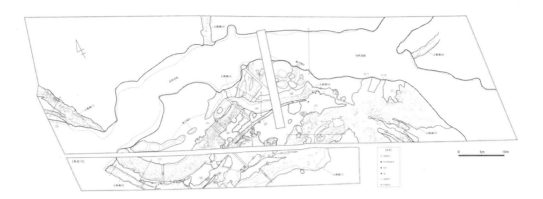

[도면 2] 산청 묵곡리유적 1-A지구 토기구 평면도

[사진 1] 산청 묵곡리유적 1-A지구 토기구 유물출토양상

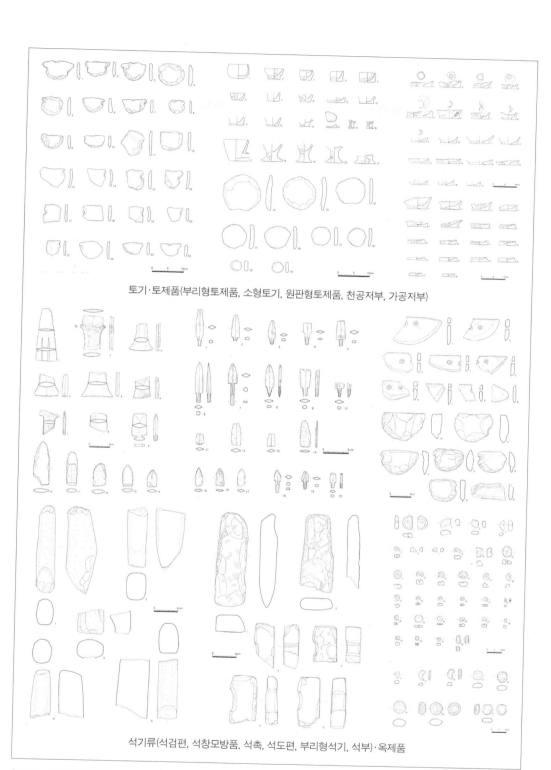

토기·토제품(부리형토제품, 소형토기, 원판형토제품, 천공저부, 가공저부)

석기류(석검편, 석창모방품, 석촉, 석도편, 부리형석기, 석부)·옥제품

[도면 3] 산청 묵곡리유적 1-A지구 토기구 출토유물

2. 창원상남선사유적[도면 4]

창원상남선사유적(국립창원문화재연구소 2001)에서는 조사지역의 중앙부에 다량의 무문토기 편이 집중적으로 분포하는 곳이 확인되었는데 이를 청동기시대 제사유구로 명명하였다. 유구는 창원 상남지석묘에서 동남쪽으로 약 40m 정도 떨어진 곳에 위치하고 있으며, 길이 20m, 너비 1~4m, 깊이 10~20㎝ 정도의 얕은 부정형의 자연구이다. 무문토기편이 집중 출토되고 있는 지역 일대에 70~80㎝ 크기의 자연암석이 직경 5m의 원을 그리며 어느 정도 간격을 유지한 채 놓여져 있고, 그 내부에도 소량의 무문토기편이 수습되었다. 이 유구는 폐기장일 가능성도 있으나 자연구 내부에 퇴적토와 함께 의도적으로 깬 토기류와 석기류가 편으로 확인되며, 유물이 출토되는 범위 주변으로 자연암석 10개가 원형으로 배치되어 있는 점, 유적에서 약 40m 정도 떨어진 구릉상에 상남지석묘를 비롯한 매장유구가 집중적으로 조성되어 있는 점, 토월천과 인접하여 유적이 위치하는 점 등으로 미루어 보아 산청 묵곡리와 유사한 형태의 수변의례와 관련된 제사(의례)유구로 파악하였다.

3. 진주 평거 3-1지구 유적[도면 5]

진주 평거 3-1지구 유적(경남발전연구원 역사문화센터 2011)에서는 청동기시대 제사유구로 파악 되는 유구 3기(124호·125호·126호)가 확인된다. 유구는 자연제방대 남동쪽인 전사면의 아래 부분인 해발 25~26.3m 상에 위치한다.

유구가 확인되는 지역은 지형적으로 자연제방대의 일부가 강쪽으로 돌출되어 있어 자연 제방의 상면과 경사면 아래 평탄면이 다른 지역에 비해 넓게 형성되어 있으며, 주거지역의 중심부에 해당된다. 124호 유구는 부정형으로 넓게 확인되며 길이 680㎝, 너비 470㎝ 정도 이다. 바닥면이 정형성 없이 울퉁불퉁하며 깊이가 모두 다르다. 유물은 대부분 편으로 확인되지만 일부 한 개체가 그대로 확인되는 것도 있다. 또한 저부의 투공이나 파쇄 등 토기 일부를 손상시켜 폐기한 것도 확인된다. 125호 유구도 부정형으로 넓게 확인되며 길이 700 ㎝, 너비 422㎝ 정도이고, 바닥면이나 유물출토양상이 124호와 유사하다. 126호 유구는 124호, 125호 유구에 비해 출토유물의 밀집도가 현저히 낮은 편이나 토기편과 소형할석이 흩어져 분포하고 있다. 유물의 중복관계가 적고 퇴적양상이 단순하여 단순 폐기행위로 볼 수도 있으나 124, 125호 유구와 같은 공간에 위치하고 있어 두 유구와 같은 성격으로도 볼 수 있다.

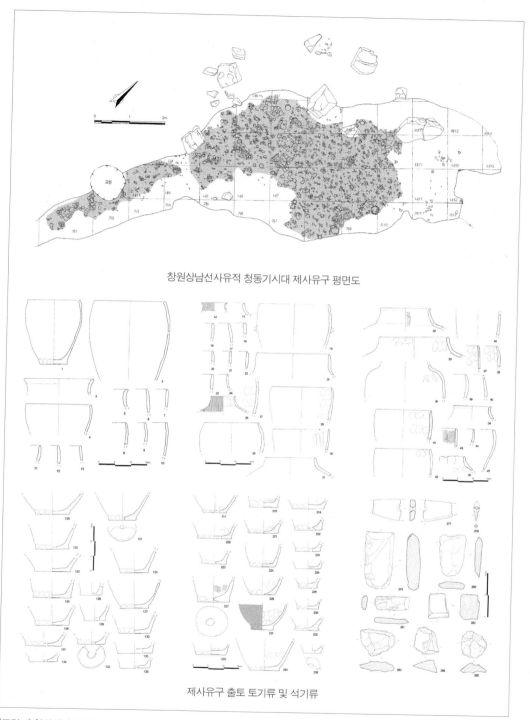

창원상남선사유적 청동기시대 제사유구 평면도

제사유구 출토 토기류 및 석기류

[도면 4] 창원상남선사유적 제사유구 및 출토유물

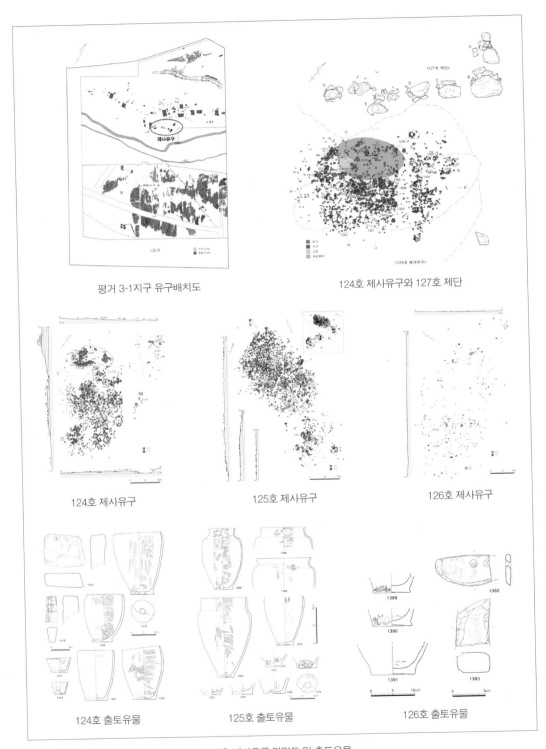

평거 3-1지구 유구배치도

124호 제사유구와 127호 제단

124호 제사유구

125호 제사유구

126호 제사유구

124호 출토유물

125호 출토유물

126호 출토유물

[도면 5] 진주 평거 3-1지구 유적 124·125·126호 제사유구 평면도 및 출토유물

124·125호 유구는 공통적으로 주거지역의 중심부에 넓은 공간을 가지면서 다량의 토기편과 소량의 석기, 할석, 목탄, 소토가 집중적으로 분포하고 있는 범위가 확인되며, 유물은 대부분 편으로 확인되지만 완형을 그대로 폐기한 것과 토기를 깨뜨린 후 그 편을 폐기한 것, 저부의 투공이나 파쇄와 같이 토기 일부를 손상시켜 폐기한 형태로 확인되고 있으며,

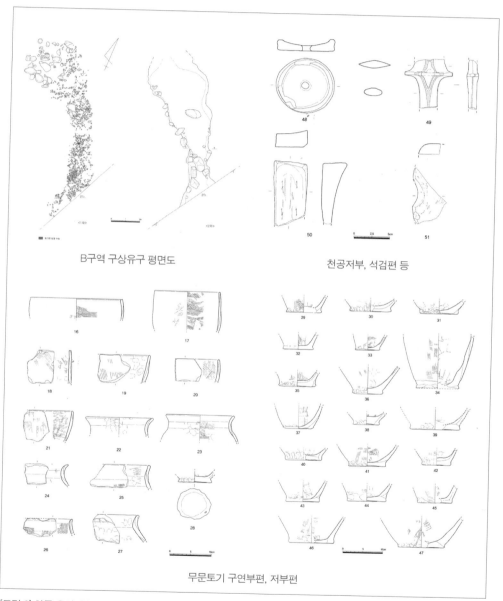

[도면 6] 하동 운암리유적 B구역 구상유구 및 출토유물

유구와 인접하여 지석묘와 유사한 형태의 제단(127호)이 확인되고 있어 이곳을 제사공간을 파악하고 제사유구로 구분하였다.

4. 하동 운암리유적[도면 6]

하동 운암리유적(경상문화재연구원 2013)의 B구역에서 청동기시대 구상유구 1기가 확인되었다. 유적은 주교천과 이 하천의 지류인 박달천이 합류하는 지점의 소규모 선상지에 해당되며, 구상유구는 곡간 저지대의 저습지와 맞닿은 건지(乾地)에 조성되었고, 상부의 저습지 퇴적토를 제거한 후에 유구가 확인되었다.

구상유구의 규모는 길이 11m, 너비1.3m, 깊이 80㎝로 내부에 할석이 가득 채워져 있었으며, 할석 사이사이에 무문토기편과 석기편이 혼입되어 있는데 유물은 대부분 파손된 채로 출토되었다. 구상유구의 성격에 대해 별도로 보고된 내용은 없으나 토기류는 한 개체분이 아닌 일부분만 다량 확인되며, 천공저부, 석검 병부편이 출토되는 점으로 보아 의례와 관련된 유구일 가능성을 보여준다.

Ⅲ. 하동 중평리 유적의 특징과 의례

1. 유적의 입지

하동 중평리 유적은 금오산에서 남해를 향해 뻗어내린 동쪽 경사면 말단부의 해발 65m 정도의 저평한 구릉상에 입지한다. 금오산(해발 849m)은 지리산이 동남쪽으로 뻗은 줄기로 산 정상부에서 중평리 일대와 동·서·남쪽의 남해바다를 한눈에 볼 수 있고, 유적에서 직선거리로 14.5㎞ 정도 떨어져 있는 사천 늑도까지 조망할 수 있다. 중평리는 하동의 동쪽 끝에 위치하고 있어 육로를 통해 진교, 곤양, 산청, 진주까지 이어지고, 남해안의 해로를 통해서는 사천, 남해, 전라도 광양, 여수까지도 쉽게 접근할 수 있으며, 섬진강을 통해 전라도 지역까지 연결되는 교통의 요지로 볼 수 있다. 또한 중평리 유적에서 남해바다까지는 약 1.7㎞로 해안가로 접근이 용이하고, 현재 중평항이 있는 해안가에서 봤을 때 유적이 한눈에 들어온다. 이와 같은 유적의 입지 조건을 통해 유적의 성격을 어느 정도 가늠해 볼 수 있다.

2. 유구 및 유물 출토 정황

1) 유구

하동 중평리 유적에서는 청동기시대 유구 1기만 확인되었다. 청동기시대 1호 유구의 평면형태는 제형에 가까운 부정형을 띠며, 규모는 동서길이 11.7m, 남북너비 7.3m 정도이며, 깊이는 42cm이다. 유구는 수혈 또는 구(溝)와 같이 일정한 공간을 만들기 위해 굴착하여 조성한 것이 아니라 기반암과 갈색점질토가 함께 퇴적되어 있는 기반층 상면을 그대로 사용하였으며, 내부에 별다른 구조는 없다. 유구의 남동쪽은 현대 경작과정에서 논둑과 축대 조성으로 인해 삭평되어 평면형태와 유구의 규모를 정확하게 알기는 어렵다. 다만 북서-남동방향의 단면형태는 경사면 아래로 가면서 점점 깊어지고, 남서-북동방향의 단면형태는 양쪽 가장자리에서 중앙부로 오면서 완만하게 깊어지는 U자형이다. 유구의 중앙부에 토기, 석기, 석재 등이 집중되어 있으며 가장자리로 오면서 유물의 양이 적어지고, 북쪽 가장자리와 북서쪽에서 소토와 목탄이 확인된다.

2) 유물 출토 및 분포 양상

유물의 종류와 출토 양상[정황]은 유구의 성격을 파악하는데 매우 중요하다. 하동 중평리 유적 1호 유구에서 출토된 유물은 토기류, 토제품, 석기류 등 청동기시대 생활유적에서 출토되는 일반적인 유물로 특이한 점은 완형유물(한개체분)이 확인되기도 하나 대부분 편(片)으로 확인되며 의도적으로 손상, 파쇄 등의 행위가 가해진 후 폐기된 것으로 유물의 상호 중복도 심한편이다. 유물은 유구 내부에 전면 분포하나 대부분의 유물은 중앙부에 집중되어 있으며 가장자리로 오면서 유물의 양이 급격하게 적어진다. 유물은 기반층 위에서부터 빼곡하게 겹쳐 쌓여 있는 것이 아니라 기반층 위에 유물이 놓이고 그 위로 갈색점질토가 5~10cm 가량 퇴적되고 다시 유물이 놓여 있거나 기반층 위에 갈색점질토가 두껍게 퇴적된 이후에 유물이 쌓여 있는 것으로 보아 일시적으로 폐기된 유물이거나 쓸려 들어온 것이 아닌 것은 확실하므로 다른 용도로 조성되었을 가능성이 높다.

유물의 분포 양상을 살펴보면 유물의 종류에 따라 일정 위치에 집중되어 군(群)을 이루는 것과 같은 정형성은 확인되지 않고, 토기류, 석기류, 석재, 크고 작은 할석이 혼재되어 확인된다. 다만 무문토기편이 석기, 석재보다 더 많이 포함되어 있거나 북서쪽에 소토와 목탄이 확인되는 범위 내에 토기류보다 석기류가 더 많이 확인되는 점과 같이 유물의 밀도에 따른 차이는 확인된다[사진 2, 도면 7·8].

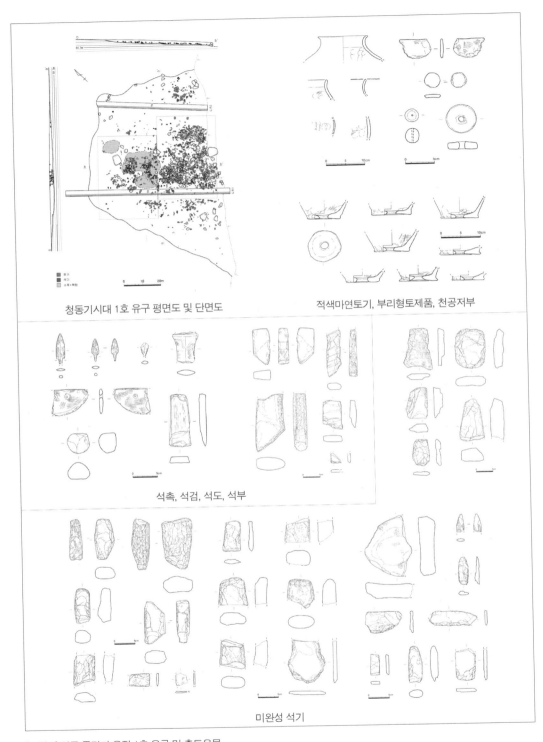

청동기시대 1호 유구 평면도 및 단면도

적색마연토기, 부리형토제품, 천공저부

석촉, 석검, 석도, 석부

미완성 석기

[도면 7] 하동 중평리 유적 1호 유구 및 출토유물

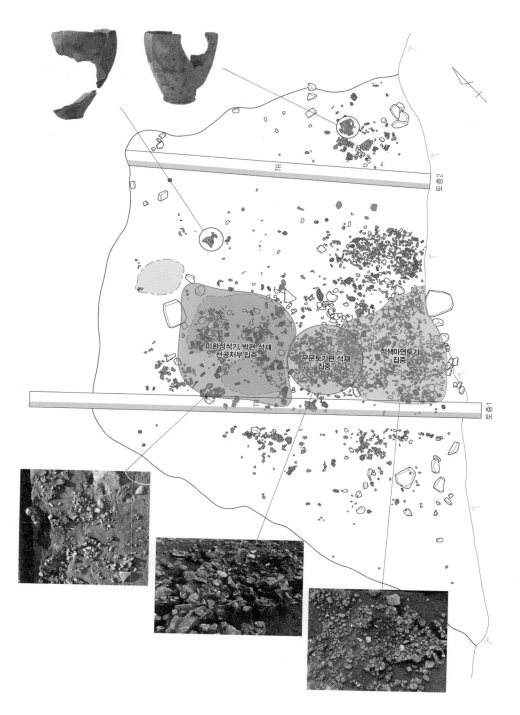

미완성석기, 박편, 석재
천공저부 집중

무문토기편, 석재
집중

적색마연토기
집중

[도면 8] 하동 중평리 유적 청동기시대 1호 유구 유물 분포현황(경남연구원 2022)

[사진 2] 하동 중평리 유적(1·2: 전경, 3~7: 유물출토양상)

3. 청동기시대 의례유구 비교

산청 묵곡리유적 1-A 토기구, 창원상남선사유적 의례유구, 진주 평거 3-1지구 유적 124호, 125호 제사유구, 하동 운암리유적 B구역 구상유구와 하동 중평리 유적 1호 유구는 유적의 입지나 유구의 조성방법에 있어 일부 차이가 있으나 내부 정황과 유물의 존재양상에서 유사한 점이 확인된다.

산청 묵곡리유적과 창원상남선사유적은 구 내부에 토기류와 석기류들이 다량 혼입되어 있는 양상으로 유물의 대부분이 파손되어 편으로 확인되었다. 산청 묵곡리유적 1-A 토기구의 경우 자연유로가 아니라 의도적으로 구를 파고 그 속에 일상생활에서 사용되는 토기, 석기와 의도적 행위가 가해져 원래의 기능을 상실한 천공저부나 가공저부, 소형토기[모방품], 옥 등이 함께 출토되고 있는 점, 구 내부의 좁은 구나 수혈에 토기편을 서로 겹쳐서 꽂아 넣거나 석기류를 세워서 꽂은 경우가 확인되는 점 등 유물에서 확인되는 정황을 통해 하천변에서 의례행위(수변의례)가 이루어진 장소로 파악하였다(이상길2000: 35-41·46; 경남대학교 박물관 2013: 370-373). 창원상남선사유적에서 확인된 유구의 경우 의도적으로 구를 파서 조성한 산청 묵곡리유적 1-A 토기구와 달리 자연구 내부에 토기류와 석기류가 의도적으로 깨져 편으로 확인되며, 유물이 출토되는 범위 주변으로 자연암석이 원형으로 배치되어 있는 점, 유적에서 약 40m 정도 떨어진 구릉상에 상남지석묘를 비롯하여 매장유구가 집중적으로 조성되어 있는 점, 토월천과 인접하여 유적이 위치하는 점 등으로 미루어 보아 수변의례와 관련된 의례유구로 파악하였다. 두 유적은 유구의 조성방법에 차이가 있으나 하천과 인접한 곳에 위치하고 있으며, 구 내부에서 의도적 행위가 가해진 유물들이 출토되고 있는 점에서 수변의례가 이루어진 장소라는 점에서 공통점이 확인된다.

진주 평거 3-1지구 유적에서는 주거지역의 중심부에 넓은 공간을 가지면서 유구가 위치하는 입지조건과 완형을 그대로 폐기한 것도 확인되나 대부분 토기를 깨뜨려 편으로 폐기하거나 의도적으로 유물의 일부를 손상시켜 폐기한 형태의 유물이 출토되는 점, 주변에 제단이 확인되는 점에서 제사공간, 제사유구로 구분된다.

하동 운암리유적에서 확인된 청동기시대 구상유구는 내부에 할석이 가득 채워져 있고, 할석 사이사이에 무문토기편과 석기편이 혼입되어 있는데 일상생활에서 사용되지 않는 천공저부와 석검 병부편이 함께 출토되고 있어 의례와 관련된 유구일 가능성이 있다.

하동 중평리 유적 1호 유구는 구상유구나 수혈처럼 인위적으로 땅을 파서 유구를 조성한 것이 아니라 기반암과 갈색점질토가 함께 퇴적되어 있는 기반층 상면을 그대로 사용하고 있으며, 내부 퇴적토(갈색점질토)와 유물이 함께 확인된다. 1호 유구에서 출토된 유물은 크게 토기류와 석기류로 구분된다. 토기류의 경우 북쪽 중앙부와 남동쪽 가장자리에서 옆으로 놓인 발형토기 한 개체가 완형으로 출토된 것도 있으나 대부분 의도적으로 깨뜨린 편(片)의 형태로 출토되어 구연부편, 동체부편, 저부편으로 일부분만 확인되며, 유물복원시에도 접합되는 것이 많지 않아 개체파악이 불가한 것들이 대부분이다. 무문토기 저부 중에는 바닥 중앙에 구멍을 뚫은 천공저부와 저부의 윗면을 고르게 다듬은 가공저부가 확인되고, 토기 동체부를 이용하여 가장자리를 타격하여 평면 원형으로 다듬어 만든 원형 토제품과 토기편의 하단부를 집중적으로 타격하여 다듬고 한쪽 측면에 홈을 낸 부리형 토제품도 함께 출토되었다. 이외에도 적색마연토기 구연부편과 동체부편이 출토되었다. 석기류의 경우 석검 병부편, 석촉, 석도편, 석부, 보습, 부리형석기, 지석, 미완성석기, 박편 등이 출토되었으며 석부와 지석의 출토량이 가장 많다[3]. 석기류도 지석을 제외하면 토기류와 마찬가지로 대부분이 반파(半破) 또는 특정 부위만 남아 있는 편(片)의 형태로 출토되었다. 석부는 편인석부, 주상편인석부, 유구석부가 확인되는데 완형은 편인석부와 유구석부 각 1점씩이고 나머지는 인부 또는 두부의 일부분이 결실되었거나 신부 또는 두부만 잔존해는 파손된 형태이다. 지석은 크기나 형태가 다양하고, 사용면은 정마(精磨)되었고 고타흔이 확인되는 것도 있다. 잔존형태를 통해 기종을 추정할 수는 있으나 완전한 형태를 갖추지 못한 미완성석기와 석기박편, 석재도 다수 출토되었다.

중평리 유적 1호 유구는 인위적으로 수혈이나 구의 형태로 유구를 조성한 것이 아니라 창원상남선사유적의 의례유구나 진주 평거 3-1지구 유적의 제사유구와 같이 기반층을 그대로 사용하였다는 점에서 공통점이 확인된다. 또한 유구 내부에 토기를 깨뜨려 편으로 폐기하거나 토기편이나 저부편이 중첩되어 확인되거나 한 개체가 그대로 확인되는 점, 석기류를 세워서 거꾸로 꽂은 경우가 확인되는 점에서 앞서 살펴본 유적들과 공통점을 가지며, 무엇보다도 반파 또는 특정 부위를 의도적으로 깨뜨려 원래의 기능을 상실한 토기와 석기편이 출토된다는 점이 가장 큰 특징이다. 또한 중평리 유적에서 약 150m 정도 떨어진 곳에 중평리 지석묘가 위치하고 있는데 하동지역에서 확인된 지석묘는 대부분 섬진강과 덕천강 일대에 분포하고 있는데 남해안과 인접해 있는 것은 중평리 지석묘가 유일하다[4]. 중평리 유적 주변으로 1호 유구와 함께 확인된 청동기시대 유구가 없어 아직까지는 이 일대 청동기시대 당시의 모습을 파악하기는 어려우나 동쪽으로 사천, 산청, 진주, 서쪽으로는 전라도 지역으로 갈 수 있는 곳에 위치하고 있으며, 유적이 남해안과 인접해 있는 입지 조건과 중평리 지석묘와의 관계를 고려할 때 중평리 유적 1호 유구를 의례유구로 볼 수 있는 가능성이 높다.

---

3) 보고서에 미완성석기로 구분한 것 중 잔존형태로 보아 석촉, 석창, 석도, 석부 등으로 기종을 추정할 수 있는 것은 추정 유물명으로 기종을 구분하였다.
4) 유적의 입지상 구릉 말단부에서 해안가로 이어지는 완만한 경사면에 생활유적이 분포했을 가능성도 배제할 수 없으나 아직까지 중평리 일대에 고고학적 조사가 거의 이루어지지 않아 중평리 지석묘 외에 확인된 청동기시대 유적은 없다.

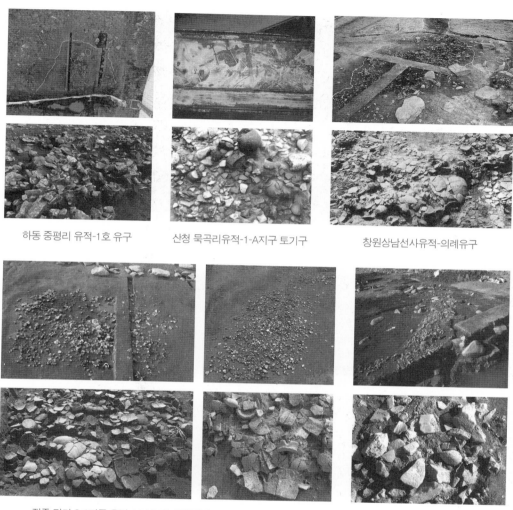

하동 중평리 유적-1호 유구　　산청 묵곡리유적-1-A지구 토기구　　창원상남선사유적-의례유구

진주 평거 3-1지구 유적-124호 제사유구(좌), 125호 제사유구(우)　　하동 운암리유적-B구역 구상유구

[사진 3] 하동 중평리 유적 및 관련 유적 비교

4. 하동 중평리 유적에서 확인되는 의례행위의 흔적

앞서 검토한 바와 같이 유구의 성격은 내부 정황과 유물의 존재양상에 따라 정해진다. 하동 중평리 유적에서 확인된 유구의 성격을 좀더 명확하게 파악하고자 유물에 나타난 흔적으로 의례행위를 판단한 근거(이상길 2000: 60-64)에 비교하여 검토하였다.

하동 중평리 유적에서 확인된 유구는 수혈이나 구처럼 뚜렷한 형태의 유구가 아니며, 주변에 생활과 관련된 유구가 확인되지 않는 구릉 말단부의 일정공간에 유적이 입지하고 있다. 유물의 출토양상은 한 개체로 접합되지 않는 토기류와 두껍고 단단하여 쉽게 깨지지 않는 석부와 같은 유물이 반파되거나 한 개체의 일부분만 존재하는 등 의도적으로 깬 후에 폐기한 유물이 다량으로 출토되는 것은 일반적인 양상은 아니다. 이러한 정황은 유물의 존재양상을 기준으로 볼 때 ①, ②의 경우에 해당된다.

<표 1> 의례행위의 판단기준(이상길 2000)

기준	情況이나 行篤
유물의 존재양상	① 의외의 장소나 위치에서 유물이 출토되는 경우 ② 한 개체분의 유물이 일부만 존재하는 경우 ③ 한 개체의 유물이 멀리 떨어진 곳에서 각기 부분적으로 출토되는 경우
유물에 나타난 흔적	① 토기의 저부나 동체부에 구멍을 뚫는 행위[穿孔] ② 토기를 무작위로 깨뜨리는 행위[破碎] ③ 토기의 특정부위만을 취하는 행위[選別破碎] ④ 실용의 토기[토제품]나 석기를 그대로 이용[轉用] ⑤ 토기나 석기를 깨어서 다른 제품을 만드는 행위[轉用再加工] ⑥ 소형모조품이나 이형(異形), 토제품의 이용[轉用] ⑦ 단도마연토기의 이용[轉用] ⑧ 각종의 석기를 깨는 행위[破折] ⑨ 자연석(川石)의 이용[搬入轉用]

다음으로 유물에 나타난 흔적으로 볼 때 천공저부와 가공저부의 출토(①), 한 개체가 아닌 무문토기의 구연부, 동체부, 저부가 편으로 다량 확인되는 점(②·③), 무문토기, 방추차, 토주, 석촉, 유구석부, 부리형석기 등 일상생활에서 사용되는 유물이 완형 그대로 출토되는 점(④), 동체부를 이용하여 재가공한 원형 토제품과 부리형 토제품의 출토(⑤), 무덤 부장품으로 주로 이용되는 토기인 적색마연토기의 구연부와 동체부가 확인되는 점(⑦), 석검 병부편이 확인되고 석부의 대부분이 신부 또는 두부의 일부분만 존재하거나 반파된 상태로 확인되는 점에서 의도적으로 석기를 깨서 일부만 취한 점(⑧)에서 의례행위가 있었던 것으로 볼 수 있다. 석기류에서도 미완성석기의 출토량이 많은 편인데 석기의 형태를 갖추고 있으나 최종적인 마무리가 되지 않은 미완성석기의 경우 의례에 사용되는 예가 많아 의례에 사용할 용도로 제작된 것이라면 완형과 같은 것으로 보아도 무방한 것으로 보았다. 이상의 유물 출토 정황이나 행위로 볼 때 하동 중평리 유적 1호 유구의 성격을 의례유구의 가능성을 추정할 수 있다.

하동 중평리 유적은 높은 산지의 말단부에서 해안가로 이어지는 저평한 지대에 위치하고 있으며, 주변에는 청동기시대 지석묘유적이 분포하고 있다. 한정된 좁은 범위에서 유구가 확인되었으나 유구 내부에 토기류, 석기류, 석재 등이 혼재되어 있는 가운데 소토와 목탄이 확인되고, 천공저부와 원형 토제품, 파쇄된 토기편과 석기편 등 의도적 행위가 확인되는 유물이 함께 출토된다는 특이점이 확인된다. 토기의 저부나 동체부에 구멍을 뚫는 행위[穿孔], 토기를 무작위로 깨뜨리는 행위[破碎], 토기의 특정부위만을 취하는 행위[選別破碎], 실용의 토기[토제품]나 석기를 그대로 이용[轉用], 토기나 석기를 깨어서 다른 제품을 만드는 행위[轉用再加工], 소형모조품이나 이형(異形), 토제품의 이용[轉用], 각종의 석기를 깨는 행위[破折] 등 의례유구 판단의 기준이 되는 정황이나 행위에 부합하고 있어 이에 대한 가능성을 높여준다. 추가로 이러한 의례행위에 대한 판단으로서 Renfrew(1996)가 논의한 바와 같이 특정장소에서 의례가 행해졌는지를 고고학적으로 확인하는 기준 가운데 당시 사람들의 관심을 끌 수 있는 특별한 장소이자 숭배대상물인 신상의 존재를 충족시키는 것으로도 이해할 수 있다. 중평리 유적과 인접한 곳에 중평리 지석묘가 2기가 확인되고 있으며, 유적의 입지가 주변 및 남해안, 사천지역까지 조망할 수 있다는 측면에서도 이를 뒷받침한다.

한편, 출토 석기류 가운데 미완성석기의 양이 가장 많은데 미완성석기를 의례에 사용할 목적으로 제작한 것이 아니라면 석기제작의 마지막 단계에서 사용되는 지석의 출토량도 많고, 유구 내에 다량의 석재편과 석기박편이 확인되는 점에서 석기제작장으로서의 가능성도 추정해 볼 수 있으며, 토기편을 비롯한 파손된 유물들이 다수 출토되는 정황으로 볼 때 폐기장의 가능성도 배제할 수는 없지만 형태나 그 기능을 추정할 수 있는 거의 완성품에 가까운 석기도 많아 폐기장의 가능성은 매우 희박하다.

따라서 하동 중평리 유적은 무문토기 발, 횡침선문 적색마연토기, 유구석부, 일단경식석촉, 석검 병부편 등이 출토되고 있으며, 해안가에 위치하면서 조망에 유리한 주변 환경 및 청동기시대 지석묘가 인접해 있는 점, 유구 내 유물의 출토정황을 살펴볼 때 창원상남선사유적, 산청 묵곡리유적, 진주 평거 3-1지구 유적과 같이 이 일대 취락유적과 관련하여 청동기시대 중기(송국리단계)에 의례행위가 이루어졌던 장소일 가능성이 더 높다고 보여진다.

IV. 맺음말

하동 중평리 유적의 조사내용을 바탕으로 산청 묵곡리유적, 창원상남선사유적, 진주 평거 3-1지구유적, 하동 운암리유적에서 확인된 의례유구 또는 제사유구와 비교하여 유적의 성격을 검토하였다. 유구의 조성방식에는 차이가 있으나 내부 정황(유물의 존재양상)과 유물에 나타난 흔적에서 의례행위를 판단할 수 있는 근거들을 공통적으로 확인하였으며, 유적의 입지조건, 주변 유적과의 관계 등을 통해 중평리 유적 1호 유구를 청동기시대 중기 (송국리단계)에 의례행위가 이루어진 장소로 파악하였다. 중평리 일대 뿐만 아니라 하동지역에서 청동기시대 유적이 조사된 예가 많지 않으며 조사된 곳도 주거지나 구상유구 몇 기 정도만 일부 확인되어 하동지역의 청동기시대 취락의 모습이 어떠했는지 파악하기에는 아직까지 자료가 거의 없다고 할 수 있다. 앞으로 하동지역에서 청동기시대 자료가 많이 확보된다면 하동과 인접한 남강유역 청동기시대 취락들과의 비교연구를 향후 과제로 삼고자 한다.

참고문헌

慶南大學校博物館, 2013,『山淸 黙谷里遺蹟』.

경남발전연구원 역사문화센터, 2003,『진교-노량간 4차로 확포장공사지역 내 문화재 지표조사 보고서』.

_____, 2011,『진주 평거 3-1지구 유적』.

경남연구원, 2022,『하동 중평리 유적』.

경상문화재연구원, 2013,『河東 雲岩里 遺蹟』.

國立昌原文化財硏究所, 2001,『昌原上南先史遺蹟』.

윤호필, 2014,「호남지역 청동기시대 분묘의례」,『호남지역 선사와 고대의 제사』, 제22회 호남고고학회 학술대회 발표요지.

李相吉, 2000,「靑銅器時代 儀禮에 관한 考古學的 硏究」, 大邱曉星가톨릭大學校 大學院 博士學位論文.

Renfrew, C. and P. Bahn, Archaelogy-Theories, Methods and Practice Thames and Hudson: London, 1996.

김해 대성동구릉 주변 무문토기시대유적의 성격에 대한 예찰

이선미 | 김해시 대성동고분박물관

Ⅰ. 머리말

김해시 중심부는 북서쪽의 경운산, 동쪽의 분성산, 남쪽의 임호산 등 구릉성 산지들로 분지형을 이루고 있다. 해반천을 기준으로 동·서로 양분된 김해시가지 일대의 무문토기시대 유적분포 상황을 살펴보면 경운산의 남사면 끝자락에 위치한 내동 지석묘와 해반천 서쪽 저지대에 위치한 구산동 지석묘를 제외하면, 모두 해반천의 동쪽에 집중 분포되어 있다. 특히 도로시설확충, 주택개발 등 1990년대 이후 부분적인 발굴이 많이 이루어진 결과 해반천 동쪽일대는 주거지, 환호, 경작지 등 다양한 무문토기시대유적이 조사되었다.

이 가운데 2014년 대성동고분군 9차 학술발굴조사에서 드러난 지석묘 1호의 등장은 가야시대 지배계층 묘역으로 주목하고 있었던 대성동구릉이 무문토기시대부터 중요한 입지로 자리매김했음을 밝히는 계기가 되었다. 또한 대성동구릉 주변 지역 발굴결과는 무문토기시대 후기부터 이 일대를 중심으로 한 유적이 넓게 분포하였음을 알려준다. 그러나 대성동구릉 주변의 무문토기시대유적에 대한 조사는 많이 이루어졌으나 체계적인 검토나 유구

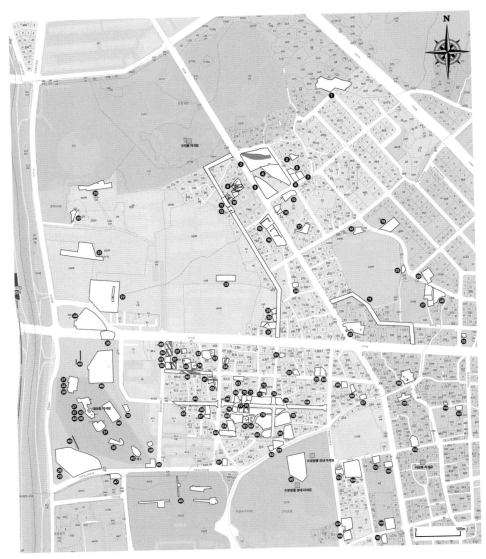

[도면 1] 김해 대성동구릉 주변 유적 현황

의 성격에 대한 연구는 미흡한 실정이다.

따라서 본고에서는 대성동구릉 주변 지역[1]에 해당하는 발굴조사 현황을 확인 후 무문토기시대유적을 검토하여 대성동구릉과 주변 평지를 어떻게 활용하였으며 집단의 성격은 무엇이었는지 예찰해 보고자 한다.

---

1) 동쪽 호계천 및 서상동 지석묘, 서쪽 해반천, 남쪽 수로왕릉, 북쪽 구지봉을 경계로 대성동구릉 주변으로 명명하고 이 지역에 해당되는 유적을 검토하겠다.

II. 대성동구릉 주변지역 조사현황

대성동구릉 주변지역의 조사현황을 살펴보면, 1990년 대성동고분군 발굴조사를 시작으로 하여 2022년 대성동 95번지유적까지 110회 가량 크고 작은 시·발굴조사가 이루어졌다. 지금까지 조사된 유적은 다음과 같다.

〈표 1〉 대성동구릉 주변 유적 조사 현황[2]

연번	조사지역	조사연도	조사기관	유적성격
1	구산동고분군 정비사업부지 (구산동61-4)	2017	강산문화재연구원	
2	수로왕비릉주차장부지	2001	경남발전연구원	청동기시대 환호1, 구3, 주혈 13
3	구산동 86-6	2016	한반도문화재연구원	조선시대 수혈4, 주혈1
4	구산동 근린생활시설 구산동 91-1, 2	2006	동아문화재연구원	자연구, 무문토기, 석축
5	대성동 91-4	2013	두류문화재연구원	
6	구산동 91-5	2014	경남문화재연구원	청동기시대 문화층확인
7	구산동 91-6	2014	동서문물연구원	자연구?
8	구산동 96	2013	경상문화재연구원	무문토기시대 경작유구, 토기편
9	구산동 95-1	2021	강산문화재연구원	
10	구산동 175-11·18	2015	한국문화재재단	청동기시대 구상유구, 주혈
11	대성동 소방도로	1999	경남고고학연구소	구하도
12	대성동 환호유적	2000	경남문화재연구원	저습지, 환호, 구상유구, 주혈, 구하도
13	구산동 94-11	2007	동서문화재연구원	
14	대성동 63-3	2016	한국문화재재단	구상유구1

---

2) 〈표1〉에서 작성된 대성동구릉 주변유적은 동쪽 호계천, 서쪽 해반천, 남쪽 수로왕릉, 북쪽 구지봉을 경계로 하여 대성동구릉 주변으로 명명한 지역에 한해 2022년까지 발굴조사된 자료를 토대로 작성한 것이다. 무문토기시대유적이 발굴되지 않았다 하더라도 주변지역과 연관성을 살펴보기 위해 조사대상지에 적용하였다. 조사대상지를 살펴본 결과 바로 연접한 지역임에도 불구하고 조사된 결과가 상반된 경우가 많았다. 규모가 작은 발굴들이 부분적으로 진행되다 보니 이러한 문제점이 발생되는 것으로 생각되지만, 이번 자료를 계기로 연계성을 가진 발굴조사가 시행되기를 바란다. 유적의 번호는 북쪽부터 표기하였으며 도면 1~2, 4번의 번호와 연번을 같게 하여 정리하였다.

연번	조사지역	조사연도	조사기관	유적성격
15	대성동 64-1	2007	동서문화재연구원	무문토기, 석기
16	대성동 64-6·11	2008	동서문물연구원	구상유구, 수혈
17	대성동 60-5	2011	한국문화재보호재단	
18	대성동 195	2011	두류문화재연구원	
19	대성동 486-30	2012	동서문물연구원	
20	가야역사 환경정비 사업부지 내 (구산동 166)	2018	강산문화연구원	청동기시대 환호, 주혈군(목책)
21	김해서중학교 운동장 내 (구산동 188-0)	2012	경상문화재연구원	
22	가야의 터 유적(구산동 180)	2017	강산문화연구원	청동기시대지석묘, 삼국(가야)농경작지, 나말여초고읍성
23	김해건설공고 도제센터 신축사업부지 내(대성동 72)	2017	한화문물연구원	통일신라고려우물1, 석열
24	대성동 180-11	2012	두류문화연구원	
25	대성동 205-9	2013	한국문화재보호재단	
26	대성동 소성유적	1994	부경대학교박물관	소성유구
27	대성동 225-1	2015	두류문화연구원	
28	대성동 229	2016	두류문화연구원	
29	대성동 145-11	2012	한국문화재보호재단	조선시대유구
30	대성동 145-1	2017	한국문화재재단	
31	대성동 133-7	2019	한국문화재재단	청동기시대 수혈, 구상유구, 주혈, 조선시대 초석 등
32	대성동 219-2	2017	강산문화연구원	청동기시대 수혈, 철기시대 주거지, 주혈, 삼국시대 석실묘
33	동상동 297-1	2019	한반도문화재연구원	청동기시대 석축형 석관묘1, 조선시대 수혈유구, 건물지
34	대성동고분군(가야사 2단계 조성사업 주차장 부지 내)	2010	경남문화재연구원	삼국 분묘, 고려~조선 기와, 삼가마, 나말여초 성곽
35	구지로고분군	1993	경성대학교박물관	삼국 분묘
36	대성동고분군 1차 발굴	1990	경성대학교박물관	삼국 분묘
37	대성동고분군 2차 발굴	1990	경성대학교박물관	삼국 분묘
38	대성동고분군 3차 발굴	1991	경성대학교박물관	삼국분묘, 지석묘1, 구

연번	조사지역	조사연도	조사기관	유적성격
39	대성동고분군 4차 발굴	2001	경성대학교박물관	삼국분묘, 가마, 옹관
40	대성동고분군 주변지역 시굴	1999	경성대학교박물관	무문토기시대 환호, 생활유적
41	대성동고분군 5차 발굴	2009	대성동고분박물관	삼국 분묘
42	대성동고분군 6차 발굴	2011	대성동고분박물관	삼국 분묘, 옹관
43	대성동고분군 7차 발굴	2012	대성동고분박물관	삼국 분묘, 수혈, 패총
44	대성동고분군 8차 발굴	2013	대성동고분박물관	삼국 분묘
45	대성동고분군 9차 발굴	2014	대성동고분박물관	삼국 분묘, 지석묘
46	대성동고분군 10차 발굴	2019	대성동고분박물관	삼국 분묘, 옹관
47	봉황동 492	2012	두류문화연구원	
48	가야의 숲 조성부지 내 동편지구	2004	경남고고학연구소	목곽, 석곽, 옹관
49	대성동 85-5	2020	동양문물연구원	청동기 환호 2, 시대미상 수혈, 주혈
50	대성동 85-8	2015	경남문화재연구원	청동기 환호2, 삼국시대 구상유구, 고려조서시대 수혈
51	대성동 90-11	2012	한국문화재보호재단	무문토기시대 구상유구, 노지, 수혈, 주혈
52	대성동 101번지외 1필지	2011	경상문화재연구원	
53	대성동 109-5	2012	한국문화재보호재단	무문토기시대 수혈, 주혈
54	대성동 109-6	2012	한국문화재보호재단	문문토기시대 환호, 주혈
55	대성동 89-16	2015	동서문물연구원	자연구
56	대성동 89-11	2017	강산문화연구원	청동기시대 고상건물지, 구1, 구상유구, 수혈, 주혈, 삼국 분묘, 고려조선 생활유적
57	대성동 89-18	2014	두류문화연구원	무문토기시대 환호 3
58	대성동 90-9	2010	한국문화재보호재단	무문토기시대 환호
59	대성동 91-8	2013	동양문물연구원	무문토기시대 환호, 생활유적
60	대성동도시계획도로개설구간	2007	경남문화재연구원	무문토기시대 환호, 수혈유구
61	대성동 94	2010	한국문화재보호재단	무문토기시대 환호
62	대성동 95	2022	강산문화연구원	청동기시대 구(추정환호2), 수혈

연번	조사지역	조사연도	조사기관	유적성격
63	대성동 123	2017	동서문물연구원	청동기시대 구상유구2, 수혈유구2, 주혈4
64	대성동 도시계획도로개설구간 내 (논실마을, 대성동 359-6)	2017	두류문화재연구원	통일신라, 조선시대 생활유적, 시대미상 수혈, 주혈
65	대성동 415-27	2016	동서문물연구원	선사시대 수혈유구3, 구상유구 1기, 주혈 21개
66	대성동 409-15	2015	강산문화연구원	
67	대성동 409-16	2022	국강고고학연구소	
68	대성동 359-6	2018	두류문화연구원	
69	대성동 402-2	2016	동서문물연구원	
70	대성동 402-1	2016	동서문물연구원	무문토기시대 구상유구1
71	대성동 391	2013	동서문물연구원	무문토기시대 문화층
72	대성동 359-4	2013	동서문물연구원	
73	대성동 387-1, 470-32	2019	한반도문화재연구원	
74	대성동 359-1	2014	동서문물연구원	
75	대성동 349번지 일원	2013	동서문물연구원	무문토기시대 수혈유구
76	대성동 402-4	2011	한국문화재보호재단	
77	대성동 402-9	2011	한국문화재보호재단	무문토기시대 구상유구
78	대성동 402-10	2011	한국문화재보호재단	무문토기시대 구상유구, 수혈
79	대성동 358	2013	동서문물연구원	
80	대성동 402-14·15	2011	한국문화재보호재단	무문토기시대 수혈, 주혈
81	대성동 402-12	2013	한국문화재보호재단	무문토기시대 구상유구, 수혈
82	대성동 402-13	2012	한국문화재보호재단	무문토기시대 구상유구, 수혈, 주혈
83	대성동 355-1	2015	동서문물연구원	
84	대성동 355-8	2014	동서문물연구원	
85	대성동 350-3	2014	동서문물연구원	
86	대성동 350-8	2011	한국문화재보호재단	
87	봉황동 429-12	2012	동서문물연구원	
88	대성동 350-7	2011	한국문화재보호재단	
89	대성동 350-9	2011	한국문화재보호재단	

연번	조사지역	조사연도	조사기관	유적성격
90	수로왕릉 수목식재부지 (서상동 312)	2015	동북아문화재연구원	수혈 6기, 주혈 49기, 청동기시대 문화층 확인
91	대성동 149-4, 470-33	2011	한국문화재보호재단	
92	대성동 149-17	2013	동서문물연구원	
93	대성동 153-1	2012	두류문화재연구원	
94	대성동 153-5	2012	두류문화연구원	
95	대성동 332	2014	동서문물연구원	
96	대성동 320	2016	경상문화재연구원	삼국 분묘, 주혈19, 수혈4, 구4, 조선시대 수혈, 주혈
97	대성동 313	2016	한국문화재재단	
98	대성동 294	2018	강산문화연구원	청동기시대 묘역지석묘3, 매장주체부6, 석관묘1, 구1, 수혈2, 주혈군, 조선시대 해자, 배수로, 적심, 우물1
99	서상동 196-4	2022	한국고고환경연구소	읍성 서문지 체성, 치성
100	동상동 830-5	2019	한국문화재재단	
101	동상동 841	2017	한국문화재재단	
102	서상동 186	2015	두류문화연구원	
103	서상동 221-23	2018	한국문화재재단	
104	서상동 164-1 (김해교회 신축부지)	2012	경남문화재연구원	
105	서상동 41-2	2011	우리문화재연구원	
106	서상동 35	2017	동서문물연구원	-
107	서상동 222-2	2017	한국문화재재단	읍성 서문지의 체성
108	서상동 225	2019	강산문화연구원	서문지 옹성의 북쪽에 해당하는 해자
109	서상동 52-22	2012	경상문화재연구원	구상유구
110	서상동 54-2	2012	한국문화재보호재단	조선시대 자기

<표1>과 같이 대성동구릉 주변 유적에 대한 크고 작은 시·발굴조사가 시행되었다. 조사된 지역의 이해를 돕기 위해 대성동구릉을 중심으로 대성동구릉권역, 대성동구릉 동쪽권역, 대성동구릉 북동쪽권역, 3개의 권역으로 나누어 유적의 성격을 파악해 보도록 하겠다.[3]

1. 대성동구릉권역

김해 대성동고분군 1~10차 발굴조사 등을 통해 대성동구릉의 정상부 및 사면에 대한 성격이 일부 밝혀졌다. 대성동고분 3차 발굴조사 당시 주변 I 지구에서 확인된 구를 분묘조성 이전에 무문토기시대의 대성동구릉을 에워싼 환호취락의 환호일 가능성이 극히 높은 것으로 판단한 견해도 있다(경성대학교박물관 2000: 170). 김해 대성동고분군 7차 발굴조사에서는 무문토기시대 후기로 추정되는 패총이 확인되었을 뿐만 아니라 패총아래 생토층에서 구로

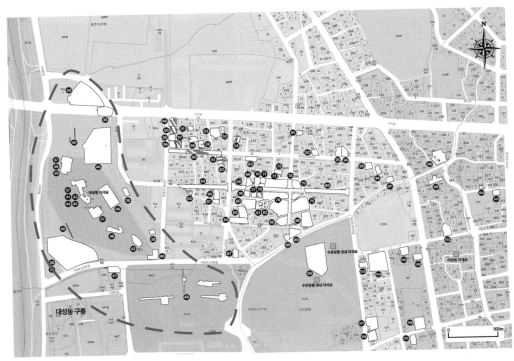

[도면 2] 대성동구릉 및 대성동구릉 동쪽권역 유적 현황

---

3) 대성동구릉 및 대성동구릉 동쪽권역은 지적도 상에 '논실'이라 불리는 구역으로 구지로 도로 아래쪽에 해당하며, 대성동구릉 북동쪽권역은 구지로 위쪽을 시작으로 구지봉까지를 경계로 한다.

추정되는 유구도 확인되었다. 또한 대성동고분 9차 발굴조사를 통해 밝혀진 지석묘 1호는 구릉 정상부에 위치하며 2단 굴광 구조를 가진 대형 개석식 지석묘로 홍도 1점, 석촉 26점이 발굴되었다.

이상의 조사 내용들을 종합해 보면 하천과 주변의 경관을 한눈에 볼 수 있는 대성동구릉 정상부에 지석묘가 존재하며, 하단부에는 환호로 추정할 수 있는 구가 위치한다.

2. 대성동구릉 동쪽권역

대성동구릉을 중심으로 동쪽권역은 이미 도시화가 진행된 지역으로 도로와 주택이 밀집되어 있어 전체적인 발굴은 힘든 상황이다. 그래도 도로시설확충, 주택개발 등으로 진행된 발굴조사로 인해 무문토기시대유적의 성격이 일부 파악되었다. 대성동구릉 동쪽권역 유적 내 유구들을 재배치한 것이 [도면 2]로 이곳에서 확인된 유적 내 유구를 정리해 보면 다음과 같다.

① 대성동 85-5, 대성동 85-8, 대성동 89-16, 대성동 89-11, 대성동 89-18, 김해도시계획도로 개설구간 내 대성동 환호유적에서 조사된 환호 3열[4]이 서로 연결된다. 대성동 94, 95번지에서 확인된 환호 역시 이어지는 것을 확인할 수 있다.

② 대성동 90-11번지, 대성동 90-9번지, 대성동 91-8번지유적에서 조사된 환호가 서로 연결되며, 앞서 언급한 3열의 환호 안쪽에 위치한다.[5] 91-8번지유적에서는 주거지, 폐기장, 수혈, 주혈도 조사되었다.

③ 대성동 109-6번지유적에서 조사된 환호의 관계는 주변지역 조사가 더 이루어진 후 검토가 필요할 것으로 판단된다.

④ 대성동 402-9~13번지일대 유적에서는 구상유구, 수혈, 주혈 등이 확인되었다.

부분적인 조사가 이루어지긴 하였으나 조사된 내용만을 종합해 보면 [도면 3]에서 확인되는 것과 같이 각 조사지역에서 환호로 명명된 유구들이 서로 연관성을 가지고 있으며, 주거지, 폐기장, 구상유구, 수혈, 주혈 등의 생활공간이 조사되었다.

---

4) 3열의 환호는 편의상 대성동구릉 쪽에서부터 1,2,3번 환호로 번호를 부여하였다.
5) 환호의 순서상 대성동구릉 제일 바깥쪽에 위치하므로 4번 환호로 번호를 부여하였으며, 조사자들의 의견에 따라 4개의 구를 우선 환호로 명명하였다.

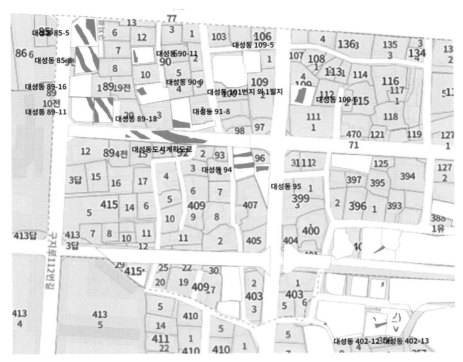

[도면 3] 대성동구릉 동쪽권역 환호유적 현황

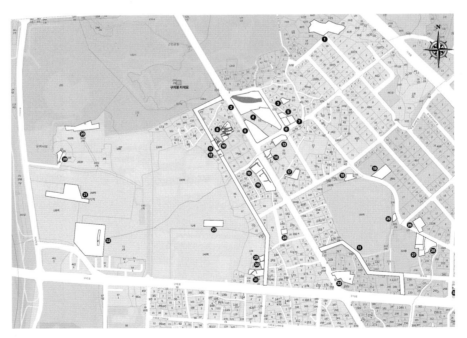

[도면 4]. 대성동구릉 북동쪽권역 유적현황

3. 대성동구릉 북동쪽권역

대성동구릉을 중심으로 북동쪽권역 역시 택지정리 등으로 전체적인 발굴은 힘든 상황이다. 현재까지 대성동 북동쪽권역에서 발굴된 유적을 재배치한 것이 [도면 4]로, 이곳에서 확인된 유적 간 유구를 정리해 보면 다음과 같다.

① 경남발전연구원에서 조사한 수로왕비릉 주차장부지유적에서는 환호, 경작유구, 수혈 등이 보고되었다. 이 유적에서 발굴된 환호는 구지봉 하단으로 돌아가는 형태이며, 구지봉 정상에는 지석묘가 존재한다.

② 경상문화재연구원에서 조사한 구산동 96번지유적 자료를 살펴보면, 무문토기시대 추정 경작층 및 관련 구획구(보시설)로 보고되었다.

③ 김해 대성동 환호유적과 175-11, 175-18번지와 대성동 64-1, 64-6,11번지유적에서 조사된 유구가 구산동 96번지유적과 서로 연관성을 가지고 있음을 [도면 4]를 통해 알 수 있다. 보고자들은 환호, 경작지, 구상유구, 수혈 등으로 보고하고 있으나 토층 양상 등을 살펴본 결과 같은 성격의 유구로 보고자 한다.[6]

④ 가야역사문화 환경정비사업(2단계)유적은 구산동 166번지 일원으로 청동기시대 환호 1기, 청동기시대 주혈 12개가 보고되었다. 이곳에서 보고된 청동기시대 환호는 기존 수로왕비릉 주차장부지에서도 확인된 환호와 동일한 성격으로 보고 있다.

대성동구릉 북동쪽 권역의 조사내용을 종합해 보면 구지봉구릉에 지석묘가 위치하며 하단부에 환호와 경작유구 등이 조사되었다.

III. 대성동구릉 주변 유적에 대한 예찰

1. 입지적 측면

1) 대성동구릉 및 대성동구릉 동쪽권역

---

6) 동서문물연구원, 2009,「김해 대성동 64-6·11번지 유적」, p.18에 보면 '하나의 단위 구획구의 형태를 띠고 있으나 문화층이 삭평되어 경작과 관련된 흔적은 확인할 수 없으며, 논인지 밭인지도 판단할 수 없다.'라고 작성하고 있으나 주변유적과의 비교검토를 할 필요성을 언급하였다. 구산동 96번지와 비교 검토한 결과 필자는 경작층으로 보고자 한다.

대성동구릉 및 대성동구릉 동쪽권역의 입지적인 측면에서 살펴보면 대성동구릉은 김해시 중심부에 자리 잡고 있다. 구릉에서 남동쪽으로 김수로왕릉이 위치하고, 남쪽으로는 가야인들의 생활중심지인 봉황동유적이 해반천을 따라 형성되어 있는 입지형태이다.

이러한 입지형태를 갖춘 대성동구릉은 대성동고분군 7차 발굴조사 당시 동쪽 사면에 패각층이 있음을 확인하였으며, 88호분과 91호분에서는 패각이 섞인 내부토에서 주머니호와 구순각목토기, 무문토기 저부편들이 수습되었다. 현재까지 대성동에서 조사된 자료 결과를 보면 구릉지대 뿐만 아니라 저지대에서도 무문토기시대 생활 집단이 존재하였음을 알 수 있다.

대성동구릉 동쪽권역에서 조사된 자료를 토대로 검토한 결과 무문토기시대의 환호가 4개 나타난다는 결과를 얻었다. 그러나 환호로 보고된 4개의 구에 대한 자세한 검토가 필요하다.[7] 그 당시 주변지역에 습지가 존재한 상황, 조사지역이 대성동구릉 아래 저지대에 속한다는 점을 생각해 볼 때 이러한 구상유구들 모두가 과연 환호가 맞는지에 대해 생각해 볼 여지가 있다. 즉 이 구상유구들이 환호가 맞다면 취락지가 형성되어 있어야 하는데 이곳에서 확실한 주거지군이 발굴된 예가 없고, 성격 미상의 수혈, 고상건물이 확인될 뿐이다. 그러므로 조사지역의 부분성과 한정성을 고려하여 추후 조사되는 자료들을 검토해야 대성동구릉 동쪽권역에 대한 전체 구상유구의 정확한 성격이 밝혀질 것으로 보인다.

또한 수릉원 발굴조사[8]와 동쪽권역의 발굴조사로 밝혀진 내용을 살펴보면 대성동구릉 하단부는 배후습지의 형태였음을 상정할 수 있다. 부분적이기는 하나 두류문화재연구원에서 조사한 대성동 89-18번지유적의 토층에서도 범람층과 배후습지층이 확인되었으며, 일제시기 지적도에서도 '논실'이라는 명칭이 나타나는 것으로 보아 이 지역이 배후습지였음을 알 수 있다.

---

7) 환호란 선사시대 마을의 주변을 둘러싼 도랑을 의미한다. 환호에 대해서 주로 적의 공격으로부터 방어를 하기 위한 기능을 가졌다는 견해, 뱀이나 야생동물로부터 마을을 보호하기 위한 울타리라는 견해, 환호가 둘러싼 마을을 그 외부와 구분하는 심리적·상징적 경계선이라는 견해 등이 있다.

8) 대성동구릉과 연결이 상정되던 봉황대 구릉의 북쪽 평지는 조사과정으로 볼 때 단절되었을 가능성이 매우 높아졌다. -생략- 동쪽으로는 가야의 숲 조성부지와 수로왕릉 사이에서 확인된 저습지대 앞까지, 서쪽으로는 해반천으로 이어지는 충적지대 앞까지가 대성동유적의 동·서·남·북 경계로 파악된다. 즉 여기서 조사된 습지는 현 가람아파트가 위치해 있는 습지지대와 연결되며, 해발고도의 차이로 가람아파트 쪽으로 올수록 습지는 얕아질 것으로 추정된다(경남고고학연구소 2006: 13).

따라서 대성동구릉일원과 동쪽권역의 지형을 종합해 보면 대성동구릉이 존재하고 그 동쪽권역 하단으로 얕은 저습지대 및 충적지대로 형성되었음을 알 수 있다.

2) 대성동구릉 북동쪽권역

대성동구릉 북동쪽권역은 김해시의 중심가에서 북쪽으로 치우쳐진 곳에 위치하며, 김해 수로왕비릉, 김해 구지봉, 김해 구산동 백운대고분 등 청동기시대에서 조선시대에 이르기까지 다양한 유적이 인접하고 있다. 이 지역은 무문토기유적이 형성될 당시 망상평원지역 이었으며, 퇴적층은 배후산지로부터 발달된 소규모 하천의 퇴적작용에 의한 것으로 보고되었다.[9]

따라서 대성동구릉 북동쪽권역은 분성산과 주변 산지에서 시작하여 해반천으로 유입되는 지류의 진행선상에 위치하여 구하도와 주변 습지지역에 해당하는 지역으로 습지의 존재와 경작유구, 구지봉을 둘러싼 환호를 확인하였다.

위의 내용을 종합하여 대성동북동쪽 권역의 지형을 유추해 보면 구지봉구릉이 존재하고 구릉 하단으로 습지가 형성된 것으로 보인다. 즉 주거공간, 매장공간, 생산공간으로 구성된 취락이 존재할 가능성이 충분히 엿보인다.

2. 고고학적 검토

대성동구릉 일대 무문토기시대의 유적을 고고학적으로 검토하면 다음과 같다.

① 가락국 이전 구간사회의 성격을 이해하는데 중요한 자료를 획득하였다.

김해시 지역의 서상동 지석묘, 구지봉 지석묘, 대성동 지석묘1호, 수로왕릉 내 지석묘군과 무문토기시대 대성동유적들의 존재는 고김해만 연변에 이 당시에 인간거주가 집중적으로 이루어졌음을 증명해 주는 것이다. 또한 환호, 경작유구 등의 출현은 무문토기시대 집단이 농경을 이용하여 생활하였다는 것을 뒷받침해 주는 중요한 자료이다.

---

9) 망상평원은 선상지나 골짜기 내에 위치하는 망상하천이 고지대에서 저지대의 퇴적평원으로 유입되면서 형성되는 지형이다. 망상평원은 망상하천에 비하여 유로의 횡적인 이동이 자유로워 평원 전체에 걸쳐서 퇴적작용이 거의 유사하게 일어나며, 일반적으로 모래퇴적층과 진흙퇴적층의 교호가 주를 이룬다(경남문화재연구원 2003: 11).

② 무문토기시대 대성동유적의 사람들이 주변의 지형적, 환경적인 여건을 어떻게 활용하였는지에 대한 자료가 확보되었다.

부분적으로 확인되기는 하나 주변 지형 등을 활용하여 수로와 보 시설을 활용한 논 등의 경작시설을 이용하였다. 이러한 일련의 행위는 당시의 사람들이 미세한 지형 변화를 잘 이해하고, 거기에 적절하게 대응하면서 생활하고 있었음을 알 수 있다.

③ 입지에 따른 무문토기시대의 생활공간과 분묘공간에 대한 구별이 존재했을 가능성이 높음을 확인하였다. 즉 자연지리적 특성을 파악하여 산지, 구릉, 평지를 구분하여 정해진 공간에서 효율적으로 이용하였음을 알 수 있다.

대성동구릉에 위치한 대성동 지석묘1호와 구지봉에 위치한 지석묘는 하천과 주변의 경관을 한눈에 볼 수 있는 곳에 위치하며, 그 아래로 환호 및 경작지 등 생활유구 시설이 일부 나타난다. 이러한 현상은 김해 대성동구릉 주변의 무문토기시대에는 제의공간과 생활공간, 즉 각 공간에 대한 구별이 이루어졌음을 짐작할 수 있다. 따라서 당시에 이미 삶과 죽음의 개념이 서로 이질적인 것으로 인식되어졌고, 그에 따라 공간을 분할하여 이용했다고 볼 수 있다(경남대학교박물관 2013: 182)는 개념이 김해 대성동구릉 주변 무문토기시대유적에도 적용된다.

④ 해반천 동쪽권역에 위치한 지석묘 조사를 통하여 당시 집단의 성격 및 주변 지역과의 연관성 검토가 필요하다.

대성동 지석묘1호, 구지봉지석묘, 대성동 294번지 묘역식지석묘, 동상동 297-1번지 석관묘, 서상동지석묘, 회현리패총지석묘, 수로왕릉 경내 지석묘군 등이 대성동 동쪽권역을 둘러싸고 분포하고 있음을 알 수 있다. 대성동 동쪽 권역을 둘러싼 지석묘 조사를 통해 해반천 서쪽 권역의 구산동지석묘와 내동지석묘와의 연관성 및 집단의 성격을 검토해 볼 필요가 있다. 또한 구산동유적, 흥동유적, 회현리패총에서 확인된 야요이토기의 출현배경과 동쪽권역의 무문토기시대 집단과의 관계를 통해 이 집단이 어떤 방식으로 생활을 하였는지에 대한 세부적인 연구가 필요하다. 더 나아가 대성동구릉 주변의 무문토기시대 생활유적에서 가야시대로 오면서 분묘유적으로 변화하는 모습에 대한 검토 또한 같이 이루어져야 할 과제이다.

Ⅳ. 맺음말

이상의 내용을 토대로 김해 대성동구릉 일대 무문토기시대에 조사된 자료와 출토유물을 검토해 본 결과 구순각목토기, 두형토기와 파수부가 부착된 토기, 적색마연호, 편인석부 등이 확인되는 것으로 보아 김해 대성동구릉 일대 무문토기시대 집단은 무문토기시대 후기~목관묘 출현 직전의 집단들이 생활하였으며, 대성동구릉 북동쪽권역에서 대성동구릉 과 대성동구릉 동쪽권역으로 위치를 이동한 것으로 볼 수 있다.

김해 대성동구릉 주변 무문토기시대의 전반적인 성격을 살펴보면 김해 대성동 구릉지대 에 제의공간을 만들고 저지대에 생활공간을 두는 집단으로 구릉지대에 취락을 형성한 어 방동취락집단보다는 시기가 늦은 집단으로 상정된다.

또한 김해 대성동구릉과 대성동구릉 동쪽권역 집단과 대성동구릉 북동쪽권역 집단은 서 로 역할 구분을 하여 협력하는 집단으로 추정할 수 있다. 환호의 축조, 경작지와 무덤군을 조성하여 생활하였다는 것은 많은 노동력을 필요로 하는 행위이며, 상위계층의 권력이 반 영된 결과라고 할 수 있다. 즉 분업화된 체계와 사회적 규제가 반영되어 무문토기시대 전 기의 평등사회의 모습보다는 중기 혹은 후기의 복합사회로 발전하는 단계의 모습으로 볼 수 있다.

이번 자료를 정리하면서 김해 대성동구릉 주변에 무문토기시대에 대한 조사가 많이 이 루어졌음을 알게 되었으며, 무문토기시대와 관련하여 다방면으로 생각해 보는 계기가 되 었다. 부분적으로 발굴조사된 양상만으로는 무문토기시대의 성격을 확실히 설명하기는 힘 들지만 향후 대성동구릉 주변에 대한 자료의 축적이 이루어진다면 김해지역 무문토기시대 에 관한 복원이 가능할 것으로 생각된다.

참고문헌

경남고고학연구소, 2001, 「金海 大成洞-소방도로 신설구간내 시굴조사」

_____, 2006, 「金海 大成洞遺蹟-가야의 숲 조성공사 부지내 시굴조사 및 동편지구 발굴조사 보고서-」

_____, 2010, 「金海 龜山洞 遺蹟IX」

_____, 2010, 「金海 龜山洞 遺蹟X」

경남대학교박물관, 2013, 「德川里」

경남문화재연구원, 2003, 「김해 북부 소방도로 개설구간내 大成洞 環濠遺蹟」

_____, 2007, 「김해 대성동·동상동유적」

_____, 2014, 「김해 구산동 주택신축부지(91-5번지일원)내 문화유적 발굴(시굴)조사 결과약보고서」

경남발전연구원, 2004, 「김해 수로왕비릉 주차장부지내유적」

경상문화재연구원, 2015, 「구산동 96번지 유적」

경성대학교박물관, 1991, 「김해 대성동Ⅰ지구」

김해시시설관리공단(대성동고분박물관), 2005, 「김해 대성동86-6번지 근린생활시설 신축부지 시굴조사 보고서」

대성동고분박물관, 2005, 「김해 대성동 86-6번지 시굴조사」

_____, 2011, 「金海 大成洞古墳群 6차」

_____, 2013, 「金海 大成洞古墳群-73호분~84호분-」

_____, 2016, 「金海 大成洞古墳-92~94호분, 지석묘」

동북아문화재연구원, 2015, 「김해 수로왕릉 내 수목식재 부지 문화재 시굴조사 결과 약보고서」

동아문화재연구원, 2006, 「구산동 근린시설부지내유적」

동양문물연구원, 2015, 「김해 대성동 91-8번지유적」

_____, 2022, 「김해 대성동 85-5번지유적」

두류문화재연구원, 2015, 「김해시 대성동 89-18번지 건물신축 부지내 문화유적 국비지원 발굴조사」

부경대학교박물관, 1994, 「김해대성동소성유적」

(재)강산문화재연구원, 2018, 「가야역사문화 환경정비사업부지 내(2단계) 발굴(시굴)조사」

_____, 2019, 「김해 가야의 터 유적」

_____, 2019, 「김해 대성동 219-2번지유적」

_____, 2019, 「김해 대성동 89-11번지유적」

_____, 2020, 「김해 대성동 294번지유적」

(재)경남문화재연구원, 2017, 「김해 대성동(85-8) 주택신축부지 내 유적」

(재)동서문물연구원, 2009, 「金海 大成洞 64-1番地遺蹟」

_____, 2009, 「金海 大成洞 64-6·11番地遺蹟」

_____, 2013, 「대성동 391번지 약보고서」

_____, 2013, 「대성동 349번지일원 약보고서」

_____, 2014, 「구산동 91-6번지 약보고서」

_____, 2015, 「김해 대성동 89-16번지 유적」

_____, 2016, 「김해 대성동 402-1번지 일원 다가구주택 신축부지내 유적 발굴조사 약보고」

한국문화재보호재단, 2011, 「2010년 소규모 발굴조사 보고서Ⅱ-충청·광주·울산·경남-」

_____, 2011, 「김해 대성동 402-9번지 단독주택 신축부지내 국비지원 발굴조사 약보고서」

_____, 2011, 「김해 대성동 402-10번지 단독주택 신축부지내 국비지원 발굴조사 약보고서」

_____, 2011, 「김해시 대성동 402-15번지 단독주택 신축부지내 국비지원 발굴조사 약보고서」

_____, 2013, 「김해시 대성동 402-13번지 단독주택 신축부지내 국비지원 발굴조사 약보고서」

_____, 2012, 「김해 대성동 90-11번지 단독주택 신축부지내 문화유적 국비지원 발굴조사 약보고서」

_____, 2013, 「2011년도 소규모 발굴조사 보고서Ⅴ-부산·울산·경남1-」

한국문화재재단, 2015, 「2015년도 소규모 발굴조사 보고서 Ⅹ」

_____, 2016, 「김해 대성동 63-3번지 근린시설내 신축부지내유적」

_____, 2019, 「2019년도 소규모 발굴조사 보고서」

한반도문화재연구원, 2021, 「김해 동상동 297-1번지유적」

영남지역문화재조사연구기관협의회, 2014, 2013 연구조사발표회「김해구산동96번지유적」

日本列島 出土 磨製石劍 再考
- 조몬(繩文)시대 만기~야요이(彌生)시대 전기 자료를 중심으로 -

히라고리 다츠야 | 島根大學 法文學部

Ⅰ. 머리말

마제석검은 동북아시아 청동기시대 문화를 구성하는 한 요소를 이루는 물질 자료이다. 중국 동북지역, 연해주, 한반도, 일본열도에 분포하는데 출토량과 형태의 다양성으로 보아 그 중심지는 한반도이다. 한반도 청동기시대의 마제석검은 지금까지 1,300점을 넘는 것으로 생각된다. 이러한 마제석검은 한반도에서는 청동기시대가 시작되고 분묘 부장품으로 등장하였지만 초기철기시대가 되면 갑자기 그 모습을 감추게 되었다. 청동기시대는 농경사회가 성립·전개해가는 단계인데(안재호 1996), 마제석검은 이러한 시대에 출현한 지석묘나 석관묘의 부장품으로서 부장되었다. 한반도 출토 마제석검의 성격에 대해서는 많은 논고에서 언급되어 왔는데(後藤 2000; 박선영 2004; 배진성 2006; 平郡 2012), 농경사회의 성립·전개와 관계가 있는 것으로 여겨진다.

한반도와 바다를 가로질러 위치하는 일본열도에서도 마제석검이 보인다. 그것은 일본열도에서 벼농사가 시작되는 야요이시대 개시단계 전후의 일이다. 그때 한반도 남부에서 쓰시마를 거쳐 북부 규슈로 유입한 것으로 생각된다. 일본열도 출토 마제석검에 대해서는 100년에 가까운 연구의 역사가 있고, 많은 연구가 이루어져 왔는데, 한국 고고학의 급속한 성장을 감안하면 기원지인 한반도에서의 마제석검 연구성과와 비교를 통한 연구가 필요한 시점이라고 생각한다.

본고에서는 조몬(繩文) 만기부터 야요이 전기 자료를 중심으로 일본열도 출토 마제석검에 대한 재검토를 목적으로 한다.

II. 일본열도 마제석검 출토 현황

1. 출토지역

지금까지 확인된 조몬 만기~야요이 전기의 마제석검은 85점이 확인되었다[그림 1]·<표 1>. 아래에서는 지역별로 출토 양상을 살펴보도록 하겠다.

먼저 쓰시마(對馬)에서 20유적에서 24점이 출토되었는데, 이것은 조몬 만기부터 야요이 전기 출토 마제석검의 28%가 된다[그림 2]. 점수만 보면 후쿠오카현(福岡縣)보다 적지만 한 지역에 집중분포하기 때문에 가장 높은 밀도를 보여준다. 게다가 쓰시마섬 안에서 분포를 보면, 미쓰시마쵸(美津島町)의 나카미치단(中道壇) 유적 이외는 섬의 북반부, 그것도 서해안쪽에 편중 출토한다. 가미쓰시마초(上對馬町) 이즈미(泉) 출토품과 후나시(舟志) 출토품은 다른 마제석검과는 달리 북동부에서 출토되었다.

이키(壹岐)에서 마제석검편 3점이 확인되었는데, 시기를 알 수 있는 자료가 적고, 하루노츠지(原の辻)유적 출토품을 중기 초로 보고 있다(長崎縣敎育委員會 1988).

나가사키현(長崎縣)에서는 확실한 유병식은 확인되지 않고, 유경식만 히라도시(平戶市), 사세보시(佐世保市), 이사하야시(諫早市), 미나미시마바라시(南島原市), 신카미고토초(新上五島町)에서 출토된 바가 있지만, 시기를 알 수 없거나 중기 이후에 해당하는 자료들이다(長崎縣敎育委員會 1988).

<표 1> 일본열도 출토 마제석검 일람(조몬 만기~야요이 전기)

번호	유적명		유구	석검형식	공반유물	비고	참고문헌
1	나가사키 (長崎)	쓰시마 이즈미(泉)	상식석관	유단1식	석촉	유병식 1점도 같이 발견되었지만 현재 소장불명.	東亜考古學會 1953
2	〃	쓰시마 슈시(舟志)	-	무단1식			東亜考古學會 1953
3	〃	쓰시마 시타루시게 (志多留シゲ)	-	유병식		도면 없음.	永留 1963
4	〃	쓰시마 에이타노단 (エイタノダン)	상식석관으로 전해짐.	불명		도면 없음.	東亜考古學會 1953
5	〃	쓰시마 긴마쿠(金幕)	상식석관	유단1식			東亜考古學會 1953, 有光 1959
6	〃	쓰시마 미네이데 (三根井出)	-	유병		도면 없음	永留 1963
7	〃	쓰시마 다카마쓰노단(タカマツノダン)	석관 ?	유경3식			長崎縣教委 1974
8	〃	쓰시마 가야노키 (ガヤノキ)H지점 A	상식석관	유경4식			小田 1973
9	〃	쓰시마 가야노키 (ガヤノキ)H지점 B	상식석관	유단1식			小田 1973
10	〃	쓰시마 에비스야마 (エビス山)	상식석관	유병		도면 없음.	永留 1963
11	〃	쓰시마 치고노하나 (チゴノハナ)	상식석관	무단2식		거의 완형.	長崎縣教委 1974
12	〃	쓰시마 오오타바루오카 (太田原丘)	상식석관	무단2식	동검 ?		峰町教委 1980
13	〃	쓰시마 기사카쓰네노하라 (木坂経の原)	-	유병		도면 없음	永留 1963
14	〃	쓰시마 기사카(木坂)	-	유경3식	유경석촉		長崎縣教委 1974
15	〃	쓰시마 니이도우노우치 (仁位堂の内)	-	무단2식			東亜考古學會 1953
16	〃	(傳)쓰시마 니이도우노우치	-	무단2식			東亜考古學會 1953, 有光 1959
17	〃	쓰시마 니이도우노우치	-	유병		도면 없음.	永留 1963

번호		유적명	유구	석검 형식	공반 유물	비고	참고문헌
18	나가사키 (長崎)	쓰시마 니이하로우 (ハロウ)	1호석관	유경1식			長崎縣敎委 1974
19	〃	쓰시마 야마다(山田)?	-	유경3식		흑색 혈암로 보고.	東亞考古學會 1953
20	〃	쓰시마 가시시(加志々) 중학교 A	상식석관	무단2식			長崎縣敎委 1974
21	〃	쓰시마 가시시(加志々) 중학교 B	상식석관	무경	마제석 촉 3		長崎縣敎委 1974
22	〃	쓰시마 사호(佐保)사무소	상식석관	유병		도면 없음.	永留 1963
23	〃	쓰시마 치모로(千尋藻)	-	유경3식			小田富士 雄·韓炳三編 1991
24	〃	쓰시마 나카미치단 (中道壇)	4호 석관	유경2식			長崎縣敎委 1988
25	사가 (佐賀)	가라쓰 오오토모(大友)	3차 1호 석관묘	유경3식		인골 잔존, 관외.	呼子町敎委 1981
26	〃	가라쓰 마츠우라가와 (松浦川) 하상	-	무단2식			松岡 1962
27	〃	가라쓰 나바타케(菜畑)	7~8층	유경2식			唐津市敎委 1982
28	〃	가라쓰 나바타케핫단마 (菜畑八反間)	유우스식 단순층				
29	〃	가라쓰 나바타케쇼엔지야마 (菜畑松円寺山)	이타즈케 II·공반 포함층				
30	〃	가라쓰 우메지로(梅白)	SH239 주거지	유경1식		야요이 전기 주거지	佐賀縣敎委 2003
31	〃	가라쓰 우메지로(梅白)	포함층	유단4식		조몬 만기~야요이 전기 포함층.	佐賀縣敎委 2003
32	〃	요시노가리쵸 요시노가리 (吉野ヶ里)	-	무단2식			小田富士 雄·韓炳三編 1991
33	〃	도스 나가요시	토광묘	무단1식	적색 원저호		小田 1959
34	후쿠오카 (福岡)	이토시마 마가리타	33호 주거지	유병 미완성품			宮本 2012

번호		유적명	유구	석검형식	공반유물	비고	참고문헌
35	후쿠오카 (福岡)	(구)마에바루 우다가와라 (宇田川原)	-	유병 미완성품			武末 1982
36	〃	이토시마 (傳)후쿠토미 (福富)	-	무단2식		거의 완형.	有光 1959, 宮本 2012
37	〃	후쿠오카 이마쥬쿠이마야마(今宿今山)	-	유병 미완성품		미완성품.	有光 1959, 小田 1959
38	〃	후쿠오카 잣쇼노쿠마 (雜餉隈)	3호 목관묘	유단1식	유경석촉3, 토기1		福岡市教委 2005
39	〃	후쿠오카 잣쇼노쿠마 (雜餉隈)	11호 목관묘	무단1식	토기1		福岡市教委 2005
40	〃	후쿠오카 잣쇼노쿠마 (雜餉隈)	15호 목관묘	무단1식	유경석촉5, 토기1		福岡市教委 2005
41	〃	후쿠오카 아리타나나타마에 (有田七田前)	-	유경2식			
42	〃	나카가와 가타나와우라노하루 (片繩浦ノ原)	-	유단1식			高橋 1925, 武末 1982
43	〃	아사쿠라 우에하라(上原) A	-	무단1식			朝倉高校 1969
44	〃	아사쿠라 우에하라(上原) B	-	유단2식			朝倉高校 1969
45	〃	가스야 우이(宇美)	-	무단1식			有光 1959
46	〃	무나카타 다쿠마츠가우라 (田久松ヶ浦)	토광묘 SK201	무단1식			宗像市教委 1999, 宮本 2012
47	〃	무나카타 다쿠마츠가우라 (田久松ヶ浦)	목관묘 SK206	무단1식			宗像市教委 1999, 宮本 2012
48	〃	무나카타 구바라(久原)	목관묘 SK8	무단1식			宗像市教委 1988, 宮本 2012
49	〃	후쿠쓰 이마가와	-	무단2식			酒井・伊崎 1981
50	〃	후쿠쓰 이마가와	-	유경1식			酒井・伊崎 1981

번호		유적명	유구	석검형식	공반유물	비고	참고문헌
51	후쿠오카 (福岡)	나카마 하부나카마 (垣生中間)중학교 교정	상식석관 (傳)	무단2식		점판암직 혈암으로 보고. 제45도-1.	小田 1978
52	〃	나카마 (傳)하부온가가와 (垣生遠賀川) 하상	-	유단1식	마제석촉4	회색 점판암질 혈암으로 보고. 제45도-2.	小田 1978
53	〃	나카마 미타테야마 (御館山) 산기슭A	-	무단2식		흑회색 점판암질 혈암으로 보고. 제46도-7	小田 1978
54	〃	나카마 미타테야마 (御館山) 산기슭B	-	무단2식		흑회색 점판암질 혈암으로 보고. 제46도-8	小田 1978
55	〃	나카마 수나야먀(砂山) 온가가와 하상	-	봉부편		혈암계로 보고. 제46도-9	小田 1978
56	〃	나카마 나카마초등학교 앞 온가가와 하상	-	신부편		점판암으로 보고. 제46도-10	小田 1978
57	〃	나카마 수나야먀(砂山) 온가가와 하상	-	봉부편		혈암계로 보고. 제46도-11	小田 1978
58	〃	나카마 나카마초등학교 앞 온가가와 하상	-	병부펴		점판암으로 보고. 제46도-12	小田 1978
59	〃	나카마 가미소코이노 (上底井野)	-	무단2식		신부 마모됨. 병부 단면 장방형. 제47도-13	小田 1978
60	〃	나카마 나카소네(中曽根)	유경? 미완성품			철검형 미완성품. 제47도-14. 회색 혈암으로 보고.	小田 1978
61	〃	나카마 하부사루하미 (垣生猿喰)	-	무단2식		황백색 혈암으로 보고. 제48도-15	小田 1978
62	〃	다가와 原若狹	-	무단2식			有光 1959
63	〃	유쿠하시 아모우다 (天生田)	-	무단1식			有光 1959
64	〃	고가 시시부(鹿部)	채집	무단			下條 1978
65	〃	오노죠 나카·데라오 (中·寺尾)	8호 토광묘	?			
66	〃	오고리 데라후쿠도 (寺福童)	R-8 목관묘	유단1식			小郡市教委 2007
67	〃	오고리 요코쿠마나베쿠라 (横隈鍋倉)	42호 저장공	무단1식			小郡市教委 1985

번호		유적명	유구	석검형식	공반유물	비고	참고문헌
68	후쿠오카 (福岡)	오고리 요코쿠마카미우치하타 (横隈上内畑) 4차	SR21	무단2식			小郡市教委 2001
69	구마모토 (熊本)	야마토 川口山立	-	무단2식			浅野 외 1960
70	〃	기쿠치 가메오헤비츠카 (亀尾蛇塚)	-	유경1식			高橋 1925
71	〃	(傳)다라기 구로히지 (黒肥地)	-	유단3식			乙益 1980
72	오이타 (大分)	히타 후키아게하라 (吹上原)	-	무단1 식?			小田 1970
73	〃	분고오노 치토세(千歳)	경작 중 출토	무단1식		회색 혈암으로 보고.	清水 1978
74	마야자키 (宮崎)	(傳)사이토시(西都市)	-	?			武末 1982
75	에히메 (愛媛)	세이요 우와쵸(宇和町)	-	무단3식			松岡 1965
76	〃	도베 다노우라(田ノ浦)	-	무단3식		봉부 결실, 출토 상황 알 수 없음.	松岡 1965, 下條 1994
77	〃	마사키 호켄덴(宝剣田)	큰 바위 밑?	무단2식		봉부·신부 일부 결실.	松岡 1965, 下條 1994
78	〃	이요 미야시타데라야마 (宮ノ下寺山)	-	무단3식		봉부 결실.	松岡 1965, 下條 1994
79	〃	이요 미야시타하가시타니 (宮ノ下東谷)	-	무단3식		신부·병부 일부 결실. 출토상황 알 수 없음.	松岡 1965, 下條 1994
80	〃	마츠야마 다카노코마치 (鷹子町)	-	무단3식			松岡 1965
81	〃	마츠야마 구와바라(桑原)	-	무단3식			松岡 1965
82	〃	마츠야마 모치다마치 산쵸메	목관묘 SK32	유경1식			愛媛縣埋文 1993
83	〃	마츠야마 모치다마치 산쵸메	토광묘 SK34	유경3식		녹색결장편암으로 보고.	愛媛縣埋文 1993
84	가가와 (香川)	다카마츠 아지쵸(庵治町)	高島 부근 바다에서 인양	무단2식			岩田 1974
85	시마네 (島根)	이즈모 하라야마(原山)	채집	유경1식			村上·川原 1979

[그림 1] 일본열도 출토 마제석검 분포도(조몬(繩文)만기~야요이(彌生)전기)

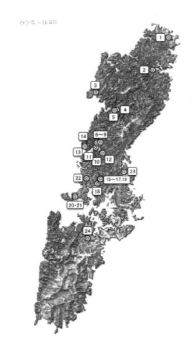

[그림 2] 쓰시마(對馬) 출토 마제석검 분포도

사가현(佐賀縣)에서는 6유적에서 9점이 확인되었다. 출토량은 쓰시마나 후쿠오카에 비하면 적지만, 요시노가리(吉野ヶ里)와 나가요시(永吉)에서 출토된 2점 이외는 모두 가라쓰시(唐津市)의 가라쓰만(唐津灣) 연안지역에 집중분포한다는 것이 특징이다.

후쿠오카현(福岡縣)에서는 35점이 출토되었고, 해당시기의 일본열도 출토 마제석검의 41%를 차지한다. 후쿠오카현 안에서 분포지역을 다시 구분할 수 있다. 즉 이토시마(糸島)평야와 그 주변 지역(5점), 후쿠오카(福岡)평야 남부에서 오고리시(小郡市)에 이르는 지역(11점), 겐카이나다(玄界灘)연안인 무나카타시(宗像市)(6점), 나카마시(中間市)의 온가가와(遠賀川)유역(12점)으로 나눌 수 있다.

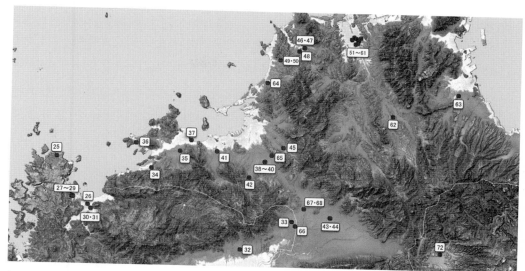

[그림 3] 북부 규슈 출토 마제석검 분포도

　오이타현(大分縣)에서 2점, 구마모토현(熊本縣)에서 각3점이 출토된 바가 있는데 이들은 모두 파편이며, 출토상황에 관한 상세한 정보가 없다(淺野 외 1960; 高橋 1925; 乙益 1980; 小田 1970; 淸水 1978).

　미야자키현(宮崎縣)의 경우 사이토시(西都市) 출토품이 있었다고 하는데, 이것도 형태나 출토상황에 관한 정보를 알 수 없다(武末純一 1982).

　에히메현(愛媛縣)은 쓰시마, 규슈 북부 이외에서 유일하게 마제석검이 집중분포하는 마츠야마(松山)평야가 있다.

　마쓰야마 평야보다 서쪽으로 가면 마제석검의 출토가 급감하고, 가가와현(香川縣) 舊 아지초(庵治町) 앞바다에서 끌어올려진 것이 유일한 자료가 된다(岩田 1974).

　동해쪽에서 발견된 마제석검 중 전기까지 올라갈 가능성이 있는 자료가 시마네현(島根縣) 이즈모시(出雲市) 하라야마(原山)유적 출토품(村上・川原1979)이다. 규슈 북부・마츠야마 평야에서 멀리 떨어진 가가와현・시마네현에서는 산발적으로 출토된다.

　이러한 일본열도 출토 마제석검에 대해 시모죠 노부유키(下條信行)가 집중적으로 출토된 지역과 산만하게 출토된 지역이 상호적으로 존재하고, 집중된 지역은 초기 농경문화가 전개해가는 루트상 요충지에 한정된다 보았다(下條信行 1994).

2. 출토유구

우선 일본열도 출토 마제석검의 고지(故地)인 한반도에서의 출토유구에 대해 살펴보겠다. 한반도 마제석검 출토유구는 크게 두 가지로 나눌 수 있다. 하나는 지석묘, 석관묘, 주구묘 등 청동기시대 묘제의 부장품으로서 출토되는 것, 다른 하나는 주거지 출토품이다. 출토점수를 보면 지금까지 파악할 수 있는 바로서는 분묘 출토품이 700점 정도, 주거지 출토품이 600점 정도, 총 1300점 정도가 될 것이다. 주거지 출토품은 미완성품도 확인되지만 완성품의 파편이 많은 한편, 분묘 부장품은 완형이 많고, 미완성품은 거의 볼 수 없다는 차이가 있다.

일본열도 출토 마제석검의 출토유구를 살펴보면, 개간 중에 우연히 발견되는 등 출토유구·출토상황을 알 수 있는 경우가 적고 상식(箱式)석관, 토광묘, 목관묘 등 매장유구과 주거지·저장공 등 생활유구, 그리고 바다에서 인양된 것 등 기타 특수한 사례로 나눌 수 있다.

유구별 출토 수량을 보면 매장유구에서 28점이 출토되었다. 그 중 상식 석관 출토 사례가 15점으로 가장 많은데, 사하현 오오토모(大友)유적 이외는 모두 쓰시마에서 출토되었다.

다음으로 목관묘 출토품이고 8점이 확인되었다. 잣쇼노쿠마(雜餉隈)유적(3·11·15호)에서 3점, 다쿠마츠가우라(田久松ヶ浦)유적 SK206, 구바라(久原)유적 SK8, 테라후쿠도(寺福童)유적R-8, 요코쿠마카미우치하타(橫隈上內畑)유적 4차 SR21, 모치다마치 산쵸메(持田町三丁目)유적 SK32에서 각 1점씩 출토되었다.

토광묘에서는 다시로나가요시(田代永吉)유적, 나카·테라오(中·寺尾)유적 8호, 모치다초 산쵸메(持田町三丁目)유적 SK34에서 각 1점씩 총 3점이 출토되었다.

생활유구에서 5점 출토된 바가 있다. 주거지 출토품은 우메지로(梅白)유적에서 1점, 마가리타(曲り田)유적에서 3점 출토되었는데, 모두 미완성품이다.

저장공에서는 요코쿠마 나베쿠라(橫隈鍋倉)유적 42호 저장공의 복토(覆土)에서 출토된 무단식 파편 1점뿐이다.

해중에서 인양이라는 특수한 상황에서 발견된 것은 아지마치(庵治町) 앞바다 출토품 1점뿐이다.

위와 같이 출토 유구가 확실한 석검은 분묘 부장품이 많다는 것을 확인할 수 있다. 한반도에서의 출토양상과 마찬가지로 조몬 만기부터 야요이 전기의 분묘 출토품은 완형품이 많고, 주거지나 저장공 출토품은 미성품 혹은 파편이라는 점을 공통점으로 들 수 있다.

Ⅲ. 일본열도 출토 마제석검의 분류와 변천

　1990년대 이후 한반도에서 출토사례가 급증한 마제석검, 특히 유병식 석검에 대해 명확한 분류 기준을 제시하고, 공반유물을 통한 검증을 걸친 편년안을 제시한 박선영의 연구는 일본열도 출토 마제석검을 이해하는 데 있어서도 중요하다. 마제석검 분류와 편년에 관해서 일본열도 출토품에 대한 독자적인 분류를 제시하는 것보다 기본적인 분류기준은 한반도 출토품에 대한 분류를 적응시킴으로써 대응할 수 있다. 이러한 점은 역시 일본열도 출토 마제석검이 동북아시아의 마제석검 문화의 흐름 속에서 이해할 수 있기 때문일 것이다.

　본고에서는 기존의 형식분류기준 중 武末純一, 下條信行, 박선영에 의한 분류기준(武末純一 1982; 下條信行 1991; 박선영 2004)을 고려하여 병부 형태에 따라 유병식과 유경식으로 대별하고, 유병식은 ①검신과 병부의 연결형태, ②호(鎬)의 위치에 따라, 유경식은 ①경부 길이, ②경부 홈의 유무에 의해 세분할 수 있다[그림 4].

[그림 4] 일본열도 출토 마제석검 형식분류도

1. 유병식 석검의 분류

유병식 석검은 병부 중앙에 홈로 단이 있는 유단병(有段柄)과 홈이 없는 무단병(無段柄)으로 나뉜다(武末純一 1982).

유단병은 단 연결부 형태에 따라 단 연결부의 상하에 마디(節)이 있는 것(유단1식), 띠 모양을 이루는 것(유단2식), 마디가 없는 것(유단3식), 짧은 홈을 넣는 것(유경4식)으로 세분한다[그림 5].

무단병도 박선영이 지적한 바와 같이 가장 중요한 분류 기준으로 검신과 병부의 연결부를 들 수 있다. 그리고 심부(鐔部) 돌출이 작은 것으로부터 큰 것으로 변화한다고 지적하였다(박선영 2004). 본고에서도 검신과 병부의 연결 형태를 기초로, 검신과 병부의 경계가 마디 모양을 이루는 것(무단1식), 단을 이루는 것(무단2식), 심부가 없고 평탄한 것(무단3식)에 세분한다[그림 6~8].

2. 유경식 석검의 분류[그림 9]

유경식 석검의 분류 기준에 대해서는 기존 연구에서도 경부 길이·넓이, 홈의 유무가 중요시되어 왔다(田村晃一 1988; 李榮文 1997; 中村大介 2012). 그, 田村이 설정한 유경1식, 즉 경부가 가늘고, 길게 만들어지고, 경부 끝 부근에 양측에서 작은 홈이 파여져 있는 것이 일본열도에서 확인되지 않아서 제외하였다.

타무라 아키라치(田村晃一)와 이영문의 분류안을 바탕으로 하여, 나카무라 다이스케(中村大介)의 분류안도 참고로 하면서 일본열도 출토 유경식 석검을 아래와 같이 분류하였다.

유경1식 : 경부 길이가 짧고(~ 3cm), 폭넓게 만들어지고 양쪽에서 홈이 파여진 것.

유경2식 : 경부 길이가 짧고(3~4cm), 홈이 없는 것.

유경3식 : 경부 길이가 길고, 관(關)이 둔각을 이루는 것.

유경4식 : 경부의 단이 줄고, 역 T자형을 이루는 것.

무경식 : 경부가 없고, 검신만 있는 것.

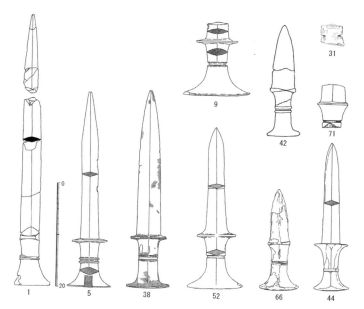

[그림 5] 유병유단 1식 석검(번호는 일람표와 대응)

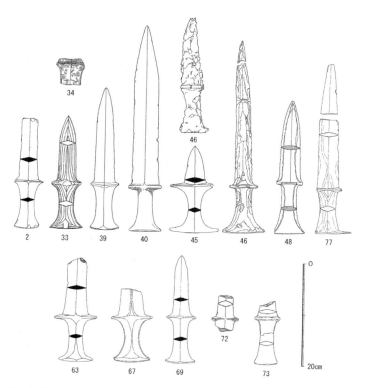

[그림 6] 유병무단 1식 석검(번호는 일람표와 대응)

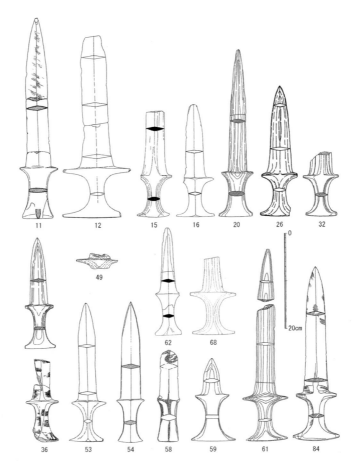

[그림 7] 유병무단 2식 석검(번호는 일람표와 대응)

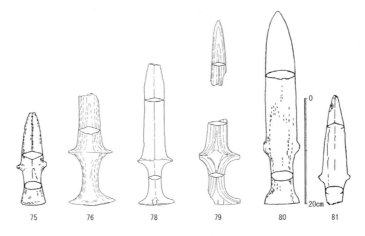

[그림 8] 유병무단 3식 석검(번호는 일람표와 대응)

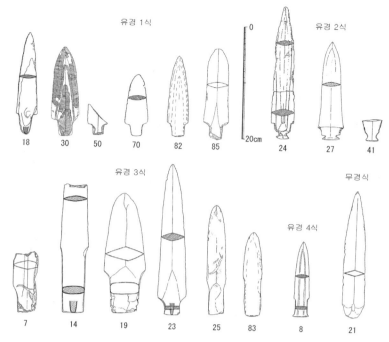

[그림 9] 유경1~4식 석검·무경식 석검(번호는 일람표와 대응)

3. 일본열도 출토 마제석검의 변천

여기서는 먼저 각 형식의 시기를 비정(比定)하기 위해 마제석검의 공반유물을 살펴보겠다.

공반유물을 가진 마제석검은 12점이다. 공반 유물의 종류를 보면 토기, 유경식 마제석촉, 옥이 있는데, 마제석검의 소속시기의 정점(定點)을 찾아내기 위해서는 토기에 대한 검토가 유용하다고 생각한다.

마제석검과 공반된 토기는 나가요시, 후쿠오카시 잣쇼노쿠마(SR011·SR015·SR003), 타쿠마츠가우라(SK201·SK206), 요코쿠마 나베쿠라, 시시부히가시마치(鹿部東町)패총 등 8개 유적에서 확인되었는데, 분묘 부장품이 주를 이루고, 그 이외에는 저장공, 패총에서 출토된 것을 알 수 있다.

나가요시에서 공반된 토기는 소형 적색마연토기 호인데, 기벽이 두꺼운 조몬시대 만기에 해당되는 자료이다(武末純一 1982). 구체적인 시기에 대해서는 저부 형태가 원저이기 때문에 유우스(夜臼) I 식까지 소급할 가능성도 제기된 바가 있다(端野晋平 2012).

잣쇼노쿠마에서 공반된 토기는 SR011·SR015 출토품을 유우스식, SR003 출토품을 유우

스Ⅱa로 보고 있다(福岡市教育委員會·岡三リビック(株)埋蔵文化財調査室 2005). 하시노 신페이(端野晋平)는 잣쇼노쿠마 출토 마제석검의 시기를 유우스Ⅱa식이 본고 분류의 유단1식 마제석검의 출현기와 병행하지 않을 수도 있다고 보고, 그 이전에 일본열도에서 제작이 시작되었을 가능성을 제기하였다(端野晋平 2012).

나카마시(中間市) 하부(垣生) 온가가와(遠賀川) 하상(河床) 출토품에 대해 다케스키는 조몬 만기 후반부터 이타즈케(板付)Ⅰ식에 보이는 고식(古式) 유경식 석촉과 공반하기 때문에 유단식 중에서도 신식(新式)에 해당한다고 지적하였다(武末純一 1982).

다쿠마츠가우라(SK201·SK206)에서 출토된 토기는 이타즈케Ⅰ식에 해당한다(宗像市教育委員會1999).

요코쿠마 나베쿠라에서는 저장공에서 이타즈케Ⅱ식과 공반하고(小郡市教育委員會 1985), 시시부 히가시마치 패총에서 출토된 마제석검은 이타즈케Ⅱa식을 주를 이루는 유물 포함층에서 출토되었다고 한다(下條信行 1978; 木村幾多郎·高橋徹 1978).

구바라유적 SK 8은 이 유구를 포함한 분묘 유구 전체의 시기를 이타즈케Ⅰ(新)~이타즈케Ⅱa로 보고 있다(宗像市教育委員會 1988).

오오타바루오카(太田原丘)유적 1호 석관에서 출토된 석검은 심부와 병두(柄頭)가 다른 석검보다 과장된 점과 유사한 형태를 가진 한반도 출토품의 공반유물로 보아 이타즈케Ⅱ식기가 상정된다(武末純一 1982).

유경식 석검 중에서 공반유물이나 출토층위를 근거로 시기를 추정할 수 있는 것은 나바타케(菜畑)유적 7~8층에서 출토된 유경1식이 유우스식 단계(唐津市教育委員會 1982), 우메지로유적 SH239에서 출토된 유경2식은 이타즈케Ⅰ식 단계에 해당된다(佐賀縣教育委員會 2003). 모치다초 산쵸메 유적 출토품의 경우, 시기를 알 수 있는 공반유물은 없지만, 같은 묘지 내에서 보이는 토광묘 구축 순서로 보아 SK32 출토 유경2식이 전기 전반 신단계, SK34 출토 유경3식은 전기 후반 신단계로 보았다(愛媛縣埋蔵文化財調査センタ 1995). 그리고 SK34 출토 마제석검의 석재는 마츠야마 평야에서 산출하는 녹니편암(綠泥片巖)이며, 현지에서 제작된 것을 알 수 있다(下條信行 1994).

위와 같이 공반된 토기 등으로 보아 조몬 만기에 유단1식, 무단1식, 이타즈케 Ⅰ식 단계에 무단2식·유경2식, 이타즈케 Ⅱ식 단계에 무단2식과 무단식 중 병두가 좌우로 퍼지는 것, 유경3식이 보이는 것을 알 수 있다. 이러한 점은 1990년대 이후에 자료 증가했음에도 불구하고, 시기별 형식의 특징에 대해서는 기존 견해(武末純一 1982; 下條信行 1991)를 추인하게 되었는데, 그 내용을 정리한 것이다[그림 10].

[그림 10] 일본열도 출토 마제석검 변천도

4. 일본열도 마제석검의 출현 시기에 대해

여기서 주목하고 싶은 것은 일본열도 출토 마제석검 중 가장 시기가 빠른 것으로 생각되는 유단1식이다. 이른바 유절병식 석검으로 불리는 것인데, 한반도에서도 집중적으로 분포하는 지역이 한정되는 석검이다. 병부의 단 연결부 윗아래에 마디 모양의 절(節)을 가지는 것을 유절병부식으로 보는데, 청동기시대 전기 말부터 후기 후반에 걸쳐 제작·부장되었다. 이러한 유절병식 석검은 검신부 형태, 鎬의 위치, 병두부의 퍼짐 상태를 바탕으로 네 가지 형식으로 세분할 수 있다(장용준·平郡達哉 2009). 이 중 일본열도 출토 유단1식과 관련성 알 수 있는 것은 유절병 Ⅱ·Ⅲ·Ⅳ식이며, 각 석검의 형태적 특징은 아래와 같다.

유절병 Ⅱ식은 검신이 심부에서 직선적으로 뻗고, 봉부 부근에서 각을 이루면서 뾰족해지고, 鎬는 검신부에만 보인다. 단 연결부는 凹部가 명확한 것이 많다.

유절병 Ⅲ식은 병부 길이에 대한 검신부 길이의 비율이 Ⅱ식에 비해 커진다. 검신부 형태는 병부에서 직선적으로 뻗고 봉부 부근에서 각을 이루고 뾰족해진다. 鎬는 검신부와 병부 전체에 세워진다.

유절병부 Ⅳ식은 명확한 심부가 형성되지 않고, 좌우로 크게 돌출하지 않는다. 鎬는 검신부에만 세워진 것이 많다. 단 연결부 형태는 명확한 것이 많다.

다음으로 유단1식 중에서 선술한 한반도 출토 각종 유절병식과 유사성을 보이는 자료에 대해 살펴보겠다[그림 11].

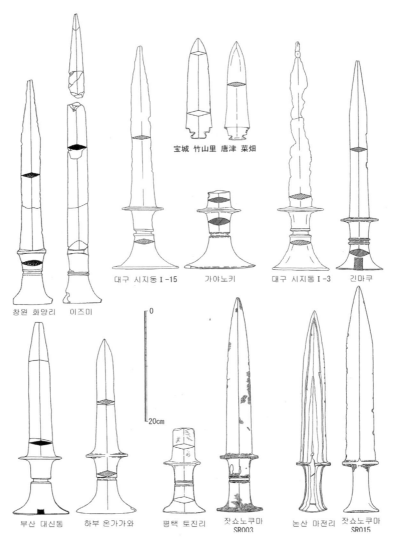

[그림 11] 한일간에서 유사한 유병유단·무단식·유경식석검

이즈미(泉) 출토품은 심부 돌출이 작고, 鎬가 검신부에만 있는 점에서 다른 일본열도 출토 유단1식 석검과는 다른 특징을 가진다. 형태적 특징으로 보아 한반도 출토 유절병식 중 Ⅳ식에 가깝고, 유사한 자료로서 창원 화양리 출토품(정성희 1985)을 들 수 있다. 이러한 Ⅳ식은 대구, 마산, 창원, 경주에 집중분포하는 석검이다(장용준·平郡達哉 2009).

가야노키(ガヤノキ) 출토품은 병부와 검신 일부만 남아 있는데, 병부 형태를 보면 유절병 Ⅱ식에 해당하는 대구 시지동 Ⅰ-15호묘 출토품과 높은 유사성을 보여준다(영남대학교 박물관 1999). 가야노키 출토품의 병부 상단(上段)에는 鎬가 있는데, 검신부에만 鎬가 있는 유절병 Ⅱ식과는 차이가 있기 때문에 Ⅱ식과 Ⅲ식의 중간적인 형태를 가진다고 할 수 있다.

긴마쿠(金幕) 출토품은 節의 돌출이 강한 점은 유절병 Ⅱ식의 특징을 가진 것으로 생각되지만, 鎬가 검신부 뿐만이 아니라, 병부 전체에 걸쳐 있는 점은 유절병 Ⅲ식의 특징이다. 이 석검도 Ⅱ식과 Ⅲ식의 중간적인 형태를 가진다고 할 수 있다. 단 연결부의 길이에 차이가 있지만 대구 시지동 Ⅰ-3호 석곽묘 출토품이 유사하다(영남대학교박물관 1999).

하부(垣生) 온가가와(遠賀川) 하상(河床) 출토품은 유절병 Ⅱ식의 대신동 출토품(有光教一 1959)과 유사하지만, 하부 출토품의 節 돌출도가 낮고, 鎬가 병부 전체에 걸친 점은 유절병 Ⅲ식의 특징을 보여주고 Ⅱ식과 Ⅲ식의 중간적인 형태를 가지는 것이다. 이러한 두 가지 형식의 특징을 가진 석검은 한반도에서도 출토되었고, 유절병 Ⅱ식에서 Ⅲ식으로 연속적인 형식변화를 보여준다(장용준·平郡達哉 2009).

잣쇼노쿠마 SR003 출토품은 병부 하단의 굴곡이 강한 점에서 차이가 보이지만, 병부 측면이 직선적인 점은 유절병 Ⅲ식에 해당하는 평택 토진리 출토품(기전문화재연구원 2006)과 유사하다. 잣쇼노쿠마 유적의 경우 유단1식은 아니지만, SR015 출토품과 같은 무단2식이 논산 마전리유적 석관묘 출토 마제석검과 흡사하다는 지적이 있다(庄田愼矢 2016). 구체적인 자료는 KM008 출토 마제석검(이홍종·박성희·이희진 2004)이 해당하는 것으로 보인다.

시기 문제에 있어 일본열도 출토 마제석검 중 가장 시기가 빠른 것은 쓰시마 이즈미(泉) 출토품이다. 이 석검이 출토된 상식 석관으로부터 3~4m 떨어진 다른 석관에서 조몬시대 만기의 옹관과 벽옥제 관옥이 출토되었기 때문에 이 2기의 석관을 같은 시기로 보고 있지만(東亞考古學會 1953), 이러한 시기비정에 대해서는 신중해야 한다는 지적이 있다(武末純一 1982). 공반유물을 알 수 없기 때문에 자세한 시기비정을 못하지만, 유단1식이라는 점은 일본열도 출토 마제석검 중에서도 가장 빠른 시기에 속하는 것으로 볼 수 있다. 이즈미 출토품과 관련성을 상정할 수 있는 한반도 출토 유절병 IV식은 다른 I·II·III식과 심부 형태가 다른 점이나 분포지역이 한정되는 점, 그리고 鎬가 검신부에서만 보이기 때문에 I·II식에 병행하는 시기의 지역차를 나타낼 가능성이 있고, 한반도 유절병식 석검이 I→II→III식으로 변천하는 점(張龍俊·平郡達哉 2009)을 고려하면 이즈미 출토품은 다른 유단1식보다 시기적으로 소급할 형태를 가지고 있다고 생각한다. 또 가야노키, 긴마쿠, 하부 온가가와 河床 출토품이 모두 한반도 유절병 II식과 III식의 중간적인 형태를 보이는 것은 이 석검들의 제작 시기에 큰 시간적 차이가 없다는 것을 보여준다.

이상과 같이 쓰시마나 나카마시(中間市)에서 출토된 석검들은 한반도 안에서도 영남지역 출토 유절병 II·III식(=유단1식)과, 후쿠오카 평야 출토 석검들은 경기도와 충남지역 출토품과의 유사성을 상정할 수 있다.

또 나바타케(菜畑)유적 출토품과 같은 유경2식은 보성 죽산리 다군 16호묘 출토품과 같이 전남지역에서 출토된 바가 있다. 이것들로 보아 한반도에서 일본열도로의 마제석검 유입 루트나 기원지가 반드시 일원적이지 않고, 다원적일 가능성을 지적해 두고 싶다.

IV. 한일 출토 마제석검 부장풍습 비교

마제석검이라는 석기만 한반도에서 일본열도로 전파된 것이 아니다. 마제석검을 사용한 부장행위 혹은 마제석검이 가진 것으로 상정되는 제사구로서의 성격 등도 포함시켜 대륙계(大陸系)마제석기의 하나로서 전파된 것은 先學에 의해 지적된 바가 있다(시모조 1994; 나카무라 2004). 여기에서는 부장유물로서 조합 관계와 부장 위치에 대해서 한반도 출토품과 비교하면서 양자간의 관련성에 대해 살펴보겠다.

경남지역에서 확인된 청동기시대 묘제에서 부장유물의 집합관계는 다음과 같다(平郡達哉 2006). 발굴조사를 통해 확인된 청동기시대 묘제 550기 중 102기에서 부장행위가 확인된다. 그 중 석검과 관련된 부장 유물의 조합관계는 석검+석촉+토기 15사례, 석검+석촉 5사례, 석검+토기 4사례, 석검만 10사례가 확인된다. 가장 많은 것이 석검+석촉+토기의 세트이며, 더 구체적으로 보면 마제석검 1점, 마제석촉 여러 점, 적색마제토기의 세트이다.

일본열도의 양상을 보면, 석검+석촉+토기 4사례(잣쇼노쿠마 SR015·SR003, 다쿠마츠가우라 SK201·SK206), 석검+석촉 2사례(데라후쿠도(寺福童) R-8, 쿠하라 SK 8), 석검 + 토기 2사례(나가요시, 잣쇼노쿠마 SR011), 석검 + 관옥 2사례(요코쿠마가미우치하타(橫隈上內 畑) 4차 SR21, 나카미치단(中道壇) 4호 석관묘)가 확인된다. 또 나카마시 하부온가가와 河 床 출토품은 출토상황을 알 수 없지만, 유경식 마제석촉가 수반되었을 가능성이 높다.

비교 사례가 적지만, 부장풍습에서 잣쇼노쿠마 SR003·SR015와 타쿠마츠가우라 SK201 과 같이 마제석검 1점 + 마제석촉 여러 점 + (적색마연)토기의 세트 관계를 보여주는 점은 한반도 남부의 그것과 높은 유사성을 보인다.

부장행위에 대해 야마자키 요리토(山崎賴人)는 북부 큐슈에서 부장된 석제 무기(석검, 석 촉)의 부장사례에 대해 검토하였다. 마제석검이 1유구에서 1점이 출토되고, 피장자 오른쪽 에서 봉부가 발목쪽으로 향하고 있어서 패용(佩用)과 속인성(屬人性)을 의식하여 부장되었다 고 보았다(山崎賴人 2009).

부장위치를 보면 매장주체부의 장벽 중앙에서 출토된 것으로 나카미치단 4호 석관묘, 잣 쇼노쿠마 SR015·SR011·SR003, 데라후쿠도 R-8, 쿠하라 SK38 다쿠마츠가우라 SK206의 7 사례가 있다. 그리고 매장주체부 장벽을 따라 단벽쪽에 치우친 곳에서 출토된 것으로 요코 쿠마 가미우치하타 4차 SR21, 타쿠마츠가우라 SK201의 2사례가 있다. 이외에 관외에서 출 토된 것은 오토모(大友)유적 3차 1호 석관묘 출토품이 유일하다.

위와 같이 일본열도 출토 마제석검은 매장주체부의 장벽 중앙에서 출토된 것이 많는데, 이러한 점도 한반도 마제석검의 기본적 부장 패턴과 유사하다.

완형품이 부장되는 경우가 많지만, 요코쿠마 카미우치하타 출토품처럼 봉부가 결실된 것도 있다. 목관묘 관내 바닥에서 출토되었기 때문에 교란으로 부장품이었던 석검이 파손 된 상황도 아니다. 실용적인 무기로서의 기능을 갖고 있지 않았음에도 불구하고 부장품으 로서 부장된 것이다. 이와 같은 마제석검 부장의 의의에 대해 고토 다다시(後藤直)는 "무기로 서 다른 공동체와의 협상에서 우위를 획득하는 힘, 사람들을 결집시키는 힘, 공동체를 해 치는 여러 사악한 것들을 물리치는 힘의 상징물이고, 사후에도 불가결한 물건으로 부장될 필요"가 있고, "무위(武威)를 함의하는 의례, 언설"에 의해 당시 사회에 있어 여러 문제들이 해결되었고 보았다(後藤直 2000). 그의 지적은 한반도에서 부장된 마제석검에 대한 지적이지 만, 일본열도 마제석검의 출토상황을 고려하면 검이 가지는 상징성 즉 "무위(武威)" 개념이 여전히 남아 있었던 것으로 생각된다.

이외에 쓰시마 가시시(加志々) 출토 무경식 석검이나 하라야마(原山)유적 출토 유경식 석검처럼 옅은 황등색을 띠는 석재로 줄무늬(縞狀) 문양이 보이는 것도 주목된다.

쓰시마 가시시 출토품을 무경식으로 분류했는데, 검신 하부의 한쪽면에는 타격 흔적이 보이는 점, 다른 쪽에는 석검 下端部까지 잘 마연된 점으로 보아 부러진 검신부를 재가공하여 경부를 만들려고 했을 가능성이 있다. 봉부에 가까운 부분에서는 명료하지 않지만 각을 이루고 봉부을 향해 뾰족해지는 검신형태는 長身化된 유단1식과 같은 마제석검의 검신부였음을 추측케한다.

하라야마 유적 출토품도 부러진 검신부를 재가공했을 가능성이 있다. 縞 문양이 보이는 옅은 황등색을 띤 석재는 하라야마유적이 있는 산인(山陰)지역에서는 볼 수 없는 것이다. 경부에도 마연이 이루어지는 것이 일반적이지만, 하라야마 출토품은 경부 측면과 상하면에 타격 흔적이 보이고, 경부가 미완성이며 제작 도중인 인상을 준다. 인부가 關에 가까운 곳에서 다소 벌어지는 점은 병부에 가까운 검신부를 재가공했을 가능성을 시사한다(平郡達哉 2019).

이 두 석검들은 출토유구와 공반유물에 관한 자세한 정보가 없어서 시기 비정이 어렵지만, 한반도 출토 마제석검과 유사성을 가진 것은 일본열도에서는 야요이시대 전기 후엽을 마지막으로 사라지게 되기 때문에(下條信行 1991) 가시시와 하라야마 출토품도 그 시기를 크게 벗어나지 않을 것으로 생각된다. 부러진 검신부를 재가공하여 유경식 석검으로 사용하려고 한 점은 한반도로부터 마제석검 유입이 끊겨져, 더 공급이 이루어지지 않았던 것도 있겠지만 여전히 석검이 가진 "武威" 상징성이 유지되고 있었기 때문이라고 생각한다.

V. 맺음말

위에서 일본열도 출토 마제석검에 대해 재검토하였다.

일본열도에서 마제석검은 조몬시대 만기 후반에 유단1식이 먼저 쓰시마에서 부장품으로서 나타난다. 유단1식 중에서도 공반유물이 명확하지 않지만, 한반도 출토품과 비교하여 이즈미 출토품을 가장 빠른 것으로 보았다. 이외에 가야노키, 긴마쿠, 하부 온가가와 河床 출토품이 모두 한반도 유절병식 중 Ⅱ식과 Ⅲ식의 중간적인 형태를 가진 것은 이 세 점의 제작 시기가 큰 시간 차이가 없다는 것을 말해준다.

쓰시마에서 큐슈섬으로 들어가는 창구로 여겨지는 사가현(佐賀縣) 가라쓰만(唐津灣) 연안에서는 쓰시마에서 보이는 유단1식은 확인되지 않고, 유경1식이 가장 빠른 석검이고, 쓰쿠시(筑紫)평야에서는 나가요시 출토품과 같은 무단1식이 가장 빠른 석검으로 부장되었다.

후쿠오카평야에서는 유우스Ⅱa식 단계에 잣쇼노쿠마 SR003 출토품과 같이 유단1식이 부장되었다. 마제석검은 이 시기에 새로 출현하는 목관묘의 부장품으로서 부장되는데, 다른 부장유물과의 조합관계와 부장위치는 한반도의 그것과 높은 공통성을 보이고 있기 때문에 단순한 물품만의 전파가 아니라 장송의례를 포함한 제도 즉 장제(葬制)의 전파도 알 수 있다. 유단1식은 야요이시대 전기에 해당하는 오고리시(小郡市) 데라후쿠도(寺福童) R-8호 목관묘, 나카마시 온가가와 河床 출토품이 가장 늦은 것이고, 이후에 안 보이게 됨과 동시에 온가가와(遠賀川) 以西에서는 출토되지 않았다.

야요이시대 전기에는 무나카타시(宗像市)나 나카마시 등 겐카이나다(玄界灘)연안·온가가와 유역에서도 무단1식이 보인다. 공반유물이나 출토유구가 분명하지 않지만, 북부 규슈에서 보이는 무단1식이 시코쿠(四國)지역 서북부에서도 출토하게 된다.

이타즈케Ⅱ식 단계가 되면 무단2식이 보이는데, 이타즈케Ⅰ식기의 분포 범위를 거의 유지하면서 마쓰야마(松山)평야에서도 출토가 증가하고, 전기 후반에는 모치다산쵸메 유적 SK34 출토 유경3식과 같이 재지에서 석검제작이 이루어졌다(下條信行 1994). 출토상황이나 공반유물을 알 수 없지만, 석검 형태로 보아 카가와현(香川縣)나 시마네현(島根縣)에서 보이는 산발적인 분포도 시기적으로 전기 후반을 크게 벗어나지 않을 것으로 생각한다. 그리고 전기 후반 이후 일본열도에서는 한반도 마제석검의 직접적인 영향을 받은 마제석검은 볼 수 없게 된다.

출토유구가 확실한 것은 적지만, 그 대부분은 매장유구에서 부장품으로 출토된다는 점은 한반도에서의 사용방법과 동일하다. 다만 한반도에서 전파된 문화의 하나로 여겨지는 지석묘에서는 지금까지 확실한 출토품이 한 점도 없다는 점이 주목되는데, 그 의미에 대해서는 다른 기회에 다루고자 한다.

마제석검 석재에 대한 언급을 할 수 없었다는 것이 아쉬우나, 이러한 점에 대해서는 자연과학적인 검토를 포함한 다른 분야와 공동연구가 필요할 것이다.

본고를 작성하는 데 많은 협조와 조언을 주신 분들에게 깊이 감사드린다.

안 배백합자

安部百合子, 稻田陽介, 岡田諭, 小川泰樹, 尾上博一, 河合修, 坂本豊治, 佐藤嘉孝, 神野晋作, 田島龍太, 立谷聡明, 谷梢, 辻田純一郎, 仁田坂聡, 花谷浩, 久山高史, 松井和幸, 美浦雄二, 三阪一德, 宮元香織, 宮本一夫, 村松洋介, 森貴教, 森本幹彦, 山崎頼人, 山田広幸, 吉田浩之, 渡部芳久, 福岡縣立朝倉高校(敬称略)

이 글은 2017년에 일본에서 간행된 『島根考古學會誌』34호에 실린 「日本列島出土磨製石劍再考-繩文時代晚期~彌生時代前期の資料を中心に-」의 「2. 日本列島出土磨製石劍をめぐる研究史」를 생략하고 번역한 것을 명기해 둔다.

참고문헌

기전문화재연구원, 2006, 『평택 토진리유적』.

박선영, 2004, 『남한 출토 유병식석검 연구』경북대학교 대학원 고고인류학과 석사학위논문.

배진성, 2006, 「석검 출현의 이데올로기」『石軒 鄭澄元教授 停年退任 記念論集』부산고고학연구회 논총위원회.

심봉근, 1989, 「일본 미생문화 초기의 마제석기에 대한 연구」『영남고고학』제6호, 영남고고학회.

안재호, 1996, 『청동기시대 취락 연구』부산대학교 대학원 고고학과 박사논문.

영남대학교박물관, 1999, 『시지의 문화유적 I —조사현황, 지석묘 외—』.

──────────, 2007, 『대구 월성리 585유적』.

이영문, 1997, 「전남지방 출토 마제석검에 대한 연구」『한국상고사학보』제24호, 한국상고사학회.

이홍종·박성희·이희진, 2004, 『마전리유적 —C지구—』고려대학교 매장문화재연구소 연구총서 제18집.

장용준·平郡達哉, 2009, 「유절병식 석검으로 본 무문토기시대 매장의례의 공유」『한국고고학보』72집, 한국고고학회.

정성희, 1985, 「경남지방 출토 마제석검에 관한 연구」『고고력사학지』창간호, 동아대학교박물관.

平郡達哉, 2006, 「경남지역 무문토기시대 관외 부장행위에 대한 일고」『石軒 鄭澄元教授 停年退任 記念論集』부산고고학연구회 논총위원회.

──────, 2012, 『무덤자료로 본 청동기시대 사회』부산대학교 대학원 고고학과 박사논문.

高橋健自, 1925, 『銅鉾銅劍の研究』.

宮本一夫, 2012, 「彌生移行期における墓制から見た北部九州の文化受容と地域間關係」『古文化談叢』第67集, 九州古文化研究會.

端野晋平, 2015, 「近年の彌生時代開始期墓制論の檢討」『古文化談叢』第74集, 九州古文化研究會.

唐津市教育委員會, 1982, 『菜畑遺跡 佐賀縣唐津市における初期稻作遺跡の調査』唐津市文化財調査報告 第5集.

東亞考古學會, 1953, 『對馬─玄海における絶島對馬の考古學的調査』.

木村幾多郎·高橋徹, 1978, 「福岡縣古賀町鹿部東町貝塚」『九州考古學』53.

武末純一, 1981, 「朝鮮磨製石劍の再檢討」『古文化研究會會報』29, 九州古文化研究會.

──────, 1982, 「有柄式石劍」『末盧國』唐津湾周辺遺跡調査委員會編. 六興出版

──────, 2004, 「彌生時代前半期の曆年代─北部九州と朝鮮半島南部の併行關係から考える─」『福岡大學考古學論集─小田富士雄先生退職記念─』.

福岡縣立朝倉高等學校史學部, 1969, 「馬場町上原甕棺群遺跡」『埋もれていた朝倉文化-朝高創立60周年記念-』.

福岡市教育委員會·岡三リビック㈱埋蔵文化財調査室, 2005, 『雜餉隈遺跡5』福岡市埋蔵文化財調査報告書 第868集.

峰町教育委員會, 1980, 『太田原丘遺跡』.

山崎頼人, 2009, 「武器の副葬のはじまり」『地域の考古學 佐田茂先生佐賀大學退任記念論文集』.

森貞次郎, 1942, 「古期彌生式文化に於ける立岩文化期の意義」『古代文化』13-7.

西口陽一, 1986, 「人・硯・石劍」『考古學研究』第32卷第4號, 考古學研究會.

西園寺富水, 1923, 「忽那島出土石劍に就いて」『考古學雜誌』第13卷第10號, 考古學會.

小郡市教育委員會, 1985, 『橫隈鍋倉遺跡』小郡市文化財調査報告書 第26集.

_____, 1994, 『橫隈上内畑遺跡』小郡市文化財調査報告書 第89集.

_____, 2001, 『橫隈上内畑遺跡4』小郡市文化財調査報告書 第152集.

_____, 2002, 『三沢ハサコの宮遺跡Ⅲ』小郡市文化財調査報告書 第161集.

小田富士雄, 1959, 「佐賀縣田代發見の石劍と土器」『九州考古學』7・8號, 九州考古學會.

_____, 1970, 「古代の日田」『九州文化史研究所紀要』15, 九州大學文學部附屬九州文化史研究施設.

_____, 1973, 「對馬・ガヤノキB地点出土遺物の再發見」『史學論叢』第6號, 別府大學.

_____, 1978, 「磨製石劍とその出土地」『中間市史』上卷.

松岡史, 1962, 「彌生文化」『唐津市史』.

松岡文一, 1965, 「愛媛縣下の磨製石劍」『伊豫史談』175・176合併號、伊豫史談會.

岩永省三, 2005, 「彌生時代開始年代再考—靑銅器年代論から見る一」『九州大學總合研究博物館研究報告』第3號.

岩田實太郎, 1974, 「庵治町の歷史古代の遺物」『庵治町史』庵治町.

愛媛縣, 1982, 「第三章 農耕文化の形成と發展」『愛媛縣史 原始・古代Ⅰ』愛媛縣史編さん委員會.

愛媛縣埋蔵文化財調査センター, 1995, 『持田町3丁目遺跡』埋蔵文化財發掘調査報告書 第58集.

永留久惠, 1963, 「對馬における考古學的遺跡の一覧表」『九州考古學』18.

有光教一, 1959, 『朝鮮磨製石劍の研究』.

柳田康雄, 1982, 「第2章 彌生時代の甘木」『甘木市史 第2編 原始』.

_____, 2004, 「日本・朝鮮半島の中国式銅劍と實年代論」『九州歷史資料館研究論集』29.

_____, 2009, 「中国式銅劍と磨製石劍」『國學院大學大學院紀要 - 文學研究科 - 』40.

乙益重隆, 1960, 「武器, 狩猟具, 漁撈具」『世界考古學体系 第2卷 日本Ⅱ 彌生時代』平凡社.

_____, 1980, 「伝大久保出土の磨製石劍」『多良木町史』多良木町史編纂會.

長崎縣教育委員會, 1974, 『對馬浅茅湾とその周辺の考古學調査』長崎縣文化財調査報告書 第17集.

_____, 1988, 『中道壇遺跡』長崎縣文化財調査報告書 第90集.

長沼孝, 1986, 「A. 磨製石劍・石戈」『彌生文化の研究』第9卷, 雄山閣.

第二阪和国道内遺跡調査會, 1971, 『第二阪和国道内遺跡調査報告書』4.

佐賀縣教育委員會, 2003, 『西九州自動車道建設に係る文化財調査報告書 梅白遺跡』佐賀縣文化財調査報告書
　　　　第154集.

中山平次郎, 1918,「銅鉾銅劍竝に石劍發見地の遺物(下)」『考古學雜誌』第8卷第9號, 考古學會.

_____, 1921a,「太刀洗飛行場發見の石劍(附大川村江辻出土の磨製石鏃に就て)」『考古學雜誌』第11卷第7號, 考古學會.

_____, 1921b,「考古學雜録(六)」『考古學雜誌』第11卷第11號, 考古學會.

_____, 1931,「雜餉隈驛附近に發見せる石蓋土壙と無蓋土壙(原始的墳墓の研究)」『考古學雜誌』第21卷第9號, 考古學會.

中村大介, 2006,「彌生時代開始期における副葬風習の展開」『日本考古學』第21號.

_____, 2012,『彌生文化形成と東アジア社會』塙書房.

中村豊, 2004,「結晶片岩製石棒と有柄式磨製石劍」『季刊考古學』第86號, 雄山閣.

宗像市教育委員會, 1988,『久原遺跡』宗像市文化財調查報告書 第19集.

_____, 1999,『田久松ヶ浦遺跡』宗像市文化財調查報告 47集.

庄田慎矢, 2016,「東北アジアにおける金屬器受容と短劍形石器の出現」『青銅器の模倣Ⅱ』第65回埋藏文化財研究集會, 埋藏文化財研究會.

清水宗昭, 1979,「大分縣大野郡千歲村出土の磨製石劍について」『九州考古學』53.

村上勇・川原和人, 1979,「出雲・原山遺跡の再檢討—前期彌生土器を中心にして—」『島根縣立博物館調查報告』第2册.

平郡達哉, 2019,「出雲市原山遺跡出土の磨製石劍について」『出雲彌生の森博物館研究紀要』7.

下條信行, 1979,「福岡縣古賀町鹿部採集の有柄式磨製石劍」『九州考古學』53.

_____, 1982,「有柄式磨製石劍・磨製石鏃よりみた朝鮮と日本の関係」『日本考古學協會昭和57年度大會發表要旨』.

_____, 1986,「日本稻作受容期の大陸系磨製石器の展開」『九州文化史研究所紀要』第31號, 九州文化史研究所.

_____, 1994,「瀨戶内海の有柄式磨製石劍の諸問題」『社會科』學研究』第28號,「社會科』學研究會.

_____, 1991,「石製武器」『日韓交涉の考古學 彌生時代編』六興出版.

呼子町教育委員會, 1981,『大友遺跡』呼子町文化財調查報告書 第1集.

紅村弘, 1963,『東海の先史遺跡 總括編』.

後藤守一, 1921,「伊豫国發見の石劍」『考古學雜誌』第12卷第4號, 考古學會.

_____, 1923,「對馬瞥見録(その三)」『考古學雜誌』第13卷第3號, 考古學會.

後藤直, 2000,「朝鮮青銅器時代」『季刊考古學』第70號, 雄山閣.

상주 상판리 자기가마 출토 분청사기에 대한 小考

강경연 | 삼강문화재연구원

I. 머리말

　상주지역의 조선시대 자기소와 관련 내용과 시기에 따른 가마수의 변화는 각종 문헌기록의 기사를 통해 확인할 수 있다[1]. 그 중 『世宗實錄』「地理志」에는 尙州牧 中牟縣 楸縣里와 己未隈里에 上品磁器所가 위치한다고 기재되어 있다. 이러한 문헌기록과 여러차례의

---

[1] 문헌에서 확인되는 상주지역의 磁器所 관련 기사는 다음과 같다.
- 『太宗實錄』卷21, 11년 4월 29일 遣內竪安和尙于慶尙道 中牟、化寧等縣, 監做花器。
  내수 안화상을 경상도 중모・화령 등의 현에 보내어 화기(花器)를 만드는 것을 감독하게 하였다.
- 『世宗實錄』「地理志」磁器所三, 一在中牟縣北楸縣里,(上品。) 一在中牟縣東己未隈里,(上品。) 一在功城縣 西院洞。(中品。) 陶器所二, 一在州西伐乙夜里, 一在丹密縣 丹谷。(皆下品。)
  자기소가 3이니, 하나는 중모현 북쪽 추현리에 있고,(상품이다.) 하나는 중모현 동쪽 이미외리에 있고,(상품이다.) 하나는 공성현 서쪽 원동에 있다. (중품이다.) 도기소가 2이니, 하나는 주 서쪽 벌을야리에 있고, 하나는 단밀현 단곡에 있다. (모두 하품이다.)
- 『慶尙道續撰地理誌』陶器所在州西伐乙夜里品下 磁器所在任內中牟縣奴山里品中
  도기소는 주 서쪽 벌을야리에 있고 하품, 자기소는 중모현 노산리에 있고 중품이다.

지표조사를 근거로 모동면 상관리와 모서면 대포리는 상품자기소, 공성면 우하리는 중품 자기소가 위치했던 곳으로 비정되고 있었다. 이를 바탕으로 여러차례의 학술발굴조사(상주박물관 2015, 2017, 2018, 2020)가 실시되었고, 유적의 현황 및 분청사기 제작과 관련된 생산유적의 실체를 확인한 바 있다.

상주 상관리 자기가마는 공납자기를 생산한 上品磁器所이다. 이 일대가 조선시대 요업의 중심지로서의 역할을 수행하였던 것으로 추정되며, 이를 위한 몇가지 요인이 있었던 것으로 확인된다. 우선, 자기 제작기술을 가진 숙련된 장인집단이 구성·확보되어 있었을 것이다. 그리고 높은 산지가 발달한 모동면 일원에서 적당한 자연경사면이 존재하는 지형에 선택적으로 자기가마를 축조하였고, 주변에서 흙·물·땔감 등 자기제작과 가마를 운영하기 위한 원료의 확보 및 공급이 용이한 입지적 조건을 갖추었던 것으로 파악된다. 또한 생산된 자기에 대한 운송과 유통과정도 생각할 필요가 있었을 것이다. 상주지역의 경우에는 백두대간 산지의 서쪽부분에 위치하고 있어서 처음부터 교통과 운송의 측면에서 입지가 좋았던 것은 아니었다. 그러나 요업이 발달한 상주 모동면 상관리 일원의 자기소에서 생산한 자기는 당시 '상품'으로 인식되었던 것으로 파악된다. 그래서 불편하지만 주어진 교통운송 여건을 최대한 활용하여 수납되었다. 이후에는 운송방식과 제도, 주변의 교통시설을 보완하는 역로망이 재편[2]되기도 하였음을 알 수 있다(한정훈 2021).

상주 상관리 자기가마 학술발굴조사를 통해 확인된 유구와 유물은 상품자기소의 형태 및 제작유물을 확인할 수 있는 실물자료이자, 상주지역만의 도자문화를 확인할 수 있는 기초자료이다. 상관리 자기가마1·6에 대한 조사성과(상주박물관 2015, 2017, 2018)를 정리하고, 출토된 분청사기의 기종과 문양, 명문 및 특수기종 등의 특징을 검토하여 출토된 분청사기의 제작시기를 파악하고자 한다. 이를 통해 상관리 자기가마 출토 분청사기의 특징과 조선시대 상주지역의 도자문화에 대한 一面을 살펴보고자 한다.

---

2) 상주 상관리 자기소가 위치한 곳은 가까이에 상평역만 위치했기 때문에 육상교통이 편리하였다고 말할 수 없는 곳이었다. 조선 초기 이러한 경로를 보완하기 위해 자기소 인근에 공성신역과 청리신역이 신설되어 상주 서남부의 역로망이 재편되었다.

II. 최신 발굴조사 성과

상주지역은 각종 문헌기록과 지속적인 조사를 통해서 조선시대 도자기 생산과 관련된 유적이 다수 분포하는 것으로 파악된 곳이다. 현재까지 지표조사 및 발굴조사를 통해 확인 (경상북도문화재연구원 2002; 대동문화재연구원 2010; 상주박물관 2018, 2019)된 자료를 정리하면, 자기가마유 적은 총 29개소로 파악된다[그림 1].

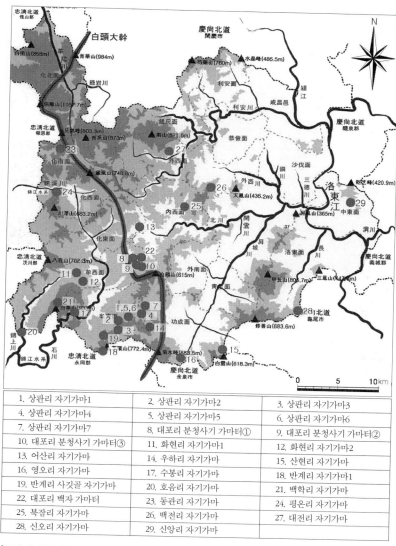

1. 상관리 자기가마1	2. 상관리 자기가마2	3. 상관리 자기가마3
4. 상관리 자기가마4	5. 상관리 자기가마5	6. 상관리 자기가마6
7. 상관리 자기가마7	8. 대포리 분청사기 가마터①	9. 대포리 분청사기 가마터②
10. 대포리 분청사기 가마터③	11. 화현리 자기가마1	12. 화현리 자기가마2
13. 어산리 자기가마	14. 우하리 자기가마	15. 산현리 자기가마
16. 영오리 자기가마	17. 수봉리 자기가마	18. 반계리 자기가마1
19. 반계리 사깃골 자기가마	20. 호음리 자기가마	21. 백학리 자기가마
22. 대포리 백자 가마터	23. 동관리 자기가마	24. 평온리 자기가마
25. 북잠리 자기가마	26. 백전리 자기가마	27. 대전리 자기가마
28. 신오리 자기가마	29. 신앙리 자기가마	

[그림 1] 상주지역의 도요지 분포도

수습 및 출토된 유물의 종류에 따라 분청사기가 확인되는 곳 15개소, 분청사기와 백자가 확인되는 곳 1개소, 백자만 확인되는 곳 13개소로 구분할 수 있다. 기존의 조사를 통해 알 수 있는 상주지역 도자유적의 현황과 위치를 살펴보면 〈표 1〉 과 같다.

〈표 1〉 상주지역 도자유적의 현황

연번	유적명	소재지	출토유물 종류
1	상관리 자기가마1	모동면 상관리 산58-1	분청사기
2	상관리 자기가마2	모동면 상관리 산532	분청사기
3	상관리 자기가마3	모동면 상관리 산39-1	분청사기
4	상관리 자기가마4	모동면 상관리 445	분청사기
5	상관리 자기가마5	모동면 상관리 산57	분청사기
6	상관리 자기가마6	모동면 상관리 산69	분청사기
7	상관리 자기가마7	모동면 상관리 산93	분청사기
8	대포리 분청사기 가마터①	모서면 대포리 425답 일원	분청사기
9	대포리 분청사기 가마터②	모서면 대포리 산130임 일원	분청사기
10	대포리 분청사기 가마터③	모서면 대포리 529전 일원	분청사기
11	화현리 자기가마1	모서면 화현리 518	분청사기
12	화현리 자기가마2	모서면 화현리 530	분청사기
13	어산리 자기가마	화동면 어산리 산118	분청사기
14	우하리 자기가마	공성면 우하리 산1	분청사기
15	산현리 자기가마	공성면 산현리 산57	분청사기
16	영오리 자기가마	공성면 영오리 산63	분청사기~백자
17	수봉리 자기가마	모동면 수봉리 산39-1, 49	백자
18	반계리 자기가마1	모동면 반계리 641-1	백자
19	반계리 사깃골 자기가마	모동면 반계리 산23	백자
20	호음리 자기가마	모서면 호음리 산125-1번지	백자
21	백학리 자기가마	모서면 백학리 376	백자
22	대포리 백자 가마터	모서면 대포리 617-전 일원	백자
23	동관리 자기가마	화남면 동관리 357	백자
24	평온리 자기가마	화남면 평온리 산174	백자
25	북장리 자기가마	내서면 북장리 산65	백자

연번	유적명	소재지	출토유물 종류
26	백전리 자기가마	외서면 백전리 굴등	백자
27	대전리 자기가마	외서면 대전리 110-1	백자
28	신오리 자기가마	낙동면 신오리 192-2	백자
29	신암리 자기가마	중동면 신암리 산110-1, 969	백자

상주지역은 『世宗實錄』「地理志」[3]에 기록될 만큼 한국 도자문화의 흐름 안에서 중요성과 우수성을 가진 것으로 파악되는 곳이다. 아직 대부분의 유적이 정식으로 조사가 이루어지지 않아 유적의 정확한 특징은 확인하기 어려운 실정이다. 하지만 주변에 '사기동', '사기막' 등과 같은 옛지명이 남아있어 유적의 성격을 추정해 볼 수 있다. 모동면 상판리 일원은 상품자기소가 위치하는 곳으로 비정된 곳이며, 지역 주민들에 의해서도 옛날부터 자기를 생산하던 곳이었다는 이야기를 전해들을 수 있는 곳이다. 상판리 일대의 자기가마에 대한 중요성을 인식하고 2015년 및 2016년에 학술발굴조사가 이뤄진 바 있다. 이러한 조사를 통해 상품자기소로 파악한 상판리 자기가마1·6유적을 중심으로 유적과 유물에 대한 현황 및 특징을 살펴보고자 한다.

1. 상주 상판리 자기가마1

1) 유구

유적은 상주시 모동면 상판리 산58-1번지 일원에 위치한다. 지리적으로 모동면과 공성면의 경계에 위치한 상판저수지에서 서쪽편, 고내미골과 지내미골 사이의 야산 남쪽 말단부에 해당된다. 약 1,120㎡면적에 대해 발굴조사를 실시하였고, 유구는 자기가마 1기와 폐기장이 1개소가 확인되었다.

---

3) 『世宗實錄』「地理志」는 1424~1432년 사이에 기초자료를 조사하여 수집하고, 1454년 세종실록을 편찬하면서 부록으로 간행된 자료이다. 내용은 정치·군사·경제 등 전반적인 자료가 수록되어 있으며, 土産條에는 관청 소재지를 기준으로 자기소와 도기소를 표기하였다. 지리지에는 전국 8도의 139개소의 자기소에 대한 분포와 상·중·하품을 구분하였다. 전국에는 4곳의 상품자기소가 위치하는데, 경기도 광주 벌내(벌을천), 경북 상주 추현리, 경북 상주 이미외리, 경북 고령 예현리로 비정되고 있다. 경상도에는 상품 3개소·중품 8개소·하품 26개소로 전국에서 가장 많은 37개소의 자기소가 기록되어 있다.
 ● 『世宗實錄』「地理志」慶尙道 尙州牧 "磁器所三, 一在中牟縣北楸縣里上品, 一在中牟縣東己未隈里上品, 一在功城縣西院洞中品."

자기가마는 해발고도 239~247m에 위치하며, 등고선과 직교되게 조성되었다. 규모는 길이 22m, 너비 1.6~1.8m이며, 경사도는 22°로 비교적 급경사를 이룬다. 가마는 지상식 가마로 상부구조는 대부분 훼손되어 남아있지 않은 상태였다. 가마의 평면구조는 [그림 2]와 같다.

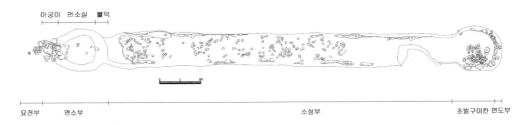

[그림 2] 자기가마 평면구조

자기가마의 평면구조[4] 중에서 요전부는 정확한 형태가 확인되지 않았다.

연소부의 아궁이는 평면형태가 원형이고, 규모는 직경 210~240㎝이며, 불턱의 높이는 최대 100㎝ 정도이다. 내부에는 천정 및 벽체편, 소토가 채워져 있는 양상이었고, 도지미가 일부 출토되었다.

소성부의 평면형태는 장방형이고, 규모는 길이 1,700㎝·폭 160~180㎝·깊이는 10㎝내외이다. 벽체는 10㎝가량이 남아 있고, 측면 출입구로 추정되는 부분이 일부 확인되었다. 내부에서 초벌 발과 접시편·베개·제기 등이 출토되었으며, 높이 10㎝내외의 도지미가 다수 확인되었다.

초벌구이칸은 평면형태가 원형이고, 규모는 직경 220㎝, 깊이는 40㎝이다. 벽면의 ⅔가량은 석재를 4~5단을 쌓아서 구축한 형태이다. 내부 바닥에서 초벌 발, 접시편이 다수 확인되었다. 연도부는 정확한 형태를 추정하기 어렵다.

폐기장은 가마의 동쪽 경사면을 따라 넓게 분포하는 형태이다. 규모는 길이 27m·너비 11m·깊이 20~60㎝이다. 내부에는 가마의 벽체편 및 소토, 그 외에 대접과 접시를 비롯

---

4) 자기가마의 평면구조는 요전부-연소부-소성부-초벌구이칸-연도부로 구분할 수 있다. 요전부는 아궁이 및 연소부의 하단에 위치하는 인위적인 시설이다. 연소부는 아궁이와 연소실로 세분된다. 아궁이는 땔감을 넣는 곳, 연소실은 가마소성시 불을 피우는 공간이다. 소성부는 소성실로, 자기를 소성하는 곳이다. 초벌구이칸은 소성실의 열기로 자기를 초벌하는 초벌실이고, 연도부는 연기가 빠져나가는 곳으로 구분하였다.

한 일상용기·제기류, 베개와 장고편 등의 특수기종·도지미와 갑발 등 소성도구·명문자기류·병 등 다양한 종류의 유물이 출토되었다.

2) 출토유물

유물은 가마의 초벌구이칸과 소성실에서 소량이 확인되며, 대부분은 폐기장에서 출토되었다. 가마의 초벌구이칸에서는 대접과 접시 등이 겹쳐진 상태로 확인되고, 소성실에서는 도지미와 베개편·접시 등이 출토되었다. 유물은 일상 용기인 발과 접시를 비롯하여 도지미·갑발 등의 소성도구, 제기류, 반(盤), 장고편과 화분편 등 다양하게 출토되었다. 보고서에는 기종과 형태 등 특징이 있는 유물 400점을 보고[5]하였으며, 출토유물에 대한 현황은 〈표 2〉 및 [그림 3]과 같다.

〈표 2〉 출토유물 위치 및 종류

종류 / 출토위치	분청사기	초벌	백자	옹기	요도구	기타	계
자기가마	30	78	-	1	15	2	126
폐기장	163	70	-	-	6	2	241
지표수습	20	7	1	-	4	1	33
계	213	155	1	1	25	5	400

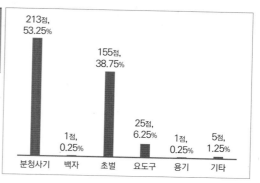

[그림 3] 출토유물 현황

출토위치에 따라 유물의 수량을 살펴보면 폐기장 출토유물이 전체의 60.25%(241점)로 가장 많고, 자기가마 31.5%(126점), 지표수습 8.25%(33점) 순으로 확인된다. 종류별로 출토 비중을 살펴보면 분청사기가 53.25%(213점)으로 절반 이상을 차지하고, 초벌은

---

5) 기종은 용도 및 형태에 따라 구분할 수 있는데, 관용적으로 밥그릇과 국그릇을 발 또는 대접이라고 부르며, 그릇의 구경과 높이에 대한 비율을 기준으로 한다. 보고서에는 전체적으로 대접으로 설명하였으나, 형태적인 차이가 뚜렷하지 않고 기준이 모호한 편이므로 본고에서는 발이라고 명명하였다. 이 외에도 편구완은 편구발로 분류하였으며, 臺脚片의 경우 다른 器物 하단에 부착되었던 것으로 기종을 추정하기 어려움으로 대각으로 별도로 구분하였다. 자기편으로 구분한 유물 중 1점(246번)은 화분편으로 수정하여 적용하였다. 이외에 전체적인 기형이 확인되지 않는 저부편, 자기편 등의 유물은 片으로 묶어 분류하였다.

38. 75%(155점), 요도구 6. 25%(25점)순으로 확인된다. 이외에도 백자와 옹기, 기타로 분류한 토제구슬·어망추가 매우 소량씩 확인되었는데, 출토상태를 통해서 실제 자기가마에서 소성된 유물은 아닌 것으로 파악하였다.

기종은 생활용기인 발과 접시가 전체의 52% 이상이며, 주를 이루고 있다. 그 외에 출토 유물의 비중으로 보면, 각종 편(片)·호·요도구·병·제기류·고족배 등의 순으로 확인된다. 이외에도 대각편·잔탁·합·편구발 등 소량이지만 다양한 기종이 출토되었다. 기종의 분류는 완형으로 확인되거나 일부 결실되었더라도 기형이 확인되는 것을 기준으로 하였기 때문에, 기종별 분류 수량에 가감이 있을 수 있다. 각 기종별로 출토수량 및 비율에 따라 출토현황을 순서대로 살펴보면 〈표 3〉과 같다.

〈표 3〉 기종별 출토현황

기종	접시	발	편(片)	호	요도구	병	제기	고족배	대각	잔탁	합	잔	기타	편구발	배개	장군	뚜껑	화분	장고	연적	반	백자	옹기	계
수량(점)	118	92	45	26	25	16	14	11	9	8	7	5	5	4	4	3	2	1	1	1	1	1	1	400
백분율(%)	29.5	23	11.25	6.5	6.25	4	3.5	2.75	2.25	2	1.75	1.25	1.25	1	1	0.75	0.5	0.25	0.25	0.25	0.25	0.25	0.25	100

출토유물의 52%이상을 차지하는 발과 접시를 대상으로 특징을 간략하게 살펴보고자 한다. 발은 분청사기 43점, 초벌 49점으로 전체의 23%에 해당되는 92점의 유물이 출토되었다. 세부적으로 출토위치를 살펴보면 자기가마에서 40점, 폐기장에서 50점이 출토되었고, 지표에서 2점이 수습되었다. 각 출토 위치별 수량 및 비율을 살펴보면 〈표 4〉와 같다.

〈표 4〉 출토 위치별 발의 수량 및 비율

출토위치	수량(점)	비율
자기가마	40	43.48%
폐기장	50	54.35%
지표수습	2	2.17%
합계	92	100%

출토된 발은 구경과 높이를 수치화하였는데, 결실로 인해 구연부를 복원하기 어려운 유물은 분청사기 4점, 초벌 17점이다. 이를 제외한 71점의 유물[6]에 대해 기고:구경의 크기를 수치화하면 [그림 4]와 같다.

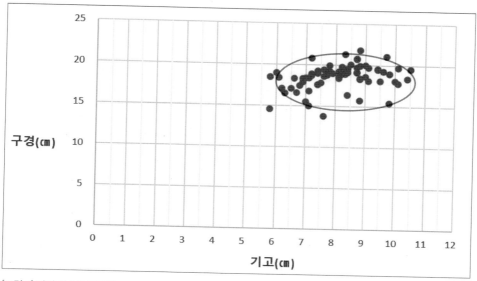

[그림 4] 발의 치수별 그래프

발은 기고는 6~10.5㎝사이, 구경은 15~21㎝ 내외인 유물이 주를 이루고 있음을 알 수 있다. 발 구연부의 형태는 외반하는 것과 약간 내만하는 것이 주를 이루고, 일부는 직선적으로 벌어지는 형태도 확인된다. 저부의 형태는 내저면에 원각이 있는 것이 14점(20%)이고, 없는 것은 57점(80%)으로 구분된다. 발에서 확인되는 굽의 종류는 수직굽이 46점으로 가장 많고, 죽절굽[7] 15점, 역삼각형굽 6점 순으로 확인된다. 이 외에 대부분 결실되어 굽의 형태를 파악하기 어려운 것은 4점이 있다. 전체적으로 발은 굽의 종류나 저부 및 동체부의 형태와 상관없이 다양하게 조합되는 양상을 보임을 알 수 있다.

---

6) 대상으로 삼은 발은 분청사기와 초벌 발인데, 초벌자기의 경우 재벌하는 과정에서 일반적으로 5%가량 수축한다. 또한 계절, 습도, 건조, 흙의 종류 등에 따라서도 수축률에 차이가 있는 것으로 알려져 있다. 본 고에서는 재벌한 분청사기와 초벌 자기에 별도의 차이를 두지 않고, 현재 확인되는 규격을 기준으로 크기를 수치화하여 제시하였다.

7) 발간된 보고서를 참고하여 유물을 정리하였는데, 상관리 자기가마1에는 대마디굽으로, 상관리 자기가마6에서는 죽절굽으로 용어를 사용하고 있다. 동일한 형태에 대한 설명이며, 본 고에서는 죽절굽으로 용어를 통일하여 사용하였다.

접시는 분청사기 77점, 초벌 41점으로 총 118점이 출토되었다. 전체 기종의 29.5%에 해당되며, 단일 기종 중 가장 많은 수량이 확인되었다. 세부적으로 출토위치를 살펴보면 자기가마에서 28점, 폐기장에서 81점이 출토되었고, 지표에서 9점이 수습되었다. 각 출토위치별 수량을 살펴보면 <표 5>와 같다.

<표 5> 출토 위치별 접시의 수량 및 비율

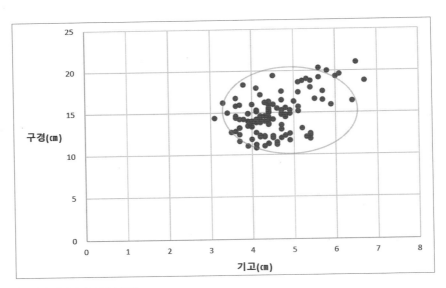

출토위치	수량(점)	비율
자기가마	28	23.73%
폐기장	81	68.64%
지표수습	9	7.63%
합계	118	100%

출토 된 접시 중 片으로 남아있어 기형을 복원하기 어려운 유물은 분청사기 1점, 초벌 2점이며, 이를 제외한 115점의 유물에 대해 기고:구경의 크기를 수치화하면 [그림 5]와 같다.

[그림 5] 접시의 치수별 그래프

접시의 기고는 3.5~6.5㎝사이, 구경은 11~20㎝를 전후한 크기의 유물이 주를 이루고 있음을 알 수 있다. 접시의 형태는 저부에서 완만하게 만곡해서 구연에 연결되는 것 79점, 저부가 수평상으로 벌어지다가 동체부에서 직립에 가깝게 외경하여 구연으로 연결되는 것 37점으로 구분할 수 있다. 이 중에서 후자인 37점의 접시는 저부에서 원각의 효과를 내고, 동체부는 외경하는 형태이다. 구연부의 특징으로 다시 세분되는데, 구연부가 직립 또는 외경하는 형태는 26점, 화형은 10점, 전의 형태는 1점이다. 접시에서 확인되는 굽은 수직굽이 98점으로 가장 많고, 역삼각형굽 10점, 죽절굽 6점 순이다. 이 외에 대부분 결실되어 굽의 형태를 파악하기 어려운 것은 1점이 있다. 접시 역시 굽의 종류나 저부 및 동체부의 형태에 상관없이 다양하게 조합되는 양상을 보이는 것을 알 수 있다.

발과 접시가 포함되는 일상기종 이외에는 화분 1점·베개 4점·장고 1점 등 고급자기류와 각종 제기류가 출토되었다<표 6>.

〈표 6〉 고급자기 및 제기류

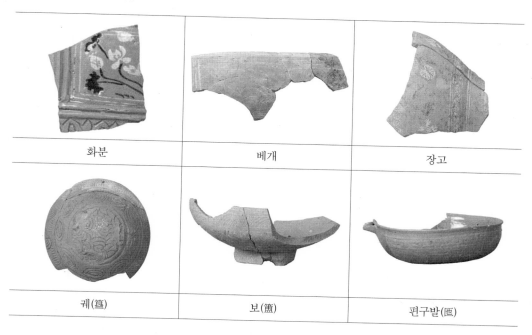

| 화분 | 베개 | 장고 |
| 궤(簋) | 보(簠) | 편구발(匜) |

상판리 자기가마1의 가마는 적당한 자연경사면에 축조하였다. 아궁이의 불턱이 높고, 소성실은 무시설 무단식 단실요의 특징을 보인다. 출토된 자기류는 정교한 시문기법과 고

급자기 및 제기류의 제작 등 상품자기소에서 생산된 자기류에 대해 검토할 수 있는 기초자료로 활용할 수 있다. 출토된 분청사기에는 자기 내·외면 및 굽 외면까지 빼곡이 인화한 시문기법이 확인된다. 유구와 유물의 특징을 통해 자기가마의 조업시기를 조선시대 전반기인 1410~1420년으로 파악할 수 있다.

2. 상주 상판리 자기가마6

유적은 상주시 모동면 상판리 산69번지 일원에 위치한다. 지리적으로 모동면과 공성면의 경계에 위치한 상판저수지에서 서쪽편, 지내미골 안쪽의 넓은 평지와 구릉 말단부를 포함하는 곳에 해당된다. 약 1,750㎡면적에 대한 발굴조사를 실시하였고, 유구는 자기가마 1개소와 폐기장 2개소가 확인되었다.

1) 유구

자기가마는 단독구릉의 남쪽 말단부 사면에 조성되었는데, 해발 275~285m에 위치한다. 반지하식 등요이고, 등고선과 거의 직교되는 방향으로 설치하였다. 규모는 잔존 길이 21m, 너비 1.8~2.2m이며, 경사도는 평균 20°정도이다. 가마의 평면구조는 [그림 6]과 같다.

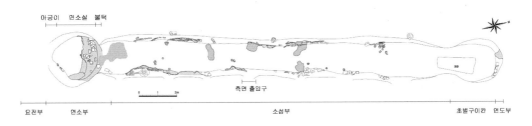

[그림 6] 자기가마 평면구조

자기가마의 평면구조 중에서 요전부는 연소부 하단의 암반층을 굴착하여 급격하게 사면으로 떨어지는 양상을 보이지만, 범위가 뚜렷하지 않고, 유물이 출토되지 않았다.

연소부의 아궁이는 축조했던 형태나 범위가 뚜렷하지 않은 편이다. 연소실은 평면 타원형이고, 규모는 길이 300㎝·너비 200㎝이다. 기반층을 굴착하여 조성하였으며, 내부에는 가마의 천정편과 벽체편, 소토가 가득 채워져 있었다. 불턱은 암반을 사선으로 비스듬하게 굴착하여 다듬었으며, 높이는 80㎝가량이다.

소성부의 평면형태는 세장방형이고, 규모는 길이 1,470㎝·최대 폭 220㎝·깊이 20~45㎝ 정도이다. 내부에는 별다른 시설없이 완만하게 연결되는 형태이고, 소토덩어리와 벽체편이 포함된 적갈색사질점토가 채워져 있었으며, 대접과 접시·도지미가 소량 출토되었다. 측면 출입구는 모두 동쪽에 위치하고, 총 7개소가 확인된다. 각 출입구의 폭은 80㎝내외이고, 사이 간격은 120~140㎝정도이다. 바닥면은 다른 부분보다 높은 열을 받아 회색을 띠고, 단단하게 소결되었다.

초벌구이칸은 가마의 최상단에 위치한다. 후대에 조성된 묘에 의해 대부분 교란·파괴되었는데, 잔존하는 형태는 타원형에 가깝고, 북쪽의 가장자리에는 열을 맞추어 놓은 할석이 1단 확인된다. 내부에서 유물은 출토되지 않은 점으로 보아, 가마가 폐기될 당시에 초벌구이칸은 비워져 있었던 것을 알 수 있다.

폐기장은 자기가마를 중심으로 양쪽에 넓게 형성되어 있다. 중앙의 자기가마를 중심으로 계곡부와 접해있는 오른쪽은 동쪽 폐기장, 왼쪽에 있는 것을 서쪽 폐기장으로 구분하였다.

동쪽 폐기장은 구릉의 급경사면에 부정연한 형태로 조성되었다. 폐기장의 분포 범위는 길이 16m, 너비 4.5m가량이다. 크게 하나의 퇴적층으로 파악되며, 비교적 단기간에 걸쳐 조성된 것으로 판단된다.

서쪽 폐기장은 구릉의 사면부와 완만한 평지가 연결되는 곳에 부정연한 형태로 조성되었다. 폐기장의 분포 범위는 길이 6.2m·너비 5.9m가량이다. 분청사기 발과 접시를 비롯하여 베개와 장고·화분·의자(墩)와 같은 고급유물도 출토되었다. 폐기장 내 층위를 통한 시기차이는 확인되지 않으며, 비교적 단시간에 걸쳐 조성된 것으로 파악된다.

2) 출토유물

유물은 자기가마의 아궁이에는 도지미가 소량 출토되었고, 소성실에서는 대접과 접시가 일부 확인되었다. 그러나 대부분의 유물은 자기가마의 동쪽과 서쪽에 분포한 폐기장에서 출토되었다. 보고서에는 기종과 형태, 문양 등에서 특징이 있는 유물 1,850점을 보고[8]하였으며, 출토유물에 대한 현황은 <표 7> 및 [그림 7]과 같다.

---

8) 보고서의 고찰에서 출토유물에 관한 현황파악 및 내용을 정리하였으나, 유물의 수량에서 일부 오류가 있었다. 본 고에서는 이를 재확인하고 수정한 내용으로 설명에 적용하였다.

<표 7> 출토유물 위치 및 종류

출토위치 \ 종류	청자	분청사기	백자	초벌	요도구	기타	계
자기가마	-	19	-	2	12	-	33
동쪽폐기장	6	540	2	384	62	3	997
서쪽폐기장	5	528	-	99	43	8	683
표준토층	1	32	-	38	3	-	74
지표수습	-	33	-	23	7	-	63
계	12	1,155	2	543	127	11	1,850

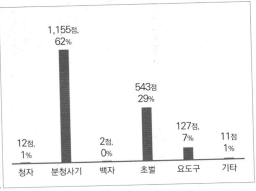

[그림 7] 출토유물 현황

　　출토위치에 따라 유물의 수량을 살펴보면 동쪽폐기장 출토유물이 전체의 54%(997점)로 가장 많고, 다음은 서쪽폐기장 37%(683점)·표준토층 4%(74점)·지표수습 3%(63점)·자기가마 2%(33점) 순으로 확인된다. 종류별로 출토 비중을 살펴보면 분청사기가 62%(1,155점)를 차지하고, 초벌은 29%(543점), 요도구 7%(127점) 순이며 청자·백자·기타로 분류한 유물은 각각 1%가량으로 소량만 출토되었다.

　　출토유물의 종류는 크게 청자·분청사기·백자·초벌·요도구·기타로 구분할 수 있다. 세부적으로 구분하지 않은 유물 중 요도구는 가마 안에서 불순물로부터 그릇을 보호하기 위해 사용하는 갑(匣)의 발과 뚜껑, 소성시 기물을 받치는 도지미, 물레 부속구인 갓모로 구성되어 있다. 기타 유물은 도질토기류·어망추·옹기 등이 해당되는데, 각 유물의 수량이 매우 적고 종류가 다양하며, 출토위치 및 유물의 상태를 통해 실제 자기가마에서 소성된 유물은 아닌 것으로 판단된다.

　　기종은 생활용기인 발과 접시가 대부분이고, 요도구·병·각종 편(片)·합·포개구이 순으로 확인된다. 이외에도 수량이 10점이상 20점 이하로 확인되는 유물은 잔과 잔받침·호·화분과 화분받침·기타로 각 1%가량으로 출토되었다. 뚜껑·고족배·의자·장고·향완·편구발·궤본·베개·장군·향로·지석은 모두 10점 미만으로 극소량씩 확인된다. 기종의 분류는 완형으로 확인되거나 일부 결실되었더라도 기형이 확인되는 것을 기준으로 삼았기 때문에, 기종별 분류 수량에 가감이 있을 수 있다. 각 기종별로 출토수량 및 비율에 따라 출토현황을 순서대로 나열하면 <표 8>과 같다.

<표 8> 기종별 출토현황

기종	접시	발	요도구	병	편(片)	합	포개구이	잔과받침	호	화분과받침	기타	뚜껑	고족배	의자	장고	향완	편구발	궤본	배개	장군	향로	지석	계
수량(점)	716	711	127	64	57	42	41	18	17	13	11	9	6	5	3	3	2	1	1	1	1	1	1,850
백분율(%)	38.7	38.4	6.86	3.5	3.1	2.3	2.2	0.97	0.92	0.7	0.59	0.49	0.32	0.27	0.16	0.16	0.11	0.05	0.05	0.05	0.05	0.05	100

기종 중 전체 출토유물의 77%이상을 차지하는 발과 접시를 대상[9]으로 그 특징을 간략하게 살펴보고자 한다. 발과 접시는 분청사기 및 초벌에서 대부분 확인되는데, 일부 백자와 청자도 포함되어 있다.

발은 백자 2점, 분청사기 561점, 초벌 148점으로 총 711점이 출토되었다. 그 중 동쪽 폐기장과 서쪽 폐기장에서 전체의 94%에 해당하는 669점의 유물이 출토되었다. 각 출토 위치별 수량을 살펴보면 <표 9>와 같다.

<표 9> 출토 위치별 발의 수량 및 비율

출토위치	수량(점)	비율
자기가마	15	2%
동쪽 폐기장	377	53%
서쪽 폐기장	292	41%
표준토층	15	2%
지표	12	2%
합계	711	100%

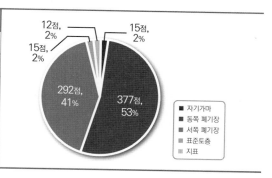

---

9) 편(片) 및 저부, 포개구이 등에서 기종이 발과 접시인 유물도 확인된다. 편으로만 남아있는 경우, 기종의 분류·판단이 명확하지 않을 수도 있을 것이다. 유물의 분류는 크게 수정이 필요하다고 판단되지 않는 경우, 전체적으로 보고서의 설명에 부합하여 진행하였다.

발의 구경과 높이를 수치화 하였다. 결실로 인해 구연부를 복원하기 어려운 유물은 111점이다. 이를 제외한 600점의 유물에 대해 기고:구경의 크기를 수치화한 그래프를 살펴보면 [그림 8]과 같다.

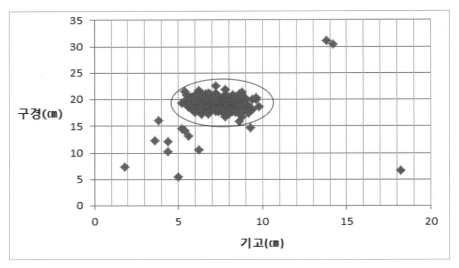

[그림 8] 발의 치수별 그래프

발은 기고가 5~10㎝사이, 구경은 16~24㎝를 전후한 크기의 유물이 주를 이루고 있다. 그리고 구연부의 형태가 외반하는 것과 외경의 형태를 띠는 것이 주를 이루며, 일부는 직립에 가깝게 올라가는 것이 확인된다. 동체부의 형태는 내저면은 비교적 편평하고, 기측면이 사선에 가깝게 외경하는 것과 완만한 곡선의 형태를 띠는 것이 많다.

발의 동체부는 형태에 따라 완만한 곡선으로 올라가는 것이 487점, 외경하는 동체부 하위에서 전환점을 가지는 것은 221점, 결실되어 뚜렷하게 형태가 확인되지 않는 것 3점으로 구분된다.

발에서 확인되는 굽의 종류는 죽절굽이 401점으로 가장 많고, 수직굽이 306점, 안굽 1점 순으로 확인된다. 이 외에 대부분 결실되어 굽의 형태를 파악하기 어려운 것 3점이 있다. 전체적으로 발은 굽의 종류나 동체부의 형태와 상관없이 다양하게 조합되는 양상을 보임을 알 수 있다.

접시는 청자 1점, 분청사기 454점, 초벌 261점으로 총 716점이 출토되었다. 각 출토위치별 수량을 살펴보면 <표 10>과 같다.

〈표 10〉 출토 위치별 접시의 수량 및 비율

출토위치	수량(점)	비율
자기가마	3	0%
동쪽 폐기장	438	61%
서쪽 폐기장	221	31%
표준토층	28	4%
지표	26	4%
합계	716	100%

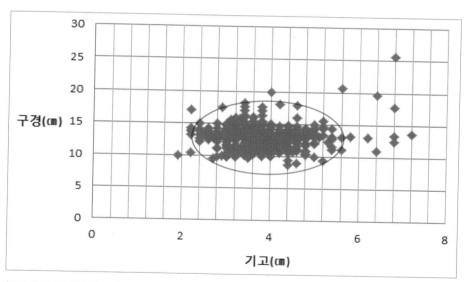

동쪽 폐기장과 서쪽 폐기장에서 659점의 유물이 출토되었으며, 이는 전체의 92%가 해당된다. 접시 역시 구경과 높이에 대한 치수를 수치화 하였는데, 결실로 인해 구연부를 확인하기 어려운 유물은 50점이다. 이를 제외한 609점의 유물에 대한 기고:구경을 수치화한 그래프를 살펴보면 [그림 9]와 같다.

[그림 9] 접시의 치수별 그래프

접시는 기고는 2.2~5.6㎝가량, 구경은 10~16㎝를 전후한 크기의 유물이 주를 이룬다. 굽은 수직굽과 죽절굽이 주를 이루며, 일부 안굽과 평굽도 확인된다. 출토된 접시는 발과 마찬가지로 외형적 형태와 상관없이 굽이 다양하게 조합되는 양상을 보인다.

발과 접시는 다른 기종에 비해 다량으로 출토되었고, 동일 기종 내에서는 비슷한 크기로 다량 제작되었던 것을 알 수 있다. 이외에도 청자 의자편 5점·화분과 받침 13점·향완 3점·베개 1점·고족배 6점 등 고급자기류와 각종 제례에 사용하는 제기류도 출토되었다<표 11>.

<표 11> 고급자기 및 제기류

의자	화분	화분받침
향완	베개	장고
궤(簋)	편구발(匜)	향로(香爐)
『世宗實錄』「五禮」'祭器圖設'	『제기도감의궤(祭器都監儀軌)』	『世宗實錄』「五禮」 흉례(凶禮) 명기 도설(明器圖說)

대부분 片으로 남아있지만 문헌기록에 구체적인 도식을 제시하는 器物이고, 고도의 제작기술이 필요한 기종이다. 이를 통해 당시 상판리 일원에서 자기가마를 운영하고, 자기를 제작한 장인 및 집단의 기술수준이 높았던 것을 알 수 있다.

상판리 자기가마6은 상품자기소의 가마구조와 출토 유물 등 다양한 자료를 확인할 수 있는 유적이다. 자기가마는 적당한 자연경사면에 축조하였고, 주변에 용수와 땔감 등 원료의 공급이 용이하여 가마가 입지하기 양호한 환경을 가지고 있었다. 가마의 소성부는 무시설 무단식 단실요의 형태를 보인다. 유물은 일상용기인 발과 접시가 전체의 77%가량을 차지하며, 이 외에 의자·화분과 화분받침·향완·베개·고족배 등 고급자기류와 각종 제례에 사용하는 제기류가 출토되었다. 출토된 분청사기에서 확인할 수 있는 문양과 시문기법에는 무문과 연당초문·초문 등을 주 문양으로 하는 상감기법과 화문·승렴문·원문·구갑문 등을 시문한 인화기법, 상감+인화기법을 사용하여 시문 한 것 등이 확인된다. 이외에도 관청명과 공납용, 사찰명 등과 관련된 명문자기가 다량으로 출토되었다는 특징이 있다. 유구와 유물의 특징을 통해 자기가마는 1400년부터 1420년에 해당되는 조선 전기에 활발한 조업이 이루어졌던 것으로 파악된다.

Ⅲ. 상판리 자기가마 출토 분청사기의 특징

상주 상판리 자기가마 1·6이 위치하는 곳은 가마의 조업에 필요한 물이 흐르고, 인근에 땔감으로 사용할 나무가 풍부하며, 적당한 경사면이 있는 단독구릉의 사면부에 입지하고 있다. 자기가마는 구릉에 직교되는 형태로 설치하였고, 상부구조는 대부분 결실되었으나, 요전부부터 연소부·소성부·초벌구이칸을 확인할 수 있다. 특히 소성부는 무시설 무단식 단실요의 특징을 가지고 있다. 상판리 자기가마1·6의 특징을 간단히 살펴보면 〈표 12〉와 같다.

구분 \ 유적명	상판리 자기가마1	상판리 자기가마6
발굴연도	2015년	2016년
조사면적	1,120㎡	1,750㎡
유구종류	자기가마1, 폐기장1	자기가마1, 폐기장2
가마 규모	길이 22m, 너비 1.6~1.8m 경사도 22° 	길이 21m, 너비 1.8~2.2m 경사도 20°
폐기장 규모	가마의 오른쪽에 위치 길이 27m, 너비 11m 깊이 0.2~0.6m	가마의 오른쪽(동쪽) 폐기장 길이 16m, 너비 4.5m 가마의 왼쪽(서쪽) 폐기장 길이 6.2m, 너비 5.9m
유물	발, 접시, 잔탁, 고족배, 베개 등 명문자기 1점	발, 접시, 의자, 화분과 받침, 베개, 궤, 편구발, 향로편, 고족배 등 명문자기 76점
조업시기	1410~1420년대	1400년~1420년대
『世宗實錄』地理志 기록	중모현 동쪽 이미외리(已未隈里)에 있고 상품이다.	

상판리 자기가마의 구조 및 특징을 통해 조업시기는 15C전반대로 파악할 수 있으며, 출토 분청사기의 기종 및 명문 분석을 통해 세부적인 특징 및 시기를 정리하고자 한다.

1. 출토 유물의 분석

상주 상판리 자기가마1·6에서는 다량의 유물이, 다양한 종류로 출토되었다. Ⅲ장에서는 두 유적의 출토유물에 대한 비교·검토를 진행하고자 하며, 편의상 상판리 자기가마1은 '상판1', 상판리 자기가마6은 '상판6'으로 간단하게 지칭하고자 한다. Ⅱ장에서 살펴본 전체 유물을 크게 일반적인 기종과 고급자기류 등이 포함된 특수기종으로 구분하여 유물의 현황[10]을 살펴보았다.

<표 13> 일반적인 기종 출토 현황

기종\유적	접시	발	요도구	병	잔과 받침	호	포개구이	뚜껑	기타	계
상판1	118	92	25	16	13	26	1	2	51	344
상판6	716	711	127	64	18	17	41	9	68	1,771

일반적인 기종의 현황은 <표 13>과 같다. 이 중에서 발과 접시는 두 유적에서 가장 많은 수량이 출토된 유물이다. 상판1에서는 전체 유물의 52%, 상판6에서는 77%이상을 차지하고 있다. 각 유물의 기고:구경의 수치를 살펴보면 전체적인 기형의 평균적인 규격을 가늠할 수 있다. 상판1에서 발은 기고 6~10.5㎝·구경은 15~21㎝를 전후한 크기이고, 접시는 기고 3.5~6.5㎝·구경은 11~20㎝정도의 유물이 대부분임을 확인할 수 있다. 상판6에서는 발은 기고 5~10㎝·구경 16~24㎝가량의 크기이고, 접시는 기고 2.2~5.6㎝·구경 9~16㎝정도의 유물이 주를 이루고 있음이 확인된다. 전체적으로 상판1의 유물이 상판6에 비해 규격이 평균적으로 1㎝정도가 더 크다는 것을 확인할 수 있다.

상판리 자기가마에서 출토된 발과 접시에 적용할 수 있는 형태적 특징을 모식으로 정리하면 <표 14>와 같다. 모식도를 이용하여 출토유물을 검토하였으며, 유물은 구연부 및 동체부, 굽의 형태와 상관없이 다양하게 조합되는 양상을 보인다.

특징이 뚜렷하게 구분되는 구연부와 굽의 형태를 통해 상판1과 상판6의 특징 및 차이점을 간단하게 비교해 보고자 한다.

---

10) 각 유적별로 세부 현황은 Ⅱ장에서 설명하였으며, 이 현황표는 두 유적에서 출토된 기종의 양상을 비교하기 위한 것이다. 유사한 기형, 별도의 구분이 필요하지 않은 片 등을 재정리하여 제시하였다. 또한 출토유물 중 지표수습 된 백자편 및 옹기편 등은 매우 소량이고 출토위치나 형태를 통해 확인할 수 있는 특징이 파악되지 않으며, 시기구분에도 크게 영향을 주지 않는 것으로 확인되어 기타로 분류하였다. 출토유물의 기종 분류에서 일부 항목이 줄어들었으나, 전체 수량에서는 변동이 없다.

〈표 14〉 발과 접시의 구연부 및 동체부, 굽의 형태 모식도

구분	형태적 특징(모식도)		
구연부	**외반** 단부가 바깥으로 벌어지는 형태로, 외반(外反), 외절(外折)하는 것 등으로 세분되며, 큰 틀에서 외반으로 구분하였다.	**외경** 단부가 동체부에서 사선으로 곧게 연결되는 형태이다.	**내만** 단부가 직립 또는 내만하는 형태로, 직립, 내만 등으로 구분되며, 큰 틀에서 내만으로 구분하였다.
동체부	**외경** 동체부가 사선에 가깝게 올라가는 형태이다.	**곡선** 동체부 전체가 곡선으로 만곡하는 형태이다.	**절요** 외경하는 동체부 하위에서 전환점을 가진 뒤 다시 외경하는 형태이다.

구분	형태적 특징(모식도)			
굽	**수직굽** 접지면에서 수직에 가깝게 올라가고, 단면 'ㄴ'형태를 띤다. 낮은 굽과 높은 굽으로 세분할 수 있으나 큰 틀에서 수직굽으로 구분하였다.	**안굽** 오목굽이라고도 하며, 굽 안바닥을 오목하게 깎아 낸 굽이다.	**역삼각형굽** 굽의 단면이 逆三角形·逆梯形인 것이다. 접지면이 뾰족하거나 좁하지는 형태를 보인다.	**죽절굽** 굽 외면에 대나무마디 모양이 나타나는 굽을 지칭한다.

발 구연부는 상판1에서는 외반하는 것과 내만하는 것이 주를 이루고 일부는 외경하는 형태를 띤다. 이에 반해 상판6에서는 외반하는 것과 외경하는 형태가 주를 이루고, 내만하는 형태를 띠는 것은 일부만 확인된다. 두 유적에서 구연부가 외반하는 것은 공통적으로 보이고, 상판1은 내만하는 것, 상판6은 외경하는 것이 비교적 많다는 것을 알 수 있다.

발의 굽 형태는 상판1에는 수직굽-죽절굽-역삼각형굽 순, 상판6에서는 죽절굽-수직굽-안굽의 순으로 확인된다. 죽절굽과 수직굽이 가장 많이 확인되는데, 상판1에서는 수직굽, 상판6에서는 죽절굽의 형태가 상대적으로 많다는 것을 알 수 있다.

　접시의 경우에는 동체부와 구연부의 형태에 상관없이 다양하게 조합되는 양상을 보인다. 그 중에서 특징이 뚜렷한 굽의 형태를 살펴보면 상판1은 수직굽-역삼각형굽-죽절굽 순, 상판6은 죽절굽-수직굽-안굽 순으로 확인된다. 두 유적에서 죽절굽과 수직굽은 함께 확인되지만, 역삼각형굽은 상판1에서만 확인되고, 안굽은 상판6에서만 확인되는 것을 알 수 있다.

　상판리 자기가마 출토 발과 접시에는 다양한 문양이 시문되어 있다<표 15>.

〈표 15〉 발과 접시에서 확인되는 문양 기법

기종 \ 문양기법	상감	인화	상감+인화
발			
접시			

　발과 접시는 대체로 내면에 문양을 많이 시문하였다. 외면은 대체로 무문이거나, 발의 경우에는 간략화된 선문이나 연화문, 접시 외면 상단에는 선문이나 뇌문을 상감한 것이 일부 확인되는 정도이다. 문양의 시문은 상감과 인화기법을 단독으로 사용하거나, 상감+인화기법으로 혼용된 방식도 관찰된다<표 16>. 이러한 시문기법에 따라 상감은 연당초문·초문·원권문을 주문양으로 활용하고, 인화는 여러 종류의 문양을 조합하여 구성하였는데,

화문·국화문·승렴문·원문·구갑문 등을 주문양으로 사용한 것으로 파악된다. 상감+인화기법의 경우 연당초문을 상감하여 주문양으로 활용하고, 주위에 연판문·화문·여의두문 등을 보조문양으로 인화한 것이 대부분이다.

발과 접시 이외의 기종은 대부분 상감+인화기법으로 문양을 시문하였다. 병은 견부에는 흑백상감의 연판문, 동체부에는 연화문·버드나무문·국화문·용문·우점문 등을 시문하였다. 합뚜껑은 상감으로 공간을 구획하고 사이에 화문·우점문·뇌문·원문 등을 촘촘히 인화한 것이 많다. 이외에도 백상감한 베개와 투각과 음각기법을 사용한 청자 의자, 화분받침 등의 유물이 출토되었다.

상관6에서 출토된 유물은 문양을 시문하지 않은 무문과 상감기법을 사용한 발과 접시, 청자 의자 등을 통해 이전 시기의 영향이 아직 남아있음을 알 수 있다. 상관1에서 출토된 유물은 전체적으로 문양을 매우 촘촘하게 시문하는 인화기법 전성기의 특징을 보인다. 또한 굽 외면에도 크고 작은 국화문을 촘촘하게 인화하였다. 각 유적에서 확인되는 문양은 매우 선명하게 인화하고, 구성이 정교하다는 특징이 있다. 이는 상관리 자기가마를 운영한 생산집단이 높은 기술수준을 갖추고 있었다는 것을 추정할 수 있다.

상관1·6에서 출토된 일상용기가 아닌 다양한 특수기종과 제기류 등을 구분하여 그 현황을 살펴보았다<표 16>. 상관1과 6에서 모두 확인되는 기종은 합·화분과 받침·고족배·베개·장군·簠와 簋 등의 제기류, 장고·편구발이다. 상관1에서만 확인되는 기종은 대각[11]·연적·盤이 있다. 상관6에서만 확인되는 기종은 의자·향완·향로·지석이다. 유적에서 출토 된 특수기종 중 청자로 제작된 의자와 화분받침 등은 고려말의 전통을 계승한 것으로 파악할 수 있으며, 금속기의 원형을 모방해서 만드는 제기류는 고급품에 해당된다. 문헌기록에 구체적인 도식을 제시하는 제기류와 높은 제작기술이 필요한 기종을 생산한 점으로 보아 상관리 자기가마를 운영한 집단은 숙련된 기술을 지닌 장인을 중심으로 이루어져 있었을 것으로 추정된다.

---

11) 다른 기종에 부착되는 臺脚片이며, 직선적인 것과 동물형상의 것 등으로 구분된다. 전체적인 형태를 파악하기 어려워 제기류가 아닌 단독의 대각으로 구분하였다.

<표 16> 특수기종 출토 현황

기종 유적	합	화분과 받침	고족배	대각	배개	장군	제기	의자	장고	향완	편구발	연적	반	향로	지석	계
상판1	7	1	11	9	4	3	14	-	1	-	4	1	1	-	-	56
상판6	42	13	6	-	1	1	1	5	3	3	2	-	-	1	1	79

2. 관사명 분청사기의 제작시기

명문이 새겨진 분청사기는 가마의 성격이나 운영시기를 추정할 수 있는 중요한 단서를 제공하고, 당시 사회에 대한 정보를 얻을 수 있는 중요한 산물이다. 상판리 자기가마에서 출토된 명문 분청사기의 현황과 그 의미를 살펴보고자 한다. 다양한 종류의 명문이 있을 수 있으나, 'ⅹ' 등 문자가 아닌 의미를 알 수 없는 기호가 새겨진 유물은 대상에서 제외하였다.

상판1에서 명문은 폐기장에서 출토된 발 1점이다. 초벌된 발 안쪽에 '粧子色手五十三'[12]라는 묵서명의 명문이 확인된다(그림 10). 발 내면에는 집단연권문이 시문되어

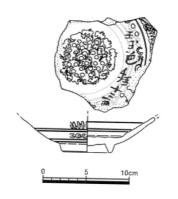 

[그림 10] 상판리 자기가마1유적 출토 명문자기

있고, 동체부 下部에 墨書한 명문이다. 粧子色은 조선시대 궁중의 음식을 床에 차리던 일을 맡아보던 下隷를 일컫는 말로 추정되며, 粧子色으로 일할 사람이 53명이라는 메모를 남긴 것으로 추정된다. 명문은 뚜렷한 목적이나 의도를 가지고 자기에 적은 것은 아닌 것으로 파악된다(성현주 2017: 31). 粧子色과 관련된 기록은 성종 3년(1472)까지 확인된다. 명문은 일반적으로 관사명, 지명 등 공납자기의 성격을 드러내는데 비해 상판1에서는 이런 계통의

---

12) 보고서에서는 '主子色手五十三'으로 명문을 해석하였다. 이후 제7회 상주박물관 학술대회에서 이와 관련된 명문을 '粧子色手五十三'으로 추정하였으며, 본 고에서는 이 견해를 따르고자 한다.

명문 분청사기는 확인되지 않는다.

상판1에서 명문자기만을 통해 제작시기를 추정하는데는 어려움이 있다. 유물에서 확인되는 인화기법은 전성기에 해당되고 흑상감으로 시문한 자기류가 확인되는 점 등 분청사기 초기의 흔적도 일부 남아있다. 이를 통해 상판1의 조업시기는 청자전통에서 벗어나 본격적으로 분청사기를 제작하는 단계로 이행되는 시기에서 전성기의 인화문이 확인되는 1410~1420년을 중심시기로 볼 수 있다.

상판6에서 명문자기는 76점이 확인되었는데, 가마를 제외한 동·서쪽 폐기장에서 출토된 유물과 지표에서 수습한 유물로 구분할 수 있다. 동쪽폐기장에서 27점, 서쪽폐기장에서 36점, 표준토층에서 10점, 지표에서 3점이 확인되었다. 출토위치는 확인되지만, 각 위치에서 층위는 크게 구분이 없어 선후관계는 파악하기 어렵다. 명문이 확인되는 유물의 종류는 분청사기가 25점, 초벌이 51점이고, 기종은 발·접시·포개구이·향완·지석·편(片) 등이다. 명문은 그 종류에 따라 관청명·공물표시·의미를 정확하게 파악하기 어려운 명문 및 기호 등으로 구분할 수 있다. 출토된 유물은 대부분 내저면에 흑백상감으로 표시하였다.

관청명[13]과 관련된 유물은 사선(司膳)·녕(寧)·순(順)·세(世)·정(定)명 자기가 있으며, 총 47점이다. '사선'명은 12점이 출토되었다. '녕'명은 5점이 출토되었는데, 관청명으로 파악되며 '승녕부(承寧府)', '인녕부(仁寧府)', '덕녕부(德寧府)' 중 하나를 의미하는 약자로 추정할 수 있다. '순'명은 6점이 출토되었으며, 여러 연구자들에 의해 세종의 세자부인 '순승부(順承府)', 경순부를 개칭한 문종의 세자부인 '인순부(仁順府)', 조선 초기의 왕실창고였던 '의순고(義順庫)'를 의미한다는 견해가 있다. 이외에도 왕실과 관련된 공납자기로 보는 '세'명 17점과 '정'명 7점의 유물이 출토되었다<표 17>.

---

13) 사선서는 궁궐안의 음식을 마련하던 관청의 이름으로 사(司), 사선(司膳), 사선서(司膳署) 등으로 확인된다. 순승부는 1418년(태종 18년) 6월 6일~8월 15일까지 66일 존속하였고, 인순부의 존속기간은 1421년(세종3년)12월 4일~1464년으로 추정된다. 승녕부(承寧府)는 1400~1411년, 인녕부(仁寧府)는 1400~1421년, 덕녕부(德寧府)는 1455~1457년에 운영되었던 관청이다. '순'자는 의순고의 공납용으로 제작되었을 가능성이 있다고 판단하였다. 1382년(우왕 8년) 의비의 개인창고로 하였다는 기록과 1403년(태종 3년)에 예빈시에 병합하였다는 기록 등으로 존속기간을 1382~1403년으로 추정하였다. 또한 '세(世)'명은 태조의 8번째 아들이자 조선의 첫 왕세자인 이방석의 세자부에 공상하기 위해 제작된 유물로 보았고, '정(定)'명은 태조의 부친인 환조(桓祖) 이자춘(李子春)의 능인 '정릉(定陵)'의 제사용 기물로 공상하기 위해 제작된 것으로 보았다.

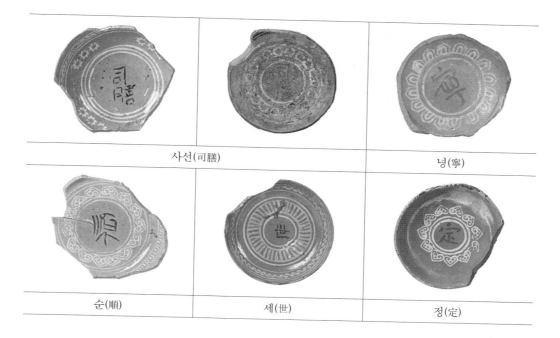

사선(司膳)	녕(寧)
순(順)	세(世)	정(定)

사찰과 관련된 유물은 총 11점으로, '만(卍)' 2점과 '쌍림(双林)' 9점이다. '쌍림'명의 경우, 남아있는 지역명과 인접한 접경지역에 대한 검토를 통해, 충북 영동군 상촌면 궁촌리 일원에 있던 쌍림사(雙林寺)라고 하는 큰 사찰에서 주문하여 납품한 자기로 보는 견해가 있다(성현주 2017: 49). 이 외에도 공납용 자기임을 표시하는 유물로는 '상주경주인(上州京主人)'명(박경자 2020: 411-415) 자기 4점[14]과 '대(大)' 3점, '상(上)' 1점으로 총 8점이 출토되었다<표 18>.

이 외에 판독이 어려운 명문 8점과 각 1점씩 확인된 '월(月)'·'일팔(一八)'명 유물이 출토되었는데, 총 10점은 의미를 파악하기 어려운 불명유물로 분류하였다.

---

14) 보고서에는 '왕을 공경하기 위해 서울에 들이다'라는 의미의 공왕입경(恭王入京)으로 보고하였다. 이후 명문 중 '京'자가 인접한 우하리유적(중품자기소)에서 출토되었다. 이에 '도성(漢城)에 있는 (尙)州의 (京)主人에게 올린다'는 의미로 상주경주인(上州京主人)으로 보는 견해가 있으며, 본 고에서는 上州京(京)主人이라는 견해를 따르고자 한다.

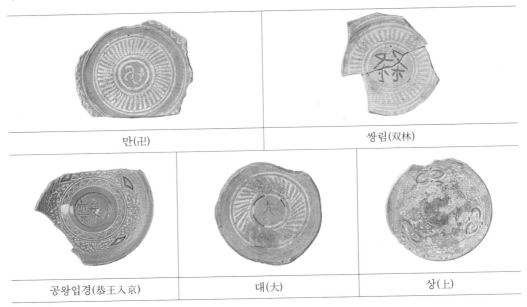

만(卍)	쌍림(双林)

공왕입경(恭王入京)	대(大)	상(上)

　명문자기는 여러 가지 의미에서 중요한 자료이지만, 글자의 해석에 연구자들마다 차이가 존재할 수 있다. 또한 명문의 의미를 추정하기 어려운 유물도 다양하게 확인된다. 이는 앞으로 학술발굴조사를 통해 기초자료를 꾸준히 축적하면서 불명 명문의 의미나 제작시기, 지역적 특징 등을 통해 보완할 수 있을 것이다.

　출토된 명문자기 중 전체의 절반이상이 관청명과 관련된 유물이었던 상판리6은 공납자기를 생산하던 가마였던 것을 알 수 있다. 특히, '司膳'명 자기는 1400년부터 1417년경까지 제작되는 유물이다. 출토유물 중에는 고려 상감청자의 전통을 가진 상감기법의 연당초문이 확인되고, 유물에 성긴 인화문을 시문한 것이 다량으로 출토되었다. 또한 관청명 등을 새긴 명문자기가 확인되는 특징을 통해 분청사기의 시기 구분 중 성립기와 발전기에 해당(강경숙 2012: 333)되는 것으로 판단하였다. 또한 문헌기록 중『太宗實錄』에는 '상주에서 화기(花器) 만드는 것을 감독하게 하였다'는 내용이 확인되는 점으로 보아, 1411년 4월 이전에 이미 상주 상판리 일대에서 자기가 제작되고 있었음을 알 수 있다. 이후『세종실록』「지리지」가 쓰여진 1424~1432년에는 상주시 모동면 상판리 일원의 자기가마는 상품자기소로 위상이 매우 높았을 것으로 판단된다. 여러 가지 상황을 종합하여 상판6의 자기가마 조업시기는 분청사기 성립기에 해당되는 1400년부터 1420년정도의 시기로 파악된다.

IV. 맺음말

상주 상판리 자기가마1·6에 대한 유구 및 유물의 검토를 통해서 상품자기소에서 생산한 공납자기의 특징 및 제작시기에 대해 간략히 살펴보았다.

상주지역의 자기가마와 관련된 문헌기록은 『世宗實錄』「地理志」가 대표적이다. 문헌에는 각 군현별로 공물의 종류로 자기와 사기가 기재되어 있다. 상주목 관내 지역에는 상품자기소 2개소와 중품자기소 1개소가 있다는 기록이 확인된다. 상품자기소는 현재 모동면 상판리 일대와 모서면 대포리 일대로 중품자기소는 공성면 우하리 일대로 비정하고 있다.

모동면 상판리 일원에는 기존의 지표조사를 통해 상판리 자기가마1~7의 위치가 대략적인 범위로 확인되었으며, 이 중에 1·6에 대해서만 학술발굴조사가 이루어졌다. 자기가마는 단독구릉의 자연경사면에 입지하고, 주변에 조업에 필요한 물이 흐르며, 인근에 땔감으로 사용할 나무가 풍부한 곳에 위치한다. 자기제작과 가마의 운용에 용이한 입지에 자기가마 군(群)을 이루며 축조된 양상이다. 발굴조사에서 출토된 유물은 일상용기와 제기류·베개·의자·화분 등의 특수기종, 명문자기류 등이다. 기종 및 문양, 명문의 종류 등을 통해 상판리 자기가마1·6은 공납용 분청사기를 생산하던 上品磁器所였음을 알 수 있다. 공납용 자기는 생산지에서 서울까지 안전하게 운송해야함으로 이에 맞는 교통로를 확보할 필요가 있다. 상주지역의 경우에는 백두대간 산지의 서쪽부분에 위치하고 있어 교통 및 운송입지가 좋지 않았다. 그러나 요업이 발달한 상판리 일원의 자기소에서 생산된 자기를 국가나 국가기관에 안전하게 공납될 수 있도록 중앙정부는 운송제도와 주변의 교통시설을 적극적으로 활용하였다. 내륙수로인 육운(陸運)과 수운(水運)을 병용하는 운송방식을 이용하여 필요가 발생할 때마다 생산처에서 소비처로 용이하게 운송(박경자 2017)할 수 있도록 하고, 교통시설을 보완하는 역로망이 재편(한정훈 2021)되기도 하였다.

명문자기는 다양한 목적을 가지고 이름을 새겼는데, 특히 존속기간이 정해진 임시관청[15]의 이름이 표기 된 경우에는 분청사기의 편년 기준이 되며, 당시의 요업 상황을 이해할 수 있는 중요한 근거자료가 된다.

---

15) 임시관청의 종류는 정종의 상왕부인 공안부, 태종의 세자부인 경승부, 정종의 상왕비를 위한 인녕부, 단종이 상왕이었을 때의 덕년부 등이 있다.

상판리 자기가마1·6은 가마의 구조와 출토유물을 통해 조업시기를 파악할 수 있었다. 상판리 자기가마1의 조업시기는 1410~1420년, 상판리 자기가마6은 1400~1420년을 중심시기로 볼 수 있다. 전체적으로 상판리 자기가마6→상판리 자기가마1의 순으로 조업시기의 차이가 확인된다.

상주 상판리 자기가마1·6에 대한 유구 및 출토유물에 대한 정리를 통해, 상품자기소에서 생산한 도자기의 기종과 특징, 명문을 바탕으로 공납자기의 양상을 간단히 살펴보았다. 발굴조사가 이루어진 두 유적의 단편적인 모습으로 현황을 파악하였는데, 향후 체계적인 조사와 기초자료가 축적된다면 상품자기소가 위치하는 상판리 주변에서의 요업 현황과 시기적 차이도 검토할 수 있을 것이다. 그리고 또 다른 상품자기소가 있는 대포리 일원이나 중품자기소가 위치한 우하리 유적에 대한 현황 및 기초자료를 확보할 필요가 있다. 이를 통해 향후 조선시대 상주지역의 도자문화의 양상 및 특징을 파악하고, 한국 도자문화의 흐름 안에서 상주지역의 중요성과 위치를 확인할 수 있을 것으로 기대해 본다.

참고문헌

강경연, 2018, 「Ⅴ. 고찰」『상주 상판리 자기가마6유적(Ⅱ)』, 상주박물관.

_____, 2019, 「상주박물관 학술발굴조사(공성면 우하리) 및 지표조사(모서면 대포리) 성과보고」『상주지역 도자문화의 성격과 가치』, 상주박물관.

박경자, 2017, 「상주 상판리 자기가마와 『世宗實錄』 地理志 上品 磁器所」『상주 상판리유적의 도자사적 의의』.

_____, 2020, 「상주 우하리 유적 출토 자기의 제작시기」『상주 우하리유적 학술발굴조사 보고서』, 상주박물관.

성현주, 2017, 「상판리 가마 출토 銘文磁器와 15세기 尙州牧의 磁器貢納」『상주 상판리유적의 도자사적 의의』, 상주박물관.

한정훈, 2021, 「여말선초 공납자기 운송에 관한 재검토-상주 공납자기를 중심으로-」『석당논총』84집.

강경숙, 2012, 『한국도자사』, 예경.

慶尙北道文化財研究院, 2002, 『文化遺蹟分布地圖-尙州市-』.

大東文化財研究院, 2010, 『尙州地域 磁器窯址 精密地表調査報告書』.

상주박물관, 2015, 『상주 상판리 자기가마1유적』.

_____, 2017, 『상주 상판리 자기가마6유적(Ⅰ)』.

_____, 2018, 『상주 상판리 자기가마6유적(Ⅱ)』.

_____, 2019, 『상주 대포리 자기가마 지표조사 보고서』.

_____, 2020, 『상주 우하리 유적 학술발굴조사 보고서』.

조선시대 제2로 및 제5로 直烽 조사와 의미

홍성우 | 경상문화재연구원

Ⅰ. 머리말

일반적으로 봉수를 '횃불[烽]과 연기[燧]로써 변방의 긴급한 군사정보를 중앙에 알리는 군사통신제도의 하나이다(김주홍 외 2003)'라고 정의하지만 필자는 여기에 더해 약정된 신호와 고정된 시설을 추가하여 '봉수란 횃불과 연기로써 약정된 신호를 보내고 고정된 시설에서 변방의 중요한 군사정보를 중앙에 알리는 군사통신제도이다'라고 정의하는 편이다. 필자가 약정된 신호와 고정된 시설을 강조하는 이유는 봉수를 체계화된 시설물로 이해하고 있기 때문이다.[1] 지금까지 봉수 연구는 제도사적 관점에서 주로 다루어왔고 봉수 조사의 미흡함이 구조물로써 이해하는 데 한계가 있어 왔다. 그러나 문화유산을 사적으로 지정함에 있어 유적의 구조는 기본이 된다.

---

1) 단, 이러한 정의는 고려 및 조선시대 봉수에 한정된다.

『증보문헌비고』(1908)에 의하면 조선 후기 중앙정부는 5개의 직봉, 23개의 간봉 노선을 운영하였으며, 전체 노선에는 총 622개의 봉수가 존재하였다. 그 중 부산 응봉과 서울 목멱산[남산] 제2봉수를 연결하는 '제2로 직봉', 전남 여수 돌산도에서 서울 목멱산 제5봉수를 연결하는 '제5로 직봉'이 남한에 위치하고 있고, 나머지 3개 직봉 노선은 북한에 위치하고 있다.

문화재청에서는 조선시대 봉수에 대한 사적지정 추진의 일환으로 2021년에는 제2로 직봉 22개 봉수, 2022년에는 제5로 직봉 21개 봉수에 대한 학술조사를 진행하였다. 조사의 책임을 맡은 필자로서는 잔존상태와 특징, 사적으로 지정된 봉수의 진행 과정과 의미를 서술해 둘 필요성을 느끼게 되었다. 이번 조사목적인 봉수를 사적으로 지정함에 있어 연속유산이라는 개념을 처음 도입한 중요한 의미를 가지게 되었다. 향후 봉수가 다른 연속유산의 모델이 될 수 있기를 기대하며, 이 글을 준비하게 되었다.

Ⅱ. 제2로 직봉 조사

현장조사는 조선후기 봉수노선을 대상으로 하며, 그 기준은 조선 후기에 발간된『증보문헌비고』(1908)이다. 여기에 수록된 제2로 직봉 노선상에 설치된 봉수는 모두 44개이고, 부산 응봉봉수에서 신호를 보내어 서울 목멱산봉수에 최종 도착한다.

제2로 봉수는 직봉과 간봉을 포함하여 166개의 봉수가 설치되어 있다. 이 중 제2로 직봉 노선이 지나는 관할지역은 부산(1곳), 양산(1곳), 울산(1곳), 경주(1곳), 영천(3곳), 의성(1곳), 군위(2곳), 의성(1곳), 안동(1곳), 영주(2곳), 봉화(2곳), 제천(1곳), 충주(1곳), 음성(1곳), 용인(1곳), 성남(1곳), 서울(1곳)로서 12개 시, 5개 군이다.

조사대상은 조선시대 5개 봉수노선 중 가장 긴밀하게 운영되었던 제2로 직봉을 대상으로 하되, 고증없이 복원되거나 훼손으로 그 역사성을 알기 어려운 봉수는 이번 조사에서 제외하였다.

다만, 부산 응봉봉수와 서울 목멱산봉수는 이미 복원이 이루어 졌으나 제2로 직봉의 시작과 종점으로 그 상징적 가치가 매우 높은 유적이므로 이번 조사대상에 포함시켰다. 조사대상 봉수는 22개이다.

조사방법은 현장을 실사한 후 측량조사를 통해 사적 지정면적과 보호면적을 산출하였다. 제2로 직봉 22개 중 충주 마산봉수, 음성 망이성봉수, 용인 석성산봉수, 성남 천림산봉수, 서울 목멱산봉수 5개 봉수는 이미 시·발굴조사를 거쳐 현황이 보고되었으므로, 이 글에서는 제외하여 17개 봉수를 중심으로 살펴보고자 한다.

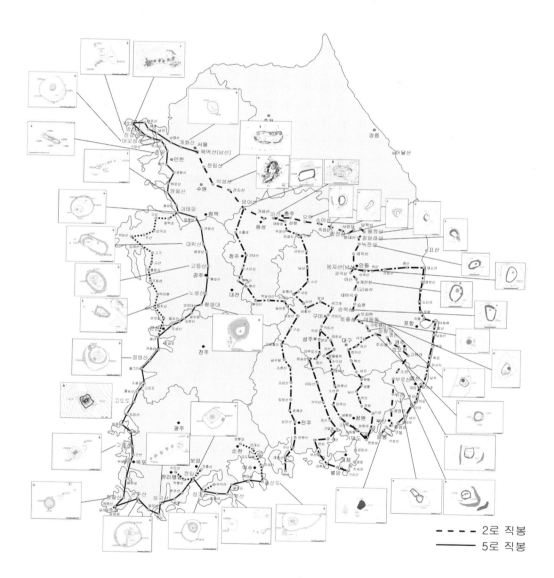

[그림 1] 제2로 및 5로 직봉 노선 및 조사대상 봉수

<표 1> 제2로 직봉 봉수 및 조사대상 봉수

지역	수량	봉수 명칭	비고
경기권	4	건지산, **석성산**, **천림산**, **목멱산**	경·내지봉수
충청권	7	죽령산, **소이산**, **오현**, 심항, **마산**, 가섭산, **망이성**	내지봉수
영남권	33	**응봉**, 구봉, 황령산, 계명산, **위천**, **부로산**, 소산, 고위, **접포현**, 사봉, 방산, **신(新)성황당**, 성산, 구토현, **여음동**, **토을산**, 보지현, **승목산**, 승원, 대야곡, 성산, **계란현**, 마산, 감곡산, **봉지산**, 개목산, **녹전산**, **창팔래산**, **용점산**, 당북산, 사랑당, 성내산, **망전산**	연변봉수 · 내지봉수 혼재
합계	44	44개 중 22개 조사	

1. 부산 응봉봉수

● 조사내용

평면형태	규모(m)			면적 (㎡)	해발 (m)	내부시설	채집유물
	길이	너비	둘레				
제형 (梯形)	22.7	17.6	65.7	298.5	233.7	봉수 복원 건물지 3곳	백자, 옹기, 기와

● 특징

봉수 복원. 건물터 관련 평탄지 3곳 확인. 봉수군 생활시설이 유존할 가능성이 높음. 평탄지에서 다수의 기와 채집(가옥이나 고사의 지붕 부재로 추정). 건물터 외에 봉전(烽田)터 확인.

2. 양산 위천봉수

● 조사내용

평면형태	규모(m)			면적 (㎡)	해발 (m)	내부시설	채집유물
	길이	너비	둘레				
원형(圓形)+ 장방형 (長方形)	37.5	18.8	101.8	493.3	315	연조, 방호벽, 방화벽, 와가 (정면3칸, 측면 2칸), 고사	백자, 옹기, 기와, 철기

● 특징

봉수 복원. 방호벽과 방화벽에 의해 거화시설과 생활시설이 분리됨. 방호벽은 장방형, 방화벽은 원형을 띰. 2곳의 출입시설 존재. '위천역'과 인접한 위치. 유구는 복원되어 있지만 주변에서 많은 유물이 채집됨. 연조는 잘못된 복원임.

3. 울산 부로산봉수

● 조사내용

평면형태	규모(m)			면적 (㎡)	해발 (m)	내부시설	채집유물
	길이 (동서)	너비 (남북)	둘레				
원형 (圓形)	23.3	20.3	80	500	350	연조, 방호벽, 환도, 채석장, 우물(?)	백자, 옹기, 기와

● 특징

언양읍성(彦陽邑城)과 인접한 위치(읍성과 봉수간 가시권 확보가 가능). 2018년 시굴조사 실시 후 보존·보호조치 중. 방호벽 내부에서 동-서 일렬로 연결된 연조 4기 확인. 방호벽 주변으로 환도가 돌려져 있음. 우물 또는 고사 1기 있음. 봉수 축조에 사용된 석재를 채취한 채석장이 남동쪽에 있음.

4. 경주 접포현봉수

● 조사내용

평면형태	규모(m)			면적 (㎡)	해발 (m)	내부시설	채집유물
	길이 (동서)	너비 (남북)	둘레				
방형 (方形)	25	23.1	85.3	511.2	235	방호벽, 출입시설, 환도	백자 기와(국화문)

● 특징

방호벽 내부는 북고남저의 상하 2단으로 되어 있음. 상단에 거화시설, 하단에 생활시설이 있었을 것으로 추정. 출입시설은 방호벽 남쪽에 개방된 형태로 확인됨. 방호벽 동쪽과 서쪽 외부에 환도가 돌려져 있음. 방호벽 내에서 다량의 기와 수습(기와 건물이 축조되었던 것으로 추정). 채집된 기와 중 국화문 기와 발견.

5. 영천 성황당봉수

● 조사내용

평면형태	규모(m)			면적 (㎡)	해발 (m)	내부시설	채집유물
	길이	너비	둘레				
원형 (圓形)	27.3	26.6	95.1	539.5	235	연대, 건물지, 환도, 샘터	백자, 옹기, 기와

● 특징

연대형 봉수임. 방호벽은 확인되지 않음. 연대 주변으로 환도가 돌려져 있음. 환도의 동쪽에 건물터 신규 확인. 건물터에서 기와편 다수 채집. 봉수와 인접한 골짜기에서 샘터 신규 발견.

6. 영천 성산봉수

● 조사내용

평면형태	규모(m)			면적 (㎡)	해발 (m)	내부시설	채집유물
	길이	너비	둘레				
방형 (方形)	28.3	23.5	85.1	539.2	271	방호벽, 연대, 출입시설, 건물지	백자·옹기· 기와(어골문·사선문·호상문)

● 특징

봉수 잔존상태가 양호한 편임. 방호벽·출입구·연대·건물지 등 봉수관련 시설 다수 잔존. 내지봉수임에도 연대를 축조함. 건물지터 확인 및 기와편 다수 채집. 봉수를 둘러싼 주위 석성(石城) 확인. 석성관련 유물 다수 채집.

7. 영천 여음동봉수

● 조사내용

평면형태	규모(m)			면적 (㎡)	해발 (m)	내부시설	채집유물
	길이 (남북)	너비 (동서)	둘레				
타원형 (楕圓形)	31	27	96	663	240	방호벽, 연대, 건물지	기와

● 특징

방호벽 내부는 남쪽의 공간이 넓고 북쪽이 좁음. 북고남저의 지형을 이용하여 상·하 두 구역으로 분리함. 상단은 거화시설, 하단은 생활시설의 공간임. 내지봉수임에도 방호벽 내 연대를 시설함. 방호벽의 외벽은 난적쌓기되어 있음.

8. 군위 토을산봉수

● 조사내용

평면형태	규모(m)			면적 (㎡)	해발 (m)	내부시설	채집유물
	길이	너비	둘레				
원형 (圓形)	-	-	52.9	204.7	360	연대, 호	도기 동체부와 구연부편

● 특징

　방호벽 대신 호(壕)를 굴착하여 봉수를 구획함. 내지봉수임에도 연대를 시설함. 연대 상부에 연소실로 추정되는 함몰부분이 있음. 연대의 서쪽에 생활시설이 있었을 것으로 추정됨. 내지봉수로서 연대와 호를 시설한 특이한 형태로 2로 직봉에서는 유일함. 유물은 고려~조선시대 경질토기 위주로 채집됨. 고려시대부터 운영되었을 가능성이 있음.

9. 군위 승목산봉수

● 조사내용

평면형태	규모(m)			면적 (㎡)	해발 (m)	내부시설	채집유물
	길이 (동서)	너비 (남북)	둘레				
장방형 (長方形)	31	21	84.5	558.5	252	방호벽, 출입시설(계단형), 연조 2기	기와·옹기·백자

● 특징

　방호벽 내부공간은 북쪽이 넓고 남쪽이 좁음. 봉수 내·외에 연조 2기를 시설. 방호벽 외벽은 아래쪽에 큰 돌, 위쪽에 작은 돌을 놓아 쌓음. 출입시설은 방호벽이 개방된 형태로 북동쪽에 위치. 출입시설은 측벽을 쌓아 봉수 내외로 통과할 수 있게 하였고 바닥은 계단형임.

10. 의성 계란현봉수

● 조사내용

평면형태	규모(m)			면적 (㎡)	해발 (m)	내부시설	채집유물
	길이 (남북)	너비 (동서)	둘레				
타원형 (楕圓形)	28	21	92	525.8	270	방호벽(토석혼축), 연조 3기, 출입시설	평기와(창해파문), 자기편.

● 특징

　방호벽 내부공간은 중앙이 가장 넓은 형태임. 연조는 봉수 내·외 3기를 남북방향 일렬 등간격으로 설치. 출입시설은 방호벽 남쪽에 있으며, 방호벽이 개방된 형태임. 방호벽 외벽은 난적쌓기로 축조됨. 조선시대 다양한 유물 채집.

11. 안동 봉지산봉수

- 조사내용

평면형태	규모(m)			면적 (㎡)	해발 (m)	내부시설	채집유물
	길이 (남북)	너비 (동서)	둘레				
타원형 (橢圓形)	23	16	78	318.2	265	방호벽	기와(호상문)

- 특징

방호벽 내부공간은 북쪽이 넓고 남쪽이 좁음. 방호벽이 타원형으로 돌려져 있음. 기와 위주로 유물 채집.

12. 영주 녹전산봉수

- 조사내용

평면형태	규모(m)			면적 (㎡)	해발 (m)	내부시설	채집유물
	길이 (남북)	너비 (동서)	둘레				
타원형 (橢圓形)	25	19	90	402	567	방호벽(토석혼축), 출입시설 (남서쪽), 연조, 건물지	기와, 옹기

- 특징

방호벽 내부공간은 중앙부가 가장 넓음. 방호벽의 폭이 넓은 편임. 방호벽 외부에 연조 1 기 확인. 연조는 방호벽에 바로 붙어 있음. 유물은 기와 위주로 채집됨.

13. 봉화 창팔래산봉수

● 조사내용

평면형태	규모(m)			면적 (㎡)	해발 (m)	내부시설	채집유물
	길이 (남북)	너비 (동서)	둘레				
타원형 (楕圓形)	25.7	19	90	588	273.4	방호벽, 출입시설, 환도	암·수키와, 백자

● 특징

내부 공간은 서쪽이 넓고 동쪽이 좁은 편임. 방호벽 내·외벽이 온전함. 방호벽 동쪽 외부에 환도가 돌아감. 출입시설은 방호벽 남동쪽에 있으며, 방호벽이 개방된 형태임. 방호벽 남동쪽 바깥에 건물터 확인.

14. 봉화 용점산봉수

● 조사내용

평면형태	규모(m)			면적 (㎡)	해발 (m)	내부시설	채집유물
	길이 (남북)	너비 (동서)	둘레				
타원형 (楕圓形)	23.3	14.2	66	432.7	405	방호벽(토석혼축), 망덕, 출입시설(開口形), 건물지	유물은 채집되지 않았음

● 특징

남쪽과 북쪽이 좁고 중앙이 가장 넓은 평면형태를 가짐. 방호벽과 원장이 결합된 방호시설. 남쪽에 방호벽이 개방된 출입구 있음. 출입구 근처 서쪽 방호벽 내측에 망덕 잔존.

15. 영주 망전산봉수

● 조사내용

평면형태	규모(m)			면적(㎡)	해발(m)	내부시설	채집유물
	길이(남북)	너비(동서)	둘레				
타원형(楕圓形)	16.3	15	61	420	240	방호벽(토석혼축), 출입시설, 건물지, 환도	백자, 기와

● 특징

방호벽 하부 사방으로 환도가 돌아감. 방호벽과 환도는 단차가 있음. 방호벽 남측이 개방된 구조(이곳이 출입시설일 가능성이 높음). 봉수에서 기와 및 자기편 채집.

16. 단양 소이산봉수

● 조사내용

평면형태	규모(m)			면적(㎡)	해발(m)	내부시설	채집유물
	길이	너비	둘레				
장타원형(長楕圓形)	35	12	82.8	330	433.9	방호벽(토석혼축 편축형), 제단석	백자, 옹기, 기와

● 특징

방호벽은 북동-남서향으로 긴 세장한 형태임. 내부공간은 북동쪽이 넓고 남서쪽이 좁음. 석축을 쌓아 내부공간을 상·하 2단으로 구분함. 방호벽 내 제단석(祭壇石)이 잔존. 북서쪽 하단부에 건물터 확인. 기와편 중 어골문 기와가 발견되어 고려시대부터 운영되었을 가능성이 있음.

17. 제천 오현봉수

● 조사내용

평면형태	규모(m)			면적 (㎡)	해발 (m)	내부시설	채집유물
	길이 (남북)	너비 (동서)	둘레				
타원형 (楕圓形)	31	22	78	402.6	426	방호벽, 추정연조, 환도, 출입시설, 건물지	백자, 기와

● 특징

내부공간은 중앙부가 가장 넓음. 연조는 서쪽 방호벽 내측에 붙어 있음. 출입시설은 방호벽이 개방된 형태로 남쪽에 위치. 환도는 방호벽과 떨어져 동쪽과 서쪽에 설치. 방호벽 바깥 남쪽에 건물터 확인. 성황당 시설 잔존(무형문화재 제8호 제천 오티별신제 당집).

Ⅲ. 제5로 직봉 조사

조선 후기 문헌인 『증보문헌비고』(1908)에 의하면, 제5로 직봉은 여수 돌산도봉수에서 출발하여 서울 남산[목멱산]봉수에 이르는 노선으로 모두 62개의 봉수로 구성되어 있다. 『증보문헌비고』(1908)에 기재된 제5로 직봉 노선은 조선 후기에 최종 정립된 봉수망으로 조선 全

기간 동안 구간별 치폐(置廢)와 이설(移設)을 통해 몇 차례의 변동 과정을 거친 결과이다.

　제5로 노선의 전체 봉수는 86개이고 이중 직봉은 62개, 간봉⑴ 10개, 간봉⑵ 15개가 각 노선상에 분포하고 있다. 직봉 62개 중 연변봉수는 53개, 내지봉수는 9개로 연변봉수가 대부분을 차지한다.

　봉수 조사는 전라권 34개 중 10개, 충청권 8개 중 4개, 경기권 20개 중 7개에 대해 조사가 이루어져 모두 21개이다. 제5로 직봉 노선 중 상징적 가치가 매우 높은 유적으로 조사대상에 포함시켰다. 21곳은 연변봉수 16개, 내지봉수 5개이다. 봉수의 위치는 [그림 1]과 같다.

　이번 조사는 제5로 직봉 21개 봉수에 대한 사적 지정을 위한 학술조사이므로 사적 지정에 필요한 범위나 유구의 분포양상 등 유물보다는 유구조사에 집중하였다. 봉수대의 구조는 연조, 연대, 망대, 방호벽과 호 등의 중심시설과 건물지(주거지), 고사(창고), 경작지, 우물(식수) 등의 보조시설로 나누어 볼 수 있는데, 이런 시설들이 어떻게 배치되어 있고 그 위치가 어디인지를 GPS로 측량하고 이를 도면화하는 작업이 이루어졌다.

　21개 봉수 중 기존 시발굴조사로 현황이 밝혀진 고흥 장기산봉수, 영광 고도도봉수, 부안 점방산봉수, 강화 망산봉수 4개를 제외한 17개 봉수에 대한 현황을 살펴보기로 하겠다.

〈표 2〉 제5로 직봉 봉수 및 조사 대상 봉수

지역	수량	봉수 명칭	비고
경기권	20	망해산, **괴태곶**, 홍천산, **염불산**, 해운산, 정왕산, 성산, **축곶**, 백석산, 수안산, **대모성산**, **진강산**, **망산**, 규산, 하음산, 남산, 남산, 냉정산, **개화산**, 목멱산	경·내지봉수
충청권	8	강경대, **황화대**, **노성산**, 월성산, **고등산**, 쌍령산, **대학산**, 연암산	연변·내지봉수 혼재
전라권	34	**돌산도**, 백야곶, 팔전산, **마북산**, 천등산, **장기산**, **전일산**, 천관산, 원포, **좌곡산**, 완도, 달마산, **관두산**, 여귀산, **첨찰산**, 황원성, 유달산, 군산, **고림산**, 옹산, 해제, 차음산, **고도도**, 홍농산, 고리포, 소응포, 월고리, **점방산**, 계화리, 화산, 오성산, 불지산, 소방산, 광두원	연변봉수
합계	62	62곳 중 **21곳** 조사	

1. 여수 돌산도봉수

● 조사내용

방호벽 평면형태	방호벽 규모(m)			면적 (㎡)	해발 (m)	내부시설	채집유물
	길이	너비	둘레				
장란형	45	22	111	689	425	연대, 나선형 오름시설, 방호벽, 건물지	-

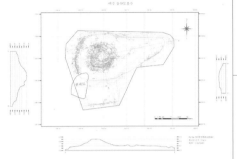

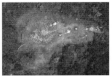

● 특징

- 5로 직봉과 간봉⑴의 초기 봉수. 조선 전기부터 후기까지 전시기 발간 지지에 기록.
- 순천 방답진에 소속된 봉수임. 연대, 나선형 오름시설, 방호벽, 건물지 등 잔존.

2. 고흥 마북산봉수

● 조사내용

방호벽 평면형태	방호벽 규모(m)			면적 (㎡)	해발 (m)	내부시설	채집유물
	길이	너비	둘레				
원형	27	23	81	486	538.5	연대, 나선형 오름시설, 방호벽	분청, 백자, 옹기

● 특징

  - 조선 중기부터 후기까지 지지에 기록. 연대, 나선형 오름시설, 방호벽 등 잔존.

  - 연대는 조선 진보성의 쌓기법과 유사. 연대 주변에서 다량의 유물 채집.

3. 장흥 전일산봉수

● 조사내용

평면형태	규모(m)			면적 (㎡)	해발 (m)	내부시설	채집유물
	길이	너비	둘레				
말각방형	17	20	55	226	404.5	연대, 방호벽, 고사, 출입시설	-

● 특징

  - 조선 전기부터 후기 전 시기 지지에 기록. 5로 직봉과 간봉① 노선의 결절점.

  - 연대, 방호벽, 고사 등 잔존. 봉수유적의 보존상태가 매우 양호한 편.

4. 해남 좌곡산봉수

● 조사내용

유구배치 평면형태	유구배치 규모(m)			면적 (㎡)	해발 (m)	내부시설	채집유물
	길이	너비	둘레				
장타원형	58	18	139	685	101.7	연대, 연조	-

● 특징

- 조선 전기부터 후기까지 전 시기 지지에 기록. 방산리마을과 인접하여 접근이 아주 양호.
- 연대 1기는 자연 암반을 이용. 연대 주위로 토축 원형 연조 5기 잔존.

5. 해남 관두산봉수

● 조사내용

연대 평면형태	연대 규모(m)			면적 (㎡)	해발 (m)	내부시설	채집유물
	길이	너비	둘레				
원형	8	8	24	44	176	연대, 연조	-

- 특징

  - 조선 중기부터 후기까지 지지에 등장. 원형 연대 1기와 토축 원형 연조 2기 잔존.

  - 건물지로 추정되는 평탄지 있음. 봉수대 인근지역에 불명의 석축 구조물 4기 분포.

6. 진도 첨찰산봉수

- 조사내용

연대 평면형태	연대 규모(m)			면적 (㎡)	해발 (m)	내부시설	채집유물
	길이	너비	둘레				
원형	10	10	31	74	485.2	연대, 오름시설, 건물지	-

- 특징

  - 조선 중기부터 후기까지 전 지지에 기록. 봉수는 진도에서 가장 높은 첨찰산에 위치.

  - 연대 1기와 추정 건물지 2곳 확인. 계단형 오름시설과 연소실을 형상한 돌탑 잔존.

7. 무안 고림산봉수

● 조사내용

유구배치 평면형태	유구배치 규모(m)			면적 (㎡)	해발 (m)	내부시설	채집유물
	길이	너비	둘레				
타원형	18	14	49	174	180	연대, 평탄지	-

● 특징

- 조선 전기부터 후기까지 전 기간 지지에 기록. 조선 다경포진에 소속된 봉수임.

- 연대에는 항공식별기가 설치되어 있음. 토석 혼축의 평면 원형 연대 잔존.

8. 논산 황화대봉수

● 조사내용

평면형태	규모(m)			면적 (㎡)	해발 (m)	내부시설	채집유물
	길이	너비	둘레				
원형	34	33	101	768	63	방호벽, 출입시설	-

● 특징

- 토축산성인 황화산성의 북서벽과 인접. 해발이 낮고 접근이 용이.

- 토석 혼축의 방호벽은 북쪽 폭이 상당히 넓은 편임. 개구형의 출입시설 있음.

9. 논산 노성산봉수

● 조사내용

평면형태	규모(m)			면적(㎡)	해발(m)	내부시설	채집유물
	길이	너비	둘레				
제형	27	17	77	374	320	방호벽, 출입시설, 배수시설, 평탄지	-

● 특징

- 사적 제393호인 노성산성 안에 위치. 방호벽, 출입시설, 배수시설, 평탄지 등 잔존.

- 출입시설은 개구형으로 측벽이 있음. 개석이 있는 배수시설은 5로 직봉에서 유일.

10. 공주 고등산봉수

● 조사내용

평면형태	규모(m)			면적 (㎡)	해발 (m)	내부시설	채집유물
	길이	너비	둘레				
타원형	34	23	92	626	220	연대, 방호벽	백자, 도기

● 특징

- 연대, 방호벽, 출입시설 등이 갖추어져 있음. 내지봉수임에도 타원형 연대를 설치함.

- 내부는 상·하단이지며, 두 곳에 출입시설이 있음. 내부에서 자기·옹기·도기 등 채집.

11. 공주 대학산봉수

● 조사내용

평면형태	규모(m)			면적 (㎡)	해발 (m)	내부시설	채집유물
	길이	너비	둘레				
장타원형	39	19	97	565	455.5	방호벽, 출입시설, 호상토루, 연조	기와

● 특징

-『신증동국여지승람』부터 지지에 등장. 방호벽, 호상토루, 출입시설, 추정연조 등 확인.

- 출입시설은 남쪽에 위치하며, 개방형임. 내부에서 기와 다량 채집.

12. 평택 괴태곶봉수

● 조사내용

평면형태	규모(m)			면적 (㎡)	해발 (m)	내부시설	채집유물
	길이	너비	둘레				
장방형	77	25	186	1,470	83	연조, 방호벽, 건물지	-

● 특징

- 상·하단대지로 나누어짐. 상단대지는 토석혼축으로 되어 있으며, 외면은 석축함.

- 연조는 2열로 7기가 확인됨. 내부에 건물지가 있은 최대규모의 연변봉수임.

13. 화성 염불산봉수

● 조사내용

유구배치 평면형태	유구배치 규모(m)			면적 (㎡)	해발 (m)	내부시설	채집유물
	길이	너비	둘레				
세장타원형	99	19	225	1,329	170.2	연대, 연조, 건물지	-

● 특징

 - 조선 전기부터 후기까지 전 기간 지지에 기록. 연대, 연조, 건물지를 갖추고 있음.

 - 연조는 5기가 동-서 일렬로 배치. 가운데 있는 연조3의 규모가 가장 큼.

14. 인천 축곶봉수

● 조사내용

평면형태	규모(m)			면적 (㎡)	해발 (m)	내부시설	채집유물
	길이	너비	둘레				
원형	29	29	92	647	79.2	연대, 방호벽, 출입시설, 건물지, 우물	-

● 특징

- 연대·방호벽·출입시설·건물지· 우물 등이 갖추어져 있음. 연대는 허물어졌으나 원형임.

- 출입시설은 2곳으로 개방형, 내부에 고사 등 설치. 내부에서 백자·옹기·도기 등 채집.

15. 강화 대모성산봉수

● 조사내용

평면형태	규모(m)			면적 (㎡)	해발 (m)	내부시설	채집유물
	길이	너비	둘레				
원형	59	56	178	2,431	84.2	연대, 호, 환도	-

● 특징

- 조선 전기부터 후기까지 전 시기 지지에 기록. 연대·호·환도가 갖추어져 있음.

- 호와 환도로 봉수를 구획함. 연대는 토석혼축이고 원형임.

16. 강화 진강산봉수

● 조사내용

유구배치 평면형태	유구배치 규모(m)			면적 (㎡)	해발 (m)	내부시설	채집유물
	길이	너비	둘레				
원형	67	55	216	1,442	443.1	망대, 연조, 건물지	-

● 특징

- 연대를 만들지 않고 정상부를 망대로 이용. 연조 4기가 북동-남서 방향으로 분포.

- 연조의 북동쪽에 추정 건물지 잔존. 건물지에서 기와편 채집.

17. 서울 개화산봉수

● 조사내용

평면형태	규모(m)			면적 (㎡)	해발 (m)	내부시설	채집유물
	길이	너비	둘레				
장방형	17	14	53	192	128.4	방호벽	-

● 특징

- 조선 전기부터 후기까지 전 시기지지 기록. 서울지역에 하나 남은 원유지 봉수.
- 군부대 내에 봉수가 위치함. 방호벽이 잔존하고 있음.

이상 제5로 직봉 17개 봉수의 조사내용을 대략적으로 살펴보았다. 이번 조사에서 가장 인상에 남는 봉수는 화성 괴태곶봉수와 서울 개화산봉수이다. 괴태곶봉수는 해군 제2함대 군부대 안에 자리하고 있으며, 규모가 상당히 크고 웅장했다. 잔존상태도 아주 양호한 편이었다. 개화산봉수는 서울 군부대 안에 자리하고 있으며, 서울에서 유일하게 실물을 남기고 있는 봉수이다. 두 봉수는 군부대가 있어 접근하는 데 어려움이 있으나, 특이성과 유일성으로 볼 때 보존과 관리에 더 많은 관심이 필요하다는 생각을 가지게 되었다.

IV. 제2로 직봉 사적 지정 의미

사적지정을 위한, 2021년 제2로 직봉 22개, 2022년 제5로 직봉 21개 조사를 통해 봉수대의 잔존상태와 특징, 사적 지정 가치 등의 정보를 얻을 수 있었다. 봉수는 2022년까지 사적으로 지정된 예가 한 건도 없었다. 봉수의 위치 확인여부, 유구의 잔존과 보존 상태, 역사적·학술적 가치 등을 종합적으로 고려하여 봉수 조사가 이루어졌고 보고서가 간행되었다(문화재청 2021, 2022). 이 외에도 보고서에는 사적 지정 목적에 부합하기 위해 도면과 함께 사적 지정면적과 보호면적도 기입해 두었다. 봉수 조사를 통해 제2로와 제5로의 구조적 이해의 폭을 넓힐 수 있었고 사적 가치를 증명할 수 있었다.

문화재보호법에서 "문화재"란 인위적이거나 자연적으로 형성된 국가적 · 민족적 또는 세계적 유산으로서 역사적·예술적·학술적 또는 경관적 가치가 큰 것을 말하고 그 중 사적 지정과 관련된 기념물은 절터, 옛무덤, 조개무덤, 성터, 궁터, 가마터, 유물포함층 등의 사적지(史蹟地)와 특별히 기념이 될 만한 시설물로서 역사적·학술적 가치가 큰 것을 이르는 것이다. 또한 문화재청장은 문화재위원회의 심의를 거쳐 기념물 중 중요한 것을 사적, 명승 또는 천연기념물로 지정할 수 있다고 하였다.

문화재보호법 시행령 국가지정문화재의 지정 기준 중 사적 관련 사항에는 선사시대 또는 역사시대의 사회·문화생활을 이해하는데 중요한 정보를 가지거나 정치·경제·사회·종교·생활 등 각 분야에서 그 시대를 대표하거나 희소성과 상징성이 뛰어난 것이거나 국가의 중대한 역사적 사건과 깊은 연관성을 가지고 있는 것을 사적이라고 한다고 하였고 해당 문화재의 유형별 분류기준으로 조개무덤, 주거지, 취락지 등의 선사시대 유적이나 궁터, 관아, 성터, 성터시설물, 병영, 전적지 등의 정치·국방에 관한 유적을 제시하였다.

결국 기념물은 사적지 또는 기념이 될 만한 시설물로서 역사적 학술적 가치가 큰 것을 말하며 사적은 기념물 중 그 가치가 탁월한 것이며 또한 시대를 대표하는 것으로 국가의 중대한 역사적 사건과 깊은 연관성을 가진 것을 말하는 것으로 정의할 수 있다.

봉수를 사적으로 지정하고자 하는 가치는 충분하다 하겠다. 결국 봉수를 사적으로 지정할 때 노선별로 지정할 필요가 있는데, 2022년까지 우리나라에서 지정된 기념물이나 사적 가운데 아직 그런 연속상의 가치가 인정되어 지정된 예는 없다. 조선시대에 운영된 봉수의 5개 노선 중 남쪽에서 운영된 노선은 경상도 동래 응봉에서 초기하여 목멱산봉수로 들어가는 제2로 직봉과 여수 방답진 돌산봉수에서 초기하여 목멱산봉수로 들어가는 제5로 직봉이 있다.

이 중 제2로 직봉은 모두 44개, 제5로 직봉은 62개의 봉수로 이루어져 있는데 지금까지 조사 결과 유구의 잔존상태가 모두 같지 못한 것은 사실이다. 봉수유적의 제1 가치는 연결성(linking value)이겠지만 이 가치는 노선을 구성하는 모든 봉수가 가지는 가치이므로 변별성이 없다고 할 수 있다. 다음으로 지리적 가치(geographical value)는 직봉이라고 하여도 간봉이 모이는 봉수를 생각할 수 있고 각 노선의 초봉(初烽)과 종봉(終烽)을 각 노선의 상징적 가치(symbolic value)를 대표하는 봉수로 평가할 수 있다. 또한 같은 노선의 봉수라고 하여도 그 역사가 오래된 것은 그 역사적 가치(historical value)가 높다고 할 수 있고 봉수의 구조나 특이한 것으로 판단되는 것은 독창적 가치-희소가치 포함(original value)가 높은 것으로, 유구나 유물이 풍부하거나 봉수와 관련된 민속학적 연구 대상이 되는 봉수는 학술적 가치(academic value)가 뛰어난 것으로 평가할 수 있고 접근성이 좋고 유구의 잔존 상태가 좋아 활용가치(public value)가 뛰어난 것도 평가 요소가 될 수 있다(정의도 2021).

개별 봉수로는 큰 의미가 없는 이유는 최단 시간에 외적의 침입 등 변방의 상황을 중앙에 전달하는 수단이었기 때문이다. 하나의 의미보다는 연속성이 중요한 유적이다. 제2로 직봉은 부산에서 초기하여 양산과 충주, 경기 성남을 거쳐 최종 서울에 도달한다. 이러한 권역별 봉수의 위치는 각 지자체간 긴밀한 협조가 필요하며, 이러한 과정을 거쳐 사적 지정이 가능하다.

　제2로 직봉을 조사한 후 2022년 3월에는 지방자치단체를 대상으로 설명회와 의견조회를 통해 봉수 유적의 지정 필요성에 대한 공감대를 형성하였다. 2022년 7월부터 본격적인 현장 실사가 시작되었다. 문화재청 관계자, 문화재위원, 봉수전문가, 지자체 담당자가 참석하여 봉수 사적지정의 타당성과 향후 보존 및 관리 계획 등 의견 수렴이 있었다. 이후 현장 실사내용과 자문의견서를 토대로 사적지정 보고서가 작성되었다.

　제2로 직봉은 2021년 11월『조선시대 통신체계의 완성 '봉수'』, 제5로 직봉은 2022년 12월『조선시대 국난극복의 통신유적 '봉수'』주제로 학술대회를 개최하였다(문화재청·한국성곽학회 2021; 문화재청·한국문화유산연구원 2022). 한국 봉수의 역사적 가치, 보존 방안, 유네스코 등재 신청 등 다양한 주제의 발표와 토론이 이루어졌다. 학술적·역사적 가치는 충분하므로 사적으로 지정은 당연하다는 의견이었고 다만, 훼손과 보존 등 유적의 보호·관리의 어려움, 유네스코 등재는 시기상조라는 의견이 있었다. 봉수에 대한 계속적인 역사적·학술적 자료 축적의 필요성이 강조되었다.

　제2로 직봉의 사적지정 과정을 정리해보면, 현장조사 → 보고서 작성 → 학술대회 → 광역 지자체 설명회 → 문화재청·문화재위원·봉수전문가 등 현장실사 → 지정보고서 작성 → 문화재위원회의 심의 → 지정 예고 → 사적 지정 순으로 이루어졌다. 제2로 직봉 22기 중 16기를 사적 지정 예고[2]하였으나, 봉화 창팔래산봉수와 봉화 용점산봉수 2개는 제외되어 2023년 1월 10일 14개 봉수가 최종 사적으로 지정 완료되었다.[3]

　또한 봉수 유적과 같이 여러 광역 지자체에 걸쳐 있어 상호 연결성을 가진 유적을 위해 사적으로는 처음으로 '연속유산[4]'의 지정명칭 부여 기준을 도입했다. 이에 따라 14개 봉수 유적 전체를 '제2로 직봉'(본명칭)으로, 각 구성요소는 '본명칭-부명칭[5]'의 형식으로 지정명칭을 부여하였다. 이러한 기준을 가지고 제2로 직봉 사적지정 명칭과 현황은 다음과 같다.

---

2)　문화재청공고 제2022-360호(2022년 10월 27일).

3)　문화재청, 「제2로 직봉」 봉수 유적 사적 지정, -'부산 응봉~서울 목멱산 봉수 노선' 중 14개 … 첫 '연속유산' 사적 -, 문화재청 보도자료(2023. 1. 10).

4)　연속유산: 각 구성 유산이 전체 유산의 가치에 기여하고 문화적·사회적·기능적인 연결고리를 가지고 있으나 지리적으로 서로 접하지 않은 두 개 이상의 유산지를 포함한 문화/자연 유산.

5)　(예시) '제2로 직봉-성남 천림산 봉수 유적', '제2로 직봉-울산 부로산 봉수 유적'.

순번	사적 지정 명칭	주소	지정구역	보호구역	비고
1	성남 천림산 봉수 유적	경기도 성남시 수정구 금토동 산 35-5번지 일원	3필지 (1,064㎡)	6필지 (7,955㎡)	2023년 1월 10일 지정
2	용인 석성산 봉수 유적	경기도 용인시 처인구 포곡읍 마성리 산77-33번지 일원	2필지 (1,393㎡)	2필지 (5,941㎡)	〃
3	단양 소이산 봉수 유적	충청북도 단양군 단성면 외중방리 산32번지	1필지 (330㎡)	1필지 (2,637㎡)	〃
4	음성 망이성 봉수 유적	충청북도 음성군 삼성면 양덕리 산30-1번지 일원	1필지 (400㎡)	1필지 (2,748㎡)	〃
5	제천 오현 봉수 유적	충청북도 제천시 수산면 오티리 산62번지 일원	1필지 (393㎡)	2필지 (3,279㎡)	〃
6	충주 마산 봉수 유적	충청북도 충주시 대소원면 금곡리 산64-1번지 일원	2필지 (1,006㎡)	3필지 (3,525㎡)	〃
7	경주 접포현 봉수 유적	경상북도 경주시 광명동 산 18번지 일원	2필지 (597㎡)	2필지 (3,066㎡)	〃
8	안동 봉지산 봉수 유적	경상북도 안동시 수상도 산78번지 일원	2필지 (318㎡)	2필지 (2,595㎡)	〃
9	영천 성산 봉수 유적	경상북도 영천시 청통면 원촌리 산 15번지 일원	3필지 (634㎡)	3필지 (3,077㎡)	〃
10	영천 성황당 봉수 유적	경상북도 영천시 금호읍 원제리 산 16-2번지 일원	3필지 (1,095㎡)	4필지 (3,628㎡)	〃
11	영천 여음동 봉수 유적	경상북도 영천시 신녕면 왕산리 산 16번지 일원	3필지 (663㎡)	7필지 (3,167㎡)	〃
12	의성 계란현 봉수 유적	경상북도 의성군 단촌면 상화리 산28번지 일원	1필지 (525㎡)	2필지 (3,027㎡)	〃
13	양산 위천 봉수 유적	경상남도 양산시 상북면 석계리 산20-5번지 일원	1필지 (603㎡)	1필지 (3,739.8㎡)	〃
14	울산부로산 봉수 유적	울산광역시 울주군 삼남읍 교동리 산90번지 일원	1필지 (461㎡)	2필지 (4,903㎡)	〃
소계		총39필지(문화재구역 9,469㎡ / 보호구역53,300.8㎡)			

제2로 직봉 14개 봉수의 사적 지정은 대략 2년 정도의 기간이 걸렸다. 문화재청, 봉수전문가, 광역 지자체의 적극적인 행정의 도움으로 가능하였다고 본다. 향후 봉수에 대한 조사는 계속 이루어질 것이고 연속유산으로서 사적지정도 계속될 것이다. 이와 더불어 보존

및 관리방안도 수립될 것이다. 제2로 직봉에 대한 1차 사적지정이 완료되었으므로, 이제 제5로 직봉 차례이다. 현재 제5로 직봉에 대한 현장조사가 완료되었고 보고서가 간행되었으므로 2023년 안에 사적 지정이 가능할 것으로 생각된다.

봉수는 변방의 군사정보를 최단시간에 중앙에 이르게 하는 통신수단이었다. 조선은 남왜북호(南倭北胡)의 침입에 대처하기 위해 국방 전략을 수립하였다. 조선 초기 북방을 개척하면서 지리적 지식과 왜구의 침입에 대비하면서 습득한 지리적 정보를 봉수 노선에 반영한 결과가 바로 5개의 봉수 노선이다. 제2로와 5로는 왜구(倭寇), 제1로·제3로·제4로는 북호(北胡)의 침입을 방비할 목적으로 설치된 봉수이다. 그리고 이번 직봉 외에도 많은 간봉이 설치되어 있다. 간봉에 대한 조사도 필요하다.

봉수는 약정된 신호규정에 따라 노선별로 작동하는 문화유산이다. 우리나라 전역을 아우를 수 있는 연대성이 강한 문화유적이 된다. 추후 북한 함경도에서 초기하는 제1로, 평안도에서 초기하는 제3로와 제4로에 대한 남북한 합동조사가 이루어진다면, 봉수는 남북의 역사적 뿌리는 하나였음을 재인식하게 할 수 있는 중요한 문화유산으로 남을 것이다.

V. 맺음말

이상으로 제2로 직봉 22개, 제5로 직봉 21개 봉수의 현황과 특징, 사적 지정 의미에 대해 살펴보았다.

봉수는 2022년까지 사적으로 지정된 예가 한 건도 없었다. 2023년 1월 제2로 직봉 14개 봉수가 처음 사적으로 지정되었다. 봉수 연구자로서, 조사 책임자로서 정말 다행으로 생각한다. 이에 더하여 사적 지정에 '연속유산'이라는 개념을 처음 도입하였다. 봉수는 하나 그 자체로는 큰 의미가 없다. 최전방 봉수에서 중간 봉수를 거쳐 최종 중앙 서울 목멱산봉수로 전달되는 그 과정의 연속성이 중요하다. 제2로 직봉 44개 중 14개의 봉수만 사적으로 지정되어 아쉬움이 남지만 향후 봉수의 중요성과 예산 확보 등으로 보존·관리의 역량이 증대된다면 추가적인 사적 지정은 가능하리라 본다.

현재 제5로 직봉에 대한 조사도 완료되었고 보고서도 간행되었다. 광역 지자체 담당자들을 대상으로 설명회도 진행하였다. 빠른 의견조회가 이루어진다면, 2023년 안에 사적 지정이 가능할 것으로 기대된다. 제2로와 5로 직봉에 대해서만 조사가 이루어졌으나, 간봉에 대한 조사도 필요하다. 또한 남한의 제2로와 5로, 북한의 제1로·3로·4로에 대한 합동조사가 이루어진다면 봉수는 남북의 역사적 뿌리는 하나였음을 재인식하게 할 수 있는 중요한 문화유산로 자리 남을 것이다.

* 牛行 이상길교수님과의 인연은 대학 1학년 靑年期부터. 박물관과 발굴현장의 배움으로 師弟之間의 길을 가게 되었다. 시간이 많이 흘렀다. 이제 난 中年期를 지나고 있다. 한번씩 교수님의 그 때를 되돌아 본다. 虎視.

참고문헌

김주홍 외, 2003,『한국의 봉수』.

문화재청, 2021,『봉수유적 문화재(사적) 지정을 위한 조사 연구용역 보고서』Ⅰ·Ⅱ.

────, 2022,『봉수유적 문화재(사적) 지정을 위한 조사 연구용역 보고서(제5로 직봉)』Ⅰ·Ⅱ.

문화재청·한국성곽학회, 2021,『조선시대 통신체계의 완성 '봉수'』.

문화재청·한국문화유산연구원, 2022,『조선시대 국난극복의 통신유적 '봉수'』.

이상길전(李相吉傳)

남재우 | 창원대학교 사학과

1960년 태어나 2012년까지 살았다. 세상을 등지고 강산이 한번 바뀌었다. 고고학자였고, 역사학과 교수였다. 눈길은 학교 안에서만 머물지 않았다. 현실 사회를 외면하지 않았다. 해결되지 못한 역사적 진실을 파헤치려 했고, 잘못된 정부정책을 비판했다.

뼈에는 좌우가 없다!

2002년 태풍 루사는 과거의 역사를 세상 밖으로 토해냈다. 현재의 창원시 마산합포구 진전면 여양리 산태골 일원, 큰비에 수십여 구의 유골이 밭으로 쏟아졌다. 보도연맹, 한국전쟁과 관련된 민간인들의 죽음으로 이해되었다. 진주지역 보도연맹원과 진주교도소 수감자들이라는 증언도 있었다.

2004년 정식조사가 시작되었다. 유골 수습에 역사유적 발굴전문가인 고고학자가 스스로 덤벼 들었다. 몸담고 있던 경남대학의 사학과 학생들을 데리고 유골을 발굴하고 수습했다. 163명의 유해가 발굴되었다. 유골의 신원을 확인하는 것이 그들의 죽음과 그 원인을 이해하는 방법이었다. 그러던 중, 유골 1구가 시선을 끌었다. 유골 보존상태가 좋고 양복 상의에 양복점 이름을 암시하는 '大松'(대송)이 새겨져 있었고, 주머니에서 '泰仁'(태인)이라 새긴 목도장이 나왔다.

도장의 주인, 태인을 찾기 위해 몸부림쳤다. 피해자들이 진주교도소에서 수감 중 끌려왔다는 증언을 토대로 진주와 하동 등지에 전단 1만여 장을 뿌렸다. 제보는 없었다. 그러다

피해자가 자신의 외삼촌인 것 같다는 여수 송모(66)씨의 연락이 있었다. 여러 정황으로 보아 동일인일 가능성이 많은 데다 '태인'의 누나인 송씨의 어머니가 생존하고 있는 사실도 알아냈다. 인골전문 고고학과 교수에게 '태인'의 얼굴 복원 작업을 시도하는 한편 송씨 아버지의 젊은 시절 사진을 입수해 두개골 등을 대조시킨 결과 남매가 분명하다는 의견을 들었다. 하지만 국립과학수사연구소에서 진행된 DNA 분석 결과는 일치하지 않았다.

민간인 학살 현장에 대한 발굴조사는 이곳으로 끝나지 않았다. '진실·화해를위한과거사정리위원회' 의뢰를 받아 3곳의 집단매장지를 발굴했다. 2007년 6월~9월 경북 경산시 평산동 소재 코발트광산에서 인골 240여구를 확인했다. 2008년 산청 시천면 외공리와 원리에서 257구, 2009년 진주 문산읍 진성고개에서 111구의 유골을 발굴·수습했다.

유골 발굴 경험을 토대로 민간인 학살문제를 학계에 제기했다. 2005년 '한국전쟁 55주년 기획발표-한국전쟁시기 경남지역 민간인 학살문제' 학술발표대회였다. '마산 여양리 민간인 학살의 실상과 성격'이란 주제였다. "보상이나 배상, 책임자 처벌보다 중요한 것은 이같은 억울한 희생이 다시는 반복되지 않아야 한다는 역사의 교훈을 만드는 게 중요"하다고, "졸지에 가족을 잃은 유족들의 문제는 좌우 이념을 떠나 도민의 애환이자 민원사항"이라고 주장했다.

제자이면서 한국전쟁 민간인 학살 유해 발굴 자원봉사자인 김영희선생은 선생님 말을 아직도 잊지 않고 있다. "70여 년 넘게 지나 지금 드러난 하얀 백골을 보면, 저 뼈에 좌우 이념이 있을까 싶다. 저 뼈를 가지고 오늘날 또 다시 좌우를 논해야 하는지 자문해 본다. 지금까지 수백 구의 유골을 발굴해 봤지만 나는 아직 뼈에서 이데올로기를 발견하지 못했다. 그저 죽어서 잊혀진 인간일 뿐이었다"

4대강 사업반대, 앞장서다

정부의 잘못된 정책에도 저항했다. 김두관 경남도지사 시절 '경남도 4대강 사업 특별위원회 위원'으로 활동했다. 당시 정부가 추진했던 4대강사업은 국민들의 반대 속에서 추진되었다. 다양한 문제제기가 있었다. 국가재정의 부담, 지역 농민의 생존권 위협, 보와 준설로 인한 수질 악화, 생태계 파괴 등이었다. 문화유산 훼손도 언급되었다.

경상남도 낙동강사업 특별위원회는 낙동강 '보' 설치, 대규모 준설로 인한 문제 등을 조사했다. 그 결과 경남도민들의 생명과 재산을 보호하고, 자연환경 및 생태계 보전을 위한 올바른 방향으로 추진하기 위한 경남도의 입장을 수립했다. 도민을 대상으로 '생명과 풍요의 낙동강 가꾸기 심포지엄'을 개최했다. 거기서 '낙동강사업 문화재 조사의 문제점과 대안'을 발표했다.

4대강 사업으로 인한 부실조사와 졸속발굴을 문제 삼았던 것이다. 주민설명회에도 직접 나섰다.

좌중을 압도했던 말.말.말

앞서 말했던 제자는 선생님을 말했다. "고인은 정말로 좋으신 분이셨다. 성격도 좋으셨다. 학점에는 엄격하셨다. 대학원 재학시절 교수와 대학원생이 남강 신석기, 청동기시대 발굴조사현장에 답사를 가기도 했다."

말하길 좋아했다. 명쾌하고 적극적인 말솜씨는 좌중을 압도했다. '뭐 그리 할 말이 많냐고' 빈정거렸던 이가 있었다. '고고학은 글이 없으니 말이 많을 수밖에 없다'고 했다. 재치 있는 사람이었다. 지금도 말 많은 사람은 부지기수다. 하지만 역사의 아픔에 공감하며 해결하려 앞장서고, 잘못된 정부 정책을 비판하고 나서는 이는 많지 않다. '남형'이라 부르며, 뜻대로 되지 않던 주변 세상에 분개하던 그 목소리를 듣고 싶다.

牛行과
나

崔鍾圭 | 三江文化財研究院長

牛行과 첫만남은 慶州 金尺里發掘에서 이루어졌다. 그는 대학교 1학년생으로 지도교수님(尹容鎭)과 함께 답사로 현장에 들른 것이었다. 많은 학생들 중 그가 눈에 띄었던 것은 호리호리한 體軀였는데 약간 파리해 보인 탓이었을 것이다. 나의 설명에 反應을 보인 점에서 헤어질 때 만약 고고학을 하고 싶으면 언제든지 慶州博物館에 오렴이란 말이 쉽게 나왔다. 그것이 因緣의 시작이었다.

얼마 후 박물관에서 만났을 때 그의 事情을 알게 되었다. 貧寒 그 自體였다. 그렇지만 學究熱과 강한 精神力의 所有者이기도 하였다. 토·일요일을 이용하여 유물실측(禹枝南 담당)과 考古學 雜談과 發掘(崔鍾圭 담당)을 하면서 4년이 흘렀다. 朝陽洞發掘은 대체로 그의 방학을 맞추어서 실시하게 되었다. 어느 날 그가 實測道具를 희망하길래, 前에 한 세트를 준 것은? 하니, 자기 후배들을 가르키기 위해서란다. 이것 한 세트는 비싼 것이고 네 것도 겨우 구한 것이야 라고 했지만 애원하는 눈빛이었다. 나중에는 5세트를 부탁받으니 화가 나기도 했다.

厚浦發掘 때는 어묵을 사달라고 조르는 일이 많았다. 現場의 食事가 不實한 탓도 있고 조사 마치기 직전에 어묵이 完成되어 그 냄새가 현장을 덮치면 쓰러질 정도였다. 현장 옆에 어묵 工場이 있었던 것이 發掘 豫算의 緊張을 초래하였다. 그리고 자기만을 위한 것이 아니라 후배를 대표하여 나에게 요구한 것이었다. 자기 혼자일 때는 내색조차 하지 않을 사람이었다. 그것이 牛行의 마음이었다.

牛行의 첫발굴인 忠州댐 水沒地區 荷川里에 가기 전에 대구에서 경주까지 와서 厚衣를 요구하였다. 나도 현장에서 입으려고 큰 돈 주고 산 것인데 내놓으라는 것이었다. 돌려줄 것과 靜하게 입을 것을 전제로 빌려 주었다. 그것이 내가 마지막 본 내 厚衣였다.

그렇지만 牛行이 나로부터 一方的으로 도움만 받은 것은 아니었다. 나도 그로부터 原稿 敎正을 해 받았는데 高校 文藝部 출신답게 해박한 지식을 동원하는 것이 아닌가? 그로부터 배운 國文法은 내 平生 도움이 되었다. 하마터면 體面 살리느라 一喝했음직도 했는데 그의 提案을 그대로 수용한 것이다.

대학에 자리를 잡으면서는 開運 그 자체였다. 昌原 德川里 基壇墓 발굴, 山淸 黙谷里 攻玉址, 密陽 琴川里 水田址, 晉州 玉房 田址 등등 모두 韓國考古學史에 남을 유적이었다. 지금 생각해 보면 非正常이었다. 凡人은 平生 한번도 접하기 어려운 유적을 연거푸 조사하게 된 것이다. 大坪 발굴에서 都市論, 馬山 가포 발굴에서 儀禮 등등 조사와 관련된 構想이 속속 披露되었다. 이 와중에서 社會問題 運動家들과의 접근이 끊임없었고 參與 勸誘가 뒤따랐다. 이 문제로 나에게 相談해 왔지만 이미 깊숙이 관여된 상태라 내 말은 소용이 없었다. 그의 持論에 의하면 배운 사람은 자신의 처해 있는 現實問題를 외면해서는 안된다는 것이었다. 나는 現實 參與는 많은 傷處가 남는 점을 强調하였다. 좋지 않은 예감은 들었지만 좋은 결과로 끝나길 바랐는데.... 이것으로 報告書 간행이 뒤로 밀리게 된 것이다.

後輩를 키우는 것에서 알 수 있듯이 弟子를 키우는 것에는 더욱 熱心이었다. 그는 정말 열정을 쏟았다. 그의 주위로 弟子들이 雲集하였다. 卒業 後 이들 중 일부는 考古界에서 活動을 계속하였다. 제자를 키운다는 것은 쉽지 않은 것이었는데 그는 많은 弟子를 길러 내었고 그들의 職場 生活이 圓滑하도록 배려하였다. 쉽지 않은 일이다.

그는 好奇心이 강한 部類였다. 管玉의 구멍에 실리콘을 부어 틀을 떼어내는 것에 관심을 기울이기도 하였다. 이것은 원래 美國 齒醫가 개발한 것을 積極的으로 받아들인 것이다. 昌原 德川里 出土 管玉에 많은 샘플을 모았다. 최근 慶南大學校를 방문하여 그 샘플을 보고자 하였는데 이미 소재는 알 수 없었다.

한편으로 昌寧碑의 碑座를 찾고자 細心한 노력을 쏟아 어느 정도 윤곽을 잡은 것 같았다. 나에게 세심하게 설명하였으나 나는 다른 사람의 말을 細細하게 기억하지 못하는 편이어서 곧 잊어버렸다. 後悔莫及이다.

天河石의 原鑛을 찾고자 나에게 방법을 물어 왔길래 日本 糸魚川의 이야기를 해 준 적이 있었는데 얼마 후 地學에서 쓰이는 망치를 구입하여 보여주기도 하였다.

넘치는 好奇心이 그를 本流에서 支流로 흐르게 하였다. 이 같은 細技는 그가 하고자 하였던 儀禮나 都市論과는 점점 멀어져 갔다. 그 후 都市論이 港市論으로 이행되는 것을 볼 때 그의 存在가 아쉽기조차 하다.

學生時節부터 그는 灰衣를 즐겨 입었는데 그때마다 一喝하였다. 그것은 行雲流水 쪽의 사람들이 입는 것이어서 俗人이 입을 바가 아닌 점 때문이었다. 다행히 나의 말을 받아들여 일절 입지 않길래 신경을 쓰지 않았다. 學校로 옮긴 다음에는 한 번씩 입었고 그때마다 不吉한 마음이 들어 一喝하려면 아내가 눈총(目銃)을 쏘길래 삼킨 적이 몇 번 되었다.

牛行이여! 가졌던 恨은 娑婆世界에 다 풀어 놓기를 바란다. 仙界에서는

　天馬行空
　凌空虛渡
　擊破輪回
　四方無碍

　川流不息
　百川歸海
　鐵杵磨針
　少年易老

嗚呼哀哉.

편집후기

선생님을 떠나보낸 지 10년이 되었습니다. 앞 다투어 생명을 피어내는 봄날, 선생님은 왜 맺음을 택하신 건지 몇 번을 대답 없는 물음을 하곤 했습니다. 이제는 그만 물음을 멈추고자 합니다. 서운하시겠지만 울음도 멈추었습니다. 10년이라는 시간의 약은 치유와 망각에 꽤 도움이 되었습니다.

우리는 故人의 3주기에 追慕의 글 2편, 論文 44편, 書評 1편을 모아 그의 영전에 헌정하였습니다. 천 페이지가 넘는 방대한 논문집의 말미에는 선생님의 오랜 벗인 임학종 선생님이 편집후기를 써 주셨습니다. 10주기 추모논문집을 통해 3주기 때 옥고를 내어 주신 선생님들께 인사를 드릴 수 있어 다행이라 생각합니다. 슬프게도 3주기 논문집에 추모의 글을 적어주셨던 유장근 교수님은 작년 여름에 작고하셨습니다. 고인의 명복을 빕니다.

10周忌 追募論文集에는 모두 19편의 글을 담았습니다. '한국 청동기시대 연구의 패러다임 시프트'라는 주제로 2022년 한국청동기학회 '이상길 교수님 10주기 추모 학술대회'에서 발표한 4편의 논문과 국내외 연구자들의 글을 보태었습니다. 임학종, 남재우, 최종규 선생님은 고인에 대한 기억과 회상을 글로 적어 주셨습니다. 간행위원회를 대신하여 진심으로 감사의 인사를 전합니다.

방법은 다르나 많은분들이 선생님을 기억하고 추모했습니다. 선생님이 학술자문으로 참석했던 유적의 발굴보고서에는 선생님을 추모하는 사진과 글을 한 면에 채웠습니다. 진주에 살고 계시는 한국전쟁전후 민간인 희생자 유족이 뒤늦게 부고를 듣고 몹시 슬퍼했다는 얘기도 전해 들었습니다. 선생님이 잠들어 계시는 삼강문화재연구원 화단의 묘비에는 학위를 마친 제자나 선생님을 그리워하는 연구자들이 꽃을 두고 갔다는 소식도 전해 들습니다. 조금은 덜 외로웠을 것이라 위안해 봅니다.

우리 제자들은 매년 4월 23일 선생님 기일에 공식적으로 지내던 추도제를 10주기 추모 논문집을 봉헌하는 것으로 끝맺고자 합니다. 이제 일상으로 돌아가 선생님께서 심어 놓으신 학문의 씨앗을 4월의 꽃잎처럼 피우겠노라 다짐하며 후기를 마칩니다.

* 제자를 대표할 입장이 아닌데다 『牛行 李相吉 敎授 10周忌 追募論文集』간행에 그다지 힘을 보태지 않은 터라 간행후기 쓰는 것을 저어하였습니다. 원고 모집과 교정, 집필진 연락, 출판사 협의 등에 홍성우, 배길희, 김지원 후배가 많은 수고를 하였습니다. 급박하게 출판을 의뢰했음에도 흔쾌히 수락해주신 학연문화사 권혁재 대표님과 편집자님께 감사의 인사를 전합니다. 무엇보다 옥고를 내어주신 선생님들께 머리 숙여 감사드립니다.

2023년 4월
간행위원 윤호필, 김미영, 홍성우, 배길희, 최해민, 김지원을
대표하여 김미영 올립니다.

이상길 교수 10주기 추모논문집 간행위원회

간행위원장
윤호필(상주박물관)

간행위원
김미영(경남연구원 역사문화센터)
홍성우(경상문화재연구원)
배길희(경남연구원 역사문화센터)
최해민(경남대학교 박물관)

간사
김지원(경남연구원 역사문화센터)

한마고고학회
이현석, 윤호필, 김미영, 조현정, 김춘영, 홍성우, 소배경, 이선미, 강영수,
강경연, 엄경은, 박은지, 이지은, 전진현, 배길희, 이정은, 최해민, 김지원

牛行 느리게 걷고 깊이 남기다

2023년 4월 22일 초판 1쇄 발행

지은이   이상길 교수 10주기 추모논문집 간행위원회

펴낸이   권혁재

편 집   권이지
교 정   천승현
디자인   이정아

인 쇄   성광인쇄
펴낸곳   학연문화사
등 록   1988년 2월 26일 제2-501호
주 소   서울시 금천구 가산디지털1로 16 가산2차 SKV1AP타워 1415호

전 화   02-6223-2301
전 송   02-6223-2303
E-mail   hak7891@chol.com

ISBN   978-89-5508-483-2 (93910)